지구를 태워 만든 풍요

지구를 태워 만든 풍요

탄소 문명의 빛과 그늘

초판 1쇄 인쇄일 2026년 4월 1일   **초판 1쇄 발행일** 2026년 4월 10일

지은이 김덕호·박진희·이은경
펴낸이 박재환 | **편집** 유은재·신기원 | **마케팅** 박용민 | **관리** 조영란
펴낸곳 에코리브르 | **주소** 서울시 마포구 동교로15길 34 3층(04003) | **전화** 702-2530 | **팩스** 702-2532
이메일 ecolivres@hanmail.net | **블로그** http://blog.naver.com/ecolivres | **인스타그램** @ecolivres_official
출판등록 2001년 5월 7일 제2001-000092호
종이 세종페이퍼 | **인쇄·제본** 상지사 P&B

ISBN **978-89-6263-337-5 93900**

지구를 태워 만든 풍요

탄소 문명의 빛과 그늘

김덕호 · 박진희 · 이은경 지음

에코
리브르

2부 탄소 문명의 성장

3부 탄소 문명의 절정과 쇠퇴

4부 한국의 탄소 문명

<h1 style="text-align:center">서문</h1>

오늘날 누구도 전 지구적 기후 변화의 위험을 피할 도리가 없어 보인다. 어쩌다가 인류는 이런 난감한 상황에 빠지게 되었을까? 우리 공저자들은 그 원인을 가능한 한 긴 시간 속에서 찾으려 했고, 덕분에 현대 문명의 본질을 검토할 기회도 갖게 되었다. E. H. 카는《역사란 무엇인가》에서 역사학 공부란 결국 원인에 관해 공부하는 것이라고 말했다. 그러니까 역사학이란 인과관계를 연구하는 학문이라는 뜻이다. 그것도 우연적이거나 개별적 원인보다는 구조적이거나 보편적 원인을 추구하는.

무엇보다도 우리는 에너지라는 렌즈를 통해 현대 문명을 이해하고자 한다. 이 렌즈로 인류의 현 문명을 바라본다면, 석탄이나 석유 같은 화석 연료에 토대를 두고 있음을 금방 알아챌 것이다. 화석 연료 없는 일상생활을 상상할 수 없으니 말이다. 그렇다면 화석 에너지로 움직이는 현대 문명은 언제 어떻게 시작되었을까?

우리는 현대 문명의 시점을 18세기 중반의 산업 혁명에서 찾으며, 영국을 공간적 출발지로 본다. 특히 산업 혁명을 가능케 한 핵심 요소

중 하나인 석탄과 증기 기관의 결합에 주목한다. 석탄을 연료로 한 증기 기관이 광산과 공장, 나아가 철도나 증기선 등 일상의 거의 모든 영역에 응용되면서, 영국은 화석 에너지를 통해 이전 인류가 상상할 수 없던 수준의 물질적 번영을 누리기 시작했다. 비약적인 생산성 향상 덕분에 공산품 생산량이 수십, 수백 배 증가하는 결과를 가져올 수 있었으니 가히 '에너지 혁명'이라 할 만했다. 그리고 그 에너지 혁명에 기초해 19세기 중반 영국은 산업 사회로의 대전환을 완성할 수 있었다. 이후 서유럽 국가들과 미국 등이 '빠른 추격자'로서 산업 혁명에 연쇄적으로 동참했다.

이렇듯 지구상의 수많은 국가가 앞서거니 뒤서거니 하면서 산업 사회로 변화해왔다. 그 결과 산업 혁명 이후 화석 에너지의 대량 생산과 대량 소비는 주요 온실가스 중 하나인 이산화탄소를 대기로 대량 방출하는 상황을 초래했다. 그리하여 20세기 후반에 이르면, 인류의 삶을 가능케 해준 '온실 효과'를 넘어 현대 문명의 존속을 위협할 만큼 이산화탄소가 대기에 쌓이게 되었다. 이산화탄소는 최소 100년 이상 대기에 머무르기 때문에 지구의 온도를 높이는 데 가장 큰 영향력을 행사해왔다. 그리하여 탄소는 '지구 온난화(global warming)'의 주범이 되어버렸다. 물론 그러한 결과를 초래한 최초의 실제적 행위자는 주로 기왕의 미국과 1950년대 이후 서유럽 국가들 그리고 일본 같은 선진국과 뒤늦게 합류한 한국을 비롯한 신흥 산업 국가 사람들이었다.

결국 인류가 이산화탄소 등 온실가스를 증가시켜 지구 온난화 현상을 만들고, 지구 온난화는 기후 위기를 불러왔다. 그러한 기후 시스템 변화 때문에 극단적인 홍수와 가뭄 그리고 혹한과 폭염이 일상이 되었다. 나아가 극지방 빙하가 녹으면서 해수면이 상승하고, 생물 다양성은 감소하는 등 전반적인 자연 생태계가 교란되고, 현대 문명 또한 위협받고 있다. 현재 인류가 직면한 이 모든 위험은 화석 연료로 말미암은 것이다. 따라서 이러한 전 지구적 기후 변화의 근본 원인을 현대 문명의 본질에서 찾을 수 있을 것이다.

우리는 지난 300여 년 동안 화석 연료와 그것을 에너지원으로 삼은 증기 기관 및 내연 기관이 만들어낸 현대 문명의 물질적 토대 형성부터 주로 화석 에너지를 통해 생산된 전기 에너지를 추가한 현대 문명이 빚어낸 기후 변화에 이르기까지의 역사를 보여주고자 한다.

처음에는 공저자 중 한 사람이 책 전체를 쓰려고 했다. 그러다 이 책에서 다루려는 내용 전체를 혼자 작업하는 것이 바람직하지 않다고 생각하면서, 뜻을 같이할 동지를 찾기로 마음을 바꾸었다. 그때가 2022년 8월 말이었다. 한 모임에서 그러한 제안을 했고, 다행히도 두 분이 함께하겠다고 나섰다. 그 뒤로도 같이할 분을 찾았지만, 어찌어찌 불발로 그치고 말았다. 결국 세 사람이 나눠 집필에 들어간 것은 2023년이 넘어서였다. 게다가 원고를 완성하는 일은 예상보다 더 오래 걸렸다. 글 쓰는 작업이 생각만큼 진도가 나가지 못했지만, 우리 원고를 맡아줄 출판사를 찾는 일도 쉽지 않았다. 그 결과 3년을 넘겨서야 겨우 집필 작업을 마무리 짓게 되었다.

그사이 한국에서는 아무도 예상 못 한 정권 교체가 있었고, 세계적으로는 새로운 기술 하나가 세상의 판도를 바꿔놓았다. 챗GPT로 촉발된 인공지능(AI)의 본격적인 활용이 전 세계를 휘젓기 시작했다. 그리하여 기후 위기에 관한 관심은 상대적으로 줄어들었고, 세상은 온통 AI와 AI가 바꿔놓을 신세계에 대한 기대와 공포로 술렁였다. 다만 우리 입장에서 관심 가질 만한 것은 AI가 엄청난 전력과 전력 인프라를 필요로 한다는 점이다. 이 말은 사실상 더 많은 전기 에너지가 필요하다는 뜻이며, 결국 더 많은 1차 에너지원 생산을 요구한다는 얘기다. 문제는 어떤 에너지로 2차 에너지인 전기 에너지를 생산할 것인가이다. 이것이야말로 기후 변화와 직결된 문제이기 때문이다. AI로 인해 더 많은 전기 에너지가 필요하다면, 인류는 더 많은 재생 에너지원만 이용해 문제를 해결할 수 있을까? 나아가 인류는 과연 '탈탄소 사회'로 대전환을 이룰 수 있을까? 이러한 질문에 대한 답은 현재 진행형이니 아직은 알 수 없다. 아마도 당분간 열린 상태로 남아 있을 것이다.

당연하게도 이 책을 만드는 데 여러 사람의 도움을 받았다. 김덕호는 2024년 여름 일반 독자의 입장에서 더위와 싸우며 시답잖은 원고를 읽어주었을 최윤희 님께, 또한 크게 재미있을 것 같지도 않은 원고를 읽고 잘못된 점이나 특정한 방식의 어색한 문장을 찾아내준 친구 김판균에게 고마움을 전한다. 재직 중에는 물론 퇴직 이후에도 논문을 부탁할 때마다 기꺼이 도움을 준 대학 도서관의 지윤재 님과 최윤정 님께도 감사한 마음을 전한다. 이은경은 처음에는 한국의 에너지 정책사를 정리하는 정도로 알고 이 작업에 참여했다. 아직 부족하지만 이만큼이라도 진척될 수 있었던 것은 밀고 끌면서 독려하고 격려해준 두 분 공저자 덕분이다. 공저자를 대표하여 박진희는 출판을 맡아주고 원고를 꼼꼼히 확인해준 에코리브르에 감사드린다.

마지막으로, 공저자로서 우리는 모든 원고를 다 같이 쓴 것이 아니라, 각자 분담해서 작업했다. 김덕호는 머리말과 1~2부 그리고 맺음말을 썼으며, 박진희는 3부를, 이은경은 4부를 집필했다. 물론 우리는 작년 8월까지 한두 달에 한 번씩 만나 서로 원고를 교환하며 내용을 검토·수정하고 건의 사항을 주고받았다. 앞으로 나올 수도 있는 문제나 잘못된 점은 각자의 책임이지만 동시에 공저자로서 모두의 책임이기도 하다.

이제 감히 세상에 우리의 책을 내보내려 한다, 약간은 두려운 마음과 많이 설레는 마음으로.

2026년 3월
공저자를 대표하여
김덕호 씀

문명의 토대로서 에너지

"낡은 것은 무너지고 시대가 바뀐다."[1]

20세기 후반, 인류가 당면했던 큰 문제 중 하나는 석유나 석탄·천연가스 같은 화석 연료가 조만간 바닥을 드러내지 않을까 하는 (특히 석유 고갈에 대한) 반복적인 우려였다. 그 때문에 석유 생산 정점 시기에 대한 낙관론과 비관론이 계속적으로 대립해왔다. 그런데 21세기 들어 불과 몇십 년 사이에 인류가 해결해야 할 가장 큰 난제는 기후 변화로 바뀌었다. 화석 연료가 다 없어지기도 전에 지구 온난화 심화로 인간을 비롯한 지구상의 많은 종(species)이 생존을 위협받는 절박한 상황에 직면했기 때문이다.

일찍부터 지구 온난화에 대해 과학자들이 경고 메시지를 보냈지만, 이들의 경고는 최근에야 심각하게 받아들여지기 시작했다. 얼마 전까지만 해도 지구촌에서는 단지 '기후 변화'라는 다소 모호한 단어로 화석 연료가 만들어낸 끔찍한 상황을 두리뭉실 덮고자 했을 뿐이다. 그러나 이제 기후 변화가 아니라 '기후 위기'라는 용어가 더 적절하다는 의견이 주류를 차지하고 있을 뿐만 아니라, 최근에는 '기후 재앙'이라는 용어를 사용하는 경우도 점차 늘어나고 있다.

인류는 현재 매일매일 기후 변화에 관한 이야기를 듣고 있으며, 그에 관한 기사들이 넘쳐나는 것을 목격한다. 불과 몇 년 전인 2022년 세계 곳곳은 기상 이변으로 엄청난 인명 피해와 재산 손실을 보았다. 아니, 그 이상이었다. 예컨대 그해 여름에는 알프스의 빙하가 대규모로 붕괴했는데, 그 규모가 얼마나 컸던지 스위스와 이탈리아는 정확한 국경이 어디인지를 놓고 양국이 대치할 정도였다. 매년 지구 온도는 역대 최고 기온을 기록하고, 지역에 따라 극심한 폭염 혹은 폭우 상태가 지속된다. 이제 대기 중 온실가스(특히나 그중 이산화탄소) 증가는 지구 온도를 계속 상승시켜 인류는 물론 동식물을 비롯한, 지구에 생존하는 모든 생태 시스템을 붕괴 상태로 몰아넣고 있다. 문제는 이 과정이 갈수록 가속화하고 있다는 것이다. 조만간 이산화탄소 순배출량을 제로로 만들지 않으면, 즉 탄소 중립 상태로 갈 수 없다면 우리의 문명은 무너지고 호모 사피엔스 또한 멸종을 피하기 어려울 것이다.[2]

그렇다면 도대체 현재 인류는 어떤 문명에서 살고 있길래 대기 중 이산화탄소 증가로 인한 문명의 위기를 운운하고 있는 걸까? 일반적으로 문명은 인간이 사용한 도구를 기준으로 (신/구)석기 시대, 청동기 시대, 철기 시대로 구분한다. 무엇보다도 이러한 역사적 시대 구분이 의미 있는 것은 보편성을 지니고 있기 때문이다. 동서를 막론하고 (시기상 차이는 있을지라도) 많은 지역에서 앞서 언급한 순서대로 시대가 변천해왔다.

그런데 이제 필자들은 도구가 아닌 다른 차원의 기준을 갖고 새롭게 인류 문명을 살펴보고자 한다. 왜냐하면 사실상 에너지는 문명의 토대이자 본질이기도 하기 때문이다. 20세기의 영향력 있는 문화인류학자 레슬리 화이트(Leslie White, 1900~1975)는 인간이 만든 문명이나 문화를 에너지 차원에서 이해할 수 있다고 생각했다. 그리하여 문화를 인류의 보편적 현상으로 파악한 화이트는 더 많은 에너지를 사용하는 사회를 문화적으로 더 진화한 사회라고 보았다.

화이트보다 먼저 사용하는 에너지의 종류를 기준으로 인류 문명을 구분한 사람은 미국 비평가 루이스 멈퍼드(Lewis Mumford, 1895~1990)였다. 그는 1934년에 출간한 《기술과 문명》에서 재생 에너지와 화석 에너지의 구분을 통해 인류 역사의 보편적 흐름을 통찰하고자 했다. 그에 따르면 인류는 먼 과거에서 현재에 이르기까지 순차적으로 '원시 기술 시대(the esotechnic)' '고(古)기술 시대(the paleotechnic)' 그리고 '신(新)기술 시대(the neotechnic)'를 살아왔다. 원시 기술 시대에는 주로 나무나 퇴비 등의 바이오매스(biomass)나 풍력과 수력 같은 재생 에너지를 몇천 년 넘게 에너지원으로 사용해왔다. 그런 다음 18세기에 이르러 영국에서 석탄, 곧 화석 연료를 본격적으로 사용하면서 고기술 시대로 접어들었다. 이 시기에 인류는 혁명적인 에너지 전환을 이룩할 수 있었는데, 무엇보다도 탄광이나 공장에서 석탄을 에너지원으로 하는 증기 기관을 사용하면서 산업 혁명의 기반을 다질 수 있었다. 그리고 (비록 두 시대가 겹치긴 하지만) 석탄과 더불어 석유와 천연가스에 의존하면서 운송 수단을 변경(증기 기관 대신 내연 기관 이용)하고, 가정이나 공장 등에 전기를 제공하는 신기술 시대로 이행했다. 그 결과 어느 면에서 20세기 후반 이후 인류는 무엇보다도 석유에 의존하는 사회에 살고 있다.

멈퍼드의 이러한 구분은 인간이 사용한 여러 종류의 에너지가 전 지구적 규모의 생태계에 얼마만큼 영향을 미쳤는지를 이해하는 데 커다란 도움을 주는 유익한 범주화라고 본다. 다만, 필자들 입장에서 동의하기 어려운 것은 고기술 시대와 신기술 시대를 구분했다는 점이다. 왜냐하면 두 시대 모두 주된 에너지원이 화석 연료이기 때문이다. 전자의 경우는 고체 상태의 화석 연료인 석탄이고, 후자의 경우는 액체 상태의 화석 연료인 석유와 기체 상태의 화석 연료인 천연가스다. 따라서 두 시대가 에너지원 차원에서 질적으로 구분된다고 보기 어렵다. 석탄과 석유·천연가스 모두 연소할 때 (비록 배출량은 다르지만) 대기 중에 이산화탄소를 내뿜는다. 따라서 석유를 본격적으로 사용하기 시작한 1930년대 관점에서 제기한 멈퍼드의 시대 구분은 오늘날 기준으로 큰 의미가 없어 보인다. 차라리 고기술 시대와 신기술 시대를 하나로 묶는 것이 가능하다고 생각한다.

이제는 탄소를 주제어로 사용한 간행물이 우리 주변에 꽤 많이 존재한다. 《탄소 민주주의》(티머시 미첼), 《탄소의 시대》(에릭 로스턴), 《탄소 국가(Carbon Nation)》(밥 존슨), 《탄소 기술관료주의》(빅터 샤우), 《탄소 사회의 종말》(조효제), 《탄소 경제학》(이명현) 등등 21세기 이후 출간된 저서들의 제목만 봐도 그렇다. 이 책들은 화석 연료가 낳은 정치, 경제, 사회 등 여러 분야의 문제를 진단하고 분석하는 데 '탄소'라는 용어를 제목의 일부로 사용하고 있다.[3] 따라서 필자들은 문명의 역사를 인류가 에너지원으로서 화석 연료를 본격적으로 사용하기 이전과 이후로 나누는 것도 나름 의미 있는 작업이라고 생각한다. 요컨대 화석 연료 사용 후 부산물인 이산화탄소에 초점을 맞추어, 인류 역사를 '전(前) 탄소 문명'과 '탄소 문명'으로 나누는 것이다. 여기서 '전 탄소 문명'은 사람과 가축의 힘(인력과 축력), 그리고 풍력이나 수력 같은 재생 에너지에 의존하던 시기를 통칭한다.

우리는 무엇보다도 산업 혁명이 인력이나 축력 같은 유기적 에너지와 재생 에너지에서 비유기적 에너지, 즉 화석 연료로 '에너지 전환'을 이룬 '에너지 혁명'을 통해 가능했다고 본다. 그 결과 근대 이전에 특권층이 최소 수십 명, 아니 그 이상의 하인 혹은 노예를 거느리며 생활한 것과 같은 수준의 편의를 (보통 사람들도) 누리는 탄소 문명이 탄생할 수 있었다. 말하자면 탄소 문명 덕분에 인류는 수십 명 혹은 그 이상의 '에너지 노예'를 마음껏 부리고 있는 셈이다.

이러한 탄소 문명의 출현을 목격한 사람이 바로 19세기의 영국 경제학자 윌리엄 제본스(William S. Jevons, 1835~1882)였다. 그는 1865년의 저서 《석탄 문제(The Coal Question)》에서 다음과 같이 강조했다. "리비히 남작이 말하길 문명은 동력의 경제(economy of power)이며, 우리의 동력은 석탄이다. 우리의 산업을 이렇게 만드는 것은 바로 석탄 이용의 경제다. 그리고 우리가 이를 더 효율적이고 경제적으로 만들수록 우리의 산업은 번성하고, 문명 활동은 성장할 것이다."[4] 그러니까 제본스는 당대 독일 최고의 화학자 유스투스 폰 리비히(Justus von Liebig, 1803~1873)의 주장을 통해, 인류 최초로 영국에서 발생한 산업 혁명이 무엇보다도 석탄이라는 화석 연료를 사용함으로써 가능했음을, 그리고 유기 경제에서 무기 경제 혹은 탄소 경제로 이행했음을 누구보다 먼저 이해한 사람이었다.

인간 행위자 vs. 비인간 행위자로서 자연

우리가 에너지와 에너지원에 초점을 맞출 경우, 이는 인간의 의지와 상관없는 자연에 방점을 찍는 것이다. 즉, 역사의 원동력을 인간이 아닌 자연에 두는 것이다. 그렇지만 우리는 자연에만 초점을 맞추려는 것이 아니다. 석탄 혹은 석유가 특정 지역이나 국가에 존재하는 게 신의 섭리나 필연은 아닐 것이다. 그러나 증기 기관이나 내연 기관을 발명한 것은 우연이 아닌 특정 지역에 사는 사람들의 기술과 제도와 문화가 결합한 결과다.

우리는 탄소 문명의 탄생이 자연이라는 우연적 요소와 기술이라는 비(非)우연적 요소의 결합 덕분에 가능했다고 본다. 즉, 석탄이나 석유의 존재는 필요조건이지만, 증기 기관이나 내연 기관은 (그것 없이는 탄소 문명이 만들어질 수 없었던) 충분조건이었다. 중국이나 인도에 석탄이 많았을지라도 탄소 문명을 스스로 일궈내지 못한 것은 그러한 화석 연료의 부재가 아니라, 증기 기관이나 내연 기관을 만들 수 있는 기술력·자본력 그리고 제도로서 과학 문화가 존재하지 않았기 때문이다.

석유의 경우도 마찬가지다. 전 세계에서 가장 많은 석유를 생산하는 중동 지역을 보자. 20세기 초 이 지역의 땅 밑에 원유가 가득 매장되어 있는 걸 알 수 있었을까? 알았다손 치더라도, 정확하게 어느 지점에 있는지 탐사할 능력을 갖춘 국가가 있었는가? 설사 원유가 어디 있는지 찾아냈더라도 그걸 지상으로 끌어올리는 시추 능력을 갖춘 국가가 존재했던가? 나아가 지상으로 끌어올린 원유를 정제할 수 있는 능력을 갖춘 국가가 존재했던가? 원유를 정제했다손 치더라도 필요한 곳에 보낼 수 있는 파이프 시설이나 철도 같은 운송 능력을 갖춘 국가가 존립했던가? 유감스럽게도 위의 질문들에 답할 수 있는 국가는 이 지역에 존재하지 않았다. (당시 대부분의 중동 지역은 서구 열강의 식민 지배를 받고 있었다. 설사 중동 지역에 독립 국가들이 존재했더라도 결과가 달라졌을 것 같지는 않다.)

어찌 보면 탄소 문명은 자연 상태의 화석 연료와 인간 사회가 만든 과학 문화의 결합이라고 할 수 있다. 즉, 자연과 사회가 상호 작용한 결과물이다. 그리고 이러한 결합과 상호 작용이 다름 아닌 18세기 영국에서 처음 발생했다.

특히, 18세기 초에 만들어진 고정형 증기 기관 덕분에 19세기 전반에 움직일 수 있는 증기 기관차의 개발이 가능했다. 나아가 증기선 발명으로 19세기 후반에는 대서양과 태평양을 건너 수많은 화물과 수백만 명의 승객이 이동할 수 있었다. 증기 기관차는 유기체인 말이 달릴 수 있는 자연의 한계를 단숨에 뛰어넘었다. 시간이 지나면서 점차 속도가 빨라졌고 더 많은 사람과 상품을 운송했다. '시공간의 압축' 같은 경험을 통해 사람들은 지리적 거리를 못 느낄 정도로 '공간의 소멸'을 목격할 수 있었다. 화석 연료와 그것을 새로운 동력으로 만들어낸 증기 기관, 나아가 내연 기관의 결합 혹은 상호 작용이 인간에게 이동의 자유를 부여했다. 호모 사피엔스의 등장 이래로 인간이 결코 넘을 수 없었던 공간적 제약을 극복하자 세계는 바야흐로 압축되기 시작했다. 19세기 말에서 20세기 초, 이른바 '제1차 세계화'를 통해 인간은 마침내 거의 완전하게 지리적 이동이 가능해졌다. 19세기 말에는 극지방이나 몇몇 오지를 제외하고 원하는 곳이면 어디든지 갈 수 있게 되었다. 이는 새로운 동력원(석탄과 석유)이 새로운 동력 기관(증기 기관과 내연 기관)과 결합함으로써 이뤄진 결과다.

영국은 산업 혁명을 통해, 특히나 석탄과 증기 기관의 단단한 결합을 통해 그 이전의 어떤 문명도 해결하지 못한 '맬서스의 덫(Malthusian trap)'—인구 증가와 식량 감소의 딜레마적 상황—에서 벗어날 수 있었다. 그리고 마침내 19세기 중반 영국은 유기적 에너지에 토대한 경제 상태에서는 도저히 극복할 수 없었던 '자연의 구속' 혹은 '생태적 제약(ecological constraint)'으로부터 탈출해 과거 인류 문명이 결코 구축할 수 없었던 새로운 사회, 즉 산업 사회에 도달했다. 그렇지만 탄소 문명이 없었다면 산업 사회는 불가능했을 것이다. 나아가 19세기 말의 제1차 세계화든 20세기 말에 시작된 제2차 세계화든 전 지구를 경제적·문화적으로 촘촘히 연결하는 세계화는 화석 에너지 때문에 가능했다.

'저에너지 사회'에서 '고에너지 사회'로

한 생태학자의 추산에 따르면, 수렵·채집 단계에서 우리의 조상은 하루 300와트 정도의 에너지로 살아갔다. 그러나 농업 혁명 이후 농민들은 평균적으로 2000와트의 에너지를 사용했다. 작물과 가축의 이용은 인간이 확보할 수 있는 에너지의 증가를 가져왔다. 그리하여 혹자는 인류가 농경을 시작하면서 '최초의 에너지 혁명'을 맞이했다고 본다. 그 덕분에 인류가 더 넓은 지역에서 삶의 터전을 확보할 수 있었다는 것이다.

그렇지만 이를 진정한 의미의 에너지 혁명이라고 보기는 어렵다. 멈퍼드가 그러했듯 에너지원을 기반으로 한 문명 구분은 특정 사회의 에너지 사용이 지구적 차원에서 얼마만큼 자연 생태계에 영향을 끼치는지를 염두에 둔 것이다. 그런 시각에서 보면, 농업 혁명 시기에 인간이 사용한 에너지의 증가는 자연 생태계를 근본적으로 변화시켰다고 보기 어렵다. 차라리 19세기 이후의 산업 사회가 여기에 해당하며, 이 시기의 에너지 혁명이야말로 진정한 의미에서 산업 혁명의 기반이 될 수 있었다.

우리 문명이 특정 형태의 에너지, 즉 탄소를 배출하는 화석 연료에 의존하고 있음을 다시금 깨닫게 해준 사건은 이번 세기의 첫 10년 사이에 벌어졌다. 유가가 2007년 이후 계속 급상승해 2008년 7월에는 배럴당 147달러에 달했다. 세계 경제는 유가가 100달러를 넘어서자 멈추기 시작했고, 사상 최고치인 147달러에 이르자 아예 곤두박질치다시피 했다. 이유는 단순하다면 단순했다. 전 세계 사람들이 만들어 내는 재화와 서비스가 모두 석탄이나 석유 그리고 천연가스 같은 화석 연료와 연동되어 있기 때문이다. 어찌 보면 그해 후반의 글로벌 금융 위기는 이러한 유가 폭등과 결합해 심화했다고 볼 수 있다.

산업 혁명이 낳은 산업 사회가 진행되면서 뚜렷해진 결과물이 바로 대량 소비 사회라는 걸 부정하기는 어려울 것이다. 고밀도 에너지원인 석탄과 석유 덕분에 인류는 이전에는 소수의 귀족이나 부유층만이 구입 가능했던 상품을 싼값에 대량 소비할 수 있게 되었다. 강대국과 산유국 그리고 다국적 석유 회사들이 지속적으로 석유 가격을 낮게 붙잡아두었기 때문에, 심지어 불필요한 물건을 사들인 후 사용하지도 않고 버리는 이른바 ‘탄소스러운’ 생활 방식을 자연스럽게 받아들였다. 여기서 ‘탄소스러운’ 생활 방식이란 일상의 의식주를 해결하는 데 나무나 퇴비 같은 바이오매스보다 훨씬 더 많은 이산화탄소를 생성하는 화석 연료, 즉 석탄·석유·천연가스에 의존하는 고탄소 생활 방식을 의미한다. 화석 연료가 더 많은 탄소를 대기 중으로 뿜어낼수록, 인간은 더 편리하고 더 안락한 생활을 유지할 수 있다. 그렇지만 전 지구적으로 횡행하는 이런 ‘탄소스러운’ 생활 방식이 이제는 인류와 탄소 문명 자체에 위협과 불안정을 초래하고 있다.

잘 알려져 있다시피 화석 연료는 연소하면서 이산화탄소를 배출한다. 이산화탄소는 6종의 온실가스 중에서 가장 큰 비중을 차지하며, 특히나 20세기 후반 이후 온실가스는 지구 온난화를 가속시킨 주범이다. 반세기도 전인 1965년 미국의 대통령 직속 과학기술자문회의는 인간의 화석 연료 소비가 과도하게 빠른 속도로 증가해 기후 변화를 가져올 수 있다고 경고했다. 그렇지만 거의 모든 미국인은 관심조차 기울이지 않았다. 값싼 휘발유에 중독된 그들은 자동차 없이 생활한다는 걸 상상조차 하기 힘들었다. 탄소 문명은 더 많은 에너지 소비를 요구하는 시스템이다.

그런데 위의 경고가 이제 현실이 되었다. 문제는 화석 연료에서 나온 이산화탄소가 산업 혁명이 시작된 이후 서서히 늘어나기 시작해 탄소 측정이 정밀하게 이루어진 1950년대 중반 이후로는 더 빠른 속도로 증가해 자연 생태계를 엉망으로 만들 만큼 지구의 온도를 높였다는 데 있다. 지구 온난화가 진행된 것이다. 오늘날 에너지와 관련한 최대 문제는 화석 연료의 부족이 아니라, 화석 연료의 지나친 사용에서 시작된 지구 온난화로 인한 급속한 기후 변화다. 즉, 우리 문명이 의존하는 화석 에너지를 더 많이 사용할수록 지구는 기후 변화로 점점 인간이 거주 불가능한 곳이 되어가고 있다. 호모 사피엔스의 멸종을 생각해야 할 만큼 말이다. 게다가 인간이 이러한 위기 상황을 완화할 수 있는 한계 지점인 '티핑 포인트'도 얼마 남지 않았다.

20세기 후반 수십 년(1962~1986) 동안 석유수출국기구(OPEC)에서 막강한 힘을 발휘한 사람은 세계 제일의 산유국 사우디아라비아의 석유상 아흐메드 자키 야마니(Ahmed Zaki Yamani, 1930~2021)였다. 그런 그가 석유 시대의 절정기에 놀라운 혜안을 보여주었다. 석기 시대가 돌이 없어져서 끝난 게 아니듯 석유 시대 또한 석유가 고갈되어 종말을 맞이하지는 않을 거라고 주장한 것이다. 결과적으로 야마니는 산유국들이 현재 상황에 안주하지 말고 조만간 벌어질 탈석유 시대를 대비해야 한다고 '탄광 속 카나리아'처럼 경고했던 셈이다.

그렇다. 인류는 땅속의 석유를 다 사용하기도 전에 화석 에너지가 초래한 기후 변화로 멸종의 경계에까지 이를지 모른다. 오늘날 석유가 조만간 바닥날 것처럼 보이는가? 정확한 내막이야 산유국과 다국적 석유 회사의 이해관계 때문에 알 수 없겠지만, 수십 년 내로는 석유 고갈 사태를 맞닥뜨리지 않을 것 같다. 적어도 이번 세기말까지는 화석 에너지의 사용이 가능할 것으로 추정된다. 그럼에도 많은 사람이 더 이상 석유를 비롯한 화석 연료에 의존해서는 안 된다는 당위성을 점점 더 깨닫고 있다. 이제 화석 연료가 뿜어내는 이산화탄소가 온실 효과를 일으켜 지구 온도를 가파르게 상승시키고 있다는 걸 의심하는 사람은 거의 없다. 또 그러한 온실 효과로 인해 지구 전체의 생태계가 엄청난 변화—곳곳에서 벌어지는 극심한 홍수와 가뭄, 초고온 현상 등—를 일으켜, 인간 문명의 지속 가능성에 심각한 의문이 제기되고 있다. 따라서 화석 에너지의 고갈이 두려워서가 아니라, 화석 에너지로 인한 기후 위기에 대응하기 위해 우리는 태양광이나 풍력 등의 재생 에너지를 추구하고 있다. 휘발유 자동차를 가능한 한 이른 시기에 시장에서 퇴출하고, 그 대안으로 전기 자동차를 더 많이 생산하려 애쓰고 있기도 하다.

이렇듯 지구의 기후가 점차 그 규칙성을 깨면서 극단으로 치닫고 있는 것은 무엇보다도 화석 에너지가 대기 중에 내뿜는 이산화탄소의 양이 끊임없이 증가해 지구 온도를 계속 올리고 있기 때문이다. 어떤 면에서 보면, 이는 지하 세계에 압축 상태로 봉인되어 있던 화석 연료라는 '탄소 자원'을 해제해 대량 생산하고 대량 소비한 결과다. 인류는 산업 혁명 이후 고에너지 사회를 유지해왔다. 하지만 이제는 생태계의 자연적인 '탄소 순환'으로는 해결할 수 없을 만큼 엄청난 양의 이산화탄소가 대기 중에 축적되어 있다. 인류는 더 이상 마지막 빙하기가 끝나고 약 1만 1700년 전부터 시작된 '홀로세(Holocene)' 시대를 살고 있는 것이 아니라, '인류세(Anthropocene)'라는 새로운 지질학적 시대를 만들고 있다는 주장이 설득력을 얻는 이유다.

필자들은 인류 문명의 뼈대와도 같은 에너지의 생산, 유통, 소비를 통해 인류 역사를 설명하고자 한다. 무엇보다도 이 책은 석탄과 석유라는 화석 에너지에 의존해온 탄소 문명의 흥기와 쇠락을 보여줄 것이다. 우선적으로, 전(前) 탄소 문명에 해당하는 농업 혁명 이후 인류 사회가 사실상 대부분의 에너지를 인력과 축력에 의존해왔다는 걸 보여주고, 수력 및 풍력 같은 재생 에너지를 제대로 이용한 지역과 그렇지 못한 지역의 차이가 어떤 역사적 결과를 초래했는지도 제시할 것이다.

그런 다음, 18세기 이후 화석 에너지원으로서 석탄이 영국이라는 공간에서 어떻게 동력 기관(증기 기관)과 결합해 탄소 문명을 낳았는지 설명할 것이다. 나아가 19세기 후반 이후 서구를 중심으로 국가별 경쟁을 통한 탄소 문명 성장의 궤적을 추적한다. 물론 이 시기에 석유를 본격적으로 사용하면서 화석 에너지의 영향력이 더욱 커졌고, 내연 기관의 발명이 석탄을 밀어냄으로써 20세기 후반을 사실상 석유의 시대로 만들었다는 사실도 보여줄 것이다.

나아가 인류의 일상생활에 널리 쓰이는 전기 또한 주로 석탄에 의해 생성되는 2차 에너지원이라는 사실, 즉 우리가 '탄소스러운' 생활 방식으로 누리는 모든 즐거움과 편리함 그리고 안락함까지도 화석 연료의 소비에 의존하고 있다는 사실을 상술할 것이다. 20세기 이후 세계 강대국 간의 대결과 전쟁은 석유를 둘러싸고 벌어졌다. 그리고 석유를 확보하기 위한 서구 열강의 치열한 대립과 갈등, 다시 말해 화석 연료에 대한 지나친 의존이 결국에는 1970년대의 석유 파동을 낳고 탄소 문명의 몰락을 불러왔다. 또한 탄소 문명의 부산물로서 21세기의 가장 큰 사회 문제인 기후 변화가 탈탄소 문명으로의 신속한 전환을 요구한다는 걸 보여줄 것이다. 필자들은 이 과정에서 기후 위기가 가져온 글로벌 정치 갈등에 대해서도 다룰 것이다.

마지막으로, '압축적 근대'를 경험한 한국 사회가 해방 이후 석탄에, 그리고 1960년대 산업화 이후에는 석유에 얼마만큼 의존했는지 보여주고자 한다. 한국의 근대화와 산업 사회 진입은 화석 에너지 사용을 빼놓고 설명할 수 없다. 아울러 가족 중심의 민간 차원에서도 아파트 시대가 본격적으로 열리면서 '탄소스러운' 생활 방식이 널리 자리 잡았다. 시간이 지나면서 그러한 생활 방식에 어떻게 중독되었는지, 왜 한국이 현재 '기후 악당'으로 불리고 있는지 살펴보고자 한다.

우리는 바야흐로 탄소 문명이 종말을 맞이하는 그 입구에 서 있다.

1부

탄소 문명의 형성

거대한 에너지 전환

01

탄소 문명 이전 시기
저에너지 사회

1 에너지란 무엇인가

태초에 에너지가 있었다. 우주에 충만한 에너지의 총량은 불변이지만 그것은 언제나 엔트로피(entropy)가 증가하는 방향으로만 움직인다. 엔트로피가 늘어난다는 것은 에너지가 일을 할 수 없는 상태로 바뀌는 걸 의미한다. 한편 태양은 핵융합으로 막대한 에너지를 생성한다. 빛의 형태로 지구에 도착한 태양 에너지의 총량은 태양상수니 입사량이니 산란 및 반사되는 에너지양을 고려해 최종 계산해보면 1제곱미터당 약 240와트의 에너지에 해당하는데, 이만큼의 에너지를 태양이 고맙게도 지구에 무상으로 선물해준다. 덕분에 이 지구상의 살아 있는 모든 생명체는 태양이 핵융합하면서 만든 에너지에 의존하고 있다. 가장 늦게 생명 진화의 가지에서 뻗어나온 호모 사피엔스 또한 그러한 축복에서 예외가 아니다. "에너지는 사실상 우리 삶의 전부"[1]이기 때문이다.

인류에게 에너지라는 것이 얼마나 중요한지를 깨닫게 해준 사람은 과학자들이었다. 그렇다면 에너지란 도대체 무엇인가? 오늘날까지도 여전히 에너지에 대한 개념을 제대로 이해하기란 쉽지 않다. 예컨대 20세기의 위대한 물리학자 리처드 파인먼(Richard Feynman, 1918~1988)은 1963년의 한 강의에서 당시까지도 에너지가 무엇인지를 정확하게 이해하지 못하고 있다고 실토했다. 그것은 에너지가 추상적이며 무엇보다도 한 가지가 아닌 여러 형태로, 예컨대 운동 에너지나 화학 에너지, 빛 에너지 혹은 전기 에너지 등으로 존재했기 때문이다. 그래도 분명한 것은 에너지는 새롭게 만들거나 없앨 수 있는 게 아니라는 점이다. (그러니 에너지 생산이니 에너지 소비니 하는 말은—엄밀히 말해서—사실상 문제의 소지가 있는 표현이다.)

'에너지'라는 용어를 처음 사용한 사람은 영국의 과학자 토머스 영(Thomas Young, 1773~1829)이다. 그런데 당시 그는 에너지를 운동 에너지로만 이해하고 있었다. 에너지에 대해 제대로 된 현대적 해석을 시도한 사람은 프랑스의 엔지니어 사디 카르노(Sadi Carnot, 1796~1832)였다. 그는 열이 항상 높은 온도에서 낮은 온도로 이동할 때만 에너지로 바뀌어 역학적인 일을 할 수 있다는 걸 보여주었다. 아울러 그 덕분에 열역학 제2법칙의 토대를 놓을 수 있었다. 그 후 영국의 물리학자 제임스 줄(James Joule, 1818~1889)은 열이 물질이라기보다는 운동의 한 형태라고 보아 열과 운동의 등가성을 제시했다. 실험을 통해 그는 역학적인 일이 열로 바뀐다는 것을, 즉 역학 에너지와 열에너지가 등가임을 증명했다. 그리하여 열역학 제1법칙, 즉 '에너지 보존 법칙'의 토대가 만들어지고 '열역학(thermodynamics)'이라는 학문이 정립되었다.

독일의 물리학자 루돌프 클라우지우스(Rudolf Clausius, 1822~1888)는 1850년 이후 발표한 열역학 관련 논문들을 통해 열은 뜨거운 물체에서 차가운 물체로 흐르며, 그 반대의 경우는 일어나지 않는다는 걸 확실하게 보여주었다. 나아가 '엔트로피'라는 용어를 제안하며 에너지의 흐름, 즉 에너지의 방향성은 오로지 엔트로피가 증가하는 쪽으로만 진행된다는 열역학 제2법칙을 발견함으로써 영구 기관이 불가능하다는 것을 증명했다.

마이클 패러데이(Michael Faraday, 1791~1867)가 발견한 전자기 유도 법칙 또한 운동 에너지를 전기 에너지로 바꿀 수 있다는 걸 보여주었다. 나아가 하인리히 헤르츠(Heinrich Hertz, 1857~1894)의 전자기파 실험 또한 빛이 일종의 에너지라는 사실을 보여준 것과 같았다. 1905년에 발표된 아인슈타인의 특수 상대성 이론은 $E = mc^2$이라는 공식, 즉 질량 또한 에너지의 한 종류임을 깨닫게 해주었다. 아니, 어찌 보면 에너지는 질량 그 자체이기도 하다. 예를 들어, 1킬로그램의 우라늄 235가 핵분열할 때, 그중 1그램만 에너지로 바뀌어도 원유 190톤과 맞먹는 양의 에너지를 생성한다. 이와 같이 에너지는 열이나 빛 같은 동적인 형태로, 동시에 질량같이 정적인 형태로도 존재하기 때문에 보통 사람들이 점점 더 이해하기 어려운 개념이 되었다.

그러나 일상에서 에너지에 대한 소박한 정의는 그저 '어떤 일을 할 수 있는 능력'으로 이해하면 된다. 이런 관점에서 보면, 현대 사회는 일을 할 수 있는 능력인 에너지를 석탄, 석유와 천연가스 같은 화석 연료로부터 공급받고 있는 탄소 문명 사회로 볼 수 있다. 인력과 축력 그리고 바이오매스에 의존한 저에너지 사회에서 에너지 밀도가 높은 화석 연료 의존 사회, 즉 고에너지 사회로 비약적으로 발전하며 탄소 문명이 진화해왔던 것이다.

그렇다면 탄소 문명의 토대를 이루는 화석 연료는 어떻게 만들어졌을까? 아주 먼 옛날, 그러니까 고생대 말기 및 중생대 초기에 생물의 사체 중 분해되지 않은 유기물이 땅속이나 해저 등에 쌓여 퇴적층을 이루었고, 고온에서 높은 압력을 받으며 오랜 시간을 걸쳐 화석화해 석탄이나 석유 같은 화석 연료로 변했다. 그리고 이 화석 연료는 인간에 의해 연소되어 이산화탄소 형태로 다시 대기 중으로 돌아간다.

우리는 화석 연료가 연소 후 무엇보다도 이산화탄소를 만들어내고, 그것이 대기에 쌓여 온실 효과를 가져와 오늘날 지구 온난화 문제를 일으켰다는 것에만 집중한 나머지 탄소를 부정적으로만 이해해서는 안 된다. 이산화탄소 없이 식물은 광합성을 할 수 없으며, 광합성을 할 수 없는 식물은 산소를 부산물로 생산하지도 못할 것이다. 그러니까 인간을 비롯한 동물은 탄소가 없으면 멸종에 이른다는 얘기다. 비록 온난화 문제로 인해 탄소에 대한 부정적 이해가 확산하고 있지만, 탄소는 인간 및 생명체 생존에 필수 불가결한 원소임을 잊어서는 안 된다.

어쨌든 죽은 생명체는 곰팡이·세균 같은 미생물에 의해 분해되며, 그 결과 생명체를 구성하던 탄소는 이산화탄소 형태로 대기 중에 남는다.[2] 이런 과정을 거쳐 탄소는 생명체에서 출발해 대기로 돌아갔다가 다시 생명체로 돌아가는, 즉 형태를 달리하며 지구상에서 생화학적으로 순환한다. 우리는 이를 '탄소 순환'이라고 부른다. 인류는 식물이 내보내는 산소를 이용해 호흡하며 삶을 이어가지만, 생존에 필요한 에너지는 몇십만 년 전 불을 통해 얻을 수 있었다. 즉, 추위를 이기기 위한 난방과 날것을 익혀 먹는 요리를 위해 나무나 가축의 퇴비를 연료로 사용했다. 바이오매스를 에너지로 활용한 것이다.

2 바이오매스 에너지

농업 혁명

농업 혁명 이전 수렵과 채집에 종사한 인류는 하루에 300와트 정도의 에너지를 사용했을 것으로 추정한다. 전구 6개를 켜는 데 필요한 전력과 비슷하다. 이 시기 인류는 생존 수준에 겨우 머물러 있었으므로 자연환경에 끼치는 영향은 거의 없었다고 봐도 무방할 것이다. 농업 혁명 이후의 농민은 2000와트의 에너지로 활동했다. 그러니까 수렵·채집인보다 6~7배 에너지를 더 사용한 셈이다. 무엇보다도 주식이 된 쌀, 밀, 옥수수 등의 벼과(科) 식물과 가축화한 동물 100여 종을 키우고 섭취함으로써 엄청나게 많은 에너지를 얻을 수 있었기 때문일 것이다. 특히나 가축의 배설물을 비료로 재활용함으로써 식량 생산에서 '인간-동물-식물의 유기적 에너지 교환'의 선순환이 구축되었다.

　농업 기술 덕분에 에너지를 그 이전 시기보다 10배 넘게 사용할 수 있었으며, 수확량 또한 10배 정도 늘어났다. 결과적으로, 더 많은 사람이 농지를 확대하면서 지구상에 거주할 수 있었다. 물론 인류의 조상은 구석기 시대부터 불을 사용해 음식물을 익혀 먹는 화식(火食)을 하고 추위 또한 극복할 수 있었다. 즉, 나무 형태의 바이오매스를 에너지원으로 쓰기 시작한 것이다. 나아가 농업 혁명 이후 토기를 생산하는 데도 나무를 연료로 사용했다. 석기 시대가 끝나고 청동기 시대에 들어 인류는 본격적으로 불을 다루었다. 금속 주조를 위해서는 나무를 연소시켜 만든 숯이 더 많이 필요했다. 그러나 어느 순간부터 목재를 제공하는 숲의 성장보다 사람들이 나무를 소비하는 속도가 더 빨라졌다. 특히 도시가 형성되면서 목재 수요가 급증했다. 우리가 알고 있는 고대 문명이 다 그러했다. 그 대표적인 예가 메소포타미아 문명이다.

숲과 고대 문명

숲은 사실상 태양 에너지를 대량으로 품고 있다. 인류 최초의 문명인 메소포타미아 문명은 대규모로 숲을 베어냈다. 주거 건물을 짓거나 벽돌 또는 금속을 주조하는 데 필요한 연료로 나무가 필요했기 때문이다. 비록 '자원(resource)'이라는 용어를 사용하지는 않았지만, 이 문명권 사람들은 숲을 거대한 산림 자원으로 인식했을 것이다. 그리고 많은 숲을 없애면 홍수가 자주 발생하고, 지역의 사막화가 진행되고, 티그리스강이나 유프라테스강 하류 지역에서는 토양의 염분화가 이뤄졌을 것이다.

초기 수메르인이 남긴 《길가메시 서사시》는 삼림의 소멸이 인간에게 어떤 결과를 가져올지 알고 있었던 것으로 보인다. 그 작품에서 최고신 엔릴(Enlil)은 '훔바바(Humbaba)'로 하여금 숲을 지키게 한다. 그러나 어찌 보면 문명의 상징과도 같은 길가메시와의 싸움에서 훔바바는 패배하고 만다. 즉, 수메르인은 숲을 파괴하면 훗날 자신들의 문명이 도태되리라는 걸 알면서도 문명을 유지하기 위한 현재의 절박한 필요성 때문에 어쩔 수 없는 선택을 한 셈이다. 당시 최고의 목재였던 레바논 삼나무는 끝없는 벌채로 인해 거의 다 사라졌고, 오늘날 그 지역은 민둥산으로 남아 있다.

이렇듯 삼림을 파괴하고 문명 자체를 재생 불가능한 상태에 빠뜨리는 행위는 18세기 탄소 문명이 형성되기 전까지―아니, 그 이후에도 탄소 문명을 형성하지 못한 지역에서조차―고대 세계 여러 문명권에서 되풀이되었다.

특히나 제국을 형성한 국가에서는 군사력을 확대하기 위해 야금술을 통한 금속 무기 제조가 절실했고, 그에 따라 더 많은 숯이 절대적으로 필요했다. 게다가 해군에 필수적인 배를 만들기 위해서는 더 많은 목재를 제공해야 했다. 예컨대 기원전 1200년경 키프로스섬은 구리 광산으로 유명했다. 그 때문에 구리 제련에 필요한 숯을 조달하기 위해 부근의 숲을 파괴하기 시작했다. 그렇지만 150년 후인 기원전 1050년경에는 더 이상 구리를 제련하지 못했다. 숯을 제공할 삼림이 다 사라졌기 때문이다. 이 지역에서 생산된 구리는 총 20만 톤에 달하는데, 이를 위해 무려 2억 그루의 나무를 베어냈을 것으로 추정한다. 결국 더 많은 구리를 생산하기 위해 나무의 성장 속도보다 빠르게 벌목해서 숯을 만드는 상황이 지속되다 보니 삼림 관리에 실패할 수밖에 없었다.

이러한 문제는 고대 그리스에서도 반복적으로 발생했다. 기원전 5세기부터 약 300년 동안 아테네가 소유한 라우리온(Laurion) 은광에서는 은 3500톤과 납 140만 톤을 채굴했다. 그런데 이만한 양의 은과 납을 생산하기 위해서는 숯 100만 톤이 필요하다. 또한 그만큼의 숯을 만들기 위해서는 100만 헥타르(약 30억 2500만 평)의 산림이 필요하다. 결국 그리스 문명에서도 숲을 대규모로 베어냈으며, 용수의 부족과 농사지을 땅이 황폐화하면서 인구 감소로 이어졌다.

숲은 농업 문명 속에서 살아가는 인간에게 금속 생산을 가능케 하고 주택 공급 및 난방 문제를 해결해주었다. 하지만 인구 증가 속도가 숲의 성장 속도를 앞지르는 시점에 이르면, 숲은 점차 줄어들어 소멸하고 숲 인근 지역의 공동체도 결국엔 붕괴하고 마는 구조적 악순환이 지속되었다.

3 인력과 축력 에너지

인력과 노예제

예나 지금이나 인간이 사용할 수 있는 가장 빠르고도 단순한 에너지 획득 방법은 근육을 쓰는 것이다. 우리는 음식을 먹어서 만든 화학 에너지를 근력을 통해 기계 에너지로 전환함으로써 주어진 일을 해결한다. 그런데 타의에 의해 강제적으로 자신의 근력을 사용하는 사람을 노예라고 부른다. 제도로서 이러한 노예는 인류 역사만큼이나 오래되었다. 전쟁에서 패한 쪽 사람들은 대부분 노예로 전락했다.

어떤 사회의 경우에는 원래 자유민이었으나 시간이 지나면서 노예와 비슷한 지위로 몰락하는 일도 있었다. 예컨대 고대 그리스의 장인 계층은 사회적으로 차츰 경멸을 받으며 열등한 존재로 추락했다. 이러한 관념은 특히 노예제가 정착하면서 강화되었다. 기술자가 노예와 경쟁 관계에 있었기 때문이다. 그리하여 장인들은 천한 일을 하는 계층으로 남았다. 특히 아테네 시민에게는 '스콜레(schole)'가 중요했는데, 이는 자유롭게 시간을 보내는 여유를 의미했다. 즉, 땀을 흘리는 육체적 노동으로부터 해방된 사람들만이 시민으로서 자격이 있었다.

플라톤(기원전 428/427~기원전 348/347)은 장인을 아테네 사회에서 가장 하층 계급으로 간주했다. 그의 친구였던 크세노폰도 시민들이 기술을 행하려 하지 않는다고 썼다. 아리스토텔레스(기원전 384~기원전 322) 또한 장인은 시민이 될 수 없다고 주장했다. 그리스 사상가들의 이런 생각은 당시 많은 장인이 현실적으로 노예 신분이었다는 데서 기인한다.

고대 로마야말로 노예제에 의존한 국가였다. 지중해 주변의 영토를 확장해가면서 쉼 없는 전쟁을 통해 전리품인 포로를 노예로 만들었다. 전쟁에 동원된 청년층을 비롯한 남성들이 농사를 짓지 못하는 상황이 지속되자, 이탈리아반도의 로마인은 자체적으로 식량을 충분하게 생산할 수 없어 속주(屬州)에서 보내주는 식량에 의존했다. 그러나 더 많은 토지를 소유한 귀족들은 노예를 이용해 경작했다. 예컨대 로마 공화정 시기의 정치인 대(大)카토(Marcus Porcius Cato, 기원전 234~기원전 149)는 자신이 소유한 60헥타르(약 18만 평)의 올리브 농장에서 13명, 25헥타르(약 7만 5000평)의 포도 농장에서 15명의 노예를 부렸다. 28명의 근력을 올리브와 포도 농사에 투입했다는 의미다.

이처럼 고대 그리스와 로마 지배층은 자신의 근력이 아니라 노예를 사용해 경제 활동을 했다. 결국 역사적으로 볼 때, 노예의 존재는 인력 부족의 위기감을 느끼지 못하게 하고, 따라서 노동 절약적인 기구나 기계를 만들어야 할 동기를 약화시켰다. 즉, 노예에 기반한 사회는 내부적으로 생산력 향상을 위해 새로운 발명을 통한 기술 발전을 추구하기 어려웠다.

그렇지만 근본적으로 어떤 문명이 인간의 근력에 의존하는 한, 노예제가 폐지된 이후에도 왕정하에서는 강제 노동 혹은 비자발적 노동이 존재했다. 왕이나 봉건 영주는 휘하의 평민들을 필요한 경우 언제든지 노동력으로 징발해 무임금으로 사용하곤 했다. 이른바 '부역(corvée)'이었다. 이러한 부역의 관행이 유럽에서는 19세기 중반까지도 유지되었다. 화석 에너지가 인류 역사에 등장하기 전까지 인간과 가축이라는 '유기(organic)' 에너지는 문명을 떠받치는 거대한 축이었다.

축력

농업 혁명이 성공하기 위해서는 가축화가 반드시 필요했을 것이다. 소나 말의 도움 없이 농사를 짓는다는 것은 생산성 측면에서 무모한 시도였을 테니 말이다. 예컨대 성인 남성의 노동력은 80~100와트, 여성의 경우 50~70와트인 반면, 소의 경우 200~400와트, 말의 경우 500~700마력의 노동력을 발휘할 수 있었다. 따라서 소나 말의 축력은 농업 사회가 존재하는 한 필수적인 에너지였다. 비록 충분하다고는 볼 수 없겠지만 말이다. 축력을 적절히 이용했기 때문에 잉여 생산물을 만들어내고 도시도 세울 수 있었을 것이다.

기본적으로 농업 사회에서는 사람들이 여전히 소나 말 같은 가축의 축력에 의존해 물건을 운송했다. 물론 사람의 근력은 기본이었다. 인간의 육체적 노동력만 가지고는 겨울철 장작이나 농산물을 필요한 곳으로 옮길 수 없었기 때문에 또 다른 종류의 유기체인 동물의 힘에 의존했다.

로마 문명 역시 초기에는 축력을 충분히 사용했다. 예컨대 기원전 2세기경에는 맷돌 달린 회전 방아를 이용한 제분기를 만들었다. 이 제분기는 작은 규모의 작업을 할 때는 손을 이용해 돌리고, 큰 규모의 작업을 할 때는 당나귀나 노새 등의 축력을 이용해 돌리는 연자방아 형태였다. (그리스인은 기원전 500년경에 이미 이러한 제분기에 대해 알고 있었다.)

그런데 고대 로마에 노예제가 정착하면서 방아를 돌리는 데 사용하는 축력이 줄어들거나 거의 사라졌다.

그러나 일반적으로 축력은 농업 문명의 상시(常時)적 조건이었다고 볼 수 있다. 노예제에 의존한 고대 로마나 그리스를 제외하면 말이다. 18세기 말 상업이 활발하게 이뤄지던 미국 보스턴에서도 축력이 필요한 상황은 달라지지 않았다. 당시 상인이었던 존 로(John Rowe)는 한 겨울에는 어찌나 추운지 "글을 쓸 때 잉크가 언다"고 기록하면서, 자신이 어떤 장사를 하는지 언급하고 있다.

> 서리가 내리거나 눈이 덮여 지면이 굳어지는 겨울철에는 황소가 끄는 투박한 수레와 썰매가 나무숲에서 장작을 실어 나르거나 보스턴 시장에 내다 팔 옥수수와 감자 같은 농산물을 실어 나르느라 바빴다.[3]

근대 시기 상인들도 축력을 이용해 숲에서 장작을 옮기거나 농산물을 시장에 내다 팔았다. 가축의 도움이 없었다면 불가능했을 일이다.

인간 사회는 18세기뿐 아니라 20세기 초까지도 축력을 이용했다. 농촌은 물론 도시도 그러했다. 예컨대 뉴욕에서는 1908년 운송용으로 쓰이는 말 12만 마리가 거리를 활보했다. 1900년 미국 도시에는 300만~350만 마리의 말이 있었다. 농촌에서는 1700만 마리를 농사 및 운송에 이용했다. 1920년에도 미국 전역에 2000만 마리의 말이 있었다. 비록 빠른 속도로 줄어들고 있긴 했지만 말이다.

심지어 산업 사회로 접어든 영국에서조차 축력이 필요했다. 영국에서 운송용 말이 가장 많았던 시기는 18세기나 19세기가 아니라 20세기 초였다. 증기 기관차와 증기선이 많은 화물과 엄청난 승객을 실어 날랐지만, 그것은 어디까지나 국가와 국가, 도시와 도시를 오갈 때였다. 도시 내에서의 짧은 거리 이동은 주로 마차를 이용했다. 적어도 자동차를 널리 이용하기 전까지는 그랬다. 심지어 20세기의 양차 세계대전에서도 전쟁터까지 무기를 실어 나르는 데 수백만 마리의 말과 노새, 소 등을 활용했다.

자동차를 발명하지 못했더라면 도시 교통 수단으로서 말은 줄어들지 않았을 것이다. 사람들은 자동차가 가축으로 인한 도시의 오염과 환경 문제를 해결해줄 거라고 생각했다. 적어도 자동차 운행이 적었던 초기에는 그렇게 믿었다. 자동차가 본격적으로 매연을 대기 중에 내뿜기 전까지는 말이다.

4 풍력과 수력 에너지

풍차와 수차는 기계력을 이용해 자연력(natural power)인 바람과 물의 힘을 에너지로 만들어낸다. 즉, 풍차와 수차는 최초의 기계적 원동 장치라고 볼 수 있다. 이것들이 인류 역사에 등장한 것은 수천 년 전이지만, 그 원리는 크게 변하지 않았다. 풍차와 수차를 만드는 기술의 경우 혁신이 드물게 발생했다는 얘기다.

고대 그리스나 로마 문명은 자연의 에너지를 발견하고 활용하는 데 관심이 없었다. '살아 있는 기계', 즉 노예를 이용해 필요한 에너지를 충족할 수 있었기 때문이다. 유럽은 중세에 들어서서 물이나 바람의 힘을 이용하려는 움직임이 일어났다. 동력원의 변화를 꾀했다는 것은 기술의 역사에서 획기적인 일이었다.

유럽 중세 사회가 역사상 암흑기였다는 주장은 더 이상 유효하지 않지만, 이 주제와 관련해서는 더욱더 그러하다. 유럽 사회가 중세 후기에 수력이나 풍력을 이용한 제분기 등 농사에 필요한 기계를 본격적으로 만들기 시작한 것은 어떻게 보면―증기력을 이용한 18세기 증기 기관의 발명에 미칠 수는 없지만―획기적인 사건이었다. 유럽이 수력과 풍력을 새로운 에너지원으로 사용하기 시작한 것은 주목할 만했다. 20세기의 위대한 역사가 페르낭 브로델(Fernand Braudel, 1902~1985)이 유럽에 수차와 풍차가 널리 퍼진 12세기를 최초의 산업 혁명이 발생한 시기라고 주장하고 싶은 유혹을 느낄 만큼 말이다.

보통 수차는 5마력의 힘을, 풍차는 10마력의 힘을 발휘했다. 그렇지만 풍력이든 수력이든 정교한 기계 장치를 이용할 능력을 갖춘 다음에나 가능한 잠재적 자연 에너지였다. 즉, 풍차와 수차를 돌리는 것은 풍력과 수력이지만, 그에 필요한 거대한 바퀴를 돌리기 위해서는 정밀한 기계 장치가 필요했다. 예를 들어, 수차를 본격적으로 이용하려면 제분소에서 필요로 하는 작업 기계의 왕복 운동과 수차 바퀴의 회전 운동을 연결해야 했다. 여기에 캠축(cam軸)이 쓰였다. 또한 10세기경부터 바퀴의 회전 운동을 왕복 운동으로 바꿀 수 있는 2개의 장치인 스프링 해머와 크랭크가 중국으로부터 전래되었다. 그 결과 수차는 압축기, 철판 절단기 및 무두질, 양조, 기름 짜기 등뿐만 아니라 제분소와 대장간에서도 널리 이용되었다.

그래서 중세 기술사가 린 화이트(Lynn White, 1907~1987)는 중세 후기 유럽의 인류에 대한 역사적 공헌을 무엇보다도 노예 따위의 인력에 의존한 것이 아니라 비(非)인력, 즉 수력이나 풍력 등에 의존한 데 있다고 주장할 수 있었다.

풍력 에너지

풍차

수차로 곡식을 빻거나 사막에 물을 공급하기 위해 풍차를 이용했다는 기록은 무려 4100년 전 페르시아에서 등장했다. 서남아시아 국가들, 특히 이란과 아프가니스탄에서는 풍차를 다른 어느 지역보다도 먼저 사용했다. 이곳에서는 논밭에 물을 대기 위해 풍차를 쓰곤 했다. 이란에서는 700년경 제분기나 양수기의 동력원으로 풍차를 사용했다. 이러한 풍차는 유럽보다 먼저 중국 쪽으로 이전되었다. 유럽의 경우, 1150~1200년 십자군 전쟁에 참가했던 십자군이 페르시아로부터 풍차를 들여왔다.

16~18세기에 풍력은 유럽이 필요로 하는 에너지의 4분의 1을 생산해낼 수 있었다. 그렇지만 활용하기에 충분한 풍력을 제공하는 지역은 제한적이었다. 그중엔 북해의 강한 바람을 이용할 수 있었던 네덜란드도 있다. 네덜란드는 16세기부터 풍력을 본격적으로 이용하기 시작했다. 덕분에 오늘날 많은 사람이 '풍차' 하면 네덜란드를 떠올린다. 당시 네덜란드는 국토 내의 호수와 습지에서 물을 빼내기 위해 수차에 동력을 보낼 풍차를 제조했다. 그러고는 배수 후 제방을 쌓았다. 그 결과 전 국토 중 해수면보다 3미터나 낮은 땅의 약 40퍼센트 정도를 농경지로 만들 수 있었다.

네덜란드는 국토의 4분의 1가량이 해수면보다 낮았기 때문에 많은 비가 오면 물이 빠지지 않아 큰 곤란을 겪었다. 따라서 네덜란드 사람들은 물을 잘 다스리지 않고서는 생존할 수 없었다. 즉, 치수 시설이 발달할 수 있었다. 특히 북해에서 불어오는 강한 바람을 이용해 해수면

출처: https://en.wikipedia.org/wiki/Windmill#/media/File:Near_St._Donats.jpeg

아래 지역에서 바닷물을 뽑아냈다. 바닷가 지역에 풍차를 건설한 이유다. 17세기쯤에는 약 8000개의 풍차가—많은 경우—바닷물을 빼내는 데 사용되고 있었다. 시간이 지나면서 풍차는 배수 용도를 넘어 목재 제재나 도자기 제조, 선박 건조 과정에까지 활용되었다. 나아가 양모로 옷감을 짜는 데도 쓰여 17세기에는 레이던(Leiden)이 유럽 직물업의 중심지가 되었다. 이렇듯 네덜란드에서는 풍차가 종이 제조나 섬유업 등 여러 산업 분야로 확대되면서 풍력을 통한 경제 성장이 가능해졌다.

또한 암스테르담에는 14세기부터 암스텔강을 따라 바닷물이 넘칠 수 없게끔 둑과 댐을 건설하면서 운하가 만들어졌다. 이 운하의 주된 목적은 풍력을 이용하는 범선들의 출입을 가능케 해서 암스테르담을 국제 무역항으로 구축하는 데 있었다. 1599년 네덜란드 동인도회사(VOC)가 창립되면서 암스테르담은 세계적인 허브항으로 입지를 확립해갔다. 물론 이 운하 주변에도 풍차를 설치했다.

네덜란드는 풍력 사용을 극대화해 1900년에 이르면 9000대의 풍차가 그 나라에서 필요로 하는 에너지의 90퍼센트를 제공했다. 이때쯤 유럽 전역에서는 약 10만 대의 풍차가 작동하고 있었다.

범선과 대항해 시대

위에서 언급했다시피, 사실상 풍력은 몇천 년 전부터 인간이 바다에서 활용하고 있었다. 배를 더 빨리 움직이게 하려고 약 5000년 전 돛을 발명했다. 배에 돛을 달아 바람의 힘을 이용하고, 거기에 인간의 노동력을 더해 노를 저었다. 바람은 기압의 차로 인해 발생한 공기의 흐름이라고 볼 수 있는데, 지구 자전의 영향으로 위도에 따라 무역풍이나 편서풍이 항상 분다. 이러한 바람의 힘을 이용해 인간은 범선을 만들어 바다를 항해할 수 있었다. 그리하여 거대한 산을 넘는 대신 바다를 건너 사람과 필요한 물품을 운송했다.

동남아시아 바다에서는 명나라 정화(鄭和, 1371~1435?)의 원정 이전부터 지역민들이 범선을 무역에 활용하고 있었다. 하지만 풍력을 이용해 대양을 가로지르는 범선의 근대적 활용은 15세기 전반 정화 함대의 원정에서 비롯되었다. 환관 출신 정화는 영락제(永樂帝)의 명령을 받아 1405년부터 1421년까지 여섯 번 그리고 선덕제(宣德帝) 재위 때인 1430~1433년 마지막 원정까지 총 일곱 번의 원정을 지휘했는데, 총 항해 거리가 18만 5000킬로미터에 달했다. 한 번 원정을 갈 때마다 평균 20개월이 걸렸고, 대략 2만 7000명을 동원했다. 1차 원정의 경우, 64척의—'보선(寶船)'이라 불리는—큰 배와 225척의 작은 배로 구성되어 있었다. 당시(1403~1419) 조선소에서 만든 배는 무려 2735척이 넘었으며, 그중에는 길이 100미터가 훌쩍 넘는 거대한 선박도 100여 척 포함되어 있었다.[4] 그야말로 어느 국가와도 비교할 수 없는 세계 최대 함대였다. 그러나 그것으로 끝이었다. 정화 함대가 축적한 나침반 활용과 항해술은 중국인에게 잊혔다. 명나라는 그렇게 해양 국가를 포기하고 대륙 국가로만 남았다. 만주족이 세운 청나라 또한 바다를 이용해 통상해야 할 이유를 찾지 못했다. 이미 거대한 제국으로 성장한 청은 영토가 명의 2배 가까이 넓어졌기 때문에 육지의 국경선을 지키는 것만도 쉽지 않았다. 중국은 이후 더 이상 바다에 관심을 기울이지 않은 채 자신만의 세계에 머물렀다.

이렇듯 중국이 정화의 원정 이후 바다의 문을 걸어 잠그는 동안, 포르투갈(1514)과 네덜란드(1622) 그리고 영국(1637)이 중국 해안에 도달했다. 따라서 진정한 의미에서 풍력 에너지를 제대로 활용해 대양을 가로지르는 범선을 만들고 운용한 곳은 15세기 이후 유럽이었다.

유럽 서쪽 끝 이베리아반도의 변방 국가였던 포르투갈이 가장 먼저 치고 나왔다. 주앙 1세의 셋째 아들 엔히크(Henrique, 1394~1360) 왕자는 대서양에 관심을 기울이며, 훗날 포르투갈의 영토가 된 대서양의 아조레스군도와 마데이라섬을 심층적으로 조사하는 탐험대를 재정적으로 후원했다. 이러한 과정을 통해 항해에 필요한 좀더 정밀한 측정 및 관측 기구를 만들어내고, 대양 한복판에서 배가 위치한 위도를 측정하는 방법을 알아내기도 했다. 또한 바람을 이용하는 새로운 배, 즉 '캐러벨(caravel)선'을 처음으로 활용해 대항해 시대를 열 수 있었다.

유럽에서는 전통적으로 갤리(galley)선을 이용해 바다를 항해했다. 갤리선은 로마 시대부터 지중해에서 사용되었는데, 돛이 있지만 주로 사람의 힘에 의존하는 노를 저어 항해하는 배였다. 초기에는 주로 노예 혹은 노예와 죄수들이, 나중에는 해상 전투에 동원된 노수(櫓手)들이 배를 움직였다. 15세기의 갤리선은 평균적으로 길이 40미터에 폭 5미터였다. 갤리선은 사람의 힘으로 움직였기 때문에 가까운 거리의 이동만 가능했다. 베네치아는 '로마의 호수'였던 지중해에서 100척 이상의 갤리 선단을 운용하며 사치품을 싣고 다녔다.

그러다 15세기 초부터 범선이 본격적으로 활약하기 시작했다. 에스파냐와 포르투갈은 베네치아처럼 국가 주도의 선단을 조직했다. 이번에는 갤리선 대신 범선이었다. 특히 포르투갈은 당시 이슬람 지역의 범선이 사용하던 커다란 삼각돛을 수용해 캐러벨선을 만들었다. 이 선박은 전통적으로 이용해온 사각돛과 삼각돛 모두를 활용했다. 사각돛은 순풍이 불 때 작동하고, 삼각돛은 역풍이 불 때 돛대를 중심으로 회전이 가능해 지그재그로 운항할 수 있었다. 덕분에 기존 범선보다 훨씬 더 빨리 움직였다. 이 배들로 포르투갈은 아프리카 해안을 따라 탐험에 나설 수 있었다.

다만 캐러벨선은 크기가 작아 선원과 화물을 많이 실을 수 없었다. 그리하여 포르투갈은 원양 항해가 가능한 '캐럭(carrack)'선을 만들어 유럽과 인도를 포함한 아시아 항해에 활용하기 시작했다. 캐럭선은 캐러벨선이 발전을 거듭해 더 커진 배로, 선체 길이가 거의 45미터

출처: https://en.wikipedia.org/wiki/Carrack#/media/File:Four-master_and_Two_Three-masters_
Anchored_near_a_Fortified_Island_from_The_Sailing_Vessels_MET_DP102238.jpg

에 이르고 무게는 1000톤을 넘기도 했다. 게다가 돛대를 3개 이상 장착한 최초의 전장(全裝) 범선이기도 했다. 물론 에스파냐도 거의 같은 시기에 포르투갈처럼 캐러벨선과 캐럭선을 만들어 대서양을 가로지를 때 사용했다. 예컨대 크리스토퍼 콜럼버스(Christopher Columbus, 1451~1506)가 1492년 첫 아메리카 항해를 떠날 때 주함(主艦)으로 사용한 '산타 마리아(Santa Maria)'는 캐럭선이었지만 나머지 2척, 곧 '니냐(Niña)'와 '핀타(Pinta)'는 캐러벨선이었다. 한편 캐럭선이 무역에만 활용된 반면, 16세기 후반과 17세에 만들어진 '갤리온(galleon)'선은 캐럭선이 진화한 형태로 후자보다 더 빠른 속도와 안정감을 자랑했는데, 주로 무역 혹은 군사용 함선으로 사용되었다.

특히 에스파냐의 갤리온 선단이 그러했다. 포르투갈의 항해가 페르디난드 마젤란(Ferdinand Magellan, 1480~1521)은 반역 혐의 때문에 본국에서 자신의 뜻을 펼칠 수 없게 되자 에스파냐로 가서 대서양을 횡단해 말루쿠제도, 즉 '향신료 제도(Spice Islands)'가 있는 동남아시아로 항해하는 길을 찾겠다고 주장했다. 에스파냐의 왕 카를로스 5세가 그 의견을 받아들여 그는 바다로 세계를 일주하는 탐험대를 꾸밀 수 있었다. 비록 탐험 도중 죽었지만, 마젤란은 오늘날의 필리핀을 에스파냐 식민지로 만드는 데 큰 공헌을 했다. 에스파냐는 마닐라에 거점을 확보해 아메리카 식민지와 무역망을 연결할 수 있었다. 예컨대 에스파냐의 갤리온 선단은 아메리카 대륙의 은을 싣고 마닐라에 도착한 다음, 그곳에서 동남아시아, 즉 '남양(南洋)' 무역상들이 가져온 상품—주로 도자기와 비단—과 교환해 아메리카 식민지(아카풀코항에 도착한 상품들은 육로를 거쳐 대서양 해안의 베라크루스항으로 이동)로 가져갔고, 그곳에서 다시 에스파냐 본국으로 실어 날랐다. 이 모두가 바람을 이용한 대형 범선이 없었다면 불가능했을 대양 무역이었다.

대서양에 인접한 에스파냐와 포르투갈이 풍력을 최대한 활용할 수 있는 캐러벨선과 캐럭선을 이용해 대서양을 횡단하거나 대서양과 인도양을 연결하는 항로를 통해 원양 무역을 주도하는 동안, 지중해 지역 국가들에서는 16세기에도 여전히 노를 이용하는 갤리선을 무역 선박으로 이용했다. 따라서 이들은 원양 항해술에서든 해전의 전술에서든 대서양 인접 국가들을 이길 수 없었다.

포르투갈과 에스파냐는 항해술과 지도 제작술, 천문학 등을 가르치는 항해 학교를 만들어 전문적인 뱃사람을 양성했다. 그들은 조선소를 건설하고, 아스트롤라베(astrolabe)나 육분의(sextant, 六分儀) 등의 천문 관측 기구 등을 활용해 이른바 '대항해 시대'를 열었다. 그리고 무엇보다도 대포와 총으로 무장한 범선을 동원해 유럽 이외의 대륙을 강제로 개방하고 무역을 강요했다.

15세기 전반 정화 함대의 일곱 번에 걸친 항해 이후 중국은 그동안에 쌓은 범선 기술을 방기했다. 여러 이유가 있겠지만 현실적으로 재정적 부담을 이겨내기 힘들었을 것이다. 물론 조정이 환관파와 관료파로 분열된 것도 커다란 이유였다. 게다가 정화가 항해를 통해 이룬 것이라고는 황제를 위해 가져온 기린이나 앵무새 같은 이국적인 동물 정도이며, 조공 무역을 확립했다지만 그 먼 항해에 투입한 엄청난 비용에 비해 경제적 이익은 거의 없었다. 반면, 비슷한 시기의 포르투갈과 에스파냐는 범선 기술을 조금씩 발전시켰다. 그 덕분에 아프리카 남단을 돌아 인도의 항구에서 가져온 향신료로 최소 몇십 배 혹은 그 이상의 경제적 이익을 얻었다. 볼리비아의 포토시(Potosí) 은광은 당시 세계 최대 규모였다. 중국이 대양에서의 풍력 에너지 사용을 포기한 이후 이베리아반도의 두 국가는 이 재생 에너지를 마음껏 활용해 근대 세계의 주도권을 잡을 수 있었다.

어떻게 보면, 유럽의 변방 국가들이 풍력 에너지를 넓은 바다에서 대규모로 활용하면서 그 이전까지 유럽에는 미지의 세계였던 나머지 대륙을 발견하고, 나아가 그들을 점차 식민지화하면서 근대가 시작되었다고 할 수 있다. 큰 범선을 만들 수 있는 능력을 갖춘 국가가 유럽의 해양 세력으로 자리 잡을 수 있었던 것이다. 이러한 주도권은 얼마 후 네덜란드와 영국으로 넘어갔다.

수력 에너지

어찌 보면 수차야말로 인간이 제대로 된 동력으로 이용한 최초의 인공물일 것이다. 수차는 저에너지 사회에서 주요 재생 에너지 동력 장치로 사용된 기계다. 주로 강이나 계곡에서 수력을 이용해 곡식을 빻는 데 쓰였다. 물론 세월이 지나면서 곡물뿐 아니라 가죽의 무두질이나 소규모이긴 해도 제련소에서 풀무질할 때도 수차를 이용했다.

고대

수차는 기원전 3500년경 메소포타미아가 발상지로 알려져 있다. 고대 그리스에서도 곡물을 빻기 위해 수차를 사용했다. 하지만—풍차의 경우와 다르게—사실상 오래전부터 유럽 대부분 지역이나 아시아에서도 물이 풍부하거나 낙차가 큰 지역에서는 수차를 사용했다. 유속과 낙차에 따른 운동 에너지와 위치 에너지를 활용할 수 있었던 것이다.

수차는 물을 바퀴 위로 혹은 아래로 흘러보내는지에 따라 상사식(上射式)과 하사식(下射式)으로 나뉜다. 중동 지방에서는 기원전 2세기경에 상사식 수차를 발명했다. 즉, 옆으로 가로놓인 축에 홈통이 비스듬하게 놓여 있고, 수차와 맷돌이 같은 굴대에 연결된 모양의 수차였다. 반면, 수평 굴대를 지닌 하사식 수차는 기원전 1세기경 로마 공화정 때 발명되었다. 일반적으로 물의 낙차가 큰 곳에서는 하사식 수차를, 그렇지 않은 곳에서는 상사식 수차를 이용했다.

그렇지만 로마는 노새나 당나귀를 이용한 연자방아든 수력을 이용한 물레방아든 이를 본격적으로 활용하지 못했다. 바로 끊임없는 정복 전쟁으로 인해 늘어난 노예 때문이다. 즉, 노동 비용이 너무나 쌌기 때문에 구태여 축력이나 수력을 이용할 필요를 느끼지 못했던 것이다.

고대 로마 시기의 수력 사용: 바르베갈 수력 제분소

오늘날 프랑스 프로방스 지방의 아를(Arles) 부근 바르베갈(Barbegal)에서는 로마 제국이 몰락하던 3세기에 만들어진 수차를 볼 수 있다. 무려 좌우 8개씩 총 16개로 이루어진 수차에서 동력을 얻어 밀가루를 빻던 거대한 수력 제분소의 흔적이다. 유네스코 문화유산으로 등재된 이 제분소 유적은 놀랍게도 16개의 수차를 계단식으로 배열해 마치 현대의 복합 건물처럼 여러 개의 제분소가 하나처럼 움직이던 공간이다. 수차를 따라 연결된 이 16개의 제분소가 한때 시끄러운 소리를 내면서 로마인의 주식인 밀을 빻아 밀가루로 만들었을 것이다. 그런 다음 추정컨대 밀가루 포대를 노새나 당나귀에 실어 아를로 옮겼을 것이다.

물론 공간적으로는 동일한 평면이 아니라 언덕과 기슭의 가로 20미터 세로 42미터 공간에 차례차례 8개의 수차를 약 30도 경사로 계단식 논처럼 연결해놓았다. 각각의 수차는 폭 70센티미터에 지름 2.1미터의 바퀴였다. 제분소로부터 10킬로미터가량 떨어진 저수지에서 수로를 통해 흘러 들어온 물이 폭포처럼 순차적으로 제일 위의 수차를 돌린 다음, 그 아래 수차로 흘러내리는 식으로 8개의 수차를 돌렸을 것으로 추정된다.

그런데 이 거대한 유적지는 1940년 프랑스 고고학자 페르낭 베누아(Fernad Benoit, 1892~1969)가 연구 결과를 발표한 이후에야 그 중요성이 인식되었다. 왜냐하면 이곳이야말로 노예 노동 덕분에 구태여 다른 에너지원, 특히 수력에 의존할 필요가 없던 로마 제국이 쇠퇴기에 접어들면서 노예가 부족해지자 수차를 이용했다는 주장에 대한 증거로 활용될 수 있었기 때문이다.

그렇다면 이 참신한 16개의 수차로 운용한 수력 제분소를 설계한 사람은 누구일까? 묘비명에 의하면, 이 지역에서 최고로 뛰어난 수력 전문가인 퀸투스 칸디디우스 베니그누스(Quintus Candidius Benignus)였다. 물론 그가 설계하고 건설했다는 확고한 증거는 아직 없다.

또 하나의 수수께끼는 이 제분소가 얼마만큼의 힘을 만들어냈는지다. 수차의 크기는 알고 있지만 회전율을 정확하게 파악할 수는 없다. 그럼에도 한 토목 엔지니어는 수로에서 초당 1미터의 속도로 물이 흐르고 수차가 1분에 10바퀴를 65퍼센트의 효율로 돌았다고 가정하면, 2.5마력의 힘이 발생했을 것이라고 추론했다. 이 정도 힘이면 수차에 연결된 맷돌을 1분에 30번 회전시켜 하루 24시간 동안 9톤의 밀가루를 생산할 수 있다. 따라서 하루에 12시간을 일한다고 가정하면 4.5톤을 생산할 수 있고, 1일 평균 350그램의 밀가루를 필요로 하는 1만 2500명을 먹여 살릴 수 있었을 것이다.[5] 이를 근거로 4세기의 이 지역 인구를 나름 정확하게 추정할 수도 있다. 그렇지만 대다수 역사가들은 이 수력 제분소에서 이 지역의 인구가 필요로 하는 식량 이상을 생산했을 것이라고 본다. 왜냐하면 당시 아를 지역은 로마 제국의 요새였기 때문이다. 따라서 여분의 밀가루는 다른 지역으로 보내거나 요새에 머무는 군인들의 식량으로 공급되었을 것으로 추정한다.

이 수력 제분소에 대한 또 다른 궁금증은 그 작동 방식이다. 바퀴 위로 물이 흘러가는 상사식 수차였는지 바퀴 아래로 물이 흘러가는 하사식 수차였는지 아직 확정 짓기 어려운 상태다. 물론 맷돌을 직접 돌리는 수평식 수차도 생각할 수 있지만, 이는 30도의 비스듬한 언덕 지형에서 그렇게 효율적인 형태는 아니다. 따라서 상사식 혹은 하사

출처: https://en.wikipedia.org/wiki/Barbegal_aqueduct_and_mills#/media/File:Mus%C3%
A9e_de_l'Arles_antique,_Arles,_France_(16168385326).jpg

식 수차였을 텐데, 아마도 상사식이 이런 구조에서는 가장 효율적이었을 것으로 추정된다.

잠자리와 식비 외에는 거의 돈이 들지 않는 노예를 계속 공급받는 한 다른 에너지를 이용해야 할 강력한 경제적 동기나 인센티브가 존재하지 않았다는 얘기다. (물론 최근 들어 이러한 해석에 의문을 제기하는 학자들이 늘어나고 있기는 하다.) 예컨대 수차를 이용할 경우, 사람이나 가축이 한 시간 동안 해야 할 일을 3분 정도에 해치울 수 있었다. 그럼에도 이 기계는 오히려 로마 제국에서 점차 줄어들었다. 로마 문명이 쇠퇴하기 시작한 3세기 이후(이른바 '3세기의 위기'라고 부르는 235~285)에나 로마 제국 여러 곳에서 수차를 이용하기 시작했다.

중세 이후

로마 제국 몰락 이후 중세 유럽에서는 인간의 노동을 중시했다. 하지만 대체적으로 노동력이 모자랐던 시기에는 새로운 동력원을 찾기 시작했으며, 그러한 동력원에 필요한 기계를 개발하기 위해 애썼다. 가장 분명한 에너지원은 물이었다. 일찍이 8~9세기부터 많은 장원(莊園)에서 수력을 이용한 수차가 정착했다.

11세기 이후 유럽 농촌 지역에는 풍차를 포함한 수차가 널리 보급되기 시작했다. 수차가 얼마만큼 보급되었는지 알 수 있는 사료도 존재한다. 일종의 토지 대장인 '둠스데이 북(Domesday Book)'이 그것인데, 앵글로색슨족이 지배하던 잉글랜드를 1066년 노르만족이 바다를 건너와 정복한 후 윌리엄 1세의 명령으로 1086년에 작성된 것이다. 여기에는 영국의 새로운 왕실이 정확한 호구 조사에 의거해 세금을 징수할 목적으로 파악한 여러 가지 내용이 기록되어 있다. 이에 따르면 11세기 말 잉글랜드 전역 약 3000개 마을에 5624개의 수차가 존재했다.[6] 당시 인구를 140만 명 정도로 추산할 경우, 약 50가구당(약 350명당) 한 대의 수차가 있었다는 뜻이다.

비교사적으로 보더라도 이 시기 유럽은 이슬람이나 중국 등 다른 문명권보다 수력에 더 많이 의존하고 있었다. 물론 모든 유럽에 해당하는 상황은 아니지만, 많은 지역에서 수력 에너지를 이용해 인간의 노동력을 크게 줄일 수 있었다. 수차는 이슬람 치하의 이베리아반도에서도 활용되었다. 안달루시아 지역에서는 곡식을 빻거나 종이를 만드는 데도 수차를 활용했다. 물론 이탈리아반도에서도 그러했다. 1350년 피렌체 부근 피스토야(Pistoia)에서는 25가구당 한 대꼴로 수차를 활용했다.

유럽에서는 중세 후반에 도시가 형성될 때까지 수공업적 노동의 중심 지역은 수도원과 장원이었다. 특히 중세의 기술은 무엇보다도 교회에 봉사하는 데 사용되었다. 게다가 수공업은 수도원의 일상생활에서 중요한 위치를 차지하고 있었다. 기도뿐 아니라 노동도 필요했다. 특히 베네딕트파 수도원에서는 육체노동을 강조했다. 540년에 시작된 베네딕트파 수도원의 계율에 따르면, 수도원 공동체 내의 모든 수도사는 하루를 삼등분해 3분의 1은 땀 흘리는 육체적 노동에, 3분의 1은 기도와 명상에 사용해야만 했다. 그럼에도 그들은 더 많은 시간을 기도와 명상에 할애하려 했다.

프랑스에서 시작한 시토파 수도사들의 경우도 마찬가지였다. 그들은 자급자족 경제를 수행하기 위해 방앗간, 건축, 광산, 제철, 염전, 옷감 만들기, 제혁, 양조에 이르기까지 여러 종류의 수공업에 종사했다. 아울러 노동 절약적 수단을 강구해 더 많은 일을 수행할 수 있었다. 예를 들어, 12세기 전반 시토파의 클레르보(Clairvaux) 수도원에서는 수력을 광범위하게 사용했다. 즉, 수도원을 지나는 오브(Aube)강의 물을 인공 수로를 이용해 수도원으로 끌어들여 제분소와 양조장 그리고 표백 공장도 돌렸다. 따라서 수도원은 중세 초 수공업의 중심지였다.

이 클레르보 수도원의 한 수도사가 남긴 글은 수차와 강물을 이렇게 칭송했다.

문지기 역할을 하는 수문이 허용하는 대로 수도원으로 들어간 그(강물—옮긴이)는 물레방아로 맹렬하게 돌진한다. 이 물레방아에서 그는 분주하게 요동침으로써 맷돌 무게에 눌려 밀을 빻게 하고 분말과 기울을 분리하는 섬세한 선별기를 움직이게 한다. ……그러나 그는 짐을 벗을 날이 없다. 물레방아 근처의 축융기가 그를 부른다. ……그는 무거운 공이나 나무 메, 아니 더 좋게 표현하면, '목발'(이것은 좀더 정확하게 말하면 축융기가 직물을 때리는 작업을 의미한다)을 번갈아가며 들었다 내리쳤다 하면서 축융공의 수고를 크게 덜어준다. ……우리에게 입을 것과 먹을 것을 만들어주는 이 고마운 강물이 우리를 대신해 일해주지 않는다면, 이 작업으로 얼마나 많은 말이 지치고 얼마나 많은 사람이 피곤했을까! ……여기를 떠나 그는 피혁 공장으로 들어간다. 그는 거기서 수도승들의 신발에 필요한 재료를 마련하기 위해 힘껏 일을 한다.[7]

위에서 수도사가 언급한 수차의 효용은 밀가루를 만들고, 옷을 세탁하고, 신발을 만드는 데도 도움을 준다. 게다가 더 중요한 점은 수력 에너지 덕분에 사람의 힘을 덜고 가축의 힘을 다른 필요한 곳에 이용할 수 있게 되었다는 것이다.

식량 생산이 늘어난 데 비해 인구 증가가 충분하지 못할 때 수차나 풍차의 보급이 더 빨라질 수 있었다. 유럽에서는 중세 후반, 특히 14세기 흑사병 확산 이후가 그러했다. 충분한 인구를 확보할 수 없어 노동 절약적인 도구나 기계가 필요했기 때문이다. 이러한 조건이 풍력과 수력을 다른 문명권 국가들보다 더 잘 활용하는 데 도움을 주었을 것이다. 또한 유럽에서는 중세 초만 해도 수차와 풍차의 힘이 엇비슷했지만, 18세기 말경이 되면 수차의 동력이 풍차보다 4~5배 이상으로 증가하게 되었다.

시간이 지나면서 수차의 용도가 다양해지기 시작했다. 수차는 제분소뿐 아니라 목재소와 제철소에서도 사용되었다. 수력을 이용해 밀을 빻고, 제철소의 풀무를 움직이고, 목재소의 톱을 켰다. 나아가 1500년경에는 기어를 장착한 수차까지 등장해 물의 유속이 느린 곳에서도 수력 에너지를 이용할 수 있었다. 아마도 중세 후기 유럽은 인력이 아닌 비인력을 동력으로 본격적으로 이용한 최초의 문명일 것이다. 특히나 마을마다 수차가 자리 잡고 일상적 삶의 일부가 되었다.

훗날 유럽은 경제 성장에 필요한 에너지를 계속해서 수차를 통해 공급받았다. 18세기가 끝나갈 무렵에는 서유럽에서만 50만 개 넘는 수차가 돌아갔다. 게다가 꽤 많은 곳에서 물레바퀴가 2개 이상 달린 수차를 사용했다. 초기의 수차는 낙하하는 물이 지닌 에너지의 20퍼센트가량을 활용할 수 있었지만, 19세기 초에는 그 비율이 35~40퍼센트로 늘어나고 19세기 말에는 60퍼센트가 될 정도로 효율이 상당히 증가했다.

18세기 이후에는 수차를 만드는 데 목재뿐만 아니라 철도 사용했다. 철로 만든 수차는 나무로 만든 수차보다 효율이 더 좋았다. 덕분에 19세기 중반까지도 영국의 많은 공장에서는 수차가 증기 기관의 침투를 막으며 선전할 수 있었다. 비용 대비 수차를 이용한 공장 운영 비용이 더 저렴했기 때문이다. 다음 장에서 설명하겠지만, 산업 혁명 초기 단계만 하더라도 증기력만큼이나 수력을 사용했다. 지역에 따라서는 증기력보다 수력을 더 많이 사용하기도 했다. 프랑스의 경우도 산업화가 진행 중이던 19세기 초까지 수력을 광범위하게 이용했다. 예컨대 1809년 프랑스 전역에 걸쳐 수차가 8만 2300개 존재했다.

미국에서도 식민지 시절부터 강물을 이용한 수력 에너지를 충분히 활용했다. 영토가 팽창 일로에 있던 19세기 전반에는 더더욱 그러했다. 예컨대 1840년대만 해도 미국 전역에 6만 6000개의 수차가 돌아가고 있었다. 그중 흥미로운 것은 미시시피강 상류에 자리 잡은 제재소와 제분소인데, 여기서 끌어들인 사람과 경제 활동으로 도시가 형성되었다. 바로 미니애폴리스다.

북미 대륙에서 가장 긴 미시시피강이 흐르는 미네소타주 미니애폴리스에는 세인트앤서니(Saint Anthony) 폭포가 있다. 그런데 폭포의 낙차가 큰 곳은 무려 23미터에 달해 배가 미시시피강을 오르내리는 데 방해만 될 뿐이었다. 하지만 1819년 이곳을 방문한 헨리 레번워스(Henry Leavenworth) 중령은 에너지의 관점에서 이 폭포를 이해했고, 제분소와 제재소를 만들자고 제안했다. 4년 후인 1823년 그의 후임이 이러한 제안을 실행에 옮겼다. 큰 낙차를 이용한 수력 에너지 덕분에 사람들이 모이고 도시가 만들어졌다. 나중에는 터빈을 장착한 제분소를 운영하기 시작해 세계 최대 규모의 필스버리(Pillsbury) 공장이 건설되었다. 그리하여 19세기 말에는 제분업이 미니애폴리스를 대표하는 산업으로 성장했다. 미니애폴리스가 '밀 시티(Mill City)'라고도 불린 이유다.

위에서 시대별로 살펴본 것처럼, 수력 에너지는 중세 이후 오늘날까지도 꾸준히 산악 국가나 자연 지형이 험악한 국가를 중심으로 농촌 지역의 수차나 발전소를 통해 생산되고 있다.

02

탄소 문명의 탄생
저에너지 사회에서 고에너지 사회로

17세기 영국에서 처음으로 시작된 산업 혁명의 중요한 결과 중 하나는 영국 경제를 '목재-수력' 기초에서 '석탄-철' 중심으로 전환한데 있었다. 수력과 풍력은 생산 규모가 제한적이어서 평균적인 동력은 5~10마력 정도였으며, 가장 정교한 경우도 30마력 이상의 에너지를 만들지는 못했다. 석탄을 화석 연료로 본격 사용하기 시작한 곳은 영국이었다. 17세기 영국의 목재 위기가 석탄으로의 에너지 전환을 가져왔다. 즉, 재생 에너지를 제공하던 산림 자원의 파괴를 막기 위한 대안으로 비(非)재생 에너지이자 에너지 밀도가 바이오매스에 비해 2배나 높은 석탄에 의존하게 된 것이다. 그리고 영국은—'지리적 행운'인지 아닌지는 몰라도—자국 영토에 풍부하게 매장되어 있는 석탄을 증기 기관과 결합해 탄소 문명을 시작한 인류 역사상 최초의 국가가 되었다.

화석 연료의 출현

앞 장에서 살펴본 것처럼 18세기 영국에서 본격적으로 석탄을 사용하기 전까지 인류는 자연의 힘이라고는 수력과 풍력을 주로 이용했을 뿐이다. 하지만 그것은 농업 사회가 필요로 하는 에너지양에 비해 결코 충분하지 못했다. 소나 말의 축력도 이용했지만, 주로 노예를 비롯한 사람의 육체 에너지를 활용할 수밖에 없었다. 즉, 농업 사회에 필요한 기계 에너지의 최소 70퍼센트 이상은 결국 인간의 근육을 통해 제공되었다.

그 후 증기 기관을 사용하기 시작하면서 인류 최초로 화석 연료인 석탄을 태워 화학 에너지를 기계 에너지로 바꿀 수 있었다. 석탄은 주로 고생대 석탄기와 중생대에 식물 잔재가 바이오매스 형태로 지층에 압축된 상태에서 탄화(炭化)해 땅속에 묻혀 있었다. 앞에서도 언급했듯 식물은 광합성을 통해 에너지를 만들고, 동물은 그러한 식물을 먹이원으로 받아들인다. 중요한 것은 "석탄 안에 갇힌 것은 숲의 탄소만이 아니라, 수백만 년 넘게 태양으로부터 쌓인 에너지"[1]라는 점이다. 이는 석탄이 화석 에너지를 품고 있다는 걸 의미한다. 따라서 인류가 석탄을 난방이나 땔감으로 사용한다는 것은 그 이전까지 사용한 풍력이나 수력 따위의 재생 에너지가 아닌 새로운 차원의 에너지를 사용한다는 뜻이다. 바야흐로 재생 에너지에서 화석 에너지로의—듣도 보도 못한 인류 최초의—전환이 시작된 것이다.

석탄은 탄화 정도에 따라 발열량도 다르지만, 대략 1톤의 석탄에서 얻는 총열량은 당시 1에이커(약 4046제곱미터) 면적의 숲에 있는 나무를 연소해 얻을 수 있는 열량과 맞먹었다. 그러므로 1700년경 영국이 250만 톤의 석탄을 생산했다는 것은 250만 에이커(약 1만 115제곱킬로미터)의 숲을 경작지로 바꾸거나 공장 같은 산업 시설로 사용해도 그만큼의 땔감을 얻을 수 있다는 걸 의미했다. (참고로 우리나라 충청북도의 면적은 7433제곱킬로미터다. 이를 생각하면 250만 톤의 석탄에서 얻을 수 있는 에너지의 총량을 상상할 수 있다.) 뒤집어서 말하면 석탄을 더 많이 생산할수록 더 많은 면적의 숲을 보존할 수 있었다.

그리하여 1800년에는 영국이 석탄을 생산함으로써 땔감으로 사용하지 않은 숲의 크기가 잉글랜드와 웨일스를 더한 면적의 35퍼센트에 달했다. 땅속 깊숙이 묻힌 석탄이라는 화석 연료가 갖는 어마어마한 잠재적 에너지의 양은 가늠조차 하기 힘들었을 것이다. 석탄은 18세기의 증기 기관 발명 이후 본격적으로 봉인이 해제되어 화석 연료라는 새로운 에너지원으로 쓰이기 시작했다.

1 땔감으로서 석탄

비록 로마 제국 시기에 영국 땅에서 석탄을 사용하긴 했지만, 취사나 난방용으로 석탄을 제일 먼저 쓰기 시작한 곳은 중국이었다. 심지어 고대 중국 북부 지역에서는 철을 제련하는 데 석탄을 사용하기도 했다. 일찍이 4세기경 '석탄(石炭)'이라는 단어가 생겼으며, 송대(960~1279)에 이르러서는 제철소의 용광로에 숯이 아닌 석탄을 썼다.

하지만 중국의 경우 광범위한 지역에서 대규모로 사람들이 석탄을 이용했던 것은 아니다. 대량의 석탄을 난방이나 요리를 위해 일상적으로 사용한 곳은 영국이었다. 석탄의 불완전 연소로 인해 발생하는 매연이 13세기 영국인을 괴롭히기까지 했다. 영국은 특히 유연탄을 주로 생산했는데, 유연탄은 가장 쉽게 발견할 수 있는 종류의 석탄으로 탄소 함량이 70~75퍼센트를 차지했다. 매연 때문에 대기 오염이 심각해지자 당시 국왕 에드워드 1세(재위 1272~1307)는 석탄 사용을 금지하고, 위반하는 사람을 사형에 처하는 법을 제정하기도 했다. 그러나 근본적으로 목재가 부족한 터라 석탄 사용을 묵인할 수밖에 없었다. 이런 상황은 영국이 본격적인 해상 국가로 부상하면서 더욱 심화되었다.

16세기 후반부터 영국과 네덜란드는 조선업에 필요한 목재의 부족에 시달리고 있었다. 철선(鐵船)이 등장하기 전까지 인류가 배를 만들 때 사용한 재료는 나무뿐이었다. 그러니까 더 많은 선박을 건조하기 위해서는 더 많은 나무가 필요했다. 그것도 돛대를 만드는 데 필요한 양질의 거대한 나무가 부족했다. 당시 영국 해군은 돛대용 나무를 발트해 국가들에서 수입했다. 게다가 목재는 무엇보다도 땔감으로서, 나아가 철 생산뿐 아니라 소금·비누·엿기름 제조 등 여러 용도로 다양하게 쓰여 필요량이 급증했다. 여기에 더해 유리 수요가 급증하면서 더 많은 숲이 훼손되었고, 결국 땔나무 가격이 급등하는 등 '목재 위기'라 부를 수 있는 상황이 초래되었다. 그리하여 1640년대에는 목재 가격이 1530년대에 비해 약 5.25배나 증가했다. 또한 시장에서 거래되는 장작은 1630년이 되면 1500년 가격보다 7배나 올랐다. 삼림이 본격적으로 고갈되기 시작한 것이다.

그런데 이런 상황에서 영국은 선박 건조에 유리하게끔 해군에만 벌채를 허용하는 법안을 통과시켰다. 따라서 제철업자나 유리 제조업자 등 나무를 필요로 하는 집단은 절실하게 대안을 찾을 수밖에 없었다. 다행스럽게도 영국에는 나무 대신 연료나 난방으로 사용 가능한 광물이 존재했다. 바로 석탄이었다. 게다가 엘리자베스 여왕(재위 1558~

1603)은 왕위에 오르자마자 목재에서 석탄으로의 전환에 적극적이었다. ‘지리적 행운’ 덕분에 부존자원으로서 석탄이 풍부했던 영국은 석탄 생산에 박차를 가했다. 1550년대 17만 톤이던 생산량이 수요 증가로 1700년경에는 250만~300만 톤에 이르렀다. 150년 사이에 생산량이 14.7~17.6배나 증가한 것이다. 이는 영국을 제외한 유럽 전역의 생산량보다 5배나 많은 수치다. 당시 런던에서만 연간 50만 톤의 석탄을 사용했다. 18세기를 거치며 석탄이 새로운 에너지원으로 부상한 것은 삼림 부족과 증가 일로에 있던 제철업 수요 그리고 풍부한 석탄층의 개발 때문이었다.

《로빈슨 크루소》의 저자이자 18세기 전반기에 활동한 대니얼 디포(Daniel Defoe, 1660~1731)는 요크서 지방의 웨스트 라이딩(West Riding)을 둘러본 후 이런 기록을 남겼다. “이 나라에는 사람들의 안락한 생활뿐만 아니라 상업에도 필요한 기본적인 것 두 가지가 있다. ……그것은 바로 석탄과 높은 언덕의 꼭대기에서 흐르는 물이다. 이것은 제조(製造, the manufacture)라는 이름으로 현재 진행되고 있는 바로 그 목적을 위해 신이 현명한 솜씨로 지휘한 것처럼 여겨진다. ……실제로 이것들이 없다면 주민 20퍼센트의 생활조차 뒷받침할 수 없을 것이다.”[2] 디포가 보기에 18세기 영국의 경쟁력은 무엇보다도 수력과 석탄이었다. 수력은 이미 잉글랜드의 여러 제조업에서 이용되고 있었으며, 석탄의 경우는 부족한 목재를 대신해 난방과 연료로 쓰였다. 영국이 당면한 연료 위기를 석탄이 해결해주었던 것이다.

나아가 영국의 열에너지는 절대적으로 석탄에 의존하게 되었다. 이미 1620년에 석탄은 열에너지의 50퍼센트 이상을 차지했으며, 1700년에는 그 수치가 75퍼센트, 1800년에는 90퍼센트로 올라갔다. 따라서 영국은 17세기를 거치며 주 에너지원을 목재에서 석탄으로 바꾸는 데 성공했다. 즉, 목재라는 바이오매스에서 석탄이라는 화석 연료로 에너지의 '위대한 전환'을 완결했다. 이러한 전환 과정에서 영국은 더 많은 석탄을 필요로 했고, 더 많은 석탄을 캐기 위해 더 깊숙이 땅을 파 내려갔다.

이러한 에너지 전환이 가능했던 이유 중 하나로 영국만의 독특한 상황을 언급해야만 한다. 즉, 금과 은을 제외한 어떠한 광물에 대해서도 근대 영국의 왕정은 독점적 권리를 주장하지 않았다. 예컨대 1566년 엘리자베스 여왕은 이러한 광물들을 영국의 왕실 소유에서 제외했다. 그 결과, 특정 광물이 묻혀 있는 땅을 소유한 지주는 광물을 캘 수 있는 권리를 인정받았다. 광물의 사유화가 가능해진 것이다. 아마도 당시 영국을 제외한 전 세계 어느 왕정도 부존자원으로서 광물에 대한 배타적 권리를 포기한 적이 없을 것이다. 덕분에 석탄이 있는 사유지를 보유한 지주는 자신의 자본으로, 혹은 타인의 자본을 투자받아서 탄광을 개발할 수 있었다. 수익이 나오는 한 더 대대적인 개발이 가능했다.

반면, 이웃 나라 프랑스는 19세기 초까지도 90퍼센트 이상의 1차 에너지를 석탄이 아닌 목재를 통해 공급했다. 목재 비중은 19세기 중반에는 75퍼센트, 1875년이 되어서야 1차 에너지의 절반 이하로 떨어졌다. 일반적으로 전체 에너지에서 석탄의 비율이 5퍼센트를 넘기 시작해 절반 이상을 공급하면 에너지 전환이 완료된 것으로 본다. 이렇게 이해할 경우, 프랑스가 목재에서 석탄으로 에너지 전환을 이루는 데는 75년의 세월이 필요했다. 프랑스가 영국보다 숲이 더 많았거나, 선박과 철에 대한 수요가 더 적었기 때문일 것이다. (물론 더 적었다거나 더 많았다는 해석은 상대적일 수밖에 없다.) 몇몇 나라를 비교해보면, 이러한 에너지 전환이 미국에서는 1843년부터 1884년까지 41년, 일본에서는 1870년부터 1901년까지 31년이 걸렸다.

또 하나 중요한 기술상의 변화는 철을 대량으로 생산할 수 있는 새로운 방법의 발명이었는데, 여기에 석탄이 결정적 역할을 했다. 제철 공업이야말로 나무에 의존해서는 산업화에 도달할 수 없다는 걸 분명하게 보여주는 대표적 사례다. 수천 년 동안 철의 주조는 숯에 의존했다. 일단 목재로는 철광석에서 철을 분리하는 데 필요한 만큼의 고온을 만들 수 없었기 때문에 나무를 탄화시켜 숯을 만들었다. 1톤의 숯을 만들기 위해서는 3.5톤의 나무가 필요했다. 나아가 17세기 제철업의 문제는 숯을 가지고도 강철을 만드는 데 필요한 고온에 도달하기 어려웠다는 데 있었다. 그러니까 어찌 보면 기존의 숯을 가지고는 제철업을 대규모로 키우거나 철, 나아가 강철을 대량 생산한다는 것은 불가능에 가까웠다. 이 문제를 해결하는 데 석탄이 구원 투수처럼 등장한 것이다.

이렇게 정체된 상황을 1709년 영국의 퀘이커교도이자 철의 장인(匠人) 에이브러햄 다비 1세(Abraham Darby I, 1677~1717)가 단번에 해결했다. 코크스(cokes)를 발명한 것이다. 그는 용광로를 이용해 공기가 차단된 상태에서 석탄을 1000도 가까운 고온으로 건류(dry distillation, 乾溜)시킴으로써 코크스를 만들어내는 데 성공했다. 결과적으로 보면, 나무를 원료로 숯을 만들 듯 석탄을 원료로 코크스를 만든 것이다. 〔일반적으로 석탄은 황 성분을 포함하고 있는데, 이 황이 철을 부식시킨다. 그렇지만—다비 입장에서는 운 좋게도—그가 거주하는 콜브룩데일(Coalbrookdale) 지역의 석탄은 상대적으로 황이 덜 포함되어 있었다. 그 덕분에 코크스 생산이 가능했다.〕

코크스를 사용해 높은 온도로 철의 불순물을 제거할 수 있게 되자 값싼 철―그 당시는 선철(pig iron, 銑鐵)[3]―을 생산할 수 있었다. 코크스는 철을 만드는 데 꼭 필요한 고급 연료였으며, 기존에 사용하던 노(盧) 대신 용량이 훨씬 더 큰 용광로를 활용할 수 있었다. 이제 철을 생산하기 위해 숯이 필요 없었다. 이는 더 많은 철을 만들기 위해 엄청난 양의 목재를 사용하지 않아도 된다는 걸 의미했다. 물론 선철 생산에 당장 코크스가 널리 확산한 것은 아니었다. 1750년까지도 여전히 숯을 이용한 선철 생산이 95퍼센트를 차지했다. 하지만 1791년에는 코크스를 이용한 선철 생산이 90퍼센트를 넘게 되었다. 그 결과 더 많은 선철을 생산하기 위해 더 많은 코크스가 필요했고, 더 많은 코크스를 생산하기 위해 더 많은 석탄이 필요했다.

그런데 또 다른 문제는 코크스를 선철 제조에만 사용할 수 있다는 데 있었다. 선철은 잘 부러지거나 쉽게 녹스는 단점이 있었는데, 좀더 다양한 용도로 활용 가능한 연철(wrought iron, 鍊鐵)을 제조하려면 숯을 사용해야만 했다. 이때 다비의 아들인 다비 2세(1711~1763)가 등장한다. 그는 아버지 뒤를 이어 제철 장인이 되었으며, 18세기 중반경 코크스를 이용해 선철을 연철로 변환시키는 방법을 개발하는 데 성공했다. 그러나 유감스럽게도 자신의 방법을 특허로 신청하지도, 기록을 남기지도 못했다.

시기상 그보다 뒤지긴 했지만 개발법에 대한 기록을 남기고 1784년 특허를 받은 사람은 헨리 코트(Henry Cort, 1740~1800)였다. 그가 발명한 교반법(puddling process, 攪拌法) 덕분에 선철을 코크스로 가열해 탄소 및 불순물을 제거함으로써 기존 방식보다 쉽게 연철을 만들 수 있었다. 코트의 교반법은 철을 만드는 데 있어 목탄을 석탄으로 전환시킨

일련의 발명에서 마지막 단계에 해당한다. 그 결과 영국에서는 나무와 수입 철근에 의존할 필요 없이 영국산 철광석과 석탄을 사용할 수 있었다.

무엇보다도 내구 생산재를 만드는 재료로 철을 사용함으로써 혁명적 결과를 가져왔다. 철로 만든 기계는 수명이 길고, 압력에 강하고, 장인의 손보다 정확한 표준형을 제작할 수 있고, 값도 저렴했다. 값싼 철의 출현은 기계 공업, 나아가 기계 시대(Machine Age)를 가능케 했다. 결국 코크스의 발명과 교반법의 확산으로 영국은 1750년 2만 8000톤에서 1800년경 20만 톤 이상의 선철을 생산할 수 있었다. 이는 바로 영국에서 넘처나는 석탄 덕분에 가능했다. 영국의 선철 생산은 1850년 200만 톤으로 급증했다. 그리고 1870년 전 세계 생산량의 절반이 넘는 600만 톤을 생산해 마침내 정점에 이르렀다. 게다가 선철을 대량 생산하자 가격 또한 지속적으로 하락했다. 1810년 톤당 6.30파운드이던 선철 가격이 1840년을 넘어서면서 평균 2.60파운드로 떨어졌다. 가격이 하락하자 수요가 늘고, 수요가 늘자 생산 또한 당연히 증가했다.

중요한 점은 석탄이 목재를 밀어내고—다음 절에서 볼 수 있듯—새로운 동력 기관을 위한 새로운 연료가 되었을 뿐만 아니라, 새로운 동력원으로서 증기 기관과 짝을 이루게 되었다는 것이다. 거기에 더해 인류의 숙원인 철을 대량 생산하는 데 가장 큰 장애물이던 숲을 대신해 이른바 기계 시대를 여는 데 혁혁한 공헌을 했다. 이렇듯 석탄 및 제철 산업은 영국 산업 혁명의 마중물 역할을 했다.

2 석탄과 증기 기관의 환상적 결합

아일랜드의 작가 오스카 와일드(Oscar Wilde, 1854~1900)는 러시아의 무정부주의자 표트르 크로폿킨(Pyotr Kropotkin, 1842~1921)의 저술을 읽은 후, 본격적으로 자본주의를 비판하면서 그 대안으로 사회주의를 꿈꾸었다. 그렇지만 그는—아래의 결론처럼—자신의 이상향인 사회주의조차 '기계 노예' 없이 잘 작동할 거라고는 생각하지 않았다.

> 문명에 노예가 필요한 것은 엄연한 사실이다. 그리스인이 바로 그랬다. 추하고 불쾌하고 시시한 일을 하는 노예가 없다면, 문화와 사상을 발전시키는 건 불가능에 가깝다. 인간 노예는 잘못된 일이고 불안정한 일이며 도덕적으로 타락한 일이다. 그러므로 기계로 작동되는 노예, 즉 기계 노예에게 이 세계의 미래가 달려 있다.[4]

산업 사회에서 '기계 노예'를 24시간 움직이게 하는 음식은 화석 연료인 석탄 혹은 석유였다. 경제사학자 데이비드 랜디스(David Landes, 1924~2013)가 지적했듯 산업 혁명 시기에 석탄은 "산업의 빵"[5]이었다. 산업 혁명을 가능케 한 대표적인 기계 노예라고 볼 수 있는 증기 기관은 석탄을 일용할 양식으로 공장에서 면제품과 철을 생산하거나 철도로 수많은 사람과 화물을 실어 나를 수 있었다.

영국의 경제사가 에드워드 리글리(Edward Wrigley, 1931~2022) 또한 산업 혁명을 가능케 한 가장 중요한 공헌을 석탄에 돌렸다. 그는 석탄 덕분에 인류가 '유기 경제(organic economy)'에서 '무기 경제(inorganic economy)' 혹은 '광물 경제(mineral economy)'로 도약할 수 있었다고 여졌다. 유기 경제란 일반적으로 우리가 식물이나 동물을 통해서 얻는 경제적 활동 전반을 의미한다. 즉, 약 1만 년 전 시작된 농업 혁명 이후 인간의 삶은 이러한 유기 경제로 작동하는 농업 사회였다. 무기 경제 또는 광물 경제란 무엇보다도 부존자원으로서 철·구리 등의 광물과 석탄·석유 같은 화석 연료를 주 에너지로 사용해 생산된 재화와 서비스에 토대를 둔 경제를 의미한다. 물론 당연히 그가 보기에 영국이 세계에서 가장 먼저 유기 경제에서 무기 경제로 이행할 수 있었다. 이는 유기 경제를 토대로 한 농업 경제에서 광물 경제를 토대로 한 산업 경제로의 전환을 어느 나라보다 영국이 앞서 마무리했다는 걸 의미했다. 이런 관점에서, 영국의 산업 혁명은 기본적으로 화석 연료라는 새로운 에너지원에 기초한 에너지 혁명 때문에 가능했다고 볼 수 있다.

앞에서도 언급한 것처럼, 석탄은 영국보다 훨씬 오래전부터 중국이 사용해왔다. 그렇지만 중국인은 석탄을 주로 난방이나 조리의 연료로만 사용했을 뿐이다. 비록 송나라 시기에 철을 생산할 때 혹은 벽돌을 구울 때 석탄을 사용하긴 했지만 말이다. 필자들은 동력원으로서 석탄보다 새로운 동력으로서 증기 기관의 발명이 탄소 문명의 출발에 더욱 중요했다고 생각한다.

기관 혹은 엔진이란—단순하게 설명하자면—기계적인 동력을 만들어낼 수 있는 장치라고 볼 수 있다. 즉, 증기 기관은 석탄이라는 화석 연료를 통해 액체 상태인 물을 끓여서 기체 상태인 증기로 바꾸고, 그 증기의 힘으로 기계적 힘을 만들어내는 장치로 이해할 수 있다. 그렇지만 이러한 증기 기관이 하루아침에 만들어진 것은 결코 아니다. 그것은 영국 과학자들이 17세기부터 관심을 두고 있던 자연에 대한 이해, 특히 대기압·진공·기체·온도·압력 등에 관한 관찰과 실험 그리고 그러한 과학적 이해를 바탕으로 한 기술자/장인 집단의 끊임없는 시행착오의 결과물이었다.

물론, 동력원으로서 석탄은 필요조건이었으며, 충분조건으로서 새로운 동력인 증기 기관과의 결합이 탄소 문명을 만들었다. 따라서 이 필요조건과 충분조건의 만남이 탄소 문명 형성에 결정적이었으며, 이러한 필요충분조건을 만족시킬 수 있었던 시간과 공간은 오로지 18세기 영국이었다. 나아가 재생 에너지에서 화석 에너지로의 '에너지 전환'을 완결 지을 수 있었던 것은 석탄이 아니라 증기 기관이었다.

최초의 증기 기관: 탄광용 배수펌프

그런데 석탄은 어떻게 증기 기관을 필요로 하게 되었을까? 17세기 이후 석탄 수요가 본격적으로 늘어나자 갱도는 점점 더 깊어졌다. 그리고 석탄을 캐기 위해 땅속 깊숙이 들어갈수록 수직 갱도에 지하수가 차서 고이는 문제가 발생했다. 이를 해결하지 않으면 더 이상 석탄을 캐는 게 힘들었다.

1695년 잉글랜드 서부 지역을 지나던 한 여행자는 모두가 쉬는 일요일에도 광산에서는 물을 뽑아내는 일을 멈출 수 없는 광경을 목격했다. 일하지도 않는 날, 소년을 포함한 무려 1000명의 남성이 20개나 되는 광산에서 배수 문제에 매달리고 있었다.[6] 이렇듯 17세기 후반 영국 탄광에서 배수 작업은 누구도 피할 수 없는 중차대한 문제가 되었다.

결국 시간이 지날수록 탄광 산업에서 중요한 관건은 수직 갱도에 고인 지하수를 끌어올리는 방법이었다. 광부가 이 일을 추가로 하거나 다른 인력을 투입한다면, 그 인건비를 감당하기 어려울 터였다. 따라서 더 많은 석탄을 더 쉬운 방법으로 채취하기 위해 지하수를 퍼 올릴 새로운 기술이 필요했다. 펌프를 개량하고 석탄을 갱도 밖으로 실어 나를 운반차를 끌기 위한 목재 '철도', 즉 나무궤도도 발명되었다. 그리고 증기 기관을 발명한 후에야 비로소 효과적으로 갱도의 지하수를 밖으로 끌어올릴 수 있었다. 요컨대 증기 기관은 애초에 공장을 움직이기 위해 만들어진 게 아니라, 광산의 지하수 문제를 해결하기 위해 발명되었다. 16세기 후반 영국에서 산림 자원의 부족은 선박 건조와 난방 연료 문제를 초래했다. 이에 대한 돌파구로서 등장한 석탄이라는 화석 연료의 증가는 17세기 이후 광산에서 더 많은 지하수를 퍼내야 하는 시급한 문제를 가져왔다. 이에 대한 해결책으로 등장한 것이 바로 18세기 초반의 증기 기관이었다. 그러니까 최초의 증기 기관은 물을 끌어올리는 배수펌프 혹은 양수기 용도로 쓰였다.

그 많은 석탄이 요리와 난방용으로만 쓰인 게 아니라, 이제 증기 기관과 연결되었다. 석탄을 연소할 때 밀폐된 공간에서 만들어지는 동력인 증기력을 이용하는 증기 기관 말이다. 수차나 풍차가 물의 힘이나 바람의 힘을 이용한 방식과는 아주 다른 방식이었다. 자연 상태로는 존재하지 않는, 아니 존재할 수 없는 새로운 동력이었다. 인공적인 상태에서만 만들 수 있는 동력이었다. 석탄이라는 화석 연료가 잠재적으로 수억 년 동안 품고 있던 고에너지의 봉인을 기계로 구성된 엔진, 즉 증기 기관을 통해 푼 것이다. 석탄에 압축되어 있는 에너지를 끄집어내기 위해서는 열이 필요했다. 그리고 물을 끓일 때 생기는 증기를 또 다른 에너지로 만들 수 있는 엔진도 필요했다. 즉, 석탄에 잠재해 있는 열에너지를 최종적으로 운동 에너지로 바꿀 수 있는 증기 기관을 만들 수 있어야 했다.

17세기까지만 해도 석탄이 새로운 종류의 화석 에너지가 될 거라고 생각한 사람은 없었을 것이다. 당시 지구상에서 중국을 비롯한 몇몇 국가는 석탄을 난방이나 조리용으로 사용하고 있었다. 하지만 그걸 하나의 새로운 동력원으로 사용한 국가는 존재하지 않았다. 17세기 후반부터 영국은 더 많은 석탄을 생산하기 위해 탄광의 수직 갱도에서 직면한 지하수를 퍼 올리는 문제를, 다름 아닌 증기 기관을 통해서 해결하고자 했다. 덕분에 석탄 생산은 1750년 400만 톤, 1800년 1100만~1300만 톤으로 계속 증가했다. 이후 산업의 중심, 나아가 새로운 문명의 중심이 석탄 광산으로 옮겨갔다. 영국이 산업 혁명을 주도할 수 있었던 것은 바로 이러한 이유 때문이었다.

그리하여 산업 혁명을 가능케 한 필요조건 중 하나를 석탄이라고 본다면, 여기에 상응하는 충분조건은 바로 증기 기관이었다. 이렇듯—다시 한번 강조하지만—석탄과 증기 기관이라는 필요조건과 충분조건이 만나지 않았더라면, 아마도 영국에서 산업 혁명은 '혁명'이라 부를 만큼의 결과를 만들어내지 못했을지도 모른다. (다른 무엇보다도) 석탄과 증기 기관의 환상적 결합이야말로 영국이 세계 최초로 산업 혁명을 성취하면서 탄소 문명을 탄생시킨 원동력이었다.[7]

3 범용 기술(GPT)로서 증기 기관

증기 기관의 혁명적 발상: 에너지 형태의 변환(열에너지→운동 에너지)
증기 기관의 놀라운 점은 그 기관의 동력원이 석탄이라는 것보다, 그 기관이 열에너지를 투입하면 운동 에너지를 산출한다는 것이다. 여기에 증기 기관의 혁명적 성격이 드러났다. 이전까지 풍차나 수차 같은 동력 기계는 풍력이건 수력이건 에너지의 형태가 동일했다. 그런데 증기 기관은 에너지의 형태를 바꾸었다. 즉, 증기 기관은 석탄으로 보일러 안의 물을 가열해 수증기를 생성하고, 그 수증기의 열에너지로 피스톤을 움직여 운동 에너지를 만들어낼 수 있었다. 증기 기관을 통해 에너지 변환이 가능해진 것이다. 덕분에 증기 기관은 기존에 사용하던 인간의 근력과 축력을 주 에너지원이 아닌 주변적 에너지원으로 만들었다. 19세기 후반에는 풍력과 수력 또한 주변적 에너지원이 되었다. 증기 기관을 움직이는 석탄이 인류 역사에서 본격적으로 중요해지기 시작한 것이다. 바야흐로 18세기 영국에서는 새로운 에너지원에 토대한 새로운 문명, 즉 탄소 문명이 만들어지고 있었다. 그러면 이제부터 토머스 뉴커먼(Thomas Newcomen, 1664~1729)이 만든 초기 증기 기관부터 살펴보자.

뉴커먼 증기 기관

헬레니즘 시대, 서기 60년경 알렉산드리아의 헤론(Heron of Alexandria)이 수증기의 힘으로 사원의 문을 열거나 나팔을 부는 방법 등에 대해 쓴 글에서 증기 기관에 관한 초기 기록을 확인할 수 있다. 그러나 인류는 이것을 실용화하기까지 1600년 이상을 기다려야 했다.

프랑스 물리학자 드니 파팽(Denis Papin, 1647~1713)은 1673년 파리에서 크리스티안 하위헌스(Christian Huygens, 1629~1695) 및 고트프리트 라이프니츠(Gottfried Leibniz, 1646~1716)와 함께 연구할 수 있었으며, 이때 진공을 이용해 원동력을 만들 수 있다는 데 관심을 가졌다. 1675년

드니 파팽

파팽은 프랑스에서 종교적으로 탄압받던 위그노(Huguenot)였다. 그는 프랑스의 개신교도로서 1685년 루이 14세가 종교적 관용을 허용한 낭트 칙령(1598)을 무효화시키자 망명을 결심하고 1687년 독일로 떠나 교수직을 찾았다. 당시 칙령 폐지 선언 이후 4년 동안 신변에 위협을 느끼거나 신앙의 자유를 찾아 프랑스를 빠져나간 위그노는 20만~30만 명으로 추정된다. 프랑스로서는 엄청난 국부의 손실로 이어졌는데, 대부분의 위그노가 상공업에 종사하던 부르주아 계급이었기 때문이다. 이들은 가져간 많은 재산으로 네덜란드와 영국 등에 정착했다.

그림 2-1 증기 다이제스터.

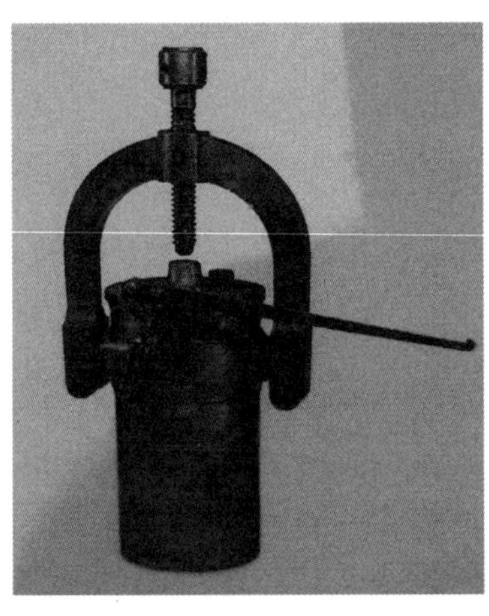

Poggi Museum, University of Bologna, Bologna, Italy. (김덕호 촬영)
박물관의 이탈리아어 설명에는 '증기 솥(pentola a pressione)'이라고 설명되어 있다.

파팽은 1690년 독일 마르부르크에서 배에 외륜차를 설치해 증기로 움직이게 하는 실험에 성공했다. 최초로 피스톤을 이용해 증기 기관을 작동시킨 것이다. 그렇지만 이 지역의 뱃사공들이 자신의 일자리를 없앨지 모른다는 두려움에 사로잡혀 그의 시제품을 파괴해버렸다. 19세기 전반에 영국에서 러다이트들(Luddites)이 일자리를 잃을까 봐 방직기를 파괴했듯이 말이다. 파펭의 연구는 그것으로 끝이었다. 결과적으로 독일에서 그의 학자적 삶은 불행했다. 나중에 런던으로 이주했지만 이미 빈털터리였고, 몇 년 후에는 이렇다 할 과학적 업적을 남기지 못한 채 사망했다.

어찌 보면 이 모두가 낭트 칙령 폐지 때문이었다. 자유로운 사고를 하는 것이 다른 무엇보다도 중요한 과학자에게 종교적 불관용은 개인적으로 불행한 일이면서, 그가 속한 국가로서도 엄청난 손실이었다. 나치 치하의 유대인 박해로 유럽에 거주하던 수많은 유대계 학자가 대서양 건너 미국에 자리를 잡고, 향후 미국의 과학 발전에 얼마나 많은 기여를 했는지 생각해보라. 어떤 국가에 종교적 혹은 사상적 관용 정신의 존재 여부가 근대 이후 과학자들에게 치명적으로 중요했다는 것은 역사를 통해서도 알 수 있다.

에는 런던을 방문하고, 1676~1679년에는 로버트 보일(Robert Boyle, 1627~1691)의 실험실에서 연구했다. 이 시기 동안 그는 '증기 다이제스터(steam digester)'를 발명했는데, 일종의 안전밸브를 지닌 고압 압력솥(pressure cooker)이었다. 뼈에서 지방을 추출하기 위해 1679년 이 다이제스터를 만들 당시 그는 피스톤과 실린더로 구성된 엔진이라는 개념을 갖고 있었지만, 이 다이제스터를 실질적으로 활용하지는 않았다.

오히려 1698년 영국의 광산 관리였던 토머스 세이버리(Thomas Savery, c. 1650~1715)가—비록 엄밀한 의미에서 엔진은 아니었지만—독자적으로 세계 최초의 증기 기관을 만들어냈다. 영국에서는 노천에서 캐던 석탄을 시간이 지나면서 17세기경에는 평지가 아닌 문자 그대로

'광산(鑛山)'에서 채굴해야만 했다. 앞에서도 언급한 것처럼, 그렇다 보니 지하수 문제를 해결해야만 했다. 배수 문제를 해결하지 않으면 석탄을 갱도 밖으로 온전히 옮기기가 힘들었다. 영국 광산업에서 당시 중차대한 문제는 석탄 생산을 방해하는 지하수였다. 특허를 받은 세이버리의 제품은 '광부의 친구(The Miner's Friend)'로 불렸으며, 무엇보다도 갱도에 고인 지하수를 뽑아내기 위해 발명된, 즉 양수기 용도의 증기 펌프였다. 그 결과 세이버리의 증기 기관이 특허를 받은 그해, 영국에서 거대한 규모로 수직갱이 최초로 만들어질 수 있었다.

진정한 의미의 증기 기관은 1712년 토머스 뉴커먼이 개발했다. 철물상이자 놋쇠 세공업자 출신인 뉴커먼은 자신의 발명품으로 스태퍼드셔(Staffordshire)에 위치한 탄광의 갱도에 차 있던 물을 뽑아냈다. 그의 증기 기관은 집채만 한 크기에 5.5마력 정도의 힘으로 1분당 열두 번의 왕복 운동을 했다. 석탄으로 커다란 보일러를 데워 갱도에 고인 물을 밖으로 뽑아낸다는 의미에서 동시대에는 '불로 물을 끌어올리는 발명'이라고 불리기도 했다. 하지만 엄밀히 말해서, 뉴커먼 증기 기관은 '대기압 기관(atmospheric engine)'이라고 부르는 게 나을 것이다. 왜냐하면 그가 만든 엔진에서 증기는 진공을 만들 뿐 피스톤을 미는 역할을 하지는 못했기 때문이다. 대신 공기압이 피스톤을 밑으로 내려오게 하는 힘을 제공했다. 그럼에도 그의 증기 기관은 피스톤이 실린더 안에서 왕복 운동을 할 수 있었던 최초의 증기 기관이었다. (그래서인지 한 역사가는 뉴커먼 증기 기관이 발명된 1712년을 산업 혁명의 원년으로 보고자 했다.)

증기 기관이 필요한 산업은 무엇보다도 야금업과 광산업이었다. 예를 들어, 금속 정련에서도 수동 풀무로는 더 이상 어찌할 도리가 없었다. 그리고 탄광의 수직갱 깊이가 1700년경 120미터에서 50년 후에는

180미터에 달해 지하수를 끌어올리는 수단에 깊은 관심을 가질 수밖에 없었다. 뉴커먼 증기 기관은 1775년까지 타인(Tyne) 강변에 위치한 석탄 광산에서만 100여 개를 사용했다. 또한 콘월 지방의 광산에서도 약 60개를 사용했다. 뉴커먼 사망 이후에는 그의 증기 기관을 복제해 300대나 미국이나 독일 등으로 수출하기도 했다. 나아가 그의 기술은 프랑스, 벨기에, 에스파냐, 심지어 스웨덴까지 전파되었다. 뉴커먼 증기 기관은 열에너지를 운동 에너지로 변환이 가능하면서 경제성도 확보한 최초의 엔진으로 볼 수 있었다.

그런데 뉴커먼 증기 기관엔 치명적 단점이 있었다. 사람이나 동물은 음식을 통해 저장된 에너지의 10~20퍼센트를 사용하는 데 비해, 열효율이 불과 0.5~1퍼센트에 지나지 않았기 때문이다. 덕분에 이 증기 기관은 운송 비용이 거의 들지 않고 석탄을 마음껏 쓸 수 있는 탄광 지역에서 사용될 수밖에 없었다.

더 많은 석탄을 생산하기 위해서는 더 많은 증기 기관이 필요했다. 그리고 증기 기관이 많아질수록 석탄도 많이 필요했다. 따라서 석탄과 뉴커먼 증기 기관은 일종의 선순환 되먹임(feedback) 현상을 만들었다. 그렇지만 하마처럼 석탄을 먹어대는 뉴커먼 증기 기관의 효율을 높여야 한다는 당위성 또한 높아졌다. 바로 이러한 시대적 상황에 제임스 와트가 등장했다. 무엇보다도 그가 만든 증기 기관은 주로 탄광에서만 사용하던 기존 증기 기관을 기계의 동력으로 바꾸어 당시 한창 생산에 박차를 가하던 면직 공장에 설치할 수 있었다.

와트 증기 기관

바로 이러한 뉴커먼 증기 기관의 비효율성 때문에 1763년 글래스고

대학은 와트에게 열효율 문제를 해결해달라고 요청했다. 대학에서 실험용으로 사용하던 뉴커먼 증기 기관의 수리를 부탁했던 것이다. 와트는 글래스고와 런던에서 도제 생활을 끝내고 1757년부터 글래스고 대학 소속의 정밀기계 제작자로 활동했다. 그때 여러 과학자와 친교를 맺었는데, 그중엔 조지프 블랙(Joseph Black)과 당시 학생이었으나 후일 물리학 교수가 된 존 로빈슨(John Robison)도 있었다. 특히 블랙은 수증기의 잠열(潛熱) 연구로 유명했다.

와트는 1763~1764년 동안의 연구를 통해 뉴커먼 증기 기관이 한 번 왕복 운동할 때마다 실린더가 가열과 냉각이 반복되는 바람에 석탄이 낭비된다고 판단했다. 그는 이 문제에 대한 해결책으로서 보일러와 실린더를 분리시키고 증기를 별개의 용기, '즉 분리형 응축기(separate condenser)에서 응축하는 방법을 고안했다. 대기압이 아닌 증기를 통해 피스톤의 상하 운동을 가능케 함으로써 진정한 의미의 증기 기관을 완성한 것이다. 응축기를 이용한 덕분에 와트는 훗날 '토목공학의 아버지'로 불린 존 스미턴(John Smeaton, 1724~1792)이 개선한 뉴커먼 증기 기관보다 석탄 사용량을 절반 이하로 줄일 만큼 증기 기관의 효율을 높일 수 있었다.

이해에 와트는 응축기와 증기 재킷을 부착해 뉴커먼 증기 기관을 개량했으며, 1769년에는 마침내 자신의 증기 기관에 대해 특허를 신청했다. 나아가 1782년에는 피스톤의 상하 운동을 회전 운동으로 바꿀 수 있는 '이중 작동 회전 증기 기관(double-acting rotary steam engine)'에 대해서도 특허를 신청했다. 뉴커먼 증기 기관의 피스톤이 직선적 상하 운동만 가능했다면, 와트의 증기 기관은 상하 직선 운동과 바퀴를 돌리는 회전 운동이 동시에 가능했다. 직선 운동과 회전 운동을 연

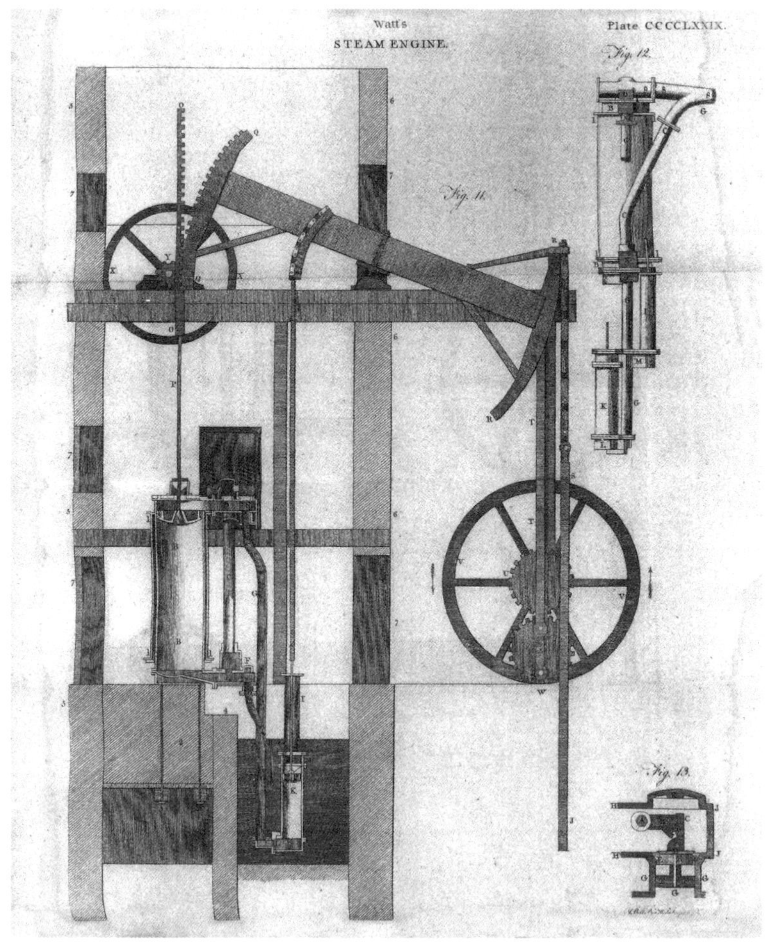

출처: https://en.wikipedia.org/wiki/Watt_steam_engine#/media/File:WattsSteamEngine.jpeg

결하는 크랭크 기술이 이미 특허를 받은 상태였기 때문에 와트는 2개의 바퀴를 이용한 유성 기어(epicyclic gear) 장치를 만들어 이를 해결해야만 했다. 또한 피스톤 운동의 속도를 자동 제어할 수 있는 원심조속기(fly-ball governor)도 자신의 증기 기관에 설치할 수 있었다.

1774년에 만난 버밍엄의 기업가 매슈 볼턴(Matthew Boulton, 1728~ 1809)이 없었다면 이 오랜 기간 와트가 뉴커먼 증기 기관을 끊임없이 개량하는 작업에만 전념하지 못했을 것이다. 그는 와트의 증기 기관에 커다란 관심을 가지고 경제적으로나 개인적으로 힘든 시절을 보내고 있던 와트의 손을 잡아주었다. 와트와 볼턴은 특허권을 신청했고, 광산과 양조장에서 쓸 수 있는 수많은 펌프용 증기 기관을 만들었다.

볼턴은 광산에서 양수용으로 쓸 증기 기관이 거의 포화 상태에 다다랐음을 누구보다 먼저 인식하고, 와트에게 산업에 필요한 기계의 동력을 제공할 수 있는 증기 기관을 만들 것을 주문했다. 와트와 볼턴은 우선 섬유 산업에서 기계의 동력을 수력이 아닌 증기력으로 바꾸고자 했다. 이것으로 면직 공장뿐만 아니라 여러 산업에서 증기를 기계의 동력으로 이용할 수 있었다. 와트 증기 기관은 서인도제도에서 사용되고 있던 사탕수수 압착기의 동력으로도 쓰였다.

와트의 끊임없는 증기 기관 개선과 더불어 당시 '철의 달인'이라 불리던 존 윌킨슨(John Wilkinson, 1728~1808)과의 만남 또한 언급해야 할 것이다. 와트 증기 기관이 뉴커먼 증기 기관보다 우월했던 것은 와트 혼자만의 노력 때문은 아니었다. 다행스럽게도 볼턴과 와트는 윌킨슨하고 공생적 협업을 할 수 있었다. 윌킨슨은 와트 증기 기관이 필요로 하는 정밀한 실린더를 제작해주었다. 와트의 상하 왕복용 피스톤에는 증기가 거의 새어나갈 수 없을 정도로 알맞은 치수의 실린더가 필요했다. 그런데 윌킨슨이 만든 보링 기계(boring machine)는 실린더를 정확하게 깎아 와트가 원하는 만큼의 정밀도를 확보할 수 있었다. 이 기계는 1775년에 특허를 받았으니 와트 증기 기관과 동시대에 만들어진 제품이다.

뉴커먼 증기 기관은 열효율이 0.5~1퍼센트 정도였지만, 와트 증기 기관은 이를 2~5퍼센트까지 높일 수 있었다. 그리고 1800년의 증기 기관은 5퍼센트의 열효율로 약 20킬로와트의 출력을 냈다. 이 정도면 한 개의 증기 기관이 노동자 200명 몫의 일을 하는 것과 마찬가지였다. 와트 증기 기관을 사들인 탄광업자들은 경제적으로 어려운 상황에서 벗어날 수 있었다. 기존 증기 기관이 소비하던 석탄의 4분의 1만 사용하고도 동일한 힘을 쓸 수 있었기 때문이다.

증기 기관에 에너지를 공급한 석탄은 1750~1850년에 이뤄진 1차 산업 혁명의 성격을 잘 보여준다. 와트 증기 기관은 처음에는 탄광에서, 그리고 18세기 말에는 공장에서 수차를 대체하기 시작했다. 덕분에 석탄 수요가 기하급수적으로 증가했다. 1800년 영국은 1100만 톤의 석탄을 이용했는데, 30년 후에는 그 양이 2배로 증가하고, 15년 후에는 거기서 다시 2배로 늘었다. 이러한 가파른 증가로 마침내 1870년 영국은 1억 톤 넘는 석탄을 사용하기에 이르렀다. 이 정도의 양이면 1년에 8억 5000만 명의 성인 남성에게 필요한 800조 칼로리를 제공할 수 있는 에너지였다. 당시 영국 인구를 약 3100만 명으로 추산하면, 영국인은 석탄으로 1인당 약 27명 성인 남성 몫의 에너지를 사용한 셈이다. 이는 영국인 한 사람이 27명의 '에너지 노예'를 거느린 것이나 마찬가지였다.

당연히 이렇게 많은 석탄을 생산하기 위해 탄광에서 일하는 광부 또한 1751~1781년 21만 6000명에서 1851~1881년 49만 5000명으로 증가했다. 광부는 당시 존재했던 수많은 직업 중에서 가장 위험

National Coal Mining Museum for England, Wakefield, UK. (김덕호 촬영)

한 직군에 속했을 것이다. 그들은 무덥고 환기도 안 되는 좁은 공간에서 땀 흘리는 노동에 종사했을 뿐만 아니라, 화재나 갱도 붕괴, 침수 혹은 산소 부족의 위협에 시달렸다. 무엇보다도 일단 갱도 안에 들어가면 햇빛을 전혀 볼 수 없는 거의 암흑 같은 조건에서 일해야만 했다.

석탄이 인간에게 가져다준 긍정적인 측면만큼이나 부정적인 측면도 발생했다. 무엇보다도 석탄이 연소할 때 나오는 이산화탄소를 비롯한 공해 물질로 인한 공기 오염, 즉 매연이 커다란 사회 문제를 야기했다. 이것은 사실상 최초의 환경 공해였다. 그럼에도 당시 영국인은 석탄이 가져온 부와 일자리만을 생각하며, 그것이 초래한 부정적이고 우울한 상황을 애써 외면했다.

조지 오웰이 경험한 탄광과 광부

《1984》과 《동물농장》으로 우리에게 널리 알려진 영국 소설가 조지 오웰은 1936년 서른세 살의 젊은 나이에 영국의 탄광, 광부 그리고 탄광촌에 관해 논픽션, 즉 르포르타주를 쓸 기회가 있었다.[8] 그리고 그 결과물을 《위건 부두로 가는 길(The Road to Wigan Pier)》이라는 제목으로 출간했다. 당시에는 영국도 세계적인 대공황을 피할 수 없었다. 그런 상황에서 특히 심각한 경제적 어려움을 겪는 계층은 어디든 존재하기 마련이었다. 영국에서는 그 계층 중 하나가 바로 탄광촌의 광부들이었다. 산업 혁명의 견인차 역할을 해온 탄광업은 당시 단일 산업으로는 가장 많은 100만 명 이상의 노동자가 열악한 상황에서 일하고 있었다.

오웰은 특히 잉글랜드 북서부 위건 지역에 오래 머물면서 직접 노동자 계급과 속내를 주고받고, 동네 도서관에서 석탄 산업 관련 자료를 확인하면서 지역 신문들의 기사를 모으기도 했다. '위건' 부두는 우리가 막연히 상상하듯 바닷가 항구에 위치한 부두가 아니었다. 위건은 맨체스터와 항구 도시인 리버풀 중간에 있는 자그마한 산업 도시로 인근에 탄전이 위치하고, 리버풀과 리즈(Leeds) 사이를 흐르는 운하가 지나가고 있었다. 이처럼 위건 부두는 석탄을 실어 나르는 바지선이 오가는 소규모 부두에 불과했다. 오웰은 그곳에 있는 광산의 탄갱에 세 번이나 직접 내려갔는데, 훗날 "탄갱에 내려가 본 적이 있나요? 나는 석탄에 대해 다시는 똑같은 감정을 가질 수 없을 겁니다"[9]라고 언급할 정도로 광부들의 힘겹고도 비참한 삶에 공감했다.

오웰은 비록 초대받지 않은 손님이었지만, 탄광 내부로 들어가 광부들이 일하는 현장을 직접 체험하고자 했다. 그리고 이 과정에서 최선을 다해 광부들에게 피해를 주지 않으려 노력했다. 그는 언제 가야 광부들이 하는 일을 제대로 볼 수 있는지 다음과 같이 설명한다.

가령, 일요일에 광산은 거의 평화로워 보인다. 기계 소리가 요란하게 나고 대기가 석탄 먼지로 시커멀 때, 그럴 때 그곳에 가야 한다. 그래야 실제로 광부들이 어떤 일을 하고 있는지 볼 수 있다. 그럴 때 그곳은 마치 지옥 같다. 적어도 내가 마음속으로 지옥이라고 생각하는 광경과 같다. 우리가 지옥이라는 곳에 있다고 상상하는 대부분의 것들―열기, 소음, 혼동, 어둠, 탁한 공기 그리고 무엇보다도 견딜 수 없이 좁은 공간―이 거기에 있다. 지옥불 빼고는 모든 게 다 있다. 땅속 탄갱에는 흐릿한 데이비램프와 회중전등 말고는 아무런 불빛도 없는데 이것들조차 거의 시꺼먼 석탄 먼지를 뚫고 나오지 못한다.[10]

이러한 탄광 체험을 통해 오웰은 자신이 살고 있는 세계와 광부들이 살고 있는 세계가 얼마나 다른지를 깨달았다. 그리고 보통 사람들의 일상생활이 얼마만큼 지하 세계의 석탄과 광부에게 달려 있는지를 아래와 같이 설명했다.

석탄 광부가 일하는 것을 바라보면, 당신은 문득 사람들이 얼마나 서로 다른 세계에 살고 있는지를 깨닫게 될 것이다. 석탄을 캐내는 저 지하 세계는 사람들이 거기에 대해 전혀 듣지 못한다

해도 삶을 수월하게 살아갈 수 있는 지상 세계와 너무나 동떨어져 있다. ……그럼에도 그 지하 세계는 지상에 있는 우리 세계에 절대적으로 필요한 우리의 동반자다. 우리가 실질적으로 하는 모든 것, 즉 아이스크림을 먹는 것에서 대서양을 건너는 것 그리고 빵 한 조각을 굽는 것에서 소설 쓰기에 이르기까지, 이 모두는 석탄 사용과 직접 혹은 간접적으로 관련이 있다. 평화를 유지하는 모든 기술에 석탄이 필요하다. 만일 전쟁이 일어나면 석탄은 더욱더 필요하다.[11]

그러면서 오웰은 자신도 이러한 지상과 지하 세계가 연결되어 있다는 걸 의식하지 못하고 살아왔으며, 이집트를 탈출한 유대인이 광야에서 헤맬 때 여호와가 내려준 '만나(manna)'처럼 석탄을 자신이 살고 있는 세상과 아무런 관련도 없는 비현실적인 사물로 인식했다고 고백한다. 그러면서 영국을 비롯한 서구 세계가 작동할 수 있게 만든 일등 공신은 농부 다음으로 석탄 광부라고 단언한다.

그리고 마지막으로 오웰은 가난한 노동자인 광부들에 대해 이렇게 마무리 짓는다. "우리 모두가 비교적 고상하게 살 수 있는 것은 정말이지 목구멍에는 석탄 먼지가 가득하고 눈까지 시꺼멓게 된 채 강철 같은 팔과 배의 근육으로 삽질을 해대며 지하에서 악착스럽게 일하는 이 가련한 사람들 덕택이다."[12] 그랬다. 19세기든 20세기든 산업 사회에서 살아가는 영국인, 아니 나아가 수많은 사람의 안락함은 이들 광부에게 빚지고 있다.

1814년 신흥 공업 도시 맨체스터의 풍경을 묘사한 글을 보자.

멀리서도 자욱한 석탄 연기를 볼 수 있다. 그 연기로 집들이 시커멓게 되었다. 맨체스터를 가로지르는 강은 버려진 염료로 가득 차 있다. 마치 염색업자의 염색 통을 방불케 한다. 전체적으로 암울한 모습이다. 하지만 어디를 가든 잘 먹고 바쁘게 살아가며 행복해하는 사람들을 만날 수 있다. 이런 모습이 보는 이의 마음을 들뜨게 한다.[13]

'암울한 모습'이라면서도, 대다수 맨체스터 시민이 석탄과 관련해 일자리가 만들어지고 돈을 벌 수 있으니 만족해했다는 걸 알 수 있다. 석탄이 연소하면서 대기로 탄소나 산화질소 같은 온실가스를 배출하는 상황임에도 이러한 공기 오염을 초래하는 매연조차 당시에는 사회적인 진보로, 노동과 산업의 힘을 보여주는 것으로 받아들였다. 잘 알려져 있다시피 한국 사회도 1960년대와 1970년대에는 산업화의 부정적 산물을 이런 식으로 이해했다.

쉽지 않았던 에너지 전환: 수력에서 증기력으로

앞서 언급한 것처럼, 와트 증기 기관은 뉴커먼 증기 기관의 효율을 올리는 과정에서 만들어진 것이다. 그럼에도 1800년 은퇴할 때까지 와트가 거둔 성과는 증기 기관의 효율을 겨우 2퍼센트 정도까지 올렸을 뿐이다. 19세기를 지나면서 비로소 그 효율을 6~8퍼센트까지 증가시킬 수 있었다.

이러한 조건은 와트 증기 기관이 기존 산업 현장에 파고 들어가기 어려운 심각한 이유 중 하나였다. 그러나 공장주와 자본가 입장에서는 장인층과 숙련 노동자가 공장 운영에 장애물로 인식되기 시작했다. 즉, 숙련 노동자 측에서 노동조합을 만들어 자신의 이해관계를 반영하려 하자, 사용자 측에서는 기계화와 자동화에 박차를 가하면서 수력보다는 증기력에 더 의지하게 되었다. 비록 증기 기관 도입이 비용 면에서 수차를 이용하는 것보다 더 손해였지만, 노동자들과 복잡한 이해관계에 얽히며 기존의 공장제를 유지하느니 차라리 증기 기관을 택하는 편이 이득이었기 때문이다.

또 하나 언급해야 할 사항은 특허권이다. 영국에서 특허권 보호 덕분에 많은 발명가들이 시간과 돈과 노력을 아끼지 않고 신기술 개발에 매진한 것은 사실이다. 하지만 일단 개발에 성공하고 특허를 받게 되면 일정 시간 배타적으로 발명품에 대한 권리를 가졌다. 그런 이유로 특정 기술에 대해 특허 침해 소송이 벌어질 경우, 나머지 발명자 혹은 그 기술에 관심을 가진 기업가나 투자자가 곤혹스러운 상황에 빠질 수 있었다.

와트 증기 기관의 사례도 그랬다. 와트와 볼턴은 1769년에 획득한 특허권으로도 사업이 충분한 이익을 끌어내지 못하자, 1775년 의회에 특허권 연장을 요청했으며 그것이 받아들여져 1800년까지 와트의 특허권은 보호받을 수 있었다. 당시 영국에서는 특허권이 일반적으로 14년이었음에도 불구하고, 연장 기간을 25년이나 해주었던 것이다. 만약 특허권 연장이 받아들여지지 않았다면, 증기 기관은 더 빠르고 더 광범위하게 여러 분야에 전파되었을지도 모른다. 결과적으로 의회의 연장 승인은 19세기 중반까지 증기력이 아닌 수력이 산업에서 가장 널리 쓰이는 동력원으로 자리 잡는 데 도움을 주었다.

이로 인해 산업 혁명 또한 우리가 생각하는 것보다 천천히 진행되었다. 이는 증기 기관이 수차를 대체하는 과정을 통해서도 확인할 수 있다. 18세기 후반이면 영국에서 면공업을 중심으로 산업 혁명이 시작되고 있었지만, 여전히 수력 에너지가 주요 동력원이었다. 1838년까지도 수력 에너지를 구현하는 수차가 영국 전체 동력의 4분의 1을 제공했다. 또한 유럽 전역에서 18세기 말까지 무려 50만 대 넘는 수차를 활용했다.

영국에는 강이 많아 물을 이용하기가 손쉬웠다. 따라서 산업에서는 풍력보다 수력을 더 많이 활용했다. 적어도 산업 혁명 초기 단계까지는 수력이 더 중요한 역할을 했다. 예컨대 동시대 조사에 의하면, 1838년 수력은 모직물 산업에서 무려 43퍼센트, 면직물 산업에서는 21퍼센트의 동력을 제공했다. 덕분에 1755~1830년까지도 수차가 증기 기관보다 설치 개수나 활용도 면에서 더 지배적이었다.

석탄을 에너지로 사용하는 증기 기관을 공장에 본격적으로 투입하기 시작한 것은 우리의 예상과 달리 1880년대 이후였다. 심지어 1870년까지도 증기 기관은 주로 면공업, 광업 그리고 야금술이라는 다소 제한적인 영역에서만 사용되었다. 증기 기관이 다양한 산업에 광범위하게 쓰인 것은 19세기 후반부터였다. 그럼에도 결과적으로 증기 기관이 만든 에너지는 그 이전 시기와 비교하기 힘들 정도로 엄청났다.

와트가 만든 증기 기관은 1786년 처음으로 방적업에 응용되었다. 그 후 와트가 은퇴한 1800년까지 와트 증기 기관은—추정컨대—541개로 늘어났다. 그해 영국에서는 약 2191대의 증기 기관이 작동했던 것으로 보이니 전체 증기 기관 중 24.7퍼센트를 차지하고 있었다. 반면 뉴커먼 증기 기관은 약 1022대로 46.6퍼센트를 점유해 여전히 광산에서는 저효율 증기 기관을 압도적으로 많이 사용했다는 걸 알 수 있다. 그렇다면 와트 증기 기관은—당시 공장의 개수를 생각해 본다면—여전히 적은 수치였다. 왜냐하면 수력을 통해 공장을 운영해오던 공장들은 증기 기관의 가격과 끊임없이 공급해야 하는 석탄의 가격이 경제적으로 적지 않은 추가 비용이었기 때문이다. 게다가 볼턴 & 와트가 요구하는 특허 사용료의 비용 또한 만만치 않았다. 요컨대 기존 공장들은 증기 기관을 도입해서 얻을 수 있는 이익과 대차대조표를 작성하지 않을 수 없었다.

재생 에너지에서 화석 에너지로 전환하는 길은 결코 평탄하지 않았다. 영국의 경우 면공업이 발달하던 초기에는 리처드 아크라이트 (Richard Arkwright, 1732~1792)가 발명한 수력 방적기(water frame)를 구태여 더 많은 비용을 들여 증기력으로 움직이는 뮬 방적기(mule spinning machine)로 바꿀 이유가 별로 없었다. 물론 수력에 의존할 경우 겨울이나 가뭄이 들 때 생산량이 줄 수밖에 없지만, 그러한 상황을 감수한다 해도 에너지원을 변경할 이유는 없어 보였다. 그러나 방적 공장 노동자들이 값싼 임금과 지나치게 긴 노동 시간에 반발하고, 나아가 조직적인 힘으로 작업을 멈추거나 심지어 아예 작업 자체를 거부하면서 파업까지 할 경우는 얘기가 달랐다. 공장 소유자나 자본가들은 이럴 때 무장 및 비무장 구사대를 동원하거나 공권력에 의존하곤 했다.

그러다 결국 태업과 파업에 대처하는 데 사용한 인력과 비용 그리고 시간 대신 차라리 증기력을 사용한 방적기를 들여놓는 편이 경제적이라는 결론에 도달했다. 비록 새로운 기계를 도입하는 비용이 들고 석탄이라는 추가 비용도 발생하겠지만, 성인 남성 노동자 대신 (성인 남성 임금의 절반 가격으로) 여성과 (성인 남성 임금의 3분의 1 가격으로) 아동을 고용하면 외려 총비용이 더 줄어들 거라고 그들은 생각했다. 게다가 증기력으로 움직이는 뮬 방적기를 사용하면 방직공 같은 인력에 의존하지 않고도 이론상 1년 내내 면사를 생산할 수 있을 터였다. 이처럼 단기적으로는 비용이 더 들겠지만 장기적으로는 비용을 절감할 수 있을 거라는 공장 소유주의 경제적 동기가 증기 기관의 보급과 확산에 커다란 영향력을 미쳤다.

미국의 경우도 마찬가지였다. 1840년까지도 집 안의 난방에 석탄보다 나무를 더 많이 사용했으며, 증기 기관보다는 수차를 활용해 만든 에너지로 제품을 생산하는 공장이 6만 개 이상이었다. 당시 평균 20마력 정도 되는 증기 기관이 1200개가량 작동하고 있었지만, 수차가 생산하는 에너지에 비하면 훨씬 적었다. 예를 들어, 1850년 풍차가 제공하는 풍력은 14억 마력/시(horsepower/hour), 수차가 제공하는 수력은 9억 마력/시인 반면, 석탄을 사용하는 증기 기관은 4억 마력/시를 생산하는 데 그쳤다. 그러니까 19세기 중반까지도 풍력이나 수력 같은 비(非)화석 연료로 만든 에너지를 화석 연료로 만든 에너지보다 5.75배 더 많이 활용했다.

여러 면에서 미국의 남북전쟁(1861~1865)은 상대적으로 석탄을 더 많이 생산하고 증기 기관을 더 많이 이용하던 북부의 고에너지 사회가 증기 기관을 덜 활용하는 남부의 저에너지 사회와 직접적으로 충돌한 첫 번째 전쟁으로 볼 수 있다. 북부의 승리로 끝난 남북전쟁 이후 미국의 석탄 사용량은 기하급수적으로 늘어났다. 즉, 19세기 후반 10년마다 석탄 소비량이 2배로 증가했다. 그 결과 1900년에는 석탄이 으뜸가는 에너지원으로 전체 에너지의 71퍼센트를 차지했다. 남북전쟁 이후 2개의 서로 다른 경제 체제를 하나로 통일한 미국은 산업 혁명을 본 궤도에 올려놓았으며, 19세기 말경 세계 1위의 산업 국가로 발돋움할 수 있었다.

시간을 거슬러 보면, 19세기 중반까지도 미국에서는 겨우 석탄 840만 톤을 채굴했을 뿐이다. 당시 미국은 여전히 숲이 울창한 덕분에 싼값의 목재가 석탄과 경쟁했다. 그렇지만 비용 면에서 0.5톤의 석탄이 2톤의 나무를 대신하면서부터 석탄은 새로운 에너지원으로 빠르게 정착했다. 그 결과 1870년에는 4000만 톤, 1900년에는 무려 2억 7000만 톤의 석탄을 생산했다. 반세기 만에 석탄 생산량이 32배 이상 증가해 세계 1위의 석탄 생산국이 되었다. 덕분에 영국은 2위로 내려앉았다. 그리고 제1차 세계대전의 영향으로 1918년 말경에는 사상 최고치인 6억 8000만 톤을 생산했다.

분명한 것은 20세기 전까지도 절대다수 국가에서 목재를 석탄보다 주 에너지원으로 사용했다는 점이다. 미국조차 1880년대 이후에야 석탄을 비롯한 화석 연료 사용량이 목재보다 많아졌다. 그리고 1900년에야 세계 에너지 사용량 중 목재와 퇴비의 비중이 50퍼센트 이하로 떨어졌다. 석탄과 석유 같은 새로운 화석 에너지원 사용 덕분이다.

19세기 산업 혁명을 통해 세계열강 구도에 변화가 발생했다. 영국에서 시작된 산업 혁명은 서유럽을 거쳐 유럽 전역으로, 미국으로, 급기야는 아시아 끝자락에 있는 일본까지도 뛰어들게 만든 경제적 대격변이었다. 그 결과 세계 경제에서 차지하는 중국과 인도의 몫이 현저히 줄어들었고, 영국을 비롯한 유럽 국가들의 몫은 급증했다. 이러한 '지각 변동'은 많은 경우 새로운 에너지원 때문이었다. 화석 에너지로 작동하는 증기 기관을 이용해 공장을 움직이고, 산업 사회 이전에는 상상조차 할 수 없었던 규모의 상품과 사람이 도시에서 도시로 국가에서 국가로 이동했다. 영국이야말로 탄소 문명 최초의 모델 국가였다. 산업화가 한창 진행되던 1851년 영국 인구는 전 세계 인구의 1.6퍼센트밖에 안 되는 약 2096만 명이었다. 하지만 영국은 전 세계 석탄과 철 생산의 절반, 무역의 3분의 1, 운송의 3분의 2를 차지하고 있었다.

증기 기관의 응용: 발명과 혁신을 통한 면공업과 공장제의 성립

어떤 발명보다도 면공업의 토대를 쌓는 데 공헌한 것은 제조업자 리처드 아크라이트가 1769년에 특허를 획득한 수력 방적기였다. 중요한 점은 제니 방적기(spinning jenny)와 달리 수력 방적기가 처음부터 공장용 기계였다는 것이다. 제니 방적기에 비해 무겁기도 하거니와 덩치가 커서 많은 공간을 차지했다. 게다가 날실(warp)로 사용할 수 있을 만큼 단단하게 꼰 실을 뽑아낼 수 있었다. 세로 방향의 실로 쓰이는 날실은 씨실(weft)보다 튼튼해야만 옷감을 짤 수 있었다. 아크라이트는 1771년 세계 최초로 수력을 이용한 공장을 더비셔(Derbyshire) 지방의 시골 동네인 크롬퍼드(Cromford)에 건설했다.

이 방적기는 무려 10명의 성인 남자가 생산하는 작업량을 해낼 수 있었다. 이로 인해 영국 산업이 가내수공업에서 공장제(factory system)로 전환했다고 볼 수 있다. 또한 소규모 공방(workshop) 대신 대규모 공장에서 상품을 생산하는 세계 최초의 사례이기도 했다. 1776년에는 크롬퍼드에 두 번째 공장이 들어섰다. 1780년대 말쯤에는 여기서 일하는 종업원이 1150명에 달했다. 나아가 아크라이트는 맨체스터, 더비셔, 스태퍼드셔, 심지어 스코틀랜드에도 수력 방적 공장을 건설해 운영했다. 이처럼 수차로 동력을 제공받던 아크라이트의 공장에서부터 영국의 공장제가 정착하기 시작했다고 볼 수 있다. 따라서 그는 공장제의 아버지로 불릴 만했다. 그만큼 아크라이트가 발명한 수력 방적기는 산업 혁명에서 나름 중요한 위치를 차지했다.

강조할 점은 산업 혁명 초기(1790년 이전)에 특허를 받은 많은 기술이 노동 절약, 즉 모자라는 노동력을 보충하기 위해서가 아니라, 여성과 아동 같은 미숙련 노동자를 위해 발명되었다는 것이다. 예컨대 특정 시기(1720~1733년과 1734~1753년)를 비교해보면 노동 생산성을 올리기 위해 발명된 건수는 46퍼센트에서 23퍼센트로 줄어들었다. 시간이 지날수록 기술 혁신은 여성과 아동을 목표로 삼았다. 이러한 경향을 제대로 보여주고 있는 것이 아크라이트가 만들고 특허를 신청한 수력 방적기였다. 그는 이 수력 방적기를 "수천 명에 달하는 가난한 사람들을 고용하는 수단"이자 "일곱 살 혹은 그 이상의 아이들을 고용"하기 위한 목적으로 만들었다고 밝혔다.[14]

공장주는 비용이 많이 들어가는 성인 남성 숙련 노동자 대신 여성과 아동 등 저임금 미숙련 노동자를 고용하기 위해 기계화와 자동화를 진행했다. 그리하여 발명가나 혁신가 또한 무엇보다도 값싼 노동력을 위한 장치를 만들기 위해 애썼다. 그들은 특정한 사람의 특정한 기술 또는 기예를 대신하거나, 아무런 기술도 갖지 못한 보통 사람도 작동할 수 있는 장치로 특허를 받음으로써 큰돈을 벌고 싶어했다.

그러니까 산업 혁명 기간에 벌어진 많은 혁신의 성과는 사실상 장인과 숙련 성인 노동자를 덜 쓰고 여성과 아동 미숙련 노동자를 고용하기 위해 이뤄진 것이었다. 예컨대 면공업의 혁신은 미숙련 노동자로 대치할 수 있는, 방적(spinning) 및 직조(weaving) 분야의 기계화·자동화였다.

The Mirror (1836. 10. 22). 1836년 신문에 실린 크롬퍼드 최초의 면 공장이다.
Cromford Mills in the Derwent Valley Mills World Heritage Site, Cromford, UK. (김덕호 촬영)

결과적으로 이런 조건하에서 성인 남성 숙련 노동자의 임금은 시간이 지날수록 하락했다. 게다가 공장의 일자리조차 점차 줄어들었다. 모자라는 일자리와 저임금 때문에 좌절한 이들은 노조를 결성해 파업을 벌이기도 했다. 하지만 대세는 이미 노동이 아닌 자본의 편이었다. 그 많은 기계와 그걸 움직이게 하는 증기 기관을 구입할 능력을 갖춘

Cromford Mills in the Derwent Valley World Heritage Site, Cromford, UK. (2024년 5월, 김덕호 촬영)

사람들이 시대의 주류로 떠올랐다.

당시 영국은 면공업이 빠른 속도로 성장하고 있었기 때문에 아크라이트 또한 이러한 기회를 놓치고 싶지 않았다. 그래서 수력 대신 증기력을 이용한 방적 공장을 1780년 맨체스터의 셔드힐(Shudehill)에 만들었다. 증기 기관을 이용한 최초의 방적 공장이었다. 그러나 와트 증기 기관이 아닌 뉴커먼 증기 기관을 활용했다. 와트 증기 기관을 최초로 설치한 곳은 1785년 노팅엄셔(Nottinghamshire)에 있는 방적 공장이었다. 바로 다음 해인 1786년에 아크라이트는 와트 증기 기관을 런던에 위치한 앨비언(Albion) 방직 공장에 설치했다. 뉴커먼 증기 기관의 단점을 극복한 와트 증기 기관의 산업적 공헌은 무엇보다도 공장 내에 설치할 수 있었다는 것이다.

아크라이트의 수력 공장과 극빈층 도제 제도

수력을 이용하는 공장의 치명적 약점은 계절마다 혹은 가뭄이나 홍수 등으로 끊임없이 변화하는 수량 때문에 공장을 일정하게 돌릴 수 없다는 것이었다. 또 다른 약점은 공장에서 일할 인력을 구하기가 어렵다는 것이었다. 이들 공장이 위치한 곳이 수량은 풍부하나 사람이 거의 살지 않는 고립된 장소였기 때문이다. 당연히 도시에서는 인력이 넘쳐났고, 일자리가 제한되어 있어 실업 상태에 처한 사람이 많았다.

도시도 아닌 외진 곳에 선뜻 누가 일을 하러 오겠는가? 더구나 저임금을 받고서 말이다. 이 문제를 해결할 방법이 당시 영국에는 있었다. 즉, 극빈층 아동들이 자연스럽게 대안으로 떠올랐다.

동시대 영국의 노동자가 남긴 여러 자서전 혹은 그 비슷한 글을 보면, 어린 시절 교구(parish)를 통해 멀리 공장으로 보내져 먹을 것과 입을 옷 그리고 잠자리를 제공받고 무임금으로 노동력을 제공한 경험을 담고 있는 경우가 적지 않다. 게다가 빈곤층은 입을 하나라도 덜기 위해 자식들을 집 밖으로 내보내려고 했다.

영국에는 1601년 엘리자베스 시대에 만든 빈민법(Poor Law)이 있었는데, 이는 빈민을 구제 혹은 구호하는 게 근본적인 목적은 아니었다. 〔따라서 일본 사람들이 처음 번역한 '구빈법(救貧法)'은 적절한 용어라고 볼 수 없다.〕 오히려 빈곤에 빠진 사람들이 도덕적으로 타락하거나 집단화해 부랑자 혹은 우범자가 되는 걸 막는 데 있었다. 즉, 지배층의 빈민층 통제가 기본적 목표였다.

18세기 후반 영국은 주기적인 불경기와 실업 상태로 대다수 국민이 경제적 어려움에 빠지고, 노동자는 극빈층으로 전락하곤 했다. 당시 교구 책임자와 빈민법 행정 당국에서는 이 문제를 해결해야만 했다. 그리고 그 현실적 방법 가운데 하나가 극빈 상태에 빠진 대가족 중 남자아이나 여자아이 가릴 것 없이 이들을 필요로 하는 곳으로 보내는 것이었다. 많은 교구에서 어린아이들을 도제로 활용하는 방법을 채택했다. 그래서 주로 교통이 불편하고 후미진 곳에 있는 공장들로 아이들을 보냈다.

아크라이트가 소유했던 방적 공장들도 예외는 아니었다. 많은 극빈층 아이들이 이곳으로 보내졌다. 그가 처음으로 설립한 크롬퍼드 공장은 더웬트(Derwent)강이 흐르는 계곡 인근의 고립된 벽지(僻地)에 있었다. 따라서 방적 공장을 돌리는 데 필요한 동력은 수력을 통해 거의 큰돈 없이도 유지할 수 있었는데, 문제는 인력이었다. 그는 이를 극빈층 아동을 도제로 활용함으로써 해결할 수 있었다. 크롬퍼드 공장은 1772년에 약 300명의 아이들을 고용했다. 하지만 노동에 대한 대가로 임금을 지불할 필요가 없었다. 그저 잘잘 곳과 먹을 것 그리고 입을 것만 제공하면 그만이었다.

외진 곳이니 제대로 된 마을조차 없고, 이렇게 많은 아동이 잘 공간도 있을 리 없었다. 따라서 아크라이트는 이들에게 주거 공간을 제공해야 했다. 물론 먹을 것과 옷도 무료로 제공했다. 그리고는 이들에게 의식주를 제공한 것을 임금으로 생각했을 것이다. 모두 자신의 주머니에서 나온 돈이었다. 그래도 충분히 이익이 남았다. (목표를 달성한 아이들에게는 용돈 비슷한 것을 소액 제공하기는 했지만) 임금이 한 푼도 안 들었으니 당연했다. 대신 그들에게 규율을 심어주었다. 그들의 시간은 이제 그들 몫이 아니었다. 출퇴근 시간—조금이라도 늦게 공장에

도착하면 그에 따른 벌칙이 있었다—쉬는 시간, 식사 시간을 모두 방적기가 돌아가는 속도에 맞추어야 했다. 그리고 하루 12시간, 일주일에 6일을 일했다. 어떤 면에서는 거의 노예 수준이었다. 신분상으로는 자유인이었지만 말이다.

1792년 아크라이트가 59세의 나이로 사망할 당시, 그가 남긴 재산은 무려 50만 파운드로 추정될 만큼 막대했다. 가발 제조업자로 출발한 그가 자수성가해서 이만한 부를 이룩할 수 있었던 큰 이유 중 하나는 엄청난 수익률이었다. 무려 50퍼센트 이상이었는데, 이런 수익률은 다름 아닌 여성과 아동의 저임금과 극빈층 도제로 고용한 어린 아이들의 무임금에 기인했다. 19세기 언론인이자 자유당 하원의원을 지낸 에드워드 베인스(Edward Baines, 1800~1890)가 쓴 《영국 면직업의 역사(History of the Cotton Manufacture)》(1835)의 한 구절을 빌리자면, 이렇듯 엄청난 수익률 덕분에 "능수능란하게 경영하는 공장들로부터 전속력으로 부가 그에게 흘러들어 쏟아졌다".[15] 아마도 엄청 빠른 속도로 부가 축적되었다는 걸 표현하고 싶었으리라.

1789년 크럼퍼드 공장에서는 1150명이 일했는데, 그중 성인 남자는 150명밖에 안 되었다. 요컨대 여성과 아동이 거의 87퍼센트를 차지하고 겨우 13퍼센트만이 성인 남자였다. 숙련 노동자는 최소한으로 고용하고, 나머지는 미숙련 성인 여성과 아이들로 채웠다. 상황이 이렇다 보니 과부나 남편의 구속을 받지 않는 여성 혹은 아버지의 구속을 받지 않는 아동을 모집한다는 광고가 지역 신문에 실리곤 했다.

이처럼 대규모 인력을 고용하는 체제는 주로 수력을 이용하는 방적 공장에서 정착되었다. 따라서 수차를 돌려 동력을 만드는 면공업 공장은 극빈층 도제 제도를 최대한 활용했다. 특히 18세기 후반에는 이러한 제도가 여러 산업―면공업뿐만 아니라 모직 산업, 견직 산업, 아마포 산업, 심지어 항만과 군대 등―에서 광범위하게 적용되었다. 아울러 지역적으로도 이런 현상은 꽤 폭넓게 벌어졌다.

따라서 우리는 이 시기 영국의 아동 노동, 특히 빈곤 상태에 있는 가족의 아이들이 기계화한 공장에서 성인이 될 때까지 길게는 10년 넘게 무임금으로 일한 것이 공장주와 자본가에게 고용의 안정성과 초과 수익을 가져다주었다는 걸 잊어서는 안 된다. 또한 산업 혁명이 영국 사회에 의미 있는 변화를 일으키는 데 이 아이들이 나름 상당한 역할을 했다는 걸 인정해야 한다. 비록 일부 역사가들이 극빈층 도제를 한시적으로 존재했던 제도로만 여길지라도 말이다.

그렇지만 증기 기관의 설치 및 운용 비용은 수력을 이용하는 면 공장과 비교하면 너무 많이 들었다. 아크라이트의 면방적 공장은 꽤 오랫동안 수력을 활용했다. 따라서 이러한 초과 비용을 넘어설 수 있는 장점을 증기 기관이 제공하지 않는다면, 공장에 증기 기관을 설치하기가 쉽지 않았다. 비록 증기 기관이 공장제를 만든 건 아닐지라도, 19세기 이후 증기 기관은 공장제가 산업에 정착하고, 나아가 면공업을 넘어 다른 산업 분야에까지 확대·성장하는 데 중대한 역할을 했다.

무엇보다도 공장제를 정착시키는 데 지대한 역할을 한 것은 증기 기관으로 움직이는 뮬 방적기였다. 수직포공 출신 새뮤얼 크롬턴(Samuel Crompton, 1753~1827)이 1779년 특허를 획득한 이 방적기는 이름처럼 제니 방적기와 수력 방적기의 원리를 결합해 더 좋은 실을 생산할 수 있었다. 크롬턴의 뮬 방적기는 수력으로 움직였지만, 1792년 글래스고의 윌리엄 켈리(William Kelley)는 증기 기관으로 작동하는 동력 물기(powered mule-spinning)를 제작했다. 최종적으로 1824년 웨일스 출신의 리처드 로버츠(Richard Roberts, 1789~1864)가 사람 손이 거의 필요 없고 스스로 움직일 수 있는 자동 물 방적기(self-acting spinning mule)를 만들고, 이듬해에 특허를 취득했다. 이전까지 물 방적기는 자주 실이 끊어지거나 꼬이는 등 기계가 멈추는 일이 잦았고, 그걸 다시 제대로 작동시키려면 성인 남성의 근력이 필요했다.

그러나 자동 물 방적기 덕분에 이런 문제가 거의 발생하지 않아 성인 남성 없이 여성과 아동만으로도 옷감을 만드는 데 필요한 실을 대량으로 생산할 수 있었다. 이 자동 물 방적기는 기계의 완성도가 완벽에 가까워 방적공들 사이에서 '철 사나이(Iron Man)'라는 별명으로 불리기도 했다. '철 사나이'에는 물레 2000대에 해당하는 2000개의 방추가 달려 있었다. 그리고 다른 무엇보다도 수력이 아닌 증기력으로 작동했다.

이 '철 사나이'는 공장주에게 기쁨을 안겨주었다. 1836년 11월 랭커셔 지방의 프레스턴(Preston)에 있는 방적 공장 서른 곳에서 파업이 일어나 공장이 멈추었을 때, 자동 물 방적기를 도입한 후 방적 일을 전혀 모르는 미숙련 노동자를 투입했다. 그러자 다음 해 봄에 이곳의 방적공 노조가 붕괴했다. '철 사나이'가 노동자를 패배시키고 자본가에게 승리를 안겨준 것이다. 1837년 스코틀랜드의 글래스고 파업 또한 자동 물 방적기 때문에 실패로 끝났다. 숙련된 성인 방적공 없이 미숙련 여성 노동자만으로도 방적 공장을 가동할 수 있었기 때문이다.

마침내 증기 기관이 면 공장을 선두로 많은 공장에서 본격적으로 사용되기 시작했다. 수력 방적기와 비교하면, 비록 초기 구입 비용과 석탄을 지속적으로 구입해야 하는 추가 비용이 들었지만, 그럼에도 숙련공의 태업이나 파업으로 기계가 멈추는 일은 발생하지 않았다. 게다가 숙련공 임금의 절반 이하로 여성과 아동을 고용할 수 있었다. 그러자 자본가와 공장주들은 수력 방적기보다 비용이 더 비쌌음에도 불구하고 증기력 방적기를 점점 더 선호하게 되었다. 수력 대신 증기력이 영국 산업 혁명의 견인차가 된 것이다.

게다가 뮬 방적기와 증기 기관의 결합은 경쟁자인 인도 수공업자들과의 생산성 차이를 엄청나게 벌려놓았다. 예컨대 18세기 인도 경쟁자들이 사람의 힘만으로 100파운드의 면화를 면사로 만드는 데 약 5만 시간이 필요했던 데 비해, 수력을 이용한 뮬 방적기는 2000시간이면 가능했다. 무려 25배의 시간을 단축한 것이다. 여기에 수력 대신 증기력을 이용할 경우, 2000시간을 300시간으로 더 줄일 수 있었다. 즉, 증기 기관을 사용하는 것만으로 대략 6.7배나 더 생산성을 향상시켰다.

요컨대 증기 기관으로 작동하는 뮬 방적기를 이용한 영국 방적공은 인도 경쟁자보다 무려 167배의 시간을 단축할 수 있었다. 이는 한 명의 영국 방적공이 167명의 인도 경쟁자를 상대할 수 있다는 걸 의미했다.[16] 이러한 놀라운 생산력 상승은 동시대 영국 문헌을 통해서도 확인할 수 있다. 엔지니어인 존 페어리 2세(John Farey Jr., 1791~1851)는 《증기 기관에 관한 논고(A Treatise on the Steam Engine)》(1827)에서 120마력의 힘을 지닌 증기 기관이 사람 1000명의 힘과 같다면서, 증기 기관으로 움직이는 방적 공장에서 750명의 노동자가 하는 일은 방적기는 물론 증기력의 도움도 없이 20만 명이 일하는 것과 같다고 설명했다. 이는 영국 방적공 노동자 한 명이 인도 경쟁자 약 267명을 상대하는 것과 같다는 의미다.

고용주 입장에서, 면공업엔 여전히 문제가 남아 있었다. 방적 공정이 끝난 다음 단계―이전 같으면 베틀(hand loom)에서 손으로 옷감을 짜던―인 직포 공정 문제였다. 19세기 초까지도 직포공(weaver)은 오늘날의 재택근무인 양 자신의 집에서 옷감을 짜 완성된 형태를 고용주에게 넘겨주곤 했다. 이 과정에서 고용주는 노동자의 노동 시간을 통제할 수 없었고, 심지어 제공한 원사(原絲)를 횡령하는 골치 아픈 문제도 있었다. 결론은 하나였다. 이들을 공장으로 데려와 일을 시키거나 수동 베틀 대신 기계 베틀, 즉 역직기(power loom, 力織機)를 사용하는 것이었다.

역직기는 1784년 에드먼드 카트라이트(Edmund Cartwright, 1743~1823)가 발명했지만 19세기 초까지도 널리 쓰이지 않았다. 오랫동안 거의 보급되지 않다가 1820년대 초부터 본격적으로 이용하기 시작했다. 그럼에도 1833년 여전히 영국 내 역직기는 10만 대 정도에 불과했고, 25만 명에 달하는 수직포공(handloom weaver, 手織布工)이 존재했다. 이처럼 보급이 지연된 원인으로는 크게 역직기의 기계적 결함, 수직포공의 강력한 저항, 그리고 대외적으로는 나폴레옹 전쟁을 지적할 수 있다.

그러나 공장주들의 강력한 의지로 1820년대 말부터 자동 뮬 방적기와 역직기를 이른바 '통합 공장(combined factory)'에서 동시에 가동하기 시작했다. 이로써 면공업은 2개의 별개 생산 공정이 아닌 하나의 공정으로 통합되었다. 방적기와 역직기는 둘 다 증기력으로 작동했다. 그 결과 1841년에는 랭커셔 지역 면공업 노동자의 58퍼센트가 통합 공장에서 일했다. 그리고 1850년에는 수직포공이 4만 명으로 줄어든 데

반해, 역직기는 25만 대로 증가했다.

1834년 7월 18일, 한 수직포공이 의회 특별위원회에 불려 나와 다음과 같이 증언했다.

> 아무도 역직기 작업을 하고 싶어 하지 않을 겁니다. 사람들은 그것을 좋아하지 않아요. 소음이 너무 심해서 미칠 지경이라고 하는 사람도 있습니다. 게다가 수직기로 작업하는 사람이라면 절대로 따르지 않을 규율에 맞추어야 합니다.[17]

그랬다. 역직기 돌아가는 소리는 사람들 사이의 대화를 불가능하게 만들었다. 나아가 소음으로 여겨질 만큼 사람들의 귀를 찔렀다. 많은 노동자가 그런 곳에서 일하다 청력을 잃었다. 이러한 소음 속에서 10시간 넘게 거의 매일 일할 경우, 제정신으로 귀가하는 게 쉽지 않았을 것이다. 게다가 노동자들은 역직기의 빠른 속도에 맞추어야만 했다. 그렇지 않았다면 기계화의 의미도 없었을 것이다. 이러한 조건에서 일하기 싫은 사람은 공장을 그만두어야 했다. 그 자리를 공장주는 값싼 임금으로 고용할 수 있는 여성과 아동으로 채웠다. 물론 성인 남성 수직포공의 임금을 낮춰 이직을 유도하기도 했다.

크롬퍼드의 면 공장처럼 수력을 이용하는 곳에서는 동력이 있는 곳으로 노동력이 이동해야 했다. 따라서 먼 곳에서 필요한 노동력을 구했다. 그렇지만 증기력을 이용하는 면 공장에서는 구태여 노동력의 이동이 필요 없었다. 오히려 노동력이 풍부한 곳에 공장을 차렸다. 자연스럽게 노동 시장이 형성된 곳에 자본을 투입해 증기 기관을 설치하면 면 공장을 돌릴 수 있었다. 여기서는 무엇보다도 노동력을 공장 규율에 맞춰 통제하는 게 가능했다. 그 결과 파업이니 횡령이니 하는 일을 예방할 수 있었다.

결과적으로 19세 말이 되면 영국을 포함한 유럽이 전 세계 직물 생산물의 60퍼센트, 미국이 20퍼센트 그리고 기존의 양대 강국인 중국과 인도가 각각 7퍼센트와 2퍼센트의 생산했다.

이제 어떠한 작업장도 증기 기관으로 작동하는 공장의 상대가 되지 않았다. 증기 기관과 연결된 자동 방적기나 역직기는 인간들처럼 저항하면서 공장을 멈추게 하는 대신 군말 없이 원하기만 한다면 24시간 365일 쉬지 않고 일을 할 수 있었다. 이 점이 무엇보다도 공장주들을 만족시켰다. 19세기 이후 영국의 공장제는 면공업을 선두로 여러 직종에 널리 확산되었다. 유럽 대륙에서도 앞서거니 뒤서거니 공장제를 도입했다. 특히 프랑스와 독일 그리고 벨기에와 네덜란드를 포함한 저지대 국가들이 영국에서 진행되는 산업화에 주목했다. 독일의 경우, 프랑스와 인접한 루르(Ruhr) 지방에서부터 산업화가 시작되었다. 무엇보다 이 지역에서 석탄과 철을 많이 생산했기 때문이다. 그럼에도 자체적으로 증기 기관을 만든 것은 상대적으로 늦은 편이었다.

에센(Essen)의 대표적 철강 기업가 알프레트 크루프(Alfred Krupp, 1812~1887)가 증기 기관을 만든 것은 1835년이었다. 그러니까 와트 증기 기관이 도입된 지 반세기 정도 지난 시점이었다. 크루프의 공장도 처음에는 수력을 이용해 가동했다. 당연히 물이 얼거나 마르면 공장 또한 멈추어야 했다. 상황이 그랬으니 크루프의 공장에서 증기 기관이 필요한 건 당연했다. 크루프가 사망한 해인 1887년 그가 설립한 주강(鑄鋼) 공장에서는 350대의 증기 기관이 힘차게 돌아가고 있었다.

미국 또한 1820년대부터 산업화가 진행되었지만, 지역적으로 2개의 경제로 분리되어 있었다. 대서양 연안의 북동부 지역에서만 그러했고, 남부는 산업화와 관계없이 특정 단일 작물에 의존하는 대규모 플랜테이션에 의존하는 농업 경제를 지향했다. 특히 영국으로 수출할 면화 생산에 흑인을 노예로 부리면서 산업화에는 큰 관심을 두지 않았다. 그러나 1865년 미국은 4년간의 끔찍한 내전, 즉 남북전쟁을 끝낸 후 2개의 경제를 하나로 통합해 산업화에 매진했다. 그리고 1876년 필라델피아에서 건국 100주년을 기념하는 세계 박람회를 열었다.

이때 900만 명에 이르는 미국인이 새로 발명된 수많은 산업 제품을 관람했다. 그중 가장 인기 있는 제품은 알렉산더 그레이엄 벨(Alexander Graham Bell, 1847~1922)이 만든 전화기와 더불어 '콜리스 100주년 엔진(Corliss Centennial Engine)'이었다. 기계관에 전시한 이 증기 기관은 미국인에게 미국이 산업적으로 얼마만큼 성장했는지를 상징적으로 보여주는 위대한 인공물이었다. 높이 13.7미터에 회전하는 플라이휠의 지름이 9.1미터에 이르는 엄청난 크기로, 1400마력의 힘을 자랑했다. 19세기 후반의 미국 또한 이처럼 증기 기관에 열광함으로써 산업 사회로의 진입을 당연시했다.

탄소 문명의 확산

저압 증기 기관에서 고압 증기 기관으로

훗날 《괴도 아르센 뤼팽(Arsène Lupin)》으로 필명을 떨친 모리스 르블랑(Maurice Leblanc, 1864~1941)은 또 다른 작품 《이것이 날개다!(Voice des Ailes!)》에서 주인공 파스칼의 목소리를 빌려 동시대 사람들이 느꼈을 법한, '기차'라는 새로운 문명의 상징물에 대한 놀라움을 이렇게 표현했다. "우리를 옥죄던 지평의 한계는 파괴되고 자연은 정복되었다."[1] 인간이 마침내 공간을 지배하게 되었다며 환호한 것이다.

생각해보라. 철도가 생기기 이전에 사람들이 어떻게 공간을 이동했는지 말이다. 이른바 육지 여행은 너무도 많은 위험과 방해 요소가 존재했다. 도시에서 도시로 이동하더라도 도적 떼는 물론 낙석이나 홍수로 인해 길이 끊기는 등 자연적으로 발생하는 여러 변수를 예상해야만 했다. 게다가 바닷길은 꼭 필요한 화물의 이동이 주목적이었을 뿐 오늘날 우리가 생각하는 바다 여행은 거의 불가능했다. 그런데 19세기로 넘어오면서 이러한 이동은 끝이 났다. 특히 증기 기관이 육로 이동 수단으로 쓰이면서 새로운 상황이 전개되었다. 증기 기관차는 가격 또한 상대적으로 저렴해서 중산층 이상뿐만 아니라 돈 없는 노동자들도 탈 수 있는 대중교통 수단이 되었다. 이른바 교통 혁명이 시작된 것이다. 이렇게 상황이 급속하게 바뀐 것은 무엇보다도 증기 기관이 오래전부터 사람들이 꿈꾸던 이동의 자유를 가능케 했기 때문이다. 즉, 증기 기관이 철로 위에서 수백 마리의 말로도 할 수 없는 엄청난 양의 화물과 수백 명의 사람을 이곳에서 저곳으로 이동시킬 수 있게 된 것이다. 심지어 말을 이용할 때보다 더 적은 비용으로, 더 빠른 속도로 이동해 공간을 압축시키는 것과 동일한 효과를 만들어냈다. 사람들은 열광적으로 증기 기관차와 철도를 환영했고, 바다 건너 유럽 대륙의 여러 국가도 앞다투어 이 신기술을 도입하고자 애썼다.

하지만 이러한 교통 혁명은 와트가 만든 저압 증기 기관으로는 불가능했다. 엔진의 크기를 줄이고 열효율을 높인 고압 증기 기관만이 가능했다. 따라서 와트 증기 기관이라는 신기술의 확산은 오늘날의 우리가 예상하는 것과 달리 천천히 진행되었다. 오히려 와트가 은퇴하고 19세기로 넘어서면서 고압 증기 기관 연구가 결실을 맺고, 증기 기관차가 기존 이동 수단인 말을 빠르게 대체하기 시작했다. 고압 증기 기관은 인류가 수천 년 동안 의지해온 유기체 에너지인 말 대신 더 오랫동안 쉬지 않고 달릴 수 있는 기계 에너지로서 '철마(鐵馬)'라고 불릴 만했다. 아울러 직선으로 나아가면서 숲이나 산으로 둘러싸인 야만의 변경(邊境), 즉 '프런티어(frontier)'를 문명의 공간에 편입시켰다.

동시대 사람들은 이러한 철도 건설을 진보의 표지로 이해했다. 《라루스 사전》으로 널리 알려진 프랑스어 대사전을 편찬한 피에르 라

루스(Pierre Larousse, 1817~1875)는 증기 기관차와 철도가 인류에게 선사한—유기체로서 한계의 극복이라는—놀라운 업적을 입이 마르도록 칭찬했다. 이제 인간은 새가 나는 것만큼의 속도로 움직일 수는 없어도 어떠한 육지 동물의 속도도 너끈히 넘어설 수 있었다. 석탄이라는 화석 에너지원을 연료 삼아 움직이는 증기 기관을 장착한 기관차(locomotive)가 19세기 말이면 전 세계를 촘촘하게 연결했다.

1 육상의 증기 기관: 마차에서 기차로

1700년 520만 명이던 영국 인구는 100년 뒤 와트가 은퇴할 즈음 780만 명이 되었다. (여기서 영국은 스코틀랜드와 웨일스 지역을 제외한 잉글랜드를 말한다.) 인구가 100년 사이에 무려 1.5배 증가한 것이다. 그리고 1831년에는 1200만 명으로 늘어났다. 이런 식의 인구 급증은 특별한 계기가 있었기에 가능했다. 생산성 향상으로 늘어난 농촌 인구를 새로 만들어진 도시 공장에서 고용할 수 있었기 때문에 이 시기 영국은 이른바 '맬서스의 덫'에서 벗어날 수 있었다. 즉, 인구가 계속 늘어남에도 불구하고 일자리가 생기고 식량 문제 또한 해결할 수 있었다. 세계 최초의 산업 혁명은 이렇게 진행되고 있었다.

　증기 기관이 '범용 기술(General Purpose Technology, GPT)'로 확장되는데 무엇보다도 중요한 공헌을 한 것은 바로 증기 기관차였다. 그런데 증기 기관차는 와트가 만든 증기 기관으로는 움직일 수 없었다. 간단하게 말해서, 그가 만든 증기 기관은 저압 증기 기관이었다. 와트는 고압 증기 기관을 만드는 걸 끝까지 반대했다. 당시는 증기 기관에서 보일러 사고가 자주 일어났기 때문에 기존 보일러의 압력을 더 높이면 폭발할지도 모른다는 우려가 컸다. 그래서 저압 증기 기관에 만족해야 했다. 와트의 반대로 인해 그 밑에서 일하던 윌리엄 머독(William Murdock, 1754~1839)은 고압 증기 기관 실험을 더 이상 진행할 수 없었다.

결과적으로, 와트 때문에 영국의 고압 증기 기관 연구가 지연되었다고도 볼 수 있다. 그것은 증기 기관이 서서히 오랜 시간에 걸쳐 활용 범위를 넓혔기 때문이다. 처음엔 광산에서 지하수를 끌어올리는 용도로, 이어서 면 공장을 비롯한 여러 산업 분야의 공장을 움직이는 용도를 쓰였다. 그리고 마침내 지금껏 상상조차 못 했던 짧은 시간에 엄청난 인간과 상품을 먼 거리까지 이동시킬 수 있는 증기 기관차라는 교통수단을 포괄하는 '범용 기술'로 활용되었다. 당시 사람들이 증기 기관에 열광한 것은 이렇듯 그 사용 범위의 확장성에 있었다.

와트는 1800년 64세의 나이로 현역에서 은퇴했다. 증기 기관에 관한 그의 특허가 만료된 것도 은퇴 요인 중 하나였다. 더불어 그와 볼턴의 비즈니스도 종결되었다. 볼턴은 은퇴하면서 아들에게 자신의 자리를 물려주었고, 와트 또한 마찬가지였다. 따라서 두 사람이 설립한 '볼턴 & 와트'는 그들의 자식 대까지 지속되었다.

와트 증기 기관의 압력은 1.5기압을 거의 넘지 않았다. 그는 가능한 대기압(1제곱인치당 15파운드)을 크게 벗어나지 않는 범위에서 자신이 만든 증기 기관의 최대 압력치를 고정하고자 했다. 그러나 18세기 말에서 19세기 초에 영국의 리처드 트레비식(Richard Trevithick, 1771~1833)이나 미국의 올리버 에번스(Oliver Evans, 1755~1819) 같은 사람들은 2기압을 넘는 고압 증기 기관을 만들려고 애썼다. 이 둘은 서로가 하는 작업에 대해 알고 있지는 못했던 것으로 보인다. 대서양을 사이에 두고 두 사람은 거의 동시에 고압 증기 기관 개발에 몰두하고 있었다.

고압 증기 기관의 장점은 무엇보다도 저압 증기 기관에서 사용하는 피스톤보다 작았기 때문에, 재료를 덜 사용하면서 더 가볍고 설치 공간도 줄여 결과적으로 가격이 더 저렴하다는 데 있었다. 나아가 고압 증기 기관은 하나의 실린더가 아닌 2개 이상의 실린더를 사용해 효율을 더 높일 수 있었다. 그 결과 고압 증기 기관은 연료 또한 엄청나게 절약할 수 있었다. 즉, 1769년형 뉴커먼 증기 기관이 마력/시당 30파운드(약 13.6킬로그램)의 석탄을 사용할 때, 와트의 저압 증기 기관은 7.5파운드(약 3.4킬로그램)를 사용했다. 그런데 고압 증기 기관은 겨우 2.5파운드(약 1.1킬로그램)를 사용할 뿐이었다. 그러니까 뉴커먼 증기 기관과 비교하면 효율이 12배, 와트 증기 기관과 비교하면 3배나 증가했다는 얘기다.

또 하나 주목해야 할 점은 저압 증기 기관은 상대적으로 부피가 커서 공장에서 '고정형 엔진(stationary engine)'으로 작동했지만, 고압 증기 기관은 크기가 줄어들어 '이동형 엔진(movable engine)'으로 활용했다는 것이다. 즉, 증기 기관을 운송 수단으로 활용할 수 있었다. 게다가 19세기 이후에는 보일러 기술이 발달해 와트가 염려하던 높은 압력으로 인한 보일러 폭발의 가능성도 줄어들었다.

미국의 에번스는 1801~1803년 실험을 계속해 마침내 1804년 자신의 필라델피아 기계 공방(machine shop)에서 최초의 고압 증기 기관을 만들 수 있었다. '이중 작동(double acting)' 증기 기관으로 1제곱인치당 50파운드(약 22.8킬로그램)의 증기압을 사용하는 제품이었다.

영국에서는 웨일스의 콘월 출신 트레비식이 고압 증기 기관을 만들어 이동 가능한 증기 기관차를 제작하려 했다. 당시 영국에서는 아무도 증기 기관을 이용해 움직이는 교통수단인 증기 기관차를 만들 생각을 하지 못하고 있었다. 이런 상황에서 그는 고압 증기 기관을 기관차에 적용하는 최초의 의미 있는 시도를 했다.[2]

앞에서 잠깐 언급한 것처럼, 윌리엄 머독은 '볼턴 & 와트'에서 증기 기관 제조에 관한 일을 돕고 있었다. 머독은—아들의 증언에 의하면—1799년에 최초의 고압 증기 기관을 만들었다. (일부는 그 시기를 1797년으로 잡기도 한다.) 그가 만든 고압 증기 기관은 응축기를 제거하고 그것보다 작은 실린더로 무게와 공간을 줄일 수 있었다.

머독의 영향을 받은 트레비식은 1803~1804년 증기 기관차를 만들어 공개 실험했는데, 약 10톤의 화물(철)과 약 70명의 승객을 태우고 시속 5마일(약 8킬로미터)의 속도로 9마일(약 14.5킬로미터) 정도를 운행했다. 이 실험은 신문에 대서특필되었다. 트레비식은 1808년 자신의 증기 기관차를 현재의 런던 유스턴역 인근에 마련한 원형 철로 위를 빙빙 돌게 만들고 유료로 입장객 관람을 허용해 개발에 투입된 비용의 일부를 회수하려 했다. 그러나 훗날 레일 파손으로 기관차가 전복되는 바람에 증기 기관차의 상업화를 위한 투자자를 구하지 못했다. 그는 결국 더 이상의 재정적 어려움을 극복하지 못해 포기하고 말았다. 대신 남미 페루로 가서 그곳의 금광과 은광에서 사용하는 고정식 증기 기관을 제작했다.

결국 증기 기관을 이용해 기관차를 만들어내는 데 최종적으로 공헌한 사람은 '철도의 아버지'라 불리는 조지 스티븐슨(George Stephenson, 1781~1848)이었다. 광부의 아들로 태어난 그는 보일러공 조수 노릇을 하면서 독학으로 증기 기관에 관한 지식을 습득했다. 그리고 킬링워스(Killingworth) 탄광에서 고정된 증기 기관을 관리하는 능력 있는 엔지니어로 활동했다. 심지어 증기 기관을 개량해 약 90미터의 수직갱에서 1분에 1000갤런의 지하수를 끌어올리기도 했다.

그곳 탄광 안에는 철로가 있었는데, 기관차 대신 말이 석탄을 실어 날랐다. 요컨대 처음에는 갱내 깊은 곳에서 석탄을 옮기기 위해 '마차 철로(horse-drawn railway)'를 만들었던 것이다. 스티븐슨은 이 철로 위로 증기 기관차를 운행하면 기존보다 많은 석탄을 옮길 수 있을 거라고 생각했다.

그리고 1814년 7월 25일 첫 증기 기관차를 만들어 30톤의 화물을 시속 6킬로미터의 속도로 운반할 수 있다는 걸 탄광 소유자뿐 아니라 투자자들에게도 보여주었다.

영국 의회는 애초에 스톡턴(Stockton)의 모직업자 에드워드 피즈(Edward Pease, 1767~1848)가 주도한 스톡턴-달링턴(Darlington) 구간에 25마일(약 40킬로미터) 길이의 마차 철로 부설을 승인한 터였다. 그러나 스티븐슨의 증기 기관차에 매료된 피즈는 1821년 마음을 바꾸었다. 이 구간에 마차 철로가 아닌 증기 기관차로 움직이는 기차선로를 만들기로 한 것이다.

스티븐슨은 이 구간을 측량하고 철도를 깔아 마침내 인류 최초의 상업용 철도를 1825년 9월 27일 개통했다. 이때 스티븐슨이 만든 '로코모션(Locomotion)'이라는 이름의 증기 기관차는 최고 시속 12마일(약 19.3킬로미터)의 속도로 달링턴을 출발해 스톡턴에 도착했다. 출발 당시 수천 명이 구경을 나왔고, 도착할 때도 약 600명이 기다리고 있었다. 기관차는 처음 6량에는 연료인 석탄과 밀가루를, 그 뒤의 21량에는 승객을, 마지막 6량에는 또 다른 석탄을 싣고 있었다. 말로 이만큼의 화물과 사람을 이 정도 거리까지 이동시키려면 아마도 수백 마리를 동원해야 했을 것이다. 대단한 성공이었다. 화물 운송에서도, 나아가 승객 운송에서도 유기체인 말이 아니라 비유기체인 증기 기관차가 미래를 이끌어갈 새로운 동력임을 보여준 것이다.

스티븐슨은 이러한 성공에 힘입어 상업적 가치가 높은 리버풀과 맨체스터 간 총연장 32마일(약 51.5킬로미터) 구간의 철도를 건설했다. 당시엔 영국 최고의 수출 상품인 면제품을 면 공장이 밀집한 맨체스터에서 만들어 가까운 항구인 리버풀까지 주로 마차를 이용해 운송했다. 그리고 이 철로가 완성된 1830년에는 맨체스터의 공장들에서만 무려 3만 대의 증기 기관이 작동하고 있었다. 그렇지만 증기 기관을 동력원으로 장착한 증기 기관차가 철로 위를 달린 것은 불과 5년 전이며, 이번 철로가 두 번째였다. 많은 투자자가 철도의 경제성에 의구심을 품고 있었기 때문이다.

리버풀과 맨체스터 구간 철도는 그 이전의 철도와 달리 양방향 복선으로 건설했으며, 화물뿐만 아니라 승객도 실어 날랐다. 이 구간에 사용할 기관차는 당시 '레인힐 경주(Rainhill Trials)'라고 불린 공개경쟁을 통해 선택했는데, 5대 중 조지 스티븐슨의 아들 로버트 스티븐슨(1803~1859)이 만든 기관차가 뽑혔다. 아들 스티븐슨이 1829년에 만든 '로켓(Rocket)'이라는 이름의 기관차는 무게 4.25톤에 평균 시속 13.8마일(약 22.2킬로미터), 최고 시속 29마일(약 46.7킬로미터)로 이 구간을 주행했다. 로켓호는 즉각적으로 초기 기관차의 롤 모델이 되었다. 당시 이 구간에는 아버지 스티븐슨이 사용한 4피트 8.5인치(약 1435밀리미터)의 궤도를 적용했는데, 이것 역시 훗날 전 세계 철도의 표준 궤간(standard gauge) 역할을 했다.

로버트 스티븐슨의 증기 기관차는 무엇보다도 운송 비용을 절감

출처: Emory R. Johnson, *American Railway Transportation* (New York: D. Appleton & Co., 1903).

했다. 예를 들어, 맨체스터-리버풀 간 승합마차 운임은 10실링에 편도 4시간이 걸렸다. 그러나 승객용 증기 기관차 중 유개(有蓋) 열차(1등 칸)는 5실링, 무개 열차(2등 칸)는 3실링 6펜스를 내면서도 편도 1시간 30분밖에 안 걸렸다. 게다가 증기 기관차는 승합마차와 비교해 상당히 편안했다. 마차를 탈 경우, 고르지 못한 길바닥 때문에 엉덩이가 불편하기 일쑤였다. 게다가 언덕길을 올라갈 때는 마차에서 내리거나 심지어 마차를 뒤에서 밀어야 했다. 그나마 경제적 여유가 있는 사람이라야 이용할 수 있었다. 그래서 대부분의 사람은 친인척의 장례식이

조지 스티븐슨, 로버트 스티븐슨 그리고 로켓호

로버트 스티븐슨의 아버지 조지 스티븐슨은 1804년부터 킬링워스 탄광에서 증기 기관의 유지·관리 업무를 맡았다. 덕분에 그는 일주일에 하루 쉬는 날, 증기 기관을 분해·조립하는 작업을 반복하면서 증기 기관에 관한 지식을 완벽하게 습득할 수 있었다. 그리하여 1814년에는 자신의 힘으로 이 탄광에서 석탄을 나르는 데 필요한 증기 기관차를 만들었다. 그는 이 기관차의 이름을 '블뤼허'라고 지었다. 이는 당시 나폴레옹에 반대하는 대(對)프랑스 동맹의 일원인 프러시아군을 이끌던 장군이자 1813년 라이프치히 전투에서 (그리고 훗날 1815년 워털루 전투에서) 영국군을 지휘한 웰링턴 공작과 협력해 승리를 이끌었던 게프하르트 레베레히트 폰 블뤼허(Gebhard Leberecht von Blücher, 1742~1819) 장군을 기리기 위함이었다.

블뤼허 기관차는 아직 승객이나 석탄 이외의 화물을 싣는 용도를 수행한 것은 아니지만, 증기 기관차의 역사에서 하나의 이정표를 차지했다. 게다가 아버지 스티븐슨은 자신의 기관차를 달리게 할 철제 선로(iron rail)를 만드는 데 킬링워스 탄광에서 사용한 선로의 궤간을 그대로 사용했다. 당연한 일이었다. 만약 그가 기관차를 위해 새로운 철로 궤간을 생각했다면 경제성을 전혀 확보할 수 없었을 것이다. 훗날 당대 최고의 엔지니어로 여겨지던 이점바드 브루넬(Isambard Brunel, 1806~1859)을 포함한 몇몇 사람이 다른 궤간을 건설했지만, 스티븐슨의 철로 궤간이 결과적으로 글로벌 표준이 되었다.

스톡턴-달링턴 구간의 철도가 성공했음에도 조지 스티븐슨이 맨체스터와 리버풀 사이에 철도를 놓는 것은 별개의 문제였다. 당시 맨체스터는 '면의 도시(Cottonpolis)'이자 주요 산업 도시로 자리 잡고 있었다. 이곳과 항구인 리버풀 사이엔 운하가 있었지만, 매일 수천 톤 이상의 화물이 왕래하기에는 불편함이 컸다. 따라서 새로운 해결책이 필요했는데, 증기 기관차가 가장 좋은 대안일지 확신할 수 없었다. 결국 우승 상품 500파운드(2010년 가격으로 약 50만 달러)를 제공하는 증기 기관차 경연 대회를 개최한다는 광고가 1829년 5월 1일 자 〈리버풀 머큐리〉에 실렸다. 영국뿐 아니라 유럽 대륙 심지어 대서양 건너 미국에서까지 그리고 철학 교수에서 기계공에 이르기까지 다양한 사람이 지원했다.

리버풀 부근의 레인힐에서 같은 해 10월 6~10일까지 공개경쟁이 진행되었다. 최종적으로는 5대에 경쟁 자격이 주어졌지만, 실제적으로는 3대가 최종 공개 시연에 참여했다. 그중 한 대가 아들 스티븐슨이 만든 로켓호였다. 4개월 넘게 집중해서 증기 기관차를 제작할 때, 아들은 아버지한테 비록 만드는 데 어떠한 어려움이 있을지라도, 자신은 결코 포기할 생각이 없음을 단호하게 밝혔다.

3대의 증기 기관차 중 로켓호가 첫 번째 순서였다. 20톤의 화물을 싣고 약 2.4킬로미터의 레인힐 경주장을 40바퀴 도는 코스였다. 이는 리버풀과 맨체스터를 왕복하는 거리였다. 평균 속도는 시속 약 16킬로미터를 유지해야만 했다. 로켓호는 차츰 속도를 높여 열 번째 바퀴를 돌 때에는 시속 32킬로미터까지 엔진 속도를 높이고, 마지막 바퀴를 돌 때는 시속 48킬로미터 이상으로 달릴 수 있었다. 그럼에도 한 시간에 석탄 약 90킬로그램을 연료로 소비했다. 두 번째는 '노블티(Novelty)'호였는데, 경주장을 한 바퀴 돌고는 보일러가 문제를 일으켰다. 결국 노블티호를 제작한 존 에릭손(John Ericsson, 1803~1889)은 경기를 포기하고 말았다. 마지막으로 '상 파레이유(Sans Pareil)'호는 '대적할 상대가 없는 최고'라는 뜻으로, '스톡턴–달링턴 철도회사'에서 기계 분야 최고 장인으로 근무하던 티머시 해크워스(Timothy Hackworth, 1786~1850)가 제작한 기관차였다. 이 기관차는 화물이 없는 상태에서 경기장을 돌 때는 문제가 없었으나, 막상 실전에서는 사고를 일으켰다. 37킬로미터 정도를 달린 후 보일러가 말려버리고 냉각 기능을 하는 플러그가 녹았다. 시간당 317킬로그램이나 되는 석탄을 연료로 사용한 게 고장의 발단이었다. 결과적으로, 레인힐 경주에서 끝까지 주최 측의 요구 사항을 만족시킨 기관차는 로켓호가 유일했다.

나 결혼식 때를 제외하고는 태어나고 자란 곳에서 멀리 여행할 생각조차 하지 않았다.

이렇듯 증기 기관차가 등장하기 전까지 인간이 지리적 이동을 한다는 건 보통 어려운 일이 아니었다. 현실적으로 철도 시대 이전에는 돈 있는 사람이나 권력을 가진 신분 높은 사람들만 이동의 자유를 누릴 수 있었다. 그러나 증기 기관차가 이곳저곳을 연결하자, 야심 있는 젊은이들은 자신의 꿈을 실현할 수만 있다면 종착역이 어디든 기꺼이 기차에 몸을 실었다. 신분이 미천할지라도, 주머니에 교통비 외에는 남는 돈이 없을지라도 말이다.

이 구간의 철도 개통(1830년 9월 15일)으로 불과 6개월 만에 맨체스터의 제조업자들은 무려 2만 파운드의 운송 비용을 절감할 수 있었다. 또한 개통 직후부터 예상 인원의 6배나 많은 승객을 확보했다. 철도를 부설하기 전까지 이 두 도시를 왕래한 인원은 연간 16만 5000명에 불과했으나 철도 부설 후인 1832년 약 35만 7000명, 1835년 약 50만 4000명으로 급증했다. 불과 5년 만에 두 도시를 오간 사람이 3배 이상 늘어난 것이다. 결과적으로 이 리버풀-맨체스터 노선은 투자자에게 많은 이익을 가져다주었다. 순익이 1832년 약 6만 파운드, 1835년 8만 4000파운드에 달했다. 이런 경제적 효과, 즉 투자 대비 수익이 훨씬 많은 황금알을 낳는 거위로 인식되었기 때문에 철도는 빠른 속도로 보급되었다.

특히 1840년대 중반, 철도는 투자 대상이 아닌 투기 대상이 되었다. 이른바 '철도 열풍(railway mania)'이 절정에 달했다. 1845년 한 해에만 철도를 이용한 영국인이 4800만 명에 이르렀다. 당시 영국 인구의 2배에 해당하는 인원이었다. 첫 기차를 개통하고 불과 20년 만에 한 사람이 1년에 두 번 기차를 이용한 셈이다.

처음에 증기 기관차를 만들 때는 주로 철, 석탄 따위의 광물이나 면제품 같은 상품을 옮길 목적이었다. 그러나 막상 증기 기관차를 운행하고 나서는 예상보다 많은 사람이 기차 여행을 즐겼다. 말 대신 증기 기관차라는 기계에 더 열광한 것이다. 철도 회사들은 1852년까지도 화물 운송보다 여객 운송에서 더 많은 수익을 냈다. 1830년 맨체스터-리버풀 노선이 깔릴 때만 해도 영국의 철도 총길이는 100마일(약 161킬로미터)이 미처 안 되었으나, 불과 20년 후인 1850년에는 6000마일(약 9656킬로미터)로 60배나 늘어났다. 그리하여 1860년대에 오늘날 우리가 알고 있는 형태의 기본 철도가 완성되었다. 1914년 영국 철도의 총길이는 2만 마일(약 3만 2187킬로미터)을 넘어섰다.

한 경제사학자의 계산의 의하면, 1850년 총 129만 마력의 힘을 지닌 증기 기관이 영국 전역에서 활약했다. 주목할 점은 이 129만 마력 중 공장에서 사용하는, 즉 이동할 수 없는 고정 방식의 저압 증기 기관은 50만 마력에 불과했다는 것이다. 나머지 79만 마력은 증기 기관차 형태의 이동 가능한 고압 증기 기관이었다.

요컨대 철도 개통 후 불과 25년이 지난 19세기 중반에 공장에서 사용하는 저압 증기 기관보다 수많은 사람과 엄청난 양의 화물을 한 곳에서 다른 곳으로 실어 나를 수 있는 증기 기관차 형태의 고압 증기 기관이 대세를 이룬 것이다. 이는 1850년에 와트의 저압 증기 기관보다 고압 증기 기관이 더 많은 화석 에너지를 사용했다는 뜻이다. 바야흐로 이제 증기 기관은 범용 기술로서 공장이라는 생산 공간을 넘어 사람과 화물을 이동시키는 기관차에 설치되어 유통과 소비 그리고 여가까지 그 영역을 일상생활로 확대하고 있었다.

철도의 시대: 철도의 국제적 수용

영국에서 시작된 증기 기관차와 철도는 거의 즉각적으로 유럽에 전파되었다. 스티븐슨 부자가 만든 증기 기관차와 리버풀–맨체스터 철로는 유럽 여러 나라가 철도를 놓는 데 기준이 되었다. 조지 스티븐슨이 리버풀–맨체스터 철도를 놓을 때 적용했던 두 레일 사이의 간격, 즉 궤간이 향후 세계에서 가장 보편적인 표준으로 자리 잡았다.

그런데 철도 건설의 문제점은 당시 각국의 경제 상황을 반영했다. 영국은 기본적으로 자유방임 정책을 추구했기 때문에 국가가 철로 건설에 개입하지도 않았거니와 개입할 수도 없었다. 그 결과, 개인이나 회사 또는 지방 정부가 자체적으로 건설한 철로들의 레일 궤간이 각각 달랐다. 그리고 경쟁적으로 자신이 만든 궤간을 표준으로 만들고

자 애썼다. 예를 들어, 처음에는 궤간이 4피트 8.5인치(약 1435밀리미터) 짜리 하나만 존재했다. 그런데 1837년 야심만만한 엔지니어 이점바드 브루넬은 레일 궤간이 7피트(약 2133밀리미터)인 철로 건설의 허가권을 의회로부터 받아냈다. 1839년에는 궤간이 5.5피트(약 1676밀리미터)인 철로가 건설되었다. 그리하여 런던에만 역이 15개나 존재했다. 미국도 영국처럼 자유방임 정책을 추구했기 때문에 궤간의 표준이 여섯 종류가 넘었다. 따라서 철도 회사는 자신의 궤도에 맞춰 특별한 기관차를 주문할 수밖에 없었다. 게다가 기존 노선에 또 다른 철도가 만들어지기도 하고, 하나의 노선에 여러 궤간이 존재해 승객이 여러 번 기차를 갈아타야 하는 불편한 상황이 전개되었다. 공급자가 수요자를 통제하는 일이 벌어진 것이다.

영국에서 비롯된 철도의 이러한 불편함과 비효율은 다른 국가들에 교훈 아닌 교훈을 주었다. 이들 국가에서는 민간 업체가 아닌 국가가 철도 건설을 주도했다. 그 결과, 예를 들어 독일의 경우는 어느 도시건 중앙역(Hauftbahnhof)으로 가면 목적지가 어디든 갈 수 있었다. 독일에서 최초의 철도는 뉘른베르크와 퓌르트 구간(총연장 6.1킬로미터로)에 개설되었다. 그 후 1839년에 라이프치히와 드레스덴 구간에 115킬로미터의 철로를 부설했다. 여기에는 독일의 국민 경제학자 프리드리히 리스트(Friedrich List, 1789~1846)의 공헌이 컸다. 리스트는 독일이 38가지 통행세와 관세 체계 때문에 나머지 유럽 국가와의 경쟁에서 뒤떨어질 수밖에 없다고 강조하면서, 철도를 통해 독일어권 경제를 하나로 (나아가 문화적으로도) 통일하고자 애썼다. 독일은 1830년 총 580킬로미터의 철로를 갖고 있었는데, 1850년에는 5470킬로미터로 늘어나 영국에 이어 세계 2위의 철도망을 건설했다. (독일은 1871년 마침내 39개의 연방을 결합해 하나의 국가를 만드는 데 성공했다.) 그리고 1870년대 중반에 이르면 철도망이 영국을 추월하면서 유럽 최대의 철도 국가가 되었다.

독일이 프러시아를 중심으로 통일을 이루는 데 철도가 엄청 큰 역할을 한 반면, 프랑스는 상대적으로 철도화가 서서히 진행되었다. 아울러 철도라는 새로운 기술이 가져올 사회 변화에 대해 진지한 논쟁이 벌어졌다. 예컨대 파리 지식인들 사이에서는 철도가 도시와 도시를 연결하면 그 중간에 위치한 농촌에서 과연 이전처럼 조용한 전원 생활을 유지할 수 있을지 논란이 많았다. 또한 증기 기관이 내뿜을 매연 문제에 대해서도 그게 과연 사회의 진보를 뜻하는 것인지 등을 놓고 찬반 혹은 긍정과 부정 논쟁이 벌어졌다.[3]

이러한 국가적 차이가 있었음에도 유럽 대륙에는 1840년대부터 1880년대까지 철로가 한 국가 내에, 그리고 국가와 국가 사이에 그물처럼 촘촘히 깔렸다. 19세기 말경에는 유럽의 서쪽 끝 국가인 포르투갈의 수도 리스본에서 유럽의 동쪽 끝 국가인 러시아의 수도 모스크바까지 기차 여행을 할 수 있었다. 비록 서로 다른 궤간 때문에 중간 중간 갈아타야 하는 상황이 발생했지만 말이다. 그럼에도 19세기 말까지 증기 기관차는 영국의 주요 수출품으로 남아 있었다.

사실상 유럽 대륙보다 철도와 증기 기관차를 더 반긴 국가는 미국이었다. 19세기 전반 미국은 마치 신이 허락한 '명백한 운명(Manifest Destiny)'인 것처럼, 유럽의 강대국 영국 및 에스파냐와 갈등을 일으키면서, 또 한편으로는 아메리카 원주민을 몰아내면서 영토적 팽창을 꾀했다. 남부로, 서부로 협상과 전쟁을 통해 침략해 들어가면 그 뒤를 이어 백인 정착민이 이주했다. 그렇게 마침내 태평양 연안에까지 이르렀고, 그 결과 대서양과 태평양을 잇는 대규모 교통 및 운송 체계가 절실히 필요했다.

미국은 영국의 철도 건설이 상업적으로 성공한 것을 보고 자국 내에도 철로를 깔기 시작했다. 1831년 사우스캐롤라이나주 찰스턴과 조지아주 오거스타 구간(총연장 69킬로미터)에 첫 철도를 부설했다. 프랑스가 1832년, 벨기에와 독일이 1835년에 첫 철도를 깔았으니 유럽 대륙 국가들보다 빨랐던 셈이다. 그만큼 미국이 더 절실했다고 볼 수 있다. 당시 대서양과 태평양 사이 미국 영토의 드넓은 공간을 마차로 이동하는 데는 엄청난 어려움이 있었다. 따라서 철도야말로 팽창 일로에 있는 미국을 빠른 속도로 (공간적으로) 연결해줄 수 있는 유일무이한 수단이었다.

미국은 1844년 워싱턴과 볼티모어 구간(총연장 48킬로미터)에 통신선을 깔고, 그해 5월 24일 세계 최초로 무선 송신에 성공했다. 그리고 1861년에는 미국 전체를 가로지르는 대륙 횡단 전신 케이블을 완공했다. 동서를 잇는 통신망이 연결된 것이다. 그러나 이는 어디까지나 무형의 메시지와 뉴스의 즉각적인 연결이었지, 유형의 화물과 인간을 (공간을 가로질러) 연결한 것은 아니었다.

예컨대 샌프란시스코와 뉴욕은 직선거리로만도 대략 4700킬로미터나 떨어져 있다. 미국은 태평양 연안에서 대서양 연안까지의 영토를 좁디좁은 마차를 타고 가야 하는 불편함과 빨라야 4개월 이상 걸리는 장기간의 이동을 가능한 한 조속히 해결하고 싶었다. 그리고 마침내 1851년 1분당 1마일을 달릴 수 있는 증기 기관차를 만들었다. 이 철마는 시속 97킬로미터의 엄청난 속도로 거대한 아메리카 대륙을 가로질러 달릴 수 있었다.

남북전쟁(1861~1865) 중임에도 불구하고 북부의 연방 정부는 1862년 철도법을 제정해 대륙 횡단 철도 건설 의지를 천명했다. 그리고 1869년 뉴욕과 샌프란시스코를 잇는 대륙 횡단 철도를 완성했다. 이로써 이동 시간이 4개월에서 단 1주일로 단축되었다. 시카고에서 뉴욕까지 걸리는 시간 또한 3주일에서 3일 이하로 줄어들었다. 수많은 사람과 상품이 철도를 따라서 동에서 서로, 서에서 동으로 더 많이 더 자주 이동했다.

게다가 미국은 1860년대 말 전신과 철도를 결합해 동시에 활용하면서 거대한 영토 안에서 '공간적 축소'와 '시간적 압축'을 경험했다. 다른 어떤 근대 국가보다도 먼저 미국은 철도를 통해 풍경이 바뀌는 것을 경험하고, 철도를 따라 도시가 새로 만들어지는 등 일상생활의 변화를 목격했다. 1880년 미국의 철로는 총연장 14만 5000킬로미터에 달했다. 1882년 한 해에만 1만 8600킬로미터의 철로를 새로 깔았다. 1900년에는 미국 전역에 31만 603킬로미터의 철도가 촘촘하게 깔렸다. 당시 영국에는 7만 7249킬로미터, 유럽 대륙에는 10만 4607킬로미터의 철도가 놓여 있었다. 따라서 철로 길이로만 따지면 미국은 이미 전체 유럽을 넘어섰다. 조만간 미국이야말로 화석 연료 시대의 최대 수혜자가 될 예정이었다. 미국 영토엔 석탄과 철 등의 천연자원이 측정하기 힘들 정도로 풍부하게 매장되어 있었다.

2 해상의 증기 기관: 범선에서 증기선으로

뉴커먼 증기 기관이 되었건 개량된 와트 증기 기관이 되었건 탄광에서 사용하기 시작한 후 1세기가 넘도록 증기 기관은 바다의 배를 움직이는 동력 기관으로 사용할 수 없었다. 그것은 무엇보다도 저압 증기 기관의 힘만으로는 거친 바람을 거슬러 배를 움직일 수 없었기 때문이다. 따라서 19세기 중반까지도 바다를 가로질러 인간과 화물을 운송하는 일은 여전히 범선의 몫이었다. 오히려 19세기 이후 범선의 크기는 더 커져만 갔다. 16~19세기에 최소 1000만 명 이상의 아프리카 흑인을 노예로 만들어 아메리카 대륙으로 실어 나르는 데 사용한 것도 범선이었다.

그리고 그 절정의 시기에 클리퍼(clipper)가 만들어졌다. 클리퍼는 빠른 속도를 위해 날렵한 선체에 기본적으로 3개 이상의 돛을 장착한 영국의 배인데, 무게가 상대적으로 가벼운 아편이나 차를 실어 날랐다. 아편의 경우는 인도에서 중국으로, 차의 경우는 중국에서 인도로 이동했다. 19세기 중반까지도 인간은 대양을 가로지를 때 화물이든 사람이든 주로 풍력을 이용할 수밖에 없었다.

그렇지만 이 시기는 범선에서 증기선으로 넘어가는 과도기이기도 했다. 이러한 전환을 잘 보여주는 그림이 있다. 영국이 자랑하는 화가 윌리엄 터너(William Turner, 1775~1851)의 1839년 작품 《해체를 위해 예인되는 전함 테메레르호(The Fighting Temeraire tugged to her last berth to be broken up)》는 범선의 시대가 끝나간다는 걸 보여준다. 테메레르호는 1805년 트라팔가르 해전에서 프랑스를 패배시키고 승리한 넬슨 함대의 주력 전함이었다. 그런 배가 조그마한 예인선에 이끌려 항구로 돌아오는 장면은 한 시대가 끝나가고 있음을 방증한다. 즉, 수천 년 동안 바다를 누비던 범선이 더 이상 사람과 화물을 실어 나르기에 적합하지 않다는 의미였다.

당시 프랑스는 증기선 개발에서 선두를 달리고 있었다. 하지만 프랑스 혁명과 프랑스를 상대로 한 유럽 대륙 동맹군과의 전쟁으로 인한 정치적 혼란 때문에 증기선 발명에는 이르지 못했다. 세계 최초의 증기선 상용화의 공은 미국인 로버트 풀턴(Robert Fulton, 1765~1815)에게 돌아갔다. 풀턴은 1803년 1월 센강에서 증기선을 띄웠지만 무거운 기계 설비 때문에 침몰했다. 이 소식을 들은 나폴레옹은 그를 '사기꾼'으로 여겨―훗날 영국 해군과의 대결을 생각하면 프랑스 입장에서는 안타깝게도―증기선에 대한 관심을 끊어버렸다.

그렇지만 불과 7개월 후인 그해 8월 9일, 풀턴은 선체 측면에 바퀴를 장착한 20미터 길이의 증기선을 센강에 다시 한번 띄웠다. 그리고 이번에는 시속 5~6킬로미터 속도로 항해하는 데 성공했다. 1806년 미국으로 돌아온 그는 이듬해 8월 17일 허드슨강에 증기선〔훗날의 클레몬트(Clermont)호〕 '노스 리버(North River)'를 띄워 뉴욕시와 뉴욕주의 주도인 올버니 사이를 62시간(가는 데 32시간, 20시간의 휴식 후 오는 데 30시간) 동안 왕복했다(약 560킬로미터). 이 배는 41미터 길이에 배수량은 160톤이었으며, 증기 기관의 동력으로는 석탄과 나무를 이용했다. 여하튼 풀턴의 클레몬트호는 바람의 힘이 아닌 증기의 힘으로 강 위를 항해한 세계 최초의 상업용 증기선으로 기록되었다.

대양을 가로지르는 초기의 증기선은 범선 형태의 선박에 증기 기관을 설치했다. 순풍이 불 때는 돛을 사용했지만, 역풍이 불거나 파도가 거칠 때면 거대한 외륜(paddlewheel, 外輪)에 연결된 증기 기관을 가동해 배가 계속해서 앞으로 나아갈 수 있도록 했다. 그러니까 증기력을 자연의 폭력(역풍이나 거친 파도)에 저항하는 힘으로 인식했다는 얘기다. 가축 같은 유기체의 근력은 시간이 지나면서 지치지만, 석탄이 제공되는 한 증기력은 결코 지치는 일 없는 놀라운 인공적 에너지로 사람들에게 찬양받았다. 인간이 발명한 증기력은 자연의 지배력에 대한 대담한 도전이었다. 나중에는 도전을 넘어 자연을 굴복시키려 했다.

다만 문제는 대서양을 가로지르는 동안 증기선이 엄청난 양의 석탄을 필요로 한다는 점이었다. 대량의 석탄이 필요하다는 것은 실어야 할 화물의 양을 줄여야 한다는 걸 의미했다. 따라서 증기선으로 과연 경제성 있는 장거리 항해를 할 수 있는지가 관건이었다. 요약하면, 석탄으로 움직이는 증기 기관의 가장 큰 단점은 엄청난 양의 연료를 소모한다는 것이었다. 지상에서 두 도시 사이를 움직이는 기관차의 경우는 정차역의 창고에 석탄을 쌓아놓거나, 길어야 몇백 킬로미터를 운행할 뿐이어서 그에 필요한 석탄을 기관차에 싣고 움직일 수 있었다.

따라서 최초의 대서양 횡단 증기선은 돛을 단 범선에 고압 증기 기관을 보조 역할로 부착한 일종의 혼합형이었다. 첫 대서양 횡단에 도전한 증기선은 1819년 미국 조지아주 서배너(Savannah)에서 영국으로 출발한 '서배너'호였다. 기본적으로 범선이라고 할 수 있는 이 선박은 길이 30여 미터에 90마력짜리 증기 기관을 갖추고 있었다. 대서양을 가로지르는 데는 총 27일이 걸렸다. 그런데 증기 기관은 겨우 4일 동안 사용했을 뿐이다. 결과적으로 증기 기관을 보조 용도로만 쓴 것이다. 이 시간 동안 총 68톤의 석탄과 9톤의 목재를 연소했다.

1830년대 이전에는 증기선의 보일러 안을 바닷물로 채웠기 때문에 3~4일마다 배를 멈춰 세우고 보일러 벽에 단단하게 붙은 소금 막을 제거해야 했다. 게다가 증기선에 장착한 커다란 바퀴, 즉 외륜도 거친 파도에 자주 부서졌다. 이윽고 패들(paddle)로 움직이는 외륜 대신 아르키메테스의 나사(screw) 원리를 응용한 스크루 프로펠러가 등장했다. 마침내 1838년 경쟁 관계에 있던 시리우스(Sirius)호와 그레이트 웨스턴(Great Western)호가 동시에 증기 기관만으로 대서양을 횡단하는 데 성공했다. 특히 후자의 경우 영국이 자랑하는 엔지니어 브루넬이 만든 배로, 무게 1320톤에 앞뒤 거리가 72미터에 이르는 당시로선 세계 최대 길이의 선박이었다. 이 배는 61톤의 석탄과 화물을 싣고 영국의 브리스톨을 출발해 15일 만에 뉴욕에 도착했는데, 싣고 있던 석탄의 3분의 1이 남았을 정도로 경제성을 확보해 대양 항해의 가능성을 열어주었다.[4]

1840년에는 큐나드 해운 회사(Cunard Line)가 대서양 횡단 정기선을 운행하기 시작했다. 첫 정기선인 브리타니아(Britannia)호는 스크루 프로펠러 대신 증기력으로 외륜를 움직이는 1156톤급 배였다. 따라서 실을 수 있는 화물의 총적재량(865톤)에 비해 대서양을 한 번 가로지르는 데 석탄이 무려 640톤이나 필요했기 때문에 실제로는 화물을 적재량의 26퍼센트밖에 실을 수 없었다. 이로 인해 초창기 대서양 정기 노선은 경제성을 확보한 지역으로만 증기선 운행이 가능했다. 영국의 경우, 당시 대규모 상품 수출입이 가능한 미국과 가장 큰 이익을 낼 수 있는 식민지 인도가 그곳이었다.

브리타니아호는 리버풀-핼리팩스-보스턴을 왕복하는 배였다. 증기 기관으로 움직이는 이 배는 예컨대 리버풀에서 핼리팩스까지 기존 범선이 몇 주씩 걸리던 시간을 단 13일 6시간으로, 핼리팩스에서 리버풀까지는 11일 4시간으로 단축했다. 그것도 안전을 담보하면서 말이다. 1848년 영국 정부는 이 회사에 15만 6000파운드의 보조금을 제공해 대서양 횡단 노선의 운행 횟수를 2배로 늘렸다. 또한 핼리팩스-보스턴 노선 대신 리버풀-뉴욕 노선을 신설했다. 훗날 이 노선엔 '아메리칸드림'을 실현하려는 이민자들이 승선하기 시작했다. 그리고 1875년

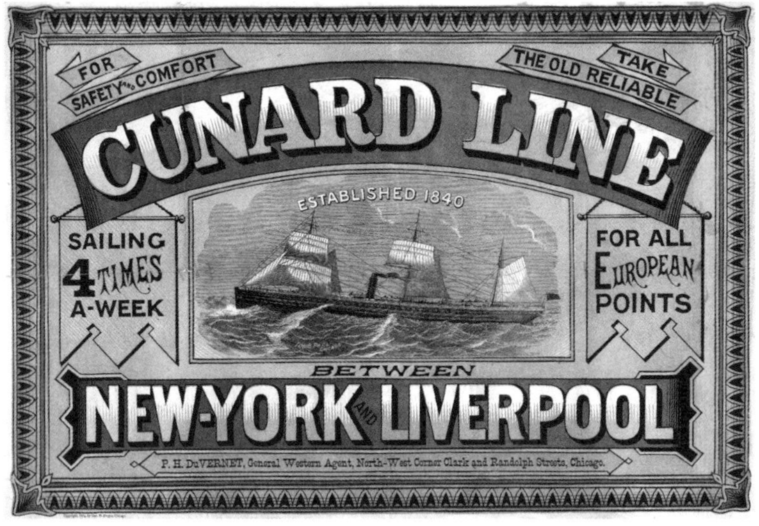

출처: https://en.wikipedia.org/wiki/Cunard_Line#/media/File:Cunard_Line_New_York_Liverpool_1875.jpg

큐나드 해운의 증기선은 일주일에 4차례나 이 노선을 왕복했다. 동일한 크기의 정기선을 4척이나 확보했기 때문에 가능한 일이었다.

이처럼 1830년대부터 본격적으로 바닷길에 증기선이 등장할 수 있었던 것은 무엇보다도 비용이 범선보다 15~20퍼센트 저렴했기 때문이다. 물론 증기선이 범선보다 훨씬 더 빠른 속도로, 더 많은 사람과 물품을 더 안전하게 전 세계로 운송할 수 있었기 때문이기도 하다. 게다가 1869년 마침내 수에즈 운하가 개통되었다. 이로써 런던과 인도 뭄바이(봄베이)까지의 바닷길이 1만 7167킬로미터에서 1만 97킬로미터로 단축되었다. 인도양 항로가 3분의 1 이상 짧아진 덕분에 석탄 소비량 또한 그만큼 줄어들었다.

사실 1869년은 '범선 시대'의 종말을 알리는 의미 깊은 해이기도 했다. 수에즈 운하는 범선이 통과하기에 적절하지 않았기 때문이다. 유럽에서 아시아로 향하는 모든 배는 이제 수에즈 운하를 통과해야 하니 범선은 시대에 뒤처질 수밖에 없었다. 그해에 미국 서부와 동부를 잇는 뉴욕-샌프란시스코 철도 구간 또한 완공되었다. 이제 태평양과 대서양을 동시에 마주하는 미국이라는 거대 국가가 구태여 범선이나 증기선을 통해 남아메리카 대륙을 돌아 혹은 파나마 지협을 통해 사람들의 이동을 포함한 교역을 해야 할 이유가 사라진 것이다.

그 결과, 1870년에는 대양을 건너는 배의 절반이 이미 증기선 몫이었다. 1900년 무렵에는 증기선이 전 세계 화물의 75퍼센트를 운반했다. 유럽의 이민자 수백만 명을 남북 아메리카 해안에 실어 나르기도 했다. 이때쯤이면 냉장 기술이 발달해 육류나 낙농 제품도 신선한 상태로 대양을 건널 수 있었다. 게임의 이름은 '효율성'이었다. 이 모든 것은 석탄과 24시간 쉬지 않고 석탄으로 작동하는 증기 기관이 있었기에 가능했다.

영국은 석탄과 증기 기관 그리고 증기선으로 전 세계에 널려 있는 자국의 식민지와 새로운 경제 시스템을 구축할 수 있었다. '석탄 정거장'으로 불리는 재보급 항구를 세계 곳곳에 확보하는 것이 영국 해군의 임무이기도 했다. 드넓은 대양을 무한정 석탄을 싣고 운항할 증기선은 존재할 수 없기에, 전략적으로 필요한 항구에 석탄 정거장으로 쓸 수 있는 식민지를 만들거나 최소한 우호적인 공간을 확보하는 것이 필수적인 요건으로 떠올랐다. 예컨대 태평양을 끼고 있는 지역의 국가들과 무역하기 위해서는 석탄 매장량이 많은 보르네오와 우호적 관계를 맺는 게 너무도 당연했다.

전 세계를 대상으로 한 이러한 석탄 정거장 확보와 더불어 영국은 식민지에 공산품을 수출하고 캐나다에서는 곡물과 목재를, 남아프리카에서는 금과 다이아몬드를, 인도에서는 차·면화·쌀·인디고·황마 등을, 말레이와 실론에서는 고무를, 오스트레일리아와 뉴질랜드에서는 양모와 소고기를 수입했다. 영국은 바야흐로 명실상부한 거대 제국을 구축하기 시작했다.

증기선의 활약

운송이라는 측면에서 19세기 전반 미국의 대서양 연안 주요 도시, 예컨대 뉴욕이나 보스턴 혹은 필라델피아를 연결해준 것은 마차라기보다 범선이었을 것이다. 19세기에는 대형 범선이 대략 22노트의 속도로 2000톤의 화물을 싣고 대서양 항구들을 오갔다.

그러나 로버트 풀턴의 증기선 발명 이후, 증기선은 두 가지 의미에서 미국의 팽창을 확고하게 만드는 데 공헌했다. 하나는 미국이 19세기 전반 아메리카 대륙의 동과 서 끝자락까지 펼쳐진 영토에 살고 있는 사람들을 가장 빨리 이동시킬 수 있었다는 점이다. 특히 1849년 캘리포니아주 샌프란시스코 지역에서 발견된 금광 때문에 이른바 '골드러시(Gold Rush)'가 발생한 직후부터 1869년 미국의 동부와 서부를 완전하게 잇는 대륙횡단철도가 완성될 때까지 미국은 어떤 의미에서 육로로는 불완전하게 연결된 국가였다. 육로를 통해 대서양에서 태평양에 도달하는 시간이 바다를 통하는 것보다 더 많이 걸렸을 뿐 아니라, 그 당시 미국의 서부는 현실적으로 연속된 공간이 아니었기에 육로로 태평양까지 이동한다는 것은 불가능에 가까웠기 때문이다. 따라서 이 20년 동안 미국 대서양 연안에서 태평양 연안을 가장 빨리 연결해준 것은 무엇보다도 증기선이었다. 사실상 이 기간에 미국인은 자국 영토를 이동하는 데 파나마 지협이라는 머나먼 타국의 영토를 통과해야 하는 어색하고도 희한한 상황을 경험했다.

물론 증기선 이전에는 쾌속 범선이 뉴욕에서 출발해 대서양을 따라 남아메리카 끝자락인 케이프혼(Cape Horn)을 돌아 태평양 건너 샌프란시스코에 도달하는 데 빨라야 100일 이상이 걸렸다. (현실적으로는 여러 상황이 발생해 대부분 5개월 정도가 걸렸다.) 그런데 파나마 지협을 통해 증기선을 이용하면서 그 시간이 한 달 정도로 줄어들었다.

1846년 미국은 파나마 지협을 다스리던 누에바 그라나다(Nueva Granada) 공화국과 협정을 맺어 그 지역의 철도 부설권을 가져갔다. 파나마 지협 통과의 어려움을 줄이기 위해 1850년에 착공한 파나마 철도가 많은 난관 끝에 1855년 완성되었다. 미국 여행객들은 이 지역을 통과하는 데 걸리는 시간을 사나흘에서 불과 네다섯 시간으로 단축할 수 있었다. 이 철도를 부설하기 전까지 미국인은 뉴욕에서 샌프란시스코로 가려면 대부분 뉴욕항에서 배를 타고 출발해 파나마 지협 대서양 쪽에 위치한 아스핀월(Aspinwall)항에서 내려 태평양 쪽에 위치한 파나마항까지 도보로 또는 가축을 이용해 이동했다. 그리고 거기서 다시 배를 타고 샌프란시스코로 향했다. 이때 사용한 배가 증기선인데, 1848년부터 태평양 우편 증기선 회사(Pacific Mail Steamship Company)가 운행했다. 미국은 사실상 이때부터 파나마 지협에 관심을 가졌으며, 훗날 프랑스의 페르디낭 레셉스(Ferdinand Lesseps, 1805~1894)가 진행하던 파나마 운하 건설이 좌초되자 자신들이 이어서 그 사업을 마무리 지을 수 있었다. 그리고 당연히 이 지역에 대한 지배권을 갖길 희망했다. 그것이 물리적 차원이든 헤게모니 차원이든 말이다.

다른 하나는 증기선 덕분에 엄청난 규모의 유럽 인구를 미국으로 유인할 수 있었다는 점이다. 바로 위에서 언급한 것처럼, 미국은 19세기에 일어난 엄청난 영토 팽창으로 부족해진 노동력을 이 새로운 미국인으로 채울 수 있었다. 미국으로서는 다행스럽게도 유럽의 많은 국가가 인구 팽창과 절대다수의 노동자와 농민에게 충분한 일자리를 제공하지 못해 전전긍긍할 때, 이들은 기꺼이 아메리칸드림을 안고 미국으로 향했다. 특히 딸린 가족 없는 젊은이들이 그러했다.

증기선은 1815년부터 제1차 세계대전이 발발한 1914년까지 적어도 수천만 명의 유럽인이 대서양을 건너 아메리카 대륙의 새로운 국가들에 정착할 수 있게 만들었다. 100년도 안 되는 시기에 그렇게 많은 사람이 광활한 바다를 건너 이주한 것은 인류 역사상 처음이었다. 19세기 후반 50년 동안, 연간 40만 척의 증기선이 유럽에서 아메리카 대륙 혹은 자신들의 해외 식민지 국가를 오갔다. 1900~1914년에는 해마다 무려 100만 척의 증기선이 대서양 혹은 태평양을 가로질렀다.

비록 유럽인의 아메리카 이주보다 늦긴 했지만, 태평양 지역 국가의 많은 인구도 정치적 불안을 비롯한 여러 이유 때문에 자신의 조국을 떠나 아메리카 혹은 아프리카 대륙으로 이주했다. 위에서 언급한 '태평양 우편 증기선 회사'는 1867년부터 샌프란시스코와 홍콩을 연결하는 노선을 개설했다. 그 후 이 회사는 상하이와 요코하마까지 연결망을 형성해 태평양 횡단 항로를 확장했다. 중국인과 일본인을 포함한 아시아인은 이 회사의 증기선을 이용해 태평양 건너 아메리카 대륙으로 이주했다.

대서양과 태평양을 횡단한 인류 최초의 이 같은 대규모 이민과 이주는—어떤 면에서는—증기 기관으로 움직이는 증기선 때문에 가능했다. 바람을 이용하는 범선을 가지고는 그렇게 많은 사람을 실어 나를 수 없었기 때문이다. 그리고 당연하게도 증기 기관은 석탄이나 석유 없이는 그 큰 바다를 가로지를 수 없었다.

증기선은 사람뿐만 아니라 물고기도 대량으로 신속하게 운반해 서민들의 식탁에 올렸다. 절인 청어는 영국인, 특히 19세기 전반 산업화로 인해 팽창하는 도시로 몰려든 빈민들이 그나마 값싸게 먹을 수 있는 어류였다. 물론 신선한 생선 대신 어쩔 수 없는 선택이긴 했지만 말이다. 그런데 1860년대 이후 증기력을 이용한 트롤(trawl)선이 등장했다.

트롤선은 바다 밑바닥까지 훑는 그물을 이용해 기존 어선보다 상대적으로 깊은 바다에서 물고기를 잡을 수 있었다. 증기력을 이용해 항구에서 청어가 있는 곳까지 더 빠른 속도로 갈 수 있었고, 배에 실은 얼음으로 청어를 잡자마자 냉장한 다음 항구로 돌아와 철도로 신속하게 런던 등 대도시로 운반할 수 있었다. 덕분에 사람들은 문자 그대로 '생선(生鮮)'을 먹을 수 있었다. 청어뿐 아니라 대구 등 다른 물고기도 마찬가지였다. 영국의 대표 서민 음식인 '피시 앤드 칩스(fish-and-chips)'가 이렇게 해서 항구를 중심으로 탄생했다.

1870년 영국 인구는 약 3100만 명이었다. 당시 영국이 생산한 석탄이 제공할 수 있는 에너지는 영국 국민 전체가 필요로 하는 칼로리의 약 27.4배에 달했다. 이를 다른 말로 표현하면, 영국 국민 1인당 27명의 '에너지 노예'를 거느린 것과 마찬가지였다. 1870년 영국 전역에서 증기 기관이 10만 대가량 작동하고 있었는데, 당연히 이것들은 모두 석탄이라는 에너지원을 사용했다.

이런 상황은 영국에만 해당하는 것이 아니었다. 경제사가 앨프리드 챈들러(Alfred Chandler)는 19세기 미국 경제를 성장시킨 인공물로 증기

에너지로 다시 보는 세계사: 아편 전쟁

증기선의 위력을 가장 확실하게 보여준 것은 아편 전쟁(1840~1842)이었다. 청나라 조정이 아편을 단속하면서 수입을 금지하자, 1840년 4월 영국 의회는 격렬한 토론 끝에 9표 차이로 청나라와의 무력 대결을 연기하자는 안건을 부결했다. 전쟁 선포와 함께 영국 해군은 4000명의 군인, 28척의 수송선, 540문의 대포로 무장한 16척의 전열함(戰列艦)과 4척의 포함(砲艦)으로 이뤄진 함대를 중국으로 보냈다. 포함은 전부 증기선이었다. 증기선엔 연료로 쓸 석탄이 무려 3000톤이나 실려 있었다.

당시 증기선은 바다가 잔잔하거나 순풍이 불 때는 돛을 이용하고, 거칠거나 역풍이 불 때는 증기력을 이용하는 일종의 하이브리드 형태였다. 그중 중량 660톤, 길이 56미터, 폭 8.8미터의 네메시스(Nemesis)호가 주력함이었다. 이 배는 증기력으로 작동하는 2대의 60마력짜리 포레스터 엔진(forester engine)으로 움직였다. 1840년 11월 광둥에 도착한 네메시스호는 1841년 1월과 2월, 주로 정크선으로 구성된 중국 해군과 대적해 일방적 승리를 쟁취했다. 전쟁 당시 중국 해군이 사용한 대포는 1627년에 만들어진 포르투갈산이었다. 즉, 중국은 무려 2세기 전의 대포 기술에 머물러 있었다.

게다가 시커먼 연기를 뿜어내는 철로 만든 배를 처음 목격한 중국인은 그 위력에 더더욱 놀라며 이를 '악마의 배'라고 불렀다. 엄격한 아편 몰수로 아편 전쟁의 시빗거리를 제공한 청 제국의 흠차대신 임칙서(林則徐)는 영국 증기선을 "불꽃을 이용해서 기계를 돌리며 매우 빠르게 나아가는 바퀴를 가진 배"라고 보고했다. 또 다른 중국인은

출처: https://en.wikipedia.org/wiki/Nemesis_(1839)#/media/File:HEICo_steamer_
Nemesis.jpg

이렇게 증언했다. "양쪽에 바퀴가 있는데, 이 바퀴는 석탄 화력으로 움직이며, 달리는 말만큼이나 빨리 돌아간다."[5] 영국 함대가 양자강(揚子江, 양쯔강)과 북경까지 연결된 대운하의 교차지인 진강(鎭江)에 도달하자 청나라 조정은 패배를 인정하고 사절단을 보냈다. 증기의 힘을 마음껏 이용한 영국 해군은 '천자의 제국' 청나라를 종이호랑이로 전락시켰다.

1860년 제2차 아편 전쟁(1856~1860)의 마지막 전투가 벌어졌을 때, 중국으로 진격한 영국 해군의 증기 전함은 더 이상 외륜선(paddle steamer, 外輪船)이 아니었다. 증기선은 패들 대신 스크루 프로펠러로 작동했으며, 선체는 어지간한 포 공격으로는 끄떡없는 4.5인치 철판으로 무장한 철(甲)선이었다. 영국군과 프랑스군은 청나라 수도 북경까지 밀고 들어가 황실의 여름 별궁인 원명원(圓明園)을 보란 듯이 태워버렸다.

이처럼 석탄이라는 화석 연료로 증기 기관을 움직여 그 어떤 범선도 상대가 될 수 없게 만든 증기선이 영국 해군의 핵심 전력이 되었으며, 이로써 영국은 세계의 바다를 더더욱 공고히 장악할 수 있었다.

기관차와 철도, 증기선 그리고 전신을 꼽았다. 이것들이야말로 미국인에게 새로운 시공간 개념을 인식하도록 해주었다. 전신이 시간의 동시성을 경험하게끔 만들었다면, 증기 기관으로 움직이는 기차와 선박은 공간의 압축을 느끼게끔 만들었다. 특히 철도는 더 많은 사람과 물량을 더 빠른 속도로 더 싼 가격에 A 지점에서 B 지점으로 운송했고, 이 모든 일은 석탄과 증기 기관이 있었기에 가능했다.

1880년대 전 지구적 차원에서 증기 기관이 만들어낸 에너지는 1억 5000만 마력에 해당했다. 인간의 근력으로 치면 30억 명이 필요한 동력이다. 따라서 산업 혁명이 시작되고 100여 년 만에 인류는 기계 노예 30억 명을 고용한 셈이다. 상황이 이렇다 보니 에너지 혁명 없이 산업 혁명이 가능했을까, 하는 의문이 드는 것도 틀린 생각은 아니다. 바야흐로 화석 연료에 기초한 새로운 문명이 태동하고 있었다. 여기에서 뒤처진 국가들은 석탄과 증기 기관으로 무장한 유럽 제국의 식민지로 전락하기 시작했다. 유럽 제국은 심지어 이들을 모두 야만 상태로 분류했다.

노예 무역과 노예제는 근대 유럽이 만든 사악한 제도다. 서유럽 국가들이 주도한 노예 무역은 인류사에서 가장 큰 규모로 이루어진 강제 이주의 흔적을 남겼다. 포르투갈이 앞장서서 이러한 노예 무역을 이끌었다. 적도 부근의 서아프리카 지역에서 무차별로 사들이거나 납치한 수백만 명 이상의 아프리카인을 브라질로 보내 강제 노예 노동에 종사시켰다. 영국 또한 노예를 수익이 남는 상품으로 인식하고 아프리카 노예 무역에 뒤늦게 참여했다. 그럼에도 노예 무역이 폐지될 때까지 1662~1807년 무려 340만 명 넘는 아프리카인을 노예 상인들로부터 사들인 영국 상선들은 대서양을 건너 카리브해 혹은 아메리카 식민지로 향했다. 끔찍한 바닷길을 항해하는 동안 짐짝 취급을 받았음에도 약 290만 명 이상이 살아남아 노예로 팔려나갔다. 런던 외곽에 위치한 그리니치의 국립해양박물관(National Maritime Museum) 기록에 따르면, 1699~1807년 영국과 영국 식민지의 항구들을 통해 총 1만 2103건의 노예 무역이 이루어졌다. (그중 런던에서 출발한 노예 항해도 3351건에 달했다.) 한 해 평균 100번 넘게 노예를 싣고 대서양을 건넌 것이다.

일부 학자들은 1807년의 노예 무역 폐지, 1833년의 노예제 폐지법 통과, 그리고 1838년 영국 식민지에서의 완전한 노예제 폐지가 가능했던 것은 18세기에 시작된 노예제 폐지 운동과 그 지지 세력의 영향력 때문만은 아니라고 본다. 그들은 영국 탄전에서 캐낸 수천만 톤의 석탄과 증기 기관이 만들어낸 잉여 에너지도 상당한 정도로 노예 무역과 노예제 폐지에 이바지했다고 생각한다. 18세기 세계 최대 규모의 노예 무역국으로서 수백 척의 배와 수천 명 이상의 인원—선원, 선주, 상인, 제조업자 등—이 노예 무역에 종사했는데, 인류애에 의존하는 도덕적 감정만 가지고 노예제 폐지를 입법하기는 쉽지 않았을 거라는 얘기다. 예컨대 1791~1800년 무려 40만 명 가까운 아프리카인이 1340회에 걸쳐 강제로 영국 상선에 태워져 아메리카로 끌려갔다. 이는 매년 평균 134건의 노예 무역이 이루어졌다고 위에서 언급한 시기(1669~1807)보다 많은 수치다. 카리브해에 위치한 영국의 식민지 플랜테이션에서 더 많은 노예가 필요했기 때문이다.

따라서 노예제 폐지론자와 노예제 폐지 운동만으로는 1807년의 노예 무역 금지를 끌어내기가 쉽지 않았을 것이다. 게다가 노예 무역을 금지했더라도 카리브해의 영국 식민지에서는 여전히 아프리카인이 노예 상태로 강제 노동에 시달렸다. 수백 척의 상선은 노예를 싣지 않고도 다른 사업이 가능하다. 하지만 80만 명 이상의 노예를 거느린 수많은 영국 노예 소유주들이 여전히 존재하는 가운데 노예제 폐지를 실행하기는 결코 녹록한 일이 아니었다. 이들이 경제적 보상도 없이 그나마 노예 신분에서 해방되기까지는 30년이 더 필요했다.

비록 영국이 노예 무역에서 손을 뗐더라도, 1492~1888년 아프리카에서 아메리카 대륙으로 끌려간 총 노예의 절반가량이 1780~1860년 주로 면화 대농장으로 강제 이주를 당했다. 이는 이 시기 영국의 면공업이 팽창 및 절정기를 맞이했고, 1820년대 이후 프랑스와 벨기에 등의 유럽 국가에서 면공업이 성장한 것과 밀접한 상관관계가 있다.

한편, 대서양 건너편의 미국은 노예제 폐지 문제를 놓고 1861~1865년 남부와 북부로 분열되어 내전까지 벌였다. 이 남북전쟁 때 미국은 제2차 세계대전을 제외하고 가장 많은 사상자를 냈다. 그리고 이 내전의 정신적 상처를 치유하는 데 한 세기 넘는 세월이 필요했다. 그렇다면 왜 미국에서 그렇게 오래도록 노예제가 유지되었을까? 이는 아마도 남북전쟁이 시작될 무렵인 1860년경 산업화가 한창 진행 중이던 유럽 각국의 면 공장에서 필요로 하는 면화의 4분의 3가량을 미국 남부에서 제공했다는 사실과 무관하지 않을 것이다.

이처럼 노예제 폐지가 얼마나 어려웠는지는 19세기 미국의 역사가 잘 보여준다. 그러나 영국은 에너지 혁명을 통해 석탄이라는 화석 연료로 증기 기관을 작동시켜 공장을 돌리고, 기관차를 움직이고, 증기선으로 거친 대양을 가로지를 수 있었다. 노예를 대신할 풍부한 석탄과 증기 기관 기술에서 비롯된 엄청난 잉여 에너지가 없었더라면, 아마 영국에서도 노예제 폐지가 늦었을 거라고 추정할 수 있다. 오스만 제국을 비롯한 이슬람 지역과 인도 그리고 그 밖의 아시아 왕조 국가도, 어떤 면에서 보면 그러한 잉여 에너지를 만들어내지 못했기 때문에 노예제 혹은 노비제가 존속했다고 생각할 수 있다. 서구 열강의 식민지로 전락하기 전이나 전락하는 순간까지도 내부에서 노예제 폐지와 관련한 진정한 논의는 물론 사회 운동이나 입법도 없었다. 따라서 석탄과 증기 기관을 통해 세계에서 처음으로 산업 혁명을 진행하지 않았더라면, 영국의 노예제 폐지는 최소 몇십 년 이상을 더 기다려야 했을지도 모른다. 그것도 평화적이지 않은 방법으로 말이다.

3 자연의 구속으로부터 해방과 이동의 자유 실현

교통 혁명의 핵심은 두 거리 간 이동이 자유로워지고, 그 이동에 드는 비용 또한 점차 줄어들었다는 데 있다. 그러니 교통 혁명은 이동의 자유를 가능케 한 새롭고도 혁명적인 상황을 만들었다고 볼 수 있다. 역사상 증기 기관차의 발명 이전에 어떠한 교통수단도 그렇게 많은 사람과 화물을 싣고, 자연의 한계를 넘어 그렇게 빠른 속도로 이동할 수 없었다.

다시 한번 강조하지만, 와트가 만든 저압 증기 기관으로는 이러한 이동이 불가능했다. 엔진 크기를 줄이고 열효율을 높인 고압 증기 기관이 있었기에 가능했다. 요컨대 독일 경제학자 베르너 좀바르트 (Werner Sombart, 1863~1941)가 《근대 자본주의(Der moderne Kapitalismus)》에서 강조한 "유기 자연의 구속으로부터 해방"이 가능해진 것이다.

나아가 철도와 증기 기관차를 통해 사람들은 과학을 비롯한 지식을 상호 전파하며 확장할 수 있었다. 오랫동안 제정 러시아의 재무장관을 지내고 총리 지위까지 오른 세르게이 비테(Sergei Witte, 1849~1915)는 철도 건설 책임자로 있었던 1890년 "철도는 사람들 사이에 문화적 욕구를 부풀어 오르게 만드는 효모"[6] 역할을 한다고 말했다. 그는 당시 유럽의 후진국이던 러시아가 철도를 건설하면 조만간 산업화는 물론 문화적 선진국이 될 수 있을 거라고 낙관했다.

사람들은 이제 '공간의 압축'이니 '시간의 파괴'니 하는 용어를 자연스럽게 사용했다. 1891년 〈르뷔 시앙티피크(Revue Scientifique)〉의 편집자는 "'더 이상 거리가 존재하지 않는다'는 말은 너무나 진부한 진리가 되어버렸다"[7]고 썼다. 증기 기관차와 증기선을 이용할 수 있는 국가의 사람들에게 공간은 이제 더 이상 장애물이 아니었다.

이러한 사실은 인류 문명사에 일대 혁명적 사건이었다. 화석 연료 혹은 탄소 연료를 에너지원으로 이용하기 전까지, 인간이 만든 모든 문명은 자연의 순리대로 살고자 했으며, 자연이 인간에게 부과한 한계를 분명히 인식하고 그러한 구속을 필연적인 것으로 받아들였다. 그러나 이제 자연의 한계를 넘어, 오히려 자연을 종속시키고 정복하는 걸 당연시하기 시작했다.

증기 기관차가 영국에서 개통되고 반세기를 넘기면서 유럽의 웬만한 지역은 물론 남아메리카 대륙의 페루나 카리브해의 쿠바 그리고 이집트와 인도에까지 철도가 깔렸다. 이제 기관차는 속도의 대명사이자 새로움의 표지였다. 1850년 카를 마르크스는 《프랑스의 계급투쟁》에서 혁명이야말로 '역사의 기관차'라고 주장했다. 1848년의 '2월 혁명'으로 빈 체제가 붕괴하고 프랑스는 공화정을 되찾았다. 나아가 유럽의 주요 국가들도 커다란 정치적 변화를 맞이했다. 마르크스는 이러한 단절적이며 파국적인 역사적 상황을 '혁명'으로 이해하면서 '기관차'라는 은유를 사용했다. 아마도 이 표현은 문학적 비유 그 이상일 것이다.

증기 기관차는 현실의 영역에서도 인간의 삶에 혁명적 변화를 가져왔다. 1840년대에 프랑스로 망명해 있던 유대계 독일 시인 하인리히 하이네(Heinrich Heine, 1797~1856)는 수사학적 표현을 사용해 철도와 증기 기관차를 찬양했다. "세계사의 새로운 장이 시작되고 있다. 우리 세대는 그 현장에 있었다는 사실에 자부심을 가져도 된다. 철도는 공간을 살해했으며, 이제 시간만 남았다. 모든 나라의 산과 숲이 파리로 다가오는 것처럼 보인다. 벌써 독일의 보리수나무 향내가 나고 문 앞에서는 북해가 파도친다."[8] 감수성이 예민한 시인의 시각에서도 증기 기관차와 철도는 새로운 세상이 도래했음을 알리고 있었다. 이렇듯 증기 동력을 통한 기계 에너지의 위대한 힘은 새로운 문명의 특징을 보여주었다.

철도와 표준시

철도가 놓이기 전까지는 지구상 어디에 살고 있든 자신이 거주하는 곳의 시간이 표준일 수밖에 없었다. 그러나 기관차가 두 구간을 이동하면서, 각기 다른 '지역 시간(local time)'을 일치시키는 문제가 즉각적으로 발생했다. 당연히 철도 운영 전에는 영국 전체를 포괄하는 하나의 시간이 존재하지 않았다. 두 지역의 시간이 다르다 보니 약속을 잡기도 쉽지 않았다. 1839년 영국에서 조지 브래드쇼(George Bradshaw, 1800~1853)가 최초로 기차 시간표를 만들었다. 이른바 '브래드쇼의 가이드'로 철도와 시간표를 연결한 것이다. 영국의 철도 회사는 이렇게 단일한 '표준 시간(standard time)'을 마련했고, 1847년에는 유럽 대륙에서도 기차 시간표를 도입했다.

이것은 당시 사람들의 일상적 삶을 근본적으로 변화시켰다. 즉, 기차가 시간표에 의해 움직이려면 철로가 깔린 전 지역의 시간을 통일해야 했다. 그때까지는 지역마다 시간이 따로따로 존재했다. 그러나 증기 기관차가 등장함으로써 새로운 시간관념과 시간 준수가 미덕으로 자리 잡았다. 기차 시간을 알리는 시간표가 모든 역마다 걸렸고, 나아가 산업·무역·공무 등에도 동일한 시간을 준수해야 했다.

1855년쯤에 이르면 영국에 있는 98퍼센트의 공공 시계를 그리니치 평균시(Greenwich Mean Time, GMT)에 맞추었다. 철도가 국제화하면서 당면한 문제는 여러 국가의 철도 시간을 통일하는 것이었다. 철도 시간을 통일하기 위해서는 표준시 도입이 무엇보다도 시급했다. 그리고 많은 국제회의—특히 워싱턴(1884)과 파리(1912) 회의—를 거쳐 그리니치의 자오선을 기준으로 삼는 세계 표준시가 만들어졌다. 이러한 표준시 제정은 증기 기관과 철도가 낳은 결과물로서 세계화의 토대가 되었다.

철도와 일상생활의 변화

철도는 거의 모든 부문에 영향력을 행사하며 인간의 삶과 생활 양식을 바꾸어놓았다. 예를 들어, 신문은 철도 부설 전에 비해 훨씬 더 넓은 지역에서 구독자를 확보할 수 있었고, 잡지와 책의 경우도 마찬가지였다. 더 많은 인쇄물이 철도를 통해 소비자에게 신속하게 전달되었기 때문이다.

또한 수많은 사람이 철도를 이용해 먼 지방까지 여행할 수 있었다. 농촌 사람들은 대도시를 방문하고, 대도시 사람들은 거꾸로 농촌을 방문할 수 있었다. 도시의 상류 및 중간 계급은 해변에 가서 피서를 즐길 수도 있었다. 이전 같으면 몇 대의 마차를 동원할 수 있는 귀족층만 누릴 혜택과 특권을 이들도 즐길 수 있게 된 것이다.

철로가 없었더라면 (버터나 치즈로만 만들었을) 수천 리터의 우유를 신선한 상태로 도시의 각 가정에 배달할 수 없었을 것이다. 물론 처음에는 신선한 상태를 유지하기 어려웠으나 1860년대 말 냉각기가 발명되면서 우유를 신속하게 냉각하고 금속 통에 담아 기차로 운송할 수 있었다. 따라서 도시 사람들은 농촌에서 보낸 우유를 안전하게 마실 수 있었다. 더불어 많은 채소와 과일도 기차를 통해 도시 주민들에게 공급되었다.

또 한 가지 커다란 변화는 교외 거주라는 새로운 생활 양식이 등장했다는 것이다. 예컨대 1841년 런던-브라이튼(약 86킬로미터) 구간의 철도 개통은 최초의 교외 통근자를 만들어냈다. 산업 혁명 이후 런던 시내의 매연에 시달리던 돈 많은 사람들부터 도심을 벗어나 이 철도 구간에 위치한 기차역을 중심으로 거주지를 만들기 시작했다. 이렇듯 대도시 부근에 신도시가 개발되고, 기존 도시도 그 성격이 바뀌기 시작했다. 그러나 주택 단지나 공장이 새로 들어서면서 숲이 사라지거나 그 지역에서 쫓겨나는 빈민이 발생했다. 게다가 소작인은 아무런 경제적 보상도 받지 못했다. 자본주의는 정말 가혹했다.

이 모든 일상생활의 변화는 석탄과 증기 기관 그리고 기관차가 없었다면 불가능했을 것이다. 공장을 가동하고 사람들이 이동하기 위해서는 더 많은 석탄을 채굴하고, 더 많은 증기 기관차를 생산해야 했다.

철도와 운송

《국부론》의 저자 애덤 스미스(Adam Smith, 1723~1790)는 기존 에너지로 운송 체계를 유지하는 데 필요한 비용을 산정한 적이 있었다. 그의 계산에 의하면, 가장 빠른 운송 수단인 말 한 마리를 유지하려면 무려 노동자 8명의 식사 비용이 필요했다. 당시 영국에서는 약 100만 마리의 말을 운송용으로 키우고 있었다. 만일 스미스 시대에 이만큼의 말 대신 증기 기관차를 사용했다면 노동자 800만 명의 식량을 확보할 수 있었을 것이다. 놀랍게도 이 정도 수치는 당시 영국 전체 인구에 근접했다. 스미스의 계산처럼 19세기 전반 산업 혁명기의 영국은 새로운 에너지원인 증기 기관으로 공장을 작동해 생산한 면제품 등 여러 공산품을 세계 각국에 수출하고 대신 값싸게 식량을 수입할 수 있었다.

19세기에 공장 자동화를 지지한 앤드루 유어(Andrew Ure)도 자신의 저서 《공장의 철학》(1835) 서론에서 이렇게 주장했다. "60년 전 볼턴과 와트가 만든 많은 증기 기관이 아주 사소한 수선(修繕)만으로 항상 끊임없이 가동되고 있다. 이전에는 기계를 움직이는 일을 하느라 얼마나 값비싼 말들을 썼던가! 말들은 또 얼마나 많은 곡물을 소비했던가! 와트의 발명으로 도움을 받지 않았다면, 영국의 공업은 동력 비용의 증가 때문에 지금도 계속 후진적인 처지에 빠져 있었을 것이다."[9] 증기 기관 덕분에 수십만 마리 넘는 말이 더 이상 필요하지 않게 되었으며, 그 말들이 먹어 치우는 엄청난 양의 곡물도 절약할 수 있다고 강조한 것이다.

그런데 증기 기관차가 가장 많이 실어 나른 화물은 다름 아닌 석탄 그 자체였다. 엄청나게 많은 석탄이 증기 기관차를 움직이는 동력원으로 쓰였다. 석탄 다음으로 증기 기관차에 많이 실린 화물은 철광석이었다. 기계 제작에 절대적으로 필요한 것이 철이었으니 당연했다.

앞에서도 강조했듯 석탄은 에너지 혁명의 필요조건일 뿐이었다. 충분조건인 증기 기관의 발명이 없었다면 공장제 정착이나 그 많은 수출품 같은 물류 이동, 나아가 산업 사회로의 이행 또한 불가능했을 것이다. 무엇보다도 증기 기관이 철로 위를 달림으로써 역동적인 기계의 힘을 통해 원하는 장소로 쉽게 이동할 수 있다는 점이 사람들을 경악시켰다. 이제 증기 기관차를 통해 전대미문의 양과 속도로 수많은 상품을 보낼 수 있는 유통상의 혁신을 목격하게 되었다. 즉, 철로를 통해 생산자와 소비자를 몇 배나 빠르게 연결시켜주었다. 나아가 사람들도 더 이상 자신이 살고 있는 고향에 머물 이유가 없었다. 돈만 있다면 언제 어디로든 철길을 따라 더 빨리, 더 편안하게 그리고 값싸게 이주할 수 있었다. 이동의 자유를 확실하게 확보한 것이다.

중기 기관차는 교통 혁명을 낳았다. '철마'라고 불리는 거대한 쇳덩어리가 그동안 인류가 경험하지 못한 무시무시한 속도로 공간을 가로지르는 모습은 그저 놀라울 뿐이었다. 과거 어느 시기에도 찾아볼 수 없는 신세계였다. 석탄이라는 화석 연료가 증기력을 통해 기계 에너지로 바뀌는 마법 같은 에너지 전환이 인류를 새로운 세상으로 인도했다. 영국은 지구상에서 가장 먼저 탄소 문명이 무엇인지 체험한 국가였다. 1850년대 영국(스코틀랜드 제외)은 전체 에너지 소비의 무려 92퍼센트를 석탄에 의존하고 있었다. 사람과 가축은 합쳐서 6.4퍼센트에 불과했을 뿐이다. 1750년대면 석탄은 이미 영국인이 사용하는 총에너지의 61퍼센트를 차지했다.

19세기 중반 영국에서 생산한 석탄은 전 세계 생산량의 무려 3분의 2에 달했다. 더불어 선철과 면제품은 전 세계 생산량의 2분의 1, 강철은 7분의 5를 차지했다. 영국 산업의 이러한 전 세계적 우위를 보여주는 간접적 증표로는 농업 인구의 구성을 들 수 있다. 예컨대 1851년 영국에서 농업에 종사하는 사람은 전체 인구의 약 9퍼센트에 불과했다. (물론 경제 활동이 가능한 인구를 기준으로 하면 농사짓는 사람은 약 20퍼센트가량 될 것이다.) 당시 어느 국가도 이렇게 적은 인구만으로 농사를 짓는 경우는 찾아볼 수 없었다. 이 모든 것은 세계 최초의 산업 혁명 때문에 가능했다.

그해에 런던에서 최초로 세계 박람회가 열렸다. 온실 설계에 능숙했던 조지프 팩스턴(Joseph Paxton, 1803~1865)이 하이드파크에 (외부를 거대한 유리로 덮은) 563미터에 달하는 엄청나게 긴 건물을 제작했다. 이 전

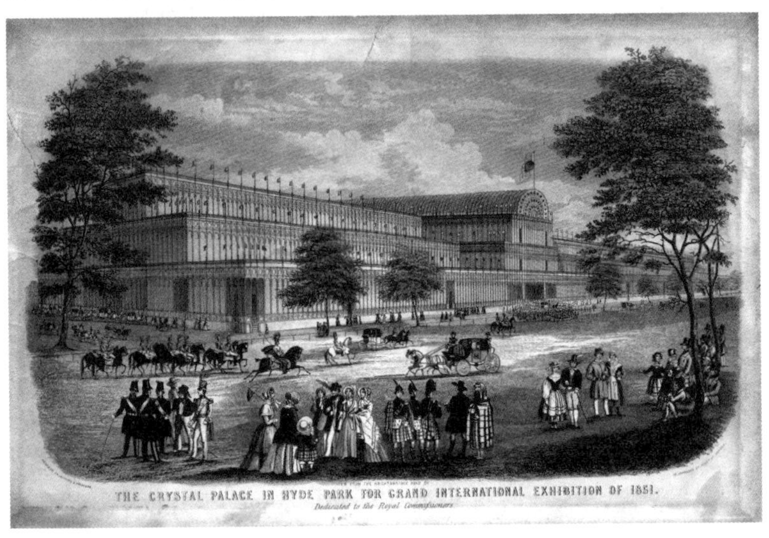

출처: https://en.wikipedia.org/wiki/Great_Exhibition#/media/File:The_Crystal_Palace_in_Hyde_Park_for_Grand_International_Exhibition_of_1851.jpg

시장이 멀리서 보면 수정처럼 반짝인다고 해서 '수정궁(Crystal Palace)' 박람회라고 불렸다. 5개월 넘게 무려 600만 명이 이른바 '신상'을 구경하러 왔다. 그리고 관람객 대다수가 전시된 수십 개 국가의 산업 제품 중 영국제가 가장 훌륭하다는 믿음을 가지고 집으로 돌아갔다.

이들의 생각이 그릇된 것은 아니었을 터이다. 그해가 영국의 최전성기였으니 말이다. 그 후로 영국은 서서히 서서히 기울기 시작했다. 액체 화석 연료인 석유가 1859년 미국에서 처음 채굴된 이후에도 영국은 석유에 큰 관심을 기울이지 않았다. 다만 군사적인 이유에서만 관심을 가졌다. 대체로 민간 차원에서도 내연 기관 개발에 적극 나서지 않았다. 여전히 충분한 석탄이 생산되고, 증기 기관 또한 계속 개선되고 있었기에 석유의 무궁무진한 잠재력과 가능성을 간과한 것이다. 아마도 자신들이 잘 알고 잘하고 있는 것을 놓치고 싶지 않았을 것이다.

제1차 세계대전으로 유럽이 전쟁에 빠져들기 직전인 1913년, 영국은 무려 2억 9000만 톤의 석탄을 생산했다. 그때가 영국 석탄 생산의 최절정기였다. 그렇게 엄청난 석탄을 캐내기 위해 110만 명 이상의 광부가 탄광에서 일했다. 여기서 생산한 석탄으로 철을 생산하고, 수많은 공장을 돌리고, 발전소를 가동해 가정과 모든 산업 분야에 전기를 공급했다. 그리고 제철소, 공장, 발전소는 대부분 증기 기관으로 움직였다. 물론 그 많은 증기 기관은 석탄을 1차 에너지원으로 사용했다. 1851년 스코틀랜드의 에든버러 부근에서 셰일 오일을 발견했지만, 석탄과 달리 석유는 당시 영국에서 커다란 주목을 받지 못했다. 어찌 보면 당연했다. 이미 확고하게 석탄 중심의 에너지 생산 체계가 자리 잡고 있었기 때문이다. 영국 인근의 바다, 즉 북해에 꽤 많은 석유가 묻혀 있었는데, 그건 최소 한 세기 뒤의 이야기였다.

2부

탄소 문명의 성장

에너지원으로서 석유의 등장

사실상 석유는 우리의 생각보다 더 깊숙이 일상에 들어와 있다. 병원에서 접하는 의료 기기나 약국에서 구입하는 약품 중에도 석유화학 제품을 원료로 만든 것이 있고, 포장된 도로가 석유를 정제해 만든 아스팔트임을 어렴풋이 짐작하면서 살아간다. 그리하여 어떤 사람은 석유와 인간의 만남을 '물 만난 물고기'라고 하고, 또 어떤 사람은 20세기 이후의 인간을 '탄화수소 인간', 즉 '석유 인간'이라 부르기도 한다. 이러한 비유는 석유 없는 인간 사회는 이제 존립하기 어렵다는 의미일 것이다.

석유는 석탄처럼 화석 연료의 일종이다, 하지만 석탄의 주요 성분이 식물인 데 반해, 석유의 주요 성분은 미생물이다. 탄소와 산소가 결합한 탄화수소 물질인 석유는 액체 탄화수소와 기체 탄화수소의 혼합물이기도 하다. 정제 과정을 통해 석유의 액체 탄화수소 성분은 등유와 휘발유로, 기체 탄화수소 성분은 프로판가스나 천연가스가 된다. 특히 휘발유는 같은 무게인 석탄보다 2배가량의 에너지를 만들어낼 수 있다. 고체인 석탄을 생산지에서 소비지로 운송하려면 막대한 노동력이 필요한 반면, 기체인 천연가스는 부피가 커서 운송하기가 어렵다. 이런 점에서 액체인 석유는 운송이 상대적으로 쉽고, 부피 또한 상대적으로 적어 선적하기도 수월하다. 심지어 같은 부피의 웬만한 생수보다 싼 가격으로 휘발유가 팔리고 있다면서 석유의 존재를 '신의 은총'이라고 말하는 사람도 있다.

이렇게 사용하기 쉽고 편리한 석유라는 화석 연료는 20세기를 '미국의 세기'로 만드는 데 커다란 역할을 했다. 화수분인 양 끊임없이 땅속에서 산출되는 석유 덕분에 미국 자동차 산업은 압도적으로 세계 1위 자리를 차지했다. 아울러 자동차에서 파생된 철강, 타이어, 정유 및 석유화학, 유리, 여행업 등도 활황을 유지할 수 있었다. 석유 생산량에서도 미국은 19세기 후반은 말할 것도 없이 20세기 전반까지 세계 1위 국가로 전 세계 석유 산출량의 60퍼센트를 차지했다. 혹자는 산업 혁명과 관련해 영국의 석탄을 '지리적 행운'이라고 했지만, 미국의 석유야말로 '지리적 행운'이라 불러 마땅하다. 영국을 세계 1위 자리에서 끌어내리는 데도 미국의 석유가 일조했다. 영국이 석탄과 그와 관련한 증기 기관에 매달리는 동안, 미국은 19세기 말부터 20세기 초에 석탄을 주로 전기 생산에 필요한 화력 발전소의 1차 에너지로 사용한 반면, 석유는 전기와 화학에 초점을 맞춘 '2차 산업 혁명'의 견인차 역할을 담당하게 했다.

그러면 석유가 인류의 삶과 역사적으로 어떻게 관계를 맺어왔는지 살펴보자.

1 등유와 연료유 시기

전구가 본격적으로 등장한 19세기 말 이전까지 인류에게 밤은 그저 활동하기 힘든 불편한 시간이었다. 다만 보조적으로 초를 만들어 필요한 공간에서 필요한 시간에만 제한적으로 사용했을 뿐이다. 밀랍으로 만든 양초는 로마인이 사용하기 시작했는데, 불꽃이 오래가고 향기도 좋았지만 값이 비싸 교회 성직자나 귀족 같은 상류층에서만 이용했다. 따라서 일반 서민은 식물이나 동물, 특히 생선을 짜서 만든 기름을 사용했다.

물론 가정에서 직접 만들기도 했다. 초는 상업용으로 구매할 수 있었지만, 18세기까지도 집에서 직접 만들곤 했다. 하버드 대학교의 한 총장은 집에서 직접 양초를 제조했는데, 한 번에 35킬로그램 정도를 만들어 약 6개월가량 사용했다고 일기에 적기도 했다. 하룻저녁에 약 20그램 정도의 초를 태운 것으로 보인다.

고래기름

자연에서 밤을 밝히는 원료로는 나무나 건조된 똥 같은 바이오매스가 주로 쓰였다. 많은 경우 수지(樹脂)나 유채씨 기름 등을 활용하기도 했다. 그러다 18~19세기 유럽과 미국에서는 고래기름(鯨油)을 조명용으로 사용했다. 또한 산업 혁명이 진행되면서 고래기름은 기계의 윤활유로서 최상품의 역할을 했다. 고래의 지방 성분이 상대적으로 적은 비용에 밤을 밝히고 윤활유로도 사용할 수 있다는 게 알려진 후 많은 선박이 고래를 잡으러 바다로 나아갔다. 특히 18세기 이후 고래잡이를 전문으로 하는 유럽의 포경선은 거침없이 대서양과 태평양까지 진출했다. 19세기에는 신흥국인 미국까지 합류해 고래를 포획하는 데 앞장섰다. 특히 향유고래는 머리 부분에 향유를 많이 지니고 있는데, 이 기름이 밀랍성 물질이라 양초를 만드는 데 적합했다. 게다가 윤활유로도 사용할 수 있어 인기가 높았다. 그래서 미국의 포경선은 향유고래를 추적하느라 전 세계를 돌아다녔다. 이처럼 증기 기관으로 움직이는 포경선이나 원양어선에 석탄을 공급할 창고가 이들 선박이 드나드는 항구에 만들어졌다.

〔산업 혁명이 진행 중이던 19세기 초 영국의 공장에서는 야간에도 증기 기관을 돌리며 일을 했다. 전등을 발명하기 전이니 당연히 어두워지면 양초를 사용했다. 고래기름으로 만든 양초였다. 당시 맨체스터에서 가장 큰 방적 공장 중 하나는 '매코널 & 케네디(McConnel & Kennedy)'였는데, 1806년 한 해에만 조명으로 사용한 비용이 750파운드에 달했다. 1년 중 절반가량은 평균 4시간 동안 촛불을 켠 채 야간작업을 했다. 밤이 가장 긴 동지 전후로는 최소 8시간 넘게 촛불을 켜기도 했다. 그 결과 이 공장에서 1년 중 25주 동안 매일 밤 사용한 양초는 1500개였고, 수지는 1만 5000파운드(약 6.8톤)를 태웠다.〕

포경선이 잡은 고래는 보통 "길이 20미터, 너비 7미터, 두께 0.5미터로 실내 바닥을 온통 덮을 정도"의 크기였으며, "입술과 목구멍에서는 7000리터" 그리고 "혀에서는 3000리터의 기름이 나왔다".[1] 긴수염고래 한 마리에서 나오는 고래기름의 총량은 1800갤런이 넘었다. 미터법으로 환산하면 6813리터에 해당하는 엄청난 양이다.

당시 고래기름은 미국 가정에서 밤을 밝히는 데 비교적 저렴하게 사용되었다. 포경 산업은 19세기 전반에 번영을 구가했다. 미국의 경우 1840년대 중반이 전성기였는데, 700척 이상의 선박이 20개의 주요 항구를 기반으로 고래를 잡기 위해 전 세계 바다를 누비며 멀리 일본

에너지로 다시 보는 세계사:

고래기름, 존 만지로(万次郎, 1827~1898), 그리고 일본의 개항

존 만지로는 에도 막부 시절 태어나 메이지 시대까지 활약한 일본인이다. 그런데 왜 이름이 '존'일까? 우선 간단하게 설명하자면, 바다에서 난파한 그를 구조한 미국 배의 이름이 '존 하우랜드(John Howland)'였기 때문이다. 일본 사람이 어떻게 미국 배의 이름을 쓰게 된 것일까?

그는 1827년 도쿠가와 막부 시대에 시코쿠섬의 도사번(土佐藩, 오늘날의 고치현)에서 5형제 중 차남으로 태어났다. 아홉 살 때 뱃사람인 아버지를 여읜 그는 1841년 1월 불과 열네 살의 나이에 가족의 생계를 위해 배를 타고 바다로 나갈 수밖에 없었다.[2] 그런데 고기잡이를 하던 중 갑자기 폭풍을 만나 배가 난파되었고, 남동쪽 태평양 바다로 100여 킬로미터쯤 떠밀려 간 그는 어느 무인도—일본은 이곳을 '도리시마(鳥島)'라 부른다—에 도착했다. 어부 5명은 구조를 기다리며 그곳에서 5개월을 보냈다.

당시 미국이 파악한 고래 지도(whale chart)에 의하면, 태평양에 면한 일본 근해에 고래가 가장 많이 살고 있었다. 그래서 미국 동부 해안을 출발한 대부분의 미국 포경선은 대서양을 가로질러 아프리카 남단을 돈 다음 인도양을 거쳐 태평양 바다에 이르기까지 동쪽으로 이동해 일본 근해에서 고래를 잡곤 했다. 앞에서도 언급한 것처럼, 고래기름은 양초의 원료로서 또한 기계의 윤활유로서 없어서는 안 되는 최고의 상품이었다. 만지로 일행을 구출한 배 또한 고래기름을 구하기 위해 매사추세츠주의 뉴베드퍼드(New Bedford) 항구를 떠나 일본 근해까지 진출한 터였다.

당시 미국 배는 굉장히 난감한 상황이었다. 일본이 쇄국 정책을 취하고 있었기 때문에 자국민은 일본 영토를 벗어날 수도 일본 영토 밖에서 들어올 수도 없었다. 인도적 차원에서 일본인들을 무인도에서 구출한 미국 포경선의 선장은 이들의 처리를 놓고 고심할 수밖에 없었다. 일본으로 돌려보낼 수도, 미국으로 데려갈 수도 없었다. 포경선의 윌리엄 위트필드(William H. Whitfield) 선장은 고심 끝에 만지로 일행을 하와이에 내려주기로 결정했다. 당시 하와이는 (미국의 영토가 아니라) 하와이 왕국의 영토로 제3국에 해당하니 아무런 문제가 없을 거라고 판단한 것이다.

5명의 일본인 중 만지로를 제외한 모든 사람이 하와이에서 내리는 데 동의했다. 스무 살이 넘은 그들은 어찌 되었든 낯선 곳에서도 생존이 가능할 터였다. 하지만 어린 만지로는 그곳에서 내리는 걸 원치 않았다. 게다가 만지로는 미국의 새로운 문물에 열광적으로 관심을 보이고, 위트필드 선장을 잘 따랐다. 만지로는 선장의 제안으로 미국행을 택했다. 배는 태평양에서 고래잡이 항해를 마치고 남아메리카 최남단의 케이프혼을 거쳐 1843년 5월 뉴베드포드항에 도착했다. 거의 2년을 포경선 안에서 바다 생활을 한 것이다. 선장은 자신의 배 이름을 따서 만지로를 존 멍(John Mung)이라고 불렀다.

만지로는 뉴베드포드 인근 페어헤이븐(Fairhaven)에 있는 선장의 집에서 지내며 영어를 배우고 학교도 다녔다. 일본인으로서는 최초로 미국에서 공교육을 받은 것이다. 그는 인종 차별을 감수하면서 새로운 문물을 스펀지처럼 빨아들여 자신의 것으로 만들었다. 수학·조선술·측량술 등을 배우고, 특히 항해사가 되기 위한 교육을 체계적으로 받아 자격증도 획득했다. 그리하여 훗날 항해사로 포경선을 타고 3년 4개월(1846년 5월~1849년 9월) 동안 전 세계를 2바퀴나 돌았다. 그리고 캘리포니아에서 골드러시가 벌어지자 항해를 마치고 불과 두 달 만에 여기에 뛰어들어 70일 동안 700달러라는 제법 많은 돈을 벌었다. (당시 선원은 평균적으로 한 달에 17달러를 벌었다. 따라서 두 달 만에 거의 3년 반 치 월급을 번 셈이다.)

그런데 만지로는 이 돈으로 미국에 정착하는 게 아니라 일본으로 귀국할 생각을 했다. 아마도 어머니와 형제들을 돌봐야 한다는 생각 때문에 귀국을 결심했을 것이다. 그는 먼저 하와이에 들러 같이 난파 당했던 선원들을 찾았다. 그들에게도 같이 귀국하자고 권할 참이었다. 그러나 그중 한 명은 병으로 이미 사망했고, 또 다른 한 명은 그곳에 정착하길 원했다. 결국 나머지 2명과 함께 귀국길에 올랐다. 그는 그곳에서 그동안 번 돈으로 작은 포경선을 구입해 류쿠(琉球, 오늘날의 오키나와)로 갔다.

그러나 류쿠에 도착하자마자 실질적으로 그곳을 지배하던 사쓰마번(薩摩藩) 사람들에게 8개월간 심문을 받고 가고시마로 끌려갔다. 그곳에서 두 달간 또 다른 심문을 받고 나가사키로 이동한 다음, 그곳에서 또다시 9개월간 심문을 받았다. 그리고 마침내 고향인 도사번의 고치(高知)에 도착했다. 그나마 도사번의 번주〔야마우치 도요시게(山内豊重)〕가 서구에 문호를 개방하는 걸 긍정적으로 받아들인 개혁가였기 때문에 가능했던 일이다. 2년 가까운 심문 끝에 마침내 다시 일본인이 된 것이다. 1852년 11월의 일이었다. 그는 이렇게 거의 12년 만에 당시 어느 일본인도 결코 할 수 없었던 수많은 경험을 쌓고 고향으로 돌아올 수 있었다.

그다음 해인 1853년 7월 8일, 4척의 배를 거느린 매슈 페리

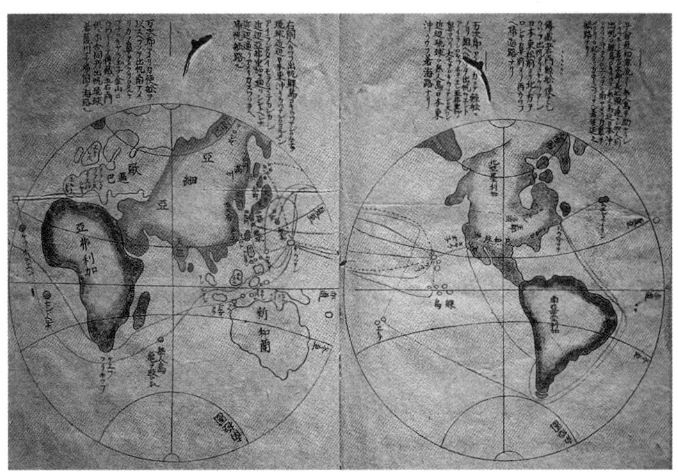

출처: 사카모토 료마 박물관, 고치, 일본. (김덕호 촬영)

(Matthew Perry) 제독이 도쿠가와 막부의 존립을 흔들 만큼의 소식을 갖고 도쿄 앞바다에 나타났다. 며칠 후 만지로는 막부로 불려 갔다. 그만큼 미국에 대해 아는 사람이 일본 내에는 없었기 때문이다. 만지로는 막부에 미국이 얼마나 대단한 나라인지 소개하면서, 미국과의 외교 관계를 긍정적으로 고려해볼 것을 권했다. 비록 역사에 잘 알려지지는 않았지만, 일본의 개방 판단에 나름 한 역할을 한 것이다.

그는 막부로부터 '나카하마(中濱)'라는 성(姓)과 '하타모토(旗本)'라는 사무라이 신분을 하사받았다. 그리고 개항 이후 미국, 나아가 서양에 대한 전반적인 지식을 기꺼이 개화파 지도자들에게 알려주었다. 예컨대 같은 도사번 출신이자 일본인들이 가장 좋아한다는 시대의 풍운

아 사카모토 료마(坂本龍馬, 1836~1867)와도 교류했다. 그를 통해 료마는 서양의 해군과 조선술을 깊이 이해했던 것으로 추정된다.

또한 그는 근대 기술 중 특히 증기 기관, 전신, 항해술, 조선술 등을 일본에 알리고 관련 자료를 번역하기도 했다. 특히 미국의 항해술 교과서라고 할 수 있는 너새니얼 보디치(Nathaniel Bowditch)의 《미국 항해술 개설(The New American Practical Navigator)》(1844)을 번역했다. 아울러 일본 해군의 근대화에도 공헌하고, 훗날 미쓰비시 그룹을 만든 이와사키 야타로(岩崎弥太郎)에게 조선술을 전수했다. 일본인을 위한 영어 교과서를 처음으로 만들기도 했다.

현재 '존 만지로(John Mung) 박물관'에서는 그를 '일본 최초의 세계 시민'으로서 모험을 겁내지 않은 영웅이라고 설명한다. 밤을 환하게 밝힐 수 있는 고래기름을 찾아 일본 근해까지 미국 포경선이 출몰하지 않았더라면, 혹은 타이터스빌(Titusville)에서 1841년 이전에 석유 시추가 이루어졌다면 일본의 근대사는 조금 달라졌을지도 모른다.

인근 태평양까지 진출했다. 1845년에 가장 많은 양의 고래기름을 공급했는데, 그 양이 무려 1만 5000갤런이었다. 그렇지만 지나친 고래잡이 사업은 결국 고래의 씨를 말리는 수준에 이르렀다. 무분별한 남획으로 포경업은 머지않아 사양 산업이 되었고, 고래는 거의 멸종 위기에 이르렀다. 그 때문에 고래기름 가격은 대다수 소비자가 구입하기 어려울 정도인 리터당 0.7달러를 넘었다.

공급량이 줄어들자 1845년에 비해 1852년에는 고래기름 가격이 2배로 치솟았다. 밤을 밝힐 대체 연료가—어찌 보면 시급히—필요했다. 이렇듯 1850년대를 지나면서 고래기름의 양은 점점 줄어들고 가격은 올라가는 곤혹스러운 상황이 전개되는 와중에 펜실베이니아에서 석유, 좀더 정확하게는 '바위 기름(rock oil)'이 발견되었다. 다른 무엇보다도 고래기름의 대안 에너지로서 이 석유는 등불용 기름, 즉 등유로 쓰였다. 결과적으로 미국으로서는 기가 막힌 타이밍이었다. 바다에서는 고래가 급격히 줄어드는 위기의 상황에 갑자기 땅속에서 또 다른 기름이 솟구친 것이다.

등유

일반적으로 미국에서 석유 산업은 1859년 8월 27일, 펜실베이니아주 타이터스빌의 농장 마당에서 우물을 파다가 유성(油性) 물질을 발견한 사건을 그 기원으로 잡는다. 비록 이 지역의 아메리카 원주민은 수 세기 전부터 이 물질을 윤활제로 사용했지만 말이다.

1856년 변호사 조지 비셀(George Bissell, 1821~1884)은 소금 채취를 위해 굴착했던 염정(鹽井) 시추 기술을 지하에 묻힌 석유를 지상으로 끌어올리는 데 응용할 수 있지 않을까, 하는 생각을 하기 시작했다. 또한 은행가 제임스 타운센드(James Townsend, 1825~1901)도 그러한 생각에 동의했다. 타운센드는 에드윈 드레이크(Edwin Drake, 1819~1880)를 설득해 석유 사업에 참여하게 했다. 그리고 1857년 드레이크를 타이터스빌로 보내 석유가 나올 만한 후보지의 토지를 매입하도록 했다. 그런 후 굴착 기술자를 동원해 시추를 시작했다. 그러나 석유는 쉽사리 발견되지 않았고, 모아놓은 자금은 거의 바닥을 드러냈다. 타운센드를 비롯한 투자자들이 포기하려는 순간, 드레이크의 끈질긴 노력이 빛을 발했다. 마침내 1859년 땅속 깊은 곳에서 석유 채취에 성공한 것이다.

비셀은 훗날 미국 최초의 석유 회사 '펜실베이니아 석유(Pennsylvania Rock Oil)'를 만들어 사업가로 성공했으나, 드레이크는 무모하게 석유 사업에 전 재산을 투자했음에도 이득을 취하지 못한 채 망해버렸다. 그리고 마지막엔 빈곤과 질병이 그를 기다리고 있었다.

어쨌든 드레이크의 석유 시추 성공 소식은 금방 미국 전역에 알려졌다. 타이터스빌과 인근 지역―이른바 오일 크릭(Oil Creek)―은 온갖 투기꾼이 일확천금을 노리고 달려들어 부동산 가격이 천정부지로 치솟았다. 곧이어 서로 등치고 등쳐먹는 이전투구가 시작되었다. 펜실베이니아의 1859년 '오일러시(Oil Rush)'는 1849년 시작된 캘리포니아의 골드러시만큼 전국에서 사람들을 끌어들인 엄청난 현상이 되었다. 이것이 세계 최초의 오일러시였다. 이후 1880년대에 오하이오주와 인디애나주, 20세기에는 캘리포니아주와 텍사스주 그리고 오클라호마주에서 유정이 발견됨으로써 미국은 어느 국가보다도 먼저 석유 시대를 열었다.

미국의 경우, 초기 50년 정도는 석유를 주로 조명 용도인 등유 형태로 가장 많이 사용했다. 등유 추출 방법은 캐나다 지질학자 에이브러햄 게스너(Abraham Gesner, 1797~1864)가 처음 개발해 '케로신(kerosene)'이라고 명명했는데, 정유업자들은 그의 방식을 따라 석유에서 등유를 정제했다. 일반적으로 등유 램프 하나는 양초 5~14개의 빛을 발했다. 게다가 가격 또한 고래기름보다 저렴했다. 덕분에 드레이크가 석유를 추출하고 불과 1년도 되지 않아 등유는 고래기름을 빠른 속도로 대체하기 시작했다. 사실상 미국의 포경업은 이미 고래 개체수 감소로 인해 기울어지고 있었는데, 등유의 수요 증가와 반비례해 고래기름의 수요가 줄었기 때문에 더더욱 사업이 악화했다.

등유의 용도 확대

등유는 시간이 지나면서 조명용 램프의 기름뿐만 아니라, 부엌에서 요리할 때 장작 대신 쓰이기 시작했다. 나아가 난방용으로도 사용되었다. 즉, 조명 용도뿐만 아니라 연료 용도로도 쓰였다. 등유가 연료 시장에서 석탄 대용으로 자리 잡은 것이다. 무엇보다도 고체가 아닌 액체 형태였기 때문에 캔에 담아 휴대 및 이동하기 간편하고 사용하기도 편리했다.

1840년대에는 '캄펜(camphene, 용뇌유)'이라고 불린 저렴한 가격의 증류유를 조명용으로 썼으나 곧이어 원유 산업에서 정제 과정을 통해 더 오래 사용할 수 있는 '등유'를 찾아냈다. 그리고 이 석유는 상표명인 '케로신'으로 더 널리 알려졌다. 19세기 후반에는 케로신이 조명뿐만 아니라 연료로서 장작을 대신하기 시작했다. 덕분에 케로신을 연료로 사용하는 요리용 레인지가 주철 난로를 대체했다. 당시 미국 인구 5000만 명이 1인당 하루 평균 8.4시간을 조명이나 연료로 사용할 수 있을 만큼 등유의 생산량이 풍부했다. 그 결과 1880년 미국의 정유 산업은 1100만 배럴의 등유를 생산하고, 그중 무려 3분의 2 정도를 유럽에 수출할 수 있었다. 따라서 1859년 이후 첫 50년 동안, 미국 석유 산업에서 정제를 통해 가장 중요하게 분리해낸 것은 등유였다. 등유는 타면서 연기도 별로 내지 않고 비교적 깨끗한 상태에서 연소되었다. 게다가 고래기름보다 쌌기 때문에 어둠을 밝히기엔 가성비 좋은 상품이었다.

미국에서 석유가 발견되고 불과 5년밖에 지나지 않은 1864년 초—바야흐로 석유가 미국인의 일상생활에 소개되기 시작했을 때—뉴욕의 한 화학자는 조명으로 사용하는 석유, 즉 등유가 대다수 미국인이 거주하는 농촌에서 여가 시간을 늘리는 데, 나아가 수명을 늘리는 데 공헌하고 있다고 주장했다. 당시 주로 사용하던 고래기름은 상대적으로 비싼 데다 열효율 또한 나빴기 때문에 저녁 시간을 제대로 활용할 수 없었다. 그런데 상대적으로 값이 싸고 열효율도 좋은 등유 덕분에 저녁 후 책이나 신문을 읽고 바느질이나 뜨개질을 하는 등의 여가 시간을 확보할 수 있게 되었다는 것이다.

그의 예측대로 19세기 말이 되자 등유는 조명—물론 도시의 경우는 점차 전등으로 바뀌어가고 있었지만—뿐 아니라, 난방과 취사에까지 용도를 넓혀 미국인의 일상생활을 풍요롭게 만들어주었다. 석유로 인해 많은 사람이 비로소 밤 시간을 제대로 활용하기 시작했다.

석유 가격의 극심한 변동

1860년대 미국에서는 이미 수백 개의 석유 회사가 설립되었으며, 석유 생산량 또한 가파르게 증가했다. 첫 석유 시추에 성공하고 불과 3년 뒤인 1862년 원유의 양이 300만 배럴이었는데, 10년 후에는 900만 배럴로 3배 늘어났다. 그리고 1880년 2600만 배럴, 1890년 4500만 배럴, 1900년 6300만 배럴, 1910년 2억 900만 배럴, 그리고 1920년 4억 4200만 배럴에 달했다. 이처럼 초기 60년 동안 미국에서 생산한 석유의 양은 그야말로 기하급수적으로 증가했다.

이렇듯 이윤이 빤히 보이는 석유 생산에 너도나도 달려든 덕분에 심각한 문제가 발생했다. 시장에서 석유 가격의 등락이 너무 심해진 것이다. 드레이크가 처음 석유를 시추하고 겨우 3년 정도 지난 1862년 미국 내에는 수백 개의 정유 회사가 활동하고 있었다. 그해 초 석유 생산량이 증가함과 동시에 가격은 배럴당 20달러에서 200분의

1인 10센트로 곤두박질쳐 많은 석유 회사가 생산을 포기할 수밖에 없었다. 하지만 석유 공급 감소는 점차 석유 수요를 증가시켜 1864년도 말에는 가격이 배럴당 10달러까지 상승했다. 호황과 불황이라는 방식으로 석유 가격이 급격하게 요동치는 현상은 계속해서 주기적으로 나타났다. 심지어 현재까지도 석유업계 사람들을 괴롭히고 있다. 당시는 석유가 미국 경제에 미치는 영향이 적어서 큰 문제가 되지 않았다. 하지만 점차 석유가 석탄만큼 새로운 에너지원에 편입되면서 석유 가격의 장기적 안정화는 석유업계, 나아가 미국 경제계에서 신경 써야 할 주요 업무가 되었다.

도대체 땅속에 얼마만큼의 석유가 존재하는지, 누가 얼마만큼 시추공을 통해 석유를 뽑아내는지, 사람들에게 석유가 얼마만큼 필요한지를 가늠할 수 없으니 시추업자가 되었든 운송업자 혹은 정유업자가 되었든 누구도 유가의 변동을 예측할 수 없었다. 당연히 대비할 수도 없었다. 따라서 자본주의 시장에서 통용된다는 '수요와 공급의 법칙'도 적용할 수 없었다. 이런 상황에서 생산자 측이 먼저 나름의 해법을 찾아냈다. 카르텔이었다. 시추업자들이 비공식적으로 모여 가격 및 생산량을 정했다. 문제는 누구라도 수요가 늘어난다고 해서 생산량을 늘리거나 가격을 조정하면 카르텔은 깨질 수밖에 없었다. 상황이 그러했기 때문에 초창기 수천 명에 달하는 미국 내 시추업자들의 카르텔은 쉽사리 그리고 자주 깨졌다.

석유 산업의 독점화: 존 록펠러와 스탠더드 오일

직업의 출발점은 비록 경리였지만, 존 록펠러(John D. Rockefeller, 1839~ 1937)는 이미 20대 초반인 1863년 정유 사업에 미래가 있음을 꿰뚫어

출처: https://en.wikipedia.org/wiki/John_D._Rockefeller#/media/File:Standard_Oil_Company_1889_
CP04381_-_DPLA_-_032e381bb16b1a45abecfd1a6a86ae3a_(cropped).jpg

보고 동업자와 함께 클리블랜드 정유소에 투자했다. 그리고 수백수천 개의 원유 생산 및 운송 관련 군소 업체들 간의 지나친 경쟁으로 인한 과잉 생산과 가격 하락, 그에 따른 생산 감소와 가격 상승, 그것이 불러온 또 다른 과잉 생산으로 이어지는 악순환을 해결하지 않고는 자신의 사업에 미래가 없음을 간파했다. 이에 먼저 은밀하게 공급을 규제하기 위해 작은 회사들의 복잡한 유통망을 통제하기 시작했다. 석유를 처음 생산했을 때는 육상의 경우 마차로, 해상의 경우는 바지선 등으로 운송했다. 그러나 철도가 미국 경제의 주축이 되면서 주요 원유 수송은 철도의 몫이었다. 상황이 이렇게 바뀌자 발 빠르게 철도 회사와 손을 잡음으로써 그는 운송 비용을 줄이고, 덕분에 더 많은 이윤을 남겨 경쟁에서 승리할 수 있었다.

1879년 마침내 록펠러는 정유 산업의 90퍼센트를 장악했으며, 1881년에는 기업 합병으로 40개 회사를 통합해 스탠더드 오일을 만들었다. 이 회사는 1880년대 중반 이후 미국에서 채굴하는 석유의 생산·운송·정제에 이르기까지 대부분을 지배할 수 있었다. (이후 스탠더드 오일은 20세기 초 대법원에 의해 해체될 때까지 미국에서 석유 산업과 관련해 독점적 지위를 유지했다.)

정유 산업에 대한 록펠러의 통제력은 20세기 초까지도 지속되었다. 1900년에는 펜실베이니아주에서 생산하는 석유를 통제할 수 있었으며, 새로이 발견된 인디애나주와 오하이오주의 유전 대다수를 확보했다. 게다가 철도를 통한 가격 할인으로 유통 영역까지 장악할 수 있었다. 당시 석유의 주된 용도는—아직은 자동차가 미국 사회에 본격적으로 도입되기 전이라—여전히 난방과 조리 그리고 조명이었다.

록펠러와 독점의 딜레마

록펠러는 애덤 스미스가 제시한, 수요와 공급 간의 자기 조정적인 '보이지 않는 손'을 믿지 않았다. 대신 스스로 '보이는 손(visible hand)'이 되고자 했다. 그리하여 수요와 공급을 예측하고, 그에 따라 적정한 생산량을 통제해 가격의 안정을 꾀했다. 이른바 '규모의 경제'를 확보해 효율성과 이익을 최대한 추구한 것이다. 1885년 미국에서 일반 정유 공장의 하루 생산량은 1500~2000배럴이고, 갤런당 생산 비용은 1.5센트였다. 반면, 스탠더드 오일의 정유 공장에서는 하루 생산량

6500배럴에 갤런당 생산 비용은 0.452센트에 불과했다. 즉, 스탠더드 오일은 일반 정유 공장의 3분의 1 수준인 낮은 비용을 들이고도 많은 수익을 거둘 수 있었다. 그 결과 20세기 초에는 스탠더드 오일이 미국 전체 석유 생산 능력의 90퍼센트 이상을 차지했다.

그 결과 록펠러의 스탠더드 오일은 독점적 지위를 구축하는 데 성공했다. 스탠더드 오일이 독점적 지위를 갖기 이전에 미국 석유 가격은 연평균 약 53퍼센트나 오르락내리락하면서 요동쳤다. 하지만 역설적이게도 이 회사가 독점적 지위를 갖는 동안은 가격 변동이 24퍼센트 정도에 그쳤다. 게다가 가격까지 하락했다. 예컨대 1885년 당시 일반 정유 공장의 하루 생산량은 1500~2000배럴이었지만, 스탠더드 오일의 정유 공장에서는 6500배럴을 생산했다. 그 결과 갤런당 생산 비용은 1.5센트 대 0.452센트로 무려 3분의 1 이하 가격이었다. 덕분에 석유와 관련한 새로운 에너지 사업은 질서를 유지하고 안정을 찾을 수 있었다. 그러나 석유 가격의 이러한 상대적 안정은 결과적으로 록펠러 석유 제국의 강력한 통제력 덕분에 가능한 것처럼 해석되었다. 여기에 독점의 딜레마가 존재했다. 독점은 도덕적으로 분명히 옳지 않지만, 현실적으로는 스탠더드 오일이 당시 미국의 불안정한 석유 산업에 안정을 가져다주었던 것이다.

남북전쟁 이후 북부의 산업 경제와 남부의 (노예제에 기초한) 농업 경제는 하나의 경제로 통합되었다. 그리하여 본격적인 산업화를 진행하는 데 거칠 것이 없었다. 하지만 산업화의 성공에 뒤따른 부의 불균형이 나타났다. 대기업의 형성과 독과점적 사업을 통해 재벌에 가까운 부자들이 등장한 것과 동시에 빈곤층 또한 양산되었다. 그 결과 많은 사회 문제가 대두했고, 그에 따른 여러 사회 개혁적 법안이 만들어졌

다. 1880년대 이후 제1차 세계대전 발발 이전까지의 이 시기를 우리
는 '개혁의 시대(the Age of Reform)'라고 부른다.

록펠러는 개인적으로 스탠더드 오일의 독점적 위치 덕분에 천문학
적인 돈을 벌 수 있었다. 하지만 부의 집중이라는 부도덕적 상황을 초
래해 동시대 많은 사회개혁가들의 비난을 받기도 했다. 나아가 이러
한 시대적 분위기 아래 록펠러의 성공은 부메랑을 맞이해 19세기 말
과 20세기 초 미국 사회에서 독과점 문제를 공론화시켰다. 1890년 상
원의원 존 서먼(John Sherman)이 발의한 이른바 '반(反)독점법(Antitrust
Act)'이 의회를 통과한 것이다. 그렇지만 이 법은 현실적으로 적용되지
못했다. 그러다 마침내 시어도어 루스벨트(Theodore Roosevelt)가 백악
관을 차지한 후, 1909년 법무부에서 스탠더드 오일을 반독점법 위반
으로 고소했다. 그리고 1911년 연방 대법원은 이 거대한 석유 제국의
해체를 결정했다. 그에 따라 스탠더드 오일은 뉴저지 스탠더드 오일,
뉴욕 스탠더드 오일, 캘리포니아 스탠더드 오일 등 34개 회사로 분할
되었다. 앞의 세 회사가 바로 각각 엑손(Exxon), 모빌(Mobile), 셰브런
(Shevron)의 전신이다.

연료유

원유를 본격적으로 시추하던 1860년대와 1870년대만 해도 석유 정제
과정의 결과물은 주로 어둠을 밝히는 데 쓰이는 등유였고, 그 외에 다
른 사용처가 딱히 없었다. 1880년대에도 상황은 크게 바뀌지 않아 등
유가 75퍼센트를 차지했고, 휘발유는 10퍼센트에 불과했다. 그러나 에
디슨의 전등이 상업적으로 성공하면서 전기 에너지가 석유 에너지를
대체하기 시작했다. 조명 부분에서, 에디슨의 백열등이 등유보다 우

위에 선 것이다. 따라서 석유 산업 종사자들은 대안을 찾아야만 했다. 일단은 경제성에서 등유가 전등을 쫓아갈 수는 없었다. 그럼에도 포드가 T형 자동차로 대량 생산을 시작한 1908년까지도 미국에서 등유 생산량은 휘발유 생산량의 3배가 넘었다.

다행히 석유 산업은 조명 용도의 등유 수요가 줄어들 때, 공업용 및 운송용 연료유(fuel oil)에서 새로운 활로를 찾을 수 있었다. 선박의 경우, 이미 1860년대부터 석탄이 아닌 석유로 증기선의 증기 기관을 돌리고 있었다. 점차 석유가 석탄을 대체하기 시작한 것이다. 이는 석탄으로 증기선을 움직이려면 엄청난 양이 필요했지만, 석유는 그보다 훨씬 적은 양으로도 더 큰 힘을 내는 등 효율성과 저장 편리성에서 탁월했기 때문이다.

1909년 미국에서는 총 9100만 배럴의 석유를 채굴해 그 절반을 연료유로 정제했다. 제1차 세계대전 이전에도 3억 배럴의 석유를 채굴해 마찬가지로 약 절반을 연료유로 사용했다. 그리고 마침내 1920년 쯤 연료유가 석탄을 대체하기 시작했다. 20세기 전반에는 연료유로서 석유 사용이 꾸준히 증가했다. 산업용 및 가정용 난방유가 가장 크게 성장했다. 1940~1955년에는 난방유 생산이 연료유 전체 생산량의 80퍼센트에 달했으며, 가정용의 경우는 무려 3배나 증가했다.

19세기 후반 석유 생산 분야에서 미국의 지위를 넘보는 국가는 러시아였다. 러시아는 카스피해 부근에 있는 아제르바이잔 지역의 바쿠(Baku)에서 1870년대 초부터 석유를 대량 생산하기 시작했다. 바쿠의 석유는 대규모로 발견된 최초의 분유정(噴油井)으로, 지하의 석유가 분수처럼 치솟았다. 당시 알프레드 노벨의 동생 로베르트 노벨과 루드비그 노벨이 기술 책임자로 참여해 석유 생산 및 정제 작업을 지휘했다.

그리고 그 지역에서 생산한 석유를 제정 러시아에 공급할 수 있었다. 그 결과, 20세기 초 러시아는 미국과 더불어 석유 생산의 주도권을 쥘 수 있었다.

석유의 국제적 상황이 이렇듯 변화하자 록펠러의 스탠더드 오일도 해외 석유 유전, 특히 아시아 유전 개발에 관심을 기울였다. 덕분에 미국의 석유 사업은 초창기부터 해외 시장을 개척할 수 있었다. 특히 19세기 후반 유럽 전역으로 확산하는 산업화와 그에 따른 도시화 덕분에 조명과 연료의 공급이 절실했다. 그 결과 미국의 석유 수출은 전체 수출품 중에서는 4위, 공업 제품 중에서는 1위에 오를 수 있었다. 미국은 주석 캔 형태로 담은 등유를 전 세계로 수출했다. '캘리포니아 스탠더드 오일(Standard Oil of California)'이라는 상호명이 인쇄된 이 주석 캔이 사용 후 인도와 수마트라 심지어 중국에서도 건축 재료로 재활용될 정도였다.

석유는 점차 서구 열강의 관심을 끌게 되었으며, 석유 탐사도 이곳저곳에서 벌어졌다. 석유 회사도 규모가 점차 커져 다국적기업으로 진화했다. 특히 영국과 네덜란드의 경우가 그러했다. 영국의 석유 회사 쉘(Shell)은 (오늘날의 인도네시아 영토인 수마트라에서 석유 사업을 벌이던) 로열더치(Royal Dutch)라는 네덜란드 회사와 지속적인 접촉을 한 결과 1901년 공동 경영에 합의했다. 나아가 1907년에는 두 회사가 합병해 '로열더치쉘'이라는 다국적 석유 기업이 되었다. 그리고 합병하자마자 이 회사의 우두머리 헨리 디터딩(Henri Deterding, 1866~1939)은 수마트라에서의 석유 공급이 과도해지는 걸 우려해 기존 공급량을 축소하고 할당량을 정했다. 유가 변동을 차단하기 위한 대규모 공급자의 선제책이었다.

2 석유와 내연 기관의 결합

고압 증기 기관이 만들어진 이후, 증기 기관의 크기가 점점 더 줄어들고 효율은 점차 커졌다. 그리고 증기 기관의 소형화를 위한 내연 기관 연구가 닻을 올렸다. 즉, 실린더 외부가 아닌 내부에서 연료를 직접 연소해 동력을 만들려 한 것이다. 내연 기관의 장점은 증기 기관처럼 작동에 필요한 보일러 등의 외부 장치가 필요하지 않다는 것이다. 따라서 내연 기관의 연소는 사실상 고체인 석탄으로는 곤란했고, 액체인 석유를 고려할 수밖에 없었다. 그리하여 점차 증기 기관을 사용하던 기관차나 선박까지도 내연 기관으로 바뀌었을 뿐만 아니라 휘발유를 이용하는 새로운 운송 수단, 즉 자동차가 출현했다.

내연 기관 자동차

흥미롭게도 내연 기관 자동차 연구는 독일에서 시작되었다. 독일의 기계 엔지니어 니콜라우스 오토(Nichoalus Otto, 1832~1891)는 휘발유를 흡입하고 압축해 폭발에 이르게 한 다음 배기까지 완료하는 4단계를 두 번의 피스톤 운동으로 완결할 수 있는 4행정(行程) 사이클 내연 기관을 여러 해에 걸친 연구 끝에 발명하는 데 성공했다. 이때가 1870년대 후반이었다.

카를 벤츠(Karl Benz, 1844~1929)는 1885년 세계 최초로 휘발유 엔진으로 움직이는 3륜 자동차를 제조했으며, 1886년 이에 대한 특허를 취득했다. 고틀리프 다임러(Gottlieb Daimler, 1834~1900) 또한 내연 기관으로 움직이는 자동차 제조의 선두 주자였다. 그는 1885년 동료 빌헬름 마이바흐(Wilhelm Maybach, 1846~1929)와 더불어 가솔린을 연료로 사

Mercedes–Benz Museum, Stuttgart, Germany. (김덕호 촬영)

용할 수 있는 이륜차 '라이트바겐(Reitwagen)'을 개발했다. 이것은 일종의 오토바이로 0.5마력 엔진에 배기량은 264cc였으며, 최고 속도는 시속 16킬로미터였다. 이어서 그다음 해에는 사륜 자동차를 만들었고, 1890년 자신의 이름을 딴 자동차 회사를 설립했다. 따라서 1880년대는 자동차 시대의 토대를 닦은 시기로 볼 수 있는데, 다임러의 엔진과 더불어 벤츠의 전기 점화 장치, 마이바흐의 기화기가 최종적으로는 향후 내연 기관 자동차를 만드는 데 토대가 되었다.

루돌프 디젤(Rudolf Diesel, 1858~1913) 또한 1897년 어렵사리 내연 기관을 발명했는데, 그가 만든 엔진은 트랙터나 트럭 같은 대형 자동차 엔진 또는 선박용 엔진에 응용되었다. 다만 휘발유가 아닌 중유를 연료로 사용해야 했으나 가솔린 엔진보다 효율이 훨씬 더 좋았다. 문제는 시장에서 받아들이는 데는 시간이 오래 걸려, 1911년 들어서야 세계 최초로 덴마크의 화물선에 디젤 엔진을 동력원으로 사용할 수 있었다. 그리고 제1차 세계대전이 종결된 후에는 디젤 엔진이 선박의 주된 동력원으로 쓰이기 시작했다. 더불어 화물용 디젤 기관차가 등장하고, 디젤 엔진을 장착한 농기구들도 출현했다.[3]

초창기 전기 자동차의 득세

적어도 19세기 말까지 사람들은 대부분 내연 기관이 운송용 모터로서 살아남을 거라고 예상하지 못했다. 1880년대 후반부터 이 시기까지는 사실상 초기 자동차 시장에서 증기 자동차, 전기 자동차 그리고 휘발유 자동차가 경합하고 있었다. 그중 최종적으로 어떤 자동차가 소비자의 선택을 받을지 아무도 확신할 수 없었다.

헨리 포드(Henry Ford, 1863~1947)는 자사의 직원조차 전기 자동차가 조만간 대세로 자리 잡을 거라고 생각해 가솔린 엔진 시험을 반대했다고 자서전에서 밝혔다. 포드의 증언은 당시 미국 자동차 시장에서 내연 기관 자동차보다 가격 면에서 더 비쌌음에도 전기 자동차가 우세했다는 걸 간접적으로 보여준다. 1901년에는 뉴저지주에 6개의 충전소가 있었는데, 뉴욕시에서 펜실베이니아주 필라델피아까지 전기 자동차로 운전해 갈 수 있었다. 1903년에는 보스턴에만 전기 자동차를 위한 충전소가 36개 존재했다. 그러나 더 이상 큰 진척은 없었다. 자신의 발명품을 상업화하는 데 뛰어났던 에디슨조차 1910년까지 전기 자동차를 위한 고성능 축전지를 발명하기 위해 노력했지만, 결과적으로 실패해 시간을 낭비한 꼴이 되었다.

증기 자동차는 적어도 제1차 세계대전 직전까지 인기가 있었다. 특히 스탠리 쌍둥이 형제가 만든 '스탠리 증기 자동차(Stanley steamer)'가 인기를 끌었다. 이 증기차는 1920년대에도 사람들이 몰고 다녔는데, 1929년에 단종되었다. 그렇지만 대략 1896년부터 1915년까지는 전기 자동차의 인기가 가장 좋았다. 이 기간 동안 44개 전기 자동차 업체에서 약 3만 5000대의 전기차를 만들어냈다. 다만, 시속 32킬로미터를 초과하면 잘 달리지 못했고, 장착된 배터리로는 80킬로미터 이내의 거리만 달릴 수 있었다. 전기 자동차는 내내 이 한계를 극복하지 못했다.

내연 기관의 승리

비록 나중에 미국한테 내주긴 했지만, 프랑스는 자동차 산업의 선두 주자 중 하나였다. 1894년 7월 프랑스 파리에서 루앙까지 달리는 자동차 경주 대회가 열렸다. 여기서도 세 종류의 자동차, 즉 증기 자동차, 전기 자동차, 가솔린 자동차가 자웅을 겨뤘다. 총 21대가 출전했는데, 그중 17대가 결승점에 도착했다. 그런데 그 17대 중 9대가 다임러의 내연 기관 자동차였다. 이 경주 대회를 계기로 가솔린 자동차는 새로 도래할 자동차 시대의 기선을 잡았다. 그럼에도 1900년 미국에서 돌아다니는 가솔린 자동차는 8000대뿐이었으며, 대다수가 증기 자동차였다. 또한 그해에 생산된 4000대의 자동차 중에서도 전기 자동차와 증기 자동차가 80퍼센트를 차지했다.

20세기에 들어서면서 내연 기관을 사용하는 자동차가 증기나 전기를 사용하는 자동차와의 경쟁에서 이겨 서서히 보편화하기 시작했다. 일단 휘발유가 단위 부피당 에너지를 더 많이 만들어냈고, 차량 무게 또한 상대적으로 가벼웠다. 1917년의 미국 자동차 통계를 보면 그해까지 생산된 자동차는 약 350만 대였는데, 이 중 전기 자동차는 5만

대 미만이었다. 게다가 증기 자동차는 단 730대뿐으로 거의 소멸 상태였다.

초기 단계에서 내연 기관 자동차가 자리를 잡는 데 가장 큰 장벽은 휘발유 자동차를 편리하게 사용할 수 있는 (주유소 같은) 인프라가 부족했다는 점이다. 게다가 1900년 미국의 포장도로는 겨우 16킬로미터에 불과했다. 1910년까지도 미국 도로의 75퍼센트는 비포장이거나 (마차를 위한) 자갈 도로였다. 농촌 지역으로 가면 비포장도로가 더욱 많았다.

더욱이 사실상 20세기 초만 해도 많은 자동차를 휘발유로 움직일 만큼 과연 석유 자원이 충분한지에 과학자들은 의문을 가졌다. 그러니까 문제는 급증하는 석유 수요를 미국에서 충당할 수 있느냐였다. 미국인으로서는 다행스럽게도 20세기 이후 새로운 유전이 발견되기 시작했다. 1899년까지 미국 석유 생산의 93퍼센트는 애팔래치아산맥 지역과 인디애나주 리마(Lima) 유전에서 나왔다. 그러나 1919년이 되면 이 지역에서 생산하는 석유는 미국 전체에서 생산하는 양의 10퍼센트도 안 되었다. 캘리포니아주, 오클라호마주, 루이지애나주, 캔자스주, 텍사스주에서도 엄청난 양의 석유가 쏟아져나오기 시작한 것이다. 이로써 미국인은 새로운 화석 에너지원이 줄어들거나 없어질 수 있다는 걱정을 버리고 싸고 편리한 자동차를 마음껏 사용할 수 있다고 생각을 바꾸었다.

저렴한 휘발유 가격과 (뒤에서 설명하겠지만) 포드사의 조립 라인을 통한 자동차 대량 생산 덕분에 휘발유 자동차의 구매 및 유지 비용이 크게 줄어들어 내연 기관은 대세로 자리 잡았다.

헨리 포드, 자동차를 대중화하다

미시간주 디어본(Dearborn)에서 농민의 아들로 태어난 헨리 포드는 아버지로부터 농업을 배웠으나 농기구를 만지거나 고치는 걸 빼놓고는 흥미를 느끼지 못했다. 그는 젊은 시절 디트로이트 소재 에디슨 조명 회사에서 일하면서도 자동차용 엔진을 만들려고 애썼다. 그리고 마침 내 1896년 자신이 만든 내연 기관을 장착한 자동차를 제작하는 데 성 공했다. 나아가 1901년에는 미시간주에서 열린 자동차 경주에 참가해 1등을 차지했다. 그 결과 투자자를 찾을 수 있었고, 1903년에는 자신 의 이름을 딴 '포드 자동차 회사'를 만들었다. 그런데 1904년 미국에 는 무려 178개의 자동차 회사가 존재했다. 그들은 대량 생산은커녕 많 은 경우 수작업에 의존했다. 특히 자동차의 핵심인 엔진 분야가 그러 했다.

미국의 자동차 산업에 대량 생산 방식을 처음으로 도입한 사람은 랜섬 올즈(Ransom E. Olds, 1864~1950)였다. 그가 만든 '올즈 자동차 회 사'는 1901년 첫해에 곡선형 계기판(curved dash)을 설치한 자동차를 400대 넘게 생산했다. 차량 가격이 상당히 저렴한 650달러였다. 올즈 자동차는 이듬해에 미국에서 가장 대중적인 차로 등극했다. 그렇지만 자동차 역사에 혁명을 일으킨 사람은 포드였다. 석유 사업에서 록펠러 가 한 역할을 자동차 사업에서 해낸 것이다. 그가 도입한 자동차 제조 공정은 훗날 자동차 업계를 넘어 거의 모든 산업 분야에서 따라 하게 된 이른바 포디즘으로 자리 잡았다. 그는 당시 일부 부자들을 위해 생 산하던 사치품으로서 자동차 개념을 평범한 보통 사람들도 탈 수 있 는 필수품으로 바꾸고자 했다. '대중을 위한 자동차'라는 목표를 달성 하기 위해서는 표준화한 하나의 모델만 생산하는 시스템으로 대량 생 산을 통해 단가를 낮추어야 했다. 포드는 그러면서도 기존 자동차보다 더 가볍고 강력한 엔진을 장착한 차를 만들었는데, 그게 바로 '모델 T'

출처: https://en.wikipedia.org/wiki/Ford_Model_T#/media/File:1910Ford-T.jpg

였다.

　1908년 모델 T의 판매가는 850달러였다. 1907년 미국 자동차의 평균 가격이 2150달러였으니 훨씬 저렴했던 셈이다. 그럼에도 자신의 회사에서 근무하는 노동자들도 구입할 수 있도록 포드는 계속해서 가격을 낮추고 싶었다. 그 결과 '움직이는 일관 작업(moving assembly line)'이라는 획기적인 공정을 통해 생산 시간을 단축하고 가격도 낮출 수 있었다. 당시 그는 최대한 빠른 속도로 육류를 대량 포장하는 공장에서 사용한 방식을 응용해 조립 라인을 만들었다. 그리고 오로지 한 종류의 자동차, 즉 검은색의 모델 T만을 생산했다. 이로써 1913년 600달러, 1916년 360달러, 1923년 300달러 이하로 판매할 수 있었다. 표준화한 동일 모델을 대량 생산해 단가를 지속적으로 낮춘 덕분이다. 그 결과 850달러였을 때는 6000대를 파는 데 그쳤으나 360달러일 때는 무려 60만 대를 팔 수 있었다. 최종적으로 생산이 멈춘 1927년까지 포드사는 모델 T 자동차를 단일 기종임에도 무려 1500만 대나 생산했다.

미국의 자동차 판매량은 1910년 18만 대에서 1916년에는 150만 대로 급증했다. 차량 등록의 관점에서 보면, 1913년 100만 대였던 자동차가 불과 8년 만인 1921년에는 10배나 증가해 1000만 대에 달했다. 아울러 1920년에는 13명당 한 대, 1930년에는 5명당 한 대꼴로 자동차를 소유했다. 한 가족당 한 대를 소유할 정도로 자동차가 미국인의 일상생활에 깊숙이 들어온 것이다. 이때 미국의 자동차 수는 전 세계의 78퍼센트를 차지했다. 이는 세계 어느 나라에서도 가능하지 않은 일이었다.

비록 몇몇 유럽 국가도 시장에 진입하고는 있었지만, 자동차 시장에 관한 한 미국은 초창기부터 거의 독점적 위치를 확보하고 있었다. 제 1차 세계대전이 발발하기 직전인 1913년, 자동차 생산에서 영국은 이미 미국에 상당히 뒤져 있었다. 그해 영국에서는 자동차를 3만 대도 채 생산하지 못했는데, 미국은 이미 30만 대를 돌파한 상태였다. 영국의 자동차 산업 규모가 미국의 10분의 1에도 못 미쳤던 것이다. 미국은 그해에 포드사가 20만 대 이상, 제너럴 모터스(GM)가 5만 대 이상을 생산했다. 영국은 자동차 시장의 크기가 미국에 비해 너무 작았다. 중요한 점은 당시 영국이 주력 수출품인 면제품을 인도나 중국 혹은 남아메리카 국가들에 대량으로 팔았지만, 자동차는 그렇지 못했다는 것이다. 간단하게 말해서, 이 국가들이 자동차같이 값비싼 상품을 구매할 만큼 소득이 높지 않았기 때문이다.

표 4–1 미국의 자동차 등록 대수 (1900~1993).

연도	등록 대수
1900	8,000
1910	458,300
1920	8,131,522
1930	23,034,753
1940	27,165,826
1950	40,339,077
1960	61,671,390
1970	89,243,557
1980	121,600,843
1985	131,864,029
1990	143,549,627
1993	146,314,000

출처: 미국 교통부(1985), 미국 인구조사국(1975, 1995).

　　그러나 미국은 국내 시장만으로도 자국에서 생산한 자동차를 전부 소화할 수 있었다. 미국 중산층의 소득이 자동차를 구매할 정도의 수준이었으며, 노동자 계층의 임금 역시 자동차를 할부 구매할 만큼 증가하고 있었기 때문이다. 그럼에도 제1차 세계대전 이후에는 유럽 국가들도 미국을 따라 자동차를 본격적으로 생산하기 시작했다. 그리하여 1920년 전 세계의 5퍼센트에 불과했던 유럽의 자동차 총생산량이 1930년에는 20퍼센트 이상으로 증가했다. 여기에는 영국과 독일이 큰 몫을 차지했다.

미국에서 자동차가 널리 사용되는 데는 농부들도 한몫했다. 1920년 경 미국 농촌에는 약 200만 대의 자동차가 돌아다녔다. 반면, 트럭은 겨우 15만 대, 트랙터는 25만 대였다. 흥미롭게도 중서부 농촌 지역 절반의 가정에 자동차가 있었지만, 전기가 보급된 곳은 10퍼센트 미만이었다. 1930년에는 농촌의 자동차가 10년 만에 2배나 늘어 400만 대에 달했다. 전체 농촌 가정의 80퍼센트가 자동차를 소유한 것이다. 그럼에도 전기 시설을 갖춘 가정은 15~20퍼센트에 불과했다.

자동차가 일상생활에 자리 잡았다는 것은 미국에서 주 에너지원인 석탄만큼 석유가 중요한 비중을 차지하게 되었다는 걸 보여준다. (물론 석탄은 전기 에너지를 생산하는 발전소에서 주요 1차 에너지로 활용되고 있었다. 이 내용에 대해서는 다음 절에서 다룰 것이다.)

또한 내연 기관을 사용하는 자동차 덕분에 미국 석유 생산에서 등유가 차지하는 비율이 줄어들었다. 즉, 휘발유가 차지하는 비율이 1900년 15퍼센트에서 1929년 39퍼센트로 늘었다. 무엇보다도 미국인이 원하는 만큼 소비할 수 있는 석유를 미국 석유 산업이 충분히 생산할 수 있었다. 누가 뭐래도 미국은 1920년대에 이미 영국을 능가하는 당대 세계 제1의 대량 에너지 소비 사회로 우뚝 섰다.

1900년 당시 내연 기관은 미국이 사용하는 동력의 2퍼센트도 채 안 되었다. 반면 수력과 풍력은 4퍼센트 미만, 축력은 33퍼센트 이상, 증기 기관과 증기 터빈이 60퍼센트였다. 그러나 불과 30년도 지나지 않은 1929년 내연 기관이 무려 미국 동력의 88퍼센트를 차지했다. 한편, 증기 터빈은 10퍼센트, 축력은 1퍼센트가량으로 떨어졌다.

이러한 상황은 미국이 세계 제1의 석유 생산국이 아니었다면 실현 불가능했을 것이다. 미국은 1920년대를 거치며 세계 최초의 대량 소비 사회로 진입할 수 있었으며, 이는 미국이 석유와 석탄에 물적 토대를 둔 대량 에너지 소비 사회였기 때문에 가능했다. 나아가 1960년대 이후 미국을 뒤따르는 지구상의 모든 대량 소비 사회는 탄소 연료에 속박된 처지가 될 터였다.

석유 산업의 혁신

석유 산업은 또한 한 방울의 석유로도 더 많은 종류의 작업을 할 수 있게끔 연구에 연구를 거듭했다. 사실상 탄화수소 혼합물 형태인 원유는 끓는점이 각기 다르다. 원유는 우선 증류(distillation, 蒸溜) 과정을 통해서, 즉 원유를 가열·증발·응축시키는 과정을 통해서 휘발유·등유·경유·중유 등으로 분리시킬 수 있었다. 이런 식으로 원유 혼합물을 분리하는 공간이 증류탑인데, 위스키를 증류하는 장치와 원리상 같다고 볼 수 있다. 흥미로운 점은 미국이 금주법을 시행한 1920년대에 실직 상태에 빠져 있던 위스키 회사의 증류 기술자들이 성장하는 정유업 분야에서 새로운 일자리를 찾을 수 있었다는 것이다.

그다음 공정이 정제인데, 초기의 두드러진 기술 혁신은 이 과정에서 나왔다. 특히 자동차의 경우, 휘발유의 효율을 높이는 데 기여한 사람은 윌리엄 버튼(William M. Burton, 1865~1954)이었다. 1889년 존스 홉킨스 대학에서 화학 박사 학위를 받은 후 스탠더드 오일에 입사한 그는 시카고와 인접한 인디애나주 휘팅(Whiting)의 정제소에서 촉매로 원유를 분류(catalytic cracking, 觸媒分溜) 혹은 분해하는 실험을 수행했다. 이러한 분류 덕분에 휘발유의 품질이 향상되어 수요가 폭증했다. 예컨대 분류된 휘발유는 1924년부터 불과 1년 사이에 수요가 2배로 늘고, 1928년에는 거의 4배로 폭증했다.

버튼은 원유를 여러 가지 압력 및 온도에서 분해하는 실험을 진행한 결과, 더 좋은 품질의 휘발유를 생산할 수 있었다. 그리고 1913년에는 열분해법을 고안해 한층 다양한 석유 제품을 분리하는 데 성공했다. 덕분에 1911년 스탠더드 오일의 부서 책임자로 승진했다. 그리고 1915년에는 부사장, 그로부터 3년 만인 1918년에는 사장으로 승진해 1927년 은퇴할 때까지 그 자리를 유지했다. 그가 개발한 촉매 분해 공정은 원유에서 휘발유를 2배 이상 생산했고, 그 결과 개발에 성공한 첫 15년 동안 10억 배럴 이상의 원유를 절약할 수 있었다.

이렇듯 스탠더드 오일은 어떤 석유 회사보다도 원유 분해 실험을 주 연구 과제로 삼아 자본을 투자한 결과, 석유 산업 전반에 걸쳐 커다란 성장을 달성할 수 있었다. 대략 1910년부터 1960년까지 반세기 동안 석유 산업의 공정 혁신 덕분에 휘발유 가격은 계속해서 하락했다. 또한 석유 산업과 자동차 산업 모두에 엄청난 성장을 가져오고, 미국 경제가 세계 1위를 유지하는 데 커다란 공헌을 했다.

석유가 만든 새로운 교통 생태계

석유 산업은 자동차 산업과 더불어 1920년대에 미국의 주력 산업이 되었다. 자동차 산업의 증가가 석유 산업의 확대를 가져왔을까, 아니면 석유 산업의 확대가 자동차 수요의 증가를 가져왔을까? 또한 자동차 수요가 자동차 산업의 증가를 가져왔을까, 아니면 자동차 산업의 증가가 자동차 수요의 증가를 가져왔을까? 이 둘의 인과관계를 밝히기는 쉽지 않지만, 적어도 상관관계는 긍정적 되먹임(feedback)이 맞을 것이다. 무엇이 먼저 원인을 제공했는지는 몰라도 서로가 서로를 필요로 하면서 전간기(戰間期), 즉 1920~1930년대의 미국 경제를 이끌었으며, 미국 사회를 '이동하는 사회(mobile society)' 혹은 '이동하는 국가(a nation of mobility)'로 만들 수 있었다. 이 20년 동안 미국인은 전 세계에서 최초로 개인 자유의 표현으로서 이동을 즐기게 되었다. 아울러 도시의 반경이 자동차로 인해 계속 확대되었고, 교외는 중산층이 거주하는 공간으로 바뀌었다. 이렇게 자동차는 점차 미국 개인주의 표현의 상징이 되었다.

자동차 수요의 확대에는 도로 곳곳에 건설된 휘발유 주유소(gasoline filling station)도 한몫했다. 주유소는 무엇보다도 생산자와 소비자를 직접 연결하는 석유 산업 네트워크의 결합점 역할을 했다. 게다가 새롭게 들어선 주유소들은 시간이 흐르면서 기존의 드러그 스토어(drug store)나 일용 잡화점뿐만 아니라, 자동차 정비업소 기능까지도 떠맡는 기능을 갖추어갔다. 이러한 주유소의 급증은 놀랄 만했다. 1927년 미국 전역에 이미 26만 5000여 개나 깔려 있던 주요소가 불과 2년 뒤인 1929년 31만 7000개로 늘었다. 그리고 1930년대의 대공황기를 지나면서도 위축되기는커녕 더 증가해 1939년에는 45만 개가 되었다. 주유소는 거미줄처럼 미국 전역을 촘촘히 연결했다. 미국인이면 누구나 자동차를 살 경제적 능력만 있으면, 그리고 휘발유를 구입할 돈만 있으면 그곳이 어디든 상관없이 이동할 수 있었다.

결과적으로, 주유소 급증은 석유 산업과 짝을 이루어 자동차 산업의 확대를 가져왔다. 즉, 자동차가 늘어나니 주유소도 늘어났고, 주유소가 늘어나니 휘발유 수요 또한 늘어났다. 자동차 회사들은 쉬지 않고 트럭과 (주로) 승용차를 생산하고, 석유 회사들도 정제를 통해 더 많은 휘발유를 생산했다. 예컨대 1919년 미국의 휘발유 판매는 8900만 배럴에서 10년 후에는 3억 8200만 배럴로 4배 이상 증가했고, 1930년대의 대규모 경제 불황에도 불구하고 1941년에는 6억 6800만 배럴에 달했다.

자동차라는 내연 기관으로 무장한 운송 수단은 당연히 휘발유를 연료로 움직였다. 엔지니어 조지프 포그(Joseph E. Pogue)는 1921년《석유의 경제학(The Economics of Petroleum)》을 출간했는데, 여기서 그는 미국의 자동차가 당시 생산하던 석유의 50퍼센트를 소비했다고 썼다. 점점 더 많이 생산한 석유가 출퇴근용이든 여가용이든 자동차에 공급되었다. 석유 산업과 자동차 산업은 서로가 서로를 필요로 하는 동반자적 관계를 더욱더 긴밀하게 형성했다. 미국의 유전에서 뽑아내는 석유는 이제 기차가 아닌 송유관을 통해 석탄보다 쉽게 정유 시설로 이동할 수 있었다. 이 둘 사이의 공간을 연결하는 파이프라인은 1920년대 2만 마일(약 3만 2187킬로미터)에서 1930년대에는 3만 4000마일(약 5만 4818킬로미터)로 늘어났다. 석유를 생산하는 주들에서 수백만 배럴의 석유가 송유관을 통해 500개의 정유소로 이동했다.

예컨대 텍사스주 휴스턴의 석유화학 단지를 생각해보자. 텍사스주 휴스턴 교외에 위치한 패서디나(Pasadena)에서 출발한 '콜로니얼 파이프라인(Colonial Pipeline)'은 관의 굵기가 76센티미터에 길이는 8830킬로미터인 미국에서 가장 긴 송유관이다. 이 송유관은 텍사스주를 빠져나와 차례로 루이지애나주, 미시시피주, 앨라배마주를 거쳐 대서양 연안을 따라 북으로 북으로 올라가 뉴욕시 입구까지 연결된다. 대부분의 송유관은 지하로 이어져 있으며, 가끔 지상으로 모습을 드러내기도 한다. 이 송유관을 통해 정제를 마친 원유가 휘발유, 디젤, 난방용 연료, 항공기 연료 등으로 분류되어 시속 6~7킬로미터의 속도로 필요한 곳에 운송된다.

에너지로 다시 보는 세계사:

유연 휘발유와 토머스 미즐리 그리고 제너럴 모터스

20세기 초반만 해도 휘발유의 품질이 그렇게 좋은 편은 아니었다. 그 때문에 연비(연료 소비율)나 자동차의 힘이 떨어질 때 엔진 연소실에서 망치 때리는 것과 비슷한 소리가 들리는 노킹(knocking) 현상이 자주 나타났다. 노킹은 엔진 내부에서 휘발유가 비정상적으로 연소할 때 발생한다. 따라서 자동차 회사는 이 문제를 해결하기 위해 노심초사할 수밖에 없었다. 특히 포드사를 따라잡기 위해 애쓰고 있던 제너럴 모터스(GM)가 그랬다. 무엇보다도 자사의 최상위 고급 차량인 캐딜락을 소음 없이 잘 주행하게 만들고 싶었다.

이 어려운 문제를 해결한 사람이 바로 GM 연구소에서 근무하던 화학 엔지니어 토머스 미즐리(Thomas Midgley, Jr., 1889~1944)였다. 코넬 대학교에서 기계공학을 전공한 그는 1911년 졸업 후 GM에 1916년 입사했다. GM의 부설 연구소에서 일하게 된 그는 연구소 책임자 찰스 케터링(Charles Kettering)으로부터 노킹 현상을 방지할 수 있는 물질을 찾아내라는 지시를 받았다.

기계공학 엔지니어인 그는 자동차의 노킹 현상이 내연 기관 안에 있는 점화 장치의 기계적 문제가 아니라, 규칙적으로 폭발하지 않는 연료에 있다는 사실을 얼마 지나지 않아 밝혀냈다. 그 후 미즐리는 노킹 현상을 방지할 수 있는 화학 물질을 찾는 데 집중했다. 그리고 수천 번의 시행착오를 거치며 거의 포기 단계에 이르렀던 1921년 12월 마침내 저렴한 가격에 생산할 수 있는 휘발유 첨가제를 개발하는 데 성공했다. 즉, 새로운 화합물인 테트라에틸납(tetraethyllead, TEL)

을 만들어낸 것이다. 휘발유에 이 화합물을 미량 넣으면 자동차에서
이른바 엔진 노킹 현상이 사라졌다. 결과적으로 엔진 성능이 좋아지
고, 연료 효율도 상승했다. 당연히 휘발유의 노킹 정도를 표시하는
옥탄가(octane number)도 높아져 자동차가 부드럽게 잘 달렸다.

그런데 화학에 대해 조금이라도 알고 있는 사람이라면 이 물질이
납 화합물이라는 사실을 알아챘을 것이다. 당시에도 많은 사람이 납
은 인체에 매우 해로운, 특히 신경을 마비시키는 유독 물질이라는 걸
잘 알고 있었다. 납이 독성 있는 물질이라는 건 고대 로마 시대부터
알려졌다. 로마 공화정 말기 및 제정 초기에 활동한 건축가 비트루비
우스(Vitruvius)는 심지어 납으로 만든 수도관을 통해 흐르는 물의 위
험성을 경고하기도 했다. 따라서 납에 중독되면 사지가 뒤틀리고, 특
히 어린이의 경우 뇌에 치명적 손상을 입혀 지능 저하를 불러일으킨다는 것을 GM의 경영진이 모를 리 없었다. 그럼에도 GM은 '납'이 지닌 부정적 이미지를 불식시키기 위해 이 휘발유 첨가제를 '에틸(Ethyl)'이라는 이름으로 판매했다. 이 새로운 화합물에 납 성분이 포함되어 있다는 걸 대중에게 알리고 싶지 않았던 것이다.

1923년 2월, 오하이오주

그림 4-5　에틸의 상표.

출처: https://en.wikipedia.org/wiki/Ethyl_Cor
poration#/media/File:EthylCorporationSign.jpg

데이턴(Dayton)에서 처음으로 납 성분이 포함된 유연 휘발유(leaded gasoline), 즉 '에틸'을 시판했다. 얼마 후에는 미국 전역에서 이를 판매했다. 그런데 '에틸' 휘발유를 위탁 생산하던 듀폰의 공장에서 그해 9월부터 노동자들이 하나둘씩 정신 착란, 심지어 사망에까지 이르는 사고가 연이어 발생했다. 그리고 1924년 9~10월 준공한 지 두 달도 안 된 뉴저지주의 공장에서 6명의 노동자가 사망하고, 33명이 환각 증세나 정신 이상 등의 납 중독 증세를 나타냈다. 테트라에틸납을 생산하는 부서에서 근무하던 노동자 중 일부는 나비가 몸에 붙어 있다며 이 곤충을 몸에서 떼어내려는 동작을 쉬지 않고 반복했다. 그래서 듀폰 공장은 '나비의 집(House of Butterflies)'이라는 별명을 얻기도 했다.

이 소식이 언론에 알려지자 몇몇 주들이 예방 차원에서 유연 휘발유 판매를 금지했다. 납에 노출되는 것만으로도 미치거나 인체에 해롭다는 걸 모를 리 없었지만, 회사는 이 문제를 회피하려고만 했다. 그리고 '에틸' 휘발유를 만든 장본인이 희대의 쇼를 기자들 앞에서 펼쳐 보였다.

미즐리는 수많은 기자가 모인 자리에서 놀랍게도 자신이 만든 '에틸' 용액으로 손을 씻고, 심지어 병에 들어 있는 그것을 1분간 흡입해 마치 '에틸'이 인체에 무해한 것처럼 행동했다. 그리고 기자들에게 자신은 매일 이렇게 해도 건강에 전혀 문제가 없다고 단언했다. 완벽하게 기자들을 속인 것이다. 미즐리의 쇼가 언론을 통해 보도되자 미국인은 '에틸'이 안전하다는 인상을 받았고, 유연 휘발유 판매를 금지시킨 몇몇 주들은 판매 재개를 허락했다.

(그렇지만 기자회견을 통한 공개 시연이 끝난 후, 미즐리는 의학적 치료를 받아야만 했다. 왜냐하면 미즐리 자신도 납 중독 상태라 플로리다주에서 장기간 요양 치료

를 받고 있었기 때문이다. 기자회견에서 연기를 한 뒤 그의 몸 상태는 더욱 악화했다. 1923년 1월에 쓴 한 편지에서 그는 자신이 납 중독에 걸렸다는 사실을 밝히기도 했다. 평생 납 중독에 시달렸음에도 그는 테트라에틸납이 공중 보건을 해치지 않고 안전하게 생산될 수 있다는 신념을 버리지 않았던 것으로 보인다. 스스로를 기만했거나, 아니면 윤리적 판단을 도외시한 채 대중을 대놓고 속인 것일지도 모른다.)

게다가 연방 정부의 광산국(Bureau of Mines)도 1927년 최종적으로 '에틸' 휘발유가 안전하다는 연구 결과를 발표했다. 이렇듯 유연 휘발유에 대한 긍정적인 정부 보고서와 GM의 공격적 마케팅에 힘입어 점점 더 많은 사람이 그냥 휘발유가 아닌 '에틸' 첨가제가 들어간 유연 휘발유를 구입하기 시작했다. 이듬해 여름에는 무려 11억 갤런의 유연 휘발유가 판매되었다. GM은 이 새로운 휘발유 첨가제를 상업적으로 판매하는 데 대성공을 거두었다. 그럼에도 당시 미국 사회는 제대로 된 의문조차 제기하지 않았다.

문제는 '에틸', 즉 테트라에틸납이 자동차 엔진에서 연소 후 배출될 때 분자 형태로 다량 대기 중에 남는다는 것이다. 자동차의 배기가스로 배출된 납 입자가 대기 중에 쌓이면서 납의 농도가 계속 증가했다. 그럼에도 미국에서 유연 휘발유 소비는 특히 1960년부터 급격히 늘어나 1970년대에 최대치를 기록했다.

바야흐로 유연 휘발유의 시대가 열린 것이다. 미국뿐 아니라 향후 전 세계가 유연 휘발유에—당연한 것처럼—아무런 이의도 제기하지 않았다. 단 한 사람을 제외하고는 그랬다. 엉뚱하게도, 납이 인간뿐 아니라 환경에도 유해하다는 사실을 과학적으로 증명한 사람은 석유화학 업계에 종사하는 연구자가 아니라 미국의 지구화학자 클레어 패터슨(Clair C. Patterson, 1922~1995)이었다. 지구의 나이를 정확하게 계산하던 그의 연구 덕분에 1923년 이전에는 대기 중에 납이 대량으로 존재하지 않았다는 사실이 밝혀졌다. 즉, 패터슨이 연구할 당시 대기 중에 위험할 정도로 쌓여 있는 납은 대부분 1923년 이후 대량 판매하기 시작한 유연 휘발유에서 기인한 것이었다.

그러나 패터슨은 유연 휘발유의 납 성분이 인체에 해롭다는 사실을 알리면서부터 GM의 직간접적 압력을 받았다. 연구비가 취소되거나 신청을 거부당하기도 했다. 그럼에도 그는 자신이 옳다는 걸 묵묵히 실천에 옮기고 여기저기 언론에 호소하기도 했다. 1960년대에 들어서야 미국에서 환경에 대한 각성이 일어났다. 그리고 1970년에는 환경 운동의 압력을 받아 '청정대기법(Clean Air Act)'이 제정되었고, 배기가스에 대한 조사가 이뤄졌다. 무연 휘발유 개발이 시작된 것은 1970년대 이후였다. 이어서 1986년에야 뒤늦게 유연휘발유판매금지법이 만들어졌고, 1995년에 이르러 마침내 미국 전역에서 판매가 완전히 금지되었다.

한국 정부는 1987년 7월부터 무연 휘발유를 시판하기 시작했으며, 1988년부터는 주유소에서 무연 휘발유와 유연 휘발유를 동시에 판매했다. 유연 휘발유를 금지한 것은 1993년 1월부터였다. 유연 휘발유가 무연 휘발유보다 생산 비용이 저렴했기 때문에 제3세계의 많은 국가는 인체에 해로움에도 불구하고 계속해서 유연 휘발유를 사용했다. 그러다 마침내 2021년 지구상에서 마지막으로 알제리가 유연 휘발유 생산을 멈추었다.

어쨌거나 자동차의 유연 휘발유 사용이 본격화하면서 배기가스로 배출되는 미세한 납 입자들이 대기 중에 쌓여 납의 농도가 계속해서 증가했다. 환경 오염은 말할 것도 없고, 인체에 해를 끼칠 정도로 말이다. 문제는 그 납이 시간이 경과하면서 뇌나 뼈에 쌓일 수 있다는 것이다. 최근의 연구는 심지어 유연 휘발유의 전면적 사용 이후 태어난 세대가 유연 휘발유 금지 이후에 태어난 세대보다 지능지수(IQ)가 더 낮다고 보고하기도 했다.

세계보건기구에 따르면, 지금도 전 세계에서 100만 명이 납 중독으로 사망하고 있다. 미즐리는 거대 기업이라는 복잡한 '기계 속 하나의 톱니바퀴'였을 뿐일까? 그가 아니었어도 기업에 고용된 누군가가 그 역할을 했을까? 20세기 전반의 기술 발달을 인류의 진보로만 받아들이는 분위기에서 문제를 제기하기란 불가능했던 걸까? 그래서 1960년대 환경 운동이 시작된 이후에야 기술 발달이 무조건적 진보는 아닐 수 있다는 생각을 갖게 된 걸까?

결과적으로, 미즐리는 유연 휘발유의 위험성에 눈을 감게 만들어 20세기의 인류를 엄청난 위험에 빠뜨린 엔지니어로 남았다. 반면, 패터슨은 그러한 위험으로부터 인류를 구출한 과학자로 남았다. 그리고 미즐리의 발명품을 판매한 GM 또한 미즐리만큼이나 미국 사회, 나아가 인류에 대한 책임에서 벗어날 수 없다. 석유 회사도 소비자에게 유연 휘발유가 인체에 무해하다고 수십 년 동안 홍보했으니, 그들 또한 마찬가지다. 어찌 보면 미즐리보다 이들 거대 기업이 유연 휘발유 사용에 대해 더 큰 책임을 통감해야 할 것이다. 한 저널리스트의 표현처럼, 유연 휘발유 사용은 "현대사의 가장 수치스러운 오염 문제 중 하나"로 기록될 것이다. 석탄과 석유를 사용함으로써 오늘날 우리가 맞이한 기후 위기는 일부러 의도한 결과가 아니지만, "휘발유에 납을 첨가하는 일은 사전에 그 위험성을 인지하고 저지른 행위이기 때문이다".[4]

1900년만 해도 휘발유의 가치가 등유보다 못했다. 하지만 휘발유는 1930년에 가장 중요한 정제 제품이 되었다. 휘발유 수요는 1925~1955년 2억 2400만 배럴에서 15억 배럴로 6배나 증가했다. 이런 상황을 고려할 때 미국인은—루스벨트 행정부의 추정에 의하면—1935년 9억 3000만 킬로와트의 에너지를 소비했으며 그중 자동차 연료가 75퍼센트를 차지했다는 게 당연해 보인다.

대공황기와 1930년대 석유 산업

그러나 1920년대를 거치며 미국의 석유 산업은 너무나 비대해졌고, 특히나 과잉 생산 때문에 스스로 위기를 불러왔다. 석유 회사는 1920년대부터 산업 현장과 가정에 필요한 수요 이상으로 석유를 공급하기 시작했다. 예컨대 1930년대를 지나면서 이스트텍사스의 유정에서 뽑아내는 원유만 하루 100만 배럴(1배럴＝42미국갤런＝158.987리터)로 당시 미국 사회에 필요한 석유의 절반이 넘었다. 그 결과 석유 가격이 추락을 거듭했다. 1935년의 휘발유 가격은 배럴당 1.1달러에서 10센트로 무려 11분의 1로 내려앉았다. 사정이 이렇다 보니 이 지역의 주유소에서는 자동차에 휘발유를 가득 채우면 닭 요리 혹은 달걀 한 판을 공짜로 제공하기까지 했다.

이에 텍사스 주지사를 비롯해 많은 석유 관련 인사들이 조만간 석유 산업이 붕괴할 수 있다고 내무장관인 해럴드 이크스(Harold Ickes, 1874~1952)에게 지속적으로 호소했다. 루스벨트 행정부의 핵심 권력자 중 한 명인 이크스는 대통령에게 석유 가격에 대한 특단의 조치가 필요하다고 보고했으며, 루스벨트를 설득시키는 데 성공했다. 이때 이크스는 미국인에게 석유가 얼마만큼 중요한지를 다음과 같이 강조했다.

석유에 대한 우리의 절대적이고 완전한 의존성에 대해서는 의심의 여지가 없습니다. 우리는 석기 시대에서 청동기·철기·산업 시대로 그리고 지금 석유의 시대로 넘어왔습니다. 우리가 알고 있는 미국 문명은 석유 없이 존재할 수 없습니다.[5]

루스벨트 행정부는 1935~1940년 강력한 공급 통제 정책을 중심으로 휘발유 가격을 배럴당 1달러 전후로 고정해 석유 산업의 붕괴를 막을 수 있었다. 휘발유 가격을 자본주의의 공식처럼 되어 있는 시장 경제에만 맡겨놓을 수 없다는 걸 보여준 극명한 사례였다. 자본주의 국가가 시장의 '보이지 않는 손', 즉 수요와 공급의 법칙 비슷한 것에만 의존하기엔 석유가 미국인의 일상생활에 너무도 깊숙이 침투해 있었다. 나아가 수요와 공급의 법칙이 시장에서 작동하기 위해서는 결국 행정부 같은 '보이는 손'이 개입해 시장이 처리할 수 없는 문제를 해결해야만 했다. 석유는 때때로 시장이 수요와 공급의 법칙에 의해 작동하지 않는, 나아가 작동할 수 없는 대표적 상품이 되었다.

3 화석 연료에서 얻는 전기 에너지

케네디의 비극적 죽음 이후 대통령 자리에 오른 린든 존슨(Lyndon B. Johnson, 1908~1973)은 텍사스주 농촌에서 태어났다. 존슨이 자란 농촌은 1910년대까지 전기는커녕 사람의 근력과 축력만 이용할 수 있던 곳이었다. 어린 시절 그에게는 집안일을 돕기 위해 해야 할 일이 너무 많았다. 식수를 해결하려면 지하수를 펌프질해 길어와야 했고, 주방일을 보조하기 위해 이른 새벽에 불피우는 일도 그의 몫이었다. 가축 사료를 준비하는 일도 마찬가지였다. 그러니까 그가 살던 곳에는 상수도나 가스는 물론 전기조차 공급되지 않았다. 특히나 존슨은 전기가 사람들의 고된 일의 양과 강도를 얼마나 줄여주는지 이런 일을 해보지 않은 사람은 상상하기 어려울 것이라고 회상했다.

전기는 바람이나 물 혹은 석탄이나 석유 같은 1차 에너지원이 아니다. 전기는 물의 낙차를 이용한 수력 발전소의 터빈을 돌릴 때 발생하거나, 화력 발전소 같은 곳에서 석탄을 태워 증기의 힘으로 돌아가는 터빈에서 발생하는 2차 에너지다. 발전소에서 만든 전기는 거의 빛의 속도로 전선을 타고 소비자가 있는 곳 어디든 전송된다. 그리고 사용자가 원하는 시간에 빛 에너지나 소리 에너지 혹은 열에너지 등으로 변환이 가능하다. 즉, 전기는 에너지를 필요한 공간에 원하는 형태로 유연하게 전환할 수 있는, 동시에 장소의 제약을 뛰어넘는 놀라운 마법 같은 에너지였다. 이러한 특성에 가장 먼저 주목한 사람은 벨기에 출신의 전기 엔지니어 제노브 테오필 그람(Zénobe Théophile Gramme, 1826~1901)이었다. 그는 1873년 오스트리아-헝가리 제국의 수도 빈에서 열린 세계 박람회에 자신의 발명품인 발전기를 출품했다. 그는 증기 기관을 동력원으로 회전축을 돌려 직류 전기를 만들어낼 수 있었다.

전기는 이론상 전기가 통할 수 있는 선만 연결된다면 수십수백 킬로미터, 아니 수천 킬로미터 떨어진 곳일지라도 어디든지 손쉽게 에너지를 전달할 수 있었다. 그것도 소비자가 원하는 형태의 에너지로 말이다. 따라서 전기 에너지는 동력을 생산하는 공간과 소비하는 공간이 일치하지 않아도 되는 아주 편리한 형태의 에너지였다. 전기 에너지는 노동 현장은 말할 것도 없고 가정에 이르기까지 수많은 일을 (인간을 도와) 쉽사리 처리할 수 있게 해주었다.

전기 모터의 발명: 증기기관에서 모터로(1899~1929)

전기의 역사에서 전동기(電動機), 즉 전기의 힘으로 기계를 움직일 수 있는 모터 발명의 위대한 점은 많은 산업 분야에 전기 에너지를 적용할 수 있다는 데 있었다. 일찍이 1866년, 독일의 위대한 엔지니어 베르너 지멘스(Werner Siemens, 1816~1892)는 일반 기업뿐 아니라 가정에서 필요한 가전제품에서도 전기와 전기 모터가 활용될 거라고 예상했다. 따라서 전기 에너지를 기계 에너지로 전환할 수 있는 모터는 증기 기관이나 내연 기관처럼 일종의 범용 기술(GPT)이 되어 전기 에너지를 언제 어디서나 손쉽게 이용할 수 있게끔 했다.

전기의 발명 혹은 발견은 어찌 보면 시의적절했다. 왜냐하면 사람들이 증기 기관의 유용성을 충분히 활용하면서도 아쉬움을 느끼기 시작했기 때문이다. 예컨대 증기 기관은 나름의 한계가 있었는데, 무엇보다도 에너지를 기계적으로 전달해야 하는 장소를 벗어날 수 없다는 점이었다. 즉, 증기 기관은 화학 에너지 혹은 열에너지를 생산하는 공간과 그것을 기계 에너지로 소비하는 공간이 동일해야만 했다. 게다가 증기 기관을 통해 나오는 동력은 축이나 바퀴 혹은 도르래 등에 연결되어야만 전달할 수 있었다. 공장의 공간 내에 증기 기관이 위치하고 증기력이 만들어낸 동력은 가죽 벨트를 통해 전달되었다. 또한 벨트가 움직일 때마다 시끄러운 소음이 발생했고 자주 벨트가 축에서 미끄러져 빠지기도 했고, 그럴 경우 옆에서 혹은 밑에서 일하던 노동자가 부상을 입기도 쉬웠다.

증기 기관을 이용해야 하는 모든 공장은 작업장 내에 자체적으로 증기 기관을 설치·운용하면서 필요한 에너지원인 석탄을 공급받아야만 했던 반면, 전기는 생산하는 장소(발전소)와 소비하는 장소(공장과 가정)가 달라도 전혀 문제 되지 않았다. 전기 모터의 경우 증기 기관과 달리 동력원과 설사 멀리 떨어져 있다손 치더라도 각각의 개별 기계나 제품을 가동시키고 제어할 수 있었다. 전기 모터는 전기 에너지를 기계 에너지로 바꿀 수 있는 장치로, 증기 기관의 역할을 하게 될 터였다. 게다가 지하에 묻힌 혹은 지상으로 연결된 전선 케이블을 통해 발전소에서 출발한 전기 에너지를 공급받을 수 있었다. 즉, 놀랍게도 전기는 증기 기관이 안고 있는 장소의 한계를 소멸시켜버렸다. 바로 이 증기 기관의 구조적 약점에 대한 해결 방안이 19세기 후반 첨단 물리학 분야 중 하나인 전자기학에서 출현했던 것이다.

전기 모터가 산업에 본격적으로 응용되기 시작한 1899년부터 단 30년 만에 증기 기관은 퇴출되고 그 공간에 모터가 들어왔다. 1899년 미국의 제조업 현장에서 증기 기관은 전체 생산 능력 중 77퍼센트를 차지했으나, 1929년에는 증기 기관 대신 전기 모터가 82.3퍼센트를 차지했다. 그사이 모터의 최대 출력은 무려 60배나 증가했다. 결국 1920년대 말에는 미국 대부분의 공장을 증기 기관 대신 전기 모터가 돌렸다. 불과 한 세대 만에 산업의 동력이 근본적으로 바뀐 것이다. 19세기 말까지 증기력이나 수력을 주된 동력원으로 사용하던 공장들이 20세기 들어서면서부터는 전기의 안전성과 효율성 그리고 확정성을 인정하고는 더 많이 더 빠르게 전기 에너지를 이용했다.

조명으로서 전기

석탄은 증기 기관을 움직이는 데만 쓰인 것이 아니라, 나중에는 해가 진 이후 도시를 밝히는 조명으로도 사용되었다. 석탄 가스를 통해 불이 들어오는 가스등이 1816년 미국 동부의 해안 도시 볼티모어에 처음 출현했다. 그리고 조만간 여러 대도시, 나아가 중간 크기의 도시에서도 활약하기 시작했다. 그 결과 1860년대에는 183개에 이르는 가스 업체가 활동했다. 이때쯤 석탄 가스는 요리나 난방 용도로도 쓰였다. 문제는 유독한 석탄 가스가 폭발의 위험성까지 지닌 채 가정으로 유입되었다는 것이다. 당분간은 석탄 가스를 조명으로, 연료로, 난방으로 사용하는 편리함이 그 위험을 상쇄하거나 무시할 수 있게 해주었다. 그러나 전기 에너지가 등장하면서 이런 상황은 달라지기 시작했다.

전기는 처음에 조명용으로 사용되었다. 그러니까 전기 에너지의 가능성을 보여준 것은 백열전등이었다. 에디슨이 상업화에 성공한 전구는 빠른 속도로 등유를 대체했다. 알다시피, 전등은 무엇보다도 가스나 등유와 달리 등에 연료를 직접적으로 주입할 필요도, 연료가 떨어졌을 때 불을 다시 붙일 필요도 없었다. 그저 전등의 똑딱이 혹은 스위치만 켜면 되는 편리한 인공물이었다. 게다가 위대한 시스템 건설자로서 에디슨은 전구만 발명한 게 아니라, 전기를 생산하는 발전소에서 송전과 배전 그리고 마지막 단계로 공장 혹은 가정으로 연결되는 전기 시스템을 완성했다.

에디슨이 전구를 개발할 당시 발전기의 효율은 약 40퍼센트 정도였다. 그러나 그는 발전기의 효율을 82퍼센트까지 높이는 데 성공했다. 덕분에 1882년 9월 뉴욕시 맨해튼의 펄 스트리트(Pearl Street)에 세계 최초의 전기 발전소를 만들어 반경 1마일 이내의 지역에 전기를 공급할 수 있었다. 비록 초기에는 뉴욕시 한복판에 해당하는 맨해튼 중심부만 전기의 혜택을 보았지만, 곧 미국의 여러 도시에 전기가 빠른 속도로 보급되기 시작했다. 1910년에 뉴욕의 에디슨 회사 소속 발전소는 맨해튼과 브롱크스 지역에 공급하는 전력량의 90퍼센트를 차지했다. 이 발전소는 1년에 무려 50만 톤의 석탄을 태워 152개나 되는 보일러를 움직였으며, 그 보일러로 증기 기관이나 증기 터빈을 돌려 전력을 생산했다. 당연히 인근 지역 주민들은 석탄이 연소하면서 배출하는 공기 오염에 시달렸다.

시카고 콜럼버스 세계 박람회: 증기 기관의 전기 응용

비록 예정보다 1년 늦었지만, 1893년 크리스토퍼 콜럼버스의 이른바 '신대륙 발견' 400주년을 기념하는 '콜럼버스 박람회(Columbian Exposition)'가 시카고에서 개최되었다. 무엇보다도 여기서는 여러 기업에서 발명한 다이나모(dynamo) 발전기가 등장했다. 새로운 전기 에너지의 위력을 대중에게 선보일 수 있는 대단한 기회였다. 먼저 석탄을 태워서 나오는 증기력을 이용해 전기를 생산하는 방식으로 웨스팅하우스에서 만든 발전기가 두드러졌다. 웨스팅하우스는 15개의 증기 기관으로 16개의 발전기를 돌려 콜럼버스 세계 박람회에 에너지를 제공했다. 이 발전기들은 총 1만 3000마력의 힘으로 8955킬로와트의 전력을 만들어 17만 2000개의 백열등에 전기를 공급할 수 있었다.

당시 시카고에서 사용하던 전기량의 3배 이상을 이 박람회에서 쓴 셈이다. 그뿐만이 아니었다. 1889년의 파리 세계 박람회가 1150개의 아크등과 1만 개의 백열전등을 사용한 반면, 시카고 박람회는 그 10배쯤―9만 6620개의 백열전등―을 사용했다. 그리고 파리 박람회가 3000마력의 전기를 사용한 반면, 시카고 박람회는 2만 9000마력, 즉 약 10배 가까운 전기를 사용했다. 결과적으로 이 박람회는 지구상 어느 공간보다도 당시 전기 전문가들이 꿈꿀 수 있는 가장 이상적인 도시를 제시했다.

1890년대에는 전원으로서 직류가 효율적인지, 교류가 효율적인지 미국에서 논쟁거리였다. 예를 들어, 에디슨은 직류를, 조지 웨스팅하우스(George Westinghouse, 1846~1914)와 니콜라 테슬라(Nikola Tesla, 1856~1943)는 교류를 선호했다. 직류는 작은 전동기에서도 사용이 간편하다는 장점이 있었으나, 전력 수송 문제에서는 경제적이지 못했다. 왜냐하면 발전소에서 멀어질수록 전압이 하강해 결국에는 전등이 꺼졌기 때문이다. 즉, 에디슨이 만든 뉴욕 맨해튼의 전력망은 직류 시스템으로 인구 밀도가 높은 지역에서 경제성을 확보할 수 있었지만, 반경 1마일 이상 벗어난 지역의 가정에는 전력을 제대로 공급할 수 없었다. 반면, 교류의 장점은 고압 전류를 통해 더 먼 지역까지도 전력을 보낼 수 있었다.

시카고에서 세계 박람회가 열리고 4년 후인 1897년, 웨스팅하우스는 자사가 생산한 교류 방식의 발전기를 나이아가라 폭포에 설치했다. 수력 발전소를 만든 것이다. 그리하여 그곳에서 생산한 전기를 35.4킬로미터나 떨어진 버펄로까지 공급할 수 있었다. 직류 시스템의 확실한 패배였다. 이후 미국 사회에서는 교류 발전기, 특히 교류 변압기의 발명으로 교류가 널리 쓰이기 시작했다. 축을 회전시킬 수 있는 에너지원이면 그게 수력이든 혹은 (석탄을 이용하는) 화력이든 전기 에너지를 생산하는 데 문제 될 게 없었다.

이동 수단으로서 전기: 전차의 출현

집 안이나 소규모 공장에서 필요로 하는 조명의 용도로만 사용한다면 발전소에서 생산한 전기는 사실상 낮에는 거의 그 쓰임새를 찾기 어려웠다. 배터리 형태를 제외하고 전기 에너지는 저장이 불가능했다. 그래서 밤의 피크타임을 위해 생산한 전기는 낮 동안 그저 아깝게 낭비될 수밖에 없었다. 따라서 낮 시간대에도 전기를 사용할 더 많은 용도를 찾아야 했다. 여기에 부응하듯 미국의 도시 교통을 위해 전차가 등장했다. 도시 간 이동은 증기 기관차를 이용했으나 1880년대까지도 도시 내 이동은 걷거나 여전히 마차에 의존했다.

그런데 증기 기관차를 넘어 이동의 자유를 확장해줄 새로운 운송 수단이 바로 전차였다. 전차는 매연도 전혀 없고, 커다란 소음도 없이 많은 도시민을 편리하고 안락하게 이동할 수 있게끔 했다. 증기 에너지처럼 전기 에너지도 인류에게 이동의 자유를 선사한 것이다. 도시와 도시를 연결한 것은 여전히 증기 기관차였지만, 도시 내 이동은 전기 모터로 움직이는 노면 전차(street car)가 해결해줬다. 이를 처음으로 실현한 사람은 독일 엔지니어 베르너 지멘스였다. 그는 1881년 5월, 베를린 인근의 리히터펠데(Lichterfelde)에 전찻길을 놓았다. 이후 유럽의 여러 도시에서도 전차 노선을 깔기 시작했다.

미국에서는 전기 엔지니어 프랭크 스프래그(Frank Sprague, 1857~1934)가 처음으로 시도했다. 전차를 움직이기 위해서는 전차 위로 전선을 연결하고, 전차 내부에는 모터를 설치해야 했다. 그는 1888년 버지니아주 리치먼드에 처음으로 전차와 전차 노선을 도입했다. 경사가 10도 넘는 언덕들이 있었음에도 전차 운행에는 문제가 없었다. 하지만 당시 노선의 길이는 약 19킬로미터로 경제성을 확보하기에 충분한 거리는 아니었다. 그렇지만 많은 도시가 관심을 보이면서 스프래그의 특허를 활용하고, 그의 전차 관련 장비를 구입했다.

불과 5년 뒤인 1893년 미국 전역에 250개의 전차 회사가 만들어졌고, 1903년에는 미국 주요 도시에서 4만 8000킬로미터의 전차 노선이 수많은 사람을 실어 날랐다. 심지어 뉴욕시에서 필라델피아까지 전차로 이동할 수 있었다. 덕분에 미국 도시들은 쉽사리 팽창했고, 결과적으로 교외 지역 또한 자리를 잡기 시작했다. 물론 교외의 본격적인 등장은 자동차 산업이 제대로 성장하는 1930년대까지 기다려야 했다.

그런데 도시의 그물망 역할을 하던 전차는 1920년대 이후 자동차에 밀리기 시작했다. 미국인의 개인주의 성향이 경제적 능력을 갖춘 사람들에게 승용차를 선택하게끔 만든 경우도 많았지만, (무시할 수 없는 음모론으로 치부되기도 하는데) 석유 관련 업체들의 전차 없애기 전략이 성공했기 때문이기도 하다.

훗날 뒤늦게 1941년 대법원까지 간 기나긴 재판을 통해 밝혀진 사실은 이랬다. 요컨대 자동차 업계의 대표주자인 GM, 타이어 업계의 대표인 파이어스톤(Firestone) 그리고 대표적 석유 회사인 캘리포니아 스탠더드 오일이 비밀리에 손을 잡고 지주 회사를 만들어 전차 회사들을 매입한 후, 그 노선들을 하나씩 정리하면서 결국에는 모든 전차 회사를 없애버린 것이다. 이로써 미국 주요 도시들의 전차 노선망은 거의 와해되었다.

미국에서는 더 이상 자동차와 경쟁할 상대가 없었다. 이후 미국인은 집에서 나와 어디를 가든 개인 승용차를 타고 이동하는 수밖에 다른 선택의 여지가 없었다. 물론 휘발유로 움직이는 버스는 예외였다. 하지만 대부분의 도시에서 버스는 대중이 애용하기 곤란할 만큼 노선도 충분하지 않고 배차 간격 또한 버스를 타고 출퇴근하기엔 충분치 않았다. 이것이 유럽의 수많은 도시에서 아직 전차를 운행하고 있는 반면, 미국에는 전차가 존재하지 않는 주된 이유다. 위에서 언급한 대로 미국 연방 대법원에서 세 회사의 담합 행위를 인정하고 (이들 입장에서는 무시할 만한) 벌금형을 내렸지만, 이미 미국의 전차는 거의 다 사라진 뒤였다.

초기 전력망 구축의 차이: 미국 vs. 유럽

이렇듯 물량 면에서 미국의 전기화는 유럽을 능가했지만, 그 내용을 보면 상당히 왜곡되어 있었다. 미국에서 전기화를 전국적으로 시행한 해는 1907년경인데, 거주 지역의 겨우 8퍼센트에만 전기화가 이루어졌다. 그것도 모두 도시일 뿐 농촌은 채산성이 안 맞는다는 이유로 어떤 전력 회사도 전력망을 깔겠다는 시도조차 하지 않았다. 국가의 개입을 배제한 상태에서 전기를 단지 소비자에게 팔 수 있는 상품으로만 이해하는 사기업에 맡겨놓았기 때문이다. 이에 따라 1920년대까지도 미국의 대부분 농촌은 전기의 혜택을 받지 못했다.

공간적으로나 인구학상 분산될 수밖에 없었던 미국의 대부분 농촌 지역에서는 1930년대 대공황이 오기 전까지 전기 없는 생활이 지속되고 있었다. 예를 들어, 1912년이면 전력 공급이 전체 주택의 16퍼센트를 차지했지만, 농촌에서는 여전히 전기가 거의 제공되지 않았다. 심지어 자동차가 일상의 공간에 자리 잡기 시작한 1920년, 미국에서는 전기를 사용하는 주택이 35퍼센트 정도 되었지만, 농촌 지역은 겨우 1.6퍼센트만이 전기의 혜택을 받고 있었다. 이익을 창출할 수 없다고 생각한 미국의 민간 전력 회사들은 농촌에 전기를 부설할 생각조차 하지 않았던 것이다. 결국 1930년대 대공황이 심화하자 민주당의 루스벨트 정부는 불황 타개책의 일환으로 농촌에 전력을 공급하고자 했다. 테네시 계곡 공사(Tennessee Valley Authority, TVA) 계획이었다.

반면, 유럽은 전기화에 관한 한 미국과는 다른 길을 걸었다. 예컨대 프랑스는 1880년대 말에 전기 산업이 성장하기 시작했다. 그 결과 1919년에는 프랑스 전역의 20퍼센트, 1929년에는 60퍼센트, 그리고 1937년에는 96퍼센트가 전기를 사용했다. 즉, 1920년대 후반이면 도시에 살건 농촌에 살건 대부분의 사람이 전기의 혜택을 받았다. 이는 국가가 전력망 공급을 무엇보다도 우선한 결과였으며, 전기를 국가가 시민에게 제공해야 할 기본적인 공공 서비스로 이해했기 때문에 가능했다. 프랑스뿐만 아니라 독일도 국가 주도하에 전력망을 구축했으며, 대부분의 북유럽 나라들 역시 그러했다.

탄소 문명의 그늘

양차 세계대전과 석유 헤게모니 투쟁

19세기 후반만 해도 석유는 그저 천연자원의 하나로 석탄을 대체할 만한 화석 연료로까지 인식되지는 않았다. 물론 등유의 경우는 조명 용도로 상품성을 인정받고 있었다. 게다가 앞 장에서도 언급한 것처럼, 그때까지만 해도 석유의 전 세계 매장량을 파악하기 어려웠고, 미국조차도 부존자원으로서 석유의 가치에 대해 확실한 판단을 내리지 못했다.

그럼에도 20세기 초 영국과 미국 고위층은 석유의 전략적 가치를 충분히 이해하고 있었다. 특히 양국의 해군이 그러했다. 영국은 당시 해군을 통해 전 세계에 퍼져 있는 자국 식민지를 통제해온 세계 유일의 해상 제국이었다. 미국은 19세기 말에야 뒤늦게 자국이 대서양과 태평양에 둘러싸인 국가라는 걸 자각했다. 무엇보다도 태평양에 점점이 흩어져 있는 식민지들을 연결하기 위해서라도 해군을 키워야 하고,

그러려면 석유를 활용해야 한다는 걸 알고 있었다. 그리고 이 문제와 관련해 미국은 영국에 비해 굉장히 중요한 전략적 우위를 점하고 있었다. 요컨대 20세기 초 미국은 전 세계 석유의 약 3분의 1을 생산했다. 나아가 1912년에는 무려 63퍼센트를 차지했다. 따라서 미 해군이 연료를 석탄에서 석유로 바꾸는 것은 큰 문제가 되지 않았다.

따라서 영국이든 독일이든 유럽의 강대국들이 석유 문제에 관한 한 어려움을 겪고 있었다는 점을 인식하면서 양차 세계대전의 진행 과정을 이해해야 할 것이다. 20세기 초에 들어서자 영국은 더 이상 독일의 팽창을 묵과할 수 없었다. 독일이 유럽 대륙에서 세력권을 계속 확대하고 있었기 때문이다. 심지어 독일 해군은 영국의 제해권조차 위협할 정도로 성장하고 있었다. 1870년대 이후 영국은 금융 산업이 성장한 반면, 산업 생산력은 상대적으로 감소했다. 그러나 독일은 산업 생산력이 계속 성장해 제1차 세계대전 발발 이전에는 영국을 넘어섰다.

예컨대 독일의 철강 생산량이 1880~1900년 10배로 늘어나는 동안, 영국은 상대적으로 성장 속도가 줄어들어 철강 생산량에서 확실히 밀리는 상황이 되었다. 영국은 1890년에만 해도 선철을 790만 톤 생산해 독일의 460만 톤을 앞섰다. 하지만 1910년에는 영국 1000만 톤, 독일 1460만 톤이었다. 독일이 20년 사이에 3배 이상이나 성장해 영국보다 약 1.5배의 선철을 생산한 것이다.

양차 세계대전의 원인이 석유 확보 때문은 아니지만, 전쟁이 진행되면서 미국이 제공하는 그 엄청난 양의 석유가 없었더라면 아마도 전쟁의 양상이 달라졌을 것이다. 특히 제2차 세계대전은 비행기, 탱크, 트럭, 구축함, 잠수함에 이르기까지 모든 군사 기술이 석유 없이 단 1미터도 움직일 수 없었다. 탱크는 지상에서, 비행기는 하늘에서 적진을 향해 무서운 속도로 움직이는 병기였다. 일단 전쟁이 시작된 이상, 상대방 국가의 영토로 빠르게 전진하지 않고는 승리를 쟁취할 수 없었다. 특히나 제2차 세계대전은 속도전이 좌우했다. 탱크와 비행기의 속도는 전쟁 중에도 계속 빨라졌다. 그리고 더 빨라진 탱크나 비행기는 더 많은 석유를 요구했다.

1 제1차 세계대전과 석유 자원의 중요성 대두

영국 제국과 처칠의 결단

20세기 초 석유가 대양 항해에 최적의 연료라는 것을 깨달으면서 미국은 자국에 넘쳐나는 석유를 최대한 활용하려 했고, 영국은 그에 필요한 석유를 확보하기 위해 머나먼 중동 지역에 눈독을 들일 수밖에 없었다. 이 시기에 양국의 해군은 석탄에서 석유로 에너지 전환을 진행하고 있었다. 물론 영국의 경우 대다수 해군 관계자들이 자국에 풍부한 석탄을 무시하고 구태여 몇천 킬로미터 넘게 떨어진 곳에서 석유를 확보해 선박의 연료로 사용하는 데 부정적 견해를 갖고 있었다.

영국에서 제1차 세계대전 이전에 석유의 중요성을 깨달은 사람은 해군 제독 존 피셔(John Fisher)였다. 그는 영국 함대를 석탄 화력형에서 석유 연료형으로 전환해야 한다고 주장했다. 러시아에서는 당시 바쿠 유전에서 나오는 중유를 연료로 사용하는 증기선을 운용하고 있었다. 피셔는 조사를 통해 석유가 석탄보다 질적으로 월등하다는 사실을 확인했다. 석유로 디젤 모터를 돌려 동력을 얻는 전함은 연기를 전혀 내지 않아 적에게 들킬 염려가 없지만, 석탄을 사용하는 전함은 연기를 내뿜어 10킬로미터 밖에서도 탐지되었다. 게다가 평균적으로 전함 한 척에 기름을 공급하려면 12명이 12시간 작업하는 것으로 충분했지만, 석탄으로 그만한 에너지를 얻으려면 500명이 5일 동안 작업해야 했다. 엔진 무게에서도 석유 함정은 석탄 함정의 3분의 1에 지나지 않았고, 하루에 소비하는 연료량도 4배나 차이가 났다. 하지만 피셔의 생각은 받아들여지지 않았다. 기존 군함 전술에 익숙한 해군 장교들이 석유를 동력으로 삼는 함정에 대한 의심과 두려움을 떨치지 못했기 때문이다. 게다가 석유 가격이 1900년대 영국에서는—당연하게도—석탄보다 최소 4배에서 최대 20배가량 비쌌기 때문에 경제성 문제도 제기되었다.

소수파 의견에 불과했던 피셔 제독의 견해를 전폭 수용한 인물은 그의 친구 윈스턴 처칠(1874~1965)이었다. 처칠도 일찍이 함정의 연료로서 석탄의 단점과 석유의 장점을 파악하고 있었다. 그는 훗날 자신의 책에서 이렇게 썼다.

석탄을 이용하는 선박에 석탄이 떨어지면, 점점 더 많은 사람들이 멀리 떨어진 불편한 벙커에서 용광로에 더 가까운 벙커나 용광로 자체로 석탄을 퍼내어 날라야 했고, 필요하다면 포대에서 석탄을 빼내기도 했다. 이 과정은 어쩌면 전투에서 가장 중대한 순간에 배의 전투 효율을 약화시킨다. ……석유를 사용하면 모든 유형의 선박에서 화력이 더 커질 수 있고, 선박의 크기를 더 작게 만들거나 낮은 비용으로 속력을 높일 수 있다.[1]

처칠은 36세의 젊은 나이에 1911년 10월 해군성 장관에 부임하자 석유를 동력으로 삼는 군함으로 교체하는 작업에 착수했다. 또한 100퍼센트 영국 자본인 앵글로-페르시아 석유 회사(Anglo-Persian Oil Company)에 정부 투자를 요구했다. 이에 영국 정부는 1913년 초—조만간 BP(British Petroleum)로 사명이 바뀔—이 회사의 지분 일부를 비밀리에 사들이기 시작했다. 그리고 전쟁 직전인 1914년 6월, 이 석유 회사의 주식 51퍼센트를 차지해 마침내 국영 기업으로 전환했다. 해군 함정에 소요되는 기름을 공급하기 위해서였다. 영국은 전쟁이 장기화할 경우, 석유가 독일에 아킬레스건이 될 거라고 예상했다.

물론 처칠은 구입하기 수월하고 값도 싼 웨일스산 석탄을 쓰면 지리적으로 멀고 정치적으로도 불안정한 페르시아 지역에서 생산하는 석유를 사용하는 것보다 위험이 적다는 사실을 알고 있었다. 한때 그는 영국 제국의 함대를 움직이는 연료를 석유에 의존할 경우, 통제할 수 없는 바다에 자신들의 무기를 맡기는 것과 같다고 믿었다. 그렇지만 1911년 7월 1일, 독일이 모로코의 항구 아가디르(Agadir)에 군함을 파견한 이후 생각이 바뀌었다. 이는 독일이 프랑스가 지배하고 있는 모로코에 간섭하기 위해 아가디르항에 군함을 파견함으로써 양국 간의 긴장이 고조되고, 영국 또한 독일의 도전을 위기로 느낀 사건이었다.

처칠은 빌헬름 황제가 지배하는 독일 제국이 군사력 증강을 통해 영국이 주도해온 기존 세력 질서에 도전할 거라고 판단했다. 따라서 독일과의 전쟁은 피할 수 없으며, 다만 시간문제일 뿐이라고 생각했다. 아가디르 위기 직후 해군성 장관이 된 처칠은 영국 해군력을 강화하는 것이 자신의 책무라고 여겼다. 그리고 그러한 목표를 달성하는 확실한 길은 해군의 연료를 '석탄에서 석유로 전환'하는 것이라고 믿었다. 다른 대안은 없다고 여겼기에 그는 훗날 자신의 《회고록》에서 "지배력이란 모험을 무릅쓴 데 대한 포상이다"라고 주장했다.

마침내 영국은 중동에서 석유 이권을 거머쥐었다. 1908년 영국 사업가 윌리엄 다시(William K. D'Arcy, 1849~1917)는 오늘날의 이란 영토인 페르시아에서 유전을 발견했다. 1901년 석유 탐사권을 획득한 다시는 7년 동안 석유를 시추했지만 계속해서 실패하던 중 파산 일보 직전에 마침내 이란 남부 마스제드솔레이만(Masjed Soleyman)에서 석유를 발견한 터였다. 중동 지역에서 찾아낸 최초의 유전이었다. 그는 이듬해인 1909년 앵글로-페르시아 석유 회사를 설립했는데, 이후 영국은 석유를 안전하게 확보하기 위해 중동 지역을 정치적·군사적으로 통제해야만 했다.

결국 처칠의 생각이 옳았다. 20세기는 어떤 면에서 석유의 세기이기도 했으며, 서구 열강은 석유를 지배하기 위해 애썼다. 영국에 이어 미국이 그러했다. 이들 국가는 석유 지배를 통해 세계를 지배하고자 했다. 영국 입장에서는 석유를 안정적으로 꾸준히 영국 함대에 제공하는 것이 필수였다. 중동의 석유를 통제하는 것이 영국 안보의 관건이었다. 따라서 전 세계가 화석 연료로 에너지를 공급받기 시작한 이래 석유 없이 세계를 힘으로 지배하는 것은 불가능한 일이었다.

해군성 장관 처칠은 마침내 1913년 영국 함대의 연료를 석탄에서 석유로 변경하는 데 성공했다. 하지만 영국 내에서는 석유가 한 방울도 나오지 않는 상황이었고, 기존의 광대한 식민지에서도 마찬가지였다. 따라서 영국은 눈앞에 다가온 기회를 절대 놓칠 수 없었다. 1914년 앵글로-페르시아 석유 회사가 과도한 투자로 파산 상태에 이르자, 처칠은 의회에서 석유가 영국과 영국인에게 어떤 의미인지를 간단명료하게 전달했다. "석유 없이 우리는 식량도 얻지 못하고, 면화도 얻지 못하며, 대영제국의 경제성 있는 에너지원을 확보하는 데 필요한 수많은 상품도 얻을 수 없습니다."[2] 그리고 마침내 의회를 설득해 이 회사의 주식 51퍼센트를 정부가 220만 파운드에 매입하도록 했다. 아울러 30년 동안 고정 가격으로 영국 해군에 석유를 제공하기로 계약을 맺었다. 영국은 이제 국가 차원에서 석유 공급 문제를 관리·감독할 수 있었다.

영국 의회가 처칠의 제안을 통과시킨 날로부터 불과 열하루 뒤인 6월 28일, 오스트리아-헝가리 제국의 황위 계승자 프란츠 페르디난트(Franz Ferdinand) 대공이 암살되었다. 세르비아에서 일어난 이 암살 사건은 제1차 세계대전의 문을 활짝 열어젖혔다. 역사의 우연이란!

제1차 세계대전의 시작과 끝

마침내 제국주의 시대는 종말을 고하게 되었다. 유럽 내에서 1, 2등을 다투는 국가 간의 피할 수 없는 갈등이 전쟁으로 치달았다. 영국과 독일은 마침내 오스트리아-헝가리 제국 황위 계승자 부부의 암살 사건을 기폭제로 충돌했다. 전쟁은 어찌 보면 같은 문명권 내의 내전과 비슷한 형태를 띠었다. 수백만 명의 젊은이들이 전쟁터에서 서로 총부리를 겨누었다. 영국은 자국 젊은이들만 가지고는 전쟁에 참여할 인원이 부족하자 영연방 국가들에 참전을 호소했다. 이에 오스트레일리아, 뉴질랜드, 캐나다, 남아프리카공화국, 서인도제도 등에서 많은 남성이 자원했다. 심지어 식민지 인도에서도 100만 명 가까운 젊은이가 참전했다.

흥미롭게도 제1차 세계대전의 전반부가—더 많은 군인과 군사 장비를 더 빨리 전선으로 옮기기 위해—석탄을 이용하는 철도망의 전면적 운용에 의존했다면, 이 전쟁의 후반부는 어느 국가가 자국 군대

Imperial War Museum, London, UK. (김덕호 촬영)

에 더 많은 석유를 공급할 수 있는지가 판세에 영향을 미쳤다.[3] 제1차 세계대전은 전쟁에 필요한 연료가 석탄에서 석유로 전환하는 분수령이었다. 동력원을 석탄에만 의존한 독일 해군은 점차 석유를 사용하는 영국 해군을 상대하기 힘들어졌다. 그래서 해상이 아닌 해저 잠수함 작전에 의존했다. 그러나 독일의 무제한 잠수함 작전이 전쟁 물자를 나르던 미국 선박을 공격해 침몰시키는 사건이 벌어졌고, 이것이 1917년 4월 미국 참전의 빌미를 제공했다.

독일은 전쟁이 발발하기 전인 1912년경 정부뿐 아니라 경제계도 석유의 전략적 가치를 깨달은 터였다. 당시는 미국의 스탠더드 오일이 독일 석유 시장의 91퍼센트를 지배하고 있어 자체적인 석유 확보가 시급했다. 그래서 탐사 끝에 이라크의 바그다드와 모술(Mosul) 사이에서 석유를 발견했다. 하지만 그곳에서 독일로 석유를 수송하려면 영국 해군 함대의 봉쇄를 피해야 했다. 이에 독일은 바그다드 철도를 이용해 독일까지 수송하는 전략을 세웠다. 그러나 독일 제국의회는 그러한 전략을 실천할 법안을 미적거리다 제1차 세계대전 와중에 뒤늦게 통과시켰다. 하지만 그때는 이미 영국과 그 동조 세력이 중동 지역을 통제하고 있었다.

전쟁이 진행되는 동안 말을 중심으로 짜인 전략이 석유로 굴러가는 탱크와 트럭으로 바뀌었다. 1917년 중반까지만 해도 영국군은 약 60만 마리의 말과 21만 마리 넘는 노새를 동원했다. 이들은 대부분 전쟁에 필요한 물자를 수송하는 데 쓰였다. 예상할 수 있는 것처럼, 철도역에 도착한 물품을 전쟁터까지 이동할 때 가축의 힘에 의존할 수밖에 없었다. 참호전이 오랜 교착 상태에 빠지자, 영국은 이를 타개하기 위한 목적으로 내연 기관으로 움직이는 '탱크'를 만들었다. 1917년 8월 아미엥(Amiens) 전투에서 영국은 500대의 탱크를 앞세워 독일군을 밀어붙일 수 있었고, 1917년 11월 캉브레(Cambrai) 전투에서도 큰 성과를 얻었다.

독일은 석유 부족을 해결하기 위해 1916년 말 루마니아를 침공했다. 하지만 영국은 루마니아에 원유 시설을 폭파할 것을 요청했다. 루마니아는 영국의 요구를 받아들여 1500개의 유정과 1000개의 시추 시설을 파괴했다. 정유 공장 70곳과 탱크에 저장된 원유 80만 톤도 불태웠다. 전쟁 막바지인 1918년 8월, 독일의 동맹국 오스만 제국은 러시아 혁명으로 공백이 생긴 바쿠 유전을 공격했다. 그보다 먼저 바쿠를 점령했던 영국군은 후퇴하면서 유정을 모두 폭파해버렸다. 결국 마지막으로 믿었던 석유 공급선이 모두 막히자, 몇 달 전만 해도 승리에 대한 희망의 끈을 놓지 않았던 오스만 제국과 독일은 차례로 연합군에 항복하고 말았다.

한편, 전쟁이 장기화하고 전선이 확대됨에 따라 항공기·자동차·전차가 증가했고, 유조선은 석유 공급의 생명선이 되었다. 연합국 측 또한 똑같이 석유의 전략적 필요성을 뼈저리게 느끼고 있었다. 예컨대 프랑스는 제1차 세계대전이 발발하던 그해(1914)에 트럭이라고는 겨우 110대, 비행기는 132대가 전부였다. 그런데 1918년에는 트럭 7만 대, 비행기 1만 2000대로 거의 천문학적으로 증가했다. 트럭과 비행기는 석유 없이는 이동이 불가능했다. 미국은 제1차 세계대전 중 전쟁에 필요한 석유의 3분의 2를 제공했다.

석유가 전쟁 수행에 얼마만큼 절실했는지는 프랑스의 경우도 예외가 아니었다. 1917년 12월, 독일과 싸우던 프랑스군 사령관 페르디낭 포슈(Ferdinand Foch) 장군은 조르주 클레망소(Georges Clemenceau) 총리에게 긴급하게 연락을 취했다. “석유를 공급받지 못하면 우리 군대는 즉시 꼼짝 못 하게 되어, 연합군에게는 유감스럽지만, 강화(講和)를 모색할 수밖에 없게 될 것입니다.” 클레망소는 즉각 미국 우드로 윌슨(Woodrow Wilson) 대통령에게 편지를 보냈다. “연합군의 안전이 위험에 처해 있습니다. 연합군이 전쟁에서 지고 싶지 않다면 독일군의 대침공이 임박한 이 순간, 프랑스가 미래의 전투에서 피만큼이나 필수적인 석유 부족 사태를 겪도록 내버려두어서는 안 됩니다.”4 윌슨은 프랑스 군대에 필요한 석유를 곧바로 제공했다.

독일이 절망적일 정도로 석유 부족에 시달릴 때, 당시 세계 석유를 주무르던 주요 회사는 모두 연합국 편이었다. 영국은 BP가 페르시아(이란)에서 원유를 싣고 왔고, 로열더치셸이 멕시코만과 인도네시아에서 석유를 가져왔다. 당시 네덜란드-영국 합작 회사인 로열더치셸은 영국 기업을 자처했다. 물론 최대 공급처는 미국이었다. 연합국 석유의 무려 4분의 1을 미국 석유 회사 한 곳(엑손)이 공급했다.

전쟁 직후 승리를 자축하는 자리에서도 영국 대표인 외무장관 조지 커즌(George N. Curzon) 경은 "연합군은 석유의 파도를 타고 승리에 이르렀다"고 설파했다. 이에 화답하듯 전쟁 중 설립된 프랑스 석유총위원회(Comité Général du Petrole) 책임자 앙리 베랑제(Henry Bérenger) 상원의원은 석유가 "승리의 피였으며, 독일은 철과 석탄에 대한 자국의 우위를 너무 과신하여 석유에 대한 우리의 우위를 충분히 고려하지 않았다"[5]고 평했다. 나아가 베랑제는 석유부 장관으로 있는 동안, 1921년 향후 석유가 지닐 중요성에 대한 보고서를 작성했다. 그는 거기서 아래와 같이 석유의 미래를 예측했다.

> 석유를 소유한 사람이 세상을 소유할 것이다. 중유로 바다를, 정유로 공기를, 등유와 조명용 석유로 땅을 다스리게 된다. 나아가 금보다 더 가치 있고 인기 높은 물질인 석유에서 얻은 엄청난 부를 이용해 경제적인 면에서 사람들을 지배할 수도 있다.[6]

커즌과 베랑제의 발언은 이제부터 전쟁은 물론 평화로운 시기에도 석유가 석탄보다 훨씬 더 중요하다는 것을 핵심적으로 보여준다.

제1차 세계대전이 발발한 1914년에 연합군 측은 세계 원유 생산의 90퍼센트를 차지했다. 독일-오스트리아 동맹국 측이 3퍼센트에 불과했다면, 미국이 64퍼센트, 러시아 16퍼센트, 멕시코 7퍼센트, 루마니아 3퍼센트를 점유했는데, 모두 연합국에 가담한 나라였다. 결국 석유 없이는 전쟁을 지속할 수 없었으며, 더 많은 석유를 확보한 세력이 승리를 거두었다. 전쟁이 시작될 당시에는 주요 운송 수단이 기차와 더불어 말이었지만, 중반 이후부터는 석유가 훨씬 더 중요해졌다.[7]

제1차 세계대전이 낳은 신무기인 탱크와 항공기, 그리고 말 대신 등장한 트럭조차도 석유 없이는 이동이 불가능했다. 영국군도 종전이 가까워질 즈음, 자동차 2만 3000대에 트럭 5만 6000대를 운용했다. 미국은 전쟁 중 트럭 생산이 2배로 늘어났고, 전쟁이 끝나자 당장 민간용 트럭에 대한 표준화를 진행했다. 미국뿐만 아니라 영국이나 프랑스 그리고 독일조차 내연 기관 트럭을 구매하는 사람들에게 보조금을 지급했다. 이제 석유 없이 전쟁을 수행한다는 것은 생각조차 하기 힘들었다. 다시 한번 강조하지만, 제1차 세계대전이야말로 전쟁에 필수적인 연료가 석탄에서 석유로 전환하는 분수령이었다.

2 제2차 세계대전과 '석유 시대'의 도래

1930년대의 군사적 재무장

어찌 보면 제1차 세계대전 이후의 세계 질서를 새로 만든 베르사유 체제는 배상에서부터 국토 분리에 이르기까지 치욕을 느끼기에 충분할 정도로 패전국 독일에 대한 보복적 성격이 강했다. 특히 프랑스가 독일에 가혹했다. 프랑스는 1871년 프로이센과의 전쟁에서 패한 후 겪은 치욕을 잊지 않았다. 그런 면에서 베르사유 체제는 출발부터 또 다른 전쟁의 씨앗을 품고 있었던 셈이다. 1939년 제2차 세계대전이 발발하기까지 20년의 전간기는 (되돌아보면) 잠시 전쟁을 멈춘 것과 비슷한 상황이었다.

1930년대의 대공황이 전 세계 자본주의 국가들에 경제적 어려움을 초래하자 불안하게 유지되던 평화는 더욱 위태로워지고 지속되기도 힘들어 보였다. 독일과 이탈리아는 파시스트 국가로 변해갔고, 소련은 스탈린 독재 체제를 강화했다. 이 시기에 세계 주요 강대국들은 어느 국가나 할 것 없이 앞서거니 뒤서거니 재무장을 시작했다. 세계적 수준에서 무기 거래가 1932~1937년 2배나 늘었다.

여기서 주목해야 할 점은 전쟁을 속도전으로 치르기에 적합한 비행기 생산이었다. 1935년 세계열강이 생산한 비행기는 1만 대에 이르렀다. 1939년 제2차 세계대전이 발발하던 해에는 이들 국가에서 무려 4만 2000대의 비행기를 만들었다. 그전까지는 제1차 세계대전 때 사용하던 복엽기(biplane)—날개가 비행기 동체(胴體) 위아래로 달린 비행기—가 대부분이었지만, 1939년부터 생산된 비행기는 거의 전부가 복엽기보다 빠르고 전투 반경도 넓은 단엽기(monoplane)였다. 또한 지상전을 위해 더 많은 화력을 지니면서 더 육중하고 더 빠른 탱크도 등장했다. 그러나 속도전에 필요한 이 최신 비행기와 탱크도 석유 없이는 그저 쇳덩어리에 지나지 않았다.

1920~1930년대에 강대국들은 자국뿐 아니라 식민지 혹은 유사 식민지적 상황에 있는 국가들에서 광물 자원을 확보하기 위한 쟁탈전을 벌였다. 미국과 영국 두 나라는 제2차 세계대전 발발 직전인 1939년경 그때까지 알려진 광물 자원의 4분의 3을 차지하고 있었다. 반면 독일과 이탈리아 그리고 일본은 겨우 11퍼센트를 확보했을 뿐이다. 이렇듯 자원의 불공평한 분배에 불만을 품고 있던 앞의 세 국가는 이런 격차를 줄이기 위한 현실적 방안으로 전쟁까지도 고려하기에 이르렀다. 물론 천연자원 확보에 대한 추축국(axis powers)의 집념을 제2차 세

계대전의 직접적 원인이라고 하기는 곤란해도 주요 추진력 중 하나라고는 볼 수 있을 것이다. 그리고 핵심 광물 자원 중 으뜸은 누구도 부정할 수 없는 석유였다. 석유야말로 독일과 이탈리아·일본이 갖고자 하는 자원이었다. 석유를 확보하기 위한 이들 국가의 노력은 전간기에도 그리고 제2차 세계대전 중에도 계속되었다. 하지만 최종적으로 그들은 석유를 확보하는 데 실패하고 말았다.

독일의 전격전

히틀러는 석유 없이 자신이 구상하는 아우토반과 자동차의 대중화가 불가능하다는 것을 분명하게 인식하고 있었다. 제2차 세계대전 직전인 1938년 독일은 미국의 연간 석유 소비량인 10억 배럴의 20분의 1도 안 되는 4400만 배럴을 소비했음에도 전량 수입에 의존할 수밖에 없었다. 그로 인해 히틀러는 '석탄의 액화 계획'을 강력하게 추진하고자 했다. 비록 1930년대 후반 독일이 사용하는 에너지의 90퍼센트 이상이 석탄일지라도 항공기가 되었건 탱크가 되었건 이동 가능한 군사 무기를 사용하기 위해서는 석유를 확보해야 한다는 걸 잘 알고 있었기 때문이다.

독일군은 전쟁 초기, 그러니까 영국이나 프랑스 같은 연합국과 직접적인 전투를 치르지 않던, 이른바 '가짜 전쟁(phony war)' 기간—1939년 9월에서 1940년 5월 사이—에만 자국이 보유한 전체 석유 비축량의 3분의 1을 사용했다. 즉, 비축량이 240만 톤에서 160만 톤으로 줄어들었다. 따라서 히틀러는 독일에 없는 석유를 대신할 합성 연료 개발에 집착하고, 동시에 석유 공급량의 확보를 최우선시했다. 그가 전격전(Blizkrieg)을 선택한 이유 중 하나도 비축해놓은 석유가 떨어지기 전

20세기 전반에 영국과 독일을 비롯한 유럽 열강들은 예외 없이 상대적으로 석탄은 풍부한데 석유는 그들의 영토에서 거의 생산되지 않았다. 19세기 중반만 해도 영국의 화학 연구 수준은 독일을 능가했다. 하지만 19세기 후반에 들어서면서 영국은 독일에 밀리기 시작했다. 독일의 화학공학은 20세기를 지나면서 확실하게 영국을 따돌렸다. 자국 내에 풍부한 석탄을 활용해 제약 회사 바이엘(Bayer)은 진통해열제인 아스피린을 만들고, 화학 회사 바스프(BASF)는 여러 종류의 합성 염료를 생산하기도 했다.

화학공학 수준을 동시대 최고로 끌어올렸기 때문에 독일 화학자들은 석탄으로 휘발유를 개발하는 일에 선구적으로 나설 수 있었다. 합성 석유 개발의 여정을 살펴보려면 우선 프리드리히 베르기우스(Friedrich Bergius, 1884~1949)를 주목해야 한다. 1931년 카를 보슈(Carl Bosch, 1874~1940)와 더불어 노벨 화학상을 수상한 그는 20대에 화학자로서 경력을 막 시작한 1913년 석탄을 '수소화(hydrogenation)'해 합성 석유를 만들어내는 데 성공했다. 석탄을 가능한 한 잘게 부수어 중유와 섞은 다음 고압 수소로 처리하는 베르기우스의 방법 덕분에 석탄 대부분을 중유나 중질유로 전환시킬 수 있었다. 그의 성공은 석유가 안 나오는 국가들이 쌍수를 들고 환영할 만한 발명이었다. 문제는 비용이었다. 당시는 합성 석유를 만드는 비용이 미국이나 소련으로부터 원유를 수입하는 가격보다 훨씬 더 비쌌다. 따라서 합성 석유를 만드는 것이 경제적으로 불가능했다.

1925~1931년 바스프와 바이엘, 획스트(Hoechst), 아그파(Agfa)를 비

롯한 6개 기업이 기업 합병을 통해 거대 화학 기업 이게파르벤(IG Farben)을 만들었다. 세계 최대 규모의 화학 회사로 변모한 이 기업은 히틀러 집권 이후 자발적이건 비자발적이건 나치 정권에 적극 협력했다.

이 기업의 주요 사업 중 하나는 베르기우스가 개발한 수소화 공정을 통해 만든 합성 석유를 대량 생산하는 것이었다. 그런데 1933년 히틀러는 집권한 후, 독일인에게 누구나 자가용을 가질 수 있고, 세계 최초의 고속도로인 '아우토반'을 달릴 수 있다는 꿈을 제시했다. 독일인은 이러한 히틀러의 아이디어에 열광적으로 반응했다. 그렇지만 석유 없는 승용차나 승용차 없는 고속도로는 상상조차 할 수 없었다. 이에 히틀러는 산업계에 석유 수입 없이 에너지 자립이 가능한지 물었다. 그는 이게파르벤 간부들을 불러놓고 이렇게 주장했다. "정치적 독립을 바라는 독일에서 석유 없는 경제는 상상할 수 없는 일입니다. 설령 희생이 뒤따르더라도 국산 자동차 연료를 반드시 개발해야 합니다. 그러므로 석탄의 수소화 작업을 이어가는 것이 시급합니다."[8] 독일의 절대적 지배자가 강력하게 지지했으므로 이게파르벤은 어떠한 제약도 없이 합성 석유를 생산했다.

나치 정권은 갈탄 산업에 주목했다. 즉, 석유가 부재한 상태에서 석탄 액화 기술에 투자했다. 비터펠트-로이나(Bitterfeld-Leuna) 공장에서는 제2차 세계대전 중 합성 석유를 연간 500만 톤까지 생산했다. 나아가 필요한 경우, 전쟁 포로까지 동원해 공장을 가동했다. 예컨대 브라바그(BRABAG) 회사가 만든 슈바르츠하이데(Schwarzheide) 합성 석유 공장에서는 전쟁 포로 13만 명을 동원해 100만 톤 이상을 생산했다. 그들은 이러한 합성 석유를 '독일 가솔린'이라고 불렀다.

한편, 히틀러는 독소불가침조약을 깨고 소련 영토를 침공했다. 비록 석탄으로 석유를 만들라는 지시를 내리긴 했지만, 동시에 독일 영토에 부재한 석유를 확보하기 위한 목적도 소련과의 전쟁을 선택한 중요한 요인 중 일부였다. 따라서 독일군의 진격 코스 중 하나는 캅카스 지역의 유전이었다. 최종적으로 소련 침략이 실패로 끝나자, 독일은 자국 내에서 생산하는 합성 석유에 의존할 수밖에 없었다. 제2차 세계대전 초기에는 독일의 14개 공장에서 합성 석유를 만들어 공급했다.

독일 내 화학 공장들은 연간 최대 2500만 배럴의 합성 석유를 독일군에게 공급할 수 있었다. 심지어 독일 공군의 항공기들이 사용한 연료의 95퍼센트가 합성 석유였다. 그렇지만 합성 석유의 품질이 그렇게 좋은 편은 아니었다. 항공유의 경우는 더더욱 그러했다. 결과적으로, 납 첨가제를 항공유에 넣어 옥탄가를 최대한 높인 미국과 영국 공군의 전투기들이 독일과의 공중전에서 유리한 위치를 점할 수 있었다.

1944년 후반부터 1945년 초까지 연합군이 독일 전역의 합성 석유 공장들을 폭격한 것은 독일군의 동맥을 끊어놓는 일이었다. 대규모 탄전이 있는 루르 지역에서 생산하는 석탄으로 수소화 공정을 거쳐 합성 석유를 만드는 곳은 쾰른에 위치한 베셀링(Wesseling) 화학 공장이었다. 이곳에서는 특히 비행기에 필요한 항공유를 생산하고 있었다. 이 공장에 대한 1944년 7월 19일의 연합군 폭격은 치명적이었다. 그 이전 공습 때까지는 인공 안개를 만들어 공장의 모습을 감출 수 있었지만, 그날따라 인공 안개가 작동하지 않았다. 결국 100여 대의 폭격기에서 1000발 가까운 폭탄 세례를 받은 이 공장은 다음 날

출처: https://en.wikipedia.org/wiki/Windmill#/media/File:Near_St._Donats.jpeg

까지도 화염 상태에 있었다. 그리고 10월 초의 또 다른 공습으로 더 이상 합성 석유를 생산하기 곤란한 상황에 빠졌다. 1945년 2월에는 독일 내 모든 공장에서 생산하는 합성 석유는 몇천 톤에 불과했다. 1944년 첫 4개월 동안 만들어낸 수준의 겨우 0.5퍼센트였다. 결국 1945년에는 독일 공군이 비행기를 움직일 연료가 없어 전투에 참전할 수 없었다.

만약 독일이 이러한 합성 석유를 애초에 만들어낼 수 없었다면, 제2차 세계대전이 더 일찍 종결되었을지도 모른다. 아니, 나아가 전쟁을 벌일 생각조차 안 했을지 모른다. 전쟁 전에 많은 군사 전문가들은 히틀러가 전쟁을 일으키지 못할 거라고 생각했다. 왜냐하면 독일에서는 전쟁을 수행할 만큼 충분한 석유가 생산되지 않았기 때문이다. 연합군 측에서는 독일의 합성 석유 생산량이 얼마나 되는지 알지 못했다. 히틀러는 독일 내에서 생산하는 합성 석유의 능력을 믿고 전쟁을 일으켜도 괜찮다고 생각했을지도 모른다. 결과적으로, 독일의 놀라운 화학공학 수준이 연합군과 전쟁을 계속할 수 있게 해준 셈이다.

에 전쟁을 마무리 지어야 했기 때문이다. 물론 더 크게 보자면, 독일이 오랫동안 대규모 전쟁을 수행할 수 없다는 걸 누구보다 분명하게 알고 있던 사람이 히틀러였다. 그가 원한 건 상대 국가들의 총력 대응이 아니었다. 그래서 신속한 기동력으로 목표 함락을 추구하는 전격전이 중요했다. 요컨대 전쟁을 독일 주도하에 가능한 한 빨리 끝내고 싶어 했다.

역사가 보여주듯 개인의 뜻대로 히틀러가 원하는 시기에 그가 원하는 방식으로 전쟁이 끝나지는 않았다. 1941년 6월 22일, 독일은 독소 불가침조약을 일방적으로 깨고 소련을 침공했다. 그리고 마침내 일본이 그해 12월 7일, 진주만 공습과 더불어 미국에 선전 포고를 했다. 그 직후 독일 또한 미국을 상대로 선전 포고를 했다. 적어도 이 시기에 히틀러는 전쟁과 관련해 낙관적인 신념을 지니고 있었다. 그래서 세계에서 석유 자원을 가장 많이 갖고 있는 두 나라, 나아가 장차 냉전을 통해 세계를 양분할 미국과 소련을 상대로 전쟁을 벌일 수 있었던 것이다. 결과적으로, 히틀러의 독일은 서부 전선과 동부 전선 모두에서 무모한 싸움을 벌였다.

독일이 소련과의 불가침 조약을 깨고 갑작스럽게 모스크바를 공격한 커다란 이유 중 하나도 캅카스 지역―오늘날의 체첸, 조지아, 아제르바이잔, 아르메니아 포함―에 있는 유전을 차지하기 위함이었다. 즉, 바쿠·그로즈니(Groznyy)·마이코프(Maykop) 유전 등을 점령해 충분한 원유를 공급받음으로써 제2차 세계대전에서 승리를 차지하려 했다. 그러나 결과적으로 대규모 독일군은 유전을 점령하기는커녕 소련 전선에 묶여 고전해야만 했다. 히틀러도 바쿠 유전을 확보하지 못하면 전쟁에서 승리하기 어렵다는 걸 알고 있었다.

시간이 지나면서 독일의 석유 부족은 전쟁의 승기를 놓치는 데 중요한 역할을 했다. 예컨대 북아프리카 전선에서 영국군과 싸우던 에르빈 로멜(Erwin Rommel) 장군은 승리를 앞두고 진격을 멈출 수밖에 없었다. 더 이상 석유 공급을 받지 못해 그의 전차 부대가 단 1미터도 전진할 수 없었기 때문이다. 훗날 그는 총 없이 군인이 전투를 치를 수 없듯 전차 부대 또한 석유가 없다면 아무것도 할 수 없다고 한탄했다. 결국 독일이 꿈꾸었던 진격전은 빠른 이동에 필요한 휘발유가 없어 중단될 수밖에 없었으며, 광범위한 지역에서 전투를 벌이는 기동전(機動戰) 또한 불가능했다.

항공기의 경우도 마찬가지였다. 석탄에서 뽑아낸 합성 연료를 사용하는 독일 전투기는 품질 좋은 고(高)옥탄가 항공유를 사용하는 연합군 전투기와의 대결에서 속도로나 민첩성으로나 도저히 상대가 되지 않았다. 예컨대 독일 베셀링 공장에서 만든 항공유는 옥탄가가 87인 반면, 미군의 항공유는 100이었다. 따라서 연합군 측의 전투기가 독일군 전투기보다 15퍼센트나 더 빠르고, 최대 고도 또한 3000미터나 더 높았으며, 폭격 사거리도 2400킬로미터나 더 길었다. 독일 전투기 조종사의 개인적 용맹이나 실력과 상관없이 이러한 제약은 항공전에서 넘어서기 힘든 장애물이었다.

일본의 진주만 공습

일본 또한 일찍이 제1차 세계대전을 통해 석유가 전쟁 수행에 얼마만큼 필수적인지를 깨닫고 있었다. 독일이 이 전쟁에서 패배한 커다란 이유 중 하나가 무엇보다도 석유 부족임을 직시한 것이다. 1922년 일본석유주식회사의 마쓰자와 덴타로(松澤傳太郎)가 앞으로의 전쟁에서는 어떤 방식으로 석유를 필요한 시기에 공급할 수 있는지가 승패를 결정지을 거라고 주장한 것은 당연했다. 비록 일본 본토에서 석유를 생산하긴 했으나 그 양이 많지는 않았다. 1916년 일본의 국내 석유 생산은 피크에 달했는데, 겨우 300만 배럴에 불과했다. 게다가 관세를 얹었음에도 수입산 정제 석유와 경쟁이 되질 못했다.

따라서 일본은 1920~1930년대에 석유 확보를 위해 전력을 다할 수밖에 없었으며, 석유 제품의 최대 수입처인 미국과 좋은 외교 관계를 유지하기 위해 노력했다. 적어도 루스벨트 정부가 자신들의 대동아공영 정책에 어깃장을 놓기 전까지는 그랬다.

게다가 제1차 세계대전 이후에는 미국·영국과 더불어 세계 3대 해군으로 인정받은 일본 해군도 영국처럼 가능한 한 빨리 함정의 연료를 석탄에서 석유로 바꾸려 했다. 그리하여 대공황 직전인 1929년경에는 일본 군함 대부분이 석유를 연료로 사용했다. 일본은 하와이 진주만의 미국 태평양 함대를 선제공격하기 전까지 80퍼센트 정도의 석유를 미국에 의존하고 있었다. 따라서 미국과 선린 관계를 유지하는 것이 치명적으로 중요했다. 그런데 일본이 1937년 7월 중일 전쟁을 일으키자 미국을 비롯한 서유럽 국가들이 경고 수준의 비난을 했다. 이렇듯 일본과 미국의 외교는 아슬아슬한 관계를 유지했지만, 일본은 만일에 대비해 석유를 자체적으로 확보해야 한다고 생각했다.

일본이 미국을 상대로 전쟁을 도발한 가장 큰 이유는 석유 때문이었다. 1941년 7월, 일본이 인도차이나를 침략하자 미국은 일본에 대한 석유 수출을 금지했다. 더 이상 일본의 침략을 방관할 수 없다고 판단한 것이다. 미국으로부터의 석유 수입이 불가능해지자 일본은 생존 차원에서 동남아, 특히 당시 네덜란드 식민지였던 수마트라와 보르네오

섬을 점령했다. 그런데 그곳에서 생산되는 원유를 일본으로 운송하는 게 문제였다. 따라서 일본 입장에서는 석유 수송로를 안전하게 만드는 것이 당연했으며, 일본 군부는 그러한 안전에 방해가 될 수 있는 미국의 태평양 함대를 그냥 두고 볼 수는 없다고 판단하기에 이르렀다. 결국 1941년 12월, 일본은 선전포고도 없이 진주만을 공습했다. 미국인에게 엄청난 치욕을 안긴 이 사건은 그동안 중립을 요구하는 여론에 밀려 망설이던 루스벨트 행정부를 전쟁에 개입하게끔 만들었다.

일본은 두 차례에 걸친 진주만 공습으로 항공모함을 제외한 미국의 전함과 구축함 등을 침몰시키고, 비행기 수백 대를 파괴할 수 있었다. 그런데 이해하기 힘든 점은—어찌 보면 선전포고 없이 진주만 기습 작전을 감행한 이유가 석유 때문임에도 불구하고—일본 항공기가 오하우섬에 있는 미국의 거대 석유 저장 기지를 아예 목표 대상에서 빠트렸다는 것이다. 이는 일본의 뼈아픈 실수로, 결국 엄청난 전략적 실패를 가져왔다. 왜냐하면 훗날 미국 태평양 함대 사령관 체스터 니미츠(Chester W. Nimitz) 제독의 설명에 의하면, 함대의 모든 연료가 이 석유 저장 기지의 탱크에 보관되어 있었기 때문이다. 게다가 저장된 석유량이 무려 450만 배럴에 이르렀다.

제2차 세계대전 중 미국과 영국 그리고 석유

독일의 유보트(U-boat), 즉 잠수함 공격으로 영국과 미국을 오가는 선박들이 대서양에서 계속 침몰당했다. 독일처럼 석유가 절대적으로 부족했던 영국은 미국으로부터의 석유 수송에 전적으로 의존하고 있었는데, 유조선을 비롯해 전쟁에 필요한 여러 물자를 실은 수송선이 유보트 때문에 피해를 입고 있었던 것이다. 1941년 7월 미국의 분석에 의하면, 연료를 최소 7개월분은 비축해야 함에도 영국은 육군이 사용할 휘발유는 5주일분, 해군이 사용할 연료는 겨우 2개월분뿐이었다. 실로 위기 상황이었다. 그러나 유보트의 위협으로부터 벗어나 군사 무기와 석유를 안전하게 옮기게 된 것은 1943년 4월 이후부터였다. 레이더의 개발과 항속 거리를 늘린 신형 비행기 덕분이었다.

이처럼 제2차 세계대전 중 영국은 중동 석유에 대한 기득권을 놓치기도 싫었지만, 미국의 협력 없이는 전쟁을 승리로 이끌 수도 없었다. 게다가 소련 또한 중동을 넘보는 가운데 영국은 그 지역의 석유를 개발할 자본도 충분치 못했다. 이런 상황에서 1944년 루스벨트 대통령은 영국 주미 대사 에드윈 핼리팩스 경(Lord Edwin Halifax)을 만났다. 그는 이 자리에서 종이에 중동 지도를 그려가며, 페르시아 지역의 석유는 영국, 사우디아라비아의 석유는 미국, 그리고 이라크와 쿠웨이트 지역의 석유는 영국과 미국이 공유하자는 놀라운 제안을 했다. 중동 석유가 영국 몫이라고 생각했던 처칠은 미국이 석유를 나눠 갖자는 걸 억울해했지만 전쟁을 승리로 이끌기 위해서는 루스벨트의 제안을 받아들일 수밖에 없었다.

이후 여러 번의 재협상을 통해 최종적으로 영미석유협약이 체결되었다. 루스벨트의 큰 그림대로 페르시아, 즉 이란 유전은 영국의 석유 회사, 사우디아라비아 유전은 미국의 아람코(Arabian-American Oil Company, Aramco)가 차지했다. 현재는 아람코가 사우디아라비아의 국가 소유지만 당시는 미국 석유 기업 소칼(Socal)과 텍사코(Texaco)가 합작해서 만든 미국 회사였다. 나아가 미국과 영국은 각각 4명의 위원을 지명해 석유의 수요와 공급을 조절할 국제석유위원회를 조직했다. 두 나라는 이러한 밀월 관계를 통해 제2차 세계대전 이후 1970년 초 석유 위기

이전까지 자본주의 국가에서 석유 시장을 좌지우지할 수 있었다. 미국
과 영국의 거대 석유 기업들이 엄청난 부를 쌓은 것은 물론이다.

  미국 정부가 중동에서 석유 자원 확보에 성공하는 동안, 미국의 석
유 기업들은 전쟁을 통해 큰 노력 없이 큰돈을 벌 수 있었다. 하지만
후방에 남아 있는 미국 시민들은 전쟁 이전의 평시처럼 휘발유를 맘
껏 쓸 수 없었다. 정부는 휘발유를 한 방울이라도 아껴 쓰는 게 애국
이라고 강조했다. 쿠폰을 발급해 한 달에 사용할 수 있는 휘발유의 양
을 정했으며, 심지어 혼자 운전하면 히틀러의 나치 독일을 돕는 것이
나 마찬가지라는 구호까지 만들면서, 홀로 자동차를 타는 사람에게 죄
책감이 들게 만들었다.

  제2차 세계대전을 다룬 대부분의 저서는 연합국과 추축국의 정치
가, 장군 그리고 그들이 벌인 전투에 초점을 맞추는 경향이 있다. 즉,
석유에 대해서는 거의 주목하지 않았다. 제2차 세계대전이 일어나기
전, 미국 군부 또한 석유 조달이 전쟁 수행에 얼마나 중요한지를 깨닫
지 못했다. 예컨대 육군의 경우, 군대가 석유를 얼마만큼 소비했는지
에 대한 기록조차 없었다. 나아가 제1차 세계대전과 제2차 세계대전
의 근본적 차이도 제대로 인지하지 못했다.

  제1차 세계대전의 특징이 참호전이라면, 제2차 세계대전의 특징은
기동전이었다. 물론 기동전은 독일에 의해 시작되었으며, 결국 연합국
도 기동전으로 맞설 수밖에 없었다. 그리하여 기동전을 위해 제2차 세
계대전 당시 유럽 전선의 미군은 제1차 세계대전에서 투입한 것보다
무려 100배나 많은 양의 석유를 사용했다. 전쟁 중 미국에서 전장으로
보낸 물자의 절반은 석유였으며, 미군 한 명에게 필요한 장비와 보급
품 중 절반 역시 석유 관련 제품이었다.

　1944년 6월 6일, 연합군은 노르망디 상륙 작전을 성공적으로 끝냈지만, 독일군의 대대적인 저항에 부딪혔다. 그러다 7월 25일에서야 독일의 방어를 물리칠 수 있었다. 사실 물자와 연료가 모자란 독일군은 후퇴할 수밖에 없었고, 따라서 독일군의 저항이 예상보다 적어 연합군의 빠른 진격이 가능했다. 특히 조지 패튼 장군 휘하 제3군이 그러했다. 당시 총사령관 아이젠하워는 전쟁에 필수적인 휘발유를 어디부터 보내야 할지 망설이고 있었다. 즉, 몽고메리 장군 휘하의 영국군에게 우선적으로 보내야 할지, 패튼의 미군에 먼저 보내야 할지 고민에 고민을 거듭했다. 그리고 결국 영국군을 지원하는 제1군에 휘발유를 보냈다. 당시 패튼의 부대는 반나절 분량의 휘발유밖에 없었다.

　패튼은 분노와 좌절감을 일기와 아내에게 보낸 편지에 기록했다. 즉, 그 당시가 얼마나 독일과의 전쟁에서 절체절명의 순간이었는지를 토로하며, 나아가 휘발유를 훔칠 수만 있다면 이 전쟁에서 이길 수 있을 거라고 한탄했다. 나중에 연료를 공급받았지만, 그때는 이미 독일군이 방어선을 확고하게 구축한 뒤였다. 아이젠하워의 판단에 대해서는 훗날 여러 가지 해석이 존재했다. 무엇보다도 독일과의 전쟁을 더 일찍 끝낼 수 있는 '절호의 기회'를 잃었다는 주장이 우세했다.

　통계를 하나만 확인해보자. 연합군이 서유럽을 해방시킬 때까지 약 100만 명의 사상자가 발생했다. 그런데 그중 4분의 3은 패튼의 제3군단이 연료 때문에 움직일 수 없었던 9월 이후에 죽거나 부상을 입었다. 소련군이 미군보다 베를린에 먼저 도착하는 일이 벌어지지 않았을 수도 있다. 훗날 영국의 저명한 군사사학자 바질 리델 하트(Basil Liddell Hart, 1895~1970)는 아이젠하워의 결정에 대해 ─ 패튼 장군처럼 ─ 잘못된 판단이라고 보았으며, 무엇보다도 당시 패튼의 군대가 영국군보다

100마일(약 165킬로미터) 이상 앞서 있었기 때문에 휘발유만 제때 공급받았더라면 독일과의 전쟁을 더 일찍 마무리 지을 수 있었다고 아쉬워했다. 아이젠하워가 그릇된 판단을 했건 아니건, 몽고메리의 작전이 독일의 패망을 늦추었건 아니건 제2차 세계대전 당시 대부분의 군사 지휘관은 석유가 얼마만큼 전쟁 수행에 중요한지를 제대로 깨닫지 못하고 있었던 것으로 보인다.

미국이 참전을 선언한 1941년 12월부터 일본이 항복을 선언한 1945년 8월까지 연합군이 사용한 석유는 70억 배럴이었다. 그런데 미국은 이 사용량의 85퍼센트가 넘는 60억 배럴을 제공했다. 이는 1860년대 초부터 1941년까지 미국에서 생산한 석유의 4분의 1보다 많은 양이다. 연합군이 얼마나 크게 미국 석유에 의존했는지 짐작하고도 남는 수치다.

전투기든 탱크든 트럭이든 움직일 수 있는 모든 군사 무기와 장비는 석유 없이는 조금도 이동할 수 없었다. 석유가 바닥나는 순간 무기와 장비는 제자리에 멈춰 섰다. 독일과 일본은 전쟁 중에 그러한 순간을 여러 번 맞이했다. 석유를, 나아가 유전을 확보하는 것이 전쟁에 얼마나 중요한지를 제2차 세계대전은 승전국과 패전국 모두에게 확실하게 각인시켰다. 이처럼 20세기 전쟁은 점점 더 석유라는 화석 연료에 의지하지 않고는 승리를 확보하기 어려웠다.

양차 세계대전과 화석 에너지의 중요성

인류는 20세기에 벌어진 두 차례 세계적 규모의 전쟁을 통해 석유가 생각보다 더 빨리 우리의 삶에 자리 잡는 것을 지켜보았다. 특히 석유는 운송 수단에 쓰이는 연료로서는 최고이자 최선이기도 했다. 전쟁에서 상대방 진지나 도시로 진격할 때는 속도전이 핵심이 되었고, 따라서 석유 없이는 아무것도 제대로 할 수 없었다. 연합군이건 동맹군이건 적의 영토를 뺏기 위해서는 빠른 이동이 필수였다. 따라서 석유 헤게모니를 가진 미국과 그 동맹 세력이 양차 세계대전 모두에서 승리한 것은 어찌 보면 당연하다. 또한 20세기 이후 인류의 물질적 진보는 발전(發電) 및 제철 분야를 제외하고, 석탄을 석유 혹은 천연가스로 바꾸면서 진행되었다. 이 과정을 통해 인간의 1인당 에너지 총사용량은 빠른 속도로 늘어났다. 20세기는 누가 뭐라 해도 대량 이동과 대량 이주의 시대였다. 그리고 이 모든 것이 석유 없이는 불가능했다.

그리하여 20세기의 화석 연료가 얼핏 석탄에서 석유로 이행한 것처럼 보이지만 사실은 그렇지 않다. 많은 사람이 19세기는 (영국이 주도한 산업 혁명이 석탄이라는 고체 화석 연료에 의존했기 때문에) '석탄의 시대'로, 20세기는 (미국이 주도한) '석유의 시대'로 오해한다. 그렇지만 세계적 차원에서 보면, 19세기 내내 바이오매스 연료가 석탄보다 5배 이상 더 많이 사용되었다. 전 세계적으로는 19세기까지도 동물의 거름이나 나무가 땔감이나 연료로 가장 많이 쓰였다. 20세기에 들어서야 비로소 석탄이 가장 많이 사용되었다. 따라서 차라리 20세기 전반을 '석탄의 시대'라고 부르는 게 무난할 듯싶다. 게다가 석탄은 1962년까지도 여전히 상업 용도의 1차 에너지 중 절반 이상을 차지했다. 또한 석유가 1901~2000년 5300엑사줄의 에너지를 공급했다면, 석탄은 같은 시기에 5500엑사줄의 에너지를 만들었다. 석유보다 4퍼센트 많은 수치다. 물론 20세기 후반으로 갈수록 에너지 시장에서 석유의 역할이 커졌다. 즉, 에너지 총량에서 석유가 석탄보다 3분의 1 많으며, 1981~2000년의 시기를 보면 석탄보다 석유가 50퍼센트 많은 에너지를 생산했다.

1970년대 닉슨 행정부 시절 대통령 특보와 국무장관을 역임한 헨리 키신저(Henry Kissinger, 1923~2023)는 현대 사회에서 미국이 세계를 지배하기 위해서는 에너지부터 지배해야 할 것이라고 강조한 적이 있다. 21세기도 예외는 아니다. 세계 패권을 유지하기 위해 석탄과 석유로 대변되는 화석 에너지는 오히려 더욱더 중요해졌다. 기후 위기가 심화하고 있는 오늘날 트럼프 행정부가 그러한 생생한 실례를 보여주고 있다.

탄소 문명이 만들어낸 생활 방식

"유한한 세상에서 지수함수 같은 성장이 영원히 계속될 거라고 믿는 이는 정신 나간 사람이거나 경제학자, 둘 중 하나다."[1]

1 화석 연료와 '탄소스러운' 생활 방식의 정착

19세기 미국의 위대한 철학자 랠프 에머슨(Ralph W. Emerson, 1803~1882)은 산업 혁명이 진행되는 와중에 "물질이 인간을 제어하고 인간을 몰고 간다"[2]는 경구를 남겼는데, 결과적으로 이는 사실이 되었다. 사람들은 공장에서 대량 생산되는 값싼 상품에 열광적으로 반응했다. 산업 혁명 이전에는 귀족이나 돈 많은 계층에서만 가능했던 사치품도 편의품이나 필수품으로 바뀌어 서민들까지 구입이 가능해졌다. 여행을 포함한 이동도 어디가 되었든 좀더 쉽게, 좀더 빠르게 가능해졌다. 이 모두가 석탄과 증기 기관이 만들어낸 결과였다. 그리고 석유와 내연 기관이 만들어낸 결과이기도 했다. 엄청난 양의 화석 에너지를 사용할 수 있었기 때문에 인간의 삶이 편리해지고, 편안해지고, 심지어 즐거 워진 것이다. 따라서 에머슨의 경구는—오늘날의 시점에서—"에너지 가 인간을 제어하고 인간을 몰고 간다"로 바꿔도 무방할 듯싶다. 20세 기를 지나면서 물질 대신 (구체적으로는) 에너지, 특히 석유 에너지가 세 계 지리정치학의 중심으로 자리 잡았다.

20세기는 인류 역사에서도 아주 특이한 100년이었다. 합성 질소 비 료 생산을 비롯한 식량 혁명에서 인터넷이나 디지털 전환을 이룬 통 신 혁명에 이르기까지 이 모든 변화는 그 이전 1000년 동안 인류가 사용한 에너지를 다 합친 것보다 더 많은 에너지를 소비한 것과 연관 이 있다. 1890년대에는 마침내 화석 에너지 사용이 기존에 인류가 이 용하던 바이오매스와 풍력 및 수력 에너지보다 더 많은 에너지를 제 공해주었다. 화석 에너지 사용이 재생 에너지 사용을 능가한 것이다. 하지만 화석 연료가 연소 후 대기 중에 내뿜는 탄소의 양 또한 놀랄 만큼 빠른 속도로 증가했고, 이로 인해 지구 대기에 갇힌 온실가스가 지구 온난화를 가속화했다. 이런 현상은 인류가 20세기를 통과하면서 익숙해지고 나아가 중독 상태에까지 빠진, 이른바 '탄소스러운' 생활 방식, 즉 일상의 의식주를 화석 연료의 직간접적 사용으로 해결하는 생활 방식에서 비롯되었다.

'탄소스러운' 생활 방식의 도입 이전 시기

석탄이나 석유 혹은 천연가스를 1차 에너지로 사용하는 화력 발전소

를 통해 공급받은 전기로 집안일을 해결하고, 햄버거·치킨 등 패스트
푸드를 즐겨 먹고, 승용차로 창고형 매장에 가서 공장에서 대량 생산
된 옷을 사 입는 행위 등 오늘날 우리의 삶은 화석 연료라는 에너지원
없이는 거의 아무것도 할 수 없다. 그러나 19세기까지도 우리는—대
다수 한국인의 경우는 20세기 전반까지도—주로 가축과 사람의 힘에
의존해 의식주를 해결해야만 했다.

1850년 영국에서 누가 어떤 일을 했는지 보여주는 직업 통계를 보
면, 가장 많은 사람이 농업에 종사했음을 알 수 있다. 그다음이 '가내
서비스(domestic service)' 항목에 해당하는 하인층이다. 이를테면 귀족
이나 부잣집 심지어 중산층 가정에 고용된 사람들이다. 이들은 집 안
에 '기계 노예' 혹은 '전기 노예'라고 불린 가전제품이 등장하기 전까
지 요리부터 청소, 빨래, 가구 배치에 이르기까지 전업주부를 도와 가
정 경제가 돌아갈 수 있게끔 해준 가사 도우미였다.

영국에서는 20세기 중반까지도 심지어 특정 대학의 교수들에게는
하인을 제공했다. 하인의 존재가 어찌나 아쉬웠던지 옥스퍼드 대학의
저명한 역사학자 테일러(A. J. P. Taylor, 1906~1990)는 1959년 한 일요신
문에 기고한 글에서, 현재 문명이 몰락하고 있음을 인식할 수 있는 하
나의 지표로 대학에서 교수들을 도와주던 하인—교수 개인이 아니라
대학 당국에 소속된—이 없어지고 세탁물을 자신이 해결하게 된 상
황을 들었다. 옥스퍼드 대학에서 하인을 부릴 수 없게 된 상황을 두고
문명의 몰락 운운한 걸 보면 교수에게 하인의 부재가 그토록 심각했
던 걸까? 아니면 세탁기 사용법을 몰라서 당황스러웠다는 걸까? 현재
의 우리 입장에서 보면 1950년대까지도 영국의 대학에서—물론 특정
대학에 국한된 일이었겠지만—교수들에게 하인을 제공했다는 사실이

놀라울 뿐이다.

이처럼 19세기 중반까지도 세계 최초로 산업 혁명을 이뤄낸 영국에서조차 농부를 제외하고 가장 많은 직업이 가내 하인이었다. 중산층 이상의 가정에서는 하인의 근력을 이용해 가정 경제를 꾸려나갈 수 있었다. 영국뿐 아니라 유럽의 모든 국가, 심지어 유럽 이외의 농업 사회에서도 이런 상황은 예외가 아니었다. 비록 하인의 신분이 본인의 자유로운 선택에 의한 것이라고 보기 힘들지라도 말이다.

결핍에서 풍요로

따라서 화석 연료를 에너지원으로 사용하기 전까지는 어떤 사회나 문명도 본질적으로 풍요로운 상태일 수 없었다. 사용 가능한 에너지나 천연자원이 항상 모자랐기 때문에 절약하거나 재활용할 수밖에 없었다. 석탄을 본격적으로 대량 사용하기 시작한 이후에야, 즉 영국의 공장이나 증기 기관차가 석탄을 연료로 사용하기 시작한 이후에야 경제 성장에 한계가 없다는 생각까지 하게 되었다.

이러한 낙천주의는 누구보다도 (머리말에서도 언급했던) 독일 화학자 유스투스 폰 리비히에게서 그 단초를 찾아볼 수 있다. 그는 당시 서구 사회의 경제가 무엇보다도 새로운 동력에 의해 활기를 띠며 성장하고 있음을, 그리고 동력의 원천이 정확하게 석탄임을 간파했다. 리비히가 남긴 과학적 지식을 누구보다 명확하게 인식했던 경제학자 윌리엄 제본스도 강조했듯이, 영국 땅에 묻혀 있는 석탄으로 인해 영국이 풍요를 누리고 있으며, 이러한 "풍요야말로 현대 물질 문명의 원천"[3]이라고 보았다. 석탄이라는 새로운 화석 에너지원 없이는 산업 사회가 제대로 작동할 수 없었기 때문이다.

어찌 보면, 19세기 이전 인간들이 만든 어떤 문명도 극소수 지배층을 제외하고는 풍요로웠다고 생각하기 어렵다. 고대 로마 문명의 전성기 때조차도 로마인은 노예를 부리지 않고는 일상을 유지할 수 없었다. 아침에 일어나 침구를 개고 목욕물을 준비하고 식사를 차리는 일은 노예의 몫이었다. 물론 빵집에서 빵을 사 오는 것도 노예의 몫이었다. 제빵사가 빵을 만들 때 오븐 옆에서 돕는 것도 노예의 몫이었다. 오븐에 들어간 빵을 굽는 것은 장작의 불길이었지만 말이다.

인간이 이용할 수 있는 자연은 제한적이라는 생각, 혹은 자연이 인간에게 제공하는 자원은 제한적일 수밖에 없다는 생각이 바뀐 것은 아마도 산업 혁명 이후일 것이다. 자연에서 인간이 얻을 수 있는 자원은 한계가 있었기 때문에 사치품―대표적으로는 금과 은 같은 귀금속―은 언제나 귀족과 부유층의 몫이었다. 그런데 20세기 초 펜실베이니아 대학의 사이먼 패튼(Simon N. Patten, 1852~1922)은 다양한 천연자원을 가공해 만든 인공물로도 잘살 수 있다고 주장했다. 그러면서 자원의 희소성에 토대한 지금까지의 경제학에 이의를 제기하며 모든 사람이 누릴 수 있는 풍요로운 소비가 가능하다는 걸 사람들에게 널리 알렸다. 그는 1907년 저술한 《문명의 새로운 토대(The New Basis of Civilization)》에서 더 이상 '결핍(scarcity)'이 인류의 삶을 지배하지 않는다고 선언했다. 심지어 자연에서 자원이 고갈될 일은 없을 거라고까지 주장했다. 요컨대 "자연보호주의자의 '제한된-세계 윤리(limited-world ethic)'를 거부"[4]하면서 자원 낙관론자 편을 들어준 것이다.

사이먼 패튼의 주장은 어쩌면 당시 미국이 석유를 본격적으로 생산하는 상황에서 석유가 제공하는 새로운 에너지의 엄청난 잠재력을 파악했기 때문에 가능했을지도 모른다. 그는 '희소성의 경제학'이 아니라 '풍요의 경제학'을 제창한 선구자 중 한 명이었으며, 경제학자라면 앞으로 생산 문제보다는 소비 문제에 더 많은 관심을 기울여야 한다고 주창했다. 그리고 누구보다도 앞서서 20세기 초 미국인에게 대량 소비 사회가 도래하고 있음을 알려주었다.

그렇지만 대량 소비 사회의 실현은 사실상 에너지의 대량 소비 없이는 불가능한 꿈이었다. 예컨대 대량 소비 사회를 굴러가게 하는 힘의 물질적 토대는 공장에서 몇백 명, 아니 그 이상의 힘을 발휘하는 증기 기관과 전 세계 육지 곳곳을 신경망처럼 촘촘히 연결한 철로를 달리는 증기 기관차, 그리고 전 세계 바다를 가로질러 수많은 사람과 어마어마한 양의 상품을 실어 나르는 증기선이었다. 이것들이 무대 뒤편에서 조용히 대량 소비 사회가 작동하게끔 만들었다. 그리고 이것들을 움직이는 힘의 원천(즉, 1차 에너지원)은 석탄이었다. 어찌 생각하면, 화석 연료의 대량 생산이 가능했기에 대량 소비 사회도 가능했다고 볼 수 있다.

석탄 다음으로 19세기 후반에 등장한 또 다른 화석 연료는 석유였다. 조명부터 시작해 연료에 이르기까지 석유는 일상생활 곳곳에 스며들었다. 플라스틱을 비롯한 수많은 화학 제품, 화학 비료, 나아가 대량 유통과 운송도 석유 없이는 가능하지 않다. 우리의 삶은 석유의 힘과 석유 산업의 의지에 의해 결정된다고 해도 과언이 아니다. 어떤 주거 형태에서 살고, 어떤 방식으로 출퇴근하고, 심지어 어떤 방식으로 여가 생활을 즐길지도 우리의 의지가 아닌 석유가 제공하는 편리함과 안락함 혹은 쾌적함에 따른 것이다. 우리의 의식이 '탄소스러운' 생활 방식을 인정하든 않든 말이다.

화석 연료 생산의 종말에 대한 우울한 예측과 공포

일찍이 19세기 중반, 영국에서 석탄이 더 이상 생산되지 않는 날이 조만간 올지도 모른다는 생각이 팽배하기 시작했다. 누구도 자신 있게 영국 땅에 매장된 석탄의 양이 얼마나 되는지 추정할 수 없었다. 이 문제에 관해 연구한 경제학자 제본스는 1865년 출간한 《석탄 문제》에서 석탄의 고갈 가능성을 검토했다. 당시 일부 전문가들은 유한한 천연자원인 석탄이 다 없어지기 전에 인간이 할 수 있는 합리적인 일은 기술 혁신을 통해 석탄의 사용을 줄이는 것이며, 그러기 위해서는 증기 기관의 효율을 높여야 한다고 주장했다. 그는 이러한 주장을 검토한 후, 연료를 효율적으로 사용하면 연료 소비가 감소할 것이라는 판단은 잘못이며, 현실은 그 반대인 소비 증가로 이어질 거라고 강조했다. 예컨대 와트 증기 기관이 기존 뉴커먼 증기 기관의 효율을 높여 에너지 소비를 줄이고, 고압 증기 기관이 저압 증기 기관보다 17배의 효율로 에너지를 줄였음에도 전체적인 석탄 소비량은 감소하기는커녕 늘어나기만 했다.

즉, 높은 효율로 인한 비용 감소가 더 많은 석탄을 사용하게 만드는 역설적인 상황에 빠진 것이다. 우리는 이를 '제본스의 역설'이라고 부른다. 신기술이 생산 비용을 줄여 가격을 낮춘 결과 더 많은 소비를 일으키고, 그로 인해 오히려 더 많은 석탄이 필요해진다는 얘기다.

석유도 마찬가지였다. 1885년 펜실베이니아주 정부 소속의 한 지질학자는 석유를 지하에서 언제까지고 뽑아 올릴 수 있을 거라는 생각은 합리적이지 않으며, 당시의 젊은이가 노인이 될 때쯤이면 고갈될 것이라고 예상했다. 같은 해에 스탠더드 오일의 중역 존 아치볼드

(John Archbold) 또한 지질 전문가들로부터 미국의 석유 생산이 계속되리라고 보장할 수 없으며, 다른 지역에서 펜실베이니아주에서 생산되는 양만큼의 유전이 발견될 확률은 희박할 것이라는 보고를 받았다. 이는 미국에서 석유를 본격적으로 생산한 지 30년도 안 된 상황에서 나온 경고였다. 즉, 이미 그 시기에 일부 미국인은 펑펑 쏟아지는 석유가 고갈될지 모른다는 걱정을 지울 수 없었다. 게다가 당시에는 펜실베이니아주에서만 석유를 생산하고 있었기 때문에 조만간 석유 산업의 종말을 목격할 거라고 예상했다.

제본스가 영국에서 석탄이 언제 종말을 고할지 알 수 없다고 경고했듯 동시대 미국의 석유 산업 관계자들 또한 당장은 펑펑 쏟아져나오는 석유가 언제 고갈될지 확신할 수 없었다. 적어도 텍사스주와 오클라호마주 등에서 석유를 채굴하기 전까지는 그랬다. 그리고 마침내 1920년대 초 이른바 '오일 피크(oil peak)'에 대한 우려가 재현되었다. 새로운 유전이 발견되지 않는 가운데 기존 유전에서 나오는 석유가 조만간 고갈될지 모른다는 공포가 미국인을 사로잡은 것이다. 이러한 오일 피크는 이후로도 미국 사회에 주기적으로 등장했다.

화석 연료와 '에너지 노예'

1920년대부터 이미 미국은 전 세계 어느 국가보다도 압도적으로 많은 화석 에너지를 사용했다. 게다가 석유의 경우는 소비 증가가 한층 두드러졌다. 예를 들어, 제1차 세계대전이 끝나고 제2차 세계대전에 참전하기 직전(1920~1941)까지 인구가 1억 600만 명에서 1억 3300만 명으로 대략 1.25배 증가한 반면, 석유를 포함한 석유 제품의 소비량은 연간 1인당 4.3배럴에서 11.2배럴로 대략 2.6배 증가했다. 석유 소비 증가율이 인구 증가율보다 2배 이상 빨랐다.

이러한 사실을 흥미롭게도 노벨 물리학상을 받은 로버트 밀리컨(Robert A. Millikan, 1868~1953)이 보여주었다. 그는 1939년의 한 논문에서 당시 미국인 한 명이 하루에 시간당 13.5마력의 에너지를 이용하고 있다며, 이는 무려 노예 100명을 부리는 것과 마찬가지라고 주장했다. 반면 동시대 또 다른 선진국인 영국은 6.7마력, 독일은 6마력, 프랑스는 4.5마력, 그리고 일본은 겨우 1.8마력에 지나지 않았다. 이는 곧 미국인이 영국인보다 2배, 독일인보다 2.3배, 프랑스인보다 3배, 그리고 일본인보다는 7.5배나 많은 에너지를 사용한다는 걸 의미했다.

이 모두가 미국에서 생산하는 값싼 석탄과 석유 때문에 가능했다. 당시 미국의 석탄 생산량은 세계 1위였으며, 석유 또한 독보적인 1위를 차지하고 있었다. 역사상 노예 혹은 하인 100명을 거느린 귀족 집안은 유럽에서조차 최상위층으로 극소수였을 것이다. 밀리컨의 주장이 사실이라면, 1930년대 미국에서는 1억 명 이상의 보통 사람이 바로 이 귀족들처럼 생활할 수 있었다는 의미다.

건축가·디자이너·발명가이자 미래학자이기도 한—20세기의 레오나르도 다빈치 같은—벅민스터 풀러(R. Buckminster Fuller, 1895~1983)는 1940년대 초 처음으로 '에너지 노예'라는 용어를 사용했다. 이 에너지 노예는 석탄과 석유를 연소해 만들 수 있었는데, 주로 도시와 산업화한 지역에 거주하면서 미국인의 삶을 편리하고 안락하게 만들어주었다. 또한 당시 미국에서 활동하는 에너지 노예는 전 세계 에너지 노예의 54퍼센트를 차지했다. 탄소 문명 아래서 미국의 위상이 어떠했는지를 잘 보여주는 수치다.

하이먼 릭오버(Hyman Rickover, 1900~1986) 제독 또한 밀리컨이나 풀러와 거의 같은 생각을 했다. 그는 제2차 세계대전 이후 미국 해군에서 최초의 핵 잠수함 '노틸러스(Nautilus)' 건조를 지휘해 '핵 해군의 아버지'라는 별명을 얻은 인물이다. 세계 최초로 진행된 상업용 핵발전소 '시핑포트(Shippingport)'의 감독을 맡기도 했다. 그런 그가 1957년 민간인을 상대로 연설할 기회가 있었다.

릭오버는 이 연설에서 당시의 미국인이—보통 사람을 기준으로 해도—과거 어느 시대의 귀족보다도 많은 노예와 하인을 거느리고 있으며, 나아가 고대 왕들보다 더 나은 삶을 살고 있다고 말했다. 그의 계산으로는 미국 노동자 한 명이 사용하는 기계 에너지는 인간 244명의 근력과 동일하고, 자동차 한 대가 사용하는 에너지는 인간 2000명이 쓰는 힘과 동일하며, 가전제품이 제공하는 에너지는 33명의 가내 하인을 고용한 것과 동일했다.

그런데 석탄이나 석유 같은 에너지 노예가 줄어들거나 사라지면, 그것에 물적 토대를 두고 있는 인류의 문명—자본주의 사회건 공산주의 사회건—은 쇠퇴의 길을 걷게 될 터였다. 결국 우리의 탄소 문명은 엄청나게 생산하고 있는 화석 에너지 노예가 더 이상 공급되지 않으면 종말을 고할 수밖에 없다. 따라서 영구적으로 생산할 수 없는 화석 에너지는 은행에 넣어놓은 저금과 같다면서, 후대를 위해 그 저금을 아껴 써야 할 거라고 조언했다.

위의 세 사람은 공통적으로 우리의 삶이 얼마만큼 화석 연료에 절대적으로 의존하고 있는지, 결과적으로 화석 연료가 빚어낸 '에너지 노예'를 얼마나 생각 없이 이용하고 있는지를 알려주는 동시에, 화석 연료가 고갈될 때 맞이할 인간 사회의 파국에 대해서도 경고의 메시지를 보냈다.

2 소고기의 대량 생산과 대량 유통

먹거리 생산에 필요한 에너지

알다시피 인간은 음식을 통해 에너지를 만들어내고, 노동을 비롯한 여러 가지 일에 그 에너지를 사용한다. 따라서 음식에 가장 기본적인 곡물―쌀, 밀, 옥수수, 보리 등―을 생산하는 데 농업 혁명 이후 인간의 근력과 축력을 가장 많이 투입해왔다.

만일 당신이 20세기 후반 미국 캔자스주에서 밀 농사를 짓는 사람으로 태어났다면, 평균적으로 밀 1톤을 생산하는 데 3.9기가줄의 에너지를 썼을 것이다. 1기가줄은 23만 9000킬로칼로리에 해당하는 에너지인데, 비교하자면 성인 남성이 하루에 필요한 에너지는 대략 1800킬로칼로리다. 따라서 1톤의 밀을 생산하기 위해서는 성인 남성이 모든 에너지를 꼬박 밀 농사에만 투입한다 해도 약 518일이 필요하다. 이는 곧 성인 남성 한 사람의 에너지만 가지고는 밀 농사를 지을 수 없다는 의미다. 당연히 석유―구체적으로는 디젤유―를 공급받아 움직이는 트랙터와 콤바인으로 농사를 짓기 때문에 가능하다.

또한 그 밀로 평균적인 빵 한 덩어리를 만들려면, 밀을 제분해 700그램의 밀가루로 만들고, 그 밀가루를 반죽해 오븐에 구워야 한다. 여기에는 약 2.8메가줄의 에너지가 필요하다. 그러니까 농부 한 사람이 밀을 생산하고 그 밀로 일주일에 필요한 700그램짜리 빵 한 덩어리를 만들려면, 대략 디젤 연료로 80밀리리터가 필요하다는 얘기다.

따라서 1년에 4리터 이상의 디젤 연료를 사용해야 한다. 그러나 그 빵을 농부가 아닌 도시 사람이 가게에서 구입한다면, 추가로 유통을 포함한 비용이 발생해 에너지 비용은 2배로 증가할 것이다.

농사를 짓는 데 필요한 에너지는 인류의 생존에 필수적이다. 따라서 대부분의 인류는 곡물에 의존해 삶을 영위해왔다. 다만 예외적으로 상류층은 곡류 이외에 고기도 즐겨 먹었다. 하지만 근대에 들어서면서 육류 소비가 늘기 시작해 20세기 이후에는 폭발적으로 증가했다. 문제는 그 육류를 입속으로 가져오는 데 너무나 많은 에너지가 투입된다는 것이다.

예를 들어, 0.4파운드(약 179그램)의 닭가슴살을 만드는 데는 600그램의 사료가 필요하며, 이만큼의 사료를 만드는 데는 또 약 8.7메가줄(2079킬로칼로리)의 에너지가 필요하다. 이는 성인 남성이 하루 에너지를 다 쏟아부어도 모자라는 양이다. 겨우 179그램의 닭가슴살 만드는 데 필요한 에너지가 이 정도다. 위에서 언급한 700그램짜리 빵 한 덩어리를 굽는 데 들어가는 에너지의 약 3.1배다. 거기에 닭장의 온도를 조절하고 청결과 공기 순환 등을 위해 쓰는 에너지를 추가해야 한다(10~30퍼센트). 추가 에너지를 20퍼센트만 계산해도 빵 한 덩어리 만드는 데 드는 에너지의 약 3.7배 이상을 투입해야 한다. 빵 한 덩어리면 일주일을 먹을 수 있는데, 닭가슴살은 일주일에 몇 개가 필요할까? 다이어트를 위해 닭가슴살을 매일 먹는다면, 빵 한 덩어리를 만드는 데 필요한 에너지의 거의 26배, 1년이면 무려 1357배 넘는 에너지를 사용해야 한다.

소고기와 사료

일반적으로 사람들이 가장 좋아하는 육류인 소고기를 살펴보자. 우선 소는 얼마만큼의 온실가스를 배출할까? 소고기에서 1킬로그램의 단백질을 얻으려면 295킬로그램의 이산화탄소가 배출된다. 그리고 소 한 마리는 1년에 1600킬로그램의 이산화탄소를 대기 중으로 내뿜는다. 되새김질하는 초식동물은 많은 양의 메탄가스를 대기 중으로 내뿜는데, 온난화 효과는 이산화탄소보다 28배나 많다. 예컨대 북미산 성체 소의 경우, 1996년 기준 1년에 47킬로그램의 메탄가스를 대기 중으로 내보냈다. 그런데 2019년 기준으로는 이 수치가 64킬로그램으로 증가했다.

육식 인구는 20세기 이후 선진국을 중심으로 꾸준히 늘고 있는 추세다. 수백만 명의 제3세계 사람들이 식량 부족으로 기아 상태에 있는 반면, 일부 선진국 사람들은 육류, 특히 소고기 과잉 섭취로 인한 질병—예를 들어 심장병, 당뇨병, 암 등—에 시달린다. 문제는 사람의 식량을 재배할 공간이 소 사료를 재배할 공간으로 바뀐다는 데 있다. 그 때문에 소를 비롯한 가축은 사람의 식량을 생산해야 할 공간에서 재배한 사료를 먹는다.

사람들이 소고기를 너무 많이 소비하는 바람에 지구상에서 농사를 짓는 공간의 무려 3분의 1이 가축용 사료 생산에 쓰이고 있다. 특히 19세기 후반 이후 엄청난 양의 곡물이 사람의 식량이 아닌 가축의 사료로 용도가 바뀌었다. 제러미 리프킨(Jeremy Rifkin)은 이렇듯 "전 세계 곡물이 인간을 위한 식량에서 가축을 위한 사료로 전환된 것은 부의 재분배에서 인류 역사상 가장 극적인 변화에 속한다"[5]고 주장한다.

어떻게 이런 놀라운 생태학적 전환이 가능했을까? 그 기원은 1494년 1월 콜럼버스의 2차 항해 때 아메리카 대륙으로 가져간 소와 말에서 찾을 수 있겠지만, 그보다는 더 직접적으로 영국인의 소고기 탐욕에서 찾는 게 나을 것이다. 그들의 소고기 욕망을 채워준 것은 철도와 냉동선이었다. 그리고 이 운송 수단은 전부 화석 연료로만 움직일 수 있었다.

영국인은 유럽의 어느 국가 사람들보다도 소고기에 더 집착하는 편이다. 전통적으로, 로마 침략 이후에도 부유층은 소고기 소비를 선호했다. 육식은 영국 상류층의 뿌리칠 수 없는 기호품이었다. 17세기 중반 이후 영국이 유럽 대륙의 변방에서 중심으로 올라설 때, 지배 계급은 이미 소고기 소비를 식문화로 만들었다. 1726년 통계에 의하면, 런던에서 육류로 소비하는 소가 10만 마리를 넘었다. 심지어 런던 시민이 한 달 먹는 소고기가 프랑스·이탈리아·에스파냐 등의 일부 지역에서 한 해에 소비하는 것보다 더 많았다고 하니 이들의 소고기 집착이 어느 정도였는지 알 수 있다.

19세기 후반, 넘치는 자본을 어디에 써야 할지 고민하던 영국 자본가들은 미국의 광대한 미시시피강 서쪽 대평원에 투자하기로 마음먹었다. 이들은 이곳에 원래부터 살고 있는 버펄로를 단시간 내에 멸종시키고는 자신들의 소 떼를 끌고 와 목초지로 만들었다. 특히 '버펄로 빌(Buffalo Bill)'이라는 별명을 가진 윌리엄 코디(William F. Cody, 1846~1917) 같은 전문 사냥꾼들은 1870년대에 중부 대평원을 가득 채웠던 수백만 마리의 버펄로를 조직적으로 없애버렸다. 그리고 그 자리를 유럽에서 수입한 소들이 차지했다. 〔물론 그곳엔 일찍이 에스파냐 침략자들이 배로 실어 온 '롱혼(Longhorn)'이라는 소가 있었다.〕 북아메리카 대륙의 버펄로 멸종은 미국 생태 역사에서 가장 비극적인 사건 중 하나로 남아 있다. 특정 국가, 특정 계층의 소고기 욕망을 만족시키기 위해 저지른 끔찍한 일이었다.

영국인의 소고기 집착은 북미의 대평원을 비롯해 남미의 팜파스 지역, 오스트레일리아와 뉴질랜드의 평원 지대를 '식민화한 목초지'로 만들었다. 그런데 영국인은 특히 지방이 많은 소고기를 선호했다. 처음에는 귀족층이 그랬는데, 얼마 지나지 않아 부르주아와 노동 계급까지 전파되었다. 마침내 소는 "주인의 소비 능력을 나타내는 과시욕의 징표"가 되었고, 특별히 지방이 많은 소고기는 영국 사회에서 "풍요의 상징이자 기호의 잣대"가 되었다.[6] 그 결과 18세기 말에서 19세기 초에는 육우의 무게가 2배나 늘어났다. 19세기를 지나면서 유럽의 많은 국가도 영국의 선례를 따르기 시작했다.

그런데 식민지 시대에 북미 지역으로 이주한 에스파냐산 소는 영국인들 입맛에는 지방이 모자라고 질겼다. 그래서 대평원에서 자라던 이들 소는 중서부 지역의 농장으로 옮겨가 옥수수를 먹고 육질에 지방이 붙을 때까지 살을 불렸다. 그런 다음 증기 기관차에 실려 시카고에 도착한 다음 해체되어 동부 해안으로 옮겨졌다. 그리고 증기선에 실려 영국 항구에 도착한 후 마블링 좋은 소고기를 원하는 영국인의 입 속으로 들어갔다. 그 결과 1880년대 영국이 소비하는 수입 소고기의 90퍼센트를 미국산이 차지했다.

진짜 심각한 문제는 사람이 먹는 곡물인 옥수수까지 가축 사료로 쓰기 시작했다는 것이다. 20세기 말에는 미국 땅에서 자라는 곡물의 70퍼센트 이상을 소의 사료로 공급했다. 이제 곡물은 '식량 곡물'과 '사료 곡물'로 나뉘었다. 19세기 영국인이 지방 많은 소고기에 집착하지 않았다면—제러미 리프킨이 주장하듯이—전 세계 곡물의 3분의 1을 인간이 아닌 소를 비롯한 가축의 사료로 사용하는 일은 아마도 생기지 않았을 것이다. 또 다른 말로 하자면, 제3세계의 많은 사람들은 먹지도 못 하는 곡물을 마블링 좋은 소고기를 원하는 일부 사람들의 욕망을 위해 사료로 사용하는 일은 발생하지 않았을지도 모른다. 그 때문에 우리는 사료를 생산하기 위해 더 많은 화석 연료를 사용하고 있다.

한편, 미국의 서부 대평원에서 5000마일(약 8047킬로미터) 넘게 떨어진 곳에 있는 영국 소비자들을 연결하는 문제는 엄청나게 큰 난관이었다. 그러나 1870년대 이후 이러한 난관이 돌파되었다. 바야흐로 미국 철도가 대서양에서 태평양까지 하나로 연결된 것이다. 거기에다 냉동 기술이 발달해 기차에도, 배에도 냉동 상태의 소고기를 대량으로 실을 수 있었다. 이에 영국 자본이 서부 인프라 건설에 투자되었고, 이것이 영국인의 소고기 소비를 더욱 촉진했다.

1880년대 중반경, 영국의 자본이 미국 서부 지역의 가축 조합 상당수를 지배하자, 미국 여론이 문제를 제기하기 시작했다. 이로 인해 영국을 비롯한 외국 투자자의 서부 토지 매입을 제한하는 법안이 의회에 제출되기도 했다. 하지만 그러한 반대 여론에도 불구하고 영국 자본은 서부 철도에 투자했다. 철로를 통해 가능한 한 더 많은 소를 동부로 옮기기 위해서였다. 나아가 영국인은 남아메리카에도 투자했다. 덕분에 냉동 소고기가 남북 아메리카에서, 오스트레일리아에서, 그리고 뉴질랜드에서 대서양과 태평양을 횡단해 영국으로 들어왔다. 그 결과 1850년 1인당 연간 고기 공급량이 35킬로그램에서 1900년에는 60킬로그램으로 급증했다. 더불어 스테이크 전문 식당도 우후죽순처럼 늘어났다.

냉동 기술과 소고기

1875년 미국 발명가 존 베이츠(John I. Bates)가 자신의 냉동 기술을 활용해 소고기를 런던으로 보내는 데 성공한 후, 그의 특허권을 즉각 사들인 티머시 이스트먼(Timothy Eastman)은 그해가 끝나기 전에 20만 6000파운드(약 9만 3440킬로그램)의 소고기를 영국으로 수출했다. 그다음 해부터는 수백만 파운드의 미국산 소고기를 매달 영국행 배에 선적할 수 있었다. 상황이 이렇게 되자 다른 사람들도 이 사업에 뛰어들기 시작했다.

1880년 이후 미국 소고기는 냉동 상태로 대형 증기선에 실려 영국으로 본격 수출되었다. 당연히 더 많은 양을 더 싼 가격에 선적할 수 있었다. 영국 소비자들도 점점 더 미국산 소고기에 빠져들었다. 덕분에 이웃 나라인 아일랜드산 혹은 북쪽의 스코틀랜드산 소고기와의 경쟁에서 우위를 점할 수 있었다. 거기에 더해 오스트레일리아와 뉴질랜드에서도 냉동 소고기와 양고기를 영국에 수출했다. 그래도 항해 거리를 참작해보면, 그중 미국산 소고기가 영국인의 입맛을 사로잡았다.

이렇듯 대서양을 건너온 수입 소고기가 대다수 영국인 가정의 식탁에서 열광적으로 소비되었다. 이 소고기를 영국인이 먹기 위해 냉동 증기선은 대양을 건너 몇천 킬로미터를 이동해야만 했으며, 이러한 이동에는 엄청난 양의 화석 연료가 필요했다. 그 결과 냉동 및 냉장 식품 판매가 증가하고 상업용 냉장고 또한 영국 경제에서, 더 나아가 세계 경제에서 비중이 더 커지기 시작했다.

신선한 소고기를 욕망하는 사람들은 영국인만이 아니었다. 대륙의 유럽인들도 마찬가지였다. 1878년 냉동 증기 화물선 '프리드고리피크(Fridgorifique)'가 아르헨티나의 소고기를 싣고 프랑스 르아브르(Le Havre)항에 도착했다. 그리고 무려 5500마리분의 소고기가 영하 8.3도의 상태로 르아브르항을 떠나 파리로 향했다. 이로써 프랑스 사람들도 남아메리카의 목초지에서 성장한 육우를 먹을 수 있었다.

1870년대에는 아르헨티나에서도 1300만 마리의 소를 사육했다. 냉동 기술이 발명되기 전에는 염장해서 육포나 소금에 절인 상태로 소고기를 유럽으로 수출했다. 영국 투자자들은 미국뿐 아니라 이미 남미의 대초원 지역인 팜파스에도 자본을 투입해 우루과이와 아르헨티나 육우의 20퍼센트가 그들 몫이었다. 예컨대 아르헨티나와 우루과이 경계를 흐르는 라플라타(La Plata)강 유역에서 키우는 소를 비롯한 가축이 영국인 소유의 철도를 통해 영국인 소유의 도축 공장으로 보내진 다음 영국산 증기선에 실려 영국으로 향했다. 흥미롭게도 아르헨티나에서 생산된 소고기는 영국 중산층 이상이 소비한 반면, 우루과이에서 생산된 '리비히 익스트랙트(Liebig's Extract)' 소고기는 영국 노동자들이 주로 소비했다. 그리하여 19세기 말에서 20세기 초가 되면 278척의 냉동선이 정기적으로 남아메리카 소고기를 유럽으로 실어 날랐다.

이렇듯 영국을 비롯한 유럽의 수요가 폭발적으로 늘어나자, 미국의 포장·정육업자들은 더 짧은 시간에 더 많은 소를 효율적으로 도축하는 방법을 모색하기 시작했다. 그 결과가 컨베이어 벨트 시스템이었다. 대표적인 대형 정육업체 '아머 & 컴퍼니(Armour and Company)'는 1908년 자사 도축장에 자동 컨베이어 벨트 시스템을 만들었다.

그곳에서는 새로 개발한 한 개의 '족쇄 장치'로 1분에 소 70마리의 뒷다리를 들어 올릴 수 있었다. 그런 다음 증기력으로 살생 처리했다.

이곳에서 일하는 노동자는 더 이상 움직일 필요가 없었다. 컨베이어 벨트를 따라 이동한 '분해된' 소를 각자의 역할에 따라 처리하기만 하면 됐다. 분업화가 실현된 것이다. 도축장의 노동자들은 기계를 통해 높여진 속도에 맞춰 일하는 단순 노동자로 남았다.

결과적으로, 효율은 높아지고 생산량은 급증했다. 그곳에서 도살된 소의 몸뚱이는 해체·분해되고, 마지막에는 포장육으로 바뀌었다. 넓은 초지에서 여유롭게 풀을 뜯던 살아 있는 생명체는 사라지고, 부위별로 먹음직스럽게 포장된 붉은색의 살코기로 탈바꿈해 사람들의 식욕을 돋웠다. 돼지도 마찬가지였다.

사실상 분업화를 통한 소의 해체 공정은 자동차의 조립 공정과 유사했다. 아니, 포드의 자동차 공장이 시카고 포장·정육업 공장의 대량 생산 공정을 따라 한 것으로 볼 수 있다. 분해는 조립의 역순이니 말이다. 언론인이자 사회주의자였던 업튼 싱클레어(Upton Sinclair, 1878~1968)는 이곳에 6주 동안 잠입해 자신의 눈으로 목격한 내용을 《정글(The Jungle)》(1906)이라는 소설로 출간했다. 그는 돼지 '해체 라인(disassembly line)'의 작업을 이렇게 묘사했다. "100야드에 걸쳐 돼지들이 일렬로 매달려 있다. 그리고 매 야드마다 사람이 하나씩 있는데, 그들은 마치 악마가 바로 뒤에서 쫓아오기라도 하는 듯 일을 하고 있다." 흥미롭게도 이런 방식의 해체 작업은 헨리 포드가 훗날 자동차를 조립할 때 응용되었다. "그 아이디어는 기본적으로 시카고 육류 가공업자들이 소고기를 손질할 때 쓰는 오버헤드 트롤리(overhead trolley)에서 나왔다."[7] 포드는 이렇게 회고했다.

따라서 어떤 의미에서는 소고기나 돼지고기를 대량 생산하기 위해 만든 도축장에서 20세기 대량 생산 방식의 규범인 포디즘이 탄생한

출처: https://en.wikipedia.org/wiki/Armour_and_Company#/media/File:Hanging_room,_Armour's_
packing_house,_Chicago,_Ill._from_Robert_N._Dennis_collection_of_stereoscopic_views.jpg

것이다. 그렇게 대량 생산이 생산 단가를 낮추고, 낮춘 생산 단가로
인해 소비자 가격이 싸지고, 가격이 싸져 더 많은 소비가 발생하는 생
산과 소비의 선순환이 이루어졌다.

3 기차와 자동차를 통한 대량 여가 시대의 개막

토머스 쿡, 조지 풀먼 그리고 기차 여행

토머스 쿡(Thomas Cook, 1808~1892)은 세계 최초로 화석 연료 덕분에,
아니 화석 연료를 이용한 증기 기관차 덕분에 많은 사람을 대상으로
여행 사업을 시작할 수 있었다. 그가 여행 사업을 한 계기는 절주(tem-
perance, 節酒) 모임과 관련이 있었다. 교회에 다니는 그는 절주를 증진

하는 대의에 관심이 많았는데, 어느 날 증기 기관차를 타고 절주 모임에 다녀올 수 있다면 좋지 않을까 하는 생각이 들었다. 그는 바로 미들랜드 철도 회사(Midland Railway Company)를 찾아가 자신의 생각을 밀어붙였다. 쿡의 첫 관광 사업은 1841년 7월 5일, 한꺼번에 485명의 '레스터 절주협회' 회원들을 기차에 태우고 레스터(Leicester)에서 집회 장소인 러프버러(Loughborough)까지 11마일(약 17.7킬로미터)을 왕복하는 것이었다. 겨우 1실링씩을 내고 단체 여행길에 오른 이들은 하루 동안의 이 특별한 여행을 무사히 마칠 수 있었다. 성공적이었다.

그는 점차 웨일스, 스코틀랜드 그리고 아일랜드까지 사업 범위를 넓혔다. 초기에는 중산층 이상의 사람들을 대상으로 했지만, 나중에는 노동자 계급도 포함해 그들이 원하는 장소 혹은 그들이 원할 듯싶은 장소를 택해서 3박 4일이든 일주일이든 전문 가이드를 대동한 대량 관광을 시도했다. 예컨대 1851년 런던 세계 박람회 때는 무려 15만 명이 그의 패키지 상품에 신청하기도 했다.

과거에는 몇 달 혹은 그 이상이 걸리는 유럽 여행을 증기 기관차는 빠른 속도로 공간을 압축해 몇 주일 만에 끝낼 수 있게 해주었다. 17~18세기엔 극소수 귀족층이나 가능했던 이른바 '그랜드 투어(grand tour)'를 19세기 부르주아 계급도 누릴 수 있었다. 여기에 쿡은 그들이 원하는 여정을 개발해 정형화된 관광 상품을 개발하는 데 성공했다. 1855년 파리 세계 박람회 때는 레스터에서 프랑스 항구 도시 칼레(Calais)까지 기차 여행을 꾸릴 수 있었다. 그리고 1865년에는 미국 여행까지 시도했다.

쿡은 (엄밀히 말해서) 대중이 원하는 곳으로 자유롭게 이동하는 '여행(travel)'이 아니라, 정해진 장소로만 이동해야 하는 '관광(tour)'을 하나

출처: https://en.wikipedia.org/wiki/Thomas_Cook_%26_Son#/media/File:Cook's_Nile_and_Palestine_Tours_poster_-_circa_1902.jpg

의 상품으로 확립했다. 요컨대 여행객은 한 장소에서 자신이 원하는 만큼 머무는 게 아니라 정해진 시간만 머무를 수 있었다. 그는 철도 회사와 협업해 열차 노선을 이용하고, 심지어 사람들이 방학 등의 여가를 활용해 가고자 하는 장소에 직접 철길을 깔기도 했다. 그렇게 대량 관광 패키지 사업을 통해 유럽 전역을 하나의 여행권으로 만드는 데 성공했다. 1874년에는 여행객이 현금 대신 자신이 발행한 여행자 수표를 가지고 유럽 전역에서 사용할 수 있도록 했다. 쿡은 여행에 대한 19세기 대중의 열망을 정해진 일정에 따라 철도를 통해 대량으로 이동하는, 즉 기존의 (개별) 여행을 (단체) 관광으로 만드는 데 성공했다. 그러니까 사실상 쿡은 근대 대량 관광의 탄생을 이끌어낸 선구자였다.

나아가 대서양 정규 여객선이 미국과 유럽을 바닷길로 연결하자, 세계 여행의 표준화 또한 가능해졌다. 20세기에는 증기 여객선이 석탄 대신 석유를 이용하면서 더 빨리 리버풀과 뉴욕을 오갔다. 4개월이나 소요되던 미국 횡단이 1869년 뉴욕과 샌프란시스코를 잇는 철도 노선의 완성으로 불과 1주일밖에 걸리지 않았다. 이제 돈과 시간이 있는 사람들에게 세계 여행을 꿈꾸는 게 허황된 일만은 아니었다. 쥘 베른(Jule Verne, 1828~1905)이 《80일간의 세계 일주》를 출간한 해는 1873년이었다. 그런데 이 소설의 배경은 1872년이고, 주인공은 영국인이다. 소설 속에서 런던을 출발한 그는 리버풀과 뉴욕을 거쳐 대륙 횡단 열차를 타고 샌프란시스코로 가서 태평양을 횡단한다.

한편, 미국에서는 사업가 조지 풀먼(George M. Pullman, 1831~1897)이 토머스 쿡보다 좋은 서비스를 제공하고자 했다. 1858년 장거리 이동 시 야간 여행이 가능하도록 기차에 침대를 마련한 것이다. 증기 기관차 혹은 후일의 디젤 기관차가 속도를 높여도 한 장소에서 다른 장소로 물리적으로 이동하는 것은 여전히 많은 시간이 필요했다. 게다가 8시간 넘게 앉아서 하루에 이동한다는 것은 신체 건장한 성인 남자일지라도 쉬운 일은 아니었다. 그런데 풀먼은 기차에 침대를 제공하는 아이디어를 실천에 옮겼다. 그렇게만 한다면 편안하게 며칠씩 걸리는 장거리 여행도 할 수 있을 것이며, 해가 떠 있는 동안만 가능했던 기

그림 6-3   미네소타주 덜루스(Duluth)에 전시 중인 풀먼의 '침대차' (1860년대).

출처: https://en.wikipedia.org/wiki/Sleeping_car#/media/File:Pullman_sleeping_car_circa_1860s.JPG

차 여행이 밤에도 문제가 되지 않을 터였다. 특히, 미국처럼 태평양에서 대서양에 이르는 방대한 공간을 이동하는 데 유용하고, 경제적 능력이 있는 사람이라면 얼마든지 선호할 거라고 생각했다.

풀먼은 이리(Erie) 운하에서 여객용 선박을 이용했던 젊은 시절의 경험을 떠올리면서 1864년 마침내 침대 열차를 완성할 수 있었다. 이 기차는 가격이 일반 기차의 5배 이상이었음에도 '중산층을 위한 사치(luxury for the middle class)'라는 마케팅을 통해 성공을 거두었다. 심지어 그는 1867년 '바퀴 위의 호텔(hotel on wheels)'이라는 광고와 더불어 '프레지던트(the President)'라는 침대 열차에 주방과 식당을 추가했다. 이듬해에는 기차에 요리사까지 동행하는 '델모니코(Delmonico)'라는 이름의 침대 열차를 선보이기도 했다. 이 열차는 당시 뉴욕시의 유명한 '델모니코 레스토랑'의 주방장을 고용해 운영했다. 이로써 여가 혹은 사업차 먼 거리를 기차로 이동하는 것이 부담스러움에서 벗어나 즐거움의 영역이 되었다. 물론, 재정적 여유가 뒷받침되어야 했지만 말이다.

미국인과 자동차 여행

토머스 쿡이 꿈꾼 세상은 가능한 한 많은 사람이 기차 같은 대중교통 수단을 이용해 삶의 여가를 즐기는 것이었다. 그런데 20세기 미국에서 살고 있는 사람들은 더 이상 대중교통이 아니라 한 개인, 혹은 한 가족이 활용할 수 있는 교통 수단인 내연 기관 자동차에 의존하게 되었다.

자동차 수요의 증가는 석유 산업의 확대를 가져왔고, 석유 산업의 확대는 또다시 자동차 수요의 증가를 가져왔다. 무엇이 먼저 원인을 제공했는지는 몰라도 서로가 서로를 필요로 하면서 전간기, 즉 1920~1930년대의 미국 경제를 이끌었다. 화석 연료인 석유와 화석 에너지의 힘으로 움직이는 자동차는 20세기 미국을 '이동 사회'로 변화시켰다.

노벨 문학상 수상자이기도 한 소설가 윌리엄 포크너(William Faulkner, 1897~1962)는 자동차에 대한 미국인의 애정 혹은 중독을 다음과 같이 표현했다. "미국인은 정말 자동차를 사랑한다. 아내나 자녀, 조국 심지어 은행 계좌도 자동차를 이기지 못한다."[8] 그랬다. 미국인의 자동차 사랑은 다른 국가 사람들에게 유별나게 보일 정도였다. 마치 각자가 외로운 섬인 양 엄청난 속도로 자동차를 몰고 이동했다. 자동차는 점차 미국 개인주의 표현의 상징물이 되었다. 게다가 누가 뭐래도 자동차는 확실하게 사생활을 보장해주었다.

포크너 같은 작가는 간결하게 한 문장으로 미국인의 자동차 집착에 대해 언급했지만, 예일 대학의 역사가 조지 피어슨(George W. Pierson)은 미국인의 삶을 통시적으로 관찰한 후, 1960년대에 한 저서를 통해 미국의 국민성이 석유로 인해 바뀌었다고, 그리하여 미국을 다른 국가와 구별할 수 있는 특성이 'm'으로 시작하는 단어들로 구성되었다고 주장했다. 예컨대 한 국가로부터 다른 국가로 뛰어넘어 새로이 뿌리를 내리는 '이주(migration)', 한 국가 안에서 공간을 달리하는 '이동(movement)', 정착이나 정주가 아닌 유동성(mobility) 등이 그것이다. 그는 미국인은 그 자체로 유럽인이나 여느 문명권 사람들과 다르다고 생각했다. 피어슨의 주장처럼, 실제로 미국인은 무엇보다도 '자유'와 '개인주의'를 중요하게 생각했으며, 그러한 것을 공간적으로 표현하는 수단을 '유동성'으로 이해했다. 그리고 이러한 개인의 '이동'을 자동차를 통해 실현할 수 있다고 여겼다. 미국인이 일찍부터 자동차를 열광적으로 소유하고자 했던 이유다.

포드의 모델 T 가격이 매년 하락하자 너도나도 차량을 구입하기 시작했다. 중산층을 넘어 노동 계급까지도 자동차를 사들였다. 그 결과 1910년 미국 전역에서 50만 대를 밑돌던 자동차가 불과 10년 만에 810만 대로 무려 16배 이상 증가했다. 자동차 등록 대수도 계속 늘어나 1929년 대공황이 일어나던 해에는 2310만 대로 정점을 찍었다. 대공황 초기에 줄어들던 자동차는 1934년부터 다시 늘어나기 시작해 1941년에는 2960만 대로 증가했다.

미국인은 구입한 차량으로 쉬지 않고 돌아다녔다. 나아가 시간이 지날수록 이동 거리가 끊임없이 늘어났다. 예컨대 1920년의 통계에 의하면, 810만 대의 자동차가 평균적으로 1년에 8291킬로미터를 이동했다. 그런데 1930년에는 2300만 대 넘는 차량이 1년에 평균 1만 2413킬로미터, 1940년에는 2750만 대의 차량이 1년 평균 1만 4986킬로미터를 이동했다. 하루 평균 41킬로미터를 움직인 것이다. 자동차가 없었다면 도저히 불가능한 거리를 이동한 것이며, 이는 휘발유 없이는 불가능했다.

컬럼비아 대학의 로버트 린드(Robert Lynd)와 헬렌 린드(Helen Lynd)의 공동 저작인 《미들타운(Middletown)》은 1920년대 인디애나주 중간급 도시인 먼시(Muncie)를 모델로 쓴 책이다. 《미들타운》에 의하면, 미국의 기성세대뿐 아니라 젊은이들은 여럿이 있는 공간보다 연인 둘만이 있는 공간에서 여가를 즐기고 싶어 했다. 그리고 자동차가 바로 그들만의 데이트를 위한 이상적인 공간, 즉 고립적이면서도 친밀한 공간을 제공했다. 19세기까지는 상상하기 힘들었던 개인주의의 실현이 자동차를 통해 가능해진 것이다. 자동차에 앉아 있는 연인들에게 국가가, 사회가 무슨 의미가 있었겠는가? 그러니 자동차를 즐기는 미국인에게 국가의 간섭이란 용납해서도, 용납할 수도 없는 것이었다.

미국에서는 자동차를 법이 허용하는 속도보다 더 빠르게 달릴 수 있게끔 제조했다. 그 결과 1924년 통계에 의하면, 자동차 사고로 사망한 사람이 2만 3600명, 부상자는 70만 명에 달했다. 이러한 사회적 손실에도 불구하고 미국인은 공간 이동의 매력에서 벗어나지 못했다. 그들은 다른 어느 국가와 비교할 수 없을 정도로 값싼 휘발유 덕분에 19세기 마차 시절에는 상상도 할 수 없었던 먼 거리를 아무렇지 않게 자동차로 움직였다. 그것도 대중교통이 아닌, 자기만의 공간 혹은 자기와 내밀한 사람끼리 같은 공간을 소유하는 방식으로 말이다. 미국인이 승용차를 즐겨 타는 데는 이처럼 미국 특유의 가치관 혹은 철학이 윤활유 역할을 했다.

1930년대에는 자동차의 사회적 역할이 더 증대되었다. 일단 1920년대보다 자동차 사용량이 무려 3배나 증가했다. 이는 더 많이 어딘가로 이동했다는 걸 의미한다. 젊은이들은 자동차를 소유하기 전에는 상대방 여성의 집 거실(parlor)에서 하던 구애를 자동차 안에서 했다. 자동차는 미국인에게 점점 더 사생활과 개인적 취향을 보장받는 공간이 되었다. 자동차와 휘발유가 없었다면 도저히 있을 수 없는 문화였다.

미국인에게 공간은 무엇보다도 탁 트인 하이웨이를 달리면서 확인할 수 있는 장소였다. 그들은 미국이라는 땅이 얼마나 커다란 공간인지를 자동차로 달리면서 확인할 수 있었다. 마차나 말을 타던 시대에 힘들게 이동했던 지리적 거리를 자동차는 단숨에 압축했다. 자동차의 내연 기관은 휘발유를 공급받는 한 태평양에서 대서양까지 쉬지 않고 달릴 수 있었다. 그런데 그 휘발유가—앞에서도 강조했듯이—무엇보다도 다른 어느 국가들과 비교할 수 없을 정도로 값이 저렴했다.[9]

루스벨트 행정부의 1935년도 추정치에 의하면, 미국인은 총 9억 3000만 킬로와트의 에너지를 사용했다. 그중 자동차가 전체 에너지의 무려 75퍼센트를 차지했다. 자동차야말로 다른 무엇보다도 '탄소스러운' 생활 방식의 으뜸가는 개인용 내연 기관 차량이었다. 미국인의 이런 자동차 사랑은 1950년대 후반에는 서유럽으로, 1960년대 초에는 일본으로 옮겨갔다. 그리고 1980년대 후반에는 한국 또한 자동차와 본격적으로 사랑에 빠졌다.

4 전기 시스템과 가전제품의 확산

전기화는 무엇보다도 집 안과 사무실에 조명을 제공해 밤 시간을 자유롭게 낮 시간만큼 사용할 수 있게 해주었다. 두 번째로는 기업과 공장에서 증기 기관을 사용할 때보다 훨씬 더 편리하고 안전하고 높은 효율을 보장했다. 세 번째로는 가사 노동의 전환을 가져왔다. 미국에서는 20세기를 지나면서 청소부터 세탁에 이르기까지 가전제품인 '전기 하인(electric servant)'이 중산층 주부들의 힘들고 귀찮은 가사 일을 도맡아 가내 하인이 빠져나간 자리를 대체하기 시작했다.

이전 같으면 가정에서 물을 데워 목욕하는 데 몇 시간이 걸렸다. 그런데 수도꼭지만 돌리면 바로 더운물이 콸콸 쏟아져나왔다. 이전에는 따뜻한 스튜를 만들려면 인근 야산에 가서 나무를 해 오거나 미리 쌓아놓은 장작을 난로에 넣고 불을 피워야 했다. 이 또한 몇 시간이 걸렸다. 그런데 가스레인지나 전기레인지를 사용하면 30분 정도면 이 모든 게 해결되었다. 청소도, 빨래도 마찬가지였다.

이렇게 집 안에서 가전제품을 제대로 사용하려면 먼저 방마다 백열등을 설치해야 했다. 그런데 에디슨이 활동하던 1880년대 초만 해도 전기의 흐름을 '분할'하는 것은 가능하지 않다고 보았다. 그 시절의 엔지니어나 발명가뿐 아니라 물리학자까지도 각각의 필요한 장소에 전기 소켓을 설치하고 연결하는 것은 비용이 많이 들고, 심지어 자연의 법칙에도 어긋난다고 생각했다. 하지만 에디슨이 새로운 방법을 찾아냈다. 병렬 회로 구조를 창안한 것이다. 그는 1882년 뉴욕시 맨해튼의 펄 스트리트에 발전소를 설치하고 무려 8000개의 전구를 병렬로 연결해 불을 밝힐 수 있었다. 미국 최초의 발전 시스템과 더불어 (결과적으로) 발전원과 최종 소비자 사이를 연결하는 전력망인 그리드(grid)를 실현한 것이다.

에디슨의 발전 시스템이 진화하면서 처음에는 공업용으로, 나중에는 상업용으로 전기 에너지가 활용되었다. 이러한 용도가 포화 상태에 이르자, 최종적으로는 가정용으로 가전제품이 등장했다. 그리고 여러 가전제품을 집 안에서 사용하기 위해서는 커피포트, 토스터, 청소기, 전기 오븐, 냉장고, 세탁기 등과 연결할 여러 개의 소켓 혹은 플러그와 콘센트가 필요했다. 그리하여 주로 주부들이 소비하는 가전제품이 대량 생산되었다. 산업 혁명이 집 안으로 들어오기 시작한 것이다.

앞 절에서 언급한 사회학자 린드 부부가 연구했던 지역은 인디애나주의 먼시라는 도시인데, 1890년만 해도 전체 가정의 95퍼센트 이상이 전기의 혜택을 누리지 못하고 있었다. 그런데 1916년이 되자 무려 60퍼센트의 가정에서 조명 위주로 전기를 이용했다. 그리고 조사를 진행한 시점인 1925년에는 단 1퍼센트의 가정만이 전기 없이 살아갔다. 따라서 이 지역은 1920년대 초입부터 전기의 일상화가 자리 잡고 있었다고 봐도 무방할 것이다.

요컨대 먼시는 1920년대에 굉장한 변화를 겪었다. 우리의 관심사인 가전제품을 살펴보면, 1920년 3월부터 1924년 2월까지 정확하게 4년 동안 '미들타운'—린드 부부는 책에서 먼시를 이렇게 익명의 도시로 표현했다—의 전기 사용량은 가구당 무려 25퍼센트나 증가했다. 무엇이 이 지역의 전기 사용량을 이처럼 증가시켰는지는 다음의 통계를 통해 간접적으로 확인할 수 있다. 1924년 기준으로 이 지역의 인구는 3만 8000명이었다. 그런데 1923년의 단 6개월 동안 전기다리미 1114대, 진공청소기 709대, 토스터 463대, 세탁기 371대, 전열기 114대, 냉장고 11대, 전기레인지 3대를 구매했다.[10]

이처럼 미국에서 가전제품은 1920년대를 거치며 대량으로 보급되기 시작했다. 1923년부터 불과 5년 만에 주요 가전제품이 얼추 2배가량 증가했다. 예를 들어, 전기세탁기는 295만 대에서 500만 대로, 전기다리미는 700만 대에서 1520만 대로, 냉장고는 2만 7000대에서 75만 5000대로 늘어났다. 사실상 주방 기기 중 처음으로 전기화한 것은 요리용 레인지였다. 1920년에는 미국 가정의 20퍼센트 정도가 전기레인지를 갖추고 있었다. 일부 가정은 가스레인지를 선호했지만, 1940년경에는 50퍼센트, 1955년에는 90퍼센트의 가정이 전기레인지를 보유했다. 1920년대부터 엄청나게 빠른 속도로 미국 가정주부들은 (하녀들이 떠난 자리에) '전기 하인'을 부리기 시작했다. 게다가 축음기와 라디오처럼 여가를 즐길 수 있는 전기 제품도 속속 중산층 가정에 침투했다. 전기를 통한 여가 기술의 도입은 '대중의 시대'를 본격적으로 열어주었다. 1920년대를 거치며 미국에서는 대중문화(mass culture)가 서서히 엘리트 문화를 밀어내고 있었다.

전기의 일상화 진행

서던캘리포니아 에디슨(Southern California Edison)이라는 전력 회사는 자사의 1934년 팸플릿에서 소비자에게 '경량' 월 요금제를 선택할 경우 전기 요금이 얼마나 싼지를 다음과 같이 제시했다.

방이 6개 있는 전형적인 미국 가정에서 전기는 세탁, 다림질, 청소에 쓰입니다. 또 일요일에는 아침 커피를 위해 물을 한 주전자 끓이고, 토스트 8조각과 함께 와플도 만들어야 하겠지요. 기본 요금제를 택하면, 매일 3시간씩 라디오에 에너지를 공급할 수 있고 고데기, 선풍기, 보온 패드와 기타 가전제품까지 추가로 사용할 수 있는 전력을 위해 월평균 1.92달러 정도만 지불하면 됩니다. 여기에 매달 2달러 또는 2.5달러를 추가로 지불하면 냉장고를 사용할 수 있으며 식기세척기, 탈수기, 요리용 전기레인지를 포함한 가전제품을 모두 사용하더라도 저희 에디슨 회사에 지불해야 하는 금액은 한 달 평균 6.55달러 정도일 것입니다. 시중에서 이보다 저

럼하게 하인을 부릴 수는 없습니다.[11]

대부분의 서던캘리포니아 에디슨 전력 회사 이용자들은—위의 선전 대로—'경량' 요금제를 선택했다. 대공황의 한복판에서 집에 방이 6개 나 있는 중산층 이상의 가정일지라도 (2015년 가격으로 110달러에 해당하는) 매월 6.55달러를 전기 요금으로 지불하기는 쉽지 않았다. 그럼에도 전 기에 익숙해진 이들 가정에서 단전은 생각조차 하기 싫었을 것이다. 그 결과, 미국의 대다수 가정이 여러 편리한 가전제품을 소비하면서 대량 소비 사회의 중심으로 자리 잡았다. 아울러 전기를 통해 대량 소 비 사회의 일원이 된다는 것은 '탄소스러운' 생활 방식을 받아들이는 걸 의미하기도 했다.

전기가 바꾼 농촌의 일상생활

미국에서는 앞 장에서도 언급한 것처럼, 압도적으로 도시 지역에만 전기가 도입되면서 전기 네트워크를 형성했다. 전력 사업을 맡은 민 간 기업은 공익에는 전혀 관심이 없었다. 오로지 단기적 수익 창출에 만 매달렸다. 농촌의 전력망 보급은 1920년대까지 지지부진한 상황이 었다. 그러다 1929년 주식 시장 붕괴로 시작된 대공황으로 인해 전기 에 대한 태도가 바뀌었다. 1932년 선거에서 정권을 잡은 민주당의 루 스벨트는 더욱 적극적으로 정부의 역할을 확대해갔다. 그는 침체된 경 제를 살리기 위한 일환으로 농촌에서 전력 사업을 벌이기로 작정했고, 이 시기부터 비로소 농촌 사람들도 전기의 혜택을 보기 시작했다.

다시 한번 강조하지만, 미국의 농촌이 전기 혜택을 받은 것은 아이 러니하게도 대공황 때문에 가능했다. 경제적 불황에서 좀처럼 벗어나지 못하던 1933년, 루스벨트 행정부는 연방 차원에서 경제 살리기에 적극 개입해 테네시 계곡 지역에 우선적으로 전기를 공급하기로 결정했다. 그리고 경제적으로 낙후된 남부 7개 주에 걸쳐 있는 이 지역에 테네시 계곡 공사(TVA)를 설립해 곳곳에 댐을 건설함으로써 전력을 생산하기 시작했다.

더불어 1935년 농촌전기청(Rural Electrification Administration, REA)이라는 새로운 조직을 만들었다. 이 연방 조직이 농민에게 저금리 융자를 제공해 스스로 조합을 만들도록 도와준 결과 빠른 속도로 많은 협동조합이 결성되었다. 결과는 놀라웠다. 조합 단위로 전기를 값싸게 공급받은 농가에서는 연소득의 28퍼센트를 전기 사용료로 냈지만, 생산성이 40퍼센트 넘게 늘어나 연간 지출보다 수입이 더 증가했다. 나아가 가전제품 구입도 신용을 통해 가능해지자 더 많은 전기 생산과 더 많은 가전제품 수요가 창출되었다. 전기의 혜택을 받은 농촌 사람들은 자신의 생활 방식이 획기적으로 바뀌는 것을 단번에 깨달았다.

1970년대 후반 대통령을 지낸 지미 카터(1924~2024)는 조지아주 농촌에서 살던 젊은 시절, 처음으로 전깃불이 들어왔을 때의 소감을 다음과 같이 말한 적이 있다. "내 생애 최고의 날은 우리 집에 전깃불을 켠 날이었어요. 내 결혼식 날 다음으로 기억이 생생해요. 농촌에 전기를 보급하는 계획이 실행되면서 우리도 머리와 가슴으로 사회에서 일어나는 일들을 접할 수 있게 되었어요. 전기가 없던 시절에는 불가능한 일이었죠."[12] 그가 결혼한 해는 1946년이었다. 따라서 그가 태어나고 자란 섬터(Sumter) 카운티의 플레인스(Plains)는 제2차 세계대전이 끝난 다음에야 전기의 세례를 받을 수 있었다는 얘기다. 같은 국가에서 살고 있음에도 뉴욕시에 비해 무려 60년 이상 늦게 전기를 공급받은 것이다. 이것은 또한 미국에서는 전기가 국민이 누리는 공공 서비스가 아니라 민간 전력 회사에서 선별적으로 제공하는 상품임을 의미했다.

여하튼 전기를 접한 농촌에서는 즉각적으로 생활 방식이 바뀌었다. 즉, '탄소스러운' 생활 방식을 받아들였다. 한 농부는 전기가 농촌 생활을 어떻게 근본적으로 바꾸어놓았는지를 이렇게 설명했다. "작동 버튼은 이제 우리와 한 몸이 되었어요. 전기 장비 없이는 요리도 할 수 없고, 목욕도 할 수 없고, 물도 마실 수 없게 된 거죠. ……완전히 전기의 노예가 된 거예요. ……알라딘 램프가 있었다면 당장 켜고 하던 일을 계속할 수 있었을 텐데, 이제는 전기가 나가면 아무것도 못 하게 되었잖아요." 그는 전기가 없었던 삶과 그 이후의 삶이 어떻게 바뀌었는지를 간결하게 표현했다. 그리고 전기가 공급된 이후 자신이 "전기의 노예"가 되었노라고 고백했다.[13] 그랬다. 인간이 '에너지 노예'를 더 많이 거느릴수록 인간 또한 전기의 노예가 되어갔다.

1926년부터 1955년까지 30년 동안 가전제품이 미국 중산층 가정에 널리 자리 잡고, 난방 및 냉방 시설이 사치품에서 필수품이 되었다. 산업 분야뿐 아니라 개인들도 전기 에너지 형태로 화석 연료를 본격적으로 사용하기 시작한 것이다. 20세기 초 전기 시스템의 상업적 구축이 일상에서 손쉽게 전기를 통해 화석 연료를 이용할 수 있게끔 해주었기 때문이다. 그 결과 발전소 용량은 2배로 증가했다.

20세기를 거치며 미국인은 점점 더 많은 전기를 이용했다. 그 결과 1950년 1인당 전기 에너지 사용이 2000킬로와트시였던 데 비해 2000년에는 3만 2700킬로와트시로 무려 16배 넘게 증가했다. 이는 비단 미국만의 현상이 아니었다. 제2차 세계대전 이후 전 지구적으로 가전제품이 확산하면서 가정에서도 더 많은 전기 에너지가 필요했다. 그 결과, 2000년에는 가정용 발전을 위해 전 세계의 화력 발전소에서 연간 52억 톤의 석탄을 사용했다. 흥미로운 점은 대다수 소비자가 전기 에너지를 1차 에너지원으로 오해했다는 것이다. 즉, 화력 발전소에서 생산한 전기가 석탄이라는 '더러운' 화석 연료를 통해 만들어진 줄 모른 채 전기를 '깨끗한' 청정에너지로 이해했다.

21세기를 사는 오늘날 인류는 얼마만큼의 '에너지 노예'를 사용하고 있을까? 에너지 전문가 바츨라프 스밀(Václav Smil)의 추정에 따르면, 현재 인간들의 가용 에너지는 막 화석 연료를 사용하기 시작한 1800년보다 무려 700배나 많다. 그리고 선진국 사람들의 경우는 평균적으로 200명의 노예 혹은 하인을 부리는 것과 동일한 에너지를 사용하고 있다. 이렇게 많은 사람이 그렇게나 많은 '에너지 노예'를 이용하면서 살고 있다니 놀랍지 않은가? 이 모든 상황은 화석 에너지의 능력이 빚어낸 것이다. 탄소 문명이 아니라면 불가능했을 이러한 세상에서 우리는 의도하든 않든 마음껏 '탄소스러운' 생활 방식을 즐기고 있다.

우리는—적어도 물질적으로는—지나칠 정도로 풍요로운 세상에 살고 있다. 그런데 이 넘치는 에너지를 적재적소에 제대로 사용하고 있는 걸까? 더 심각한 문제는 이것이다. 즉, 우리가 과연 언제까지 이 화석 에너지를 사용할 수 있을까?

3부

탄소 문명의 절정과 쇠퇴

07

탄소 문명의 전 지구화

'탄소스러운' 생활 방식의 확산(1945~1972)

1 에너지 빈곤에서 풍요의 시대로: 냉전과 에너지 정책

마셜 플랜과 유럽 석유 문화의 출현

석유 문화가 막 발흥하기 시작할 무렵 발발한 제2차 세계대전이 끝난 직후, 유럽은 가혹한 에너지 빈곤의 시기를 맞았다. 연합군의 폭격으로 석탄과 석유 공급로가 끊기고 에너지 생산을 담당하던 이들이 희생되면서 대다수 유럽인이 생활에 필요한 에너지, 특히 석탄 부족에 시달려야 했다. 물론 《전후 유럽 1945~2005》에서 역사가 토니 주트(Tony Judt)가 서술했듯 석탄 에너지뿐만 아니라 "거의 모든 것의 공급이 부족해" 대부분의 유럽 국가가 물질 빈곤 상태에 처한 터였다. 석탄 생산에 투입할 노동자가 부족해지자 수천 명의 전쟁 포로를 동원하기도 했다. 주요 석탄 수출국이던 영국에서도 전문 노동력과 기계 부족으로 자국 내에서 필요한 만큼의 양을 생산하기조차 어려웠다. 1946~1947년의 혹독한 겨울 추위에 집과 사무실에서 얼어붙은 몸을 녹이기에 여념이 없었다. 200년을 더 쓸 수 있는 석탄 매장량을 갖고 있음에도 영국은 달러를 주고 석탄을 수입해야 했다. 공장 가동 시간을 줄이고 전시용 조명도 금지했다.[1]

연합군으로 전쟁에서 승리한 영국의 사정이 이랬으니 패전국 독일의 상황이 어땠을지는 쉽게 짐작할 수 있다. 미국과 영국 관할하에 들어간 함부르크의 경우 1946년 말부터 몇몇 구역에는 석탄 부족으로 발전소를 종일 운전할 수 없었다. 그래서 전기 공급이 수시로 끊어지는 일이 발생했다. 12월 21일부터는 난방도 되지 않아 이듬해 2월에는 900여 곳의 작업장과 영업소가 문을 닫아야 했다. 성탄절 휴일을 강제적으로 1월 15일까지 연장하는 바람에 일거리를 잃은 사람들이 석탄 수송 기차에서 석탄을 도둑질하기까지 했다. 에너지 공급의 어려움은 식료품 공급 중단으로도 이어졌다. 1947년 5월에는 문제 해결을 요구하는 함부르크 시민들의 대대적인 시위가 벌어졌다.[2] 전쟁 직후 주요 에너지원인 석탄의 공급 부족이 유럽인을 얼마나 피폐하게 만들었는지를 잘 보여주는 사건이라 할 수 있다.

전후 유럽이 겪고 있던 이런 에너지 기근은 미국의 도움으로 빠르게 해소되었다. 서유럽에서 소련의 영향력을 막기 위해 미국 국무장관 조지 마셜(George Marshall)이 유럽부흥계획(European Recovery Program, ERP), 즉 마셜 플랜을 기획한 덕분이다. 대규모 경제 원조를 주요 내용으로 한 마셜 플랜은 서유럽의 경제 회복에 필요한 연료 공급, 그리고 이와 관련한 산업 및 인프라 구축 지원 프로그램에 특히 집중했다. 미국은 농업 및 산업 복구, 수송 시스템 구축, 화학과 건설 산업 분야에

서 값싼 원료 물질 생산을 촉진할 수 있는 정유 산업에 대한 지원을 아끼지 않았다.[3]

마셜 플랜 기획자들은 산업과 인프라에 대한 이런 지원이 유럽의 빠른 경제 회복과 부흥을 가져와 궁극적으로 공산주의 세력의 확장을 막을 수 있을 거라고 보았다. 아울러 마셜 플랜은 미국의 경제적 이해와도 맞물려 있었다. 정유 산업을 지원하고 수송 시스템을 우선 구축함으로써 중동에서 생산한 값싼 원유로 이익을 보고 있던 자국 석유 기업들의 수출 시장으로 유럽을 편입시키려 한 것이다.

미국은 마셜 플랜에 따라 원유와 석유 제품 구매에 필요한 자금을 1948년부터 1951년까지 직접 서유럽 국가들에 지원했다. 이렇게 지급한 금액이 12억 달러인데, 이는 유럽부흥계획에 들어간 총자금의 10퍼센트에 달했다. 식량, 사료, 비료 혹은 기계와 차량에 대한 원조금보다는 적었지만 같은 에너지원인 석탄 원조금보다는 많았다. 그런데 이 원조 금액은 국가별로 차이가 있었다. 예컨대 석유 구매 지원금을 가장 많이 받은 국가는 프랑스, 영국, 이탈리아로 전쟁 이전에 정유 공장을 운영하던 나라였다.

한편, 마셜 플랜의 혜택을 받는 국가들은 직접 지원뿐 아니라, 자국 내의 정유 시설 구축 지원도 함께 요청했다. 석유 제품 수입으로 지출되는 달러 재정이 어려워질 때를 대비해, 자국 내에서 필요한 석유 제품을 생산할 수 있는 공장을 마셜 플랜의 지원을 받아 구축하려 한 것이다. 그러자 유럽 시장에 원유와 석유 제품을 공급하는 (중동에 석유 생산 기지를 두고 있던) 미국 석유 회사들이 시장 축소를 염려해 강력한 반대 의사를 표시했다.

그러나 미국 정부는 서유럽의 정유 산업 확대가 궁극적으로 원유 수출 시장 확대를 가져와 미국 석유 산업 전체에 이익을 줄 것으로 판단했다. 그럼에도 석유 회사의 의견을 일부 받아들여 제한적인 지원을 하기로 결정했다. 그리하여 1948~1951년 2400만 달러를 실제 집행했고, 마셜 플랜 종료 후 상호안전보장국(Mutual Security Agency) 등의 대외 사업 기관이 지원한 규모도 이와 크게 다르지 않았다.

미국의 유럽부흥계획과 이후의 원조 덕분에 1948~1958년 서유럽의 석유 제품 소비는 크게 증가했다. 같은 기간에 석유는 5800만 석탄환산100만톤(million tons of coal equivalent, mtce: 석탄 100만 톤에 해당하는 단위)에서 2억 300만 석탄환산100만톤으로 약 4배 증가했다. 마셜 플랜이 진행되던 시기인 1948~1951년의 석유 소비 전체를 보면 4800만 석탄환산100만톤에서 6540만 석탄환산100만톤으로 늘어나 전체 에너지 소비에서 차지하는 석유의 비중이 1947년 10퍼센트에서 1951년 15퍼센트로 증가했다. 이 비중은 1960년 32.3퍼센트까지 상승했다. 한편, 전쟁 이전 서유럽 에너지 소비의 대부분을 차지하던 석탄은 1948년 4억 4300만 석탄환산100만톤에서 1958년 5억 900만 석탄환산100만톤으로 1퍼센트 미만의 증가를 기록했다. 화석 연료 중 석탄의 비중이 현저하게 감소했음을 알 수 있다.

이런 석유 소비 증가뿐만 아니라 석유 제품 생산을 가능케 한 석유 산업이 발달하면서 서유럽에서 이른바 '석유 문화(Petroculture)'의 토대가 마련되었다. 프랑스의 경우, 마셜 플랜 자금을 5개 정유 공장 시설 현대화에 사용해 미국에서만 가능했던 촉매 분해 시설을 이용한 석유 제품 생산에 성공했다. 이를 기회로 프랑스는 1952년 생산된 석유 제품의 44퍼센트를 옛 식민지 알제리에, 25퍼센트를 서독과 스위스에 수출해 프랑스 역사상 처음으로 석유 제품 수출국에 이름을 올렸다.

정유 산업 발달은 1962년 정점에 달해 프랑스는 이제 미국에서 더 이상 석유 제품을 수입할 필요가 없었다. 서독도 미국의 지원 덕분에 석탄에서 합성 연료를 생산하던 공장을 정유 공장으로 전환해 자체 정유 용량을 늘릴 수 있었다. 이렇게 마셜 플랜에 따른 자금 지원은 서유럽 전체 정유 용량의 증가를 가져왔다. 1948년 1950만 톤에 불과하던 정유 용량이 1951년 5800만 톤으로 2배 넘게 증가했다.[4] 정유 공장이 늘어나면서 정유 공급도 증가하자, 수입하는 석유 제품의 종류가 달라졌다. 1938년 유럽에서 수입하는 석유 중 41퍼센트를 원유가 차지했다면, 마셜 플랜이 끝나갈 무렵인 1953년에는 원유 비중이 77퍼센트로 늘어났다. 수입 원유는 정유 공장에서 정제유로 바뀌어 서유럽 국가들의 새로운 수출 품목이 되었고, 정유 산업은 주요 산업으로 부상했다. 이렇게 석유는 전후 부족했던 석탄을 보조하는 일상 에너지원으로서뿐만 아니라 새로운 산업의 필수 자원이 되었다.

마셜 플랜하에서 진행된 자동차 산업에 대한 대출 지원 또한 서유럽에서 석유 소비가 정착하는 데 기여했다. 이탈리아의 피아트, 프랑스의 시트로엥과 농기계 제조업체 시마(CIMA)와 심카(SIMCA), 영국의 브리튼 포드가 대출 지원 덕분에 공장 생산 능력을 확장할 수 있었다. 자동차 제작사들에 대한 직접 지원과 더불어 유럽부흥계획을 관장하는 미국 대외 원조 담당 경제협조처(Economic Cooperation Administration, ECA)에서는 승용차에 4억 3250만 달러, 트랙터에 1억 830만 달러, 비행기에 9950만 달러의 구매 보조금을 지원했다. 이런 구매 보조 덕분에 서유럽에서 개인 차량을 소유한 이들이 늘어나기 시작했고, 자동차 이용 증가는 미국에 의한 도로 인프라 건설 지원으로 더욱 촉진되었다. 미국은 서유럽과 달리 제2차 세계대전 이전부터 석유 소비 중심의 수송 인프라가 자리 잡기 시작한 터였다. 철도 화물을 이용하는 것보다 도로로 이동하는 트럭 수송 비중이 점점 높아졌다. 승용차 이용도 증가했다. 이런 상황은 유럽부흥계획하의 서유럽 수송 인프라 지원에 그대로 반영되었다. 미국은 서유럽 정부에 로비를 펼쳐 미국 스타일의 고속도로 엔지니어와 교통 엔지니어가 대서양을 건너가 서유럽의 도로 복구를 돕게 했다. 이렇게 해서 서유럽도 도로 수송 중심의 인프라를 구축할 수 있었다.[5] 자동차 공장의 생산 능력 회복, 도로 인프라의 정비 그리고 구매 보조까지 이뤄지자 서유럽에서도 차량 이용이 빠르게 증가했다. 아울러 정제 휘발유와 디젤 제품 소비 역시 늘어났다. 이를 통해 서유럽도 석유 문화를 본격적으로 누리기 시작했다.

서유럽 사람들은 자신이 에너지 빈곤기에서 벗어나 '석유 문화'로 접어들기 시작했음을 일상의 주거 공간에서도 인식할 수 있었다. 수송 인프라가 구축되고 정유 산업이 자리 잡으면서, 난방 연료 시장에서 석유 연료 가격이 석탄 연료 가격보다 저렴해졌다. 사람들은 불편한 석탄 난방 대신 석유 난방을 선택했다. 삽질이 필요 없고 먼지 같은 오염도 없어 보이는 석유를 사용하는 난방 시스템을 찾는 소비자가 늘어갔다. 더구나 석유 연료 가격도 저렴해지자 1960년대 서유럽 주택 다수가 석유 난방 시스템을 갖추었다. 교통과 난방 영역에서뿐만 아니라 석유 연료의 침투는 유리 가공, 금속 가공 등의 산업 부문에서도 진행되었다. 마셜 플랜 지원금이 석유 버너 기술 개량에도 투입되었는데, 이 덕분에 유리 가공 공장 등에서 불편한 석탄 대신 (석탄 가격과 비슷해진) 중유 연료유를 이용할 수 있었다. 차량과 난방 연료로 쓰이던 석유 연료가 산업 공장들에서도 석탄을 대신하는 주요 연료로 사용되기 시작한 것이다. 이렇게 산업, 수송, 난방 등 전 영역에서 석유로의 에너지 전환이 일어났다.

이런 석유 에너지로의 전환에 필수적인 것이 지속적인 원유 공급이었다. 원유 공급 문제는 1950년대에 중동에서 지중해로 원유 공급을 가능케 해준 송유관을 완성함으로써 해결할 수 있었다. 1950년 사우디아라비아에서 레바논 항구까지 TAP(Trans-Arabian Pipeline)가 구축되어 중동 석유를 (지중해를 거쳐) 서유럽으로 수송할 수 있는 환경이 만들어졌다. 서유럽의 원유 수요가 급증하자 1953년에는 프랑스 르아브르항에서 벨기에 국경 지역까지 TRAPIL 송유관이 건설되었다. 1956년에는 서유럽 지역을 횡단하는 송유관 건설이 첫 삽을 떴다. 1958년에는 로테르담-안트베르펜, 라인-루르와 동프랑스를 잇는 유럽 횡단 송유관이, 1968년에는 로테르담에서 프랑크푸르트를 잇는 라인-마인(Rhine-Main) 송유관이 완공되었다. 중동 산지에서 선박으로 운송한 원유는 이렇게 점차 확장된 송유관을 통해 서유럽 전역으로 이동했다. 이처럼 미국 석유 회사와 서유럽 석유 산업체, 자동차 생산업체로의 마셜 플랜 기금 유입, 그리고 송유관 등의 원유 공급 인프라 구축이 맞물려 서유럽의 석유 문화 진입은 빠르게 이루어질 수 있었다.

서유럽에서는 정유 산업, 자동차 산업 등이 급속히 발전했고, 이를 통해 유럽 경제는 유례없는 성장을 기록했다. 1950~1973년 세계 평균 1인당 GDP 성장률은 2.91퍼센트였는데, 서유럽은 이를 크게 상회해 연평균 5.7퍼센트의 성장률을 기록했다. 1973년 서유럽의 1인당 GDP는 1950년에 비해 250퍼센트 증가했다. 서독의 '경제 기적', 서유럽의 '황금시대' 같은 용어는 모두 이 시기에 출현했다. 이러한 경제 성장은 서유럽의 에너지 소비를 크게 증대시켰다.

유럽 통합과 에너지

마셜 플랜이 시작되자 유럽 통합 운동은 크게 탄력을 받았다. 1947년 16개국이 참가한 유럽경제협력위원회(Committee of European Economic Cooperation, CEEC)가 창설되었고, 이어서 1948년 4월 유럽경제협력기구(Organization for European Economic Cooperation, OEEC)가 만들어졌다. OEEC는 마셜 플랜에 따른 원조를 효과적으로 관리하고 유럽 국가들의 경제 협력을 증진하기 위해 설립되었고, 유럽 협력을 추동하는 역할을 했다. 1961년 OEEC는 경제협력개발기구(Organization for Economic Coopertion and Development, OECD)로 개편되었다. 경제협력기구의 태동과 더불어 시작된 유럽 협력의 첫 번째 결실은 1952년의 유럽철강석탄공동체(European Coal and Steel Community, ECSC) 결성으로 나타났다. 1950년 5월 9일, 프랑스 외무장관 로베르 쉬망(Robert Schuman)은 석탄과 철강 생산을 공유함으로써 생산적 연대를 달성하면, 연대국 간의 전쟁을 피할 수 있을 뿐만 아니라 실질적으로 전쟁이 불가능할 것이라며 ECSC 결성을 제안했다. (쉬망이 이 제안을 한 날은 훗날 '유럽의 날'로 지정되었다.) 쉬망은 이 조약이 상품의 자유로운 이동(관세 또는 세금 없음)을 가능케 하고, 국가 간 불공정 경쟁 또는 차별적 관행이 금지된 공동 시장 구축을 가능케 할 것이라고 주장했다. 조약에 프랑스·서독·이탈리아·벨기에·룩셈부르크·네덜란드가 서명하고, 자신들의 시장 관리 권한을 고등행정처(High Authority)에 이관했다. 이렇게 해서 초국가주의(supranationalism) 원리에 기초한 최초의 유럽 기구, 즉 ECSC가 탄생할 수 있었다. ECSC의 결성으로 유럽은 석탄 과잉 생산으로 인한 문제를 해결할 수 있었다. 이후 서유럽 국가 외에 폴란드. 체코슬로바키아, 핀란드, 터키, 미국이 이 공동체에 참여해 석탄 및 채굴 장비 배분 논의를 진행했다. ECSC 결성으로 유럽의 석탄·철강 산업 현대화의 발판이 마련될 수 있었다. 한편, 한국 전쟁 발발은 유럽 통합론자들에게 통합의 절실함과 필요성을 증대시켰고, ECSC 결성 경험은 이후 유럽연합(EU) 탄생에도 크게 기여했다. ECSC 결성의 경우, 경제 전략과 군사적 목적이 동일한 위상을 차지했는데, 이는 그때가 냉전이 막 시작될 무렵이었기 때문이다.[6]

가공 없이 자연에서 직접 획득해 사용하는 에너지, 즉 석유나 석탄 같은 에너지원을 의미하는 1차 에너지 소비에서 이런 증가는 뚜렷했다. 1950년 5억 석유환산톤(toe) 이하에 머물던 서유럽의 1차 에너지 소비가 1970년에는 11억 석유환산톤으로 2배 이상 증가했다.[7] 이러한 에너지 소비 증가는 수송 인프라 구축과 석유 가격의 상대적 하락 때문에 가능했다. 경제 성장에 따른 구매력 상승은 예를 들면, 자동차 소유 및 이용의 제한을 풀어주었다. 더구나 자동차 이용에 필수적인 석유 에너지 가격이 낮게 유지되면서 서유럽인은 자동차를 무한정 이용할 수 있을 거라고 믿었다. 전쟁 직후의 빈곤 상황에서 석탄 이용을 제한하고 낡아빠진 물건을 재사용하던 태도는 서서히 사라졌다. 무한정 공급될 것만 같은 석유와 (공장에서 중단없이 생산되는) 자동차는 자신의 사회적 지위를 드러내기 위해 소비해야 할 대상이었다. 바야흐로 석유 소비 문화의 시대로 들어선 것이다.

마셜 플랜과 미국 석유 회사의 성장

마셜 플랜은 결과적으로 유럽을 중동 석유 의존적으로 만들어놓았다. 제2차 세계대전 이전만 해도 중동에서 서유럽으로 들어오는 석유는 전체 수입량의 20퍼센트에도 미치지 않았는데, 1947년에는 그 양이 43퍼센트, 1950년에는 85퍼센트로 증가했다. 여기에는 유럽부흥계획, 즉 마셜 플랜을 미국 국내 석유 시장에 최소한의 영향을 미치도록 계획했기 때문이다. 미국 정부는 1948년 본격 이행에 들어간 마셜 플랜에 따라 석유와 석유 제품은 미국 이외 지역에서 생산하는 것을 대상으로 삼도록 규정했다. 1948년 제정된 경제협력법(Economic Cooperation Act) 112조가 바로 이 규정이었다. 이로써 미국 석유 회사들은 중동에서 채굴한 원유를 판매할 유럽 시장을 쉽게 확보할 수 있었고, 동시에 중동 원유로 인해 미국 내 석유 시장이 불안정해지는 걸 방지할 수 있었다. 그러면서도 패전국 독일에 중동의 석유를 공급함으로써 독일의 전후 경제 회복에 도움을 주었다. 이는 독일의 전쟁 재발 욕구를 낮추어 유럽 평화 유지를 가능케 했다. 미국의 이런 전략에 대해 1948년 8월 국무장관 로버트 로벳(Robert A. Lovett)은 중동 석유를 잃게 될 경우, 미국이 국내 석유 소비를 상당량 줄이면서 유럽에 석유를 지속적으로 공급해야 하는 선택을 할 수밖에 없는 상태를 맞이할 것이라고 경고한 바 있다. 늘어나는 중동 석유 수입은 전후 유럽의 중동 의존성을 높이며 중동 정세에 유럽이 휘둘리는 상황을 초래했다. 이런 취약점에도 불구하고 마셜 플랜이 전후 유럽을 빠르게 에너지 빈곤에서 벗어나게 해준 것만은 확실하다.

마셜 플랜은 한편으로 미국 석유 대기업들이 성장할 수 있는 발판을 마련해주었다. 유럽이 수입하는 석유 물량의 75퍼센트를 중동 산지(產地)에서 운영 중인 미국 석유 회사, 즉 뉴저지 스탠더드 오일, 소코니 배큐엄(Socony-Vacuum), 칼텍스가 공급했기 때문이다. 구체적으로는 스탠더드 오일이 48.8퍼센트, 칼텍스와 캘리포니아 스탠더드 오일 그리고 텍사스 연합이 각각 14퍼센트, 소코니 배큐엄이 9.2퍼센트를 차지했다. 이들 기업은 1945년 배럴당 1.05달러였던 석유 가격을 1948년 2.22달러로 2배 넘게 올려 폭리를 취하는 방법으로 마셜 플랜 기간 동안 이윤을 축적할 수 있었다. 유럽 국가들이 달러를 아끼기 위해 정유 공장을 설립하려 하자, 강력한 로비력을 발휘해 미국 정부로 하여금 공장 설립을 불허하도록 했다. 이런 방식으로 미국 석유 기업들은 마셜 플랜하에서 유럽 석유 시장에 대한 독점적 지배력을 구축하려 했다. 이들 기업은 석유 공급을 독점하면서 이후 유명한 '세븐 시스터즈(미국의 텍사코·엑손·소칼·소코니·걸프, 영국의 BP, 영국과 네덜란드의 쉘 등 세계 7대 석유 대기업)'로 성장했다. 1970년대까지 7대 석유 대기업은 생산 통제와 공동 가격 결정으로 시장 이익을 보호하며 세계 석유 시장을 지배했다.

석유로의 에너지 소비 구조 전환과 위험: 수에즈 위기

에너지원이 점차 석유로 바뀌어가던 시기에 석유 기반 사회가 맞이할 미래의 위험을 예고하는 사건이 발생했다. 바로 제2차 중동 전쟁으로 알려진 '수에즈 위기'였다. 당시 이집트 대통령 나세르가 수에즈 운하의 국유화를 선언하자, 1956년 10월 29일 이스라엘군이 이집트 시나이반도를 침공하고 11월 5일에는 영국과 프랑스가 수에즈 운하를 점령함으로써 전쟁이 발발했다. 이 전쟁은 중동에서 원유를 수입하는 통로이면서 서유럽으로 들어오는 각종 무역 물품이 통과하는 곳이던 수에즈 운하를 나세르 대통령이 일방적으로 국유화하겠다고 선언하면서 일어났다. 이에 당시 운하 관리권을 갖고 있던 영국과 프랑스가 이를 되찾기 위해서 군대를 파견해 운하를 점령한 것이다.

미국은 국제통화기금(IMF)에 압력을 넣어 영국에 어떤 재정 지원도 못 하도록 했고, 유엔에서도 영국의 폭격으로 민간 손실이 발생하면 강력한 제재를 가할 것이라고 압박했다. 경제적 손실이 분명해지자 영국은 11월 7일 수에즈 운하에서 철수했고, 대신 유엔이 평화유지군을 긴급 파견해 전쟁을 종결시켰다. 유엔 제재에 직면할 뻔했으나 영국은 유일하게 자신의 편을 들어준 오스트레일리아의 도움으로 겨우 위기를 면할 수 있었다. 그러나 과거 제국으로서 위상을 잃어버린 건 어쩔 수 없었다.

수에즈 운하를 둘러싼 전쟁은 영국과 프랑스로 대표되는 구(舊)제국 질서의 해체를 가져왔다. 동시에 전쟁 해결에 결정적 역할을 한 미국이 부상하는 계기를 마련해주었고, 결과적으로 새로운 국제 질서가 등장했다. 아이젠하워 대통령은 "수에즈에서 군사 대응을 한 사람들이 석유 문제도 스스로 해결해야 한다"며 군대를 동원한 영국과 프랑스에 대한 원유 공급 중단을 선언하고 즉각 실행에 옮겼다. 원유 공급 중단 조치가 전해지자 영국 재무장관 해럴드 맥밀런(Harold Macmillan, 1894~1986)은 "석유 제재. 이것이 모든 것을 끝내버렸다"며 프랑스와 함께 군대를 철수시켰다. 미국의 조치에 앞서 소련은 핵무기로 영국과 프랑스를 굴복시키려 했으나 실패한 바 있다. 당시 소련은 "런던과 파리에 핵 공격을 할 수도 있다"고 위협했으나 영국과 프랑스는 꿈쩍도

하지 않았다. 그런데 원유 공급을 중단하겠다는 말 한마디에 군대를 철수했으니 당시 석유가 국제 질서에 어떤 역할을 했는지 충분히 짐작할 수 있다.

전쟁이 종결된 후 이집트는 유엔과 미국 도움으로 운하 관리권을 유지할 수 있었다. 운하는 전쟁 기간 이집트가 배를 침몰시켜 통로를 막아버린 탓에 5개월 동안 통행이 금지되었다. 이로 인해 영국은 한동안 석유 부족에 시달려야 했고, 1956년 12월부터 1957년 5월까지 휘발유 배급제를 도입했다. 영국은 이렇게 국제적 위상의 추락을 겪었다. 미국과 소련이 유엔 결정에서 지배적 역할을 했고, 영국은 이 결정을 따라야만 했던 것이다.

전쟁이 발발하기 전 미국이 이집트의 수에즈 운하 국유화에 소극적으로 대처해 결국 서유럽 경제에 손상을 가져왔다고 판단한 프랑스는 미국에 반감을 가졌다. 하지만 미국이 개입해 내린 유엔의 철수 명령을 거부할 수는 없었다. 유럽 경제 부흥을 도운 미국에 대해 서유럽 국가들은 대부분 우호적인 감정을 갖고 있었지만, 이 전쟁으로 인해 프랑스에서는 그런 감정이 많이 사라졌다. 이런 국제 관계의 변화를 초래하기도 했으나 에너지 세계사 측면에서 수에즈 운하 사건은 미래에 다가올 위험을 잘 보여주었다. 요컨대 석유에 의존하는 국가들은 전쟁 발발 등으로 인해 순식간에 에너지 위기를 맞이할 수 있었다. 또한 에너지 자원을 둘러싸고 언제든 전쟁이 일어날 수도 있었다.

2 마이카 시대의 도래: 석유 연료 대중화

서유럽, 마이카 시대로

마셜 플랜은 서유럽이 마이카 시대로 들어가는 관문을 열어주었다. 자동차 기업에 대한 융자 보조와 차량 구매 보조금 지원, 석유 가격 안정화가 서유럽에서 자동차 소비 문화 성장의 배경이었다. 제2차 세계대전 이전부터 자동차 제작 기술을 보유하고 있던 영국, 이탈리아, 프랑스가 먼저 지원 혜택을 받았다. 이탈리아 국민차 브랜드 피아트는 한때 '마셜 플랜 베이비'라고 불릴 정도였는데, 마셜 플랜에서 나온 융자금으로 생산량을 늘린 것은 물론 디자인 혁신으로 소비자의 구매욕을 높일 수 있었다. 패전국 독일에서도 예를 들어, 군사용 차량을 만들던 폭스바겐이 설비 지원을 받아 민간 자동차 제작을 시작할 수 있었다. 서유럽 경제의 부흥은 중산층이 여윳돈을 모아 자동차를 장만할 수 있도록 해주었다. 네덜란드 등에서는 할부 제도를 처음으로 개발해 중산층이 아니어도 자동차 구매를 할 수 있었다. 자동차는 이제 더 이상 사치품이 아니었다.

1950년대까지만 해도 대다수 서유럽인은 기차, 전차, 버스 같은 대중교통을 이용했다. 1950년대 초에 에스파냐의 개인 소유 자동차는 고작 8만 9000대로 31만 4000명당 한 대꼴이었다. 1951년 프랑스에서는 12가구 중 한 가구가 자동차를 소유했다. 서유럽 국가 중 영국만 1950년 등록 개인 승용차가 225만 8000대로 22명당 한 대꼴이었다. 물론 영국에서도 승용차의 4분의 1이 런던에 등록되어 있었고, 대부분의 농촌 지역에서는 승용차를 보기 힘들었다.

서유럽의 자동차 보급은 이후 20년이 흐르는 동안 크게 변화했다.

영국에서는 1950~1980년 10년마다 자동차 보유 대수가 2배로 증가했다. 자동차 한 대당 점유 인구수가 1950년 22명에서 1964년 6명, 1972년 4명으로 줄어 1960년대 중반 이후 자동차의 대중화가 일어났음을 알 수 있다. 이렇게 영국이 자동차 보유에서 앞설 수 있었던 것은 자동차 산업이 크게 성장했기 때문이다. 영국에서 제작한 차는 1958년 연간 100만 대에 달했고, 1965년 도로 교통 관련 직업에 종사하는 노동자만 50만 명으로 전체 노동자의 5분의 1을 차지할 정도였다.[8] 영국에서는 1965년 이후 자동차 소유의 '민주화'가 실현되었다는 표현이 나올 정도로 숙련 노동자는 물론 반숙련, 미숙련 노동자도 자동차 소유자 대열에 합류했다.

자동차의 대중화는 이탈리아, 프랑스, 심지어 전범국 독일에서도 동일하게 진행되었다. 이탈리아는 1950년 34만 2000대를 보유했으나 1965년 550만 대, 1970년 1000만 대를 넘어 불과 5년 만에 거의 2배로 급증했다. 1975년에 등록된 자동차 수는 약 1500만 대로 국민 7명당 한 명이 자동차를 소유한 것으로 나타났다. 유사한 증가는 프랑스에서도 있었다. 1950년대 200만 대 미만에서 1960년대 600만 대까지 증가했고, 다음 10년 동안 다시 2배가 늘었다.[9] 특히 프랑스는 1966~1973년 자동차 소유 가정이 50퍼센트에서 73퍼센트로 증가했다. 전범국으로서 상대적으로 적은 지원금을 받은 서독 역시 자동차 산업이 크게 성장했다. 생산량 자체가 급증했다. 제2차 세계대전이 끝난 즈음 고작 630대 정도에 불과하던 '딱정벌레' 차는 1960년대 400만 대까지 생산되었다. 승용차 등록 대수 역시 1960년 449만 대에서 1970년 1394만 대로 10년 만에 2배 이상 증가했다.[10]

1950년대 서독에서는 이틀에 한 번 자동차를 사용했으며 이동 거리는 10킬로미터로 나타났다. 당시에는 주로 출근이나 주말 여가 나들이에 자동차를 이용했음을 알 수 있다.[11] 그런데 이 시기 자동차가 실용적인 목적, 즉 교통수단으로만 구매되었던 것은 아니다. 서유럽의 전후 경제 부흥과 더불어 사람들은 성공한 개인을 상징하는 기호로서 자동차를 인식했다. 즉, 자신을 과시하는 수단으로 자동차를 소비했다. 1960년대에 들어서면서 다양한 종류의 개인 승용차가 생산되기 시작했고 그 쓰임도 다양해졌다. 출퇴근용만 아니라 쇼핑, 영화 관람, 교외 드라이브 등 여가용으로 자동차를 이용하기 시작했다. 영국에서 1964년 수행한 조사에 따르면, 영화 관람, 교외 드라이브, 친척이나 친구를 만나기 위해 차량을 이용한다는 응답이 절반을 차지했다. 남성 운전자 중 3분의 1은 즐기기 위해서 자동차를 운전한다고 답했다. 1961년에는 이미 47퍼센트가 자동차를 이용해 휴가나 관광을 다닌 것으로 나타났다. 1960년 유럽 본토를 운전하며 관광한 차량 운전자도 1만 7000명에 달했다.

가족의 행복한 생활을 영위하는 데 자동차는 이제 필수재가 되었고, 자동차를 위한 주차 공간은 현대 주택의 일부로 자리 잡았다. 늘어나기 시작한 조립식 교외 주택에는 빌트인 차고도 포함되었다.[12] 1960년대 볼보 자동차 판매 포스터에는 스포츠용이면서도 가족용 자동차임을 강조하는 문구가 등장했고, 프랑스의 시트로엥 포스터에서도 가족 사진을 사용했다. 자동차를 가족의 반려견처럼 묘사하는 사례도 있었다. 이렇게 자동차가 서유럽 가정의 필수품으로 자리 잡으면서 석유 연료에 대한 의존도는 더욱 높아졌다.

한편, 자동차 확산은 서유럽의 많은 가정이 일상생활을 영위하기 위해 복잡한 도심에 거주할 필요가 없게 만들었다. 교외 거주 구역에 점점 더 많은 가정이 주택을 마련하기 시작했다. 이런 경향은 특히 네덜란드에서 뚜렷하게 나타나 1970년까지 암스테르담 거주자 1만여 명이 해마다 도심을 떠났다고 한다. 이에 따라 교외 주택 지구 건설 붐이 일었는데, 이것이 또 다른 석유 소비 증가 원인으로 작용했다. 늘어나는 주택 수요를 맞추기 위해 석유 부산물로 만든 플라스틱 재료가 건축 재료로 쓰이기 시작했고, 석유를 연료로 쓰는 중장비가 대거 투입되었기 때문이다. 자동차에 적용된 대량 생산 방식이 조립식 주택 건축에도 쓰이면서 주택 가격의 하향 평준화가 이뤄졌고, 이것이 또 주택 수요를 늘렸다.[13] 그리고 교외 주택의 증가는 자동차에 대한 의존도를 더욱 높였다.

1960년대에 들어서면서 자동차 이용에 결정적 역할을 한 고속도로 등의 도로 확충에 대한 서유럽 정부의 지원이 증가했다. 이것이 철도 교통을 도로 교통으로 바꿨다. 그리고 개인적 교통수단이 대중교통을 대체했다. 제2차 세계대전 이전에 도시의 이동 수단으로 자리 잡았던 트램 노선도 사라졌다. 영국 맨체스터에서는 1949년, 런던에서는 1952년 버스가 트램을 대체했고, 1963~1965년에는 2479마일(약 3999킬로미터)의 철로를 아예 폐쇄해버렸다. 철도 교통은 이제 낡은 것으로 인식되었고, 영국 정부는 1957년부터 도로 확충을 위해 엄청난 규모의 재정을 쏟아부었다.[14] 이런 배경하에 영국인의 자동차 소유 또한 날로 증가했다. 한편, 영국과 달리 벨기에, 네덜란드, 덴마크 등 효율적인 철도망을 갖춘 작고 인구 밀도가 높은 나라들에서는 철도 교통 이용이 증가한 사례도 있다. 그러나 이런 경우도 도로 교통의 증가 속도보다는 훨씬 느렸다.

도시에서 내연 기관 개인 자동차가 주류를 차지하면서 석유 연료의 소비 증가를 가져왔다면, 농촌에서는 말을 대신해 트랙터가 보급되기 시작하면서 석유 연료 소비가 증가하는 결과를 가져왔다. 1950년대 이후 서유럽에서 본격적으로 진행된 농촌 기계화 역시 석유 의존도 심화를 가져왔다. 덴마크의 경우, 마셜 플랜과 연계해 농업용 말을 대신할 수 있는 트랙터가 농가에 대량 보급되기 시작했다. 1930년대에 몇백 대에 불과하던 트랙터가 1950~1960년대에 연간 1만 대씩 늘어났다.[15] 서유럽의 1965년 트랙터 통계를 보면, 서독 120만 대, 프랑스 99만 대, 영국 47만 대, 이탈리아 41만 대, 스웨덴 17만 대, 덴마크 16만 대에 달했다.[16] 트랙터의 보급은 이후 수확용 콤바인, 기계 수확기 도입 등과 병행되어 서유럽의 농촌 기계화를 촉진했다. 그리고 이것이 또 석유 연료에 대한 의존도를 심화시켰다. 이 모든 걸 가능케 했던 것은 마셜 플랜에 따라 실행된 트랙터 구매 보조금 지원이었다.

1950년대와 1960년대를 거치며 중동, 미국, 러시아의 저렴한 석유는 현대 문명을 바꿔놓고 소비 붐을 이끌었다. 석유 시장에서는 공급이 수요를 창출 또는 촉진하는 경우가 많았다. 석유는 난방과 전기 생산을 위해 석탄을 대체하기 시작했다. 1960년대 후반과 1970년대 초반에는 자동차의 대중화가 수요를 이끌었다. 대니얼 예긴이 말한 '탄화수소의 시대'가 도래했다. 예긴은 난방 연료와 자동차 연료 등 일상에 필요한 연료가 하나의 제품 형태로 공급될 수 있었던 것은 석유 대량 공급이 가능해졌기 때문으로 보았다. 아울러 석유로 플라스틱 생산까지 가능해지면서 석유는 '군주'가 되어 '자동차를 타고 입장하는 새 문명'을 열었다고 탄화수소 문명의 시작을 설명했다.[17]

3 대량 소비 사회로: 일상화한 가전제품과 플라스틱 혁명

가정의 전기화를 이끈 가전제품의 확산

1994년 유럽연합에서는 냉장고와 냉동고에 대한 에너지 효율 순위를 부여하기 위해 가정의 냉장고 크기에 관한 자료를 세계 국가들을 대상으로 수집하기 시작했다. 가정에서 전기 먹는 하마 중 하나가 냉장고와 냉동고이고 기후 변화에 대응하려면 가정에서도 전기 소비 절감에 나서야 한다고 보았기 때문이다. 그 결과 냉장고 크기가 커질수록 가정에서 전기 소비도 늘어나는 걸 확인할 수 있었다. 가정에서의 전기 소비는 가정용 전기 제품 종류가 늘어나면서 증가했던 것이다. 이렇게 에너지 소비와 관련해 가정이 주목을 받은 것은 미국에 이어 서유럽이 1960년대 대량 소비 사회로 접어들면서 가정의 전기 소비가 점차 늘어났기 때문이다. 여기서는 서유럽 가정이 전기 소비의 핵심 공간이 되어간 과정을 살펴보고자 한다. 마셜 플랜의 도움으로 빠르게 경제 회복을 맞이한 서유럽은 경제 성장과 더불어 1960년대 대량 소비 사회로 접어들었다. 이 시기는 서유럽 사람들이 아무런 의심 없이 석유 소비를 늘려가고 있던 에너지 소비 차원에서 그야말로 행복한 시기였다. 에너지 소비의 증가는 서유럽 가정들에서 점차 뚜렷해졌는데, '가정의 현대화, 가사 노동의 기계화'를 모토로 가전제품이 서서히 주거 공간을 차지하기 시작했기 때문이다. 제2차 세계대전 이전에만 해도 서유럽 가정의 부엌과 거실에는 주부 일손을 돕는 전기다리미, 청소기와 전기냄비 정도만 들어와 있었다. 서유럽과 달리 미국은 이미 1941년에 가구의 절반 정도가 냉장고를 구비하고 있었다. 그리고 전쟁이 끝난 직후 세탁기 보급이 확산했다. 서유럽에서는 1960년

냉전과 부엌[18]

미국에서 가전제품의 급속한 확산에는 냉전도 어느 정도 기여를 했다. 이는 1959년 리처드 닉슨 부통령과 소련 서기장 니키타 흐루쇼프(Nikita Khrushchev) 사이에 벌어진 이른바 '부엌 논쟁'과도 관련이 있다. 그렇다면 부엌 논쟁이란 무엇일까?

미국과 소련 사이에 우호적 분위기가 조성되던 1959년, 두 초강대국은 상대국에서 기술, 노동, 교육, 농업, 의학, 문화, 생산 및 소비 측면에서 각자의 성과를 대표할 수 있는 전시회를 개최하자는 데 합의했다. 이렇게 해서 열린 전시회는 자연스럽게 두 나라의 체제 우위를 선전하는 자리가 되어버렸다. 1959년 6월에 열린 소련 전시회는 뉴욕에서 별 탈 없이 진행되었는데, 닉슨이 모스크바에 가서 흐루쇼프의 안내로 미국 전시회를 둘러본 직후 상황이 바뀌었다. 흐루쇼프는 이날 '소련에 의해 노예가 된 사람들'을 위해 기도하는 국가적 기념일인 '포로 국가 주간'을 미국 의회가 승인한 것에 대해 공개적 반박을 했다. 이에 그치지 않고 흐루쇼프는 닉슨 앞에서 공산주의의 장점을 설명하며, 자신은 소련 시스템을 강력히 신뢰한다고 주장했다. 그의 갑작스러운 공격에 닉슨은 적극적인 논쟁을 벌이기보다 정중하게 대응했다. 그런데 이후 자신의 이런 태도 때문에 여론이 악화하자 닉슨은 흐루쇼프에게 반격할 기회를 노렸다. 이런 닉슨에게 그의 보좌관이 보여준 제너럴 일렉트릭의 모델용 부엌은 안성맞춤인 것처럼 보였다. 이 특별한 부엌은 뉴욕 롱아일랜드 교외의 전형적인 목장 주택 모델의 일부로 '스플리트닉(Splitnik)'이라고 불렸다. 닉슨은 이 모델 하우스를 약 300만 명의 러시아 방문객이 볼 수 있게 설계하라고 지시했다. "러시아인에게 미국에서는 노동자 가족도 쾌적한 교외에 9000제곱피트 이상의 대지에 방 6개가 있는 집을 소유할 수 있다는 것"을 보여주겠다는 계획이었다. 그리고 호두나무 가구와 카펫, 리놀륨으로 장식한 레몬색 주방에는 최신식 냉장고, 레인지, 식기세척기 등 제너럴 일렉트릭의 최신 가전제품을 설치했다.

얼마 후, 이렇게 꾸민 전시장으로 흐루쇼프를 안내한 닉슨은 그와 다음과 같은 유명한 대화를 나눴다.

닉슨: (모델 하우스의 부엌 전시관 앞에 흐루쇼프를 세우더니) 뉴욕의 당신네 전시회에서는 매우 멋진 집이 있었지요. 제 아내와 저는 그것을 보고 매우 즐거웠습니다. 저는 당신에게 이 부엌을 보여주고 싶습니다. 이건 캘리포니아에 있는 우리 집과 같은 종류입니다.

흐루쇼프: (닉슨이 패널로 조작하는 세탁기에 주목한 후) 우리도 이런 것들을 갖고 있습니다.

닉슨: 이것은 최신 모델입니다. 집에 직접 설치하기 위해 수천 개씩 만들죠. 미국에서는 아내를 위해 생활을 더 편안하게 만드는 데 관심이 많거든요.

흐루쇼프: 우리 소련에서는 여성에 대한 자본주의적 태도를 가지고 있지 않습니다.

닉슨: 저는 여성에 대한 이러한 태도는 보편적인 거라고 생각합니다. 우리가 원하는 것은 주부의 생활을 더 편안하게 만드는 것입니다.

흐루쇼프: ······.

닉슨: 우리는 소련 사람들을 놀라게 하려는 게 아닙니다. ······로

켓의 힘보다는 세탁기의 상대적 장점을 경쟁시키는 게 더 낫지
않겠습니까? 이게 당신이 원하는 종류의 경쟁 아닌가요?

흐루쇼프: 맞아요. 그게 우리가 원하는 종류의 경쟁입니다. 그러나
당신네 장군들은 "로켓으로 경쟁합시다. 우리는 강하고, 우리는
당신들을 이길 수 있습니다"라고 말하지요. 그러나 이 점에서는
우리도 당신한테 보여줄 게 있습니다.[19]

닉슨은 흐루쇼프에게 다양한 가전제품을 가리키며 그 제품들이 미
국 주부들의 삶을 얼마나 편리하게 만들어주는지 강조했다. 이에 대
해 흐루쇼프는 '가제트(gadget, 필요하진 않지만 독특한 물건)'에 대한 미국
인의 집착을 조롱하며 이렇게 말했다. "당신이 보여준 많은 것들은
흥미롭지만 삶에 필요하지 않습니다. 유용한 목적이 없어요. 그저 가
제트에 불과합니다." 이런 논쟁이 오가던 중 흐루쇼프는 소련의 로켓
기술을 자랑하고, 닉슨은 미국의 세탁기 기술을 자랑했다. 그리고 마
지막에는 자본주의 대 공산주의 체제 논쟁으로 흘러갔다.

당시 정치가들에게 부엌, 우주 그리고 원자력 기술은 초강대국 간
의 경쟁 그 자체였다. 특히 최신식 부엌과 가전제품은 자본주의 체제
의 우월성을 보여주는 미국인의 자부심이었다. 냉전 체제하의 이러
한 경쟁은 결과적으로 미국과 유럽에서 가전제품의 대량 확산을 가
져왔다.

대에 들어서면서 미국과 유사한 가전제품 보유율을 보이기 시작했다.
1957년에만 해도 대부분의 서유럽 가정에는 냉장고가 없었다. 미국

의 경우 1941년에 이미 45퍼센트의 가정이 기계식 냉장고를 보유하고 있었던 데 비해 1957년에 이탈리아는 11퍼센트, 영국은 10퍼센트 미만이었다. 1965년에는 영국 가정의 38.2퍼센트가 냉장고를 구매한 것으로 나타났다. 기계식 냉장고를 처음 발명한 서독에서도 1951년 말까지 냉장고는 사치품이어서 세금을 내야 했고, 1960년대 초에 이르러서야 54퍼센트가 냉장고를 보유했다. 프랑스의 경우는 1950년에 겨우 3퍼센트의 가정만이 냉장고를 보유했고, 1975년에야 90퍼센트에 달했다. 서유럽에 비해 미국의 냉장고 보유율이 월등했던 것은 미국이 상대적으로 일찍 높은 구매력을 갖췄기 때문이다. 게다가 냉장고를 필요로 하는 식문화와 대량 생산으로 냉장고 판매 가격을 낮출 수 있었기 때문이기도 하다. 냉장고에 필요한 전기 시설은 서유럽에서도 잘 갖추어져 있었다. 예컨대 1950년대 중반에 이미 노르웨이의 일부 농촌 지역과 이탈리아 남부 및 고지대를 제외한 서유럽 전역이 완벽하게 전력 공급을 받고 있었다. 그럼에도 서유럽 대다수 가정이 냉장고를 구매할 여윳돈을 마련하지 못했고, 식탁 위의 신선한 음식을 즐기는 식문화가 식품 보관용으로 주로 쓰이는 냉장고에 대한 수요를 진작시키지 못했다. 냉장고 제조업체에서는 냉장고가 식량 저장, 식사 준비 등과 관련한 노동을 절약해 주부들을 지루한 가사 노동에서 해방시킬 수 있다고 광고했으나 그들이 의도한 만큼 냉장고는 주부들의 선택을 받지 못했다. 1950년대 초에 냉장고는 상대적으로 부엌 공간이 넓고 밭에서 수확한 채소를 저장하는 용도로 농가에서 구입하고 있었다. 이 시기 서유럽에서는 전기청소기나 세탁기에 비해 냉장고는 여전히 사치품에 속하는 가전제품으로 인식되었다. 1960년대에 들어서면서 가구당 수입이 증가하고 냉동식품이 하나둘 늘어나면서 냉장고 수요도 높아졌다. 하지만 '미국 스타일'의 대형 냉장고는 여전히 서유럽 가정으로 들어가지 못했다. 대신에 크기는 작지만 성능이 좋은 것으로 알려진 유럽형 냉장고가 서서히 확산했다.

1970년대 중반 이후로 서유럽에서도 냉장고는 이제 필수 가전제품이 되었다. 벨기에와 영국에서는 1974년 82퍼센트의 가구가 냉장고를 소유했다. 같은 해에 프랑스는 88퍼센트, 네덜란드와 서독은 93퍼센트였다. 냉장고의 소유 증가와 더불어 서유럽의 냉장고 생산도 증가했다. 1939년에는 미국이 세계 냉장고 생산의 90퍼센트를 차지했는데, 1960년대 초가 되면 서유럽에서 생산하는 냉장고가 미국을 능가했다. 예컨대 1951년 이탈리아의 냉장고 생산은 겨우 1만 8500대에 불과했지만, 20년 후에는 연간 524만 7000대에 달했다.

세탁기 보급도 냉장고와 유사하게 1960년대에 본격적으로 이루어졌다. 하지만 속도는 냉장고보다 느렸다. 1960년에는 영국 가정의 41퍼센트가 세탁기를 소유했고 서독은 29퍼센트, 프랑스는 26퍼센트, 이탈리아는 5퍼센트였다. 이탈리아에서는 1965년에 보유율이 무려 23퍼센트로 상승했고, 서독과 프랑스는 1969년에 영국을 앞섰다. 영국은 1970년에 65퍼센트의 가구에서 세탁기를 보유한 것으로 알려졌는데, 같은 시기에 서독과 프랑스는 약 70퍼센트였던 것으로 추정된다.

세탁기 보급이 늦어진 것은 인프라가 갖추어져 있지 않았기 때문이다. 1950년대 중반 벨기에, 이탈리아, 오스트리아, 에스파냐, 프랑스, 스칸디나비아 지역에서 수돗물을 공급받는 가구는 절반에 불과했다. 또한 당시의 송배전망이 한 가구에서 용량이 큰 전기 기구를 몇 개씩이나 사용하는 걸 견뎌낼 수 없었다. 게다가 세탁기는 다른 전기제품에 비해 상대적으로 고가여서 실제로 필요한 가구라도 경제적 여력

그림 7-1 서유럽의 전기 공급량 추이.

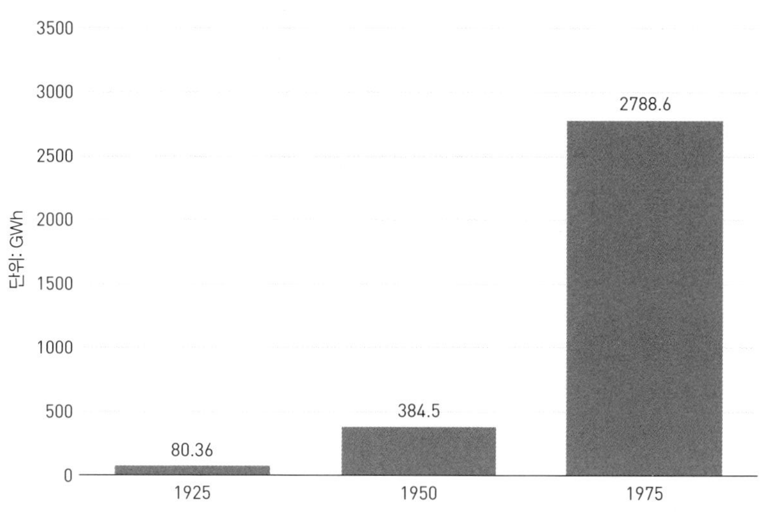

출처: https://www.statista.com/statistics/1076272/europe-electric-output-historical/

이 없어 구매하지 못하는 경우가 많았다. 하지만 1960년대를 거치면서 경제 호황에 따른 구매력 상승이 뒷받침되고 대량 생산에 따른 제품 가격 인하로 이런 제약이 사라짐으로써 세탁기 역시 서유럽 가구의 필수품으로 자리 잡았다.

역사학자 루스 카원(Ruth S. Cowan)이 묘사했던 가정에서의 산업 혁명은 1960년대에 들어서면서 가사 노동의 전기·전자화를 넘어 여가 시간의 전기화로 이어졌다. 텔레비전, 라디오, 오디오 기기의 보급 확산이 가정의 전력 소비 증가로 이어졌다. 서유럽에서 여가용 가전제품이라고 할 수 있는 라디오와 텔레비전은 앞에서 살펴본 냉장고와 세탁기에 비해 상대적으로 빠르게 확산했다. 텔레비전 보유율의 경우, 영국은 1962년 이미 71퍼센트에 달했고 서독은 38퍼센트, 프랑스는

25퍼센트, 이탈리아는 20퍼센트였다.[20] 1949년 무렵 서유럽의 텔레비전 가격은 한 가구당 연간 수입의 3분의 1에 육박해 부유한 가정에서나 보유할 수 있었다. 이런 상황은 1960년대에 들어서면서 변화했다. 영국의 텔레비전 보유율은 1970년에 85퍼센트를 기록했다. 같은 해에 서독은 65퍼센트, 프랑스는 52퍼센트에 달했다. 세탁기에 비해 텔레비전 보급이 훨씬 빠르게 진행되고 있었음을 알 수 있다.

그런데 서유럽의 텔레비전 보급 속도는 냉장고나 세탁기 경우와 마찬가지로 미국에 비하면 결코 빨랐다고 할 수 없다. 미국은 1950년 9퍼센트에서 1959년에 이미 85.9퍼센트, 1970년에 96퍼센트, 즉 거의 모든 가구가 텔레비전을 보유했다. 라디오의 경우도 일찍이 1950년에 95퍼센트의 가구가 한 대 정도를 보유했고, 1920년대부터 시작된 상업 방송사에서 제공하는 음악 등을 즐겼다. 라디오 보유에서도 서유럽은 한발 늦었다. 예를 들면, 서독의 경우는 1960년에야 가구의 85퍼센트가 라디오를 보유했다.[21] 라디오 청취로 여가 시간을 보내던 서유럽 가정들은 1960년대에 텔레비전 오락용 프로그램에 매혹되었다. 경제 성장으로 구매력이 높아지자 가족 모두가 즐길 수 있는 텔레비전을 구입하기 시작했고, 상대적으로 주부에게만 혜택이 돌아간다고 여긴 세탁기 구매는 뒤로 처졌다. 이렇게 해서 여가용 가전제품으로 먼저 라디오 그리고 이어서 텔레비전이 서유럽 가정의 동반자로 자리 잡았다.

가정으로 유입되는 가전제품이 하나둘 늘어나기 시작한 것은 서유럽의 경제 성장이 가져온 구매력 덕분이었다. 1950년대 1인당 국민 총생산은 서독 6.5퍼센트, 이탈리아 5.3퍼센트, 프랑스 3.5퍼센트로 역사상 가장 높은 연평균 증가율을 기록했다. 최근 유럽의 GDP 증가율이 1퍼센트 이하인 것에 비해 6배가 넘는 수치다. 1960년대에 들어 성장률은 낮아졌지만, 서유럽 경제는 역사적으로 여전히 어느 때보다 높은 수준으로 성장하고 있었다. 1950~1973년의 1인당 국내 총생산은 서독이 3배, 프랑스는 1.5배 증가했다.

높은 구매력 덕에 늘어난 가전제품은 서유럽 가정의 전기 소비를 꾸준히 상승시켰다. 1950년대만 해도 조명과 다리미 등의 소형 가전제품에 쓰이던 전기 소비가 1960년대에 들어서면서 증가하기 시작한 것이다. 영국의 경우, 가정용 에너지 중에서 전기의 비중이 겨우 4퍼센트에 불과했지만 1970년 무렵에는 증가세가 뚜렷해졌다. 통계에 의하면, 1965~1975년 영국 전체의 전기 소비량 중 가정의 비중이 약 55퍼센트로 늘어났다.[22] 1950년대에 산업 분야가 전기 소비를 주도했다면 1970년 이후로는 가정이 주요 전기 소비 주체로 등장한 것이다. 노동 비용에 비해 에너지 가격이 상대적으로 저렴하게 유지되면서 전기 등 에너지 소비가 가정에 부담을 주지 않은 것도 이런 경향을 부추겼다.

플라스틱 시대의 도래

가정의 전기 소비 증가를 가져온 가전제품의 구매가 가능해진 것은 플라스틱 덕분이었다. 전기 절연체, 나일론 등의 섬유, 식품 포장 용기와 포장재 등에 일대 혁신을 가져온 플라스틱 소재는 1950~1960년대에 대량 생산기에 접어들었다. 천연 소재는 특성상 공급 제한을 받아 소수의 완성품만 거래되었다. 따라서 그걸 구매하는 이들 또한 부유한 계층에 한정될 수밖에 없었다. 가령 코끼리 사냥에서 획득한 상아로 만든 당구공은 가격도 비싼 데다 생산량도 많지 않았다. 하지만

플라스틱 소재의 탄생

플라스틱은 20세기 핵심 물질로 목재, 금속, 유리를 빠르게 대체했다. 최초 합성 물질의 발견은 존 웨슬리 하이엇(John Wesley Hyatt)이 셀룰로이드 공정 특허를 내고, 화학자들이 페놀과 포름알데히드 사이에 일어나는 반응을 연구한 1870년대로 거슬러 올라간다. 벨기에 출신 미국 화학자 리오 베이클랜드(Leo H. Baekland)는 섭씨 150~160도의 고온에서 열화 플라스틱, 최초 인공 합성수지 베이클라이트 제조에 성공했다. 베이클라이트는 내열성, 전기 절연성, 내약품성 등이 뛰어나 당구공은 물론 전화기에 들어가는 전기 절연체로도 쓰였다. 1930년대 들어서는 화학 대기업들, 즉 미국의 듀폰, 독일의 이게파르벤, 영국의 ICI(Imperial Chemical Industries)에서 각각 나일론, 폴리스타이렌, 폴리에틸렌 합성에 성공했다. 이어 다우케미컬에서도 후일 식품 포장 브랜드로 유명해진 사란 랩(Saran Wrap)의 최초 소재인 폴리염화비닐리덴 합성에 성공했다. 1936년에는 이게파르벤에 의해 폴리우레탄, 1937년에는 듀폰 소속 화학자 월리스 캐러더스(Wallace H. Carothers) 연구팀에 의해 폴리아미드 섬유 나일론이 탄생했다. 듀폰이 1939년 이 나일론으로 스타킹을 만들어 시장에 내놓았을 때, 여성 소비자들이 보인 환호는 놀라울 정도였다. 기존 천연 섬유보다 2배나 비싼 가격이었지만, 질기고 가볍고 신축성이 뛰어나기로는 나일론을 당할 수가 없었다. "석탄, 물, 공기가 당신의 몸을 감쌉니다"라는 캐치프레이즈를 내걸고 미국 전역에서 판매한 나일론 스타킹은 시판 첫날에 400만 짝이 팔릴 만큼 여성 소비자들 사이에 선풍적인 인기를 끌었다. 그러나 제2차 세계대전이 발발하면서 플라스틱은 여성 석유 부산물인 페놀을 이용한 합성수지로 만든 당구공은 거의 무한정 생산해 누구나 구입할 수 있었다. 플라스틱으로 인해 이른바 '물질 소비 민주주의'의 시대가 열린 것이다.

1930년대 초까지만 해도 전 세계 플라스틱 생산은 5만 톤 미만이었다. 1930년대에 석유에서 추출한 에틸렌과 염소를 반응시켜서 염화비닐 단량체를 만들어 플라스틱의 주재료인 폴리염화비닐(PVC)을 생산했다. 그리고 에틸렌과 벤젠의 촉매 반응을 이용해 에틸벤젠을 합성한 다음 스티렌 모노머(styrene monomer) 원료를 만들어 폴리스티렌(PS)을 완성했다. 이 두 종류의 플라스틱 외에 당시 플라스틱 원료로 쓰인 인공 합성물은 폴리에틸렌과 아크릴, 셀룰로오스 수지였다. 1949년까지도 플라스틱 생산량은 100만 톤에 미치지 못했다. 그러나 1950년대에 플라스틱 소재 혁명이 지속되면서 더 다양한 원료로 다양한 플라스틱 소재를 만들면서 대량 생산의 시대로 접어들었다. 1960년에는 전체 생산량이 600만 톤을 넘어섰고 1989년에는 1억 톤, 2002년에는 2억 톤에 달했다.[23]

1950년대 플라스틱 소재 개발 과정의 기술 혁신으로 다양한 플라스틱 소재 생산이 가능해지면서 석유 기반의 플라스틱 소재는 식품 용기부터 주택, 전자제품에 이르기까지 일상의 전 영역에서 활용되기 시작했다. 무한정 공급될 것 같은 특성 덕에 이 신소재가 자원 제약이 많았던 전통 소재를 빠르게 대체하고 사용자의 접근성을 높여준 것이다. 이런 진가를 보여준 첫 번째 대중적인 소재가 폴리에틸렌이었다.

가벼우면서도 튼튼하고 강철보다 단단하면서도 왁스처럼 성형하기 쉬운 폴리에틸렌은 쓰레기봉투에서 타파웨어(밀폐 용기로 유명한 미국 주방용품 브랜드명), 장난감에까지 이용되었다. 특히 1950년대에 화학자들이 메탈로센 촉매를 이용해 폴리에틸렌 생산 공정을 개선하면서 미국에서 선풍적 인기를 끌었던 플라잉디스크(flying disc) 제작에도 쓰일 수 있었다. 전후 미국의 베이비붐과 더불어 성장해가고 있던 장난감 제작사들에서는 열에 강한 플라스틱 물질, 합성 고무 플라스틱 소재를 선도적으로 받아들였다. 1947년만 해도 장난감 소재 중 40퍼센트를 차지하고 있던 플라스틱 비중은 1960년대 들어 더욱 늘어나 플라스틱 없는 장난감은 생각하기조차 어려울 정도였다.

가장 먼저 미국 일반 가정의 아이들 방이 튼튼하면서 부서져도 아이에게 상처를 입히지 않는 부드러운 폴리에틸렌 자동차와 각종 모형으로 채워졌다. 동시에 식탁 위에는 도자기와 나무로 만든 용기를 대신해 폴리에틸렌 타파웨어 용기가 놓였다. 이렇게 일반 가정에서 쓰임새가 늘어난 폴리에틸렌은 1950년대에 이미 연간 수십억 달러의 판매액을 기록했고, 현재도 여전히 가장 많이 쓰이는 플라스틱 재료다.

물질 소비의 민주주의를 실현할 수 있게끔 해준 두 번째 플라스틱 소재는 PVC였다. 일반인에겐 '비닐'로 알려진 폴리염화비닐은 1950년대에 주철관을 대체하는 파이프 제작에 널리 쓰였고, 나아가 수도관 등 위생 배관의 주재료로 사용되었다. 내화학성과 부식 저항

성으로 금속 파이프의 녹 문제를 해결해주었기 때문이다. 동시에 PVC는 전선 피복재, 창호로도 쓰이며 1960년대 유럽 주택의 목재 창호를 서서히 대체해나갔다. 이렇게 철근, 콘크리트, 목재가 주를 이루던 주택 건축 자재 시장으로도 플라스틱 재료가 유입되기 시작했다. 마루와 지붕 소재로도 부분적으로 도입되었고, 도시 외곽에 지은 집의 부엌과 목욕탕에서는 플라스틱 쓰레기통을 설치하고 플라스틱 콤팩트로 화장을 했다.

1950년대에도 식품용 포장재 및 용기로 쓰이던 폴리스티렌은 오늘날 스티로폼이라고 알려진 발포 기법으로 만든 폴리스티렌으로 전환되어 그 자리를 폴리프로필렌에 넘겨주었다. 물론 1949년 다우케미컬에서 개발한 폴리염화비닐리덴으로 만든 사란 랩이 냉장고에 들어가는 식품의 포장지 역할을 지속하고는 있었다. 1954년에 상용화된 폴리프로필렌은 그 조상 격인 폴리에틸렌과 유사하지만 훨씬 견고하고 높은 온도를 견딜 수 있어 이내 폴리스티렌 대신 식품 용기의 주요 소재로 활용되었다. 마가린과 요구르트 용기로 특히 널리 쓰이며 타파웨어에 이어 미국의 부엌을 차지했다.

가볍고 잘 부서지지도 않아 다루기 쉬운 플라스틱 용기의 종류는 또 다른 플라스틱 소재 개발로 더 많이 늘어났다. 일명 PET로 불린 폴리에틸렌 테레프탈레이트는 1941년에 개발되었지만 1950년대에 합성 섬유 재료, 카펫 제작에 쓰이면서 상업화했고, 1973년에는 소다병 등 음료수병 재료로 사용되기 시작했다.[24] 플라스틱으로 제작된 병은—새지 않고 깨지지도 않으며 흘리지도 않는—'마술의 병(bottle magic)'으로 선전되기도 했다.

일회용 생활 방식의 출현

처음 보는 플라스틱의 가능성에 사람들은 점점 매혹되었고, 어느새 이 물질의 특성에 행동까지 맞추어가기 시작했다. 플라스틱을 대량 생산하기까지 일상에서 쓰고 버리는 것은 화장지, 종이컵, 종이 수건 정도였다. 게다가 이런 물건도 몇몇 가정에서나 사용하고 있었다. 듀폰에서 나일론 양말을 생산할 때까지도 사람들은 플라스틱을 마음대로 버릴 수 있는 것으로 생각하지 않았다. 이 새로운 합성 물질은 쉽게 부서지지도 않아 영원히 쓸 수 있을 것처럼 보였기 때문이다.

그런데 1950년대에 대량 생산된 플라스틱 물건이 일상으로 밀려들기 시작하자 사람들은 새로운 가능성을 보았다. 이 새로운 물질은 물건에 주의를 기울이던 인간의 행동에 변화를 가져왔다. 세탁하고 꿰매고 다림질하는 등 한때 하인들이 하던 일을 하지 않고, 그냥 사용하다 던져버리는 걸로 해결할 수 있었기 때문이다. 플라스틱과 함께 우리의 라이프스타일을 바꿀 수 있다는 걸 당대 유명한 잡지가 가르쳐주기도 했다.

1955년 8월 미국 잡지 〈라이프〉는 '던져버리는 생활(throwaway living, 오늘날 용어로 일회용 생활)'이라는 개념을 제시하며, 가족으로 보이는 사람들이 온갖 플라스틱 용기를 던져버리는 사진을 실었다. 접시와 식기 따위를 세척하느라 애쓰는 대신 대량 생산으로 값이 싸진 플라스틱 용기를 사용하면 어느 가정에서나 식기를 간편하게 쓰레기통에 처분하는 삶을 누릴 수 있다는 내용이었다.

쓰고 던져버리는 일회용으로 가사 노동에서 해방된 삶을 살아가는 새로운 라이프스타일을 보여준 것이다. 하지만 사람들이 일회용 삶으로 일거에 옮겨간 것은 아니다. 먼저 식생활에서 이런 일회용 삶을 경험할 수 있었다. 1953년 미국 냉동식품 회사 스완슨 & 선즈(Swanson & Sons)가 'TV 디너(TV Dinner)'라는, 오븐에 간편하게 데워 먹을 수 있는 간편식 제품을 내놨다. 이 제품은 출시 1년 만에 1000만 세트가 팔려나갈 정도로 인기를 끌었다. 사람들은 저녁 식사를 차리는 대신 플라스틱 비닐과 용기로 포장된 냉동식품을 구매해서 먹는 것에 서서히 익숙해졌다. 이어서 뱅큇(Banquet)과 모튼(Morton)에서 출시한 냉동식품도 프라이팬, 접시, 냄비를 대체해 설거지뿐만 아니라 요리 자체를 없애버렸다.

처음에는 대다수 소비자가 포장지와 용기를 세척해서 재사용하려 했다. 그러나 계속해서 제공되는 플라스틱 상품을 접하면서 그걸 쓰레기로 처분해도 된다는 걸 깨닫기 시작했다.[25] 쓰레기로 던져버리는 것이 가사 노동에서의 완전한 해방을 의미하는 것으로도 비쳐졌다. 이를테면 〈라이프〉의 일회용 라이프스타일 광고에 익숙해지기 시작한 것이다. 이로써 던져버리는 문화, 즉 일회용 문화를 자연스럽게 새로운 라이프스타일로 받아들였다.

사용하던 물건을 쓰레기로 처분하는 생활 방식은 식생활에서 시작해 의생활과 주거 생활에까지 퍼져갔다. 부품 소재와 절연체로 사용할 수 있는 플라스틱이 등장하면서 1960년대에 가전제품의 대량 생산 시대가 열렸고, 미국과 서유럽 가정에서는 늘어난 소득으로 그러한 제품을 손쉽게 구매했다.

1970년대에는 가전제품이 고장 나서 쓰레기로 처분한 후 새로운 제품을 구매하는 식의 소비 양식을 벗어나기 시작했다. 즉, 여전히 사용할 수 있음에도 구식이라는 이유로, 즉 유행하는 제품에 비해 외양이 세련되지 않거나 기능이 다르다는 이유로 제품을 교체했다. 그렇게 처분되는 가전제품이 늘어났고, 가정에서 구매하는 가전제품의 종류도 증가했다. 결과적으로, 가정의 전기 소비와 물질 원료로서 석유 소비는 1940년대와 비교할 수 없을 정도로 급증했다.

나일론으로 대표되는 합성 섬유의 발명도 유사한 영향을 미쳤다. 1939년 10월 '기적의 합성 섬유' 나일론 스타킹이 처음 발매되었을 때, 미국 여성들이 보여준 환호는 듀폰의 예상을 훨씬 벗어났다. 여성들은 스타킹을 사기 위해 워싱턴에서 델라웨어주의 백화점까지 먼 길을 가는 수고도 아끼지 않았다. 실크 느낌이 나면서 가볍고 대량 생산 덕분에 점점 가격도 낮아진 나일론 스타킹은 구멍이 나면 언제든 버릴 수 있었다. 스타킹에 이어 다양한 합성 섬유가 의복에 사용되자 사람들의 옷 입는 습관이 변했다. 이제 사람들은 옷이 낡아서 새 옷을 구매하는 게 아니라 유행하는 패션에 따라 새 옷을 구매하기 시작했다. 누구도 쓰레기로 처분되는 가전제품과 의류를 걱정하지 않았다. 원료인 석유는 지구가 존재하는 한 계속 솟아 나올 것이라고 믿었다. 걱정 없는 물질 소비가 노동으로부터의 자유, 물질을 절약해야 하는 번거로움으로부터의 자유를 느낄 수 있게 해주었다. 물건을 만드는 대신 구매하는, 완전한 소비의 시대에 사람들은 익숙해졌다. 플라스틱은 어느새 우리 일상을 지배하고, 플라스틱 없는 미래를 생각하기 어렵게 만들었다. 그렇게 미국과 서유럽이 앞장서서 세계를 탄소 문명의 절정기로 이끌어갔다.

미래 플라스틱의 집

1957년 몬산토는 월트디즈니와 제휴해서 디즈니 투모로랜드에 플라스틱을 대량 투입해 '몬산토 미래의 집(Monsanto House of the Future)'을 건설했다. MIT 교수진이 설계한 이 미래형 집은 모든 것이 플라스틱으로 되어 있었다. 이 전시는 화학 합성물과 플라스틱, 그리고 석유 제품들을 미래에 어떤 용도로 확장해 활용할 수 있는지를 보여주는 전시 프로그램의 일환으로 기획되었다. 미래의 집 전시를 방문한 사람들은 그곳에서 주택 구조물의 재료와 가구 소재로 플라스틱이 멋지게 활용될 수 있다는 걸 직접 확인할 수 있었다. 방문객들의 눈앞에 서 있는 집은 현대적 감각의 색감과 광채를 지닌 플라스틱 마루와 욕조, 플라스틱 벽체를 이용한 어린이 방, 플라스틱 접시와 컵, 식탁으로 정돈된 부엌으로 이뤄져 있었다. 이 환상적인 플라스틱 집은 과학의 기적에 팡파르를 울리는 것이었고, 화학 산업의 산물이 이루어낸 성과를 맘껏 자랑하고 있었다. 당시 사람들이 이러한 신소재의 매력에 얼마나 끌렸는지는 방문자 수에서도 나타난다.

전시 개장 6주 만에 43만 5000명, 10년 후인 1967년 문을 닫기까지 2000만 명이 전시장을 방문했다고 한다. 몬산토에서 보여주고자 한 플라스틱의 구조물로서 가능성은 전시물 철거 과정에서 더 잘 드러났다. 사용한 플라스틱 구조물이 얼마나 단단했는지 전기톱 등으로는 해체하기 어려워 중장비를 사용해 잘게 부수는 방법밖에 없었다. 이런 단단함이 21세기에 인류에게 새로운 문제를 안겨주리라는 걸 사람들은 알지 못했다. 그들에게는 다만 환상적인 소재로 다가왔을 뿐이다.

4 에너지 풍요의 시대: 전기 에너지의 대량 공급

석유 부산물로 생산된 플라스틱이 1950년대 미국인에게 제약 없는 물질 소비 시대를 열어주었다. 전후 마셜 플랜의 혜택을 받은 서유럽은 이보다 조금 늦은 1960년대에야 석유 문화, 즉 탄소 문명에 기반한 소비 시대에 들어섰다. 이런 새로운 물질 경험과 거의 동시에 전기 에너지가 에너지 소비 개념도 바꾸어놓았다. 전후 미국과 서유럽에서 전력 산업의 성장과 전력 공급 인프라가 어떻게 사람들을 눈먼 전기 소비자로 만들어갔는지를 살펴보자.

제2차 세계대전 직후 전력 공급 부족에 시달리던 서유럽은 1950년대 후반 석탄 연료 기반 화력 발전소를 건설하면서 전기 부족 상태에서 벗어날 수 있었다. 1951년까지도 주로 주거 난방과 취사용으로 쓰이던 석탄이 1950년대 후반이면 대부분 석유로, 일부는 천연가스로 대체되었다. 이보다 앞서 수송 분야에서 석탄의 역할은 거의 사라졌다. 여전히 석탄의 역할이 지배적이던 발전소 같은 분야만 석탄 수요를 유지했다.

한편, 전쟁 동안 폐쇄되었던 광산이 새로 문을 열고 석탄 채굴에 필요한 중장비를 다시 갖추면서 서유럽의 석탄 생산은 전쟁 직전의 수준을 회복했다. 그리고 1950년대 중반으로 접어들면서는 생산성도 높아졌다. 상대적으로 늘어난 석탄 생산량 대비 전통적인 수요처이던 수송과 주거 난방 부문에서의 수요 저하는 석탄 과잉 생산을 염려하게 만들 수도 있었다. 그런데 전후 서서히 증가하기 시작한 전기 에너지 수요가 이런 염려를 불식시켰다. 석탄을 연료로 삼는 화력 발전소가 전력 생산을 도맡게 된 것이다. 석탄은 1960년대 말까지 새로운 에너지원으로 부상한 전력 생산의 주된 연료로 남았다. 전력은 난방원과 가전제품 동력원으로서 1950년 이후 지속적으로 증가했고, 이러한 전력을 생산하기 위해 석탄을 사용했기 때문이다.[26]

석탄을 이용해 전기를 생산하게 된 것은 1884년 증기 터빈 발전기가 개발된 덕분이었다. 에디슨의 전구와 다이나모 발전기 발명으로 뉴욕 등 대도시에서 조명에 주로 쓰이던 전력은 직류였다. 그러나 니콜라 테슬라가 교류 발전기를 발명해 나이아가라 폭포의 수력을 이용함으로써 대규모 전력 공급이 가능해지자 상이한 두 가지 전류 공급 방식을 두고 이른바 치열한 '전류 전쟁'이 일어났다. 결국 교류가 이 전쟁에서 승리했는데, 이 과정에서 발전 관련 기술도 발달해 전력 공급사도 늘어났다. 교류 발전은 처음에 주로 수력에 의존했으나 곧 석탄을 활용할 수 있는 증기 터빈 발전기가 등장했다.[27] 터빈 발전기는 20세기로 들어서면서 용량이 점차 커졌다. 1901년 제너럴 일렉트릭에서 500킬로와트짜리 커티스(Curtis) 터빈 '제너레이터'를 개발하더니 2년 후에는 5메가와트짜리 증기 터빈을 내놓았다. 1900년대 초만 해도 석탄 발전소 용량은 1~10메가와트 범위 내에 있었다. 이것이 1930년대에는 300메가와트, 40년 후인 1970년대에는 1300메가와트에 이르렀다.

발전소의 대형화도 뚜렷해졌다. 석탄 이용 증기 터빈에 이어 새로운 에너지원인 석유와 천연가스를 이용할 수 있는 터빈도 출현했다.[28] 영국인 존 바버(John Barber)가 1791년 특허를 출원한 가스 터빈 발전기를 1903년에야 노르웨이 공학자이자 발명가 옌스 엘링(Jens W. A. Elling)이 8킬로와트 용량의 가스 터빈으로 제작하는 데 성공했다. 엘링의 가스 터빈은 별도의 터빈과 압축기를 연결한 형태의 디자인으로 수정된 1912년에야 실제 활용이 가능한 터빈으로 시장에 나왔다. 이 가스 터빈이 실제 전기 생산에 쓰인 것은 이로부터 다시 20여 년이 지난 1930년인데, 그해에 브라운 보베리사(Brown Boveri Co.)가 가스 발전소를 완공해 전기 생산을 시작했다. 이어 1948년 제너럴 일렉트릭에서 훨씬 용량이 커진 3.5메가와트 가스 발전소를 세워 본격적인 가스 발전 시대의 시작을 알렸다. 발전기 기술 변화와 더불어 전력 생산에 사용되는 에너지원 비중도 달라졌다. 미국을 예로 들면 전기 생산에서 석탄 연료 비중이 1973년에 55~70퍼센트를 차지해 계속해서 우위를 보였다. 석탄 다음으로 전력 생산에 많이 사용된 연료는 천연가스였다. 천연가스는 1950년 20퍼센트에서 1970년 30퍼센트로 증가했다가 1973년에 다시 20퍼센트로 감소했다. 중동 석유 확보로 가격이 낮게 유지되자 석유도 발전소 연료로 쓰여서 1965년에 약 8퍼센트를 차지했다. 석유와 천연가스 비중이 늘어난 것은 1960년대에 사회적 문제로 대두된 스모그 문제 때문이기도 했다. 그러나 1973년 석유 위기가 발발하자 발전소 연료는 다시 석탄 시대를 맞이했다.[29]

영국도 유사한 연료 변화를 보여주었다. 1960년 영국의 총발전량에서 석탄 발전이 차지하는 비율은 90퍼센트에 이르렀다. 1953년 영국에 최초의 석유 화력 발전이 들어서고 템스강과 국토 남쪽에 위치한 대형 발전소 연료로 석유를 이용하긴 했다. 그러나 20세기 내내 영국에서는 석탄이 발전 연료의 대부분을 차지했다. 1957년 14개 대형 발전소 중 3개만이 석유 혹은 석탄-석유 발전소였다.[30]

이렇게 1970년대 초반까지 서유럽과 미국의 경우, 생산성이 높아진 석탄 그리고 중동 석유 때문에 가격이 낮아진 석유와 천연가스 덕분에 제2차 세계대전 이전에 비해 풍부한 전기 에너지를 소비할 수 있었다. 석탄 연료에 의존하던 발전소들에서 석유, 천연가스를 이용하는 발전소들로까지 전기 생산 가능성이 확대되면서 일상에 공급되는 전기량이 늘어만 갔다. 한편, 발전소가 대형화하면서 도심에서 외곽으로 이전해가기 시작했고 전기를 사용하는 소비자는 전기가 어디서 어떻게 생산되고 있는지 경험하기 어렵게 되었다. 전기는 이제 수도꼭지에서 물이 흘러나오듯 집 안에 설치된 콘센트에 연결된 가전제품으로 흘러 들어가는 무언가가 되었다. 전기의 물질성을 직접 눈으로 경험하기 어렵게 된 것이다.

발전기 용량 증가, 송전 인프라 기술 발달, 대형 발전소 운영을 통한 이익 독점화 등이 미국 전력 산업에서 종합적으로 이뤄지면서 전기의 비가시화는 더 뚜렷해졌다. 미국의 경우, 대형 발전소 시스템으로 변환할 수 있었던 것은 1920년대에 송전 인프라를 통합하고 발전회사의 독점적 운영의 틀을 마련한 새뮤얼 인설(Samuel Insull)의 경영 전략 덕분이었다. 통합과 독점 운영 체제로 전력 서비스의 도달 영역이 넓어지고 전력 공급량이 많아지면서 결과적으로 전력 구매 가격이 낮아졌다. 이익 증대에 비례해 기술 향상이 이어지며 전기에 대한 소비자의 신뢰도를 높일 수 있었다. 인설의 시대로부터 70여 년 동안 미국의 전력 공급사들은 낮은 가격으로 무한정 이용할 수 있는 전기를 생산하기 위해 당시로서는 놀라울 정도의 대규모 발전 용량을 확보해나갔다. 인설의 이런 전략을 따르는 전력 공급사들이 1969년까지 미국인에게 공급할 수 있는 전기의 양은 그 끝이 없어 보였다.

정부가 이들 전력 공급사의 독점적 사업권을 보장해주면서 1950년대 미국 소비자에 대한 전력 공급 방식은 한 가지로 통일되었다. 1920년대만 해도 미국 시골에서는 소형 발전기로 각각의 지역에서 전

새뮤얼 인설의 경영 전략

영국에서 태어나고 자란 새뮤얼 인설은 미국에서 에디슨의 비서로 20년간 근무했다. 에디슨만큼이나 잠을 자지 않고 일한 것으로 유명한 인설은 현대 전력 산업의 구조를 세운 사업가로 평가받고 있다. 그는 실제로 1892년 제너럴 일렉트릭의 부사장 자리 제안을 거절하고 '시카고 에디슨 전기 회사'에서 당대 발전 사업자들이 하지 않았던 경영 실험을 시도했다.

시카고 에디슨 전기 회사를 운영하기 시작한 인설은 대부분의 발전기가 전체 가동 시간 중 5.5퍼센트 동안만 판매된다는 사실에 주목했다. 당연히 전기료가 비싸 이윤 확보에 문제가 있었다. 이를 해결하자면 24시간 전기를 판매하는 방법을 고안해야 했다. 이에 인설은 먼저 지역 전력망을 인수해서 24시간 전기 공급이 가능하도록 투자했다. 그리고 야간에도 전력을 소비할 수 있는 제조업 공장들을 새로운 전기 구매자로 끌어들였다. 야간 전기 사용에 보상을 주는 요금 제도를 도입해 이들의 전력 소비를 부추긴 것이다. 아울러 인설은 전차 회사, 저택을 소유한 부호, 제조업체 같은 잠재 고객을 확보하기 위해서 경쟁 발전사들에 비해 저렴한 전기 가격을 제시하면서 시 당국으로부터 전력 독점 공급권을 확보하는 데 집중하기도 했다. 당시 소규모 발전사들이 사용처와 인접한 곳에 발전소를 건설해 전력을 공급하던 관행에서 벗어나 인설은 공급처에 필요한 최대 전력 용량에 맞춰 사용처에서 멀리 떨어진 외곽에 대형 중앙 발전소를 건설했다. 송전망을 이용한 전력 공급 방식을 택한 것이다. 이렇게 규모를 키우는 것이 경제적이었기 때문이다. 일반 가정 고객을 유치하기

기를 직접 생산해 제한적이나마 이용할 수 있었다. 그런데 1950년대에 들어서면서 미국 전역을 그리드, 즉 송배전망으로 엮어놓은 대형 발전사들이 독점적으로 전기 공급을 맡기 시작했다. 1970년이 되면 태양광 혹은 풍력, 소형 수차 등으로 전기를 자급하겠다는 사람은 급진주의자 혹은 생태주의자밖에 없었다. 독점적 대형 발전사들에 의한 원거리 전력 공급이 단일한 전기 공급 양식으로 자리 잡은 것이다.

이와 같은 전력 공급은 미국인이 전기 에너지가 어디서 오는지, 에너지를 얼마나 소비하는지 알지 못하도록 만들었다. 그들은 자신이 전기를 얼마나 사용하는지, 무엇을 위해 전기를 소모하는지, 그만큼의 전기를 위해 실제로 들어가는 비용이 얼마인지 이해하지 못한 채 혹은 이해할 필요도 없이 고지서에 적힌 요금만 내면 그만이었다. 이렇게 전기라는 물질의 실체는 소비자들에게 더 이상 보이지 않았다.

전력 공급 시스템이 안정되자 전력 공급사들은 전력 판매량을 늘리기 위해 또 다른 전략을 구사했다. 예를 들어, 제너럴 일렉트릭은 전력 산업을 시작한 초기에는 전기제품을 임대했다가 이후에는 직접 판매에 나섰다. 가전제품의 발달로 전기의 용도는 더 다양해졌고, 구매력 증가와 더불어 가전제품 소유자가 늘어나자 전기는 이제 미국 대중의 여가 생활까지 책임지는 필수품이 되었다.

전기는 대중 상품의 의미로 받아들여진 최초 상품이기도 했다. 모든 사람이 모든 것에 접근할 권한을 부여한 소비자 문화 또는 대중문화는 부분적으로 전기의 보편화로 생긴 결과라고 할 수 있다. 이렇게 전기를 통해 에너지는 오늘날 문화의 토대를 형성했다. 한편, 대형 전력 공급사들이 무한 소비를 책임져줄 것 같던 1970년대 초까지 사람들은 전기를 절약해야 한다거나, 효율적으로 사용하고 있는지를 고민할 필요가 없었다. 전기는 언제든 콘센트와 접촉하고 요금만 지불하면 누구나 쓸 수 있었다. 전기에 대한 이런 이미지는 1950년대 이후 미국과 유사한 독점적 전력 공급 산업 발전을 겪은 서유럽에서도 동일하게 출현했다.

탄소 문명의 충격과 회복

1973~1992

1 1973년 석유 위기와 에너지 정책 변화

1차 석유 위기 발생

1973년 10월 6일, 이집트·시리아가 주도한 아랍 연합군과 이스라엘 사이에 발발한 중동 전쟁은 유가를 4배까지 끌어올려 석유 의존도가 높았던 미국과 유럽에 심각한 타격을 주었다. 사우디아라비아, 이란, 이라크, 아부다비(아랍에미리트), 쿠웨이트와 카타르가 이스라엘이 전장에서 철수할 때까지 매월 생산하는 원유의 양을 전월 대비 5퍼센트씩 감산하겠다고 선언하자 가격이 뛰어버렸다. 1960년에 OPEC을 설립해 전 세계 원유 공급 주도권을 쥔 아랍 국가들이 석유를 이용해 전쟁에 개입하겠다고 나선 것이다.

아랍 국가들은 이스라엘 편에 서겠다고 공식 선언한 미국, 네덜란드, 로디지아(지금의 짐바브웨), 남아프리카공화국, 포르투갈에 석유 수출을 금지한다고 선언했다. 11월 4일에는 아랍석유수출국기구(OAPEC) 국가들도 전 세계로 공급하던 석유 생산을 25퍼센트까지 삭감한다는 결정을 내렸다. 특정국에 대한 석유 수출 중지와 감산으로 원유 가격이 하늘 높은 줄 모르고 치솟기 시작했다. 1973년 초 배럴당 2달러 59센트였던 원유 가격은 1974년 1월 11달러 65센트까지 치솟았다.

갑자기 뛰어오른 원유 가격이 1950년대와 1960년대를 거치며 석유 에너지 기반 사회로 전환해가던 미국과 유럽에 예상치 못한 충격을 주었다. 1972년 통계에 따르면, 유럽 석유의 70퍼센트를 OAPEC 국가에서 수입했고 특히 항공, 선적, 도로 교통은 전적으로 수입 석유에 의존하고 있었다. 전후 유럽인에게 이동의 자유를 마음껏 누리게 해주던 자동차가 1973년 11월 첫 번째 주말, 고속도로에 들어서지 못하고 멈춰 섰다. 수출 금지에 직면한 네덜란드를 비롯해 이탈리아, 서독 등에서 모든 자동차에 대해 주말 고속도로 통행을 금지하는 명령을 내린 것이었다. 네덜란드와 서독에서는 자동차 없는 일요일, 자동차 속도 제한을 즉시 시행했다. 자동차 주행은 물론 주말에는 비행과 보트 타기도 금지했다. 통행금지가 내려진 후 네덜란드 고속도로에 소풍을 즐기려는 젊은이들, 자전거를 타기 위해 나온 아이들의 모습이 보이기 시작했고, 이런 모습을 담은 사진들이 신문 지면을 장식했다. 서독 주간지 〈슈피겔〉은 1973년 11월 첫 번째 주말 고속도로의 텅 빈 풍경을 표지 사진으로 게재하기도 했다.

교통 분야뿐만 아니라 전체 에너지 수요의 53퍼센트를 석유에 의존하던 네덜란드에서는 석유 감산으로 전력 공급에도 차질을 빚었다. 석유 화력 발전소 가동이 어려워진 것이다. 결국 전 국민 '전기 배급제'

를 황급히 시행해야만 했다. 할당량 이상의 전기를 사용하는 사람은 징역형에 처한다는 벌칙도 제정했다. 네덜란드가 이렇게까지 석유 소비 감축에 나선 것은 석유가 당시 부상하고 있던 정유 산업의 원료였기 때문이다. 원료 부족이 정유 산업 위축, 실업 증가로 이어져 네덜란드 경제에 심각한 손상을 가져올 수도 있었다. 정유 산업이 위치한 도시의 쇠퇴도 이어질 터였다.[1] 서유럽 전체로 석유 위기가 번졌지만, 특히 석유 의존도가 다른 국가들에 비해 높았던 네덜란드가 받은 충격이 비교할 수 없을 만큼 엄청났다는 게 정책에 반영되었다. 석유 의존도가 한층 높아진 현대에 유사한 위기가 발생한다면 우리의 생활이 어떻게 바뀔 수 있을지를 이 역사적 사건이 잘 보여준다.

석유 생산국이던 미국에서조차 1974년 2월, 전국 주유소 5곳 중 한 곳에서 판매하는 휘발유와 경유가 동이 나버렸다. 1974년 2월 〈볼티모어 선〉에 따르면, 메릴랜드 거주 운전자들의 경우 8킬로미터 이상 줄을 서서 휘발유를 구매해야만 했다. 간호사와 의사들에게 차례를 양보하는 미덕도 발휘했지만, 어떤 주유소에서는 싸움이 일어나 주유소 주인이 총을 들고 자신을 보호해야 하는 지경에 이르기도 했다. 어떤 이는 오전 내내 주유소를 돌아다녔으나 겨우 2달러어치를 살 수 있었을 뿐이다.[2] 다행히 이런 위기 상황이 더 악화하지는 않았다. 3월에 이스라엘과 시리아가 협상을 맺어 수출 금지가 풀렸기 때문이다.

1973년 11월에 시작된 석유 위기는 미국과 서유럽인들에게 '오일 쇼크'가 가져올 충격을 몸으로 경험하게끔 만들었다. 도로를 달리지 못하고 전기 공급마저 제한되면서 일상생활이 어려워졌다. 제2차 세계대전을 겪은 이들은 전쟁 직후의 생활로 되돌아갈까 봐 불안해했다. 사람들은 그간 아무런 생각 없이 석유를 펑펑 써온 것은 아닌지 자신의 생활을 돌아보기 시작했다.

〈타임〉은 1973년 12월호 표지에 '큰 차: 사랑의 종말(The Big Car: End of the Affair)'이라는 제목을 실었다. 아무런 제한 없이 소비문화를 즐기던 미국인에게 자유와 부의 상징이던 큰 차에 대한 열광이 식어 갔고, 집을 환하게 밝힌 채 외출을 서슴지 않던 가정에서도 마지막으로 집을 나서는 사람이 불을 끄는 식으로 절약에 나섰다. 유럽에서도 에너지 절약은 일상이 되었고, 연료를 절감할 수 있는 엔진 기술 개발에 관심을 갖기 시작했다.

문화역사가 스테퍼니 르메너저(Stephanie LeMenager)는 고속도로, 저밀도 교외, 패스트푸드, 내륙의 가솔린 서비스, 대형 주차장과 주차 타워로 둘러싸인 쇼핑센터로 대변되는 1970년대의 미국 풍광을 묘사하는 단어로 '페트로토피아(petrotopia)'라는 신조어를 만들어낸 바 있다. 석유(petroleum)와 유토피아(utopia)의 합성어인 페트로토피아는 르메너저가 보기에 석유로 구현할 수 있는 1970년대 미국의 모습이었다. 르메너저의 페트로토피아는 자원 보존이나 절약을 고려할 이유라고는 없는 수월한 원유 공급을 전제로만 출현할 수 있었다. 석유 위기는 이 페트로토피아에 처음으로 균열을 가져왔다.[3] 완벽한 페트로토피아로 가기 위해 1950~1960년대에 미국 정부는 발전용 연료를 석탄에서 석유로 전환할 것을 권장했다. 그러나 이러한 값비싼 개수 작업은 전 세계를 강타한 OPEC 국가들의 1973년 석유 금수 조치로 인해 중단되고 말았다. 그해에 연료가 갑작스레 부족해지고 석유 가격은 전년도에 비해 70퍼센트 넘게 상승했다. 연료 부족이라는 현실이 당시 미국의 경제 성장을 주도해온 주력 산업에 타격을 입혔다. 하늘 높은 줄 모르고 치솟는 석유 가격이 새로 개조한 석유 발전기의 전력 생산 비용을 크게 상승시켰을 뿐만 아니라 기존 석탄 발전소의 운영에도 영향을 미쳤다.

에너지 정책의 전환: 에너지 보존 우선

석유 위기는 미국과 서유럽 정부에 새로운 에너지 정책을 수립하도록 강제했다. 1973년 11월 7일 석유 위기가 발발하자 당시 대통령 닉슨은 해외 원유에 더 이상 의존하지 않기 위해 '에너지 독립 프로젝트'를 추진했다. 이 프로젝트에 따라 미국은 1980년까지 발전소 연료를 석유에서 석탄으로 바꾸고, 에너지 절약을 장려하고, 원자력 발전소 건설에 속도를 내겠다는 대책을 마련했다.

20세기 한때 세계 석유 생산량의 4분의 3을 소비하던 미국에서 에너지 사용을 규제하고, 이를 통한 에너지 보존을 이야기하기 시작한 것은 역사적 사건이었다.[4] 정책 차원에서 에너지 보존이 미국의 미래를 결정하는 최우선 정책 목표가 되었는데, 이는 에너지 정책 패러다임이 바뀌었음을 의미하는 것이기도 했다. 이와 동시에 환경과 에너지의 조화도 강조되기 시작했다. 더 많은 발전소를 빠르게 건설 및 가동할 수 있도록 대기 오염 규제 조건을 완화하는 등의 정책을 실행하긴 했지만, 정부 관료들은 에너지 정책의 주요 목적 중 하나로 언제나 '친환경적 에너지 공급'을 제시했다.

1975년 1월, 워터게이트 사건이 터지면서 대통령 자리에서 물러난 닉슨에 이어 대통령으로 취임한 제럴드 포드는 '에너지 정책과 보존법'을 제정했다. 포드 대통령의 에너지 계획은 닉슨 행정부와 비교해 석유의 안정적 공급을 더 강조했지만, 연료 효율성을 높이기 위한 정책도 확대했다. 에너지원인 석탄, 지열, 태양, 원자력 발전의 개발 속도를 높이는 대책이 포드 행정부가 수립한 에너지 계획의 핵심이었다. 즉, 석유뿐만 아니라 전통적인 에너지원인 석탄 공급을 늘리고, 당시까지 정체해 있던 재생 에너지원의 개발—지열과 태양 에너지 이용—에 속도를 내고, 석유를 대체할 것으로 여겨지는 핵에너지, 즉 원자력 발전을 확산하는 데 주력하기로 한 것이다.

한편, 닉슨과 포드는 핵 관련 산업의 신기술 발전, 특히 액화 금속 고속증식로에 희망을 걸었다. 1971년 6월, 닉슨은 점점 증가하는 청정 에너지에 대한 수요를 따라가기 위해서는 고속증식로 개발에 속도를 내야 한다고 보았다. 고속증식로가 당시 기술로는 경제성도 있다고 파악했다. 1972년 8월, 원자력위원회 위원장 제임스 슐레진저(James R. Schlesinger)는 테네시주 오크리지에 최초의 시험 발전소인 '클린치 리버 증식로(Clinch River Breeder Reactor, CRBR)' 건설을 발표했다.

포드 대통령에 이어 에너지 정책 수립에 나선 카터 대통령은 전임자와는 시각 차이를 보였다. 1977년 3월 1일, 카터 대통령은 의회에 에너지 관련 부서 재조직화 법안을 제출하고 에너지부(Department of Energy, DoE)를 창립했다. 에너지부는 에너지 이용을 기록하고 규제·관리하는 책임을 맡았다. 1977년 4월 18일, 카터는 에너지 보존, 재생 에너지원과 석탄의 재이용에 토대를 둔 에너지 계획을 공표했다. 그러면서 미국의 에너지 의존도를 줄이기 위해 에너지를 보존하는 것이 자신의 핵심 정책임을 강조했다. 그는 에너지 보존이 가장 저렴하면서도 실용적인 에너지원을 얻는 것이자 에너지와 환경 문제를 동시에 해결하는 방안이라고 생각했다. 또한 원자력 발전, 고속증식로에 대해서도 반대 의견을 표하며 증식로 건설 계획을 폐지했다.

우리는 빠르게 감소하는 자원에 맞추어 에너지 수요 균형을 맞추어야만 합니다. 지금 행동해야만 미래가 우리를 조정하는 것이 아니라 우리가 미래를 조정할 수 있습니다. 에너지에 대한 우리의 결정이 미국인의 특성과 대통령과 의회의 통치 능력을 시험하게 될 것입니다. 파괴하고자 하는 것이 아니라 짓고자 하는 우리의 노력을 통합하지 못하면〔에너지 보존 같은〕이 어려운 노력은 전쟁에 버금가는 행동이 될 것입니다.[5]

닉슨과 포드가 국내에서 얻을 수 있는 에너지 공급을 늘리는 데 초점을 두었다면 카터는 소비자의 행동 변화를 통한 에너지 수요 감축, 보존 대책 실행, 그리고 에너지 생산 대안 기술 개발에 중점을 두었다.

지미 카터 대통령 연설문

카터의 에너지 정책 핵심 중 하나가 재생 에너지원 이용 확대였다. 카터 대통령은 재임 시 백악관 건물에 태양열 집열기를 설치하기도 했다. 재생 에너지에 대한 그의 인식을 잘 보여주는 것이 백악관 태양열 집열기 완공식에서 한 그의 연설이다.

1891년 윌리엄 헨리 해리슨〔벤저민 해리슨〕대통령 재임 시절, 미국 지도자들의 관저인 백악관에 전등이 처음 설치되었습니다. 당시 상업용 전기는 경제적으로 실현 가능하지 않았지만, 해리슨 대통령은 백악관 전등으로 우리나라의 기술력에 대한 자신감을 확인하고자 했습니다. 오늘 오후에는 이 기념식을 태양열로 밝힐 수 있도록 준비했습니다. (중략) 안타깝게도 지난 몇 년 동안, 미국의 능력에 대한 자신감이 아직 드러나지는 않았습니다. 해리슨 대통령은 미국이 언제나 새로운 도전에 대처하는 능력을 갖고 있다고 자신했습니다. 그런데 최근 피할 수 없는 화석 연료 부족의 첫 징후가 보이기 시작하면서 우리나라는 당황하고 있습니다. 때로는 낙담하기도 했습니다. 일부 미국인은 거의 공황 상태에 이르렀습니다. 우리는 지금 우리가 사용하는 모든 석유의 약 절반을 해외에서 수입하고 있습니다. 그리고 이러한 해외 석유 의존도는 우리 모두에게 큰 관심사입니다. (중략) 이제 우리는 가장 확실한 자신감을 가지고 하나님이 우리에게 주신 위대한 천연자원과 그 자원이 가져다줄 기회를 이용할 수 있도록 더 번영하고 자립적이며 즐겁고 자신감 있는 미래를 만들어야 합니다. (중략) 오늘 우리는 태양의 힘을 직접 활용함으로써 신이 우리에게 주신 에너지를 취하고 있습니다. 가장 재생 가능한 에너지를 사용해 점점 줄어드는 화석 연료 공급을 대체하고 있습니다. 태양 에너지가 실현 가능하고 비용 효율적이라는 것은 더 이상 의심의 여지가 없습니다. 현재 전기를 사용하는 가정에서, 제 뒤에 있는 것과 같은 일반적인 태양열 온수난방 시스템은 7~10년이면 투자비를 회수할 수 있습니다. 피할 수 없는 에너지 비용의 증가에 따라 이 투자 비용을 회수하는 기간은 상당히 줄어들 것입니다. 태양 에너지는 우리의 공기나 물을 오염시키지 않습니다. 부족에도 시달리지 않을 겁니다. 누구도 우리에게 태양이 비칠 것을 금지하거나 태양 에너지가 공급되지 않도록 중단시킬 수는 없습니다.

그렇지만 우리는 우리의 태양 에너지 비전과 꿈을 현실로 만들기 위해 함께 노력해야 합니다. (중략) 이 태양광 전략은 달성하기 쉽지 않을 것입니다. 미국 국민에게는 엄청나게 흥미진진한 도전이 될 것입니다. 미국 국민에게, 우리의 첫 개척지를 탐험하거나 지구상에서 가장 위대한 산업 사회를 건설하는 것만큼 중요한 도전이 될 것입니다. 금세기 말까지, 저는 우리가 사용하는 모든 에너지의 20퍼센트를 태양으로부터 공급하고자 합니다. 직접 태양 에너지를 복사하고 태양으로부터 간접적으로 파생되는 재생 가능한 형태의 에너지도 포함해서요. 이것은 대담한 제안이며 야심 찬 목표입니다. 하지만 달성하려는 의지만 있다면 충분히 이룰 수 있는 목표입니다. 정부의 조치만으로는 이 목표를 실현할 수 없습니다. 우리 모두의 공동 노력이 필요합니다. 모든 수준의 정부, 산업계, 노동계, 기업, 발명가, 기업가, 건축가, 건축업자, 주택 소유주, 관심 있는 시민 모두가 함께 노력해야 합니다.

우리가 낭비를 없애고 생산성과 효율성을 높이면서 에너지를 사용하는 방식을 배우지 않는다면 이 목표에 도달하지 못할 것입니다. 하지만 우리가 기술적 상상력을 발휘해 태양의 빛, 바람의 힘, 급류의 힘을 활용하기 위해 함께 노력할 수 있다면 우리는 성공할 것입니다. 물론 모든 주요 국가 프로그램에서와 마찬가지로, 연방 정부는 변화의 촉매제가 될 수 있습니다. 저는 우리가 쓸 수 있는 모든 도구를 사용해 정부 전체의 조율된 노력을 기울일 것을 제안합니다. 1980 회계 연도에 10억 달러 이상을 태양열 및 기타 재생 가능 에너지에 투자하기 위해 저는 노력할 것입니다.[6]

서유럽에서도 유사한 정책 전환이 일어났다. 1970년 이후 각국 정부는 석유 가격이 지속적으로 상승하는 환경과 마주해야 했다. 첫 번째와 두 번째 석유 위기가 발생하자 서독 정부는 먼저 에너지 문제를 에너지 절감 대책, 원자력 발전과 석탄의 부활, 재생 에너지원 개발 프로젝트 지원이라는 혼합 정책으로 해결하고자 했다. 1973년 11월, 석유 혹은 천연가스 수급에 차질이 빚어질 경우에도 에너지 공급 안정을 꾀하는 데 필요한 법규를 우선 제정했다.[7] 이를 근거로 주말 고속도로 주행 금지, 차량 속도 제한을 6개월간 시행하기로 했다. 아울러 일반 소비자를 대상으로 에너지 소비 절약 캠페인을 벌였다. 가정과 관공서에서 난방 온도를 낮추도록 권장하는 한편, 높은 석유 가격에 보조금을 지급하거나 국가가 인위적으로 석유 가격을 낮게 조정해 석유 소비를 부추기는 정책은 더 이상 실행하지 않기로 했다. 상대적으로 높은 가격을 유지해 소비자의 에너지 절약 행동을 유도하고자 한 것이다.

개별 정부 차원에서뿐만 아니라 유럽연합에서도 1974년 에너지 소비 증가율을 낮추어 1985년까지 1973년보다 15퍼센트 줄이는 것을 목표로 삼았다. 이를 위해 에너지 절약 촉진 결의안을 채택했다. 1980년에는 모든 분야에서 에너지 효율을 높이고 다양한 절약 방안이 실행될 수 있도록 처음으로 에너지 효율화 목표를 설정했다. 이에 따르면 1995년까지 최소 20퍼센트 효율 향상을 달성할 계획이었다. 이어 1987년에는 《유럽공동체의 에너지 효율화 정책 지속을 위하여》라는 보고서를 발간해 회원국에게 에너지 효율화 대책을 알려주었다. 그런데 14가지 대책 중 7가지가 소비자에게 정보를 제공하는 것과 관련이 있었다. 효율화 달성을 위해서는 소비자의 실천이 가장 핵심이라고

여겼던 것이다.[8]

석유 위기는 서독 내에서 한 국가의 에너지 공급이 OPEC 국가나 미국 등 에너지 생산국에 전적으로 의존하고 있다는 '에너지 종속 담론'을 대중화시켰고, 이에 따라 에너지 공급 안정성 확보가 에너지 정책의 핵심으로 떠올랐다. 석유 단일 에너지원에 과도하게 의존하여 석유에 의해 지배당하고 있는 것과 같은 현재의 상태에서 벗어나도록 하고 석유 공급원을 일부 국가나 지역에 집중하는 대신 여러 곳으로 분산해 다양화하는 대안을 제시하고, 이를 에너지 정책의 핵심 내용으로 통합했다. 장기적으로 석유와 에너지 공급의 안정적 유지를 정책 우선에 두었고 단기적으로는 유사시 발생할 수 있는 공급 문제를 사전에 예방하는 정책을 마련했다.[9] 유럽연합 회원국 역시 에너지 효율화와 에너지원 다변화 정책을 선택하기 시작했다.

환경 운동과 대안 에너지 정책에 대한 영향

석유 위기와 더불어 출현한 새로운 에너지 정책은 1970년대에 등장한 환경 운동의 영향을 받아 이행 과정에서 변화를 겪기도 했다. 미국에서 현대 환경 운동의 시원은 1962년 《침묵의 봄》 출간과 1970년 '지구의 날' 창립일 사이에 놓여 있었다.

DDT로 대표되는 화학 살충제의 무분별한 사용이 미국의 울새 등 동식물계는 물론 인간에게 미치는 파괴적 영향을 폭로한 해양생물학자 레이첼 카슨(Rachel Carson)의 책은 미국에서 환경 운동이 출현하는 데 결정적 영향을 끼쳤다. 환경 보호에 대한 사회적 관심이 늘면서 지역 생태계를 보호하고자 하는 단체도 하나둘 생겨나기 시작했다. 이렇게 시작된 카슨의 영향이 얼마나 컸는지는 1970년 4월 22일 지구의 날 첫 행사에 미국 전역에서 2000만 명이 참가한 데서 알 수 있다.

지구의 날 행사 자체는 위스콘신 상원의원 게이로드 넬슨(Gaylord A. Nelson)과 하버드 대학의 데니스 헤이즈(Denis Hayes) 주도로 개최되었다. 워싱턴에 모인 수많은 학생과 시민 앞에서 넬슨 의원은 "우리는 우리 행성을 죽이고 있습니다. 우리는 우리의 땅, 강과 바다를 체계적으로 파괴하고 있어요. 우리의 대기를 오염시키고 우리의 감각을 말살시키고 우리의 신체를 오염시키고 있어요"라고 경고하며 환경 보호 행동과 이를 계속하기 위한 교육 활동에 나설 것을 주장했다. 유엔에서는 1971년 지구의 날을 국제적 기념일로 정하며 "우주에서 아름다운 우주선 지구를 지키기 위해 평화로운 지구의 날을 기원한다"고 공식 선언했다.[10] 이 지구의 날 행사는 역사적으로 환경 보호를 위한 대중적 행동을 촉구한 첫 행사이자 민간 주도의 환경 운동이 시작된 날로 평가받고 있다.

그런데 지구의 날이 정해진 것은 석유에 점차 종속되기 시작한 우리의 일상이 가져올 파국적 사건이 발생했기 때문이다. 1969년 1월 28일, 캘리포니아주 샌타바버라에서 미국인에게 석유가 가져올 자연 파괴 현장을 생생하게 드러낸 사건이 벌어졌다. 유니언 오일(Union Oil)의 해상 시추 시설에서 일어난 폭발로 인해 1600만 리터의 원유가 바다로 유출되어 해안 56킬로미터 구간을 오염시켰다. 이로 인해 4000여 마리에 달하는 바닷새, 돌고래 등이 죽고 패류도 90퍼센트가 폐사했다. 해안에 떠밀려 온 바다 동물, 동물 구조에 나선 시민이 미국 텔레비전 방송과 신문을 통해 전국에 알려졌다. 처참한 사진 앞에서 사람들은 석유로 인한 환경 파괴의 위험을 깨닫기 시작했다. 환경 보호에 나서는 시민도 늘어났다.

환경과 오염에 대한 점증하는 우려가 에너지 위기와 겹쳤다. 환경주의에 영향을 준 역사적 사건인 1973년과 1979년의 에너지 가격이 가져다준 충격이 사람들 사이에 새로운 문제의식을 불러왔다. 하늘 높은 줄 모르고 치솟은 석유 가격은 자연 자원 고갈 가능성에 대한 두려움을 함께 일으켰다. 사실 천연자원 고갈 문제는 석유 위기가 발생하기 직전 로마 클럽(Roma Club)에서 제기했다.

1968년 4월, 이탈리아 로마에서 36명의 유럽 소속 경영자, 과학자, 교육자 등이 지구 환경 문제를 논의하기 위한 비공식 회의를 개최하면서 로마 클럽을 결성했다. 1970년 3월, 법인으로 공식 설립된 로마 클럽에서는 2년 뒤인 1972년 자신들이 MIT 연구팀에 의뢰했던 연구 내용을 《성장의 한계(Limits to Growth)》라는 책으로 발표했다. 이 책은 컴퓨터 모델링에 기초해 현재의 인구 증가가 지속되고 산업화, 오염, 식량 생산 자원 고갈이 이어진다면 지구 행성의 성장은 다음 100여 년 내로 한계에 도달할 것이라는 결론에 도달했다.

이와 같은 파국에서 벗어날 수 있는 대안으로 지속 가능한 생태적이고 경제적인 안정 상태, 그리고 개인의 물질적 욕구와 잠재력을 실현하고 동등한 기회를 누릴 수 있는 전 지구적 평형 상태를 설계하고 이를 완성하기 위해 나설 것을 제안했다. 석유 같은 자원 고갈 문제를 해결하는 방안으로 '지속 가능한' 성장 모델을 처음으로 제안한 것이다. 책 출판에 이어 석유 위기를 겪으면서, 석유 자원 고갈에 대한 두려움은 더욱 커졌다.

이런 배경 속에서 환경 운동 그룹들에서는 석유 위기에 대응하는 미국 정부의 정책을 비판적으로 바라보고 다른 대안을 찾기 시작했다. 환경 운동 진영에서는 정부가 환경 오염의 원인이기도 한 경제 성장과 소비를 부추기는 경제 시스템, 이를 유지시켜주는 과학기술 개발주의에 대한 근본적인 성찰 없이 정책을 수립한다고 비판했다. 경제 성장에 필요한 에너지 소비가 석유 위기로 지속할 수 없게 되자 정부는 석유를 대체할 수 있는 원자력 발전 확산, 석탄 액화 기술 개발 등에 나서기 시작했다. 물론 에너지 보존과 에너지 절감을 주요 정책으로 내세우기는 했으나 실제 이행에 있어서는 대안 기술 개발에 집중하고 있었다.

이에 환경 운동 진영에서는 에너지 소비 절약이 실용적일 뿐만 아니라 수입 석유에 대한 미국의 의존도를 낮추는 것이라 여기고 정부가 이 정책에 집중할 것을 요구했다. 에너지 자원이 동반하는 환경 위험을 지적하며 개발하는 데 시간이 필요한 재생 에너지와 달리 보전은 안전하고 에너지 부족에 대항하는 빠른 길이라 주장했던 것이다. 좀더 근본적으로 무한 확장하는 소비주의 사회가 경제 성장을 가져오고 이것이 또한 대중에게 소득 기회를 가져올 것이라는 정부의 기존 성장론 대신 새로운 패러다임을 개발할 것을 촉구하기도 했다.

환경 운동 그룹들에서는 장기적으로 에너지 보존 정책과 태양광 발전 등의 재생 에너지 확대가 일자리 창출을 가져오고, 원자력과 석유에 의존하는 경제 시스템을 안전하면서 다수가 경제적 혜택을 누리는 시스템으로 전환시킬 수 있다고 주장했다. 당시 지배적이던 석유와 화석 연료에 대한 의존을 절대적으로 줄이는 것이 정부의 역할이라고 보았으며, 원자력 발전소 확산 정책에 대해서는 직접적인 반대 운동을 이끌기도 했다. 미국의 환경 운동 진영이 보여준 이와 같은 인식은 서유럽 환경 운동 그룹에서도 유사한 형태를 보였다. 이런 환경 운동의 영향을 받아 1970년대에는 원자력 발전소 건설 반대 운동에 참여하는 대중이 늘어났고, 재생 에너지 기술을 개발해 재생 에너지 확대를 손

수 실천하고자 하는 시민 단체도 생겨났다. 이 단체들은 정부의 에너지 정책 변화를 이끌어내기도 했다.

2 석유 대체재로서 원자력 발전의 부상

2차 석유 위기의 출현

이란의 권위주의적 군주제에 대한 항의로 1978년 말 석유 노동자들이 파업에 들어가면서 이란의 석유 수출은 하루 450만 배럴에서 100만 배럴로 감소했다. 이 시위는 이듬해 이란 시민이 참여하는 대중 시위로 번져갔고, 팔레비 왕조 해체를 요구하는 '이란 혁명'으로 발전했다. 시민들의 혁명 대열에 놀란 팔레비 국왕은 국외로 탈출했고, 혁명을 이끈 루홀라 호메이니(Ruhollah Khomeini)가 이슬람 공화국 수립을 선포했다.

이란 혁명은 1973년의 1차 위기보다 석유 공급에 심각한 차질을 가져왔다. 이란은 당시 세계 2위 석유 수출국의 지위를 지니고 있었는데, 여기서 하루 생산량이 100만 배럴로 3분의 1 이상 줄어든 충격은 클 수밖에 없었다. 단번에 국제 석유 가격이 126퍼센트나 치솟았다. 1978년 10월, 배럴당 12.80달러 하던 가격이 1979년 말에는 40달러로 약 3배 이상 올랐다.

그런데 이러한 석유 가격 상승에는 노동자 파업뿐 아니라 OPEC의 암묵적인 산유량 제한, 석유 수출 금지에 대비해 미리 석유를 비축해 두려는 수입업자들의 행동도 원인을 제공했다. 비(非)OPEC 전선에 대항해 OPEC의 영향력을 확대하려는 13개 산유국들은 이란 혁명을 유가 상승을 고착시키기 위한 공급 감축 실험 기회로 삼고자 했다. 그러나 이로 인해 줄어든 산유량은 7퍼센트로 상대적으로 미미해서, 이것만으로는 석유 가격의 급등을 설명할 수 없다. 석유 가격을 치솟게 한 가장 큰 원인은 산유국들의 움직임을 예상한 수입업자들의 비축 움직임이었다.

1979년 봄과 초여름 동안 휘발유와 디젤 연료 공급에 직접적으로 차질이 빚어지면서, 특히 휘발유 생산을 이란산 원유에 의존하던 미국의 많은 소비자가 1차 석유 위기 때와 유사한 어려움을 겪었다. 캘리포니아주, 뉴욕주, 펜실베이니아주, 텍사스주, 뉴저지주에서는 자동차 번호 홀·짝수에 따라 번갈아 휘발유를 살 수 있게 했다. 캘리포니아주의 휘발유 재고가 바닥났다는 소문이 돌면서 "모든 주유소에 1200만 대의 차량이 한꺼번에 몰려와 기름을 가득 채우는" 일도 발생했다.[11] 자동차 연료뿐 아니라 난방을 석유에 의존하던 미국의 여러 주에서는 겨울 동안 난방유 부족을 겪을지 모른다는 두려움에 휩싸이기도 했다. 주유소 줄을 또다시 경험하게 된 미국인은 패닉에 휩싸였다. 그러나 이내 시민들은 1차 석유 위기 때의 경험을 살려 트럭 운전자들과 함께 행동에 나섰다. 높아진 가솔린 가격에 대한 대응책을 마련할 것을 정부에 요구하며 규제 정책을 도입해 가격을 낮추라고 주장한 것이다.

2차 석유 위기 직후 각국 정부는 에너지 절약 정책을 다시 한번 실행했다. 미국의 경우, 한층 콤팩트한 디자인의 자동차, 가벼운 엔진으로 연료 효율이 한층 좋아진 차량이 소비자의 선택을 받기 시작했다. 에너지 공급사들은 석유 발전의 대안으로 원자력 발전을 재차 강조했고, 정부는 대체 연료에 연구 기금을 투입했다. 1981~1982년 전 세계적으로 경제 침체가 발생하면서 하루 석유 소비량은 1979년 하루 62.9mb(1mb=1000배럴)에서 53.3mb로 약 15퍼센트 감소했다. 동시에

OPEC의 산유량도 하루 30.5mb에서 18.1mb로 40퍼센트 감소했다. 석유 공급에서 OPEC이 하던 역할을 비OPEC이 점차 맡게 되었다. 한편, 2차 석유 위기가 발생하고 6년이 지날 무렵 전 세계 석유 소비는 줄어드는 경향을 보였는데, 이는 정부가 실시한 에너지 보존 정책 덕분이었다.[12] 효율이 높아진 차량과 가전제품의 등장, 가격 규제를 통한 에너지 절약 유도가 에너지 소비 감축을 가져왔다.

대안 에너지로 부상한 원자력

석유 위기가 발발하자 미국과 서유럽 정부들은 에너지 보존 정책 도입과 더불어 대안 에너지 찾기에 나섰다. 제일 먼저 주목한 것이 원자력이었다. 1956년 영국에서 상업용 원자력 발전소를 가동한 이후, 그 핵심인 원자로에 대한 연구는 핵무기에 필요한 플루토늄과 우라늄 생산을 위한 목적, 그리고 발전 설비로서 경제성 확보를 목적으로 미국과 서유럽에서 1973년 무렵까지도 꾸준히 계속되었다. 영국, 프랑스, 서독 등에서도 상업용 원자력 발전소를 건설하면서 필요한 기술도 확보된 상황이었다. 이에 기술적 가능성을 내세우며 미국과 서유럽 정부들에서 원자력 발전 확대 계획을 수립하기 시작했다.

한편, 미국의 환경 단체에서는 원자력 발전이 가져올 방사능 오염 문제, 핵폐기물 처리 문제, 핵무기 확대 문제를 이유로 원자력 발전 확대에 반대 의견을 확실히 했다. 당시 정부가 지지하던 고속증식로에 대해서도 그것이 경수로에 비해 연료를 더 소비해서 방사능 오염으로 인한 건강 악화 문제를 초래할 것이라며 반대하고 나섰다. 원자력 발전에 반대 의견이 높았던 것은 미국 환경 단체들이 1950년대부터 시작된 반핵 운동의 영향을 받았기 때문이기도 하다.

1970년대에는 발전소로 인한 환경 생태계 파괴, 방사능 오염, 발전소 안전 문제를 우려하며 원자력 발전 반대 운동이 조직되었다. 1976년 뉴잉글랜드의 소규모 환경·반핵 그룹 연대체인 '클램셸 동맹(Clamshell Alliance)'은 발전소 냉각 시스템이 해양 생태계를 파괴하고, 지진으로 인한 발전소 붕괴와 이로 인한 방사능 오염, 나아가 주민의 의견을 반영하지 않은 에너지 정책과 경관을 해치는 산업화 정책을 근거로 시브룩(Seabrook) 원자력 발전소 건설 반대에 나섰다.[13] 1976년 8월 시민 불복종 운동의 형태로 18명 주민이 전개한 (부지 점거로 시작된) 평화로운 반원전 운동은 1977년 참여자가 2000명으로 늘어나며 더욱 거세졌다. 반대 시위는 1400여 명이 체포·구금되면서 종결되었다. 하지만 건설 철회를 달성하지는 못했으나 역사상 최대 규모의 체포라는 기록으로 언론의 주목을 받았고, 이후 미국 반원전 운동의 모델이 되었다.

이렇게 원자력 발전에 강경한 반대 의견을 지속하면서, 환경 단체는 다른 대안으로 석탄 발전을 지지하고 나섰다. 언젠가 기술 개발로 상용이 가능할 것으로 보이는 태양광·풍력 등 재생 에너지원을 이용한 발전을 당분간 석탄 발전이 대신해줄 수 있을 거라고 여겼기 때문이다. 석탄 발전소에 배출 저감 장치 등을 설치하면 석탄 사용으로 발생하는 대기 오염 문제는 해결이 가능하다고 생각했다.

한편, 서유럽에서도 1960년대에 농작물 방사선 오염을 우려한 원전 예정 부지 농가들의 반대 운동이 시작되었고, 1970년대에는 환경 운동 단체들에 의한 원자력 예정 부지 점거, 법정 소송 형태로 반원전 운동이 서유럽 전역으로 퍼져갔다. 원자력 방사능에 의한 건강 피해를 우려해 시작된 서유럽의 반원전 운동은 국가 권력에 대한 저항, 대안 에너지 찾기 등으로 분화되었다. 그럼에도 미국과 서유럽 정부는 1960년대부터 상업용 원전 개발에 박차를 가했고, 1979년까지 원자력 발전소는 증설을 거듭했다. 1957년 첫 상업용 원자력 발전을 시작한 미국은 민간 사업자가 높은 건설 비용 때문에 경제적 손실을 보지 않도록 정부 지원을 약속함으로써 1966~1967년 49기의 원전 건설 계약이 성사되었다.

1961년 첫 상업용 원자력 발전을 전력망에 연결한 서독에서도 1960년대 내내 민간 사업자에게 중장기 대출 보장, 부가세 면제, 기타 사업 손실을 만회할 비용 지원을 약속하면서 원자력 발전소 건설에 나섰다. 그 결과 1967년 600메가와트 규모 2기, 1969년 1.1기가와트 규모를 비롯해 최소 2기의 계약이 이루어졌다. 영국과 유사하게 서독에서도 원자력 발전 관련 기술을 첨단 기술로 여기고 국가 차원의 지원을 함으로써 수출 산업으로 성장시키려는 계획을 수립했다.

프랑스에서는 1958년부터 원자로 건설 기술을 대표적인 국가 기술로 내세우며 가스흑연로(가스로 냉각하고 흑연으로 중성자를 감속하는 원자로) 개발에 나섰고, 1964년에는 2.5~4기가와트 규모의 원전 개발 계획을 세웠다. 프랑스의 경우는 민간 사업자가 아닌 국영 '프랑스 전력 공사 (EDF)'가 맡아 국가 차원에서 건설에 나섰다. 그리고 1967년에는 EDF 가 소유한 210메가와트 규모 이상의 대형 원자력 발전소(가스흑연료 3기, 경수로 1기)를 가동했다.

1956년의 캘더홀(Calder Hall) 상업용 원자로 건설 성공으로 원자력 발전 선두에 섰던 영국은 원전을 수출 산업으로 키운다는 계획도 세웠다. 그리고 1957년 신설된 에너지부가 나서서 1965년 말까지 원전 용량을 5000메가와트에서 6000메가와트까지 늘린다는 원자력 발전 확대 계획을 수립했다. 영국의 이 야심 찬 계획은 1960년에 달성하기 어려운 것으로 드러났는데, 영국이 개발한 흑연감속로 마그녹스(Magnox) 원자로가 표준화 문제를 해결하지 못했기 때문이다. 결국 이 계획은 1965년 말 원자로 4기 건설, 즉 2126메가와트 달성으로 마무리되었다. 수출 산업으로의 육성 계획도 성공하지 못해 마그녹스 원자로는 1959년 이탈리아와 일본에 겨우 2기를 판매했을 뿐이다. 나라마다 차이는 있었지만 각국은 1960년대까지 첨단 기술로서 원자로 기술 개발을 지속하면서 자국 내 원전 확대 정책을 지속했다. 결과적으로, 1974년 전 세계적으로 전력 공급에 참여한 원전은 26기에 달했다.

1973년 석유 위기를 맞아 석유 에너지에 대한 대안으로 원자력이 강조되면서, 미국의 경우 1973년 11월 7일 닉슨 대통령이 '에너지 부족에 대응한 국가 정책에 대하여'라는 제목의 연설을 통해 원자력 발전 건설 촉진에 필요한 정책 패키지를 발표했다. 이후 1974년에 41건의 건설 계약을 추가했고, 이로써 미국은 최대 규모 원전 건설 계획을 세운 국가가 되었다.

서독 역시 같은 해 11월 '에너지안보법'을 제정하고 '원자력 프로그램'을 기획해 총 40기의 원자력 발전소를 건설하기로 했다. 석유 공급이 막히고 에너지 부족이 앞으로도 계속되어 국가 경제의 존속을 걱정해야 하는 상황에서, 원자력 에너지원이 대안 에너지라고 확신한 것이다. 서독의 원자력 관련 기술을 신뢰하고 있던 전문가들도 정부 입장을 지지하고 나섰다.

한편, 영국은 1964년 수립한 두 번째 원자력 확대 프로그램을 계속 유지했을 뿐 별도의 정책을 마련하지는 않았다. 이는 두 번에 걸친 원자력 확대 프로그램으로 1973년 당시 원자력으로 생산한 전기가 이미 수요량을 46퍼센트 상회하고 있었기 때문이다. 1976년까지 10기의 개량 가스냉각형 원자로(AGR)를 건설해 6525메가와트 용량을 추가로 전력망에 연계한 것이다.[14]

프랑스에서는 EDF가 미국 웨스팅하우스 등과 협력해 획득한 경수로 기술을 기반으로 1969년 11월 13일에 대형 원자력 발전소 건설 계획을 발표했다. 즉, 앞으로 프랑스에 건설될 신설 발전소를 모두 원자력 발전소로, 그것도 5기가와트급 대형 발전소로 해마다 5~6기씩 건설한다는 것이었다.[15] 이 계획에 따라 프랑스에는 1977년 880메가와트급 페센하임(Fessenheim) 원자력 발전소 완공까지 가스흑연로 1535메가와트, 경수로 1750메가와트, 증식로 233메가와트가 들어섰다. 이렇게 대형 원자력 발전이 이뤄지면서 프랑스는 1971~1980년 원자력을 이용한 발전량이 7배 증가했다. 1970년에는 원자력으로 생산한 전기 비중이 3퍼센트에 머물렀으나 1980년대 중반 70퍼센트로 증가해 세계 원자력 발전 산업을 주도했다.[16]

이렇게 석유 위기는 전기 생산에서 원자력 에너지원이 차지하는 비중을 높이는 데 결정적 역할을 했다. 1960년대 말에서 1970년대 초에 수립된 원전 건설 계획으로 세계 원자력 발전소 수는 1984년과 1985년에 두 번째 정점에 이르렀다. 두 해에 각각 33기씩이 전력망에 연결되었다. 원자력 발전소 건설 역사에서 이 두 해만큼 많은 원자력 발전소가 건설된 적은 없다. 관련 자료를 살펴보면, 1965~1975년에 가장 많은 원자로 건설 계약이 체결된 것으로 나온다. 이 시기는 미국과 유럽 이외에 소련에서도 원자력 발전소 건설에 집중했다. 미국과 서유럽 정부들에서 원자력을 당시 에너지 위기를 해결할 대안으로 보았던 이유는 석유 위기로 인해 치솟은 유가가 원자력 발전 비용을 상대적으로 낮추었기 때문이다. 이에 근거해 1970년대 초 전문가들은 2000년에는 원자력 발전소가 지배적인 에너지원이 될 것이라는 예상을 내놓기도 했다.

원자력은 정말 대안 에너지였을까

대안 에너지로서 원자력이 자리 잡을 것이라던 전문가들의 예상은 앞서 언급한 원자력 발전소에 대한 환경 운동 단체들의 반대 운동, 그리고 실제 발생한 원자력 사고에 의해 빗나가고 말았다. 1960년대 미국과 서유럽 각국이 원자력 발전소 건설에 나서면서 시작된 반원전 운동은 1970년대 들어 특히 서유럽에서 광범위한 사회 운동으로 확대되었다. 서독에서는 원자력 발전소 부지 점거 운동, 건설사에 허가를 내준 지자체 등에 대한 소송 운동 등이 거세지면서 예정된 발전소 건설이 무산되거나 완공이 지연되었다. 이런 상황을 더욱 악화시킨 것은 1979년의 스리마일 원자력 발전소 노심용융 사고와 1986년의 체르노빌 원자력 발전소 사고였다.

1979년 3월 28일, 미국 펜실베이니아주 해리스버그(Harrisburg)의 도핀(Dauphin) 카운티에 위치한 스리마일 원자력 발전소 2호기에서 노심용융 사고가 일어났다. 미국 원자력 산업 역사상 가장 심각한 사고로 기록된 이 사건은 운전원의 실수, 엔지니어들의 대응 실패로 발생했다. 운전원이 실수로 긴급노심냉각장치(ECCS) 작동을 한동안 멈추는 바람에 냉각수가 유출되면서 원자로 온도가 상승했고, 그로 인해 연료봉이 녹아내려 원자로 용기 하부 반구로 흘러 들어간 것이다. 사고가 커지는 동안 엔지니어들이 원인을 찾아내지 못하면서 즉각적인 대응에 실패해 용융에까지 이르렀다. 건물 내의 방사성 수치는 정상의

1000배나 치솟았고, 이틀 후 일부 방사성 기체가 대기 중에 노출되었다는 사실도 밝혀졌다.

주 정부에서는 사고 발생 직후 임산부와 어린이를 대피시키는 조치를 취했다. 그러자 주 정부의 안내에도 불구하고 10만여 명의 카운티 주민이 일시에 탈출에 나섰다. 카터 대통령은 사고 발생 4일 만에 카운티를 방문해 즉각적인 조사 실시와 사고 수습을 위한 지원을 약속하는 한편, 실제 누출된 방사성 물질의 양이 얼마 되지 않는다며 주민들을 직접 진정시켰다. 대통령의 이런 노력에도 도핀 카운티뿐만 아니라 해리스버그시 전체 주민이 당장 원자력 발전소 폐쇄와 건설 중지를 요구하고 나섰다.

미국 전역으로 확산한 반원전 운동 참가자들은 미국 내 원자력 발전소를 모두 폐쇄할 것을 주장했다. 결국 1970~1988년 67기의 원전 건설 계획이 취소되었다. 사고 후 20년 동안 미국에서는 겨우 2기의 원자력 발전소를 완공했을 뿐이다. 원자력 발전에 대한 대중의 신뢰도 무너졌다. 1974년 59퍼센트의 대중이 원자력 발전을 지지했다면 1979년 1월에는 50퍼센트, 사고 직후에는 39퍼센트로 떨어졌다.

1986년의 체르노빌 사고는 서유럽 반원전 운동 단체가 탈핵과 재생 에너지 전환 운동으로 돌아서는 결정적 계기를 제공했다. 1986년 4월 26일, 소련연방 소속 우크라이나의 체르노빌 원자력 발전소에서 가동 중이던 4기의 원자로 중 4호기에서 폭발이 일어나 천장이 부서지면서 다량의 방사성 물질이 유출되었다. 이는 2011년 일본 후쿠시마 원자력 발전소 사고가 발생하기 전까지 역사상 가장 심각한 사고로 기록되었다.

사고는 정기 점검을 위해 원자로 냉각 펌프를 대상으로 실험을 하

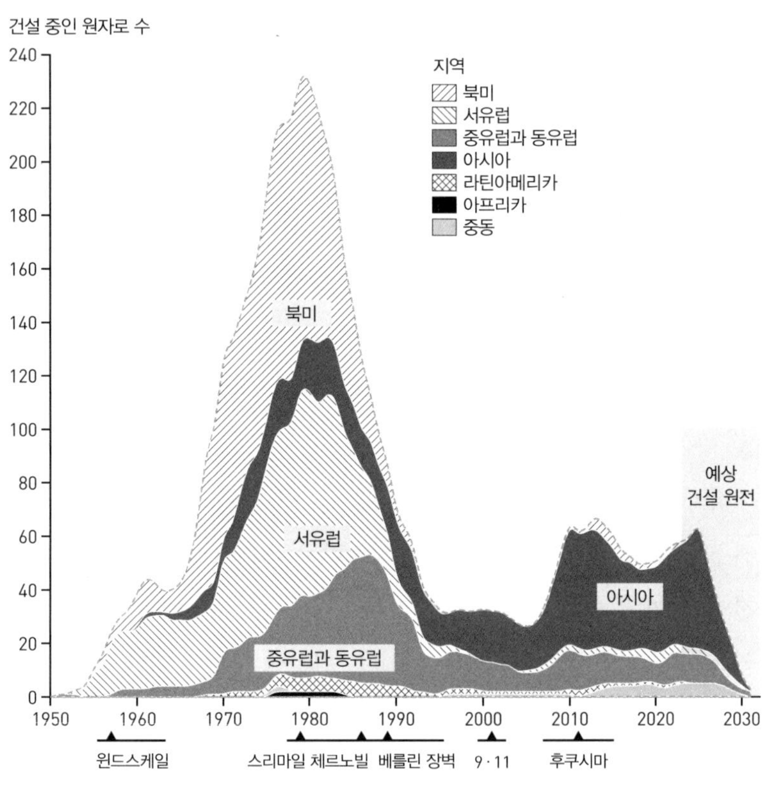

출처: https://www.worldnuclearreport.org/reactors.html#tab=iso

던 중 발생했다. 운전 요원들의 원자로 제어봉 조작 실수, 비상노심냉
각장치의 작동 중지, 주 제어실의 통제 미숙 등이 복합적으로 작동해
원자로 덮개가 폭발하고, 이어서 건물의 콘크리트 지붕이 폭발해 다
량의 방사성 물질 유출이 일어난 것이다. 이 사고로 초기 대응에 투입
된 군인 56명이 피폭으로 사망하고, 1987년까지 사고 처리에 투입된
작업자 포함 2만 5000명이 사망했다. 우크라이나를 비롯해 인근 주변

지역은 사고 이후 갑상선암과 백혈병에 걸린 아이들이 증가했다. 두 터운 격납고로 원자로를 감싸는 경수로와 다른 설계로 제작된 소련의 RBMK 원자로는 방사성 물질 누출을 차단할 격납 외벽을 갖추고 있지 못했다. 노심용융으로 인해 발생한 방사성 물질은 폭발과 더불어 우크라이나뿐만 아니라 영국, 프랑스, 독일은 물론 스칸디나비아, 그리스로까지 날아갔다. 이때의 방사성 물질 낙진으로 독일 뮌헨 지역은 지금도 야생 버섯 식용을 금지하고 있다.

체르노빌 사고는 원자력 발전소 정책과 관련해 특히 서독에 직접적인 영향을 주었다. 1980년 초만 해도 원자력을 주요 에너지원이라 여기며 1983년 녹색당의 탈핵 주장을 이상적인 주장으로 배척하던 사회민주당조차 체르노빌 사고 이후 탈핵 논의를 주요 의제로 받아들이기 시작했다. 그리고 원전 없는 안전한 에너지 공급 정책을 수립하며 탈핵 사회로 나아갈 준비를 했다. 기민당-자유당에서도 원자력 확대 정책을 포기했다. 서독에 이어 이탈리아가 1987년 국민투표로 탈원전을 결정해 원전 4기의 가동을 중단시켰다. 이렇게 체르노빌 사건의 충격은 서유럽에서 원자력 산업의 쇠퇴를 가져왔다.

그런데 1970년대 미국과 서유럽에서는 원자력 발전소 건설이 계속되고 발전량이 늘어났음에도 초기에 기대했던 대안 에너지로 부상하는 데는 실패했다. 원전 건설이 정점에 달한 1985년에도 원자력 발전이 전 세계 전력 공급에서 차지한 비중은 15퍼센트에도 미치지 못했다. 2000년대에 원자력이 발전원의 주류가 될 거라는 기대와는 한참 동떨어진 결과였다.

영국의 경우, 원자력 발전이 전체 전력에서 차지하는 비중이 1970년 9퍼센트, 1990년 21퍼센트로 증가했지만 1990년까지 여전히 석탄 발전이 72퍼센트를 차지했다. 프랑스의 경우는 프랑스 전력 공사(EDF)가 정부 재정으로 원자력 발전소 건설을 계속할 수 있었기 때문에 1980년 대에 원자력 발전 비중이 석탄·석유 발전 비중을 넘어섰다. 이런 현상은 유럽에서 프랑스가 유일했다.

원자력 발전의 경제성에 대한 논쟁은 상업용 발전소 건설을 시작할 때부터 지속되었다. 원자력 발전소는 대규모 정부 보조금으로 건설·운영되었고, 지금도 이는 크게 달라지지 않았다. 1973년 석유 위기 직후 선진국에서 석유를 대체한 발전 연료는 사실상 석탄이고, 천연가스가 보조 연료 역할을 했다. 결국 1970년대 말에도 화석 연료에 의존한 세계 경제는 두 번째 석유 위기에 다시 한번 휘청일 수밖에 없었다.

발전소의 경제성을 낮춘 것은 한편으론 예상만큼 증가하지 않은 전기 수요였다. 에너지 위기에 대응한 정부의 에너지 절감 노력이 효과를 발휘해 전기 소비 하락이 이어진 것이다. 1967~1973년 총에너지 소비가 연간 3.8퍼센트 증가했다면 1973~1981년에는 0.7퍼센트 증가했을 뿐이다. 아울러 전기 수요 증가율도 하락했다. 정부와 환경 운동 양측에서 이루어진 노력, 에너지 가격의 고공 행진과 느린 경제 성장 속도가 에너지 소비 감축에 영향을 주었다.[17]

3 석유 시장 질서의 붕괴와 탄소 문명의 지속

1973년의 석유 위기는 1960년대를 거치며 현대 서구 문명의 동력으로서 지위를 구축한 석유의 추락을 예고하는 듯했다. 그러나 석유에 권력을 부여해준 (미국을 중심으로 한) 산유국들이 1960년대에 갖춰둔 석유 에너지 시스템이 한 번의 충격으로 무너질 만큼 허약하지는 않았다. 중동 전역에 대한 석유 채굴권 협력단 설립에 합의한 7개 주요 기업—텍사코, 엑손, 소칼, 소코니, 걸프, BP, 쉘—이 석유 위기 직전까지도 세계 정제 능력의 57퍼센트를 통제하고 있었다. 이탈리아 국영 석유 회사 에니(Eni)의 총재 엔리코 마테이(Enrico Mattei)가 '세븐 시스터즈'라고 불렀던 이들 7개 석유 기업이 이라크, 사우디아라비아, 쿠웨이트, 카타르, 이란, 베네수엘라, 인도네시아에서 석유 생산 대부분을 통제하고 있었다.

1920년대부터 자국 내 공급을 통제해 석유 산업의 과잉 생산을 조절하려 한 미국 텍사스 철도위원회(TRC)와 더불어 세븐 시스터즈는 세계 석유 공급 회사들에 할당량을 배분하는 방식으로 세계 석유 가격 안정화를 꾀했다. 1891년 텍사스주 의회가 설립한 텍사스 철도위원회는 세계 최초의 유가 조정 기구로, 석유 대기업과의 협력을 통해 미국 내 유가 및 생산 조정 역할을 충실히 수행하고 수에즈 운하 사태에도 잘 대응했다. 그러나 이 체제가 제대로 기능하지 못한다는 것은 1967년 이스라엘이 일으킨 중동 전쟁과 석유 위기 발발로 이내 드러났다.

세븐 시스터즈의 석유 시장 지배력 약화는 반식민지 운동의 광풍을 맞은 산유국 중동 국가들의 자국 자원 보호 노력 때문이었다. 그간 7대 석유 회사들은 자원 보유국이 더 적은 수익을 취하면서 낮은 유가 부담을 나눠 가지는 걸 공평하다고 여기며 이런 관행을 지속해왔다. 그러나 민족주의 물결에 영향을 받은 중동 국가들이 하나둘 산유국 카르텔 결성의 필요를 주장하기 시작했다. 1959년 4월, 이집트 나세르 대통령 주도로 카이로에서 1차 아랍 석유 회의가 열렸다. 회의 참석국들은 "외국 석유 회사에 석유 채굴권을 부여하는 제도는 구식민지 시대의 굴욕적 유물"이라는 인식을 공유했다. 이듬해에 엑손이 산유국의 반대에도 불구하고 가격 인하를 단행하자 1960년 9월 석유수출국기구, 즉 OPEC을 출범시켰다. 발족 당시 창립 멤버 국가는 사우디아라비아, 이라크, 이란, 베네수엘라, 쿠웨이트 5개국이었다. OPEC의 목표는 석유 채굴권으로 인한 수익을 더 이상 뺏기지 않는 것이었다. 발족 직후 10여 년 동안은 회원국을 강력한 조직으로 통합하는 데 실패하고, 석유 시장에 대한 영향력도 7대 석유 회사에 비해 형편없이 낮은 상태로 머물렀다.

그러나 1970년대에 들어서면서 OPEC은 석유 회사에 관리 가격과 소득세를 높여 받으면서 석유 시장에 대한 지배력을 확장해갔고, 자신들이 공급하는 석유에 점점 더 의존하는 서방 국가들에 '공급 중단' 위협을 통해 우월한 지위를 유지해나갔다. 예를 들어, 이란의 군주는 OPEC의 결정에 석유 회사들이 저항한다면 걸프만 전체를 폐쇄하고 기름이 한 방울도 나오지 않게 할 것이라는 위협도 서슴지 않았다. 중동에서 석유 공급을 중단하면 더 이상 내수를 충족하기 어렵게 될 미국, 영국 등 서방 국가들은 7대 석유 회사들을 내세워 석유 시장을 지배하던 옛 영광을 OPEC에 내줄 수밖에 없었다.

미국의 산유량이 1971년 정점을 찍은 후 감소하기 시작하자 원유 생산 증가는 OPEC 회원국들에서만 가능해졌다. 공급량 조절에 대한 전권을 갖게 되자 OPEC은 가격을 지렛대로 석유 시장을 자신의 의도대로 주무를 수 있었다. OPEC의 영향력을 가장 극명하게 보여준 것이 중동 전쟁을 계기로 석유 가격이 급격히 인상되어 전 세계에 충격을 준 1973년의 석유 위기였다. OPEC 회원국은 이스라엘과 중동 국가 간의 휴전을 압박하며 미국에 대한 수출 금지에 이어 원유 생산을 직전보다 25퍼센트 삭감하기로 했다. 아울러 관리 가격도 전격적으로 올려버렸다.

석유 공급이 줄어들 것을 염려한 정유업자, 석유 저장 사업자 등등이 상당히 높아진 석유 가격을 무릅쓰고 사재기에 나서면서 유가는 천정부지로 올라갔다. 그 결과 1973년의 석유 위기가 발생한 것이다. 이는 한편으로 OPEC의 지위 공고화를 낳았다. 1970년대 대부분 동안 OPEC은 개별 몇몇 회원국에서 자원 고갈을 이유로 감산하거나 자국 비축량을 늘려 세계 시장 공급량을 줄이기도 했다. 하지만 OPEC이 공식적으로 텍사스 철도위원회와 7대 석유 회사처럼 할당제를 채택해 석유 가격을 유지하는 정책을 택하지는 않았다. 1973년 이후 1979년 2차 석유 위기 발발까지 OPEC 관리하에 석유 가격은 1973년보다 10퍼센트 하락한 채 유지되었다.

1979년 2차 석유 위기 역시 OPEC이 유가 상승을 고착화하기 위해 공급을 줄이는 실험과 더불어 시작되었다. 이는 석유 공급 부족에 대한 미국의 위기의식을 높이고 석유 대체 에너지 찾기 정책을 가속화시켰다. 한편, OPEC 회원국 사이의 갈등, 예컨대 이란과 사우디아라비아, 이라크와 이란의 갈등이 격화되고 이른바 '중동의 안정 문제'가 등장하며 석유 시장에 혼돈을 초래했다. 1981년 OPEC의 고시 가격은 배럴당 34달러에 달해 10년 사이 3배나 증가했다.

불안정한 중동 정세로 원유 부족에 대한 전 세계 국가들의 우려가 1980년대 초까지 OPEC이 유지해온 고유가 정책을 가능케 해주었다. 대부분의 전문가가 국제 유가의 지속적 상승을 예상하자 OPEC도 1980년대를 또 다른 황금시대로 여기고 기존 정책을 고수하려 했다. 그런데 석유 수요는 세계 경기 침체로 급감하고 중동 산유국 이외에 멕시코와 노르웨이 그리고 미국(알래스카)에서 유전이 새로 발견되면서 OPEC이 공급 시장에서 지위를 유지하기가 어렵게 되었다. 경기 침체와 더불어 고유가에 대응해 정부와 소비자들이 에너지 효율화 정책에 적극 호응하면서 연료 소비의 절대적 감축이 진행되고 석유에서 다른 에너지원으로의 전환도 이루어지면서 석유 수요량 자체가 줄어들기도 했다.

이런 상황에서 OPEC은 석유 가격에 대한 통제력을 상실해갔다. 그러자 OPEC은 가격을 안정시키고자 수요량에 맞춘 생산 할당제를 도입하고 새로운 가격 정책도 실시했다. 하지만 OPEC의 새로운 가격 정책은 오히려 석유 정제 제품의 가격 하락을 가져왔고, 결과적으로 유가 하락을 초래했다. 영국, 노르웨이 등 새로운 산유국들이 원유 가격 인하에 나섰고, 이에 대응하는 OPEC의 새로운 정책이 실패하자 세계는 석유 가격 하락 시대를 맞이했다.

석유 가격 붕괴는 미국의 경제 회복에 도움을 주었다. 높은 가격 때문에 석유 소비를 일시적으로 줄였던 지역에서 다시 석유 소비가 증가하기 시작했다. 이미 일상의 의식주 인프라를 석유 소비에 기반해 구축한 세계에서 소비자가 석유로부터 탈출하는 것은 불가능했던 탓에 가격이 내려가자 소비는 다시 증가했다. 다만, 석유 위기로 인한 유가 상승은 일부 지역의 석유 소비를 천연가스, 석탄, 원자력 등으로 대체했으며 장기적으로 사용량을 줄이는 데 기여는 했다. 1980년대 이후로 석유가 더 이상 전기 발전에 널리 사용되지 않고 휘발유를 대체할 운송 연료가 많아지면서 석유 소비가 차지하는 비중이 줄어들었던 것이다. 즉, 소비자는 예전보다 유가 변동에 민감하게 반응하지 않는 상황을 맞이하고 있었다.[18] 두 차례의 석유 위기가 가져온 충격은 석탄과 석유 기반의 탄소 문명을 뿌리째 흔들어놓을 정도는 아니었다. 물론 탄소 문명에 대한 근원적 성찰을 하는 시민들의 출현과 선구적인 생태 운동가 그룹들의 실험을 촉진하는 결과를 가져오기는 했다.

4 '탄소스러운' 생활 방식의 지속

1980년대 초의 경기 침체는 석유 소비 감소를 가져왔지만, 1980년대 중반에 들어서면서 화석 연료 이용은 이전 시기로 회복되어갔다. 그런데 이 시기 화석 연료의 사용처가 달라지고 있었다. 1970년대 미국과 서유럽 정부는 천연가스 용도에 제한을 두었다. 천연가스는 취사 연료와 고급 항공기 연료에 이용하고 발전소 연료로는 사용할 수 없었다. 미국은 1987년까지도 천연가스를 화력 발전소 연료로 사용하는 걸 금지했다. 한편, 서유럽에서는 천연가스에 대한 이런 용도 제한이 1980년대 들어서면서 풀리기 시작했다. 복합 사이클 가스 터빈 개발로 가스 발전소의 효율이 향상되어 천연가스 이용을 금지할 이유가 없어졌기 때문이다. 게다가 소련과 서독, 기타 유럽 국가들 사이에 천연가스 송유관이 건설되어 소련의 천연가스가 제약 없이 유럽까지 이동했다. 비슷한 시기에 석탄 소비도 증가하기 시작했다. 특히 미국에서는 1979년 스리마일 원전 사고로 원자력 발전소 건설이 중단되고, 이를 대신해 석탄 발전소가 들어서기 시작했다.

화석 연료의 용처가 바뀌는 동안 전체적인 에너지 소비의 변화, 즉 에너지 소비 감축은 1차와 2차 석유 위기에서 벗어난 1980년대 말에야 감지할 수 있었다. 1차 석유 위기는 미국인의 에너지 소비 생활에 큰 변화를 가져오지 못했다. 석유 고갈에 대한 두려움이 잠시 사람들의 의식을 스쳐갔으나 에너지 소비 문화를 바꾸는 행동으로 이어지지는 않았다. 1970년대 내내 미국인은 전력 소비량을 50퍼센트까지 높였다.

1977년 카터 행정부가 에너지 절약 정책을 실행하고자 했을 때, 석유 회사들은 이런 정책이 고유한 '미국 생활 방식'을 위협하고 미국 문화를 파괴할 것이라며 반대했다. 석유 회사의 로비를 받은 의회에서 그들을 지지했고, 정부의 절약 캠페인을 금욕적 생활 강요로 받아들인 일부 미국인도 석유 회사의 의견에 동조하고 나섰다. 에너지 절약을 미국의 전통적 민주주의와 자유 개념에 반하는 것으로 이해하는 이들이 목소리를 높였다.[19]

카터 행정부의 야심 찬 에너지 절약 정책과 재생 에너지 발전 전략은 1980년 레이건 행정부가 들어서자 폐기되고 말았다. 미국인의 석유 의존은 1982년부터 더욱 강화되었다. 우선 세계적으로 1982년 이후 석유 가격의 지속적 하락이 이어졌다. 1986년 중반에는 배럴당 10달러까지 떨어졌다. 규제 대신 시장의 자유를 선택한 레이건 행정부는 석유와 천연가스에 대한 가격 통제를 풀어버렸고, 가솔린에 대한 세금도 면제했다. 이제 미국인은 다른 서유럽 국가들보다 8분의 1이나 저렴한 가격에 석유를 소비할 수 있었다. 너도나도 콤팩트한 자동차 대신 커다란 SUV 차량 구매에 나섰고 더 넓은 교외 주택으로 이사했다. 그렇게 석유 문화의 부흥, 즉 탄소 문명 속으로 더욱 깊게 스며들었다.

이처럼 소비를 부추기는 환경이 마련되었지만, 2차 석유 위기를 계기로 에너지 생산성을 높이는 정책을 병행함으로써 1982~1986년 에너지 소비량의 절대적 증가는 나타나지 않았다. 1986년 이후로 석유 공급이 안정적으로 이루어지고 가격도 낮아지자, 각국 정부는 효율화 정책 이행에 느슨해졌다. 에너지 소비 패턴은 이런 환경에 즉각 반응해 1990년까지 연간 2.2퍼센트의 소비 증가가 일어났다. 이 시기 미국과 서유럽에서 에너지를 대량 소비하는 철강과 알루미늄 생산 시설이 사라졌다. 대신에 플라스틱 제품 생산 설비가 늘어나면서 산업 부문에서도 에너지 소비가 증가했다. 가정과 산업 부문에서 모두 에너지 소비가 증가한 것이다.

몇몇 보고서는 미국과 서유럽에서 2차 석유 위기를 계기로 에너지 효율화 정책이 실행되어 경제가 성장하면서도 에너지와 물질 소비는 증가하지 않는, 이른바 탈동조화를 보였다고 강조한 바 있다. 그런데 최근 연구에 따르면 1~2차 석유 위기 이후에도 이들 지역에서 물질 소비는 지속적으로 증가했고 탈동조화는 아주 제한적으로만 나타났을 뿐이다. 게다가 이런 제한적인 탈동조화도 착시였을 가능성이 높다고 했다.[20]

미국과 서유럽에서 석유 위기 이후에도 에너지 소비 증가가 계속 나타난 것은 사람들의 생활 방식이 탄소 문명에 더욱 종속되어가고 있었기 때문이다. 일시적인 석유 위기 이후에 다시 회복된 경제 호황 덕분에 사람들은 노동 시간을 늘려 소득을 높일 수 있었다. 이렇게 벌어들인 부 덕분에 시간을 절약해주는 제품들을 구매할 수도 있었다. 기본 가전제품으로 냉장고를 장만한 가구에서는 세척기, 전자레인지 구매에 나섰다. 늘어난 여가 시간을 위해 자가용을 몰고 여행을 떠나기도 했고, 패밀리 레스토랑에서 식사하는 횟수도 늘렸다. 가정의 여가를 담당하던 라디오와 텔레비전에 더해 개인용 컴퓨터와 게임기 등이 새로운 구매 목록에 올랐다.

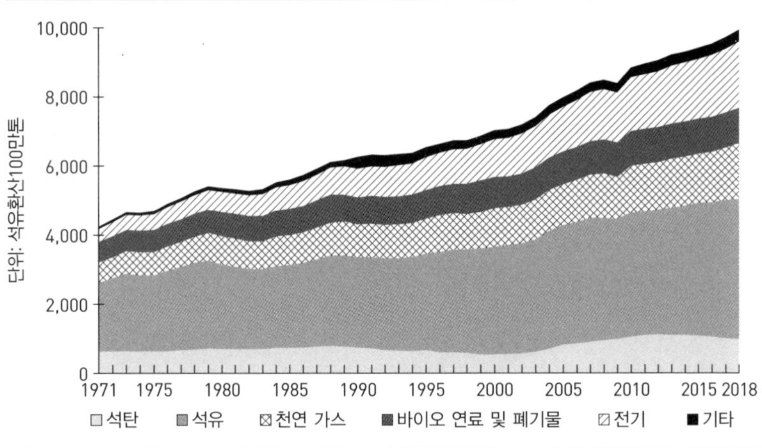

출처: IEA, World Energy Balances, 2020.

네덜란드의 경우, 텔레비전·냉장고·세탁기 보유는 제2차 세계대전 직후 제로에 가까웠으나 1990년에는 100퍼센트 이상을 기록했다. 영국은 1954~1994년 가구 소유 가전제품 수가 2배로 증가했고 텔레비전과 전축 등은 35배로 급증했다. 이런 소비 증가는 한편으론 이른바 '세계화' 추세 덕분에 중국 등에서 생산한 제품 가격이 현저하게 낮아지면서 가능했다. 플라스틱 장난감에서 의류·가전제품에 이르기까지 값싼 중국 제품이 미국과 서유럽의 물질 소비를 가속화했다. 1960년대와 비교하면 창문 에어컨 같은 전기 냉방 장치가 새롭게 가정에 들어왔다. 특히 미국 가정의 경우, 1990년 95퍼센트가 에어컨을 소유했다.[21] 이처럼 더욱 다양해진 가전제품 소비가 지속적인 전기 소비 증가를 가져왔다.

이 시기 개인용 차량 소비 역시 에너지 소비 증가로 이어졌다. 앞서 언급했듯 레이건 행정부는 1981~1988년 석유 가격을 45퍼센트 인하하고 석유 연방세도 1990년에야 부과했다. 이런 자동차 보유에 유리한 환경 덕분에 1990년 등록 차량이 1억 9400만 대에 이르러 미국은 자동차 최다 보유국으로 등극했다. 단, 1990년대 이후에는 증가율이 둔화해 2000년에 2억 2000만 대를 기록했다.

석유 가격 인하의 영향은 서유럽에서도 예외는 아니어서 1990~1996년 승용차 수송이 12퍼센트 증가한 것으로 나타났다. 차량 이동 시간과 이동 거리도 증가했다. 미국의 차량 이동 거리도 1980년보다 2000년에 82퍼센트나 증가했다. 이는 특히 혼자서 차를 몰고 다니는 생활 방식이 정착했기 때문이기도 하다. 2000년 미국의 개인 수송 전국 조사 결과에 따르면, 출퇴근하는 사람들 75퍼센트가 자기 차량으로 이동하고 5퍼센트만이 대중교통을 이용했다.

미국인의 차량 소유와 이용률을 높인 것은 미국인이 자동차에 특별한 의미를 부여하기 때문이기도 했다. 미국인에게 자동차는 단순한 이동 수단이 아니다. 개인의 자유에 대한 갈망을 해소하고, 스테레오 등 각종 가전제품으로 꾸민 안락한 제2의 집을 의미한다. 예컨대 개인만의 공간에서 여유로움을 느낄 권리를 행사하는 데 자동차 소유는 필수였다.[22] 영국 등 유럽의 경우에는 개인 차량 이동이 상대적으로 낮았다. 서유럽에서도 1960년대 들어 자동차 등록 대수가 늘어났다. 그러나 영국의 경우, 자가용 없는 가구는 1990년대 말까지도 30퍼센트에 달했다. 개인 차량의 이동 거리도 미국의 2분의 1에 머물렀다. 이런 차이는 서유럽에서 미국과 달리 비슷한 시기에 대중교통 인프라를 정비하고, 대중교통 이용을 장려하는 정책을 실행했기 때문이다.

석유 위기 직후 암스테르담, 스톡홀름 등에서는 대중교통 환경을 개선하기 위한 정책을 시행했다. 아테네에서는 개인 승용 차량의 도심

진입을 제한했다. 다른 유럽 도시들에서는 카풀 자가용에 인센티브를 제공하고 대중교통을 이용해 출근하는 날을 도입하기도 했다.[23] 이러한 정책 실행으로 서유럽은 개인 차량 수송 부담을 미국에 비해 낮게 유지할 수 있었다.

1970~1990년 미국과 서유럽이 세계 전체 에너지 소비량에서 차지하는 비중은 60퍼센트에서 48퍼센트로 줄어들었으나 가정의 에너지 수요는 계속해서 증가했다. 특히 개인 승용차와 비행기를 이용하는 여행 등의 개인 이동 활동이 증가했다. 가구당 사용 공간의 증가와 가전제품 사용 증가가 에너지 소비 확대를 이끌었다. 이 시기에 가정과 상업 부문의 에너지 소비가 산업 부문의 에너지 소비량을 넘어서기 시작했다. 에너지 효율화 덕택에 1973~1988년 에너지 소비량이 줄어들긴 했지만, 가정의 에너지 소비가 늘고 차량 연료 소비가 증가하면서 이러한 감축이 상쇄되었다.[24] 통계에 따르면 선진 11개국 가구에서 소비하는 에너지는 1973~1998년 17퍼센트 증가했다. 1973년 석유 위기 직후 에너지 사용에 대한 관심이 늘어나면서 연료 경제성이 높은 '녹색' 차량 수요가 늘어났고 재활용에 참여하는 가구도 증가했다.[25]

그러나 이런 대중적 관심이 절대적인 에너지 소비량 감축을 가져오지는 못했다. 안정적인 공급과 상대적으로 낮은 에너지 가격, 경제 성장을 통한 가구 소득의 증가는 사람들로 하여금 물질과 에너지 소비가 가져다주는 자유로부터 벗어나지 못하게 만들었다. 1~2차 석유 위기는 대다수 선진국 사람들에게 이런 안락하고 자유로운 생활을 근본적으로 성찰할 수 있는 계기가 되지 못했다. 충격을 받는 시기는 짧았고, 화석 연료 공급은 곧 회복되었기 때문이다. 화석 연료에 기반한 생활을 더 이상 지속하기 어렵다고 생각하기까지는 시간이 더 필요했다.

여가 생활의 확장과 에너지

더 많은 에너지 소비가 여가 생활의 다채로움을 더해준 것은 항공 기술 발달로 인한 해외여행의 대중화였다. 제2차 세계대전 동안 전투기를 이용한 공중전이 증가하면서 관련 항공 기술이 빠르게 발전했다. 폭격기가 상공에 높이 떠서 원거리를 비행하기 위해서는 효율적이면서도 강력한 마력의 엔진을 개발해야만 했다. 승객의 쾌적한 여행을 담보하는 객실 캐빈도 전쟁 동안 전투기 조종석을 높은 압력에도 버틸 수 있는 공간으로 개량하는 과정에서 축적한 기술로 제작할 수 있었다. 제2차 세계대전 동안 전투기 제작사들이 쌓은 경험은 미국 항공 운송업의 상업적 성공에 크게 기여했다.

더글러스와 보잉 같은 제조업체들이 전투기로 사용하던 비행기를 고도의 압력에도 견디도록 개조하고 난방 장치를 개선해 일반 승객이 이용할 수 있는 민간용 항공기로 개조하는 데 성공했다. 이들을 선두로 민간 항공 운송업이 번성하기 시작했다. 1950년에 이미 수백만 명의 미국인이 비행기로 이동하는 데 익숙해졌다. 1950년대 미국에서는 보잉 707과 더글러스 DC-8 대형(大形) 비행기가 일반 승객을 대량 실어 나르는 여객기로 이용되기 시작했다.

1960년대 후반 중·단거리 제트 여객기가 항공기 시장을 넓히고 비행기 이동 거리도 늘려놓았다. 미국에서는 기차 여행보다 항공 여행을 택하는 사람이 늘었고 수많은 여객기가 쉴 새 없이 런던, 파리, 시카고, 로스앤젤레스, 뉴욕의 공항에 오르내렸다. 항공 여행이 미국에서 먼저 자리 잡기 시작했다는 것은 비자를 신청한 사람이 1950년 30만 명에서 1970년 220만 명으로 불과 20년 만에 7배 증가한 것에서 알 수 있다.

1970년에는 거대 여객기 프로젝트로 점보제트 보잉 747과 더글러스

DC-10이 개발되면서 짧은 시간에 더 많은 승객을 더 낮은 운임으로 실어 나를 수 있었다. 120여 명을 태우던 항공기가 이제 400여 명의 승객을 한 번에 태울 수 있게 되었고, 이러한 여객기의 출현으로 관광 산업이 급성장했다. 1964년 아메리칸 항공이 IBM과 공동으로 세계 최초 컴퓨터 예약 시스템을 도입하면서 비행기, 호텔, 여행 루트 예약을 한꺼번에 할 수 있는 패키지 판매가 가능해졌다.

예약의 편리함은 비행기 여행객을 더욱 증가시켰다. 아메리칸 익스프레스(American Express)에서 1958년 처음 발급하기 시작한 신용카드와 여행자 수표가 점차 일반화함에 따라 해외여행은 특정 계층만의 전유물이 아니게 되었다. 경제 성장으로 미국과 유럽에서는 해외여행에 지출할 수 있는 여윳돈을 가진 대중이 늘어났고, 항공 기술 발달이 병행되면서 사람들의 여가 활동이 자동차 캠핑, 텔레비전 시청, 해외 패키지 여행으로 확장되었다. 영국에서는 1960~1970년대에 레이커 항공(Laker Airways)에서 제공하는 전세기 노선과 러시아 출신 영국 사업가 블라디미르 라이츠(Vladimir Raitz)가 설립한 호라이즌 홀리데이즈 (Horizon Holidays)의 패키지 투어가 평범한 일반 가족도 즐길 수 있는 해외 휴가 여행 프로그램이 되었다. 이처럼 미국과 서유럽을 중심으로 비행기 여행이 대중화했다.

1980년대 말에는 정보 통신의 발달로 항공 여행과 호텔 등의 예약을 개인이 처리할 수 있게 되자 패키지 투어 산업이 퇴조를 겪었다. 한때 관광 여행업을 이끌었던 패키지 투어 산업의 퇴조에도 불구하고 개인 여행이 늘어나면서 여행객 수가 증가했다. 전 세계 여객기 승객 총수는 1980년 8억 명(국내선 6억 명, 국외선 2억 명)에 달했다. 이 수치가 1992년에는 12억 명과 9억 명으로 각각 2배, 4.5배 늘어났다. 영국의 경우, 승객의 비행 거리는 1962년 10억 킬로미터에서 1996년 70억 킬로미터로 늘어났다. 이제 미국과 서유럽에서는 일반 대중의 일상이 자동차 연료뿐 아니라 항공기 연료에도 의존하게 되었다. 화석 연료와 일반 대중의 얽힘은 더욱더 촘촘해졌다.

탈탄소 문명을 시도한 사람들

덴마크에서 반원전 운동에 참여했던 시민들이 핵에너지 도입을 막고 원전 사업을 주도하는 대기업의 횡포에 맞서기 위한 방안으로 풍력 설비를 직접 제작하는 한편, 풍력으로 전기를 생산하는 협동조합 발전소를 만들기 시작했다. 1972년 아미드 페테르센(Amid Petersen) 주도로 결성된 교사 단체 트빈드 스쿨(Tvind School)은 1973년 석유 위기가 발생하자 원자력 발전소를 건설하지 않고도 전력 생산이 가능한 독립 발전소 건설에 나섰다. 이듬해인 1974년 트빈드 스쿨에서는 1메가급 풍력 터빈을 만들기로 하고 제작에 참여할 사람을 전국 신문 광고를 통해 모집했다. 이에 덴마크 국적뿐 아니라 다른 유럽 국가의 젊은 엔지니어들이 자원 봉사자로 지원했다. 이들은 풍력 발전을 건설하는 동안 무임으로 일했지만, 자신들이 더 나은 세상을 만들어간다는 자부심에 괘념치 않았다. 1975년 5월 시작한 건설 작업은 1978년 3월에 마무리되었다.[26] 53미터 높이의 1메가급 '트빈드' 풍력 발전 설비 완공은 일반인도 원자력 발전과 화석 연료 발전을 대체할 수 있는 대안 발전기를 세울 수 있다는 걸 입증해주었다. 공사 기간에 수천 명이 현장을 방문했다. 트빈드 스쿨과 더불어 1976년에 조직된 젊은 엔지니어 단체 베스티 에너지 사무소(Vestjy Energikontor)에서는 실제 개인들이 자체 제작해 독립 발전소를 운영하는 데 적합한 PTG 터빈을 개발했다. 이 단체는 개인 풍력 발전 설비 제작을 원하는 덴마크 시민에게 기술 컨설팅을 제공하기도 했다.

풍력 발전 설비는 PTG 터빈 같은 개인 독립 발전 설비의 형태로 덴마크 곳곳에 설치되기 시작했다. 여기에는 1975년 조직된 '지속 가능 에너지 조직(Organisationen for Vedvarende Energi, OVE)'의 역할이 컸다. 이 단체는 우선 풍력을 비롯해 태양광 등 재생 에너지 설비를 직접 제작하거나 운영하는 사람들의 주소를 모아 책자를 내는 작업부터 시작했다. 원자력 발전 관련 엔지니어, 사업자, 시민 단체 등에 관한 정보를 대중에게 전달하는 것이 중요하다고 여겼기 때문이다. 1978년 풍력 터빈 소유주들의 단체 '덴마크 풍력 농장(Danske Vindkraftvarker, DV)'이 OVE와 공동으로 소규모 마을에서 협동조합 형태의 풍력 발전 건설 사업을 지원했다.[27] DV는 정부와 협의를 통해 풍력 생산 전기를 전력망에 판매할 수 있는 법제를 만들고 정부의 풍력 발전 보조금 지급 정책 수립에도 핵심적인 역할을 했다.

덴마크의 반원전 운동은 이들 젊은 엔지니어가 주축을 이룬 대안 에너지 기술 운동과 접목되면서 2004년 당시 풍력 발전 설비 용량의 23퍼센트를 협동조합이 소유해 덴마크 시민 발전의 형태로 풍력 발전이 확산하는 결과를 낳았다. 젊은 엔지니어들은 반원전 운동과 적정 기술, 대안 기술 운동의 영향을 받아 더 나은 녹색 세상을 만들기 위해 풍력 기술 개발에 앞장섰고, 시민들은 이러한 독립 발전을 스스로 해나가기 위해 협동조합으로 모여들었다. 1970년대에 덴마크에서 이뤄진 이 실험은 탈탄소 문명을 기술적으로 실현하고자 한 노력이었다고 할 수 있다. 덴마크의 실험은 이후 독일에서도 이어졌다.

09

탄소 문명의 쇠퇴

전환의 기로에서(1992~현재)

1 기후 위기, 국제 정치의 이슈로 떠오르다

IPCC의 출현

1988년 여름, 미국은 한 과학자의 청문회 발언으로 '지구 온난화'라는 새로운 단어를 접했다. 당시 민주당 상원의원 앨 고어(Al Gore)가 동료 의원 팀 워스(Tim Worth)와 함께 의회 청문회를 조직해 1960년대부터 기후를 연구해온 NASA 소속 과학자 제임스 핸슨(James Hansen) 박사를 증인으로 초청했다. 핸슨 박사는 청문회에서 이렇게 말했다. "1988년의 기록적인 온도가 자연스러운 변이 결과가 아님을 99퍼센트 확신합니다. 지구 온난화는 이제 온실가스, 주로 이산화탄소의 배출에 의한 것임을 높은 수준의 확신을 가지고 말할 수 있습니다. 온난화 결과는 이미 여름철 폭염 같은 극단적 사건에 영향을 미칠 정도로 뚜렷해졌다는 것입니다." 이로써 그는 인간 활동과 온실가스 농도 변화 그리고 온난화가 서로 연관이 있음을 공식적으로 언급한 최초의 과학자가 되었다. 청문회가 열렸던 날의 유난히 더운 날씨와 겹쳐서 핸슨의 발언은 미국 언론 1면 톱을 장식했다.[1] 그는 기자들에게 말했다. "이제 엉거주춤한 태도를 버리고 온실가스 효과가 현존한다는 걸 보여주는 충분한 증거가 있다고 밝혀야 할 때입니다."

청문회가 열릴 무렵, 다수의 대기과학자가 기후 변화에 관한 증거를 공동으로 찾아 나서는 데 동의했다. 대기과학자들은 이미 1970년대 중반 오존층 파괴 원인에 관한 공동 연구 경험을 갖고 있어 이에 쉽게 합의할 수 있었다. 핸슨의 청문회 발언으로 지구 온난화에 관한 대중적 관심이 높아진 데다 앨 고어 같은 정치가들까지 이 주제에 관심을 보이자 이들의 공동 연구 수행에 유리한 조건이 만들어졌다. 이런 배경하에서 1988년 12월, 유엔환경계획(UNEP)과 세계기상기구(WMO)가 정부간기후변화위원회(IPCC) 구성에 합의함으로써 과학자들은 국제 공동 연구의 기반을 마련할 수 있었다.

물론, IPCC는 순수 연구 조직이라기보다는 지구 온난화 문제를 해결할 정책 대안 마련, 그리고 이러한 정책 대안의 과학적 근거를 찾는 것이 목적이었다. IPCC의 출현은 사실 핸슨을 비롯해 1960년대부터 기후 변화를 연구해온 과학자들 그룹의 노력에서 비롯되었다. 이들 과학자는 기후 변화가 전 지구적으로 어떤 영향을 미치는지 과학적으로 연구할 필요가 있다는 주장을 계속해왔고, 1980년대 들어서는 글로벌 기후 변화와 이에 의한 사회경제적 영향에 관한 평가를 위해 과학자와 정치가들의 국제 모임을 만들 필요가 있다고 주장했다. 이렇게 해서 탄생한 것이 IPCC였다.

한편, 세계환경개발위원회(WCED)에서 1987년《우리 공동의 미래
(Our Common Future)》를 발간했는데, 이 보고서는 유엔 총회가 기후 변
화에 주목하는 계기를 마련하며 IPCC 조직 논의가 구체적으로 진행
될 수 있도록 해주었다. 지속 가능 발전 개념을 처음 사용한《우리 공
동의 미래》보고서는 온실 효과의 전 지구적 영향을 명시하기도 했다.

> 산업화 이전의 이산화탄소 집중도는 공기 밀도를 기준으로 보면 280ppm
> 정도에 불과했다. 이러한 수치는 1980년에 340ppm으로 증가했고, 다음
> 세기 중반기나 하반기에 이르면 560ppm으로 2배 늘어날 것으로 예상되
> 고 있다. ……만약 현재의 경향이 계속 이어진다면 대기에 축적되는 이
> 산화탄소와 온실 효과를 부추기는 그 밖의 다른 가스는 2030년대 초에
> 산업화 이전 수준의 2배가량이 되고 …… 양극 대륙의 얼음이 녹아 수면
> 이 높아지면 낮은 지역의 연안 도시와 농업 지역이 범람해 많은 국가의
> 경제와 사회 그리고 정치 구조가 심하게 파괴될 수밖에 없을 것이다. (《우
> 리 공동의 미래》, 267~268)

아울러 온실 효과의 영향에 관한 당시 과학계의 논의를 정리하면서
"현재 진행되고 있는 현상에 대한 감시와 평가 활동의 강화, 그러한
현상의 기원과 메커니즘 그리고 효과에 대한 지식을 증진할 수 있는
연구의 강화, 온실 효과를 야기하는 가스를 줄이기 위해 국제 공동체
가 함께 참여할 수 있는 정책의 개발, 기후 변화 그리고 해수면 상승
에서 발생하는 손실을 최소화하고 그에 맞설 수 있는 전략"을 채택할
것을 권고했다. 보고서 발간 이후, 세계기상기구의 고든 굿맨(Gorden
Goodman) 위원과 세계환경개발위원회의 맥닐(J. MacNeill) 사무총장 주

도 아래 유엔환경계획, 세계기상기구와 미국 사이에 IPCC 조직 창설에 관한 합의를 이뤄낼 수 있었다.[2] 그리고 1988년 12월 6일, 유엔 총회 결의안에 의거해 세계기상기구와 유엔환경계획이 공동으로 IPCC를 공식 설립했다.

IPCC는 출범 이후 1990년 첫 번째 기후 변화에 관한 평가 보고서를 발간하면서 기후 변화에 대처하기 위한 국제 공동의 노력을 제안하며 기후 정책 형성에 핵심적인 역할을 해왔다. IPCC는 처음 설립부터 기후 변화와 관련된 과학적 정보를 평가하고 정밀한 조사를 거쳐 이를 국제 사회에 발표하는 것이 임무였다. 아울러 기후 변화가 실재하는 현상인지, 인간 활동과 기후 변화의 연관성이 어느 정도인지에 관해 평가하는 것을 핵심 업무로 삼았다.

IPCC는 현재까지 인간 활동에 의해 대기 중 온실가스, 그중에서도 주로 이산화탄소 농도가 급속도로 증가해 온실 효과가 강화되었고, 이로 인해 기후 변화가 심화하고 있음을 과학적으로 규명해왔다. IPCC에서 발간한 보고서는 1990년 이후 국제 기후 정치의 과학적 증거로서 역할을 해왔다. 또한 화석 연료 기반의 탄소 문명이 온실 효과를 가져오고, 이로부터 문명 종말이 닥칠 수도 있다고 경고했다. 아울러 화석 에너지로부터의 에너지 시스템 전환, 물질 소비로부터의 인식 전환을 이룰 때에만 현재의 인간 문명이 지속될 수 있음을 강조했다. 이렇게 IPCC 설립 이후로 지구촌 공동체 내에서 지구 온난화를 해결하기 위해 온실가스 배출을 줄이고, 나아가 근본 원인을 제공하는 탄소 문명에서 벗어나야 한다는 인식이 확산했다.

IPCC의 국제 공동 연구가 근본적인 성찰을 결과했다고 보기는 어렵다. 그보다는 이에 의해 추동된 국제 기후 정치 레짐(regime)의 출현이 정책과 일상생활의 변화를 가져오며 탄소 문명에서 탈출하고자 하는 행동이 출현할 수 있게 했다. IPCC 출범 이후 지구 온난화를 다루는 국제 정치도 다양해지고, 이 의제만을 다루는 국제회의가 조직되기도 했다. 그중 유엔기후변화협약(United Nations Framework Convention on Climate Change, UNFCCC)이 각국의 에너지 정책 및 기후 대응 정책에 결정적 영향을 미치며, 에너지 전환에 관한 논의가 촉발되는 계기를 마련하기도 했다.

지구 온난화 vs. 기후회의론

IPCC의 지구 온난화 문제가 전 지구적으로 아무런 문제 없이 수용된 것은 아니었다. 특히 미국에서 지구 온난화를 부정하는 목소리, 예컨대 기후회의론자들의 주장이 대중에게 호소력을 얻으면서 정부의 기후 대응 정책 이행을 가로막기도 했다. 1980년대에 레이건 보수 정권 하에서 과학 정책 지원을 맡은 윌리엄 니런버그(William Nierenberg)가 회의론 관련 주장을 펼치기 시작했다. 1998년에는 6000명의 박사후 과정을 포함한 1만 5000명의 미국 자연과학 전공 대학원생들이 이산화탄소 농도 증가는 오히려 지구에 도움이 되기 때문에 교토의정서를 거부해야 한다는 청원서에 서명하는 일도 벌어졌다. 같은 해 4월 16일 자 〈네이처〉에 따르면 오리건 과학의학연구소(Oregon Institute of Science and Medicine)가 청원서를 작성해서 돌렸는데, 소장 아서 로빈슨(Arthur Robinson)은 〈이산화탄소가 증가한 대기의 환경 효과〉라는 논문에서 더 많은 이산화탄소 배출이 모든 사람의 건강, 수명과 부 그리고 생산성을 향상시킬 것이라고까지 주장했다.[3]

이후로도 덴마크의 비외른 롬보르(Bjørn Lomborg)는 《회의적 환경주의자》에서 지구 온난화가 일어나고 있고 인간 활동이 그 원인이라는 점에는 동의하지만, 전례 없을 정도의 재정을 들여 이산화탄소 감축 프로그램을 국가적으로 시행해야 하는 데는 반대했다. 롬보르는 기후 변화 위기가 과연 다른 모든 중요한 사안을 잠재울 만큼 그렇게 절박한지에 의문을 제기했다.

이들 회의론자의 주장은 지구 온난화 자체를 부정한다든가, 이산화탄소 농도 증가가 인간 활동에 의해 발생한 것이 아니라는 점에 근거한다. 그런데 이들이 내세우는 근거에 대한 반론은 당시 미국 기후과학자들에 의해서도 제기되었다. 2001년 국립과학아카데미가 작성한 보고서 '기후 변화 과학: 핵심 질문 분석(Climate Change Science: An Analysis of Some Key Questions)'은 "온실가스가 인간 활동의 결과로 지구 대기 중에 축적되어 지표 대기 온도와 대양 온도 상승을 일으키고 있다"라고 분명히 밝혔다.

2003년 미국기상학회에서도 "인간 활동이 기후 변화를 초래하고 있기 때문에 우리는 조심스럽게 기획된 행동을 취해야 할 집단적 책임을 안고 있다"라고 천명한 바 있다. 같은 해 지구물리학연합위원회 또한 "과학적 증거들이 자연적 영향만으로 20세기 후반에 관측된 빠른 지표면 온도 상승을 설명할 수 없음을 강력하게 보여준다"며 회의론자들의 주장을 반박했다. 이 시기 미국의 거의 모든 기후과학자가 지구 온난화는 실제로 진행되고 있으며, 자연적 원인이 아니라 인간 활동에 원인이 있음에 동의했다. 이런 반박에도 불구하고 기후회의론자들의 주장이 대중에게 빠르게 확산했고, 2006년까지도 미국인의 56퍼센트만이 지구 온난화를 사실로 받아들였다.[4]

기후회의론자는 자신들의 주장을 옹호하는 공화당 정부가 들어서면서 미국의 기후 대응 정책을 급속히 후퇴시켰다. 먼저 2001년 3월 31일, 조지 W. 부시 대통령으로 하여금 공식적으로 교토의정서 탈퇴를 선언하도록 했다. 미국의 결정이 있기 직전 중남미 26개국 환경장관들이 성명을 통해 탈퇴 반대 입장을 밝히고 유럽연합에서도 "미국이 대국으로서 책임을 다하지 않으려 한다"고 비판의 목소리를 높였으나 부시 행정부는 공식 탈퇴를 선언했다.

지구 온난화 문제에 대한 전 세계 국가들 간의 합의 도출은 결국 실패했다. 이후로도 석유 기업을 든든한 지원군으로 둔 기후회의론자들은 다양한 방식으로 기후 대응 정책에 손상을 가했다. 예를 들어, 엑손 모빌로부터 지원받은 14만 달러로 하트랜드 연구소(Heartland Institute)는 지구 온난화를 부정하는 보고서를 작성하고 의회에서 이를 발표하며 의원들을 회유하는 데 앞장섰다.

미국 정계에 상당한 자금을 지원하는 것으로 유명하며 화석 연료에 전적으로 의존적인 코크 인더스트리(Koch Industries)를 소유한 코크 형제도 2005~2008년 재단을 통해 기후부정론을 지지하는 다수의 연구 그룹에 매년 25만 달러를 지원한 것으로 나타났다.[5] 이런 지원을 받은 연구소들에서는 지구 온난화 대응 정책의 효율성, 효과성을 부정하는 데이터를 양산해냈다.[6]

이와 같은 화석 연료 의존 기업, 석유 기업의 지원 활동이 이 시기 미국 기후 대응 정책의 후퇴를 결과했다. 체계화된 캠페인 활동을 통해 다수의 미국인은 기후회의론, 지구 온난화 부정론을 수용하기에 이르렀다.

이런 상황에서 환경 운동에 투신한 전직 부통령 앨 고어가 2006년에 수천 번의 강연회를 바탕으로 직접 제작한 다큐멘터리 영화 〈불편한 진실(An Inconvenient Truth)〉은 미국에서뿐만 아니라 전 세계적인 반향을 일으켰다. 이산화탄소 증가로 인한 지구 온난화가 지구와 인류를 어떻게 위기로 몰아가고 있는지, 이를 해결하기 위해 우리는 무엇을 할 수 있는지를 알기 쉽게 설명한 이 영화는 다큐멘터리 부문 아카데미상까지 받을 만큼 기록 영화로서도 인정받았다. 전 세계 환경운동가들의 찬사를 받으며 환경 운동에 대한 전 세계적 관심을 높이는 데도 기여했다. 책으로도 출간되어 관련 교육 자료로 쓰였다. 미국인에게 지구 온난화의 심각성을 인식할 수 있는 계기를 마련해주었을 뿐만 아니라, 세계적 관심을 끄는 데도 공헌했다는 점을 인정받은 앨 고어는 2007년 노벨 평화상을 수상하기도 했다. 환경 운동에 깊은 관심을 갖고 있던 앨 고어는 1989년부터 환경 문제 관련 슬라이드를 만들어 강연을 다녔는데, 여기에 지구 온난화 문제도 포함되어 있었다. 그리고 2000년 이후로는 지구 온난화 문제에 집중했다.

고어의 '불편한 진실'이 영화와 책으로 성공을 거두자 기후회의론자들이 반격을 준비했다. 대기물리학자 프레드 싱어(Fred Singer)와 허드슨 연구소(Hudson Institute)의 연구원 데니스 에이버리(Dennis Avery)는 《지구 온난화에 속지 마라(Unstoppable Global Warming: Every 1500Years)》를 발간해 "현재의 지구 온난화는 100만 년 전부터 약 1500년을 주기로 반복되는 기후 변동 현상의 일부에 지나지 않는다"며 다시 한번 기후과학자들의 인간 원인 주장을 반박했다.

대기물리학자 프레드 싱어는 공화당과 연계해 담배 무해론, 산성비 회의론을 주장한 대표적 '청부 과학자'로 알려져 있는데, 탄소세가 개인의 자유를 위협하고 경제를 침체시킬 것이라며 지구 온난화가 허구라는 주장을 펼쳐왔다. 2003년에 싱어는 〈파이낸셜 타임스〉에 보낸 편지에서, 실제로 지구 대기가 따뜻해지고 있다는 확실한 증거는 없다고 공개적으로 주장했다. 2006년 지구 온난화에 대한 정치적 대응을 약화시킨 소수 과학자 그룹의 일원으로 언급되기도 하는 그는 일찍이 1990년 지구 온난화에 대한 예방 조치에 반대하는 '과학 및 환경 정책 프로젝트(SEPP)'를 설립한 바 있다.[7] 이런 싱어가 고어의 책에 침묵할 리 없었다. 공동 저자 에이버리는 기후과학과는 상관없는 식품 정책 관련 전문가로 싱어와 함께 책을 발간하며 지구 온난화 부정론자에 이름을 올렸다.

싱어와 에이버리에 따르면, 기후는 원래 끊임없이 변하며 과거에도 온난기와 한랭기가 있었고 기후 변동이 지금보다 더 극심했던 때도 적지 않았다. 이들은 역사 기록 등을 근거로 볼 때 1850년부터 현재까지는 기온이 올라가는 시기이고, 기온 상승이 사망률을 낮추는 등 적지 않은 이익을 주며, 현대의 기술력으로 가뭄·기근 등의 재해를 어느 정도 극복할 수 있다고 주장한다. 나아가 지구 기후에 결정적 영향을 미치는 것은 태양이지 산업화에 따른 이산화탄소의 증가가 아니라고 단언한다. "우리가 진정 걱정해야 할 일은 현재의 안온한 기후 시대가 끝나고 종국에 가서 도래할 빙하기"라면서 말이다.

그들의 책은 2007년에 재판을 찍을 정도로 대중의 주목을 받았고, 다시 한번 미국에서 지구 온난화에 관한 논쟁에 불을 지폈다. 하트랜드 연구소 등에서는 이 책에 대한 우호적인 서평을 일간 신문 등에 게재하며 지구 온난화의 인간 원인설 부정에 나섰다.

특히 지구 온난화 부정론 확산은 미국 대중의 인식에 영향을 확실히 미쳤다. 2009년의 퓨리서치 센터 조사에 따르면, 미국 일반인의 85퍼센트가 지구 온난화에 대해 알고 있으나 그 원인이 인간 활동이라고 생각하는 사람은 49퍼센트에 불과했다.[8] 한 해 전에 수행한 대학 연구소 조사에서도 미국인 중 지구 온난화를 매우 중대한 문제라고 여기는 사람이 절반을 겨우 넘는 정도에 머물렀다. 지구 온난화가 위험을 초래하는 매우 중대한 문제인가, 그리고 인간에게 그에 대처할 능력이 있는가에 대한 동의 여부를 결정하지 못한 성인도 전체의 4분의 1에서 3분의 1에 달하는 것으로 나타났다.

이 시기 미국은 연료 연소로 인한 온실가스 총배출량에서 중국 다음으로 2위를 기록했다. 그럼에도 이 문제를 해결하는 데 대한 관심은 한참 낮은 수준에 머물고 있었다.

2 기후 변화 대응을 위한 국제 공동의 노력

온실가스 배출 감축 의무 국가들의 출현: 교토의정서에서 파리협정까지

지구 온난화를 둘러싼 논쟁은 1990년대로 접어들면서 국제 정치의 내용을 변화시키는 주요 의제로 떠올랐다. 미국 기후회의론자들의 여론전에도 불구하고 유엔 국제기구를 중심으로 기후 변화 대응을 위한 국제적 공동 행동이 필요하다는 의견이 나오기 시작했다. 그리고 1992년 5월, 국제적 행동을 이끌어갈 새로운 국제기구가 설립되었다. 현재 기후 위기 관련 국제 협정을 이끌고 있는 유엔기후변화협약(UNFCCC)이다. 이 기구에 각국 대표들이 모여서 전 지구적 기후 변화 문제와 관련해 광범위한 전략을 수립하는 것이 당시 시급한 과제라고 인식한 154개국에서 이 기구 설립의 승인에 서명했다.

UNFCCC 창설 직후 유럽연합이 실질적 국제 행동을 촉구할 수 있는 국제 공약을 만드는 데 앞장섰다. 기후 변화의 원인인 온실가스 배출량을 줄이는 것이 가장 핵심적인 국제 행동이라 판단한 유럽연합에서 UNFCCC 회의에 서명국들이 모여 배출량 감축 약속을 하자고 제안한 것이다. 1995년 베를린에서 1차 UNFCCC 당사국총회(Conference of the Parties, COP)가 열리자 독일을 비롯한 유럽연합에서 '모든 온실가스 및 문제 되는 모든 정책적 방안과 관련한 조정안을 포함하는 종합적인 의정서'를 채택할 것을 공식 제안했다. 그러나 기구 설립을 승인한 당사국 다수가 배출량 감축 의무를 저야 하는 의정서 채택에 반대했다. 특히 미국이 앞장서서 첫 번째 당사국총회가 의무 감축량을 설정하고 이의 이행을 국제적으로 감시하는 방법에 관해 구체적인 결정을 내리는 것에 난색을 표했다. 중국과 일부 개도국에서는 경제 발전의 지속이 목표인 상황에서 온실가스 감축 의무 부과는 경제적 후퇴를 의미한다며 의정서 채택에 반대했다. 결국 첫 당사국총회에서는 '베를린 위임 사항(The Berlin Mandate)'[9]에 대한 합의서만 채택했다. 각국에 감축 의무를 부과하는 의정서 서명은 1997년에야 이루어졌다.

3차 당사국총회에 참석차 도쿄에 모인 39개국이 1997년 처음으로 온실가스 감축 목표와 기한을 명시하고 감축 의무 이행을 명확히 한 '유엔기후변화협약 교토의정서'에 서명한 것이다. 이로써 1988년에 제안된 선진국들의 온실가스 배출량 삭감안이 10여 년이 지나서야 국제적으로 수용되었다. 온실가스 감축 의무를 지게 된 선진국 39개국에서는 2008년부터 2012년까지 1990년 온실가스 배출량의 평균 5.2퍼센트 이하로 절대적인 배출량을 감축해야만 했다. 다만, 협상을 위해 국가마다 감축 목표를 서로 다르게 설정했다. 유럽연합 15개국은 평균 8퍼센트 감축, 미국과 캐나다는 7퍼센트와 6퍼센트 감축 의무를 부여받았다. 그리고 아이슬란드, 오스트레일리아, 노르웨이는 1990년 기준 각각 10퍼센트, 8퍼센트, 1퍼센트까지 배출량 증가를 허용받았다. 39개국에서 온실가스 감축을 명시적으로 약속했다는 점에서 교토의정서 채택은 기후 위기 대응을 위한 국제적 공동 행동의 시작으로 볼 수도 있다.

그러나 이 무렵에도 각국이 기후 위기의 심각성과 즉각 행동의 필요성을 여전히 인식하지 못하고 있음이 이내 드러났다. 채택된 의정서에는 실질적인 감축 목표 달성을 어렵게 하는 각국의 실천 기준이 교묘하게 포함되어 있었다. 감축 의무 국가들은 저마다 유리한 방향으로 6종류의 온실가스 중에서 선택할 수 있었으며, 비용이 더 들어가는 자국의 온실가스 감축 대신 국외에서 값싸게 흡수원을 확보해 의무량을 채울 수도 있었다. 자유주의적 환경주의 원칙에 기반한 교토의정서 실행 방안이 원래 목표인 온실가스 배출량 감축 실패를 낳은 것이다.

의정서 효력이 끝나는 2012년 대기 중 이산화탄소 농도는 1990년대 연간 2ppm 증가에서 3ppm 증가로 오히려 상승했다. 교토의정서가 효력을 발휘하는 동안 최대 배출국인 미국이 탈퇴하고, 의무국은 아니지만 개발도상국들도 보상 체계를 만들어 감축에 참여할 수 있도록 했건만 효과가 미미했던 것이다. 다만, 유럽의 주요 국가들이 1990년 대비 평균 22.6퍼센트 감축하며 탈탄소 문명을 이끄는 결과를 가져왔다.

교토의정서 실패에도 불구하고 국제 공동의 노력을 다시 강제할 수 있는 새로운 협정서를 만들어야 한다는 주장은 국제사회에서 지속되었다. 2006년 '스턴 보고서'가 발간되면서 기후 변화로 세계가 경제적으로 막대한 손실을 입을 수 있으며, 국제적인 노력이 시급히 필요하다는 인식이 확산했다. 스턴 보고서는 영국 재무장관이 저명한 경제학자로 세계은행 수석연구원을 역임한 니컬러스 스턴(Nicholas Stern)에게 2005년 7월 지구 온난화가 가져올 경제적 영향을 연구하도록 지원한 결과 나온 것이었다.

스턴은 보고서에서 온실가스로 인한 리스크, 인류나 환경에 미치는 경제적 파장을 감안하면, 온난화 비용이 매년 국내총생산(GDP)의 20퍼센트까지 늘어날 수 있다고 경고했다. 경고만 했던 게 아니라 조세, 탄소 거래세 혹은 규제 정책을 통한 탄소 가격제 도입, 저탄소 고효율 제품 개발과 보급을 위한 기술 정책, 에너지 효율 저해 요소 제거 등의 정책 제언을 내놓기도 했다.

2007년의 IPCC 5차 보고서는 기후 변화의 주된 원인이 인간임을 95퍼센트로 확신할 수 있다고 밝혀 다시금 전 세계의 주목을 받았다. 동시에 국제 공동 행동의 필요성도 강조했다. 점차 심각해지는 이상 기후로 인한 경제적 손실이 지구 곳곳에서 나타나자 2011년 17차 당사국총회에서 교토의정서 이후 새로운 체제 설립에 대한 합의가 이루어졌다.

그리고 마침내 2015년 12월 12일에 새로운 기후 협정, 곧 파리협정이 채택되었다. 그간 세계가 기후 위기를 직접적으로 경험한 탓에 파리협정 비준은 교토의정서 때처럼 오래 걸리지 않았다. 새로운 체제에 대한 제안이 나오고 1년 뒤인 2016년 10월에 197개 당사국 중 4분의 3이 비준했다. 처음으로 모든 국가가 기후 변화에 대처하고 그 영향에 적응하기 위한 적극적 노력을 수행한다는 내용이 협정문에 담겼고 개발도상국에 대한 지원도 보강했다. 핵심 목표도 교토의정서보다 강화했다. 즉, 이번 세기에 전 세계 온도 상승을 섭씨 2도보다 훨씬 낮은 수준에서 유지하고 더 나아가 1.5도 상승까지 억제하도록 노력하기로 했다.

목표 설정을 높이고 거의 모든 국가가 참여하는 것이어서 파리협정 채택은 기후 위기 대응을 위한 국제 공동의 노력에서 한 획을 긋는 것으로 평가할 수도 있다. 그러나 새로운 기후 체제도 온실가스 배출량 저감을 결과할 수 없으리라는 회의적 시각은 처음부터 존재했다. 모든 나라의 참여를 위해 감축 목표를 개별 국가 스스로 결정하도록 한 것이다. 국가가 자체로 '국가 결정 기여(Nationally Determined Contributions, NDCs)'라는 목표를 제출하고 그걸 이행하며 5년마다 정기적으로 결과를 보고한 다음, 총회 검토를 거쳐 이후 진전된 새로운 목표를 세워나가는 글로벌 점검을 받도록 한 것이다. 하지만 감축 이행을 하지 않았을 때의 실질적 불이익 조항은 마련되어 있지 않았다.

각국의 자발적 참여 의사에만 기댄 파리협정으로는 실질적인 온실가스 감축을 기대하기 어려웠다. 실제 각국이 자발적으로 내놓은 감축 목표는 글로벌 온실가스 배출을 섭씨 1.5도 이내로 제어하기에는 턱없이 부족한 걸로 나타났다. 이행 점검도 어려운 것으로 드러났고, 개도국 지원 약속 역시 2015년 이후 제대로 이뤄지지 않고 있다.

재생 에너지로의 전환 정책 출현

기후 변화에 대응하기 위한 공동의 국제 노력과 병행해 유럽연합 국가를 중심으로 새로운 에너지 정책 수립이 진행되었다. 유럽연합 국가 중에서도 기후 변화 대응에 선도적 행동을 한 영국은 1997~2010년까지 1990년의 20퍼센트 수준으로 온실가스 배출량을 감축하는 계획을 수립했다. 2003년에는 토니 블레어(Tony Blair) 내각이 《에너지 백서》

를 통해 2050년까지 1990년 대비 60퍼센트를 감축하겠다는 계획을 발표했다. 블레어 내각은 영국 내각에서는 최초로 기후 변화 문제를 국가의 사활이 달린 최우선 의제로 인식하고, 기후 변화에 맞춰 국가 시스템 전체를 재편하는 계획 수립에 앞장섰다. 국가 차원의 종합적인 기후 변화 프로그램을 수립해 에너지 효율 면에서 '기후 변화세'를 신설하고, 기업들의 자발적인 효율 향상을 이룰 법제를 고안했으며, 에너지 공급 면에서 강력한 신재생 에너지 개발 정책을 추진했다.

독일의 경우도 첫 번째 당사국총회를 개최할 정도로 기후 변화 대응 정책에 선도적이었다. 일찍이 1979년에 독일 물리학자 카를 프리드리히 폰 바이츠체커(Carl Friedrich von Weizsaecker)는 독일 정부에 "석유와 석탄 소비가 증가하면서 심대한 기후 변화가 초래될 수 있다. ……대안 에너지를 (에너지 공급원 구성비를 나타내는) 에너지 믹스에 주요 공급원으로 포함해 늘려야 한다"고 권고한 바 있다. 1987년에는 독일 의회 산하에 '지구 대기 보호'라는 이름의 앙케트 위원회가 조직되어 기후 변화 원인과 대응 정책에 대한 연구가 이루어졌다. 독일은 사회적으로 파장이 큰 문제가 등장할 때 이 문제를 분석하고 해결책을 마련하는 것은 물론 사회적 공감대를 형성하기 위해 연방 의회 산하에 이를 다루는 특별 위원회를 구성·운영해왔다. 아울러 이 위원회는 독일 통일, 동독 사회주의 청산 등 다양한 사회 문제를 다룬 바 있다. 1987년에 기후 문제를 주요한 사회적 현안으로 취급한 것이다. 바이츠체커의 우려에 기반해 독일 정부는 1990년에 전력구매법을 제정해 재생 에너지 설비 확장에 유리한 환경을 조성했고 1991년 6월에 '지구 대기 보호' 앙케트 위원회를 재차 구성해 2005년까지 에너지에 기인하는 온실가스 배출을 1987년 대비 30퍼센트 감축하는 안을 마련했다. 이 보고서는 이후 독일 기후 정책의 기초를 형성했다.

1994년 9월에 독일 정부는 에너지 기반 이산화탄소 배출을 2005년까지 1987년 대비 25~30퍼센트 감축한다는 목표를 설정했다. 이 목표는 당사국총회를 베를린으로 유치한 헬무트 콜(Helmut Kohl) 총리에 의해 1990년 대비 25퍼센트 감축으로 높아졌고, 1997년 11월 6일에 의회의 승인을 받았다. 독일의 온실가스 배출량 감축 계획은 UNFCCC 주도의 국제 정치에 영향을 받아 교토의정서 비준과 더불어 더욱 구체화되었다. 2008~2012년 6종류의 온실가스 배출량을 1990년 대비 21퍼센트 감축하기로 했다. 감축량 목표 설정과 더불어 기후 변화 대응의 관점에서 에너지 정책 변화도 이루어져 1998년 사민당과 녹색당 연합 정부는 에너지경제법을 통과시켜 환경 친화적인 전력 공급과 열병합 발전 확대에 나섰고, 재생 에너지 증대를 위한 재생에너지법을 2000년에 제정해 유럽의 에너지 전환 정책을 선도했다. 연합 정부의 합의서에는 재생 에너지 이용을 강화한다는 내용이 포함되었고, 재생 에너지 기술 연구 지원 확대를 포함한 26조항의 정책도 담겨 있었다.[10]

3 '탄소스러운' 생활 방식, 지구 한계에 직면하다

폭염, 홍수, 가뭄으로 거주하기 어려워지는 지구

2009년 스톡홀름 회복센터의 요한 록스트룀(Johan Rockström)과 오스트레일리아 국립대학교의 윌 스테픈(Will Steffen)이 이끄는 지구 시스템 및 환경과학자 그룹은 노벨상 수상자 파울 크뤼천(Paul Crutzen), 고더

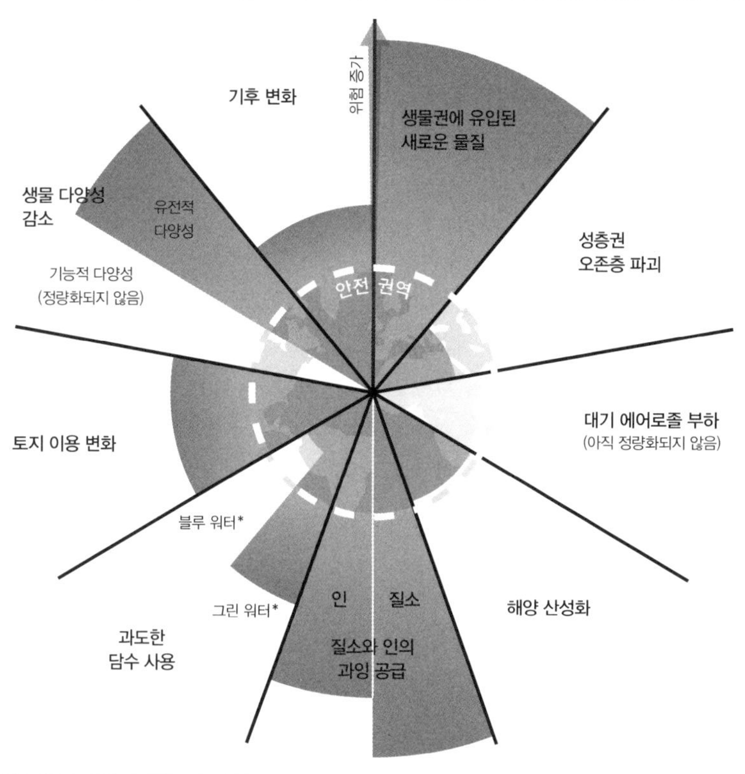

출처: https://www.statistiques.developpement-durable.gouv.fr/edition-numerique/la-france-face-aux-neuf-limites-planetaires/en/part1-limits#images-2

*[블루 워터(blue water): 강, 호수, 지하수 등 눈에 보이는 물. 그린 워터(green water): 토양에 흡수되어 있는 수분.]

드 우주연구소(GISS)의 기후학자 제임스 핸슨, 독일 총리의 수석기후 고문 한스 요아힘 셸른후버(Hans Joachim Schellnhuber)를 포함한 26명의 석학과 함께 지구 행성의 '생명 유지 시스템'을 위협하는 위험 요소를 알아내고, 이런 요소가 한계에 달했는지를 정량화해 살펴보고자 했다.

즉, '지구 위험 한계'를 '행성적 경계(planetary boundaries)'로 명명하고, 이를 아홉 가지 요소로 수치화해 지구가 얼마나 위험한 상황에 처해 있는지를 알리고자 했다.

지구 위험 한계는 그 영향력에 따라 세 범주로 나뉜다. 첫 번째 범주는 기후 변화, 성층권 오존층 파괴, 해양 산성화다. 이 요소들은 지구 전체에 직접 영향을 미친다. 두 번째 범주는 토지 이용 변화(산림 파괴), 과도한 담수 사용, 생물 다양성 감소, 질소와 인의 과잉 공급이다. 이들은 지역 규모로부터 작용해 전 지구 규모로 영향을 미친다. 세 번째 범주는 대기 에어로졸 부하와 화학적 오염이다. 이는 구성 성분, 지리적 위치와 기상 조건에 따라 크게 달라지고 복잡하다. 미세먼지와 화학 오염의 위험 한계는 아직 충분히 이해되지 않아 수량화하지 못했다. 한계를 넘어서 불확실 영역으로 진입하고 더 이상의 복원력이 작동하지 않으면, 지구는 거주 불능의 상태로 들어간다.

2009년 연구 당시에는 동식물 멸종 등 종의 다양성 감소, 산림 파괴와 비료에 따른 토질의 화학적 변화 등 4개 부문이 이미 회복 불가능한 수준이 된 것으로 나타났다. 2019년에는 오존층과 해양 산성화 이외에 모든 부분이 한계치를 넘은 것으로 보고되었다. 기후 변화 위험 한계의 지표는 이산화탄소 농도인데, 산업 혁명 이후로 한 번도 줄어들지 않은 이산화탄소 배출의 지속적 증가로 대기 중 이산화탄소 농도는 임계선인 350ppm을 훌쩍 넘어 420ppm에 다가서고 있다. 화석 연료 사용과 이에 기반한 도시화, 질소 기반 농사 활동의 지속 등이 지구 위험 한계치를 높이고 있는 것이다. 록스트룀의 '행성적 경계 그림' 이전에 지구 온난화 위기를 가리키는 유명한 곡선 그래프로는 '킬링 곡선'이 있다. 킬링 곡선은 찰스 데이비드 킬링(Charles David Keeling)이

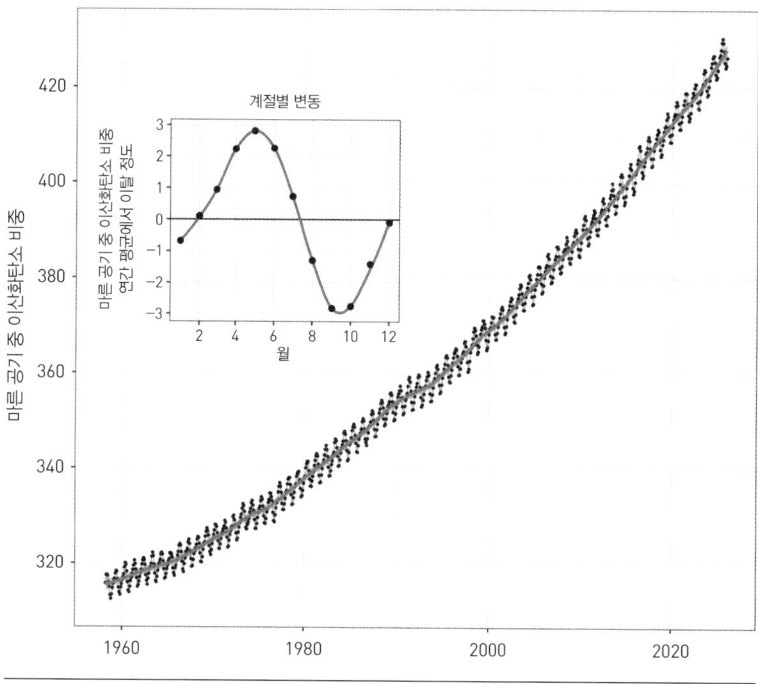

1958년부터 지구 대기 이산화탄소의 양을 나타낸 그래프.
https://ko.wikipedia.org/wiki/%ED%82%AC%EB%A7%81_%EA%B3%A1%EC%84%A0#/media/%ED%8C%8C%EC%9D%BC:Mauna_Loa_CO2_monthly_mean_concentration.svg

1958년부터 남극과 마우나로아에서 대기 중 이산화탄소 농도를 매일 측정해 얻은 그래프를 말한다. 킬링은 이산화탄소 농도 변동이 계절적 변화를 넘어서 매년 증가하는 것을 그래프로 그림으로써 지구 온난화를 입증했다. 이 그래프는 교토의정서 채택에 영향을 준 바 있다.

기후 변화로 인한 해수면 상승이 국가 소멸로 이어질 수 있다는 위기의식을 낳기도 했다. 2001년 몇몇 과학자가 태평양의 섬나라 투발루가 해수면 상승으로 대다수 주민을 이주시켜야 할지도 모른다고 경고한 것이다. 2006년에는 투발루의 8개 유인도 중에서 2개 섬이 물에 잠겨 6곳에만 주민들이 살게 되었다는 보도가 나오며 '지구상에서 사라질' 투발루에 대한 세계적 관심이 높아지기도 했다. 2023년 현재 투발루는 비옥했던 토지가 염분으로 인해 작물 재배가 불가능해지면서 외부 국가로부터 식량 수입을 해야만 했다. 그리고 지난 10년간 전체 인구의 약 3분의 1이 피지, 뉴질랜드, 또 다른 국내 섬으로 이주할 수밖에 없었다.

투발루에서 가장 높은 곳은 해발 4~5미터에 불과한데, 이미 20년 전에 비해 해수면이 15센티미터 높아졌다. 매년 5밀리미터씩 오르는 투발루의 해수면 상승 속도는 2100년에는 2배에 이를 것이다. 40년 뒤에는 바닷물이 토양에 침투하면서 식수가 사라지고 농작물도 자랄 수 없을 것이다. 기후 위기로 사라지는 대표적인 국가로 떠오르고 있는 투발루의 대통령은 전 세계에 전체 국민의 이민을 요청하고 있다.

태평양의 또 다른 섬나라 피지와 사모아 등에서도 해수면이 세계 평균의 3배 수준으로 상승하며 유사한 생존 위협을 맞고 있다. 지구 위험 한계를 넘어서는 이산화탄소 배출을 고려하지 않은 지구 거주민, 특히 선진국 거주민의 '탄소스러운' 생활 방식이 태평양 도서 국가의 존속을 위태롭게 하고 있는 것이다.

이산화탄소를 비롯한 온실가스 배출이 지구를 거주 불능으로 만들지도 모른다는 두려움이 일반인에게까지 확산한 것은 날씨 변화가 극심해지면서 재해를 입는 사례가 늘어났기 때문이다. 2003년 7~8월 여름 동안 유럽은 1540년 이후 가장 더운 여름을 맞았다. 이 기간에 폭염으로 5만~7만 명 가까운 사람이 사망했다. 폭염은 또한 유럽 전역에 가뭄을 초래해 남유럽 일부 지역에서는 작물 부족이 일어났고 수력 발전에도 타격을 주었다. 2010년에는 유사한 폭염이 러시아를 덮쳐 1만여 명이 목숨을 잃었다.

세계기상기구(WMO)에 따르면, 2001~2010년 WMO 조사 대상 국가 가운데 44퍼센트가 최고 기온 기록을 갈아치웠다. 그리고 세계 평균 기온이 10년간 섭씨 0.17도 상승했다. 폭염 발생 외에도 2002년에 오스트레일리아, 2004년과 2005년에는 아프리카에 심각한 가뭄이 발생했다. 2001~2010년 세계적으로 37만 명 이상이 극한 기상 및 기후 재난으로 목숨을 잃었다. 홍수가 특히 빈번하게 발생해 그로 인한 피해도 급증했는데, 2010년 파키스탄에서는 홍수로 2000명이 사망했다.

이상 기후, 더 심각해지다

2023년에 발간된 WMO 보고서는 2011~2020년 이상 기후가 더욱 빈번하게 우리를 찾아오고 있음을 보여주었다. 이에 따르면 지난 10년간 기후 변화 영향력이 더욱 커져서 전례 없는 빙하와 빙상 해빙을 초래했고, 이에 따라 해수면 상승이 가속화하며, 해수면 기온 및 산성화로 해양 생태계가 파괴되었다. 아열대 지역에는 장기간 가뭄이 찾아오고, 미국 동부와 중부에서도 한쪽에서는 가뭄이 다른 한쪽에서는 기록적인 강우를 보이는 등 한 국가 내에서도 극단적 날씨 변화를 보이고 있었다. 아프리카에서도 한 해는 극심한 가뭄으로 기근을 초래했다가 또 다른 한 해에는 겨울에 비가 많이 내리고 여름에는 물 부족을 겪기도 했다. 이처럼 많은 국가에서 공통적으로 지난 10여 년간 극심한 강우 변동을 겪었던 것으로 나타났다.

2022년 8월, 파키스탄에 덮친 '물 폭탄'으로 어린이 300명을 포함해 1000명 넘는 사망자가 발생했다. 몬순 우기가 시작되면서 많은 비가 내린 데다 봄철의 폭염으로 북구 산악 빙하가 녹은 물이 합세하면서 발생한 홍수로 국가적 재앙이 일어난 것인데, 당시 국토의 3분의 1이 완전히 물에 잠기는 상황을 맞았다. 2024년 3월에는 미국 콜로라도 대학의 대기해양과학부 교수 연구팀이 10년 안에 북극 빙하가 완전히 사라지는 날이 도래할 것이라는 예측을 내놓기도 했다. 연구팀은 현재 와 같은 탄소 배출이 지속된다면 세기말 1년에 최대 9개월간 얼음 없 는 상태를 겪을 것이라고 전망했다.

이런 날씨 변화는 농작물 재배에 영향을 미쳐서 식량 안보 불안을 야기하고 지역 발전에도 부정적으로 작용했다. 이상 기후로 인한 경 제적 피해 또한 늘어났다. 1000명 이상의 사상자를 가져온 기후 재난 은 13건으로 기록되었는데 이 중 6건은 폭염이고, 4건이 몬순 홍수, 3건이 열대성 폭풍이었다. 8건은 아시아에서, 4건은 유럽에서, 한 건 은 아프리카에서 일어났다. 100억 달러 이상의 재산 피해를 낸 재난은 16건이 미국에서, 그리고 8건이 동아시아에서 일어났다. 그중 13건이 열대 폭풍, 8건이 홍수, 3건이 산불이었다. 이렇게 전 세계적으로 진 행되고 있는 기후 재난은 우리가 기후 변화라는 지구 위험 한계를 벗 어나 있기 때문에 발생하고 있다. 온실가스의 지속적 배출은 이상 기 후를 더 이상 특별한, 예외적인 기후 현상이 아닌 일반적인 기후 현상 으로 만들 것이다. 또한 지구를 거주 불능 상태로 만들고 정치 난민보 다 기후 난민이 늘어나는 시기를 앞당길 것이다.

플라스틱의 반격, 미세 플라스틱

석유 문명의 대표적 산물인 플라스틱이 인간의 건강은 물론 지구 생태계 전체를 위협하고 있음이 드러나기 시작했다. 석유 부산물로 탄생해 철, 유리 등의 물질 재료를 대체하며 이른바 '소비의 민주화'를 가져온 플라스틱은 석탄·석유와 더불어 탄소 문명의 단단한 토대였다. 가볍고 유연하면서 영구적이기도 한 특성으로 인해 각종 소재를 대신하던 플라스틱이 시간이 지나면서 작은 조각으로 분해되어 지구 육지는 물론 대양으로 확산해 재앙적인 물질이 되어버렸다. 지구 생명을 위협하는 환경 물질의 하나로 미세 플라스틱 문제가 발생한 것이다. 해양에서 미세 플라스틱이 최초로 발견된 것은 1970년대였다. 미국 동부 해안과 영국 남서부 해안의 수표면, 해변 및 해상 어류의 위장에서 수 밀리미터 크기의 플라스틱 조각이 나온 것이다. 그리고 모래사장에 쌓이는 플라스틱 더미에 대한 목격담도 하나둘 늘어갔다.

1997년 베테랑 선원이자 환경운동가인 찰스 무어(Charles Moore)가 태평양을 떠다니는 거대한 쓰레기 더미를 발견해 이를 연구하기 시작하면서 미세 플라스틱에 세상의 이목이 쏠렸다. 찰스 무어가 끝을 찾기 어려운 플라스틱 쓰레기 더미와 조우한 것은 하와이에서 남부 캘리포니아로 항해하기 위해 '북태평양 환류'를 통과하던 때인 1997년이었다.

그는 망망대해의 푸른 바다에서 "깨끗한 곳을 찾을 수가 없었다. ……하루 중 어느 시간에 봐도 모든 곳에 플라스틱 잔해가 떠다니고 있었다"고 당시의 광경을 설명했다. '거대한 더미'로만 표현되었던 이 플라스틱 쓰레기는 160제곱킬로미터 면적에 1조 8000억 개의 플라스틱 조각 더미로 밝혀졌다. 무어는 이런 쓰레기 '지대'가 북태평양 환류 지역에 두 곳 이상 존재할 것으로 추정했다. 그런데 이 쓰레기 더미를 이루는 플라스틱 조각의 80퍼센트는 육지에 연원을 두고 있다. 최근 연구에 따르면, 아시아에 있는 1000개 이상의 중소 규모 하천을 통해 바다로 매년 800만~1200만 톤의 플라스틱 쓰레기가 밀려온다고 한다.[11] 이렇게 대양으로 흘러 들어오는 쓰레기는 아시아에서 버려지는 플라스틱도 있으나 상당한 양은 미국이나 유럽에서 처리를 위해 수출한 것들이다. 이는 플라스틱 물질 소비가 그로 인한 오염 물질 처리 용량을 넘어서는 수준으로 이뤄지고 있음을 보여준다.

바다에 유입된 플라스틱은 처음에는 그저 부유하다가 햇빛과 산소를 만나면서 잘게 부서지기 시작한다. 미세 플라스틱이 출현하는 과정이다. '미세 플라스틱'이라는 용어는 2004년에 학술 용어로 자리 잡았다. 영국의 리처드 톰슨(Richard Thompson) 박사가 현미경 수준에서 식별되는 미세 플라스틱의 양이 해양 환경에서 늘어나고 있다는 연구 결과를 〈사이언스〉에 발표하면서 처음 알려졌다.

100나노미터 이상 5밀리미터 미만인 플라스틱으로 정의하고 있는 미세 플라스틱은 치약·세안제 등 의도적으로 만든 플라스틱 알갱이와 플라스틱 제품이 풍화·마모되어 생긴 플라스틱 알갱이를 말한다. 자연에 존재하는 대부분의 미세 플라스틱은 후자로 알려져 있는데, 이 미세 플라스틱이 지구 전역을 오염시키고 있다는 게 밝혀진 것이다. 의도적으로 제조된 미세 플라스틱은 1차 미세 플라스틱으로 불리는데, 사용처는 갈수록 늘어날 것으로 예상된다. 한편, 풍화·마모된 플라스틱 알갱이는 2차 플라스틱으로 불린다.

우연한 사건으로 취급되었던 이 사례는 2004년 새로운 환경 오염 이슈로 부각되기 시작했다. 실제로 2005~2011년 10편의 관련 학술 논문이 발표되었고 2012~2014년에는 129편으로 급증했다. 조사 연구가 진행되면서 해안과 외딴섬, 대양, 극지방 등 지구 전역에서 미세 플라스틱의 존재를 확인했고, 유네스코 정부간해양위원회(UNESCO-IOC)는 2010년에 4대 중기 전략 목표 중 하나인 ‘해양 생태계 보호’를 위해 미세 플라스틱 문제를 해결해야 할 4대 이슈 중 일부로 선정했다. 국제해사기구(IMO), 유엔 식량농업기구(FAO), 유네스코 정부간 해양위원회, 유엔환경계획(UNEP) 등 국제기구들이 공동으로 지원하는 국제해양환경전문가그룹(GESAMP)은 2012년 산하 조직인 WG40(Working Group 40)을 결성해 2015년 미세 플라스틱 연구 동향과 주요 이슈를 리뷰한 1차 보고서를 발표했다. 유엔환경계획에서는 2014년 국제 환경 현안 문제로 미세 플라스틱에 ‘플라스틱 해양 쓰레기’를 포함시켰다.

최근 연구에 따르면, 해양 생물의 88퍼센트가 미세 플라스틱에 오염된 것으로 나타났다. 해수면에서 깊은 해저까지, 극지방에서 가장 외딴섬의 해안에 이르기까지 바다의 모든 부분이 플라스틱에 오염되었고, 가장 작은 플랑크톤부터 가장 큰 고래에서까지 미세 플라스틱이 검출되었다. 북태평양이 5대 해양 중 가장 높은 미세 플라스틱 오염 수준을 보였다. 해양 심층수에서도 미세 플라스틱이 발견되고 있는데, 이 중 가장 많은 것이 미세 섬유였다. 합성 섬유에서 유래하는 미세 섬유가 세탁기 배수구를 통해 하천을 거쳐 해양으로 유입된 것이다. 이 밖에 타이어 마모로 인한 플라스틱 분진, 종이컵을 코팅할 때 쓰이는 플라스틱, 폴리프로필렌 소재 등 물질 혁명의 주역인 플라스틱 소재가 미세 플라스틱의 오염원이다. 인간 거주지를 중심으로 퍼져나간 플라스틱 소재가 물질 이용의 민주화를 가져오고 탄소 문명 고착화에 크게 기여했으나 이러한 문명을 누린 인간에게 새로운 청구서를 보내고 있는 것이다.

미세 플라스틱의 생태계 영향에 관한 연구는 미세 플라스틱이 생물 체내는 물론 인간의 건강을 위협하고 있음을 보여준다. 플라스틱이 분해되면 위험을 일으킨다. 제조업체에서 모양과 기능을 강화하고 물질 비용을 줄이기 위해 플라스틱 가공 과정에 사용하는 착색제, 윤활제, 난연제, 항균제, 필러, 가소제 등이 독성 물질로 작용하는 것이다. 생물의 체내에 들어온 미세 플라스틱은 소화기 내부에 상처를 입히고 소화 작용을 약화시켜 질병 발생률과 사망률을 높일 우려가 있다. 플라스틱 폐기물은 해양 동물에게 내·외부 부상이나 죽음은 물론, 생물의 이동과 성장을 저해하고 섭식, 면역 반응, 생식 능력 감소 등을 초래한다.

플랑크톤이나 갑각류, 패류 등 수생 생물은 미세 플라스틱을 모르고 먹거나 먹이로 착각해 삼킨다. 조류, 어류, 고래류, 바다거북 등은 먹이사슬에 따라 이미 미세 플라스틱을 섭취한 먹잇감을 먹음으로써 미세 플라스틱에 오염된다. 북태평양 환류대에서 채집한 어류, 북유럽 풀마슴새와 바다쇠오리류, 브라질 마젤란펭귄 등의 위장에서 실제 미세 플라스틱 조각이 확인되었고 유럽 연안의 바닷가재와 홍합류 등 무척추동물 체내에서도 미세 플라스틱이 나왔다.

플라스틱 입자 크기가 작아지면서 플라스틱 섭취로 영향을 받는 생물 범위도 더 넓어질 수 있다. 2017년에 발견된 나노 플라스틱은 부피 대비 표면적 비율이 매우 높아서 특히 치명적인 독성 물질이다. 또한 나노 플라스틱은 일반적으로 크기가 적혈구보다 8배나 작은 1마이크론 미만이어서 내장과 신체의 방어선을 통과해 혈관, 뇌, 면역 체계에 쉽사리 침투한다. 인간도 물론 플라스틱 오염의 피해자가 되고 있다. 인간의 폐와 혈액, 심지어 태반에서도 미세 플라스틱이 발견된 것이다. 미세 플라스틱 입자와 이것이 운반하는 오염 물질은 사람과 야생 동물 모두의 조직에 축적되는 것으로 나타났다. 치매 같은 특정 질병의 유발률을 높일 수 있다는 연구도 있다. 과학자들은 미국 성인이 평균적으로 매년 9만 4000~11만 4000개의 미세 플라스틱 입자를 섭취한다고 추정한다.

생태계에 미치는 영향뿐만 아니라 플라스틱 쓰레기는 지구의 기온과 기후를 조절하는 생물지질화학적 순환도 훼손하는 것으로 알려졌다. 현대 플라스틱은 대부분 물보다 밀도가 낮기 때문에 플라스틱 쓰레기가 수면을 떠다닌다. 동물성 플랑크톤이 플라스틱을 먹으면 배설물이 천천히 가라앉으며 즉각적으로 부서져서 깊은 바다로 탄소를 운반하는 플랑크톤의 역할을 제대로 하지 못한다. 결과적으로, 심해로 가는 탄소의 흐름이 줄어드는 것이다. 플라스틱 오염이 지구상의 가장 큰 천연 탄소 저장고를 교란할 수 있음을 경고하는 목소리들이 나오고 있다.[12] 지구 생태계의 붕괴를 초래할 수 있다는 것이다.

2022년 2월 OECD가 발표한 자료에 따르면, 지난 60년 동안 전 세계에서 84억 톤 이상의 플라스틱을 생산했다. 특히 2000~2019년 플라스틱 생산량이 2배 증가해 총 4억 6000만 톤에 이르렀다. 플라스틱 폐기물 발생량 역시 같은 기간에 2배 이상 증가한 3억 5300만 톤으로 20년 전보다 2배 많이 발생되고 있다. 하지만 재활용은 9퍼센트에 불과해 대부분 매립, 소각되고 나머지는 자연환경으로 유출된다. 플라스틱 폐기물의 3분의 2는 수명이 5년 미만인 플라스틱에서 발생하는데, 40퍼센트가 포장재, 12퍼센트가 소비재, 11퍼센트가 의류 및 섬유에서 발생하는 것으로 나타났다. 플라스틱 폐기물의 50퍼센트는 OECD 국가에서 발생하고, 1인당 폐기물 발생량 평균치는 미국 221킬로그램, 유럽 114킬로그램, 한국과 일본 88킬로그램으로 집계되었다. 이렇게 늘어난 플라스틱의 생산 및 소비로 전체 바닷새의 90퍼센트, 전체 바다거북의 52퍼센트가 플라스틱을 섭취하는 것으로 추산된다. 지중해, 동중국해, 황해, 북극 해빙 지역 같은 (오염이 집중되는) 특정 지역에서는 이미 생태적으로 회복 불가능한 임계치를 초과한 것으로 알려졌다.

과학 저널 〈네이처〉에서 발간한 보고서에 따르면, 아무런 조치도 취하지 않을 경우 플라스틱 폐기물은 2040년까지 연간 2900만 톤으로 증가할 것이며 해양 누적 플라스틱 양은 6억 톤에 달할 수 있다. 해양 으로 흘러 들어간 폐기물은 수집하기 어려운 상황을 고려하면 플라스 틱 생산 단계에서 적절한 조치가 불가피하다. 유럽연합은 2018년 플 라스틱 전략을 발표해 생분해성 플라스틱 개발, 일회용품 제한, 포장 재 규제 등의 정책을 수립함으로써 플라스틱 사용을 원천 저감하고 재활용 및 재이용 가능성을 높이는 제품 설계와 생산 촉진에 들어갔 다. 미국도 폐기물 수출 대신에 국내 재활용률을 높이는 정책을 도입 했다.

이런 개별적인 국가 정책 수립과 병행해 2022년부터 국제적으로 플 라스틱 오염에 관한 구속력 있는 국제 협력을 하기 위한 노력도 진행 되고 있다. 플라스틱 생산 감축을 강제할 수 있는 국제 협약을 맺기 위한 정부간협상위원회가 정기 회의를 개최하고 있다. 그런데 이것 역 시 여타 기후 협약과 마찬가지로 여러 난관에 직면해 있다. 2024년 부 산에서 열린 5차 정부간협상회의에서 협약을 완성하고자 했으나 실패 하고 말았다. 플라스틱 생산량 자체를 감축해야 플라스틱 오염 문제를 해결할 수 있다는 입장을 지지하는 국가들과, 재사용 및 재활용을 확대하는 방향으로도 충분하다는 입장을 지지하는 산유국 및 플라스틱 생산 국가들이 서로 대립하며 협약 초안 마련에 이르지 못한 것이다.

5년 동안 협약 초안조차 마련하지 못하고 있는 정부간협상회의를 지켜보며 협약 가능성을 회의적으로 보는 이들도 있지만, 한편에서는 플라스틱 오염 피해자들의 조직적 운동이 출현하고 이들의 목소리가 더 높아지고 있다며 머지않아 기후변화협약과 유사한 협약이 이루어질 거라는 예측을 하기도 한다. 지구 생태계 깊숙이 침투해 생명을 위협하고 있는 플라스틱 오염의 현재는 우리에게 조속한 국제 협약 성사를 위해 행동할 것을 요청하고 있다. 이에 2025년 8월 5일부터 스위스 제네바에서 협상이 재개되었다.

플라스틱 저감은 한편으로 탄소 문명으로부터의 전환 노력을 의미한다. 1950년대의 플라스틱 혁명이 우리의 일상에서 탄소 물질 소비를 촉진하고, 이것이 오늘날의 탄소 문명에 더욱 확고한 토대를 만들었다. 미세 플라스틱이 지구 환경에 가하는 반격은 플라스틱 소비에 기반한 탄소 문명 전반에 대한 성찰을 요청하고 있다.

4 탈탄소 사회의 모색: 탄소 중립과 에너지 전환

에너지 전환의 모색

탄소 문명으로 초래된 기후 위기, 플라스틱 오염의 위기 등에 대해 앞서 상세하게 언급한 바 있다. 탄소 배출 증가로 인한 이상 기후의 출현과 지구 생태계 위기, 탄소 물질 문명이 낳은 플라스틱 오염이 지구 생태계를 어떻게 위협하고 있는지도 살펴보았다. 인간은 물론 지구 생태계의 지속 가능성을 담보하기 위해서는 탄소 문명에서 벗어나는 것, 즉 탈탄소 문명을 구축하는 것이 필요하다.

탈탄소 사회로의 실질적 이행 발걸음을 먼저 시작한 곳은 유럽연합이었다. 유럽위원회에서는 2005년 처음으로 2020년까지 20퍼센트의 에너지 절감을 목표로 정하고 이를 위한 정책을 수립했다. 그리고 에너지 효율 혹은 에너지 절감을 위한 녹서(green paper)에 관련 정책을 정리했다. 2006년에는 에너지 효율을 위한 행동 계획을 수립하고, 2007년에는 에너지 효율이 높은 저탄소 경제로 전환하는 데 노력한다는 유럽연합 정상들 간의 합의 도출에 성공해 20퍼센트 절감 목표를 공식적으로 수용했다.[13] 2010년에는 '2020년 기후·에너지 통합 정책(The 2020 Climate and Energy Package)'을 발표해 온실가스 20퍼센트 감축, 재생 에너지 생산 비율 20퍼센트 향상, 에너지 효율 20퍼센트 개선 목표를 공식화했다. 목표 이행 수단으로 '유럽연합 배출권 거래 제도(EU Emission Trading System)' 개편, 비유럽연합 배출 권역의 국가 목표 설정, 국가 재생 에너지 목표 수립, 탄소 포집과 저장 관련 정책도 수립했다. 온실가스 감축의 주요 수단으로 에너지 효율화와 재생 에너지 확대를 주요 전략으로 제시하고, 재생 에너지 중심으로의 에너지 전환 정책을 유럽연합 차원에서 구체화하기 시작한 것이다.

화석 에너지의 대안으로서 재생 에너지 확대에 관한 논의는 사실 유럽연합에서는 2001년에 이미 시작되었다. 2001년 유럽공동체(EC)는 '전력 단일 시장에서 재생 가능한 에너지원으로부터 전력 생산을 촉진하기 위한 지침(Directive 2001/77/EC)'을 마련해 전력 소비의 재생 에너지 비율을 1997년 13.9퍼센트에서 2010년까지 22.1퍼센트로 높이고자 했다. 전력뿐만 아니라 난방과 교통 분야를 포함한 에너지 총소비에서 재생 에너지 비율을 12퍼센트로 규정하고, 이 기준 목표에 맞춰 회원국의 재생 에너지 생산 촉진을 의무화했다. 그리고 같은 해에 '녹색 전기 지침'을 작성하고 2003년에는 '바이오 연료 지침'을 마련해 정책을 구체화했다. 2009년에는 '재생 에너지 지침'을 제정해 2001년의 재생 에너지 비율을 2020년 20퍼센트로 확대하는 한편, 국가별 지침을 법적 구속력을 지닌 목표로 새롭게 설정했다. 이 목표에 따라 2014년에는 '2030년 에너지·기후 정책 체계'를 통해 2030년의 재생 에너지 비중을 27퍼센트로 높이기로 했다. 온실가스 감축 목표 역시 강화해 1990년 대비 40퍼센트 낮추기로 했다. 국가별 목표 달성 의무를 부과하긴 했지만, 유럽연합 국가들은 회원국 간의 공동 프로젝트, 회원국과 제3국의 공동 프로젝트 및 공동 지원 체계를 통해 국가 영토 밖에서도 재생 에너지 확대를 꾀할 수 있었다. 아울러 실행 여부를 관리하기 위해 '국가 재생 에너지 실행 계획'을 수립하도록 하고 보고 의무도 부과했다.[14]

유럽연합의 재생 에너지 확대 정책은 석탄 소비 대신 풍력, 태양광 등 재생 에너지 소비 증가를 결과했다. 통계 자료에 따르면 유럽연합의 재생 에너지 사용 비중은 1998년 0.48퍼센트에서 2022년 8.63퍼센트로 약 18배 증가했다. 재생 에너지 설비 용량으로 보면 2010년 322.1기가와트에서 2022년 705.85기가와트로 2배 이상 늘어났다. 그리고 전체 에너지 소비에서 석탄 연료가 차지하는 비중은 1990년 9.6퍼센트에서 2000년 3.6퍼센트, 2010년 2.8퍼센트, 2022년 1.8퍼센트로 5배 넘게 감소했다. 이와 대조적으로 재생 에너지원 소비는 1990년 4.3퍼센트에서 2000년 5.3퍼센트, 2022년 12.2퍼센트로 3배

이상 증가했다.[15]

　이는 유럽연합에서 재생 에너지 확대를 위해 재생 에너지원을 이용하는 발전사들에 시장 가격 이상의 고정 가격으로 전기를 사들이는 '발전 차액 지원 제도'를 운영한 것이 효과를 발휘한 덕분이다. 발전 차액 지원 제도 외에 세금 환급, 쿼터 시스템 등이 재생 에너지 설비 확충을 낳았고, 이런 설비 시장 확대가 재생 에너지 산업 규모 확장과 이에 따른 생산 설비 가격 하락을 가져왔다. 가격 하락은 양의 선순환 효과를 가져와 재생 에너지 전력 공급량 증가, 소비 증가로 이어질 수 있었다.

　유럽 소비자의 관점에서 재생 에너지 수요를 이끈 것은 2000년대의 기후 위기 대응을 위한 재생 에너지 시민 발전 운동이었다. 덴마크에서 시작한 풍력 협동조합, 이후 태양광 협동조합 건립 운동이 그것이다. 재생 에너지 발전사 건설에 특히 참여도가 높았던 유럽 회원국은 독일이었다. 협동조합법이 조합원에게 유리한 방식으로 개정된 2006년 이후 독일에서는 태양광, 풍력, 바이오 에너지 설비를 구축해 마을 협동조합 이름으로 에너지 생산에 참여하는 시민이 증가했다. 2022년 현재 약 965개의 에너지 협동조합이 있는 것으로 알려졌는데, 이 중 60퍼센트는 태양광 발전이고 31퍼센트가 재생 에너지 난방과 바이오매스 발전, 20퍼센트가 풍력 발전을 활용하고 있다. 조합원으로 참여한 시민들은 기후 위기 대응의 일환으로 재생 에너지를 이용하는 전력 생산, 그리고 에너지 소비 절감에 대한 인식이 높았던 것으로 알려졌다.[16]

　재생 에너지원을 이용한 발전의 경우, 대기업이 중심이던 발전 사업과 달리 일반 시민 개인 혹은 지역 공동체가 운영하는 발전 사업 형태로 진행되었다. 2016년 통계에 따르면, 풍력 발전 용량 4만 5400메가와트 중에서 민간 개입 및 농가 소유가 41퍼센트, 지자체에서 운영하는 발전사 소유가 10.6퍼센트를 차지한 반면, 전통적인 대형 발전사 소유는 3.7퍼센트에 불과했다. 특히 개인 소유의 발전은 태양광 설비 영역이 풍력에 비해 높았고, 이들 개인은 에너지 협동조합 형태로 발전업에 참여했다.

예를 들어, 독일 슐레스비히홀슈타인(Schleswig-Holstein)주 북부에 있는 프리스란트(Friesland) 풍력 발전 설비의 90퍼센트는 지역 시민이 소유했으며, 시설 투자도 지역 풀뿌리 시민 단체에 의해 이루어졌다. 한편, 지자체는 외부 투자자나 몇몇 거대 자본을 지닌 개인이 발전 사업에 참여하는 걸 제한하는 역할을 수행했다. 시민들이 발전소 계획 단계에서부터 참여해 풍력 발전에 대한 책임 의식을 고취하기도 했다. 또한 풍력 발전에 대한 사회적 수용성을 높였다. 독일의 경우는 주식회사와 유한회사의 결합 형태인 유한책임회사 & 합자회사(GmbH & Co. KG) 형태로 풍력 발전사를 운영했다.

독일과 유사하게 시민들이 재생 에너지원을 이용한 발전 사업에 대거 참여한 국가로는 덴마크가 있다. 1970년대의 석유 위기를 맞이해 에너지 공급을 지역 단위로 분산시키는 정책을 적극 시행하면서, 당시 결성된 지역 에너지 협동조합들이 재생 에너지원을 활용한 에너지 생산에 참여하기 시작한 것이다. 특히 풍력 기술 개발에 관심을 가진 엔지니어 중심으로 풍력 기술 개발 및 풍력 발전 사업이 확산할 수 있었다. 1980~1990년대에 이르기까지 덴마크에서는 풍력 발전 협동조합 설립이 계속되어 2000년에는 정량적으로 최정점에 달해, 전국적으로 6200기의 풍력 발전기가 지역 협동조합, 지역 공동체 소유였다.[17]

2000년 이후 덴마크 정부가 국가 차원에서 해상 풍력 중심으로 재생 에너지 확대에 나서면서 협동조합 설립이 줄어들기는 했지만, 지역 공동체와 협동조합은 재생 에너지 난방 공급 분야에 참여하면서 재생 에너지 공급 확대에 기여했다.

독일과 덴마크의 경우, 각각 2010년 이후와 1990년대 중반 이후 재생 에너지 공급이 빠르게 확산했는데, 이 기간은 양국 모두 협동조합이 늘어나던 시기에 해당한다. 시민 협동조합에 의해 태양광과 풍력, 바이오 난방 설비 등이 건설되고, 에너지 설비의 시민 소유가 증가하면서 재생 에너지에 대한 사회적 수용성도 높아졌다. 이는 풍력 설비가 지역에 들어서는 걸 반대하던 목소리들이 줄어드는 결과를 낳고, 재생 에너지 설비 확대로 이어졌다. 설비 소유로 에너지 생산에 직접 참여하게 된 시민들은 에너지 절약에도 관심을 기울여 자발적으로 에너지 소비 감축에 나섰다.

2025년 통계에 따르면, 독일에만 2008년 이후 조직되어 운영하고 있는 에너지 협동조합(대부분 태양광과 풍력 발전 사업을 하고 있는 협동조합)이 998개에 이른다. 그리고 이들 협동조합의 구성원 95퍼센트가 일반 개인으로 알려져 있다. 재생 에너지 전력을 우선적으로 고정된 가격에 구매하도록 한 제도, 협동조합 은행에 의한 원활한 금융 조달 환경 등이 마련되면서 독일 시민의 기후 위기 인식이 높아졌고, 이것이 풀뿌리 에너지 협동조합 결성으로 이어져 에너지 전환 운동에 직접 참여한 것이다. 협동조합 참여 동기에 대한 연구에 따르면, 독일의 경우 대다수 조합원이 첫 번째 동기로 생태 환경(기후 위기 대응 등)에 대한 우려를 꼽았다.[18] 이런 우려가 정부의 재생 에너지 확대 지원 정책과 만나 협동조합 결성을 통한 에너지 전환 실천 활동으로 이어졌다.

그림 9-3   독일의 에너지 협동조합 현황.

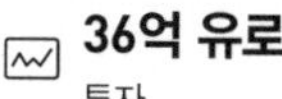

출처: https://www.dgrv.de/wp-content/uploads/2025/09/DGRV_Energiegenossenschaften_Umfrage_2025.pdf

2011년 이후 한국에서 시작된 에너지 협동조합 결성 역시 유럽에서의 이런 풀뿌리 전환 운동의 영향을 받았다고 할 수 있다.

유럽연합 차원에서의 정책 수립, 시민의 재생 에너지 생산 참여 등이 나란히 이루어지면서 실제로 유럽에서는 1990년 최종 에너지 소비에서 재생 에너지가 차지하는 비중(10퍼센트)이 이른 시기에 협동조합을 설립한 덴마크에서부터 빠르게 증가했다. 2017년에 덴마크는 전기의 49퍼센트를 풍력 발전으로부터 공급받았다. 2002년 당시 덴마크 에너지 협동조합에서는 풍력 발전기의 40퍼센트를 소유하고 있었다. 그리고 15만 가구가 풍력 발전 설치에 참여한 것으로 알려졌다.[19] 2000년대로 들어서면서 대형 풍력 발전 중심의 해상 풍력 발전이 덴마크 정부의 지원으로 부상하면서, 협동조합의 풍력 발전 참여는 양적으로 줄어들어 2010년에는 협동조합 소유가 전체 발전기의 15퍼센트에 불과했다. 이런 쇠퇴에 대응해 2009년 덴마크 정부는 재생에너지

법에 신규 풍력 발전 프로젝트를 추진할 때 반경 4.5킬로미터 이내 거주민에게 20퍼센트의 지분을 반드시 넘기도록 했다. 공동 소유 환경을 유지하고자 한 덴마크 정부의 노력을 엿볼 수 있는 대목이다.

독일의 경우, 재생 에너지 발전량은 2005~2023년 7배 증가한 것으로 나타났다. 이로써 2023년 총 전력 수요의 51퍼센트를 태양광, 풍력 등 재생 에너지 발전만으로 충당할 수 있었다. 그리고 에너지 협동조합에 소속된 22만 명의 조합원이 8테라와트시(TWh)의 전력을 생산해 재생 에너지 전력 총생산 272테라와트시의 3퍼센트 정도를 담당했다. 다수의 시민이 협동조합을 통해 재생 에너지 전력을 생산하고 있는 것에 비해 총 재생 에너지 전력 생산에서 차지하는 비중은 아직은 미미하다고 할 수 있다. 그러나 이전까지만 해도 생산에 전혀 관여하지 않던 소비자 시민이 전력 공급에 참여하기 시작해 '프로슈머(prosumer)', 즉 '생산자 겸 소비자'라는 새로운 개인의 탄생을 가능케 했고, 이런 개인들이 높은 에너지 전환 실천 인식을 지니게 되었다. 이런 전환 주체가 증가하면서 유럽에서의 에너지 전환은 속도를 더했다. 유럽 전역으로 보면, 2024년 전력 소비에서 재생 에너지원이 차지하는 비중은 47.5퍼센트로 나타나 이미 재생 에너지의 시대로 들어섰다고 할 수 있다.

재생 에너지 시대 유럽 가정들이 보여주는 에너지 소비와 연관된 풍광은 1970년대의 그것과 확연히 달라졌다. 지붕에 태양광 설비를 갖춘 독일 주택들에서는 2019년 이후로 전기의 자가 소비를 위해 배터리 저장 장치를 설치하기 시작했다. 그 비중이 2019년만 해도 46퍼센트에 머물렀는데 2023년에는 77퍼센트에 달했다. 배터리 가격이 급격하게 하락하고 반면에 전기 요금이 상승하자 가정에서 생산한 전기를 저장해 자가 소비를 하는 것이 더 유리해진 것이었다. 단독 주택이 늘어서 있는 곳을 지나게 되면 지붕의 태양광 발전으로 냉난방을 하고, 배터리 충전기로 새로 구입한 전기 차량에 연료를 주입하는 모습을 자주 볼 수 있다. 1970년대 소수의 생태 운동 공동체들이 운동 차원에서 시도했던 에너지 자립 주택 건설이 2023년의 독일에서는 일상이 되어버린 것이다. 가정에서의 에너지 생산과 소비가 일치되는 에너지 자립이 탈탄소 문명의 모습이기도 하다.

탄소 중립 정책의 출현과 이행

2018년 한국의 신도시 송도에서 48차 IPCC 총회가 열렸다. 이 회의에는 IPCC 회원국과 국제기구 관계자, 기후 전문가, 환경 단체 활동가 등 500여 명이 참석해 특별 보고서 승인에 관한 논의를 진행했다. 승인 대상이었던 'IPCC 섭씨 1.5도 특별 보고서'는 유엔기후변화협약 21차 당사국총회에서 IPCC에 이례적으로 요청해 작성하도록 한 것이었다. 이때 한국의 송도를 다음 총회 개최지로 결정하면서 송도는 'IPCC 역사상 가장 중요한 회의'가 열린 곳이 되었다.

2015년 유엔기후변화협약 21차 당사국총회에 참석한 아프리카 국가나 군소 도서국 등 기후 변화에 취약한 개도국들은 지구 평균 온도 상승의 상한선을 지금까지의 섭씨 2도에서 섭씨 1.5도로 낮추어야 한다고 강력하게 주장했다. 그간 지속적으로 이런 의견이 제기되었으나 별다른 반응이 없던 총회에서 많은 나라가 이들의 주장에 공감하면서 6차 평가 보고서 작성 이전에 IPCC로 하여금 섭씨 1.5도 상승에 관한 과학적 평가서를 작성해 2018년까지 제출하도록 한다는 의안을 결정한 터였다. 이런 배경하에 IPCC는 섭씨 1.5도의 영향과 온실가스 배출 경로를 바탕으로 정책 결정자에 대한 제언을 담은 보고서를 완성해 송도에서 열린 48차 당사국총회에서 승인을 요청했다.

이 특별 보고서는 개도국의 주장을 총회 회원국들이 받아들여야 한다는 걸 분명하게 보여주었다. 보고서에 따르면, 평균 온도 섭씨 1.5도 상승과 2도 상승이 지구 생태계 전반에 미치는 영향의 차이는 엄청나다. 2100년까지 평균 온도가 섭씨 1.5도 상승할 경우에 비해 섭씨 2도 상승하면 폭염 강도가 훨씬 높아지고 열대야와 폭염 일수가 뚜렷하게 증가하는 것으로 나타났다. 한편, 섭씨 1.5도 상승할 경우는 해수면 상승도 상대적으로 낮아져 1000만 명 정도의 인구가 피해를 덜 보게 된다. 생태계 파괴는 연간 어업 수확량에 결정적 영향을 미쳐 섭씨 2도 상승의 경우, 섭씨 1.5도 상승보다 2배 줄어드는 것으로 나타났다. 섭씨 1.5도 상승은 섭씨 2도 상승에 비해 물 부족에 노출되는 인구를 50퍼센트 줄일 수 있으며, 고온과 대기 중 오존 농도에 따른 사망률을 줄일 뿐 아니라 말라리아와 뎅기열 등의 질병과 관련된 리스크도 줄어드는 것으로 나타났다. 보고서는 또한 이 모든 위기에 대응할 시간이 12년밖에 남지 않았음을 강조했다.

온도 상승의 영향뿐만 아니라 보고서는 2100년까지 섭씨 1.5도 상승을 제한하는 방법과 비용 전반을 제시하는 등 주요한 정책 제언을 담았다. 이에 따르면 전 지구적으로 인위적 이산화탄소 순배출량(배출량에서 흡수량을 제외한 양)을 2030년까지 2010년 대비 최소 45퍼센트 줄여야 하며 2050년경에는 순배출량 0(넷 제로)을 만들어야 한다. 넷 제로를 위해서는 에너지 효율 개선 등과 함께 재생 에너지를 2050년까지 전체 전력의 4분의 3이 되도록 해야 한다. 그리고 산업 부문의 이산화탄소 배출량을 2010년 대비 75~90퍼센트 감축해야 하고, 2050년 건물 부문 에너지 수요에서 전력의 비중을 55~75퍼센트가 되도록 하는 총체적 전환이 필요하다. 농업/산림 부문에서도 에너지 작물 경작지로의 전환, 수송 관련 저배출 최종 에너지원 비중을 2050년까지 35~65퍼센트로 늘려야 한다.[20] '넷 제로' '탄소 중립'이라는 용어가 이 특별 보고서에서 처음 공식화되었고, 총회 당사국들을 중심으로 '탄소 중립(한국에서 넷 제로를 번역한 용어)' 정책을 수립하기 시작했다.

이 보고서가 나온 그해 12월 유럽연합은 24차 유엔기후변화협약 당사국총회에서 2050년까지 탄소 중립을 달성할 것임을 선언했다. 이어 영국에서는 보고서 발간 직후인 2018년 독립 기관인 기후변화위원회에 탄소 중립 목표를 법제화하는 데 대한 자문을 거쳐 2019년 5월 기후변화법을 개정함으로써 2050년 탄소 중립 달성을 명문화했다. 이렇게 법의 조문으로 남김으로써 행정부가 바뀌어도 탄소 중립 정책이 지속될 수 있도록 한 국가로는 이 무렵 영국 이외에 스웨덴, 프랑스, 덴마크, 뉴질랜드, 헝가리가 있었다.

예를 들어, 프랑스는 2019년 11월 8일 생태·기후 위기 해결을 에너지 정책의 목표로 삼고 2050년까지 탄소 중립을 달성하기 위해 에너지기후법을 제정했다. 6개 국가에서 시작한 탄소 중립 목표 달성의 법제화는 그 후로도 계속 이어져 2024년 현재 28개국이 관련 법을 제정한 것으로 나타났다. 아울러 법으로 명시하지는 않았으나 탄소 중립을 선언한 국가는 148개국으로 증가했다. 최근에는 국가 차원이 아니라 도시, 기업 단위에서 탄소 중립을 선언하기도 한다. 한국의 경우는 2022년 12월 '기후위기 대응을 위한 탄소중립·녹색성장 기본법'을 제정해 "정부는 2050년까지 탄소 중립을 목표로 하여 탄소 중립 사회로 이행하고 환경과 경제의 조화로운 발전을 도모하는 것을 국가 비전으로 한다”고 명시했다.

　2050년 탄소 중립 목표 달성을 선언한 국가들은 에너지 전환을 에너지 정책의 근간으로 삼고 과거의 화석 연료 중심 에너지 정책에서 벗어나고자 했다. 유럽연합은 2021년 발표한 재생 에너지 지침 관련 2차 개정안을 통해 재생 에너지 도입 비율을 40퍼센트로 상향 조정했다. 2030년 온실가스 배출 목표는 1990년 대비 55퍼센트로 결정했다. 재생 에너지원 중에서도 태양광 및 해상 풍력에 대한 지원을 강화하기로 했다. 2021년 5월에는 ‘55퍼센트 감축 목표 달성을 위한 입법 패키지(Fit for 55)’를 마련해 온실가스 배출권 거래제 적용 대상을 해상·육상 운송 및 건축물 분야까지 확대하는 한편, 재생 에너지 및 에너지 효율 지침 개정을 통해 탄소 감축 목표를 상향 조정했다. 2025년에는 ‘유럽연합 탄소중립산업법’ 이행을 위한 규정들을 정비해 재생 에너지 관련 공급망 안정성을 마련하는 한편, 에너지 집약 산업 지원을 위한 ‘산업탈탄소화촉진법’ 제정에도 나섰다. 산업 부문에서의 본격적인 탈탄소화 이행에 들어간 것이다. 아울러 지속 가능한 교통 투자 계획과 유럽 자동차 산업 실행 계획을 수립해 교통 부문의 탈탄소화 가속에 나섰다. 내연 기관 자동차를 전기차로 빠르게 대체하기 위해 전기차 충전 시설과 수소를 포함한 대체 연료 인프라 구축을 속도감 있게 진행시켰다. 탄소 문명의 상징으로 여겨진 내연 기관 자동차의 쇠퇴는 특히 북유럽 국가들에서 눈에 띄는데, 2024년 현재 덴마크의 전기차 비중은 50퍼센트를 넘었고, 스웨덴이 37퍼센트, 노르웨이가 17퍼센트 이상을 기록했다. 물론 연료인 전기 생산에 100퍼센트 탈탄소화가 이루어지지는 않아 전기차 비중 증가를 교통 부문의 탈탄소화 진전으로 해석하는 데는 무리가 있다. 그러나 자동차 시장이 점차 전기차 중심으로 이동해가고 내연 기관 차량 판매 금지 국가들이 나타나고 있는 것은 교통 부문도 탈탄소화의 길로 접어들었음을 시사한다.

탄소 중립 법제화에 앞장섰던 영국은 2035년까지 안정적인 공급을 전제로 모든 전기를 저탄소 에너지원으로 공급할 수 있도록 조처해 전력 시스템을 완전히 탈탄소화하겠다는 정부의 공약을 15년 앞당기기로 했다. 또한 차액 거래 계약 제도를 통해 풍력 및 태양광 같은 저비용, 재생 에너지 발전 도입을 가속화하고 2030년까지 특히 1기가와트의 혁신적인 부유식 해상 풍력을 포함해 40기가와트의 해상 풍력을 건설하기로 했다.

미국의 조 바이든 대통령도 2021년 12월, 연방 정부 차원의 2050년 탄소 중립 달성 계획을 담은 행정 명령에 서명했다. 이 행정 명령에 따르면, 연방 정부 역시 2030년 65퍼센트 감축, 2050년 탄소 중립 달성에 노력해야 한다. 미국은 이를 위해 2030년까지 100퍼센트 무탄소 전력으로 전환하기로 했다. 즉, 2027년까지 연방 정부 소유 승용차 및 소형 상용차를 100퍼센트 전기차로 전환하고, 2035년까지 모든 차량을 100퍼센트 전기화하기로 한 것이다. 아울러 2030년까지 재생 에너지 발전 설비를 최소 10기가와트 이상 새로 설치하기로 했다.[21]

탄소 중립 정책의 출현은 전 세계 에너지 공급에서 재생 에너지 비중의 증가를 가져왔다. 국제재생에너지기구(International Renewable Energy Agency, IRENA)의 2025년 재생 에너지 글로벌 현황 리포트에 따르면, 2013년 총 에너지 소비에서 화석 연료가 차지하는 비중은 80.9퍼센트였으나 2023년에는 79.5퍼센트로 줄어들었다. 반면, 재생 에너지는 9.9퍼센트(축분, 목재 연소 등의 전통 바이오 에너지 제외)에서 13.5퍼센트로 증가했다. 10년간 화석 연료는 1.4퍼센트 감소하고 재생 에너지는

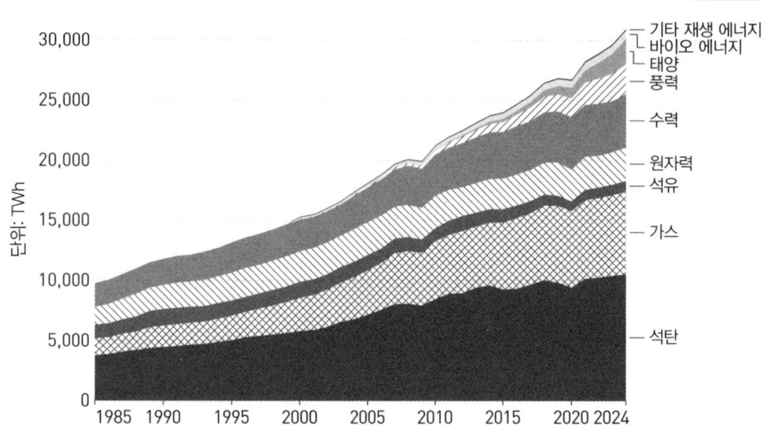

데이터 소스: Ember (2026).

주: '기타 재생 에너지'에는 지열, 파력, 조력 포함

출처: https://ourworldindata.org/grapher/electricity-prod-source-stacked

3.6퍼센트 증가한 것이다. 이처럼 2000년 이후 재생 에너지 전환 정책으로 시작한 탄소 중립 정책이 전 지구적으로 확산하면서 재생 에너지 소비가 의미 있는 비중을 차지했다. 에너지 중에서도 전력 생산에서 재생 에너지의 비중은 2000년 18.3퍼센트에서 2023년 30.1퍼센트로 증가했다. 전력 생산에서 재생 에너지로의 전환이 빠르게 이루어지고 있는 것은 풍력·태양광 등 설비 기술 발전, 그리고 이들의 기술 시장 확대에 따른 경제성 향상 때문이다. 풍력은 2000년 0.2퍼센트에서 7.8퍼센트, 태양광은 0퍼센트에서 5.5퍼센트로 가파른 증가세를 보였다.[22] 이와 비교해 원자력 발전 비중은 같은 기간 동안 10퍼센트에서 9.1퍼센트로 정체했다. 해마다 재생 에너지의 빠른 증가를 보여주는 보고서를 발간하고 있는 IRENA는 1981년 케냐에서 신재생 에너지 자

원에 관한 유엔 회의가 열렸을 때 재생 에너지 관련 국제기구 설립 제 안이 나오면서 처음 구체화되었는데, 이후 2000년대까지 논의를 계속 이어오다 2009년 1월에야 비로소 독일 본에서 공식 출범했다. 출범 이후 이 기구는 재생 에너지의 글로벌 확산, 재생 에너지 정책에 관한 데이터 축적과 관련 자료 발간을 지속해오고 있다.

지난 10년간 재생 에너지원에 의한 전력 생산은 연간 5.4퍼센트의 꾸준한 증가세를 보였다. 2024년 한 해에 전 세계적으로 신규 건설된 재생 에너지 발전 설비 용량은 741기가와트로 이 중 602기가와트가 태양광 발전소 신규 설비 용량이었다. 현재 누적 태양광 발전소 용량 은 2.25테라와트로 2019년과 비교해 2배 증가했다. 풍력 신규 설비는 116.8기가와트로 신규 발전소 용량의 98퍼센트가 태양광과 풍력 발전 설비로 채워지고 있다. 태양광 발전량은 2012년 이후로 3년마다 2배 씩 증가하는 것으로 나타났다. 이와 대조적으로 무탄소 전원에 속하는 원자력 발전소에서 생산한 전력 비중은 2024년에 9퍼센트까지 떨어져 45년 만에 가장 낮은 비중을 보였다.

재생 에너지 전력 설비 증가가 2013년 이후 가장 많이 이루어진 곳 은 오스트레일리아였다. 풍력과 태양광 전력 생산 비중이 2013년만 해도 5퍼센트에 머물렀는데, 2023년에 25퍼센트로 증가한 것이다. 오 스트레일리아에 이어 유럽이 13퍼센트, 남미와 카리브해 지역이 10퍼 센트, 이어 아시아가 9퍼센트 증가했다.[23] 지역별 기여도는 설비에 따 라 차이를 보이는데, 예를 들면 태양광 발전 설비의 경우, 현재 누적 증가에 가장 큰 기여를 하고 있는 국가는 중국과 미국·인도로 알려졌 다. 특히 중국의 태양광 설비가 전체 누적 증가의 60퍼센트를 차지했 다. 2019년부터 2024년 사이 태양광 설비 누적 증가가 2배에 이른 것은 전 세계 정부들에서 탄소 중립 정책을 공식 선언하고 재생 에너지 확대 정책 실행에 나섰기 때문으로 볼 수 있다.

2024년 4월의 언론 보도에 따르면 아이슬란드, 알바니아, 부탄, 네팔 등 7개 국가가 지열, 수력, 태양광, 풍력 등의 재생 에너지원만으로 에너지를 공급하고 있는 것으로 밝혀졌다. 아이슬란드는 수력과 지열로 산업, 수송, 난방, 농업에 필요한 에너지의 83퍼센트를 공급한다. 노르웨이의 경우는 98.38퍼센트를 풍력, 수력, 태양광으로 공급한다.[24] 2024년 현재 102개 국가들에서 전력 공급의 30퍼센트 이상을 재생 에너지원으로 충당하고 69개국에서는 이 비중이 50퍼센트를 넘어선 것으로 나타났다.

이렇게 전 세계적으로 재생 에너지원 기반의 에너지 공급이 증가한 것은 유럽을 시작으로 각국에서 2000년부터 관련 제도 정비에 나선 덕분이다. 즉, 재생 에너지 관련 법을 제정하고 발전 차액 구매 제도, 재생 에너지 공급 의무 할당 제도를 도입하고, 나아가 탄소 중립 정책을 제도화했다. 결과적으로 1970년대에 석유 대체 에너지원으로 등장한 태양광·풍력 등 재생 에너지가 2020년대에 이르러 비로소 화석 연료를 대체할 에너지원으로서 지위를 갖추게 된 것이다.

2018년의 섭씨 1.5도 시나리오에서 재생 에너지는 온실가스 배출을 억제하기 위해 화석 연료 중심의 에너지 시스템을 대체할 핵심 에너지원으로 정의되었다. 2050년 탄소 중립 정책을 선언한 국가들은 에너지 공급 총량의 70~100퍼센트를 재생 에너지원으로 충당한다는 계획을 세웠다. 이에 따르면 2050년에 전 세계는 재생 에너지 기반의 새로운 시대, 즉 탈탄소 문명기로 접어드는 것이다.

IRENA와 국제에너지기구(IEA)는 2021년 이런 문명 전환으로 가는 가이드라인을 공표하기도 했다. 2021년 탄소 중립 로드맵을 발표한 IEA는 2023년에 증보판을 내면서, 전력 부문의 태양광 설비와 전기 자동차가 증가해 전환의 길로 서서히 접어들긴 했으나 전환 노력을 더욱 강화해야 한다고 강조했다. 화석 연료 수요를 낮추기 위해 2030년까지 재생 에너지 용량을 1만 1000기가와트로 늘리고, 에너지 생산성을 2배로 확대하며 전기화 또한 가속화해야 한다는 것이다.

정부 정책 출현과 더불어 그간 탄소 배출의 주범이었던 산업체에서도 기후 위기 대응이 경영 목표로 자리 잡으면서 탄소 중립, 에너지 전환 과정에 참여하기 시작했다. 2014년 국제 비영리 환경 단체 '더 클라이밋 그룹(The Climate Group)'과 CDP(Carbon Disclosure Project: 사기업이나 공기업을 대상으로 세계적인 탄소 정보 공개 프로젝트를 시행하는 환경 단체)가 연합해 '뉴욕 기후 주간(Climate Week NYC)'에 파리협정을 성공적으로 이끌어내기 위한 'RE100' 캠페인을 시작했다. 2009년부터 뉴욕시에서 주관해 매년 유엔 총회 시기에 맞춰 개최해온 뉴욕 기후 주간은 세계적인 기후 행사로 그 기간 동안 각국 정부, 기업, 시민 단체 지도자들이 모여 기후 변화와 관련된 다양한 주제를 논의하고 해결책을 모색해왔다. 이 행사 자리에서 두 기관이 공동으로 2014년에 RE100 캠페인 시작을 알린 것이다. 전 세계 전력 소비의 절반을 차지하는 산업과 유통 부문 기업들로 하여금 소비 전력을 재생 에너지로 전환하도록 유도해 2040년에 탄소 중립을 달성할 수 있도록 하자는 것이 현재 RE100 캠페인의 목표다.

캠페인 시작 당시에는 연간 전력 소비량이 100기가와트시 이상인 기업이나 '포춘 1000'에 들어가는 다국적 기업을 회원사로 받아들여, 이들로 하여금 2050년까지 100퍼센트 재생 에너지 전력 사용 달성을 공개 선언하도록 하고, RE100 달성을 2030년까지 60퍼센트, 2040년까지 90퍼센트 이상에 이르도록 하는 목표 수립을 의무화했다. 또한 매년 재생 에너지 전략과 진행 상황을 보고하도록 하는 지침도 마련했다. 기후 위기 대응이 기업의 새로운 사회적 책임이라는 인식이 확산하면서 RE100 가입 회원이 증가하고 기업 이미지 제고에 영향을 주기 시작했다.

RE100 캠페인은 2016년 150여 개 기업이 동참했고, 2025년에는 440개 기업으로 확산했다. 보고서 공개를 시행하는 기업도 424개로 증가했는데, 이들이 소비하는 전력은 545테라와트시에 이르며, 그중 289테라와트시를 재생 에너지원으로 공급받는 것으로 알려졌다. 즉, 'RE53'을 달성한 것이다. 참여 기업들이 소비하고 있는 전력량은 규모 면에서 전 세계 전력 생산량의 2퍼센트에 해당하는 것으로 추정된다. 이 캠페인을 통해 전 세계 발전량의 1퍼센트가 재생 에너지로 전환되는 결과를 가져왔다고 할 수 있다. 전체 생산에서 여전히 낮은 비중을 차지하고 있기는 하지만 기업들 참여가 늘어감으로 인해 재생 에너지로의 전환이 앞당겨질 수 있을 것이다. 다수의 기업에서 기업 경영 목표의 하나로 탄소 중립을 선언하고 있는 것 자체가 탄소 문명으로부터의 전환이 시작되었음을 알리는 것이다.

탄소 중립에 동참한 기업이 하나둘 늘어나고 있는 것과 동시에 투자사들 역시 자본의 흐름에 변화를 주고 있다. 노르웨이 국부 펀드(GPFG)에서는 재무부 윤리위원회가 채택한 '감시 및 투자 배제를 위한 가이드라인'에 따라 일찍이 2016년에 매출이나 생산량의 30퍼센트 이상을 석탄에 의존하는 기업, 석탄 발전량 10기가와트를 초과하는 기업에 대해 투자를 배제한다는 결정을 내린 바 있다. 유사하게 스웨덴 연금(AP)에서도 2020년에 파리협약과 상충되는 활동을 하는 10개 기업을 블랙리스트에 포함해 공개하며 기업의 행동 변화를 촉구했다. 독일 보험사 알리안츠(Allianz)에서는 2015년부터 석탄 기반 비즈니스 모델에 대한 투자를 단계적으로 중단했으며, 2018년 이후로는 석탄 발전소와 탄광 건설 또는 운영에 대해 보험을 제공하지 않고 있다. 2023년 1월부터는 발전용 석탄(시설)에서 25퍼센트 이상의 전력을 조달하는 기업, 신규 석탄 개발을 하는 기업, 5기가와트 이상의 발전용 석탄 용량을 갖추고 있거나 연간 1000만 톤 이상의 발전용 석탄을 생산하는 기업에 대해 투자를 배제하거나 제한하기로 했다.[25] 2023년 '국제에너지경제 및 금융분석 연구소(IEEFA)'에서 발간한 보고서에 따르면, 2023년 현재 전 세계적으로 200여 개 이상의 주요 금융 기관이 탈석탄 정책을 수립한 것으로 나타났다. 국내에서도 2020년과 2021년에 KB금융그룹, 삼성 금융 관계사, BNK금융그룹 등에서 탈석탄 금융을 선언한 바 있다. 이는 온실가스 배출원인 석탄 개발 및 이용을 자본 투자 금지를 통해 직접적으로 제한하겠다는 투자 기관의 노력이라고 할 수 있다. 투자 배제와 제한을 통해 탄소 중립에 기여하겠다는 의지를 표명한 것이다. 이들 선도적인 기관의 노력이 전 세계 투자 기관의 자본 투입 방향을 탈탄소 목표로 돌려놓고 있다.

기후 운동의 출현과 탄소 중립 정책

유럽에서 특히 탄소 중립 정책 이행 속도가 빨라진 것은 새로운 사회 운동으로 기후 운동이 영향력을 넓혀갔기 때문이기도 하다. 기후 위기에 대응하는 사회 운동이라는 의미에서 기후 운동을 정의하자면, 그 출발은 1990년대로 거슬러 올라간다. 1992년 리우 정상회의가 열리던 해에 기후 위기 대응을 촉구하는 국제 연대 운동 단체, 즉 기후행동네트워크(Climate Action Network)가 결성되었다. 그린피스, 세계자연기금(WWF), 지구의 벗 등이 참여한 이 연대 운동 단체는 지역별 조직으로 성장하면서 각종 캠페인, 프로젝트 실행을 통해 각국 정부의 기후 위기 대응 정책을 압박하기 시작했다. 1995년부터 연례적으로 개최되는 유엔기후변화협약 당사국총회에서 합의된 정책 내용을 분석해 이에 대한 보완책을 제시하기도 했다. 연대 활동에 이어 2009년 코펜하겐 당사국총회를 계기로 기후 정의 운동 조직인 CJN(Climate Justice Now), CJA(Climate Justice Action)가 탄생했다. 이들은 기후 위기로 인해 온실가스 배출 주범국인 선진국 대신 가뭄, 홍수 등의 피해를 떠안는 도서 국가를 비롯한 후진국들의 기후 불평등 문제에 대한 해결을 촉구하고 나섰다.

2009년 12월 12일, 코펜하겐에 4만~10만 명의 기후 운동 단체 활동가들이 모여 교토의정서에 이은 기후변화협약 체결에 나설 것을 촉구하는 행진을 벌였다. 코펜하겐뿐만 아니라 지구 곳곳에서 유사한 집회가 열렸다. 이날의 집회는 기후 위기 문제가 대규모 군중 행동을 조직할 수 있는 주제임을 잘 보여주었다.[26] 대규모 시위를 통해 15차 당사국총회가 지구를 구할 마지막 기회라는 걸 호소하고, 각국 정부 대표단에게 협약 체결을 강조했으나 끝내 실패하고 말았다. 이에 실망한 단체들은 정상 회의에서 또다시 이런 시위를 조직하는 일은 그만두고, 국제적 행동 대신 지역 단위에서 활동을 지속하기로 했다.[27] 그렇다고 당사국총회 현장에서의 시위가 사라진 것은 아니었다. 2021년 영국에서 열린 제26차 총회 폐막식이 열린 글래스고 대성당 인근 공동묘지에서는 미래 세대 기후 활동가들이 주최한 'COP26 실패' 추모 장례식이 열렸고 이어진 가두 행진에 10만여 명이 참석해 정부의 즉각적 행동을 요구했다. 당시 시위는 2003년 이후 글래스고에서 열린 최대 규모의 시위였다고 한다.

당사국총회 관련 활동과는 별개로 2012년 350.org의 '화석 없는 세상으로' 캠페인이 시작되었다. 탈화석 연료 활동도 기후행동주의의 연장선에 있었는데, 활동가들로 하여금 화석 연료 산업 인프라로 눈을 돌리게끔 만들었다. 탈화석 연료 운동은 미국과 영국의 대학 캠퍼스를 벗어나 확산하기 시작했고 현재는 대학, 연기금을 비롯한 많은 조직이 주도하고 있다. 이들 운동의 성과는 각국 정부에서 석탄 화력 발전 폐쇄 연도를 명시하는 탈석탄 정책 수립으로 나타나기 시작했다. 2023년 말에는 2040년까지 석탄 사용을 중단하겠다는 '탈석탄동맹'에 가입한 나라가 57개국에 이르렀다. OECD와 유럽연합 회원국은 2030년까지 탈석탄 목표를 공표한 바 있고, 탈석탄동맹에 가입한 나머지 국가들은 2040년까지 탈석탄 목표를 달성할 것이라고 선언했다. 미국도 2035년까지 무탄소 전력 100퍼센트 달성을 공표하면서 이 시기까지 석탄을 단계적으로 줄여나가기로 했다.[28] 이렇게 기후 운동은 각국 정부로 하여금 구체적인 탈화석 연료 정책 수립에 나서게끔 하는 성과를 거두고 있다.

기후 운동은 특히 2019년부터 미래 세대가 참여하는 운동, 즉 시민 불복종 운동의 형태로 대중화하기 시작했다. 2018년 8월 스웨덴 고등학생 그레타 툰베리(Greta Thunberg, 2003~)는 매주 금요일 스톡홀름의 국회의사당 앞에서 '기후를 위한 등교 거부'라고 적힌 팻말을 들고 1인 시위를 시작했다. 폴란드 카토비체(Katowice)에서 열린 24차 유엔 기후변화협약 당사국총회 연설에서 "당신들은 자녀를 사랑한다고 하지만, 그들 눈앞에서 미래를 훔치고 있다"고 기성세대를 질책한 툰베리는 현재의 기후 파국을 막기 위해서는 자신과 같은 청소년들이 직접 행동에 나서야 한다고 주장했다. 스웨덴에서 시작한 이 시위가 세계에 알려지면서 독일을 비롯한 전 세계 청소년들이 이에 동참했고 '미래를 위한 금요일'이라는 세계 청소년 연대 모임의 결성을 낳았다. 이들의 기후 행동은 2019년 3월 15일 오스트레일리아, 독일, 에스파냐 등 92개국 1200여 개 단체가 각국에서 행한 동시다발적 집회와 시위로 이어졌다. '기후 파업'으로 불린 이 시위는 유럽 의회 선거에 맞춰 그해 5월에도 다시 한번 조직되었다. 청소년 주축의 시위는 같은 해 9월 20일부터 27일까지 150여 개국 4500개 지역에서 전 세대가 참여하는 기후 파업으로 확장되었다. 유엔기후변화협약 당사국총회 개최 3일 전에 벌어진 9월 20일의 파업 시위에는 역사상 가장 큰 규모인 400만 명이 참여했다. 40여 개국의 과학자 2000명이 시위 지지 성명을 내기도 했다. 미래 세대의 기후 운동은 이렇게 기후 파업 확산을 결과하며 기후 운동의 대중화, 이를 통한 기후 위기 인식의 확산으로 이어졌다. 이는 정부의 느린 대응에 정치적 압박을 하며 전 지구적으로 탄소 중립 정책이 확산하는 배경이 되었다.

툰베리가 등교 거부를 시작할 무렵, 영국에서는 '멸종저항(Extinction Rebellion, XR)'이라는 기후행동주의 조직이 첫 번째 행동 캠페인을 준비하고 있었다. 이들은 2018년 10월 31일, 런던 의회 건물 앞에 모여 '저항 선언(Declaration of Rebellion)'을 했다. 이들은 선언에서 각국 정부에 "기후와 생태 비상사태에 대한 진실을 말할 것, 2025년까지 탄소 중립을 달성할 것, 생물 다양성 손실을 막을 것, 탄소 중립으로의 정의로운 전환을 위해 시민 의회를 구성할 것"을 요구했다. 또한 정부는 현 상황이 전쟁에 준하는 위험임을 직시하고 '기후 변화 비상사태'를 즉각 선언해야 한다고 주장했다. 멸종이 목전에 닥친 상황에서 정부를 움직일 수 있는 것은 '비폭력 시민 불복종 행동'이라고 판단해 단체 행동을 여기에 맞추었다. 과거의 시민 불복종 운동을 모델 삼아 비폭력적 대중 행동으로 정당과 정부 기관이 이러한 요구를 수용하고 긴급 행동을 취하도록 경제적 손실을 일으키거나 감옥 수용력을 넘어설 정도로 단체 활동가들이 체포당함으로써 일종의 사회 전복 사태를 이끌어내려 한 것이다.

이들의 새로운 저항 전략은 2018년 11월 수천 명의 시민이 런던 템스강의 다리 5개를 하루 동안 점거하고는 자신들의 요구를 외치면서 런던의 중심 시가지를 마비시키는 방식으로 첫선을 보였다. 이어 2019년 4월에는 다시 수천 명의 시민이 런던 주요 지구를 2주 동안 점령하며 시위를 벌였다. 이 시위로 1100명이 경찰에 체포되었는데, 과거 미국과 인도에서 있었던 비폭력 시민 저항 운동을 떠올리게 하기에 충분했다. 4월의 시위는 멸종저항 운동이 전 지구적으로 확산하는 시발점이 되었다. 각 도시에서 유사한 조직이 생겨났고, 멸종저항 대표들은 영국 정치가 및 장관들을 만나 기후 위기에 대해 토론했다. 이에 영국 의회와 지방 의회에서 기후 비상사태를 선언하기에 이르렀다.[29] 멸종저항 소속 활동가들은 개인 하나하나의 시위 행렬 자체는 아무 의미도 없는 것처럼 보이겠지만 전 지구의 수천수만 시민이 집단적으로 시민 불복종 시위에 참여하면 기후 위기에 대응하는 체제 변화를 일으킬 수 있다는 걸 사람들이 깨닫길 바랐다.

이들 초기 기후 운동은 이후 '석유 그만 멈춰(Just Stop Oil)' '마지막 세대(Last Generation)' 등의 새로운 단체들에 의해 주도되며 기후 정의 운동으로 명명되었다. 다만 기후 위기에 대응하는 정부 행동을 요구하는 것에서 나아가 '시민 의회' '사회 의회' 혹은 '지역 의회'를 제도화해서 시민이 자신들의 창조적인 아이디어를 모아 현 정부가 하지 못하는 정책 대안과 행동을 직접 실행할 수 있도록 할 것을 요구하고 있다. 시민들의 직접 참여를 요구하면서 이들은 2024년 영국 스톤헨지에 오렌지 물감을 뿌리는 등 과격한 시위를 벌여 정부의 느린 행동을 시민들에게 알리는 작업도 계속하고 있다. 한편, 이와 더불어 2019년에 시작된 기후 행진은 다양한 형태로 유럽 다수 도시에서 수천 명의 시민들 참여로 지속되고 있다. 이상 기후로 경제적 어려움과 일상의 파괴를 직접 겪고 있는 점점 많은 시민이 정부의 책임 있는 행동을 요구하는 기후 행진에 참여하고 기후 행동을 실천하기 시작했다. 이들 기후 시민들은 협동조합 방식으로 태양광 발전소를 설치하기도 하고 제로 웨이스트 상점을 운영해 플라스틱 쓰레기 배출을 직접 저감하거나 시민 의회를 조직해 탄소 중립 정책 발굴에도 나서고 있다. 기후 위기 대응을 최우선의 정치 의제로 내세우고 있는 정당을 지원하는 데도 적극적이다. 이것이 탈탄소 문명의 도래를 앞당기고 있다.

탈탄소 사회로의 전환 가속화

1997년의 교토의정서를 시작으로 온실가스 배출을 줄이고자 하는 전 지구적 노력이 느리긴 해도 조금씩 진전을 보이고 있다. 에너지의 경우, 2024년 9월 마지막 석탄 화력 발전소 가동을 중단해 석탄 발전에서 완전히 전환한 영국 같은 국가가 등장하고 100퍼센트 재생 에너지만으로 전력을 공급하는 국가들도 늘고 있다. 그러나 전 지구적 차원으로 보면, 전 세계 에너지 공급의 79퍼센트는 여전히 화석 연료로 충당하고 있다. 2000년부터 에너지 시스템 전환 노력이 시작되었으나 지난 10년간 재생 에너지 공급은 3.4퍼센트 증가했을 뿐이다.

195개 넘는 국가들이 2015년 파리기후협정에 서명하고 나라마다 재생 에너지 전환 등 온실가스 배출 감축 전략 실행을 약속하며 국가 온실 감축 계획 수립과 이에 대한 이행 과정을 5년마다 발표·검증받기로 했다. 그런데 이러한 자율적인 이행 약속은 당사국총회 결의와 달리 2100년 섭씨 2도 상승 억제 목표 달성에 실패할 것으로 보인다. 유엔환경계획의 '2023 배출량 격차 보고서'에 따르면, 기후변화협약 당사국들이 제출한 '2030 국가 온실가스 감축 목표'대로 각국이 온실가스 배출량을 감축해도 2030년 배출량으론 지구 온도 상승 폭을 섭씨 1.5도 이내로 억제할 수 없다. 오히려 온실가스 배출량이 예상보다 약 220억 톤 초과할 것이다. 즉, 이번 세기말에 지구 온도가 섭씨 2.9도 상승할 거라는 뜻이다. 감축의 어려움을 들어 협정 서명 국가들에서도 목표치를 낮추고 있기 때문이다.

IPCC는 '6차 기후 변화 평가 보고서'에서 지구 전체로는 2035년까지 2019년 배출량 대비 60퍼센트, 2030년까지는 43퍼센트 감축이 필요하다고 밝힌 바 있다. 이처럼 기후 위기에 대응하는 온실가스 배출량 감축 목표는 이미 알려져 있다. 그러나 파리협정 체결 당사국들이 이를 실제 정책에 반영하고 있지 않거나 정책 이행에 실패하고 있다. 지난 10년간 배출량 증가세는 낮아졌지만, 여전히 해마다 0.5퍼센트씩 늘고 있으며 2025년에는 전년 대비 1.1퍼센트 증가해서 2023년 기록을 다시 경신하며 전 세계 탄소 배출량은 사상 최대치에 이르렀다. 파리협정 이후 유일하게 전 세계적으로 온실가스 배출량이 줄어든 것은 코로나19 팬데믹으로 인한 봉쇄 정책 여파로 경제 활동이 멈춘

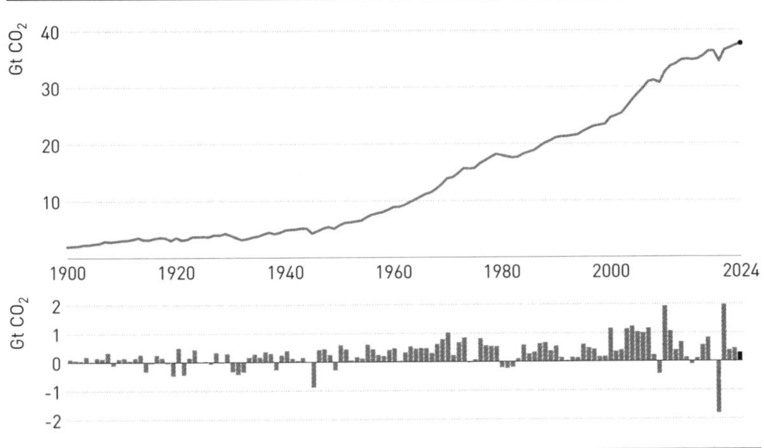

출처: https://iea.blob.core.windows.net/assets/5b169aa1–bc88–4c96–b828–aaa50406ba80/Global EnergyReview2025.pdf

2020년이었다. 그러나 이듬해 봉쇄 정책이 해제되면서 2022년 배출량은 팬데믹 이전으로 복귀했고, 2023년에 다시 최대치에 달했다. 그러고는 2025년에 381억 톤의 이산화탄소 배출량을 기록해 산업화 이전 수준보다 52퍼센트 높은 이산화탄소 농도를 기록했다.

파리협정 이행의 어려움에도 불구하고 최근 온실가스 배출량 증가와 관련해 눈여겨볼 것은 배출량 증가분이 에너지 위기를 겪었던 1970년대 증가분보다 낮아졌다는 점이다. 국제에너지기구 분석에 따르면, 배출량 증가분이 낮아진 것은 2019년 이후로 태양광과 풍력, 전기차가 빠르게 확산했기 때문이다. 2023년에만 태양광과 풍력이 540기가와트 추가 설치되었는데, 이는 2022년 대비 75퍼센트 증가한 용량이다. 전기차는 35퍼센트 증가한 1400만 대가 보급되었다. 이로 인해 2019~2023년 에너지 관련 배출은 900메가톤이었는데, 이는 재생 에너지와

전기차 보급이 없었을 때보다 3배가 줄어든 수치다.[30]

온실가스 배출량 저감에 에너지 전환이 반드시 필요하며, 탄소 중립을 위해서도 에너지 전환을 가속화할 필요가 있음을 최근 배출량 추이가 입증해주고 있다. 유럽의 경우, 2023년 화석 연료로 인한 배출을 19퍼센트 감축했다. 그리고 재생 에너지 전력 비중이 44퍼센트에 달했으며, 유럽연합 전력의 3분의 2를 탈탄소 전력원으로 충당했다. 아울러 풍력 발전량이 처음으로 가스 발전량을 넘어섰다.[31] 이처럼 유럽의 재생 에너지 전환은 전력 부문에서의 이산화탄소 배출을 2007년에 비해 46퍼센트를 낮추며 전 세계 온실가스 배출 절감을 이끌고 있다.

유럽의 진전에도 불구하고 탈탄소로의 발걸음이 느린 것은 전 지구적으로 각국 정부로 하여금 탄소 중립 정책의 즉각 이행을 강제할 제도가 존재하지 않기 때문이다. 국제적으로 파리협정을 통해 온실가스 배출량 저감 노력을 약속하기는 했지만, 이 협정 역시 국가별 자율적 계획 수립과 보고 의무를 부여했을 뿐 이행하지 않는 나라에 강제력을 발휘할 수는 없다. 유럽연합은 2023년 탄소 국경 조정 제도를 마련했고, 이에 철강·알루미늄 등 주요 제품군을 수출하는 기업들이 이윤을 보장받기 위해 온실가스 배출을 스스로 줄여나가기 시작했다. 생산에 들어가는 에너지를 재생 에너지로 전환하거나 전사적으로 에너지 효율 사업에 투자하는 등 유럽 시장에 진출하는 기업들은 직접 탄소 중립에 나서고 있다. 그러나 이런 강제력이 효과를 발휘하는 영역은 제한적이고, 여전히 무역 시장은 탈탄소 기준에 맞춰 작동하고 있지 않다.

2023년 국제에너지기구 보고서에 따르면, 다행스럽게도 에너지 분야에서 태양광 설비와 배터리 생산 용량이 전 세계적으로 빠르게 증가해 '2050 탄소 중립'에 필요한 2030년까지의 전력 설비 수요를 충당할 수 있는 단계에 도달했다. 중국과 유럽 선진국의 경우, 2030년까지 삭감해야 할 온실가스 배출량 목표의 85퍼센트를 달성할 것으로 예상된다. 또한 국제에너지기구에서 제시한 2030년까지 1만 1000기가와트 재생 에너지 설비 확충도 달성할 것으로 보인다.

문제는 개발도상국이나 신흥국이 이를 달성하는 데 여러 어려움을 겪고 있다는 것이다. 재생 에너지 확대에 적합한 행정 지원 시스템이 부족해 변동성이 큰 재생 에너지 전력망을 기존 전력망과 연계하는 게 어렵기 때문이다. 아울러 재생 에너지 설비 시장과 기술의 부재 등이 에너지 시스템 전환을 어렵게 하고 있다. 특히 인도가 태양광 잠재력이 큼에도 낡은 전력망과 기술 부재로 재생 에너지로의 전환이 늦어지고 있다.

에너지 분야의 탄소 중립, 나아가 탈탄소화를 달성하려면 2019년부터 시작된 석탄 발전 폐쇄 정책을 더 강화해야 한다. 국제에너지기구는 2021년 '2050 탄소 중립 로드맵'을 발표하면서 "올해부터 탄소 배출 저감 장치 없는 석탄 발전소 건설을 금지하고 2030년 선진국에서, 2040년엔 전 세계에서 석탄·석유 발전소를 폐쇄해야 한다"고 주장했다. 이에 대해 28차 유엔기후변화협약 당사국총회에서는 목표 시점은 정하지 않은 채 석탄 화력 발전소의 단계적 축소를 가속화한다는 데 합의했다. 그리고 2024년 5월, 전 세계 석탄 발전 용량의 15퍼센트(310기가와트)를 차지하고 있는 G7 국가들이 'G7 기후·에너지·환경 장관회의'에서 2030년대 상반기, 즉 2035년까지 석탄 화력 발전소를 폐쇄하기로 합의했다. 2017년 정부, 기업체, 단체로 구성된 탈석탄 동맹이 탄소 저감 장치 없는 석탄 발전소의 신속한 단계적 폐지를 주장한 이후 7년이 지나서야 주요 국가들이 구체적인 폐쇄 시기를 밝힌 것이다.

이들 국가 중 예를 들어 독일은 국내적으로 별도 위원회를 구성해 폐쇄 시점을 2038년으로 결정하고 탈석탄법을 제정한 바 있는데, 이번 합의로 3년을 더 앞당겨야 하는 과제를 안게 되었다. 실제 독일은 2020년 9월부터 2024년 상반기까지 석탄 발전소 41곳을 폐쇄했다. 산업 혁명의 원조 국가이자 석탄 문명의 완성을 이룬 영국은 2024년 10월, 마지막으로 가동 중이던 석탄 발전소를 폐쇄해 무석탄 발전 시스템 시대로 돌입했다. 이렇게 석탄 연료는 기후 위기 대응을 이유로 전력 공급에서 자신의 쓰임새를 다하고 태양광, 풍력 등 재생 에너지원에 자리를 내주기 시작했다.

그러나 탈석탄의 속도 역시 느리기는 마찬가지다. 영국과 독일같이 탈석탄 실행에 들어간 국가보다는 중국처럼 오히려 석탄 발전 건설을 늘린 국가도 있다. 전 세계에서 가동 중인 석탄 발전소 용량의 92퍼센트(1968기가와트)를 차지하고 있는 G20의 다수 국가가 탈석탄 행보와 거리를 두고 있다. 특히 중국은 전 세계 신규 석탄 발전 용량의 3분의 2를 건설했다.[32]

한편, 에너지의 탈탄소화는 탈가스 발전으로도 이루어져야 한다. 1960년대 이후 발전소의 또 다른 주요 화석 연료인 가스에 대해서는 이런 폐쇄 선언, 나아가 의도적 폐쇄가 이루어지지 않았다. 가스는 석탄 대체 연료로, 가스 발전은 재생 에너지 전환 과정의 가교로까지 인식되기도 했다.

연료 부분의 전환 역시 시급하다. 항공 배출이 늘어만 가고 있기 때문이다. 1990~2019년 승객과 화물 수요가 약 4배 증가했다. 2019년 전 세계의 승객은 1광년에 해당하는 8조 킬로미터 이상을 비행기로 이동했다. 물론 비행기 에너지 효율이 2배 향상하기는 했다. 1990년에 승객 한 사람이 1킬로미터를 이동하는 데 2.9메가줄이 필요했지만 2019년에는 1.3메가줄로, 비행기 이동에 들어가는 에너지가 2배 줄어든 것이다. 비행기 디자인을 개선하고 기술이 발달한 데다 대형 여객기 운항으로 한꺼번에 더 많은 승객을 나를 수 있게 되면서 에너지 효율 향상이 이루어진 것이다. 1990년 글로벌 항공에 의해 5억 톤의 탄소 배출이 일어났다면, 2019년에는 10억 톤이 발생했다. 항공에서 배출한 이산화탄소는 1960년대 이후 4배로 늘었다.

화석 연료 기반의 탄소 문명에서 빠르게 전환해야 한다는 주장은 '인류세' 연구 학자들로부터도 나오고 있다. 이들은 인류세 담론에 근거해 탈탄소 문명으로의 전환, 탄소 중립을 위한 노력의 당위성을 주장한다. 인류세 학자들은 화석 연료 사용, 인공 물질의 개발과 사용 등의 인간 활동이 지구 표면에 자신의 흔적을 영원히 각인하기 시작해 지질학적 시대 구분마저 변화시키고 있다고 보았다. 그러면서 20세기 중반 이후를 인류세로 명명할 것을 제안하고 인간에 의해 가속화하는 지구 위기에 대응할 것을 촉구하고 있다. 이들의 우려는 2000년에 발간된 '지구 생명 보고서'에 의해서도 뒷받침되고 있다. 이에 따르면 "만약 현존하는 모든 인간이 미국인, 독일인, 프랑스인 평균만큼 천연자원을 소비하고 이산화탄소를 배출한다면 적어도 2개의 지구가 더 필요"한 상황에 이르렀다. 유사한 보고는 '글로벌 생태 발자국 네트워크(Global Footprint Network)'도 하고 있다. 이에 따르면 2024년 현재 세계 평균의 물질생활을 유지하려면 지구가 1.7개 필요하다고 한다. 아울러 우리가 평소와 다름없이 산다면 지구 생태계에 대한 인간의 수요는 2020년까지 자연이 재생할 수 있는 양을 매년 약 75퍼센트 정도 초과할 것이라고 보고했다.[33]

이러한 물질 소비는 지구에서 인간이 가공, 수송, 폐기하는 물질 총량을 30조 톤에 이르게 만들었고, 이는 지구 표면의 1제곱미터 면적당 50킬로그램에 해당한다. 지구 전체를 수십 센티미터 두께의 잔해 층으로 덮는 것에 맞먹는 수치다. 파이프, 터널, 지하철 시스템, 광산 갱도, 시추공 등은 '인간에 의한 교란'을 지표 아래 수 킬로미터까지 확장해 생태계 교란을 야기한다. 인간이 생산한 대표적인 물질인 플라스틱은 현재까지 생산된 양만 90억 톤에 달하며, 그중 60억 톤 이상이 쓰레기로 버려졌다. 이로 인해 외딴 해변이나 깊은 해저를 포함해 거의 모든 곳에서 퇴적물 오염을 일으키고 있다.

인간에 의한 이런 교란이 1950년대 이후 가속화되어 지구의 지속 가능성을 위협한다. 이에 인류세 학자들은 더 작은 규모의 경제 활동을 의미하는 녹색 경제 구축, 자원과 권력을 더 공평하게 분배하는 녹색 정치 추구, 변화하는 행성적 경계 안에서 더 건강한 삶을 누릴 수 있도록 하는 방안을 모색하고 있다. 록스트룀은 지구 시스템이 이러한 경계를 넘지 않는지 관측 연구를 지속해야 하며, 경계를 넘어서지 않도록 지구 시스템 관리 정책 실행의 필요성을 주장하고 있다.

인류세 학자 중에는 자본주의 성장 자체에서 벗어날 것을 주장하는 이들도 있다. 경제 성장을 법칙으로 여기고 성장을 지속하면서 환경과 조화를 이루는 지속 가능 발전으로는 현재의 지구 위기를 극복하지 못한다는 것이다. 그래서 탈성장, 즉 경제를 생태적 흐름에 맞춰 안정적으로 유지하는 정체 상태 도달을 목표로 지구촌이 행동해야 한다고 주장한다. 자본주의 성장 그 자체만을 위한 목표를 버리고 사회

복지와 형평성 확대라는 목표를 택하면 생태적·사회적 지속 가능성을 달성할 수 있다는 얘기다. 화석 연료, 탄소 물질 문명에서 벗어나는 것은 이런 생태적이고 사회 지속적인 가능성을 달성하는 것과 이어져 있다. 지구를 위험 한계로 몰아넣는 데 결정적으로 기여한 산업 혁명 이후의 탄소 물질 문명 사회를 어떤 경로를 통해 어떻게 전환시킬 것인지에 대한 논의를 시작해야 할 때다.

5 탈탄소 문명으로 가속해야 할 때

지구촌 공동체가 실질적으로 탄소 문명에서 벗어나고자 하는 걸음을 시작한 것은 2019년 탄소 중립 정책을 수립하면서라고 할 수 있다. 2015년 선진국·개도국·극빈국 등 195개 당사국 모두가 구속력 있는 온실가스 감축 노력을 한다는 새로운 기후 체제 협약을 채택하기는 했지만, 그 협약의 실질적 발효가 2021년에 이뤄진 데다 각국의 온실가스 감축 노력은 선언에만 그쳤다. 그동안 유럽 중심의 재생 에너지 확대 정책으로 화석 연료 위주의 에너지원에 서서히 변화가 진행되기는 했다. 하지만 석탄 발전 폐쇄 같은 과감한 정책을 실행하지 않으면서 지구촌 공동체 전체의 화석 연료 의존도는 큰 변화를 이루지 못했다. 그럼에도 기후 변화에서 기후 위기로의 인식 전환, 지구가 비상사태에 직면해 있다는 깨달음이 강화되면서 풀뿌리 기후 운동이 출현하며 정부의 에너지 정책 전환에 압박을 가했다.

이는 영국에서 시작된 2050년 탄소 중립 이행 선언과 이에 대한 법제화 및 이행 계획 마련이라는 정부의 노력으로 점차 확대되었다. 그리고 2024년 10월 3일, 영국은 마지막 석탄 발전소의 가동을 중단했다. 이는 탈탄소화를 상징적으로 보여준 사건이기도 하다. 석탄을 동력원으로 한 1차 산업 혁명의 중심지로서 1882년 세계 최초 석탄 화력 발전소〔홀본 바이어덕트(Holborn Viaduct) 발전소〕가동으로 본격적인 탄소 문명의 시작을 알렸던 영국이 석탄 연료 발전을 중단했기 때문이다. 물론 이보다 앞서 스웨덴과 벨기에가 석탄 발전을 중단한 바 있지만 그 의미는 영국과 달랐다. 석탄 기반 탄소 문명의 발상지 영국에서 석탄 발전이 중단되었다는 것은 지구촌 공동체가 실질적으로 탈탄소 시대로 들어섰음을 알리는 것이었다.

세계 전력 시장에서 일어나고 있는 변화도 탈탄소 시대로의 진입을 보여준다. 2022년 세계 발전량 중 재생 에너지 비중이 이미 30퍼센트에 달했고, 60개국이 전력의 10퍼센트 이상을 풍력 및 태양광 발전을 통해 얻는 것으로 나타났다.[34] 재생 에너지원으로의 발전원 이동이 점차 뚜렷해지고 있다. 그러나 물론 에너지 분야의 이런 변화와는 대조적으로, 석유에 의존하는 소재 분야의 탈탄소화는 큰 변화를 보이지 않고 있다. 바이오 소재로 석유 플라스틱을 대체하는 연구들이 이루어지고 있으나 우리 일상으로 들어오기까지는 시간이 더 걸릴 것으로 보인다. 자원 순환 정책으로 플라스틱 등의 물질 소비로 인한 이산화탄소 배출을 절감하고자 하는 노력은 이제 시작 단계다. 수송과 농업 분야의 석유 의존도 미미한 변화만 있을 뿐이다.

탄소 문명의 결과로서 지구 생태계의 지속 가능성을 위협하고 있는 기후 위기 대응 노력도 큰 결실을 내지 못하고 있다. 2015년 파리 기후협정을 맺으면서 각국은 지구 평균 기온 상승 폭을 산업화 이전 대비 섭씨 2도, 나아가 1.5도 이내로 제한하기로 합의한 바 있다. 그런데 2024년 9월까지 지구 평균 온도는 산업화 이전과 비교해 섭씨 1.54도 상승을 기록해 파리협정의 1.5도를 이미 초과한 것으로 나타났다.

최근 독일 포츠담 대학 기후영향연구소의 조사 결과에 따르면, 20년간 전 세계에서 시행된 1500개의 기후 정책을 평가해보니 일부 정책만이 온실 효과를 일으키는 탄소 배출을 줄이는 데 유의미한 효과를 낸 것으로 나타났다. 많은 국가에서 탄소 중립을 선언했지만, 실질적인 이행은 못 하고 있었다. 개발도상국에서는 여전히 경제 성장이 기후 위기 대응보다 정책 우선순위에 놓여 있어 경제성 높은 화석 연료 의존에서 쉽게 탈피하지 못하고 있다. 선진국 역시 기존 석유 산업 등 화석 연료 기반 산업의 관성 효과에서 벗어나지 못하고 있다. 축산업 축소에 대한 농민들의 강력한 반발, 잘못된 보조금 정책 관행 등으로 탄소 중립과 거리가 먼 정책에 매달리는 모습을 보였다. 개발도상국의 탄소 중립 지원에 필요한 기술 및 기금 지원 역시 헛공약에 머물렀다.

기후 비상사태를 선언하며 2019년부터 유럽 등이 앞장서 달려오기는 했지만, 현재 지구촌은 2050년 탄소 중립에 도달하려면 '서서히' 탄소 배출을 줄이는 것이 아니라 일상을 위협할 정도로 '가파르게' 탄소 배출을 줄여야 할 상황을 맞고 있다. 주요 온실가스인 이산화탄소, 메탄, 아산화질소의 대기 중 농도와 각국의 정책을 집중적으로 모니터링해온 '글로벌 탄소 프로젝트(Global Carbon Project, GCP)'는 2024년 화석 연료로 인한 이산화탄소 배출량이 374억 톤으로 사상 최고치를 기록할 것으로 예상했다. 2025년은 이보다 높은 381억 톤을 기록했다. 이는 인류가 코로나19 이후 탄소 배출을 줄이는 데 실패했음을 보여준다. 전 세계 온실가스 배출량이 현재와 같은 추세로 계속된다면 탄소 예산, 즉 우리에게 허용된 탄소 배출량은 4년 안에 고갈될 것이라고 한다. 4년 안에 탈탄소화를 달성하기 위한 특단의 대책이 필요한 시점에 있는 것이다. 우리 아이들이 계속해서 푸른 지구의 아름다움을 경험할 수 있도록 당장 행동에 나서야 한다.

4부

한국의 탄소 문명

10

탄소 문명의 출발

1 화석 에너지 이용과 사회 변화

화석 에너지를 사용하는 한국의 탄소 문명은 구한말, 일제 강점기에 시작되었다. 그 이전까지 조선에서는 석탄을 거의 사용하지 않았다. 석탄을 캐고 사용한 기록은 있지만 소량 생산에 머물렀고 생산된 석탄은 대부분 청나라에 수출했다. 한마디로 조선에서 석탄은 별 쓸모없는 자원이었고 열이나 동력을 얻기 위한 연료는 더더욱 아니었다. 그러나 전등, 전차, 철도가 들어오면서 석유와 석탄을 사용하기 시작했다. 수입에 의존해야 하는 석유와 달리 석탄은 국내에서 생산했기 때문에 전에 없이 중요한 자원이 되었다. 보통 사람들에게 전기, 전차, 철도는 깜짝 놀랄 만한 새로운 경험이었다. 가로등과 전기 조명이 밤을 환하게 밝히자 사람들은 더 오랫동안, 더 안전하게 밤에도 활동할 수 있었다. 전차를 타면 빠르게 이동할 수 있었기 때문에 활동 범위가 넓어지고 도시 외곽까지 개발이 이뤄졌다. 천둥소리같이 '칙칙폭폭' 소리를 내지만 철도 덕분에 사람들은 쉽게 다른 지역을 방문하고 빠른 속도로 짐을 실어 나를 수 있었다. 도시 사람들은 기차역에 석탄 창고가 생기고 발전소와 민간에서도 석탄을 사용하는 모습을 곳곳에서 볼 수 있었다. 사람들에게 탄소 문명은 하루의 활동 시간이 이전보다 길어지고, 옮겨 다닐 수 있는 지역이 넓어지고, 먼 곳에서 생산된 식량과 물건을 쉽게 손에 넣을 수 있는 새로운 세상의 모습으로 다가왔다.

전기 문명을 만나다: 전등과 전차

조선에서 처음 전등불이 환히 켜진 것은 1887년이었다. 조선 왕실은 미국의 신문물을 둘러보고 돌아온 보빙사의 건의에 따라 1884년 에디슨 전기 회사와 전등 설치 계약을 맺고 최초의 발전 설비를 들여왔다. 경복궁 향원지의 물을 끌어 올려 냉각수로 사용할 수 있도록 향원정 남쪽에 발전소를 건설하고 전기를 생산하기 시작했다. 전등불을 켜기 위해 만든 것이기 때문에 당시에는 발전소를 '전기등소(電氣燈所)'라고 불렀다. 전기등소에서 생산한 전기를 이용해 1887년 초 경복궁의 여러 곳에 전기 조명을 설치하고 처음으로 밤을 밝혔다. 에디슨의 전구가 등장하고 불과 7~8년밖에 되지 않았던 때의 일이다. 경복궁에 전기 조명을 들인 것은 고종의 뜻이었다. 고종은 밤에 정무를 보고 새벽녘에 잠드는 습관이 있었기 때문에 전등불에 매력을 느꼈다. 그래서 고종의 침전과 집무 공간인 건청궁에 먼저 전등을 달았고, 점차 다른 건물에도 연결해 16촉광 전구 750개를 달았다. 이전과 비교할 수 없이 환한 궁궐의 밤은 궁 출입자들에게 큰 구경거리였다. 비록 전력 공급이 불안정해 자주 깜빡거린다고 해서 '도깨비불'이라 부르고 전구의 필라멘트가 끊어지는 등 고장이 잦았지만 왕실에서는 전기 조명을 계속 사용했다.

처음에는 발전 연료로 석탄을 사용했으나 곧 석유로 바꾸었다. 전기등소의 발전 연료로 석탄을 썼는지 여부는 오랫동안 분명하지 않았다. 그러다가 2014년 문화재청 국립문화재연구소의 발굴 조사 결과, 전기등소의 위치와 석탄을 보관하던 탄고(炭庫) 터가 밝혀졌다. 다만 석탄을 오래 쓴 것 같지는 않다. 석탄은 연소할 때 연기와 그을음이 많이 나기 때문에 궁에서 쓰기에 적절하지 않았기 때문이다. 그래서 전량 수입해야 함에도 전기등소의 발전 연료를 석유로 바꾸었다.

나아가 고종은 민간에 전기를 공급하는 전력 사업을 발전시키려 했다. 당시 전기등소는 경복궁의 조명에 필요한 전기만 생산하고 있었다. 1897년 대한제국을 선포한 해에 황실은 민간에서 청원한 한성전기회사 설립을 승인했다. 겉으로는 민간 회사였지만 사실 한성전기회사는 고종이 단독 출자한 황실 자본과 미국의 기술이 결합한 기업이었다. 그만큼 고종은 전력 사업과 전차, 조명 등 전기 문명을 도입하는 데 큰 관심을 가지고 있었다. 한성전기회사는 대한제국 광무 2년(1898)에 최대 출력 200킬로와트급 동대문발전소를 건설하고 전기를 공급하기 시작했다. 덕분에 이듬해인 1899년 경성에서 전차를 운행하고, 1900년부터는 민간에서도 전기 조명을 사용할 수 있었다.

한성전기회사가 사옥 앞에 전등불을 환히 밝힌 것이 궁궐 밖, 즉 민간에서 사용한 최초의 전기 조명이었다. 이는 전기 조명을 확대하기 위한 일종의 전시 효과를 노린 것이었다. 한성전기회사는 전차가 쉬는 밤에도 전기를 판매하기 위해 1901년부터 민간 전등 사업을 본격 시작했다. 일본 공사관이 있는 남산 아래 진고개 일대에 모여 살고 있던 일본인들이 전등 사업의 주요 고객이었다. 비용이 만만치 않았지만 일본인들은 치안을 위해 가로등을 설치했다. 1902년 말부터 진고개 일대 550간(間)의 도로에 16촉 전등 39개를 설치해 밤거리를 밝혔다. 이를 시작으로 서서히 경성의 도심과 주요 건물에 전기 조명이 퍼져나갔다. 전기 조명 덕분에 여러 가지 생활 양식의 변화가 일어났다. 밤낮 구분이 줄어들면서 밤 시간의 사회·문화 활동이 전체적으로 증가한 것은 물론, 가로등이 켜지고 사람들이 왕래하는 밤거리를 여자들도 나다닐 수 있었다. 남녀의 시간 분리가 옅어진 것이다.

경복궁에 전등이 들어오고 10여 년이 지난 1899에는 전차를 운행하기 시작했다. 전차 역시 조명과 마찬가지로 조선 정부가 의지를 가지고 적극 도입하려 노력한 결과였는데, 당시에는 미국 기술을 도입했다. 최초의 전차는 1899년 봄 서대문에서 종로를 거쳐 동대문까지 운행되었다. 한성의 전통적인 상권을 따라 이동하기 쉬운 노선이었다. 개통 첫해가 저물기 전에 북쪽으로는 청량리까지, 남쪽으로는 남대문을 거쳐 용산까지 전차 노선이 연장되었다. 그리고 다음 해에는 남대문에서 서대문으로 이어지는 선로가 추가되었다. 1902년 하루 평균 승객은 약 6400명이었는데, 1905년에는 약 1만 3000명 수준으로 3년 만에 2배 이상 증가했다. 당시 한성 인구가 약 20만 명이었으므로 이는 하루 평균 100명 중 5~6명이 전차를 이용했다는 걸 뜻한다. 1915년에는 부산, 1923년에는 평양에서 전차가 개통되었다. 한반도에서 화석 에너지를 사용해 이동하는 대중교통의 시대가 열린 것이다.

사람들이 전차에 적응하는 데는 조금 시간이 걸렸다. 처음 경험하는 방식이었기 때문에 이용 부주의로 교통사고가 자주 일어났다. 특히 어린아이가 전차에 치여 사망한 경우 분노한 사람들이 전차를 부수는 일도 있었다. 당시 사람들은 탈것에 치여 사망하는 사고에 익숙하지 않았기 때문이다. 교통사고와 그로 인한 반감을 줄이기 위해 정부와 전기 회사는 특히 야간 전차 운행 시간을 일정하게 유지하는 등의 대응 조치를 마련했다. 이 같은 반감은 전차 운행이 안정되고 전차 탑승 경험이 쌓이면서 점차 사라졌다. 전차는 이렇게 보통 사람들의 새로운 이동 방식으로 자리 잡아갔다. 전차 이용은 새로운 사회문화적 경험을 선사하기도 했다. 예를 들어, 전차에서는 남녀 분리가 안 되었기 때문에 낯선 남녀가 같은 공간에 있어야 했다. 또한 전차의 칸에 따라 가격이 달랐기 때문에 사람들은 처음으로 태생이나 신분이 아니라 부의 정도에 의해 무리가 구분되는 경험을 했다. 전차는 처음에는 낯설고 흥미로운 오락 기구 같은 탈것이었으나 나중에는 나들이를 갈 때 사용하는 편리한 대중교통 수단으로 자리 잡았다.

화력 발전

전기 도입 초기에는 주로 석유 화력 발전이었다. 경복궁에서도 석탄을 이용하다가 그을음 때문에 곧 석유로 바꾸었고, 최초의 상업 발전소인 동대문발전소 역시 석유를 사용했다. 조선 황실은 전력 사업에 관심을 가지고 적극 도입하려 했으나 기술과 자본이 부족한 상태에서 어려움을 겪었고, 일제 강점기에는 조선총독부가 주도권을 가져갔다. 민간의 전기 산업이 본격화한 것은 1910년대다. 조선총독부는 전기 사업자들 사이의 과잉 경쟁과 중복 투자를 막기 위해 1지역 1사업자 원칙을 도입함으로써 지역별로 하나의 전기 회사가 전력 산업을 독점하는 체제를 만들었다. 전기 조명이 늘어나고 전차 운행이 본격화하면서 전기 수요는 빠르게 증가했다. 그러나 전기 생산은 수요를 따라가지 못했고 공급이 불안정해 사용자들의 불만이 컸다. 지역의 독점권을 가진 전기 사업자들은 설비 투자 규모가 크고 연료값이 올랐다는 이유로 요금을 올리면서도 공급 확대에는 별로 신경을 쓰지 않았기 때문이다. 전력 부족과 독점적 전기 회사의 횡포에 대응하기 위해 1920년대 후반에는 전기 공영화 운동이 등장하기도 했다. 그리고 1929년에는 평양의 전기 사업을 공영화하는 성과를 거두었다. 그러나 전력 부족이라는 문제를 근본적으로 해결하기 위해서는 다른 발전 연료를 찾아야 했다.

수주화종으로 전환

새로운 발전원으로 고려한 것은 석탄과 수력이었지만, 그 중심은 수력 발전이었다. 석탄 산지는 전력 수요가 높은 도시에서 멀리 떨어져 있기 때문에 석탄을 수송할 교통수단을 만들거나 석탄 산지 부근에 발전소를 세워 장거리 송전을 할 수밖에 없었다. 그래서 석탄 화력 발전소는 1930년에 건설된 1만 킬로와트급 당인리발전소와 1937년에 건설된 10만 킬로와트급 영월화력발전소뿐이었다. 반면, 대규모 댐을 건설해야 하는 부담에도 불구하고 입지를 찾기 쉽다는 점 때문에 수력 발전에 좀더 관심을 기울였다.

조선총독부는 1930년대에 전기 부족을 해결하고 조선의 공업화에 필요한 전기를 공급하기 위해 중앙에서 통제하는 전력 체계를 만들려 시도했고, 이는 수력 발전소를 중심으로 이루어졌다. 실제 한반도에서 수력 발전을 시도한 주체는 일본의 민간 자본이었다. 일본질소비료회사 창업자 노구치 시타가우(野口遵)는 1926년 조선수력전기를 설립하고 함경남도 부전군의 부전강에 수력 발전소를 짓기 시작했다. 부전강수력발전소는 전력 다소비 산업인 조선질소비료 흥남공장에 전기를 공급하기 위해 지은 것인데, 1932년 완공 당시 발전 용량은 약 20만 킬로와트였다. 이후 조선총독부는 수력 발전소 건설에 투자하고 민간 사업자에게 송배전을 맡기는 방식으로 조선의 전력 사업을 통제했다. 그리고 부전강수력발전소의 성공에 자극받아 압록강 수계에 속하는 함경남도 장진강·허천강에 각각 약 30만 킬로와트 규모의 수력 발전소를 잇달아 건설했다.

수력 발전 확대 노력은 1937년 압록강에 당시 아시아 최대 규모의 수풍댐과 수풍수력발전소를 착공하면서 절정에 이르렀다. 이 대규모 토목 사업은 만주국과 조선총독부 간의 협력 사업으로 진행되었다. 당시까지 일본에서도 이 같은 대규모 발전소 건설은 이루어진 적이 없었다. 그래서 이 계획은 한반도 북부 공업 지역과 만주국의 공업화를 통해 대륙 진출을 쉽게 하려는 정치적 목적에서 나왔다고 보는 것이 타당하다. 만주국과 협력 사업으로 추진했지만 실질 운영에서는 일본질소(주)가 기술과 자본을 매개하는 역할을 했다. 수풍수력발전소는 1941년 처음 전기를 생산해 송전했으며, 1943년 댐이 완공되었을 때는 60만 킬로와트 규모의 발전 용량을 갖추었다. 동시에 고압 송전망을 건설해 조선과 만주의 주요 산업 도시에 전력을 공급하는 체계를 갖추었다. 반면, 한반도 남쪽에서는 수력 발전이 거의 이루어지지 않았다. 1931년 섬진강의 운암댐에 운암수력발전소를 건설했다. 그러나 관개용수 이용에 우선순위를 두었기 때문에 운암수력발전소의 발전량은 제한적이었다. 이후 한강 수계에 청평발전소와 화천발전소를 착공했으나 1944년에야 완공되었고, 총 발전 용량도 12만 킬로와트 규모로 수풍발전소의 5분의 1에 불과했다. 이로써 해방을 전후한 시점부터 기존의 석유 기반 화력 발전 중심에서 수력 발전으로 중심이 넘어가 수주화종(水主火從) 상태가 되었다. 그리고 수력 발전소의 거의 대부분이 북한 지역에 건설되었다. 이 점 때문에 해방 후 남북이 분단되었을 때 남한 지역의 안정적인 전력 공급에 큰 문제가 발생했다.

철도와 석탄 산업

철도는 전차와 함께 1899년에 도입되었고 조선 대중에게 장거리 여행 경험을 안겨주었다. 제물포와 노량진을 잇는 최초의 철도 노선인 경인선은 총연장 33킬로미터였고, 미국 '브룩스 로코모티브 워크스(Brooks Locomotive Works)'에서 도입한 증기 기관차가 시속 약 20킬로미터의 속도로 1시간 30분 동안 달렸다. 이후 1900년에 남대문역(지금의 서울역)까지 노선을 연장했다. 이로써 제물포로 들어온 사람과 물품이 한성 도심까지 철도를 통해 수월하게 들어올 수 있었다. 1905년에는 한성과 의주를 잇는 경의선을 개통해 한반도 북부로 연결되는 교통망이 생겼다. 전차와 마찬가지로 철도 역시 조선과 대한제국이 독자적으로 근대 문물을 도입하려는 노력에서 시작되었다. 그러나 처음부터 외세, 특히 일본이 간섭하고 개입했기 때문에 이러한 노력은 좌절되었다.

한일강제병합 이후에는 조선총독부와 일본의 자본이 식민지 경영과 경제적 수탈을 효과적으로 하기 위해 철도 산업을 활용했다. 서구에서 철도는 공간에 대한 인식을 바꾸고 물산의 유통과 커뮤니케이션에 혁신을 가져왔다. 아울러 열차 운행 시간에 맞추어 움직이는 새로운 행동 방식에 적응하고, 중산층을 넘어 노동자층까지 기차를 이용하는 여가 활동이 확산하는 등 근대적 인식과 생활 방식의 형성에 큰 역할을 했다. 하얀 수증기를 내뿜고 큰 소리를 내며 빠르게 달리는 증기 기관차는 한편 낯설고 두려우면서도 다른 한편으로 서양 기술 또는 근대 기술의 강력함을 보여주는 신문물이었다. 전차에 적응하듯 사람들은 철도 여행에 빠르게 적응했고, 서양 사람들처럼 철도가 촉발한 사회문화의 변화를 경험했다. 다만 민간 자본이 철도 부설을 주도한 서구 국가와 달리 한반도의 본격적인 철도 연장은 일제 총독부의 식민지 통치 전략의 일부였다는 점이 다르다. 철도는 일본의 근대 기술 우위를 보여주는 중요한 상징이자 이동의 편리성을 통해 한반도 곳곳을 통치하기 쉽게 만들었다. 무엇보다 한반도에서 각종 자원과 물품을 수월하게 일본으로 실어 나르는 가장 중요한 수단이었다. 그러므로 식민 통치 아래에 있던 사람들에게 철도는 근대 기술의 강력함을 보여주는 수단이면서 동시에 착취와 수탈의 상징이었다.

일제 총독부에서 철도는 빠른 속도로 건설되었다. 1911년에 압록강 철도가 완공되어 중국을 향한 교통망이 만들어졌다. 1914년에는 호남선과 경원선을 부설해 호남의 곡창 지대와 한반도 북부의 광공업 지대가 총독부의 손에 들어갔다. 1910년대를 거치며 철도 건설이 활발하게 이루어져 1919년 말에는 총연장이 2197킬로미터에 달했다. 이용량도 많아져 1908년까지 적자였던 철도가 1910년부터는 흑자로 돌아섰다. 전국 주요 도시와 항구, 산업 지역을 잇는 철도는 이후에도 속속 건설되어 1945년 해방 무렵에는 경부선, 동해선, 평남선, 대구선, 군산선, 경원선, 마산선, 광주선 등 전국 주요 도시를 잇는 간선 철도망이 만들어졌다. 한국 근대 철도망의 뼈대가 이 시기에 이미 구축된 것이다.

석탄 산업

조선에서 석탄을 이용했다는 기록은 남아 있지만 실제 생활에서 석탄을 많이 사용하지는 않았다. 다만 1800년대부터 중국과의 교류를 통해 서양에서 석탄을 자원으로 활용하고 있다는 것을 알게 되었고, 개화기에 조선에 들어온 서양인들의 영향으로 연료로서 석탄에 관심을 가지게 되었다. 1880년대부터 미국·영국·러시아·독일의 지질학자들이 조선에서 석탄 탐사를 진행했고, 이들 사이에서 조선의 광산 이권을 차지하려는 경쟁이 생겼다. 서구 문물 도입에 적극적이었던 고종과 왕실은 국가가 석탄 광산을 운영해야 한다고 판단해 1883년에 평양 지역의 탄광 개발을 시작하고 이를 직접 운영했다. 1887년에는 광무국을 설치해 광산업을 체계적으로 관리하려 했다. 1890년대에는 이러한 노력을 더욱 적극적으로 전개했다. 대한제국 선포 후인 1898년 고종은 석탄에 대한 열강의 이권 요구를 차단하고 당시까지 개발된 43개 광산을 황실 직영으로 편입했다. 1907년에는 '광업법'을 제정해 평양 탄전을 직접 관리할 법적 근거를 마련했다. 당시로서는 거금을 들여 평양 탄전에 프랑스 기술자를 초빙하고, 근대식 채굴 장비를 사들여 본격적으로 석탄을 생산하기 시작했다. 그 결과 1910년 한일강제병합 직전에는 평양 탄전에서 약 7만 톤을 생산할 수 있었다. 이 중 절반은 청나라로 수출하거나 대한제국 내에서 판매하고, 나머지 절반은 일본 해군의 연료로 수출했다. 국내에서 소비되는 석탄은 대부분 증기 기관차의 연료였다. 하지만 석탄 산업과 관련한 조선과 대한제국의 여러 노력은 한일강제병합과 함께 물거품이 되었다.

한일강제병합 이후에는 조선총독부가 탄광 개발을 활발하게 추진했다. 한반도에서 생산되는 석탄은 주로 무연탄이었다. 고품질 무연탄은 국내용과 수출용으로 쓰였다. 1910년대 이후 철도 연장이 길어지고 운행 횟수가 늘어나면서 석탄 연료의 수요가 빠른 속도로 증가했다. 1930년대 이후에는 소규모나마 석탄 화력 발전소가 세워져 또 다른 석탄 수요가 생겼다. 조선총독부는 국내 소비 외에 일본의 군사적·상업적 수요를 위해서도 조선의 탄광 개발과 운영에 적극 개입했다. 석탄 매장량이 풍부하고 공업화가 빠른 속도로 진행된 북부 지방, 즉 함경남북도와 평안남북도에서 탄광 개발이 집중되었다. 그 결과 조선에서 석탄 생산은 1915년 20만 톤, 1925년 60만 톤, 1932년 100만 톤까지 증가했다. 1910년 한일강제병합 시기를 기준으로 불과 22년 만에 생산량이 10배나 늘어난 것이다.

일제 강점기 말, 한반도에서 전기와 증기력은 산업과 일상을 유지하는 데 꼭 필요한 에너지가 되었다. 그리고 에너지를 생산하기 위해 석탄과 석유 같은 새로운 자원과 댐 같은 인프라가 필수인 사회가 되었다. 다만 발전 연료로 석유, 석탄을 사용하는 화력 발전에서 대형 댐을 통한 수력 발전 중심으로 변화했다. 북한 지역에 석탄 매장량이 많고 북쪽의 공업 지역에 전기를 원활하게 공급하기 위해 수력 발전소를 건설했기 때문에 일제 강점기 말에는 대부분의 에너지 생산 설비가 북한 지역에 집중되었다.

2 에너지 수요 증가와 석탄 증산 정책

심각한 전력 부족과 화력 발전소 건설

1945년 해방의 기쁨도 잠시, 남한 지역은 곧 전력이 절대 부족한 상황에 직면했다. 해방 후 남북에 각각 미국과 소련의 군정 체제가 시작되었을 때, 한반도의 대부분 공업 설비와 전력 생산 설비가 북한 지역에 있었기 때문에 전력 생산 또한 소련 군정의 지배 아래 놓이게 되었다. 소련 군정은 남한 쪽 송전을 통제했다. 당시 남한에서 소비하는 전력의 70퍼센트가 북한에서 생산되었기 때문에 남한에서는 전력 부족이 심각했다. 미군정은 1947년에 '전기소비법'을 공포하고 절전 운동을 강력히 전개했다. 부족한 전력을 메꾸기 위해 미군정은 1948년에 2만 킬로와트 발전 용량의 '자코나(Jacona)'를 비롯해 발전함 여러 척을 부산, 인천 등 8개 도시에 배치하고 전력 부족에 대응하고자 했다. 그러나 이러한 대응책은 임시방편에 불과했다. 뒤이어 북한이 단전 조치를 내림에 따라 남한에서는 암흑과도 같은 심각한 전력 부족에 시달려야 했다.

1948년에 수립된 대한민국 정부는 급히 기존 발전소를 재정비하고 새 발전소를 건설해 전력 부족 상황을 해결하려 했다. 정부는 화력 발전소와 수력 발전소를 모두 건설할 계획을 세웠다. 먼저 원조 자금으로 목포에 중유 화력 발전소를 착공해 1949년에 완공했는데, 이는 해방 후 건설된 최초의 화력 발전소였다. 수력 발전소보다 비용이 적게 들고 공사 기간도 짧았기 때문에 화력 발전소를 먼저 건설한 것이다. 그러나 목포발전소는 부족한 전력을 공급하는 데 큰 도움을 주지 못했다. 발전 용량이 5000킬로와트밖에 되지 않는 소규모 발전소인 데다 그나마 한국전쟁 중에 파괴되어 실제 운전 기간은 14개월에 불과했다. 수력 발전소 건설 계획도 세웠으나 자금 부족으로 착공도 못 한 상태에서 한국전쟁이 발발하고 말았다.

한국전쟁 후 시급한 국가 과제 중 하나가 에너지 확보였다. 해방 이

당국은 대답하라, 남한 전력 궁핍 해결책

최근에 와서 전기 사정은 더욱 악화하여 고달픈 신경을 극도로 자극하고 있다. 가을이니 등불을 밝혀야지 하는 소리는 잠꼬대와도 같은 헛소리라고 치더라도 이렇게 불이 안 들어와서야 어찌 지내란 말인가?

요즈음의 일반 가정은 말 그대로 암흑이다. 북한 단전 이후 이루 말할 수 없는 쓰라림을 받아왔지만 남한 단독으로 해결해나가겠다는 당국의 누차 성명에 참을 수 없는 고통을 참아가면서 기다려왔으나 날이 갈수록 심해져서 이제는 최저의 절대 수요량도 얻지 못하고 있다. 남한의 최저 수요량은 16만 킬로와트인데 현재 발전량은 겨우 2만 2000킬로와트라고 하니 겨울을 앞두고 수력 발전의 격감을 생각할 때 실로 막연하지 않을 수 없다. 상공부에서도 최대 노력을 다하고 있다는 화력 발전과 또는 미국 발전선에 대하여 우리는 얼마만 한 기대를 가져야 옳을 것인가? 수도 서울은 어떠한 상태에 있는가. 최저 2만 5000킬로와트는 있어야 겨우 최악의 경우를 면할 수 있다는데, 10월 4일 현재 경전 발전 상태를 보면 당인리에서 1만 킬로와트, 영월에서 4000킬로와트, 합계 1만 4000킬로와트에 불과하다. 송전선 77개 중 32개는 전혀 송전이 없고 그저 큰 관청이나 경찰서 부근의 집만이 전기의 혜택을 입고 있을 뿐 어느 때나 불 구경을 할 것인지 일반 가정은 침통한 사태에 빠져 있다.

거기에 엎친 데 덮친 격으로 초 한 자루에 50~60원을 주어도 없고 등잔불 기름도 바짝 귀해졌으니 지금 같아서는 장님 생활 각오를 해야 될 것 같다. 이에 따르면 범죄 또한 꼬리를 물 것도 틀림없다. 당국의 전력 문제 해결책이 아무리 훌륭하여도 불이 안 오면 무슨 소용

이 있을 것인가. "제발 불 좀 보내주세요" 하는 애타는 부르짖음에 관
계 당국은 시급히 대답을 하라.

한편 당국에서는 서울 시내에 소위 윤번제 배전을 하고 있는 듯하
나, 무슨 영문인지 배전되는 곳은 날마다 되어도 안 되는 곳은 한 달
이 지나도 꿈속에서라도 인사조차 없으니 어찌 된 셈이며, 그래도 전
기료와 라디오 청취료는 꼬박꼬박 받아간다는 것이 전기 구경 못 한
일반 가정의 불평이다. 당국은 모름지기 불평 없는 배전이 있기를 열
망하고 있다. (〈경향신문〉, 1948년 10월 12일)

후부터 한국전쟁까지 북한의 단전 때문에 전력이 계속 부족했고, 신
설 목포발전소나 기존 발전소들도 전쟁 중 피해를 입었기 때문에 전
력 부족 상태는 더욱 악화되었다. 정부는 1950년대에 12번의 장기 전
원 개발 계획을 세워 전력 공급을 확대하려고 했다. 정부는 처음에 국
가의 에너지 공급을 위해 수력 발전을 주로 하고 화력 발전이 이를 보
완하는, 이른바 수주화종으로 방향을 정했다. 수입에 의존하는 석유를
안정적으로 공급할 수 있을지 불투명했기 때문이다. 그러나 이 정책은
실현되지 못했다. 미국 원조 당국은 한국의 기술 수준을 불신했기 때
문에 토목 공사가 필요한 수력 발전소보다 화력 발전소를 먼저 건설
할 것을 요구했다. 한국 정부는 미국의 원조 없이 수력 발전소를 건설
할 만한 자금을 마련할 수 없었기 때문에 수주화종 정책을 포기할 수
밖에 없었다.

그 결과 1950년대에 한국 정부는 화력 발전소 건설에 주력했다.

1956년 마산과 삼척에 새로 화력 발전소를 건설하고 기존 당인리발전소의 발전 용량를 증설했다. 발전 연료로는 무연탄을 선택했다. 무연탄은 유연탄에 비해 발전 효율이 낮지만, 국내에서 생산되기 때문에 수입에 의존해야 하는 유연탄에 비해 값싸고 안정적으로 공급 가능한 연료였다. 제한된 조건에서 안정적으로 전력을 공급하기 위한 선택이었다. 정부의 발전 용량 증설 노력에도 불구하고 전력 부족 상태를 면하기는 어려웠다. 1961년 한국의 총 발전 설비 용량은 36만 7000킬로와트였는데, 이는 해방 직전 한반도의 총 발전 설비 용량의 5분의 1 수준에 불과했다. 발전 설비 용량이 낮은 것도 문제지만, 발전 연료인 무연탄을 공급하는 것도 큰 문제였다.

석탄 증산과 석탄 사용 증가

해방 후 남한에서는 전기뿐만 아니라 석탄 부족도 심각했다. 일제 강점기에 석탄의 주요 생산지는 북한 지역이었다. 1944년을 기준으로 전체 석탄의 5분의 4는 북한 지역에서, 5분의 1은 남한 지역에서 생산되었다. 해방 직후에는 기술자 부족, 자원 부족 등의 이유로 얼마 되지 않던 남한의 석탄 생산량마저 해방 전과 비교할 때 5분의 1 수준으로 줄어들었다. 이처럼 해방 후 석탄 공급량은 급격하게 감소했는데, 오히려 수요는 늘어났기 때문에 석탄 생산 증대는 긴급하고도 중요한 과제였다. 특히 해방 후 신설된 화력 발전소에서는 국내 생산 무연탄을 연료로 썼기 때문에 석탄 생산 증대는 곧 안정적인 전력 생산을 뜻했다. 다행히 남한의 무연탄 매장량은 풍부한 편이었다. 미군정은 석탄생산위원회를 설치하고 탄광 개발과 수급 정책 수립에 착수하는 한편, 직할 귀속 기업체인 조선석탄배합회사를 정비해 국내외 석탄의 수급 매매업을 담당하도록 했다. 한국 정부 역시 석탄 증산 정책을 열심히 추진했다. 정부는 빠르고 효율적으로 석탄 탄광을 개발하고 생산량을 늘리기 위해 '광업법'을 제정했다. 그리고 이 법에 따라 모든 탄광의 광업권을 '국(國)'으로 등록해 탄광을 국가 소유로 전환했다. 관련 업무를 담당할 기관으로 1950년에 국영 기업인 대한석탄공사를 설립했다. 대한석탄공사는 정부가 지정하는 탄광(장성, 도계, 영월, 은성, 화순, 함백, 화성, 성주 등의 귀속 탄광)을 개발하면서, 다른 한편으로는 기존 조선석탄배합회사의 석탄 수급 업무를 흡수·운영했다

한국전쟁 이후 석탄 증산은 더 절실한 과제가 되었다. 발전 연료 용도 외에 난방 연료로서 수요가 새롭게 나타났기 때문이다. 당시까지 민간에서는 주로 산림 자원을 이용해 난방 에너지를 얻었다. 그런데 전쟁 기간 동안 전국의 삼림이 파괴되고 황폐해졌기 때문에 전후에 민간에서는 땔감을 구하기가 매우 어려웠다. 정부는 이 문제를 위한 해결책으로 연탄 사용을 적극 권장하기 시작했다. 이렇듯 석탄 수요는 높아졌고, 다행히도 다른 에너지 자원에 비해 국내 매장량이 풍부했기 때문에 정부는 석탄 산업 복구와 성장에 힘을 기울였다. 전후에 정부는 유엔의 한국 재건 기구, 즉 국제연합한국재건국(UNKRA)과 1958년까지 탄광 개발 협정을 맺고 그 지원을 받아 석탄 생산 설비 복구에 나섰다. 파괴된 광업소를 복원하고, 석탄 수송 철도망을 정비했다. 이때 개통된 철도가 영암선과 문경선(1955), 영월선(1956), 함백선(1957)이다. 그 결과 석탄 산업 복구와 성장이 빠르게 일어나, 1956년 대한석탄공사와 민간 탄광 기업이 약 180만 톤의 석탄을 생산했다. 해방 직후 남한의 석탄 생산량 29만 톤에 비하면 전쟁 기간을 포함 약 10여 년 동안 6배 이상 증가한 셈이다. 대한석탄공사는 물론 민간 탄광 기

업도 이러한 성과에 고무되어 이후 더 적극적으로 투자했다. 그 결과 1956~1960년까지 5년 동안 대한석탄공사의 석탄 생산량은 이전 대비 약 2배, 민간 탄광 기업의 석탄 생산량은 약 5배까지 증가했다. 이로써 충분하지는 못했지만 해방 직후부터 고질적인 문제였던 에너지 부족을 어느 정도 해소할 수 있었다.

민간의 난방: 장작에서 연탄으로

한국 가정의 난방 기초는 온돌이다. 바닥 돌을 데워 난방하는 온돌집은 불을 넣는 아궁이를 부엌에 두어 난방과 취사를 동시에 해결하도록 설계되었다. 한반도에서는 선사 시대부터 바닥을 데우는 방식을 사용했지만, '온돌'이란 이름은 《조선왕조실록》〈세종 편〉에 처음 기록되어 있다. 온돌은 17세기 소빙하기(小氷河期) 이후 보편화하면서 조선 시대의 표준 난방으로 자리 잡았다. 온돌이 보급되면서 집의 구조도 변화했다. 조선 초기에는 온돌을 특정한 방에만 사용하는 부분 난방 방식이었다. 그러다 불을 때서 발생한 열을 바닥 밑으로 순환시키는 고래(구들) 기술이 발전하면서 온돌은 바닥 전체를 데울 수 있었다. 그에 따라 방이 온돌 구조를 중심으로 배열되고 큰 집의 경우 대청마루같이 난방하지 않는 공간을 따로 두는 구성이 일반화되었다. 따뜻한 바닥을 중심으로 하는 좌식 생활 방식이 보편적으로 자리 잡았고 가구, 집기류 등도 그에 맞게 제작되었다. 부유층에서는 참나무나 소나무같이 열효율이 높은 질 좋은 장작을 땔감으로 썼고, 왕실 등 일부에서는 연기와 그을음이 없는 숯을 쓰기도 했다. 평민이나 하층민은 사정에 맞게 잡목, 나뭇가지, 낙엽, 볏짚 같은 농업 부산물, 소똥 등 주변에서 구할 수 있는 것들을 땔감으로 썼다.

정부가 산림 자원 대신 연탄 난방을 장려하기 시작한 것은 1950년대 초였다. 해방 직후 전기도 석탄도 부족한 상태에서 가정 난방뿐 아니라 에너지를 필요로 하는 여러 영역에서 산림 자원을 연료로 마구 사용했기 때문에 전국의 산림이 빠른 속도로 파괴되었다. 게다가 전쟁 기간 동안 산림은 황폐해졌다. 이에 정부는 산림 벌채를 금지하고 도시 지역에 장작을 들이지 못하도록 했다. 나무를 함부로 베어다 땔감으로 쓰는 것을 막기 위한 조치였다. 대신 정부는 연탄 사용을 장려했다. 석탄 가루에 흙과 물을 섞어 반죽해서 원통형으로 모양을 잡고, 구멍을 뚫어 공기 순환이 되도록 만든 연탄(구공탄)은 일제 강점기에 이미 사용된 기록이 있다. 그러나 불을 붙이기 어렵고 불완전 연소할 때 일산화탄소, 일명 '연탄가스'가 발생하는 등의 문제가 있었기 때문에 그다지 많이 사용되지는 못했다. 도시의 난방 자원이 부족해지자 정부는 민간 난방 연료 대안으로 연탄 사용을 장려하기 시작했다. 1953년에는 연탄을 '난방 총아'라고 일컬었다. 특히 1950년대 후반에 민간의 적극 투자에 힘입어 석탄 생산이 비약적으로 증가하자, '연료전환대책위원회'를 운영하는 등 연탄 사용 촉진 정책을 적극 펼쳤다.

장작 대신 연탄을 사용하기 위해 도시에서는 기존 온돌용 아궁이를 연탄에 맞게 개조해야 했다. 연탄 사용을 촉진하고자 가정에서 손쉽게 아궁이를 개조할 수 있는 방법을 일간지에서 자세히 설명하기도 했다. 대한열관리연구회는 전문 기술자를 부르지 않고 쉽게 구할 수 있는 진흙과 부서진 기와, 벽돌 조각으로 19공탄 아궁이를 만들 수 있다고 설명하면서, 그 요령을 다음과 같이 제시했다. 먼저, 기존 온돌 아궁이의 고래 구멍 아래를 파내고(그림 1) 직접 만든 연탄 화로를 설치한다. 연탄 화로는 벽돌 조각을 삼각형으로 놓고 그 위에 연탄을 올린

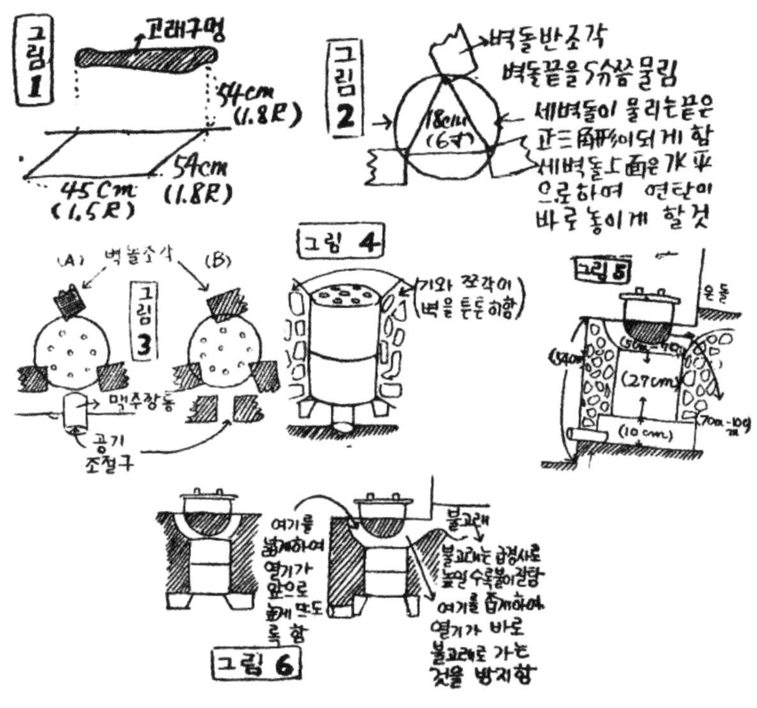

출처: 〈경향신문〉 (1957년 11월 17일, 4면).

뒤(그림 2) 연탄이 무너지지 않도록 주변에 기와 조각을 섞어 진흙으로 둘러싼다(그림 4). 이때 공기가 통하도록 화로 벽을 쌓기 전에 아래쪽에 맥주 깡통을 끼워 넣거나 맥주 깡통이 없으면 벽돌 2개를 나란히 놓아 통로를 만든다(그림 3). 연탄 높이보다 화로를 높게 쌓되 가운데 솥이 올라앉을 자리를 만들고, 그 사이에 공기가 통하는 공간을 확보해서 연탄불이 솥을 데우고 동시에 불고래를 통해 온돌로 전달되도록 한다(그림 5, 6). 이론적으로는 이 설명대로 아궁이를 만들면 연탄의 열기로 음식을 만들면서 동시에 온돌로 열기가 들어가도록 할 수 있다.

실제로 연탄을 사용해본 경험이 없는 보통 사람들이 스스로 이 방식대로 아궁이를 개조했을 때 제대로 사용할 수 있었을지, 또한 이 방식으로 개조한 아궁이가 연탄가스에 안전했을지는 분명하지 않다. 그럼에도 이러한 기사가 일간지에 실린 것을 보면, 연탄 소비에 대한 사회의 관심이 높았거나 관심을 높이기 위한 노력이 이루어졌음을 알 수 있다. 다른 땔감을 구하기 어려운 도시 지역에서는 연탄 사용이 증가할 수밖에 없었다. 다만 아궁이를 개조해야 했고, 연탄 공급이 안정적이지 못한 데다 품질도 만족스럽지 못한 문제 등 연탄 난방이 자리 잡기 위해서는 해결해야 할 과제가 많았다. 결국 이러한 문제를 해결한 뒤에야 연탄은 대중적인 가정용 난방 연료로 쓰일 수 있었다.

통제 배급되는 귀한 석유

석유는 석탄보다 더 귀한 에너지였다. 석탄이 국내에서 생산되는 것에 비해 석유는 전량 수입해야 했기 때문이다. 한국 정부는 1948년 경제협조처(ECA)의 원조가 시작되자 곧 미국과 한미석유협정을 맺고 대한석유저장회사를 설립했다. 처음에는 '저장 회사'라는 이름과 달리 대한석유저장회사가 석유 제품의 도입을 주관하고, 국내에서 인수·저장·판매까지 전담하는 기구로 설정되었다. 그러나 대한석유저장회사에 투자한 미국 기업들이 한국 내 석유 판매권을 요구했다. 미국 기업들의 요구를 무시할 수 없었기 때문에 결국 1949년 10월 한미 양국은 새로운 석유 협정을 체결했다. 그 결과 대한석유저장회사는 저장 업무만 맡고, 석유 판매는 투자 회사인 미국의 스탠더드 오일, 칼텍스, 셸이 맡게 되었다. 미국 석유 회사들은 전국 10개 지역에 석유 판매 대리점을 설치하고, 1200여 개의 주유소 및 부판점을 두어 판매를 개시했다.

1950년대 한국에서 석유는 철저히 통제받으며 배급제로 유통되었다. 국내에서 소비하는 석유는 미국의 원조 자금으로 전량 수입되었기 때문이다. 〈석유배정요강〉에 따르면 첫째, 상공부 장관은 매달 직배처, 서울특별시장 및 각 도지사, 해무청장에게 배정량을 통고하고, 둘째, 서울특별시장 및 각 도지사, 각 지방 해무청장은 관내 배정량 범위 내에서 실수요자의 신청분을 사정해 구입증을 발급하고, 셋째, 수요자는 구입증에 지정된 석유 판매자한테서만 석유를 구입하고 판매자의 경우 구입증에 기재된 사람에게만 판매할 수 있었다. 대부분의 사람은 돈이 있어도 석유를 구할 수 없었다. 이렇게 엄격하게 통제되자 군용 휘발유를 암거래하는 등 석유 유통을 둘러싼 여러 가지 사회 문제가 발생했다.

해방 직후부터 1950년대까지 에너지 관점에서 한국 사회는 탄소 문명을 접했으나 에너지 절대 부족 상태였다. 일제 강점기를 거치며 당시 가장 중요한 에너지원인 수력 발전과 석탄 생산이 북한 지역에 집중되었는데, 군정과 분단으로 이어지면서 북한으로부터 에너지를 공급받지 못했기 때문이다. 남한에서는 전기도, 석탄도 모두 절대 부족했다. 밤에 조명을 켤 수 없고 산업은 물론 민간인의 이동과 난방에도 제약이 많았다. 에너지 부족에 대응하고 북한과의 체제 경쟁에서 밀리지 않기 위해서도 에너지 공급 정책은 최대한 많은 양을 최대한 신속하게 공급하는 데 중점을 두었다. 이에 수력 발전을 포기하고, 적은 투자로 빨리 건설할 수 있는 화력 발전으로 정책 방향을 바꾸었다. 에너지 공급의 절대량이 부족한 상황에서 수요 조절을 통해 수급을 맞추는 것은 불가능했으므로 공급을 최대한 확대하는 방법밖에 없었다. 그 결과 화력 발전 연료와 난방을 모두 석탄에 의존하게 되었다. 이러한 전환은 한국의 탄소 문명이 본격화했음을 알리는 신호였고 '탄소스러운' 생활 방식의 시작점이었다. 산업화를 위해 더 많은 에너지를 공급해야 했던 1960년대에는 이런 경향이 더욱 가속화되었다.

11

석유 사회로 진입

1960~1970년대에 한국 사회는 산업화에 성공하고 경제를 빠른 속도로 성장시켰다. 1970년대 말의 한국을 1950년대 말의 한국과 비교하면 '한강의 기적'이라는 수식어가 과장이라 보기 어렵다. 1950년대 한국은 해방 이후 식민지 유산으로 남았던 생산 설비, 산업 기반, 사회 인프라마저 한국 전쟁 때 파괴되었기 때문에 폐허에서 시작해야 하는 가난한 나라였다. 사람들에게 먹을 것, 입을 것, 땔감은 물론 들어가 살 집도 턱없이 모자랐다. 게다가 변변한 일자리를 제공할 산업도 없었다. 정부는 원조에 기대어 복구 노력을 기울였다. 그러나 전후 10년이 지나도록 산업 구조에서 큰 진전을 이루지 못했다. 1960년에도 전체 인구의 3분의 2가 농림수산업, 나머지 3분의 1만이 제조업과 서비스업에 종사했다. 이는 해방 직후와 비슷한 수준이었다.

그러나 1960년대에 산업화를 본격 시작한 이후에는 20여 년 동안 연평균 10퍼센트의 경제 성장률을 보이면서 제조업, 특히 수출 지향 제조업과 서비스업이 성장했다. 몇몇 지표와 특히 수도 서울의 풍경은 그 변화를 단적으로 보여준다. 1977년 12월에는 수출 100억 달러, 쌀 자급률 100퍼센트를 달성했다. 1960년과 1980년을 비교하면 산업화 20년 만에 농림수산업 종사자 비율과 제조업/서비스업 종사자 비율이 역전되었다. 1980년 기준 전체 인구의 3분의 1이 농림수산업에, 나머지 3분의 2가 제조업과 서비스업에 종사했다. 단순하게 말하면, 농어촌 인구 절반이 도시로 나가 제조업과 서비스업에서 일자리를 구했다. 그리고 1인당 국민 총소득은 1962년 120달러에서 1979년 1680달러로 12배나 껑충 뛰었다.[1]

이 기간 동안 집권한 박정희 정부는 산업화, 수출 증대, 경제 발전을 위한 기초로서 에너지 공급과 쌀값 안정을 무엇보다 중시했다. 먼저 산업화의 기반인 에너지 산업을 키우고 도로와 항만 등 인프라 건설에 주력했다. 수출 산업의 가격 경쟁력을 키우기 위해서는 임금을 낮게 유지해야 했다. 그러므로 도시 노동자가 낮은 임금으로도 생활할 수 있도록 쌀 증산 정책을 써서 곡물 가격을 안정시키려 노력했다. 개발 독재로 평가될 만큼 경제 성장을 정책의 중심에 놓았다. 따라서 당시 가용한 모든 자원을 투자와 생산에 집중하고 이에 걸림돌이 되는 모든 것을 억압했다. 대표적인 예가 소비 억제 정책이다. 경제가 성장함에 따라 소비가 늘어나는 것은 자연스러운 현상이다. 그러나 정부는 한편으로는 경제 발전의 성과를 보여주는 생활상의 변화를 추진했지만, 전반적으로는 근검절약을 강조하고 많은 경우 소비를 사치로 규정하면서 소비 억제 정책을 지속했다. 수출로 벌어들인 외화, 외국 자본 도입 외에 소비 억제와 저축으로 형성된 국내 자본이 국내 투자의 한

축을 담당했다.

　박정희 정부는 산업화를 위해서, 그리고 북한과의 체제 경쟁을 위해서도 전기를 안정적으로 충분히 많이 공급하는 것이 중요했다. 북한은 일제 강점기의 기존 발전 설비를 유지하는 것만으로도 1950년대까지 남한보다 전력 사정이 나았기 때문이다. 정부는 계속 부족 상태에 있던 전기를 단기간에 안정적으로 공급하기 위해 화력 발전소 중심으로 전력 산업을 키웠다. 화력 발전으로의 전환은 1950년대부터 이미 시작되었으나 눈에 띄는 양적 성장을 이룬 것은 1960년대 이후다. 농업용수와 공업용수 확보, 가뭄 대비 등의 치수 정책이 필요한 경우에는 댐과 수력 발전소를 건설했다. 그러므로 수력 발전은 어디까지나 화력 발전의 보조 수단 또는 다목적 댐 건설이 필요한 경우에 국한되었다. 1970년대에 석유 파동을 겪은 후 태양열·원자력 등 다른 에너지원에 대한 관심이 생겼다. 그중 눈에 띄는 성과를 거둔 것은 원자력 발전이었다. 그러나 1970년대에 실제로 석탄 또는 석유를 연료로 하는 화력 발전에서 필요한 전기 대부분을 생산했다. 1978년에야 고리 1호기를 완공했기 때문에 원자력 발전에 의한 본격적인 전력 생산은 1980년대에 이루어졌다.

　산업 외에 가정에서는 필요에 따라 여러 형태의 에너지를 혼합해서 사용했다. 난방과 취사에 연탄과 석유를 주로 사용했고, 가전제품 사용이 늘어남에 따라 가정의 전기 소비도 계속 증가했다. 서구와 비교할 때, 한국은 1960~1970년대를 지나면서 농업 사회에서 대량 소비 사회로 넘어가는 전환점에 이르렀다. 그러나 에너지와 자본을 산업화에 집중하고 민간 소비를 억제하는 정책을 펼쳤기 때문에 일상에서 에너지와 물질의 대량 소비가 이루어진 것은 1980년대로 미루어졌다. 따라서 1970년대 말 한국 사회는 에너지 생산 측면에서는 석탄과 석유 중심의 탄소 사회로 접어들었다. 그러나 에너지 소비 측면에서는 그에 걸맞은 '탄소스러운' 생활 방식이 일상화하지 못하고 "지연된 소비 사회"[2]로 남았다.

1 전력 공급을 위한 주유종탄

화력 발전소 증설과 주탄종유

해방 이후부터 쭉 안정적인 전력 공급은 가장 시급한 경제적 과제이면서 동시에 정치적 과제였다. 전력 부족은 생산과 일상에 큰 문제를 일으키고 사회 안정을 해치는 위험 요인이었다. 1960년 4·19 혁명 이후 내각제 개헌을 통해 집권한 민주당 정부는 이전 자유당 정부가 만들었던 전원개발계획을 확대 수정해 빨리 더 많은 전력을 생산하겠다고 발표했다. 그러나 민주당 정부의 정책은 당장의 전력 부족에 대한 답을 내놓지 못했고, 발전소 건설에 필요한 자금 조달 방안 미흡 등 계획이 실현될 것이라는 믿음도 주지 못했다. 일상생활에서는 여전히 전력 부족 때문에 불편을 겪었고 제한 송전, 잦은 정전 및 단전으로 공업 생산에도 차질을 줄 정도로 열악한 상황이 계속되었기 때문이다. 1960년 12월의 〈동아일보〉 기사에 따르면 1960년 12월 현재 전력 부족량은 약 10만 킬로와트로 추정되었다. 전력 부족의 규모가 컸기 때문에 제한 송전은 불가피했고, 송전이 가능한 시간에도 정전이 자주 일어났다. 양초가 가정과 사업장의 필수품이 되었을 정도다.

    1961년 군사 쿠데타로 집권한 박정희 세력에 전력 공급은 오래된

밝고 명랑한 생활이 기약될 것으로 믿었던 혁명 후의 국민 생활은 어
둠과 깜박거리는 촛불 밑에 견뎌나가지 않으면 안 될 딱한 형편에 부
딪히고 말았다. 마치 혁명의 부산물인 양 생산 공장과 일반 가정을
어둠의 장막 속에 몰아넣게 한 전력 기근은 독재의 부패로 일관되었
던 자유당 정권 실책의 유산을 민주당 정부가 고스란히 인계받은 것
같이 되었다. 몇 년간을 두고 별로 정전되는 일 없이 지내오는 일반
은 전력 문제가 해결이나 된 듯이 느꼈던 것인데, 혁명 후 빈발하는
정전 소동 속에 양초에 의지하면서 어찌 된 셈이냐고 불평을 털어놓
고 있다. 계속되는 정전과 송전 제한은 비단 가정에만 어둠의 생활을
가져온 것이 아니다.

생산 공장은 제한 송전으로 말미암아 정상적인 기동을 보지 못하
여 생산 증강에 큰 위협을 받고 있다. 생산량은 줄어 들어가고 있어
생활필수품 공급에 차질을 가져올 우려성이 있기 때문이다. ……집
권 후 3개월이 넘은 정부가 구상하고 있는 전력 대책이란 자유당 정
부의 전원개발계획을 확대 수정해 앞으로 7년 내에 현존 계획 36만
6000킬로와트를 포함해서 142만 킬로와트의 전력 개발을 추진한다는
것이다. ……전력 기근 속에서 신정부의 웅장한 계획은 소리만 들어
도 굶주린 배가 불러지는 듯하지만 내일의 만복보다 오늘의 굶주림
을 백성은 참지 못한다. (《경향신문》, 1960년 12월 16일)[3]

시급한 과제이면서 동시에 이전 정부와의 차별성을 보여줄 수 있는
가장 분명한 지표이기도 했다. 이를 위해 제1차 전원개발계획을 세우
고 전력 공급 체제를 정비하는 등 적극 대처하는 모습을 보였다. 또한

경제 성장을 통해 집권의 정당함을 보여주려 했던 박정희 세력은 수출과 공업화를 정책으로 내걸었다. 이를 제도적으로 뒷받침하기 위해 '수출조합법'과 '공업표준화법'까지 제정했지만, 실질적으로는 법 제정보다 더 급한 과제가 전력 공급이었다. 전력 부족에 대한 빠른 대응은 역시 화력 발전소 건설이었다. 짧은 시간에 빠르고 효과적으로 전력 공급을 증대하기 위해 정부는 기존에 발전 사업을 하고 있던 3개 전력 회사, 즉 조선전업주식회사·경성전기주식회사·남선전기주식회사를 통합해 1961년 국영 기업 형태의 한국전력주식회사(한전)를 설립했다. 이후 한전은 군사 작전을 하듯 전력 공급 정책을 수행했다. 한전 설립은 한국의 전력 정책에서 정부 주도, 공급 우위 방식이 확고해지고 제도화하는 상징적인 사건이었다. 정부는 1961년에 제1차 전원개발계획을 세웠고, 이 계획에 따라 한전을 통해 전국의 전력 사업을 통괄하고 집중 투자했다. 동시에 정부는 농업용수 공급, 홍수 조절 등 여러 목적을 위해 전국 주요 강에 다목적 댐을 건설하고, 수력 발전으로 전력을 생산하려는 계획도 세웠다. 다만 1960년대에는 3개 댐, 즉 춘천댐·섬진강댐·의암댐을 건설하는 데 그쳤고, 다목적 댐의 특성상 발전소 출력을 항상 최대로 유지할 수 없었기 때문에 수력 발전의 비중은 미미했다.

이처럼 발전소 증설에 힘쓴 결과 1960년대를 지나면서 발전 출력이 눈에 띄게 증가했다. 1971년에는 전력 설비가 262만 8000킬로와트 규모에 이르렀는데, 이는 1961년과 비교할 때 10년 만에 8배 증가한 결과였다. 그리고 이 중 91퍼센트가 화력 발전이었다. 이처럼 한국은 본격적인 전력 공급 성과를 내기 시작한 초기부터 화력 발전 중심, 즉 탄소 의존도 높은 시스템으로 출발했다. 화력 발전 중심의 공급 체계와 생산량 증가는 한국이 탄소 문명의 첫 번째 단계에 들어섰음을 의미한다.

화력 발전에서 에너지원은 석탄과 석유였다. 어느 쪽을 선택하든 화석 연료이므로 탄소 문명의 진전이라는 점에서는 같다. 그러나 자원의 물질 특성과 한국의 자원 분포 상태 등에 따라 두 연료의 활용 정도가 달라졌다. 초기에는 이전 시기와 마찬가지로 주탄종유(主炭從油) 정책을 선택했다. 석탄은 국내 생산이 가능하므로 부족한 외화를 석유 수입에 쓰지 않아도 되는 장점이 있었다. 또한 일제 강점기 이래로 석탄을 생산한 경험도 쌓여 있었다. 화력 발전 증설에 맞추어 석탄 생산량도 늘어나야 했다. 정부는 대한석탄공사를 개편해 자체 탄광 개발에 박차를 가하도록 하고, 동시에 민영 탄광을 대단위로 개편해 석탄 생산 효율화와 생산량 증대를 꾀했다. 석탄 생산은 1960년에 약 520만 톤으로 시작했는데, 5년 만에 2배 가까이 증가해 1965년에는 1000만 톤을 넘었다. 생산된 석탄은 대부분 무연탄이었다. 무연탄을 사용하면 발전 효율은 낮지만 국내 생산이므로 당장 급한 전력 수요를 충당하고 안정적으로 연료를 공급할 수 있었다. 발전 연료로서 석탄의 비중은 1966년에 약 45퍼센트까지 증가해 최고점에 이르렀고 이후 감소했다.

석유는 사용하고 관리하기 편리한 연료지만 전량 수입해야 하고 원유를 가공하는 정유 산업이 뒷받침되어야 했다. 즉, 원유를 수입하더라도 발전소에서 이를 쉽게 사용하려면 먼저 원유를 제품화할 정유 공장 또는 정유 산업이 필요했다. 1962년에 민간 합작 투자로 대한석유공사(유공)를 설립했고 울산에 정유 공장이 들어섰다. 이후 호남정유와 경인에너지를 차례로 설립해 정유를 시작하고, 석유 제품을 생산해 국내에 공급하기에 이르렀다. 정유 산업은 단순히 발전 연료와 난방을 위한 석유 제품 공급에 그치지 않고 휘발유와 경유 같은 수송용 석유 제품, 석유화학 산업의 기반인 나프타 생산 등 여러 영역에 파급력을 가졌다.[4]

연탄 파동과 주유종탄으로 전환

1966년 겨울, 정부는 석탄에서 석유로 발전 연료를 바꾸는 주유종탄(主油從炭) 정책으로 전환했다. 그 배경에는 여러 요인이 있었다. 첫째, 석유의 국제 시장 가격이 안정적으로 유지되어 석유 수급이 원활할 것으로 기대했다. 또한 국내에서 유공 외에 민간 정유 공장이 속속 건설되어 발전에 사용할 석유 제품도 차질 없이 공급될 것으로 전망했다. 둘째, 국내 생산되는 무연탄은 열효율이 낮아 발전 설비를 증설한 만큼의 전력 생산 증대를 기대할 수 없었다. 셋째, 좀더 직접적으로는 연탄 파동을 잠재우기 위해 국내에서 생산된 석탄을 연탄 공장에 투입해야 했다.

1960년대 들어 연탄은 도시 서민에게 가장 흔한 난방 및 취사 연료가 되었다. 정부는 삼림 보호를 위해 도시 근처 숲에서 나무를 베지 못하도록 했고, 기존 주택의 아궁이를 연탄이나 석유를 쓸 수 있도록 개량할 것을 적극 권장했다. 이에 고급 주택에는 벙커C유를 쓰는 석유 보일러를, 대부분의 서민 주택에는 연탄아궁이를 설치했다. 석탄(무연탄) 생산은 꾸준히 증가했지만, 발전 및 가정용 난방 연료로 수요가 더 빨리 증가했기 때문에 공급이 따라가지 못했다. 그뿐만 아니라 연탄이 동절기 상품이었기 때문에 수요가 몰리는 시기에는 석탄 수급 상황이 더욱 악화되었다. 또한 도시의 연탄 수요는 특정 시기에 집중적으로 증가하는데, 철도의 석탄 수송 능력은 그대로였다. 심지어 탄광에서 생산량이 늘어나도 제때 이송하지 못해 결국 도시에서는 공급 부족이 발생했다. 따라서 연탄 수요가 몰리는 시기에는 자주 연탄 품귀 현상이 벌어졌는데, 1966년에는 그 정도가 심각해서 이른바 '연탄 파동'이 언론에 대서특필되었다. 연탄 파동은 민심이 흔들릴 만큼 심각한 사회 문제로 떠올랐다. 박정희 대통령이 "연탄란 15일 내 해결에 관계 장관의 진퇴를 걸라"고 주문할 정도였다. 연탄 파동은 1966년 한 해의 문제가 아니었다. 도시는 계속 성장했고, 그에 따라 연탄 수요가 특정 시기에 집중될 것은 충분히 예상 가능했다.

정부는 연탄 파동 때문에 생기는 민심의 동요를 막고 민간의 난방 연료를 안정적으로 공급하기 위해 발전 연료를 석탄에서 석유로 바꾸는 '주유종탄' 정책으로 전환했다. 무연탄 수요를 조금이라도 줄이기 위한 조치였다. 나아가 주유종탄은 단순한 연탄 파동 대책을 넘어 국내 정유 산업 발전, 화력 발전소 증설, 가정용 연탄 생산을 위한 무연탄 확보라는 세 가지 효과를 기대한 정책이었다. 주유종탄 정책의 적용 범위는 발전 연료에 국한되지 않았다. 정부는 목욕탕·식당 등 연탄 수요가 많은 민간 상업 시설에서 연탄 사용을 금지하고, 가정집 난방에도 '기름보일러'를 쓰도록 유도했다. 소비자 입장에서는 연탄을 갈고 재를 치워야 하는 불편함을 덜 수 있으므로 연료 가격만 적절하다면 기름보일러가 매력적인 선택이었다.

주유종탄으로 전환한 뒤 발전 부문에서 석탄 소비가 줄어들고, 전체 연료용 석유 소비는 연평균 50퍼센트씩 가파르게 증가했다. 석유 수요 조절을 위해 1968년 1월에는 등유, 벙커C유에 특별소비세를 부과해야 할 정도였다. 그럼에도 이미 기름보일러를 설치한 가정에서 다시 연탄을 쓸 수는 없었다. 발전소에서도 석탄을 연료로 쓰던 방식으로 돌아가지 않았다. 1960년대 말까지 주유종탄 정책은 성공적인 것으로 보였다. 1968년 이후에 증설된 발전소에서 석유를 사용함으로써 발전 연료에서 석탄과 석유가 균형을 이루었고, 전력 생산량도 증가했기 때문이다. 흥미롭게도 1970년 무렵에는 세계 경제가 나빠져 수출 산업의 전력 수요가 줄어들자 전력 과잉 생산을 걱정할 정도였다.[5]

석유 파동과 동력자원부 설치

1973년의 1차 석유 파동을 겪으면서 한국 정부는 주유종탄 정책이 얼마나 허약하고 불안정한 기반 위에 있는지 깨달았다. 사실 석유 의존도가 너무나 갑자기 높아지면 에너지 안보에 문제가 생길 수 있다는 의견은 주유종탄으로 전환 직후인 1968년에 이미 제기된 바 있었다. 그러나 당시 정부는 국제 유가가 안정적이므로 석유 수급에 큰 문제가 없을 것으로 기대했기 때문에 이러한 지적을 심각하게 받아들이지 않았다. 1973년 10월에 1차 석유 파동이 일어났을 때에야 이전에 제기되었던 석유 수급 불안정 문제가 실제로 어떤 상황을 초래하는지 경험할 수 있었다. 석유 가격이 폭등하고 석유 수급도 어려워져 돈을 주고도 석유를 구할 수 없는 상황이 된 것이다. 주유종탄 정책에 따라 연탄 대신 기름보일러를 설치한 가정과 상업 시설 주인들은 난방용 석유를 구하기 위해 주유소에 길게 줄을 서서 기다렸다. 한국보다 일찍 석유 사회로 진입한 서구에서는 텅 빈 고속도로 또는 주유소에 자동차가 늘어선 광경이 석유 파동의 상징적 이미지였다. 반면, 겨우 석유 사회 초입에 들어선 1970년대 초반 한국에서 석유 파동의 상징은 난방과 취사용 석유를 구하기 위해 석유통을 들고 늘어선 소비자 모습이다. 보조 난방 수단으로 연탄난로의 구입이 증가하고, 특히 이

전까지는 난방 효과가 적어 별 인기 없던 전기난로에 대한 관심도 높아졌다.[6] 사실 전기난로는 좋은 대안이 아니었다. 발전 연료에서 석유 비중이 높은데 석유 구하기가 어려워졌기 때문에 전력 생산량도 이전에 비해 줄어들 수밖에 없었기 때문이다. 전기난로를 구입해도 제한 송전으로 인해 사용하지 못할 수 있었다. 이 같은 사정을 자세히 알지 못하는 일반 시민은 당장 집을 데울 난방유를 구하기 어려웠기 때문에 무엇이라도 대안을 찾으려 했을 뿐이다.

석유 가격 폭등에 맞설 대책으로 1973년 11월 정부는 석탄 가스 연료화, 조력 발전소 건설, 원자력 발전소 조기 건설 추진 계획을 발표했다. 그런데 사실 이 중에는 이미 시행하고 있는 내용도 있어서 계획 전체는 석유 가격 폭등에 대한 실질적인 대응책이라기보다 민심을 안정시킬 목적이 강했던 것으로 보인다. 다양한 발전원에 대한 정책적 관심은 석유 파동 이전부터 이미 있었다. 원자력 발전소는 착공된 후였고, 조력 발전소 역시 석유 파동 이전에 이미 타당성 조사가 끝난 상태였다. 석유를 대체할 에너지로서 실제로 투자와 기술 개발 정책이 추진된 것은 원자력 발전과 태양열 이용이었지만, 1970년대에 이 기술의 석유 대체 효과는 크지 않았다. 최초의 원자력 발전소인 고리 1호기가 1978년에야 상업 발전을 시작했고 태양열 활용 역시 1970년대 말에야 본격화했기 때문이다. 다만 정부의 이러한 정책을 계기로 석유의 한계, 그리고 대체 에너지에 대한 관심과 인식이 대중화한 것은 의미 있는 일이었다.

정부는 안정적 에너지 공급을 위한 여러 대책을 세웠는데, 그중 하나가 1977년 에너지 관련 업무를 전담할 동력자원부를 신설한 것이다. 1973년 11월, 정부는 범부처 비상대책위원회를 조직해 석유 파동 대응책을 논의했고, 석유 비축과 석유 대체 방안을 강조하는 '장기 에너지 종합 대책'을 준비했다. 당시까지 상공부의 동력개발국이 에너지 업무를 담당하고 있었는데, 이 대책의 중요성을 고려해 동력개발국을 동력자원부로 독립·격상할 예정이었다. 그런데 1차 석유 파동은 약 5개월 만에 해소되고 석유 공급이 안정을 되찾았다. 1974년 6월, 이 계획을 발표했을 때는 장기 에너지 정책의 시급성이 줄어든 터였다. 그에 따라 전담 기관 설치 및 관련 제도화는 1977년 동력자원부 설치 때까지 연기되었다. 동력자원부는 이름에서 알 수 있듯 전력 생산 등 에너지 생산 업무 외에 광물 등을 포함하는 에너지원과 관련된 업무도 맡았다. 석유 공급은 안정되었지만 1차 석유 파동의 여파로 유가가 상승했기 때문에 석유를 대체할 에너지 발굴도 동력자원부의 관심사였다.[7]

석유 파동에도 불구하고 주유종탄 정책의 연장선에서 화력 발전소 건설은 계속되었다. 1970년대에 중점 육성한 중화학 공업은 에너지 다소비 산업이었다. 그러므로 중화학 공업 발전을 위해 필요한 전력을 충분히 공급하는 것이 국가의 최우선 과제였다. 1970년대를 거치며 전체 전력 소비에서 산업용 전력, 그중에서도 제조업이 소비하는 전력의 비중은 연평균 66.1퍼센트였다. 반면, 같은 기간에 가정에서 사용한 전력 비중은 연평균 12.5퍼센트에 불과했다.[8] 그런데 1971년에 착공한 원자력 발전소 완공에는 7~8년이 걸릴 것으로 예상되었고, 다른 대체 에너지에서는 실질적인 '대체' 효과를 얻지 못했다. 석유 파동 이후에 발전 연료에서 수입 유연탄 비율이 이전에 비해 상승했지만, 석유의 비중은 여전히 높았다. 생산된 전력을 최대한 산업용으로 확보하기 위해 에너지 절약 캠페인을 강력하게 추진하고 산업 이외의 전력 소비는 억제했다. 1974년에 주택용 전기 요금에만 누진율을 도입한 것도 이러한 배경 때문이다.

대체 에너지로서 태양열

석유 파동 이후 대체 에너지로서 태양열에 대한 관심이 시작되었지만, 이에 대한 정부 지원은 5년이 지난 1978년 '태양 에너지 개발 장기 계획' 수립과 함께 본격화했다. 1978년 2월, 박정희 대통령이 "어느 단계에 가면 일정 소득 계층 이상은 태양열을 이용한 주택을 짓도록 유도하라"[9]고 지시할 만큼 태양열 주택은 태양열 에너지 확산의 상징이었다. 정부는 한국과학기술연구소(KIST) 부설 '태양에너지연구소'를 설립해 기술 개발을 지원하는 한편, 태양열 난방 주택 확산을 위한 여러 지원 정책을 발표했다. 1979년 동력자원부가 내놓은 '태양열 주택 보급 방안'은 태양열 난방 주택을 지을 때 추가로 드는 난방 시공 경비의 50퍼센트를 국고에서 보조하고, 건설업자들이 태양열 주택을 지을 경우 조건에 따라 녹지나 임야를 택지로 쓸 수 있게 허가하고, 당시 호화 주택으로 간주해 허가를 억제하던 40평 이상의 단독 주택이라도 태양열 주택일 때는 건축을 허가하는 등 다양한 규제 완화와 지원책을 포함했다. 당시 30평 규모의 일반 단독 주택의 경우 연간 난방에 경유 20드럼이 필요하지만, 태양열 주택의 경우는 9드럼이면 충분하다고 추산되었다.[10] 태양열 주택을 적극 보급하면 가정 난방용 석유 수요를 절반 가까이 줄일 수 있다는 계산이었다. 1980년에는 정부가 행정 신도시로 개발하던 과천에 대한주택공사(주공)가 25평형 2가구 연립주택 20채를 태양열 주택으로 지어 1981년 11월에 완공하기도 했다.[11] 정부의 적극적 지원 정책에 힘입어 1978년 태양열 주택은 4동에 불과했지만 1981년 247동, 1982년 254동으로 늘어나 빠른 증가세를 보였다.

그러나 태양열 주택 확산세는 오래가지 않았다. 주택 경기 침체, 유지 관리의 어려움, 부실 시공, 가정용 연료로서 가스 등장 등의 요인 때문에 태양열 주택에 대한 신뢰와 수요가 줄어들었다. 신축 태양열 주택은 1984년 22동, 1985년 2동에 불과했다. 이후 태양 에너지 이용은 온수·급탕 중심으로 이루어졌고, 이마저도 보급 성과는 제한적이었다.[12] 1980년대에 국제적인 저유가 현상과 원자력 발전 확충 덕분에 고유가 대비책으로서 태양열 주택의 매력이 떨어졌기 때문이다.

1차 석유 파동 이후 주력한 대체 에너지 중 이후 한국의 에너지 수급에 가장 큰 영향을 준 것은 원자력 발전이었다. 1953년 '핵의 평화적 이용'를 천명한 이래 미국·영국 등 서구 선진국은 방사선 에너지의 의학적 이용과 원자력 발전 기술 개발 등을 추진했다. 군사 목적이 아닌 상업용 원자력 발전은 1956년 영국의 콜더홀(Calder Hall)을 처음 가동한 이래 미국·프랑스 등이 잇달아 원자력 발전소를 건설하면서 확산되었다. 원자력 발전이 세계적으로 확산하던 시기에 한국에서는 핵무기 개발을 위해 필요한 기술에 우회적으로 접근하고, 에너지 확보를 위한 신기술을 도입한다는 두 가지 목적 아래 원자력 발전소 건설 논의를 시작했다. 주유종탄 정책으로 전환하기도 전인 1965년에 이미 정부는 원자력발전추진위원회를 발족했고, 석유 파동이 일어나기 전인 1971년 11월에 한국 최초의 원자력 발전소(고리 1호기)를 착공했다.[13] 즉, 흔히 알려진 바와 달리 한국의 원자력 발전은 석유 파동에 대응하기 위한 선택이 아니었다. 반대로 원자력 발전소 착공 직후 1차 석유 파동이 발생하자 원자력 발전의 도입이 정당화되었다. 이에 더해 고리 1호기 완공 무렵에 2차 석유 파동이 발생해 원자력 발전의 유용성과 석유/석탄 대체 에너지로서 효용성에 대한 강력한 믿음이 대중적으로 생겼다. 선진국에서는 원자폭탄에 반대하면서 일어났던 반전반핵 운동이 원자력 발전에 대한 반대로 이어졌다. 이와 대조적으로 분단국이자 반공주의를 국시로 삼았던 한국에서는 핵무기에 대한 반감과 걱정이 서구 국가들에 비해 낮았다. 오히려 일부에서는 북한 도발에 대응할 강력 수단으로서 핵무기를 원하기도 했다.

원자력·태양열처럼 석탄이나 석유에 의존하지 않는다는 점에서 수력 발전에 대한 관심은 계속되었다. 수력 발전은 1960년대에 이어 1970년대에도 증가했다. 1970년대에는 4대강 유역을 포함해 전국 주요 강에 댐을 건설하고 수력 발전 설비를 갖추었다. 그러나 1970년대에 건설된 댐은 수력 발전을 1차 목적으로 하지 않았다. 홍수 조절, 발전, 용수 공급 등을 위해 국토 발전 계획의 일부로서 4대강 전역에 걸쳐 여러 개의 다목적 댐을 건설했고, 그 댐에 수력 발전소가 들어선 것이다. 즉, 수력 발전소가 댐 건설의 유일한 목적은 아니었다. 단순히 전력 생산을 위해서만 댐을 짓기에는 건설 비용과 입지 측면에서 화력 발전소의 이점이 분명했기 때문이다. 그러므로 국토 전역에 걸쳐 필요한 정도의 다목적 댐이 들어선 후에는 오랫동안 대규모 댐을 건설하지 않았다. 그에 따라 수력 발전의 확대도 더 이상 이루어지지 못했다.

발전 에너지원 다변화가 실제 전기 생산 증대에는 별 효과를 거두지 못했음에도 불구하고 1970년대에 전력 수요는 오히려 급증했다. 정부는 1970년대에 제철, 석유화학, 기계 산업 등 중화학 공업 육성 정책을 강력하게 추진했다. 중화학 공업은 고부가가치 제품을 생산하는 분야이며 동시에 전력 수요가 큰 에너지 다소비 산업이므로 중화학 공업 육성 정책이 성공하려면 전력 확보가 필수적이다. 또한 생활 수준 향상에 따른 가정용 전력 수요도 증가했다. 그러므로 석유 가격 불안정성을 걱정하고 에너지원 다변화의 필요성을 알고 있었지만 화력 발전 용량과 화력 발전이 전체 전력 생산에서 차지하는 비중은 1970년대를 거치며 지속적으로 늘어날 수밖에 없었다. 석탄의 비중이 2차 석유 파동을 전후해 일시적으로 높아지긴 했지만 전력 생산에서 석유 의존도는 점차 상승했다. 화력 발전의 비중은 1970년 76.8퍼센트에서 1979년 90.2퍼센트로 증가해 절대적이었다. 그리고 1979년 기준 화력 발전 연료에서 석탄과 석유의 비중은 각각 27.4퍼센트와 62.8퍼센트였다. 전체 전력 생산의 절반 이상이 석유를 연료로 쓴 것이다. 두 차례나 석유 파동을 겪었음에도 불구하고 역설적으로 1970년대에 한국은 석유화학 산업, 자동차 등 이동/수송, 전력 생산에서 석유 소비가 급속하게 성장하면서 석유 사회로 향한 길에 들어섰다.

2 주택 보급 확대와 가정용 에너지

산업 발전과 경제 성장에 따라 개인들의 주거, 물질 소비, 에너지 사용 방식은 영향을 받는다. 산업화 이후 1970년대까지는 경제의 성장 성과가 사회 곳곳으로 퍼져나간 시기였다. 다수의 사람들이 절대 빈곤을 벗어나 먹고, 입고, 자고, 일하는 일상에서 전에 없던 새로운 경험을 하고, 일부는 중산층으로 발돋움하기 시작했다. 이 시기에 한국 정부는 주택 보급 정책 중 하나로 아파트 건설을 추진했다. 아파트 도입

목적은 이중적이었다. 정부는 한편으로는 도시로 몰려든 가난한 무주택자의 주거 문제를 빨리 해결하기 위한 수단으로, 다른 한편으로는 서구식 생활을 할 수 있는 새로운 고급 주거 공간으로서 아파트 건설 정책을 펼쳤다. 특히 1970년대에 높아진 소득 수준에 걸맞은 '내 집'을 갖기를 원하는 사람들의 주택 수요와 짧은 시간에 많은 주택을 보급할 수 있는 대단지의 특성이 맞물리면서 아파트는 빠른 속도로 확산되었다. 사람들은 아파트의 구조와 설비에 맞추어 오랫동안 익숙했던 생활 방식을 조금씩 바꾸어나갔다. 아파트에 사는 사람이 많아질수록 비슷한 공간 구조에 적응한 사람들의 생활 방식도 비슷해졌다. 그 과정에는 정부의 주택 및 에너지 정책, 생활 수준 향상, 대중 매체의 영향, 에너지 산업의 흥망성쇠가 서로 얽혀 있었다.

연탄의 대중화

1960~1970년대에는 연탄이 가장 대중적인 가정용 난방 수단으로 자리 잡았다. 연탄이 가정용 에너지로 본격 사용된 것은 1960년대의 에너지 및 주거 정책의 결과다. 연탄은 일제 강점기에 도입된 적이 있지만, 민족 자본으로 처음 설립된 연탄 공장은 1947년의 대성연탄이었다. 당시 연탄은 무연탄에 물과 흙 또는 다른 광물을 첨가해 반죽을 만들고, 이를 틀에 넣어 찍어낸 뒤 수작업으로 구멍을 뚫는 방식으로 생산되었다. 비교적 간단한 기술이라 소규모 생산업체가 난립해 연탄을 생산했다. 그래서 품질이 고르지 못했다. 게다가 연탄은 불을 붙이기 어렵고 아궁이를 새로 설치하는 비용과 노력이 추가로 들었기 때문에 소비자 입장에서는 매력적인 땔감이 될 수 없었다. 이런 이유로 나무를 때는 사람이 여전히 많았다.

그런데 정책 입안자의 시각에서 보면, 연탄은 주택용·난방 연료로서 여러 장점을 가지고 있었다. 첫째, 무연탄은 1970년대까지 국내에서 가장 풍부하게 얻을 수 있는 몇 안 되는 천연자원 중 하나였다. 그러므로 연탄을 사용하면 가정의 난방용 연료를 수입하기 위해 소중한 외화를 쓸 필요가 없었다. 둘째, 연탄을 사용하면 도시 인근의 산과 숲을 보호할 수 있었다. 도시 인구가 급격히 늘어나면서 땔감을 공급하느라 도시 및 교외 지역의 삼림이 심각하게 망가졌고, 그 때문에 홍수·산사태 등 재난 발생 위험이 높았다. 정부는 재난 방지를 위해서라도 도시 지역에 연료용 산림 자원, 즉 장작을 도시에 반입하지 못하도록 금지하고 대신 연탄 사용을 장려했다. 셋째, 주택 구조를 변경하는 등의 큰 공사 없이도 전통 주택의 아궁이를 개조해 연탄아궁이로 활용할 수 있었다. 경우에 따라서는 온돌 고래의 바닥에 레일을 깔고 연탄 화로를 이동시켜 장작불이 고래를 따라 바닥 전체를 데우는 것과 비슷한 효과를 낼 수도 있었다. 또한 연탄을 사용해 난방과 취사를 동시에 해결할 수 있었다. 이러한 장점 때문에 정부는 가정에서 연탄 사용을 적극 추진했다.

그러나 1960년대에는 연탄 공급이 안정적이지 못했다. 정부가 강력하게 권하고 도시 인구가 빠르게 늘어나자 연탄 사용이 갑작스럽게 증가했다. 또한 난방용 연탄은 계절 상품이기 때문에 늘어난 수요가 특정 시기에 집중되었다. 당시의 석탄 생산과 수송 용량 그리고 업체 생산 능력이 이에 미치지 못했고, 연탄 수급의 불안정이 자주 생겨났다. 그러다가 1966년에는 대규모 연탄 파동이 일어났고, 정부는 발전에 쓰이던 석탄을 벙커C유로 대체하고 그 대체분만큼의 석탄을 민간 난방으로 돌리는 주유종탄 정책을 썼다. 그리고 목욕탕·숙박업소 등 연탄 소비가 많은 상업 시설의 연탄 사용을 금지하고 석유 사용을 의무화했다. 그만큼 연탄이 일반 소비자의 난방과 취사 연료로서 중요해졌다.

연탄이 널리 사용되면서 품질 개선을 위한 제품 개발과 공정 개발이 꾸준히 이루어졌다. 연탄 생산 과정에서 석탄 가루, 흙, 물 외에 어떤 광물을 추가하는지에 따라 열효율과 견고함 정도가 결정되었고, 몇 개의 구멍을 뚫는지에 따라 연탄의 규격과 연소에 영향을 주었다. 해방 당시에는 9공탄이 주류였고 1950년대에는 19공탄이 등장했다. 1960년대 초까지도 연탄의 품질과 규격은 제각각이었는데, 시장이 커지면서 기업들 간의 품질 개선 노력이 활발해졌다. 연탄 규격은 가정용과 영업소용으로 구분되었다. 음식점 등 영업소용 연탄은 31공탄, 49공탄 등 큰 규격이 많이 쓰였다. 가정용은 1960년대 초에 25공탄이 많이 쓰였으나 1965년경 삼천리에서 개발한 22공탄을 다른 기업들도 생산하기 시작하면서 시장이 정한 일종의 표준 규격이 되었다. 또한 연탄 시장이 성장하자 기업들은 자본을 투자해 연탄을 자동으로 찍어내는 프레스기를 들여와 고른 규격의 연탄을 대량 생산할 수 있었다. 그뿐만 아니라 연탄 반죽에 추가하는 광물의 종류와 양에 대한 기술 개발을 실시해 연탄의 착화, 발열량, 완전 연소 등 품질을 개선했다. 그 결과 1960년대 중반에는 연탄 산업을 주도하는 기업들이 등장했다. 삼표연탄이 국내 공급의 30퍼센트를 차지했고 삼천리, 대성, 한일 등이 그 뒤를 따랐다.

1970년대에 연탄은 가정용 난방의 대명사가 되었다. 발전에서 석탄 소비를 줄이고 국내 생산되는 석탄의 절대량을 가정용 난방 용도로 공급했기 때문이다. 난방하지 않는 여름에는 취사용으로 석유곤로

(석유풍로)를 많이 썼다. 습하고 더운 여름에는 보관이 힘들었기 때문에 연탄을 많이 사두고 쓰는 일은 거의 없었다. 그래서 서민들은 김장하고 연탄을 사서 창고에 쟁여두면 '월동 준비를 끝냈다'고 든든해할 정도였다. 겨울이 다가오면 사회적 지원이 필요한 시설이나 가난한 이웃에 대한 연탄 지원이 이 시기부터 시작되었다. 연탄 나르기는 1970년대부터 아주 오랫동안 겨울 채비 봉사의 대표적 활동이었다.

여러 장점에도 불구하고 연탄의 치명적 약점은 불완전 연소할 때 발생하는 일산화탄소, 즉 '연탄가스'였다. 연탄이 가정용 난방으로 널리 사용되면서부터 겨울이면 크고 작은 연탄가스 중독 사고가 거의 날마다 발생했다. 연탄아궁이나 보일러 시공이 제대로 되지 않을 경우, 연탄이 연소할 때 발생하는 일산화탄소가 방 안으로 스며들어 잠자다가 봉변을 당하는 일이 비일비재했다. 특히 연탄 사용 초창기에는 문제가 심각해서 1962년에는 서울에서만 한 해에 81명의 연탄가스 중독 사망자가 발생할 지경이었다. 그에 따라 연탄가스 중독 사고를 예방하거나 사고가 났을 때 대처법에 대한 다양한 연구가 이루어졌다. 정부는 연탄 연소를 원활하게 하고 연탄가스 사고를 방지하기 위해 '건축법'을 개정해 굴뚝의 지름은 7센티미터 이상, 높이는 지붕보다 최소 60센티미터 높게 하도록 했다. 서울시에서는 1968년 당시로서는 거금인 상금 1000만 원을 걸고 이와 관련한 현상 공모를 했고, 1971년에는 최우수작으로 연탄 완전 연소 장치인 '연탄 제독 두껑'이 선정되기도 했다.

연탄 사용량 증가에 따라 연탄가스 중독 사고도 꾸준히 늘어났기 때문에 1970년대에는 더욱 적극적인 대처 방안을 개발했다. 1976년에는 공식 집계된 연탄가스 중독 건수만 총 977건이었고, 피해자

1353명 중 사망자가 1023명이 넘었을 정도였다. 대성연탄에서는 연탄 위에 올려놓으면 독특한 냄새의 황색 연기가 발생하는 '가스발견탄'을 개발해 판매했다. 만일 연탄가스가 발생하면 이 황색 연기가 보여 금방 알아차릴 수 있었다. 가스발견탄은 유용한 상품이었지만 소모품이었기 때문에 일반 가정에서 널리 사용되지는 못했다. 또 다른 기술로는 1971년 서울시 연탄가스 제독 방안 공모에서 최우수상을 받은 제독 두껑이 있다. 제독 두껑의 원리는 아궁이 위에 이 두껑을 덮어두면 1차 공기와 2차 공기가 제독 두껑에 모여 한 바퀴 돌면서 연탄이 완전 연소하게 만드는 것이었다. 이 제품은 제독 효과가 좋고 열효율을 높이는 효과도 있었지만 역시 널리 보급되지는 못했다. 연탄가스를 마셨지만 증세가 심하지 않을 경우, 가정에서는 흔히 김칫국을 먹는 대중 요법이 널리 퍼져 있었다. 전문가들은 김칫국에는 제독 효과가 없으며, 일부 중독 환자가 김칫국을 먹은 후 증세가 호전되었다면 심리적 효과이거나 자연 치유 과정일 거라고 지적했다. 그럼에도 겨울이면 김칫국 요법은 꽤 오래 계속되었다. 어느 집에나 김칫국은 있었기 때문이다.

현대화한 온돌, 온수 배관 바닥 난방

근대화 이후 한국 주거 문화의 특징 중 하나는 생활 양식이 서구화함에도 온돌에서 이어지는 바닥 난방을 고수했다는 점이다. 한옥이나 초가집 같은 전통 주택을 서양식 개량 주택, 또는 '양옥'이나 아파트로 교체하는 과정에서 개량 온돌, 공기 난방을 하는 방열기(라디에이터), 온수 배관 바닥 난방 등 여러 난방 방식을 시도했다. 난방 방식은 사용 가능한 연료의 형태, 주택 구조와 관련이 있기 때문이다. 이 중 온수 배관 바닥 난방이 한국의 주거 공간에서 가장 보편적인 난방 방식으로 자리 잡았다. 가정에서는 방열기, 온풍기를 거의 쓰지 않았고, 석유난로·연탄난로 등을 실내 난방 보조 수단으로 썼다.[14] 이는 좌식 생활을 기본으로 하고 실내에서 신발을 신지 않는 우리의 생활 양식, 그리고 아랫목에서 '뜨뜻하게 지질 수 있는' 온돌의 기억과 맞닿는 문화 요소의 영향이 컸다.

온수 배관 바닥 난방은 난방 기술이지만 동시에 주택 건축의 일부이기도 했다. 온수 배관 설치 여부는 건축 단계에서 결정되고, 시공이 끝나면 배관은 눈에 보이지 않는다. 또한 온수 배관 난방은 온수를 공급하는 열원의 종류와 상관이 없다. 개별 주택에서 연탄보일러 또는 기름보일러를 연결할 수 있고, 열을 중앙 공급하는 건물의 공동 보일러 또는 지역 난방 시스템에서도 사용 가능하다. 따라서 생활 수준이 높아지고, 거주 공간의 형태가 달라져도 온수 배관을 계속 사용할 수 있었다.

주택 보급 확대

1960~1970년대에 특히 도시 지역의 주택 부족 문제를 해결하기 위해 적극적인 공급 정책을 추진했다. 공공 기관이 주택을 지어 공급하거나 이른바 '집장사'들이 동일한 구조와 설계로 지은 '양옥집'이 대거 등장했다. 1970년대까지는 자기 땅과 마당을 가진 단독 주택이 절대 비중을 차지했다. 단층 또는 2층 양옥 단독 주택에서는 연탄보일러의 비중이 압도적으로 높았다. 반면, 정부와 서울시는 밀집한 도시 인구의 주거 문제를 해결하고 새로운 주거 형태를 제시하는 두 가지 목적으로 아파트를 보급하기 시작했다. 그중 도시 빈민을 위한 값싼 공동 주택

으로 지은 아파트는 땅값이 싼 도시 변두리에 위치했고, 부실 공사가 많아 주민들에게 크게 환영받지 못했다. 반면, 정부 또는 서울시가 주도해 고급으로 지은 아파트는 새로운 도시 주거의 상징으로 떠올랐다. 이후 강남 개발이 본격화하고 아파트가 부동산 투기 수단이 되면서 단독 주택보다 인기 있는 주거 형태가 되었다. 난방을 기준으로 보면 주택 근대화 초기에 단독 주택은 연탄아궁이/연탄보일러와 기름보일러, 아파트는 개별 연탄보일러 또는 중앙 집중식 난방을 모두 시도했다. 지역 난방을 도입하기 전, 아파트 단지별 중앙 집중식 난방은 대형 중유 보일러를 설치하고 각 세대로 온수를 보내는 방식이었다. 중산층을 위한 고급 아파트에는 기름보일러를 쓰는 중앙 집중식 난방을 설치했고, 1966년의 주유종탄 정책으로 전환 이후에는 단독 주택에서도 기름보일러를 많이 선택했다. 연탄을 일일이 갈지 않아도 되고 연탄재를 버리는 수고를 덜 수 있지만 연료비가 많이 드는 기름보일러는 더 '고급 주택'에 설치되었고 서민용 주택의 연료는 연탄이 중심이었다.[15]

대단지 아파트의 시작

아파트는 1950년대부터 건설되기 시작했는데, 공공에서 대규모로 지은 마포아파트는 주목할 만한 특징을 갖고 있었다. 첫째, 본격적인 경제 개발 계획 추진과 함께 공공에서 공급한 주택이라는 점이다. 대한주택영단이 1962년 대한주택공사(주공)로 바뀐 뒤 첫 사업이었고, 이후 주택 사업 추진의 모델이 되었다. 둘째, 국내 최초 대규모 아파트 단지였다는 점이다. 이전의 행촌아파트, 종암아파트 등은 몇 개 동으로 이루어진 아파트였지만 마포아파트는 1단계로 6개 동 450호, 2단계로 4개 동 192호로 구성되었다. 셋째, 서민을 위한 공공 주택 공급을 목적으로 계획했다는 점이다. 처음에 마포아파트는 기름보일러 기반의 중앙난방 방식으로 계획되었으나 서민 주택 공급이라는 애초 취지에 맞추어 개별 연탄보일러로 변경해 건설되었다.[16]

마포아파트는 근대화한, 즉 산업화한 사회에 걸맞은 새로운 주거의 상징이었다. 한국 최초로 개별 연탄보일러를 사용하는 난방 설비, 수세식 화장실, 입식 부엌을 갖추었다. 마포아파트는 의식주 전반에 걸친 생활 방식, 그리고 소비 패턴 면에서 서구식을 지향하는 선망받는 주거 단지로 변모했다. 준공식에 참석한 박정희 대통령의 연설은 이를 잘 보여준다. "현대적 시설을 갖춘 혁명의 상징이 바로 마포아파트이며, 구래의 고식적이고 봉건적인 생활 방식에서 탈피하여 현대적 집단 생활 방식을 고취하는 하나의 성과로서, 국민의 생활 문화 향상과 도시 집중화를 해결하는 대안으로서의 고층 주택"이 바로 아파트였다.

이후 주공과 민간에서 여러 아파트를 건설했다. 박정희 대통령의 연설과 달리 모든 아파트가 선망의 대상은 아니었다. 일부는 와우아파트의 예처럼 부실 공사로 악명이 높았다. 그러나 민간 기업이 시내 중심가에 건설한 주상 복합형 고급 아파트는 중앙난방을 채택했다. 이 아파트에서는 버튼 하나로 냉난방 조절이 가능하고, 수세식 화장실을 갖추고, 수도꼭지에서 언제나 뜨거운 물이 나오고, 싱크대가 있는 입식 부엌에서 프로판가스를 사용해 조리하는 것이 가능했다.

1970년대에는 민간과 공공 아파트 모두 활발하게 건설되었다. 특히 과밀화하는 서울 도심의 인구를 분산하기 위해 강남을 개발할 때 대단지 아파트를 지었다. 주공은 중산층을 위한 고급 아파트와 서민 아파트 두 유형으로 나누어 평수, 난방 시스템 등을 다르게 적용했다.

예를 들어, 1973년에 주공이 완공한 반포주공아파트는 큰 평형, 복층 등의 설계를 채택하고 중앙난방을 도입했다. 반면, 이보다 늦게 1976년에 완공한 잠실주공아파트 2단지는 전체 4450세대 중 3720세대에는 연탄 개별난방, 730세대에는 중앙난방을 채택했다. 중앙난방을 채택한 아파트에 살면 연탄을 집까지 들이고 시간 맞춰 연탄을 갈고 연탄재를 버리는 수고를 할 필요가 없었다. 게다가 연탄보일러와 연탄 창고 자리가 필요 없기 때문에 공간을 더 넓게 쓸 수 있었다. 강남 개발을 촉진하기 위해 1976년에는 잠실, 반포, 여의도, 청담, 도곡, 이수, 이촌 등 11개 아파트 지구를 지정했다. 특히 현대건설이 압구정동에 건설한 현대아파트는 강남의 고급 주거지라는 이미지를 확실하게 얻었다. 1970년대 말이 되면 아파트는 이전의 부실 공사와 슬럼화한 불량 주택 이미지를 벗고 특히 중산층 주부들이 선호하는 주거 형태로 자리 잡았다. 1970년 기준 전국 주택 435만 호 중 아파트는 3만 3000호로 0.8퍼센트밖에 안 되었는데, 1985년에는 전국 주택 수 약 610만 호 중 아파트가 약 82만 호로 전체의 13퍼센트를 넘어섰다. 그리고 도시 지역의 아파트 비중은 전국 평균보다 높은 23퍼센트 수준이었다.

주택을 유형별로 보면 전국 기준 1970년에 독립 주택과 연립주택이 전체의 94퍼센트, 아파트는 3.3퍼센트에 불과했다. 그리고 1975년에도 이 비율은 각각 94.5퍼센트와 3.5퍼센트를 유지했다. 반면, 1980년에는 각각 90.5퍼센트와 7퍼센트로 바뀌었다. 즉, 1970년 이후 아파트를 많이 짓기는 했지만, 1970년대 말까지도 전국적으로 보면 단독 주택이 절대다수였다. 다만, 서울만 살펴보면 1975년 독립 주택과 연립주택이 88퍼센트, 아파트가 8퍼센트였고, 1980년에는 이 비율이 각각

78퍼센트와 19퍼센트로 달라졌다.[17] 즉, 서울에서는 1970년대 후반에 아파트가 빠른 속도로 증가했음을 알 수 있다. 1982년에 발표된 가수 윤수일의 노래 〈아파트〉는 새로 생겨난 서울의 아파트 문화를 상징한다. "별빛이 흐르는 다리를 건너/바람 부는 갈대숲을 지나/언제나 나를, 언제나 나를/기다리던 너의 아파트……."

이러한 주택의 난방은 어떻게 변했는지 살펴보자. 난방 통계를 알 수 있는 1980년의 조사 결과를 토대로 보면 주택의 난방 시설은 연탄 아궁이, 연탄보일러, 단독 기름보일러, 중앙난방 보일러, 재래식 아궁이, 기타로 구분할 수 있다. 1980년 전국의 난방 시설에서 연탄을 연료로 쓰는 비율은 57퍼센트였고 이 중 14퍼센트가 연탄보일러였다. 농어촌 지역에는 재래식 아궁이 비율도 38퍼센트나 되었다. 한편, 도시만 살펴보면 연탄아궁이 63퍼센트, 연탄보일러 23퍼센트로 전체 가구의 85퍼센트가 연탄을 난방 연료로 사용했고, 재래식 아궁이는 3퍼센트에 불과했다. 1970년대 도시 생활에서 난방 연료로서 연탄은 절대적이었다.

난방 시설을 기준으로 아파트를 살펴보면, 1970년대 아파트 생활에 대한 전체적인 인상을 그려볼 수 있다. 1970년대 중앙난방 보일러는 대부분 기름보일러였다. 1970~1975년에 건축된 아파트의 경우 연탄아궁이 54퍼센트, 연탄보일러 13퍼센트인 반면 중앙난방 보일러는 33퍼센트였다. 그리고 1975~1980년에 건축된 아파트의 경우 연탄아궁이 29퍼센트, 연탄보일러 22퍼센트, 그리고 중앙난방 보일러는 47퍼센트였다. 아파트 건설이 늘어나면서 아파트는 연탄을 연료로 쓰는 작은 평형의 서민 아파트와 중앙난방 보일러를 설치한 고급 아파트로 나뉘었다. 1981년 과천주공2차아파트의 경우 단독 연탄보일러를

1970년대에 중앙 집중 난방은 고급 아파트의 상징이었다. 아파트 자체가 새로운 주택으로서 인기가 높아졌지만, 난방 방식이 고급형과 서민형 주택을 구분하는 하나의 기준이 되기도 했다. 아래 기사에서 보는 것처럼 과천 신도시에 대규모로 공급된 주공아파트에서 이런 모습이 분명하게 드러났다.

> **"주공아파트 연탄 온돌식 인기"**
>
> 주공이 짓는 아파트는 중앙 집중 난방식보다 연탄 온돌식에 인기가 높게 일고 있다. 주공이 지난 〔1981년 9월〕 1일까지 2일간 실시한 과천2차아파트 3324가구(특별 분양 제외)의 분양은 6430명의 신청자가 몰려 평균 2 대 1의 경쟁률을 나타냈는데, 중앙 집중 난방식 1309가구가 1.7 대 1인 데 비해 연탄 온돌식 2015가구는 2.1 대 1로 경쟁률이 높았다. ……과천2차 중 최고 비율을 냈던 17평형은 분양 가격(4층 기준)이 600만 원의 융자를 합쳐 1317만 1000원인 데 비해 1평이 큰 중앙 집중 난방의 18평형은 융자액이 동일하지만 연탄 난방보다 343만 2000원이 비싸게 책정되었다. (〈매일경제〉, 1981년 9월 3일)

설치한 아파트보다 중앙난방 보일러를 설치한 아파트의 평당 분양가가 14만 7000원 더 높았다. 연탄과 관련된 모든 수고와 연탄가스 걱정 없이, 중앙난방 보일러를 설치한 아파트에 살면 난방을 따로 신경 쓰지 않아도 되었다. '겨울에도 반소매를 입을 정도로 따뜻하고 수도꼭지에서 뜨거운 물이 콸콸 나오는' 아파트는 풍요의 상징이자 선망

1970년대 10년간 아파트에 대한 인식과 아파트 생활의 변화

"대학생들이 본 아파트 생활"

연세대, 이화여대 학생들이 서울 시내 아파트에 대해 시설 현황, 운영, 불만 등을 분석한 기사를 실었다. 이 기사에 따르면 시민 아파트와 공무원 아파트 등 좀더 '고급' 아파트에 대한 분석은 대조적이었다. 그러나 아파트가 전통 생활 양식에 맞지 않는 주거 형태이고 도시 인구 증가로 불가피한 선택이지만 환경, 시설, 운영 면의 잘못으로 많은 문제가 있다는 점이 공통적이었다.

시민 아파트의 경우 무허가 판자촌 주민을 위해 건립되었다는 본래 목적과 다르게 운영되고 있다는 점, 생활에 불편한 입지와 각종 생활 편의 시설이 부족한 점이 지적되었다. 시민 아파트는 본래 건립 취지와 달리 실제 거주자의 40퍼센트 이상이 중산 주택에서 온 사람이고, 그 이유는 실제 거주하던 빈민들이 감당할 수 없는 집값 때문이었다. 또한 아파트가 높은 지대에 있고 일부 시민 아파트는 경사도 30도 이상 되어 특히 눈비 올 때 다니기 불편했다. 그 밖에 개천과 인접해 냄새가 나고 상하수도, 쓰레기장, 놀이터, 병원, 연탄가스 위험이 불편 요소로 지적되었다.

반면 공무원 아파트와 화곡아파트 등 조금 더 잘 지어진 것으로 생각되던 아파트에 대해서는 실생활의 불편 사항이 주로 지적되었다. 그중에서도 세탁이 큰 문제였다. 세탁 장소가 따로 설계되지 않아서 빨래는 주로 욕실에서 하고, 욕실이 없으면 부엌에서 해야 했다. 빨래를 넣어 말릴 장소 또한 마땅찮아서, 발코니가 있는 경우 발코니에서, 발코니가 없는 경우 복도나 공동 마당에서 빨래를 말리고 있다고

"새주부학 시리즈 ② 아파트 부인"

건축가와 주부/소설가의 대담 형태인 이 기사는 주부들 사이에서 일고 있는 아파트에 대한 뜨거운 관심과 아파트 생활의 장단점에 대해 다루었다. 건축가는 아파트가 생활 방식에 안 맞고 특히 외국에 비해 한국의 아파트가 개성 없이 닭장처럼 똑같은 규격의 구조인데도 주택보다 선호하는 것을 이해할 수 없다는 의견을 나타냈다. 반면 주부는 아파트 부인이라 부를 만한 현상이 실제 있고 그럴 만한 이유가 있다는 입장이었다.

이 기사에 따르면 아파트 부인은 이상할 정도로 아파트에 많은 관심을 가지고 몇 평짜리 무슨 아파트가 인기인지, 며칠 새에 값이 평당 얼마로 뛰었는지 등 아파트에 대해 잘 알고 아파트에 살고 아파트를 사고 싶어 하는 사람으로 묘사되었다. 대담자 주부는 부인 모임에서 아파트에 대해 모르면 대화에 낄 수가 없을 정도로 큰 화제라고 했다. 그 이유로 인플레, 과시욕, 편리함을 들었다. 인플레 때문에 돈의 가치가 떨어지는데 아파트는 사두기만 하면 값이 오르니까 당연한 것이라고 했다. 또 주부들의 주요 관심사가 증권과 아파트인데, 눈에 안 띄는 증권과 달리 아파트는 화려하게 보이는데, 이 때문에 아파트 부인이 된다고 보았다. 주부로서는 항상 더운물을 쓸 수 있고, 겨울에도 춥지 않고, 연탄을 갈아 넣지 않아도 되고, 문을 잠그고 외출할 수 있는 생활의 편리함이 한몫한다는 점도 빼놓지 않았다.

이에 건축가는 그렇게 하니까 더 값이 오르는 것이라면서 집 없는 설움이 큰 가난한 서민들은 아파트 부인에 적개심을 가질 것이라고의 대상이었을 뿐 에너지를 낭비하거나 과다 사용한다는 인식이 희박했다.

이처럼 1960~1970년대 가정의 에너지 사용은 절대적인 결핍을 벗어나는 과정이었다. 추위를 피할 따뜻한 집을 가질 수 있고 수고로움을 덜면서 그 따뜻한 집을 유지하는 것은 음식 다음으로 산업화와 경제 성장이 가져다준 풍요의 경험이었다. 절대다수의 사람들이 연탄 덕분에 따뜻한 겨울을 날 수 있었다. 1970년대까지 에너지 절약, 소비 절약 운동은 계속 이어졌지만 주로 전기 사용에 집중되었다. 오히려 난방에서는 에너지 절약이 쉽지 않았다. 연탄을 절약한다는 생각은 어색했다. 연탄을 꺼뜨리지 않는 것이 중요한 과제였고, 연탄의 연소 속도를 조절하는 것으로 연탄 소비를 줄이는 데는 한계가 있었기 때문이다. 게다가 연탄을 쓰지 않는 중앙난방 보일러를 설치한 집은 그 자체로 부유함의 상징이었다. 아파트에 살면 난방비를 균일하게 지불했기 때문에 '더우면 창문을 열지언정 실내 온도를 낮추는 것은 손해'라는 생각을 하는 경우도 있었다.

3 근검절약 정책과 지연된 소비 사회

소비 증가는 산업화와 경제 성장의 자연스러운 결과다. 그러므로 경제 성장에 따라 다수의 사람들이 의식주에서 최소한의 기준을 넘는 생활을 하고, 주택을 보유하고, 더 많은 물질을 사용하다 버리고, 여행을 즐기는 소비 사회가 형성된다. 대량 생산이 가능해야 대량 소비가 일어날 수 있다. 1966년 박정희 정부는 산업화와 근대화를 통해 1970년대 후반이 되면 대량 생산과 대량 소비를 통한 풍요로운 사회가 될 것이라고 비전을 제시했다. 한마디로 '잘살게 되었다'는 걸 실감하게 해주겠다는 약속이었다. 이전에는 '쌀밥에 고깃국'이 잘사는 것의 표상이었는데, 대량 소비는 이를 넘어서는 어떤 것이었다. 대량 소비 사회의 형성을 알 수 있는 지표로는 자동차나 가전제품의 보급률과 확산 속도가 있다. 대표적으로 텔레비전, 냉장고, 세탁기 보급 정도를 통해 소비 사회의 형성 정도를 파악한다. 일본은 1970년대 초에 이미 이 세 가지 가전제품 보급률이 90퍼센트를 넘었다. 1966년 당시 한국에서는 여전히 전력 공급이 불안정했고, 국내 생산되는 가전제품이라고는 금성사의 라디오와 흑백텔레비전 정도였다. 1966년 첫 생산된 금성사의 텔레비전 가격은 6만 8000원으로 당시 쌀 27가마(1가마는 80킬로그램)를 살 수 있는 거금이었다. 그로부터 약 15년 뒤인 1980년에는 가구당 텔레비전 보급률이 80퍼센트 수준까지 올라간 것을 보면 1970년대를 거치며 가전제품의 생산과 소비가 빠르게 증가했다는 걸 알 수 있다.

대량 소비의 풍요로운 사회로 가기 위해서는 먼저 전력 부족 문제를 해결해야 했다. 앞에서 본 것처럼 정부는 전력 부족에 대응하기 위해 전기 설비를 빠르게 확충하고, 발전 연료를 주유종탄으로 전환했다. 송전할 때 발생하는 전력 손실을 줄이고 효율을 높이기 위해 1967년에는 220볼트 고압 송전을 채택하기로 결정할 정도였다. 송전 케이블 및 설비를 교체해야 하는 문제 때문에 정책 실현은 뒤로 미루어졌지만, 이를 통해 정부가 전력 공급 확대에 얼마나 신경 썼는지를 알 수 있다. 그럼에도 1960년대에는 제한 송전과 해제를 반복했고, 1차 석유 파동이 끝난 1974년에야 비로소 제한 송전을 전면 해제했다. 제한 송전이 해제되었다고 해서 일반 가정에서 전기를 마음 놓고 쓸 수 있는 상황은 아니었다. 주유종탄 상황에서 전력 생산은 국제 유가 변동의 영향을 받았다. 전력 다소비 산업인 중화학 공업에 우선적으로 전력을 공급해야 했고, 농촌에서도 전기를 사용하기 시작했기 때문에 '한 등 끄기' 같은 에너지 절약 운동은 계속되었다.

'도시 먼저' 정책에 밀려 있던 농촌 지역에 1970년대에 본격적으로 전화(電化) 사업이 이루어졌는데, 때마침 시작된 새마을 운동과 맞물려 빠른 속도로 진행되었다. 그리고 새롭게 송배전 공사를 하는 농촌 지역에 1967년에 결정하고도 실현하지 못했던 220볼트 승압(昇壓)을 먼저 도입했다. 당시 220볼트 전기를 사용할 수 있는 기기가 별로 없었기 때문에 실제 농촌에서는 변압기를 이용해 다시 110볼트로 전압을 낮추어 써야 했다. 전기 설비 보급 정책과 송배전 효율화 정책이 충돌하는 상황이 벌어진 것이다. 그럼에도 전력 설비는 빠르게 확충되어 1979년이면 농촌 전화율(電化率)이 98퍼센트까지 올라갔다. 즉, 1970년대를 지나면 한국 어디에서나 전기를 사용할 수 있어 가전제품이 보편화하는 전력 기반은 갖춘 셈이다.

중산층의 등장과 소비 억제 정책

1970년대가 되면 빠른 경제 성장 시기에 부를 축적하고 독자적인 생활 양식을 추구하는 중산층이 나타나기 시작했다. 산업화 이후 한국의 경제 규모가 얼마나 빨리 성장했는지는 수치로 금방 알 수 있다. 1962~1979년 연평균 경제 성장률은 9.3퍼센트나 되었다. 그리고 중화학 공업을 중심으로 수출 산업이 성장한 1970년대에 명목 임금은 약 10배 증가했다. 말하자면 모든 가정의 소득이 10년 만에 10배 증가한 것이다. 그러나 1970년대에 소비자 물가가 4.5배 증가할 정도로 인플레가 심했기 때문에 평균 실질 소득은 2.2배 증가한 것에 불과했다. 다만 부의 불공평한 분배 때문에 부유층이 늘어났고, 실제 소득 증가가 평균보다 높은, 중산층으로 발돋움할 수 있는 계층도 폭넓게 성장했다. 부유층은 사치하고, 중산층은 부유층을 선망하면서 동시에 자신의 부와 지위를 드러내기 위한 소비 경향을 보이기 시작했다. 그러나 1970년대에 이들은 원하는 만큼 소비할 수 없었다. 박정희 정부가 국내 자본 축적, 인플레 극복을 위해 근검절약, 사치 근절, 저축 증대를 강조하면서 강력한 소비 억제 정책을 펼쳤기 때문이다. 종종 국내 산업 보호와 외화 절약을 위해 애국심에 호소하면서 국산품 소비 운동을 벌이기도 했다.

박정희 정부는 모든 국내 정책의 목표를 빠른 산업화와 수출 증대에 맞추었다. 소비 억제를 강조하는 캠페인 역시 이를 위한 정책이었다. 첫째, 축적된 자본 없이 산업화를 이루기 위해서는 국민의 저축을 통한 자본 형성이 필요했다. 그래서 소비보다 저축이 미덕이라는 인식을 심어주려고 했다. 박정희 자신이 '소박한' 대통령이라는 이미지를 형성하고 미디어를 통해 이를 유포하면서 국민에게도 절약하고 저축할 것을 강조했다. 그중 하나로 초중등 학교에서 매월 단체로 저축하는 운동을 펼쳤다. 저축이 강제는 아니었지만, 적극 장려하는 분위기였다. 예를 들어, 경남의 삼가초등학교(1911년 설립)는 1972년에 전국 최초의 학교 은행인 '무궁화은행'을 개원하고 10여 년간 해마다 저축 우수 학교로 재무부 장관 표창을 받았다.[18]

둘째, 국내 산업 보호, 수출 증대, 외화 확보를 위해서 생활필수품이 아닌 제품은 국내 소비에 우선해 수출용으로 생산했다. 예를 들어, 외국과 합자 기업 또는 주문자 상표 부착(OEM) 등을 통해 생산된 고급 가전제품은 대부분 수출용이고 국내 유통이 금지되었다. 정부는 고급 소비재의 수입을 금지하고 이를 소비하는 행위를 '사치'로 규정했다. 아울러 사치는 사회 발전에 해악을 끼친다고 비난하면서 수입품 소비 억제 정책을 펼쳤다.[19]

소비 억제 정책은 수입품뿐 아니라 관혼상제의 가정 행사부터 일상의 소비와 주거에 이르기까지 광범위하게 이루어졌다. 정부는 1969년에 '가정의례준칙에 관한 법률'을 제정해 결혼, 초상, 제사, 회갑연 등의 경조사에서 허례허식 행위를 하지 못하도록 규제했다. 이 법에 따르면 청첩장 등 인쇄물을 보내 하객을 초청하거나 화환을 진열하고 답례품을 주는 행위는 위법이었다. 또한 기관, 기업체, 직장 명의로 신문에 부고를 낼 수 없고, 장례식에서 굴건제복을 입거나 만장을 사용하지 못하도록 했다. 특히 부유층에 대해 호화 결혼식, 호화 묘지 조성, 별장 건축 등을 금지하고 단속했다. 1971년에는 세법을 개정해 호화 주택, 고급 승용차 등 '비생산적 사치성 재산'에 중과세하는 등 법으로 사치를 억제했다. 당시 기준으로 호화 주택 판별 기준은 자동 개폐문, 에스컬레이터를 갖추었거나 2층 이상 건평 100평 이상의 주택이었다.[20] 1974년에는 긴급 조치로 건평 50평 이상의 단독 주택과 40평 넘는 아파트에 건축 허가를 내주지 말도록 지시했다가 해제한 적이 있다.[21]

정부의 소비 억제는 주택 규모를 넘어 일상의 소비로까지 확대되었다. 물질 소비를 억제하고 세수를 늘리기 위한 방안으로 정부는 1977년 부가가치세와 특별소비세를 도입했다. 부가가치세는 제품을 소비할 때 일률적으로 제품 가격의 10퍼센트를 부과하는 단일 세율의 세금이다. 부가가치세가 단일 세율이기 때문에 부유층과 저소득층이 같은 제품을 소비하면 같은 금액의 세금을 내야 하는데, 부유층에게는 이 세금이 별것 아니지만 저소득층에는 부담이 될 수 있다. 이 같은 점을 고려해 부유층이 소비하는 일부 제품에는 더 높은 세율의 세금을 매기는 새로운 제도, 즉 특별소비세를 함께 도입했다. 그래서 특별소비세를 '사치세'라고도 불렀다. 1977년에 특별소비세를 도입할 때부터 당시 기준으로도 사치품인지 구분이 애매한 제품에까지 폭넓게 적용했다. 보석, 골프채, 스키용품같이 당시 부유층이 주로 사용하는 소비재에는 특별소비세가 부과되었다. 그러나 실제로는 부유층만 소비한다고 보기 어렵고 중산층에서도 점차 소비가 증가하던 품목, 예를 들어 자동차, 텔레비전·냉장고·세탁기 같은 가전제품과 사이다·설탕·커피 같은 기호식품과 화장품에도 특별소비세를 부과했다. 이 때문에 특별소비세 도입이 사치 억제를 내걸었지만, 사실은 세수 증대 조치였다는 비판도 있었다. 왜냐하면 1977년에 텔레비전·냉장고를 가정에서 사용하는 게 '특별한 소비'라고 보기 어려울 만큼 보급이 확대되어 있었기 때문이다.

지연된 대량 소비 사회

1960년대에는 일반 가정에서도 다리미, 선풍기, 라디오 등 가전제품을 사용했다. 하지만 그 수와 종류가 많지 않았고 전기 공급이 불안정해서 그에 따른 가정용 전기 사용도 많지 않았다. 오직 소수의 부유층만 수입 텔레비전과 냉장고를 사용했을 뿐이다. 시중에 유통되는 텔레비전이 별로 없는 상태일 때 1961년 한국방송공사가 개국하고 방송을 시작하자, 민간에서 텔레비전 수요가 생겼다. 당시 극소수 부유층만이 수요를 충족할 수 있었다. 1965년 전국에 3만 1701대의 텔레비전이 등록되었다. 이는 가구당 0.006대, 즉 1000가구 중 6가구에만 텔레비전이 있었다는 뜻이다. 최초의 국산 텔레비전은 금성사가 1966년 8월에 출시한 흑백 VD-191이었다. 이 제품의 출고 가격은 6만 3510원이었는데, 당시 쌀 한 가마가 2500원, 제조업 생산직 노동자의 1년 임금이 6만 8000원이었던 것과 비교하면 상당한 고가였다.

국내 생산이 본격화하자 고가임에도 텔레비전을 구매하는 가구가 증가했다. 당시 텔레비전은 온 가족이 문화생활을 즐길 수 있는 유일한 수단이었고, 그 효용감은 라디오와 비교할 수 없을 정도였다.[22] 즉, 텔레비전은 비싸지만 그래도 형편만 되면—때로는 약간 무리를 해서라도—사고 싶은 품목이었다. 국내 생산을 시작한 지 불과 5년 만인 1970년에는 등록된 텔레비전 대수가 1965년과 비교해 10배 이상 증가한 사실에서 당시의 텔레비전 구매 욕구가 얼마나 컸는지 알 수 있다. 1970년대에는 전자 공업의 성장과 함께 텔레비전과 냉장고의 국내 생산량이 증가했다. 산업 성장에 따른 생산량 증가와 가구의 소득 상승이 맞물리면서 텔레비전 보급은 빠른 속도로 늘어났다. 1980년에는 가구당 0.83대, 즉 10가구 중 8가구 이상이 텔레비전을 소유했다.

특별소비세 부과 같은 정부의 소비 억제 정책에도 불구하고 텔레비전은 생필품이 되었다. 1980년 12월에는 컬러 방송을 시작했는데, 같은 해 여름에 이미 국산 컬러텔레비전이 출시되었다. 이후 흑백텔레비전 등록제가 폐지되고 흑백텔레비전 가격은 폭락했다. 대부분의 가정에서 일시적으로 흑백텔레비전과 컬러텔레비전을 모두 소유한 시기도 있었다.

냉장고 역시 국내 생산을 시작한 것은 1965년부터다. 그 이전에는 식당이나 유통업소를 제외하면 텔레비전과 마찬가지로 외국인, 극소수 부유층의 집에만 수입품 냉장고가 있었다. 금성사는 1965년 일본 히타치와 기술 제휴로 'GR-120 눈표냉장고'를 출시했다. 눈표냉장고는 냉장실과 냉동실 일체형인 문 한 개짜리 모델이었다. 1968년 기준 대졸 초임 월급이 1만 1000원 수준이었는데, 냉장고 출고 가격은 8만 6000원이었다. 대학을 갓 졸업한 노동자가 약 8개월간 월급을 모아야 눈표냉장고를 살 수 있었다. 그러므로 1960년대에 냉장고는 부자들의 과시용 소비재였다. 보통 사람들은 스티로폼으로 만든 '아이스박스'에 얼음을 넣어 식품을 보관했다. 그래서 동네마다 얼음 가게가 있었다.

국내 생산 가전 중 냉장고와 세탁기의 보급은 텔레비전보다 훨씬 느렸다. 냉장고의 경우 여름에 집중적으로 쓸모가 많은 데 비해 비싸고 하루 종일 가동해야 하기 때문에 전기 요금 부담도 컸다. 또한 아쉬운 대로 아이스박스같이 값싼 대체 수단도 있었다. 그래서인지 1980년에도 냉장고 소유 가구는 58퍼센트에 불과했다. 대략 한 집 건너 한 집에 냉장고가 있었다. 세탁기 보급은 더 늦어서 1980년에 세탁기 보유 비율은 14퍼센트에 그쳤다.

가정에서 사용하는 에너지에는 난방과 취사, 조명과 가전제품을 위한 전기 외에 자동차용 석유가 있었다. 자동차 보급 역시 국산 자동차 산업의 성장에 좌우되었다. 1976년 첫 국산 자동차 '포니'가 출시되기 전에는 가구의 소득 증대에도 불구하고 승용차를 소유하기 쉽지 않았다. 수입 자동차는 높은 관세 때문에 가격이 비싸 부유층만 구입 가능했다. 또한 수입 자동차를 '외제 차'라고 부르는 등 국산품 사용 장려 운동에 어긋나고 국가 경제에 해가 되는 것으로 여기는 문화도 있었다. 그래서 소득은 증가했지만 선뜻 수입 자동차를 구입하지 못하던 상태에서 형성된 일종의 '대기 수요'가 국산 자동차 출시와 함께 빠르게 충족되었다. 1976년 포니 출시 이후 1980년까지 짧은 기간 동안 승용차 등록 대수가 약 3배 증가한 사실을 보면 이를 알 수 있다.

1960~1970년대에 한국 사회는 산업이 발전하고 경제가 빠른 속도로 성장했으며, 그에 따라 소득이 늘어나 중산층이 등장하기 시작했다. 정부는 고질적 에너지 부족을 해소하고 산업화에 충분한 전력을 공급하기 위해 양적 공급 확대에 정책의 중점을 두었다. 수력을 포기하고 화력 중심으로 전력 설비를 확충하며, 안정적인 연료 공급을 위해 주유종탄 정책을 택했다. 1980년에는 전체 발전에서 석유 화력이 72퍼센트를 차지해 석유 의존도가 매우 높았다. 또한 정유 산업, 석유화학 산업 등의 발전 외에도 석유 소비가 급증하면서 한국은 석유 사회로 접어들었다. 민간의 난방과 취사는 석탄 중심이었지만 소득이 증가하고 새로운 주거 형태인 아파트가 등장하면서 민간에서도 고급 연료로서 석유에 대한 선호가 높아졌다. 또한 전자 공업의 발전과 소득 증대에 따라 가전제품 사용이 확대되었고, 1970년대 10년 동안 가정

용 전기 소비가 연평균 60퍼센트 이상 증가했다. 이 시기에 한국은 석유 기반의 탄소 문명으로 전환했고, 물질과 에너지를 대량 소비하는 '탄소스러운' 생활 방식이 부유층에서 자리 잡았으며, 새롭게 형성되기 시작한 중산층으로 이런 현상이 서서히 퍼져나갔다. 다만 정부의 강력한 산업 우위 정책과 민간의 소비 억제 정책 영향 때문에 1980년대로 넘어가야 '탄소스러운' 생활 방식이 본격 전개될 수 있었다.

12

탄소 문명의 팽창

한국은 1980년대 중반을 지나면서 대량 소비 사회가 되었다. 다시 말해, 산업과 일상에서 에너지와 물자를 많이 생산하고 많이 소비하는 '탄소스러운' 생활 방식이 대중적으로 폭넓게 자리 잡았다. 이러한 변화의 배경 요인으로는 이 시기에 일어난 경제 호황과 대기업 성장, 중산층 확대, 사회 민주화와 개방 정책을 꼽을 수 있다. 1980년대에 대기업이 수출과 내수 시장에서 주도적 역할을 했는데, 반도체·조선·철강·자동차·석유화학 등 에너지 다소비 산업이 경제 성장세를 이끌었다. 특히 1986~1988년은 저금리·저유가·저달러의 이른바 '3저 현상'이라는 외부 요인이 더해진 결과, 연평균 경제 성장률이 11.9퍼센트나 되었다. 산업화 이후 처음으로 국제 수지가 흑자로 돌아섰으며, 실업률 역시 2.5퍼센트 수준으로 떨어졌다. 그래서 '단군 이래 최대 호황'이라고까지 부를 정도였다. 1997년 IMF 외환 위기가 발생할 때까지 일부 어려움에도 불구하고 경제는 성장세를 유지했고, 이를 위해 충분하고도 안정적인 에너지 공급이 정책에서 우선순위가 되었다.

경제 규모가 커지면서 부동산 붐이 일고 소득 및 교육 수준이 높아졌다. 그 결과 중산층이 폭넓게 형성되었고, 이들을 중심으로 소비에 대한 사회 인식도 달라지기 시작했다. 1970년대까지는 산업 투자 우선 정책에 의해 민간 소비를 억제하고 근검절약과 저축을 미덕으로 여겼다. 그러나 전두환 신군부 정부는 국민의 지지를 얻기 위해 소비, 여가, 문화 등 비정치 영역에서 억제 정책을 완화했다. 에너지와 물질 소비를 억제하는 대신 적극적인 공급 정책을 펼쳐 소비 욕구를 충족할 수 있는 기반을 만들었다. 특히 1987년 민주화 이후에 중산층은 좀 더 자유롭게 소비 욕구를 드러내며 적극적인 소비자층이 되었다. 아울러 88 서울올림픽을 전후로 확대된 시장 개방, 문화 정책에 따라 새로 접하게 된 선진국의 소비 문화도 이러한 변화를 촉진했다. 주택, 소비재, 에너지 같은 물질적 영역은 물론이고 교육, 여가, 문화예술 등 모든 영역에서 대량 생산, 대량 소비 사회가 되었다.

그 결과 1990년대 중반을 넘어서면 한국 중산층의 전형적이고 표준적인 상이 만들어졌다. 대단지 아파트에서 각종 가전제품을 갖추고 살면서 '마이카'로 출퇴근하고, 패션으로 자신을 표현하고, 주말에는 여가와 레저를 즐기는 도시 중산층이 생겨난 것이다. 특히 1955~1963년에 태어난 베이비붐 세대는 이러한 중산층 생활 방식을 만든 주체이자 경제 성장의 성과를 광범위하게 누린 첫 세대다. 인구 비중도 높은 이들은 한국의 '탄소스러운 중산층 대량 소비 사회'의 주역이었고, 자녀 양육을 통해 자연스럽게 다음 세대로 이 생활 방식을 전달했다. 즉, 이 시기에 형성되고 일반화한 '탄소스러운' 생활 방식과 물질 및 에너지 소비에 대한 인식이 다음 세대에게는 '원래 그런 것'으로 내면화되었다. 산업화 이후 불과 30여 년 만에 생존을 위해 필수품을 소비하는 단계에서 벗어나 소비를 향유하고 소비가 미덕인 대량 소비 사회로 들어선 것이다. 한국은 산업화 과정과 마찬가지로 대량 소비 사회로의 전환 역시 서구에 비해 압축적이었다.

1 화석 연료 다변화와 에너지 소비 증가

탈석유 화력 발전과 원자력

1980~1990년대에도 정부의 전력 공급 확대에 우선순위를 두는 정책은 계속되었다. 이 시기에 경제 성장을 주도한 수출 품목인 반도체, 자동차, 선박, 철강, 석유 제품 등은 대표적인 에너지 다소비 산업이다. 그뿐만 아니라 경제 발전에 따른 서비스업 급성장과 시설 농업 확산 등 농림어업의 선진화 같은 산업 구조 및 생산 방식의 변화 역시 큰 에너지 수요를 만들어냈다. 1980년과 IMF 외환 위기가 발생한 1997년을 비교하면 전력 총생산은 6배 증가했다. 제조업과 가정용 전력 사용 역시 5~6배로 전체 전력 생산과 비슷한 정도로 상승했다. 반면, 서비스업의 전력 사용량은 이 시기 동안 13배 넘게 증가했고, 전체 전력 소비에서 차지하는 비중도 약 10퍼센트 수준에서 22퍼센트까지 증가했다. 비록 전력 사용 절대량에서는 다른 산업 영역에 비해 작지만, 농림어업의 전력 사용량 역시 이 시기에 21배나 폭발적으로 늘어났다. 이 모든 산업을 위해 안정적이고 값싼 전력을 공급하는 것은 국가 경제 발전과 수출 경쟁력 유지의 우선 과제 중 하나였다.

‘기름 한 방울 나지 않는’ 한국에서 이 정도로 전력 생산이 증가할 수 있었던 첫 번째 요인은 발전 연료 다양화 정책이었다. 주유종탄 정책에 따라 석유 화력 발전 중심이었던 1970년대에는 1차 석유 파동에도 불구하고 발전 연료에서 석유 비중을 줄이는 노력에 한계가 있었다. 중화학 공업을 위한 전력 공급이 시급한 과제였기 때문이다. 그 대안으로 도입한 원자력 발전 역시 발전소 건설에 오랜 시간이 걸렸기 때문에 1970년대에 실질적인 효과를 기대할 수 없었다. 그러다가 1979년 2차 석유파동을 겪으면서 다시 한번 유가 변동에 따라 전력 공급이 불안정해질 수 있다는 것을 확인했기 때문에 1차 석유 파동 때보다 더 적극적으로 발전 연료 다양화 정책을 펼치기 시작했다. 예를 들어, 1980년대의 제5차, 제6차 전원개발계획에서는 수력 자원 활용 확대, 유연탄 화력 발전소 증설, 기존 석유 화력 발전소 연료의 유연탄과 액화천연가스(liquefied natural gas, LNG) 전환을 전략으로 택했다.

이 계획에 따라 수력 발전소를 증설했고 화력 발전에서는 석탄 화력 발전소 신설과 발전 연료 전환이 이루어졌다. 먼저 수력 발전소 확충을 위해 충주수력발전소와 삼랑진양수발전소, 합천수력발전소를 새로 완공했고 주암수력발전소, 합천수력발전소, 무주양수발전소를 착공했다. 또한 1980년대에 삼천포, 서천, 보령 지역에 유연탄을 사용하는 석탄 화력 발전소를 신설했다. 국내 생산되는 무연탄과 달리 유연탄은 석유처럼 수입에 의존해야 했다. 그러나 유연탄은 석유보다는 국제 가격의 변동 폭이 적었기 때문에 좀더 안정적인 발전 연료였다.[1]

LNG와 원자력은 1980년대에 새롭게 사용하게 된 발전 연료였다. 동력자원부는 발전 연료의 탈석유와 도시 연료 전환을 위해 LNG 도입을 결정하고 1981년에 LNG 사업 기본 계획을 발표했다. LNG는 석유보다 안정적인 공급을 기대할 수 있었다. 발전 연료로서 LNG는 석유 대체 효과를 기대할 수 있고 석유 연소에 따른 공해를 줄일 수 있었다. 그에 따라 1983년에 LNG 사업 전담 기구로 한국가스공사가 설립되었고, 인도네시아와 LNG 매매 계약을 체결했다. LNG를 실제 이용하기 위해서는 먼저 저온의 액체 상태로 수입한 LNG를 다시 기체로 변환하는 재기화(re-gasification, 再氣化) 설비가 필요하다. 정부는 LNG를 수입할 예정인 평택항 인근에 재기화 설비를 갖춘 LNG 생산 공장을 건설했다. 그리고 1984년 평택 공장에서 인천화력발전소까지 이어지는 98킬로미터의 지하 배관망 공사를 시작해 2년 만에 완공했다. 드디어 1986년 평택항을 통해 실제 LNG가 들어오기 시작했을 때 한국 최초의 LNG 발전이 닻을 올렸다.

원자력 발전은 1980년대 이후 발전 연료에서 석유 의존도를 벗어나게 한 일등 공신이었다. 원자력 발전소 건설은 1970년대에 첫 삽을 떴지만, 최초의 원자력 발전소(고리 1호기)는 1978년에야 상업 운전을 시작했다. 고리 1호기 이후 1980년대를 거치며 총 7기의 원자력 발전소가 고리, 경주, 영광, 울진 지역에 속속 들어섰다. 그 결과 1980년대 말이 되면 원자력 발전이 전체 전력 생산에서 약 3분의 1을 차지할 정도로 확대되었다.

1980년대 초와 1980년대 말의 전력 생산량과 각 발전 연료의 비중을 살펴보면, 전력 생산 증가와 발전 연료 다양화의 성과를 실질적으로 파악할 수 있다. 1980년대를 지나면서 연간 전력 생산량은 약 3배 증가했다. 1980년에 전체 발전에서 석유 화력이 차지하는 비중은 72퍼센트로 전력 생산에서 화력 발전과 석유 의존도가 절대적이었다. 그러나 1989년에는 석유 화력의 비중이 급감해 전체 전력 생산에서 수력, 원자력, 화력의 비율이 각각 11.1퍼센트, 36.3퍼센트, 52.6퍼센트로 바뀌었다. 화력 발전에서 석유의 비중이 줄어든 만큼 유연탄과 LNG의 비중이 증가했다. 특히 새로 도입한 LNG의 비중이 전체 발전의 10퍼센트까지 높아졌다.

1990년대에도 발전 설비 증가는 계속되었고, 그 과정에서 화력 발전의 비중은 오히려 1980년대에 비해 높아졌다. 먼저 1997년 전력의 연간 생산량은 1990년에 비해 2배 이상 증가했다. IMF 외환 위기의 영향으로 1998년에는 전력 생산량이 전년 대비 감소했다. 그러나 1999년에는 1997년의 10퍼센트나 다시 증가했다. IMF 외환 위기 이후 경제 각 분야에서 구조 조정, 소득 감소 등의 어려움을 겪었지만 적어도 에너지 생산과 소비만큼은 1년 만에 빠르게 회복했을 뿐만 아니라 전력 수요 역시 지속적으로 증가했다. 전체적인 전력 생산 증가 과정에서 1990년대를 거치며 화력 발전의 비중이 다시 60퍼센트를 넘어설 정도로 높아졌다. 수력 발전소와 원자력 발전소를 일부 신설했지만 그것만으로 늘어나는 전력 수요에 적절하게 대응하기 어려웠기 때문이다. 대신 정부는 상대적으로 적은 비용으로 빨리 건설할 수 있는 화력 발전소를 추가 건설했다. 다만 석유 화력의 비중을 전체의 10퍼센트 수준으로 낮추고, 대신 석탄과 LNG 발전의 비중을 높인 것이 이전과의 차이였다.

발전 연료가 석유 중심에서 벗어나 다양화한 결과 중 하나로 발전소에서 발생하는 대기 오염 물질과 이산화탄소 배출이 감소하는 효과가 있었다. 앞서 살펴보았듯 1970년대까지는 석유 화력 발전 의존도가 워낙 높았기 때문에 이산화탄소와 미세먼지 등 대기 오염 물질의 배출도 많았다. 그에 비해 1980~1997년에는 원자력과 LNG 발전의 비중이 높아진 결과, 전력 생산량 증가에 비해 상대적으로 이산화탄소 발생 비율은 낮아질 수 있었다. 이를 두고 일부에서는 청정에너지 사용 비율이 증가했다고 평가하기도 한다. 그러나 이런 평가는 착시 현상일 수 있다. LNG가 연소될 때 석유와 석탄보다는 이산화탄소를 적게 배출한다. 그러나 LNG 역시 화석 연료이고 온실가스를 배출하기 때문이다. 이에 비해 실질적 청정에너지라고 할 수 있는 수력, 태양열/태양광 등의 대체 에너지 이용 증가는 눈에 띄지 않을 만큼 미미했다. 1~2차 석유 파동 이후 청정에너지는 석유 대체 에너지로서 관심을 얻기 시작했고, 1987년에는 '대체에너지개발법'을 제정할 정도로 필요성을 인정받았다. 그러나 정부는 급증하는 에너지 수요에 빠르게 대응하기에는 건설비가 많이 들고 에너지 생산 효율이 낮다는 문제를 들어 실제 청정에너지를 적극적으로 보급하려는 노력을 기울이지는 않았다.

전력에서 공급 우선의 정책 방향은 기후 문제와 이산화탄소 감축에 대한 국제적 흐름이 형성되고 한국이 기후 관련 국제기구의 회원국이 된 뒤에도 크게 달라지지 않았다. 1990년 지구 온난화 문제에 세계 각국이 공동 대응하기 위해 설립된 정부간기후변화위원회(IPCC)는 제1차 평가 보고서를 발표했다. 이 보고서는 온실가스 배출 증가가 지구 온난화를 유발할 가능성이 있다고 결론지었다. 1992년 브라질 리우데자네이루에서 열린 지구 환경 및 개발에 관한 국제회의(리우회의)에서는 IPCC 보고서에 기반해 유엔기후변화협약을 채택했다. 이 협약은 강제성이 없지만 기후 변화의 문제점을 분명히 하고 국제적으로 대응하기 위한 첫 번째 시도였으며, 이후 논의를 계속하게 만드는 출발점이 되었다. 한국도 이러한 국제적 흐름에 동참해 리우회의에 대표단을 보냈고, IPCC 회원국이 되었으며 유엔기후변화협약에도 서명했다. 그러나 앞서 살펴본 것처럼 1990년대에 실제 한국의 전력 생산에서 온실가스 배출을 줄이기 위한 적극적인 정책 추진은 찾아보기 어렵고, 오히려 화력 발전과 화석 에너지 비중은 1980년대보다 더 높아졌다. 여전히 전력 정책의 1순위는 안정적이고 충분한 공급에 있었던 것이다.

연탄 소비 감소와 석탄 사업의 쇠락

1980년대 초반까지도 민간의 주택 난방에서 연탄이 차지하는 비중은 절대적이었다. 그러나 1980년대에 접어들면 연탄의 수요와 공급이 모두 줄어들었기 때문에 연탄 사용량은 1986년을 정점으로 감소 추세로 돌아섰다. 수요가 줄어든 것은 첫째, 생활 수준 향상에 따라 좀더 깨끗하고 편리한 난방 에너지를 선호하게 되었고 둘째, 급증하는 신축 아파트는 중앙 집중형 석유 난방 또는 도시가스 개별난방을 채택했고 셋째, 도시가스 산업이 빠르게 성장하면서 일반 주택에도 도시가스 보급이 확대되었기 때문이다. 무엇보다 연탄가스 중독에 대한 불안이 계속되었다. 또한 생활 수준이 높아지면서 난방 연료로서 연탄의 약점이 뚜렷해졌다. 또한 아파트가 중산층의 고급 주택으로 떠오르면서 연탄을 사용하지 않는 아파트 생활에 대한 선망이 커졌다. 그러자 주부들은 이전에는 당연하게 여겼던 연탄 배달, 시간 맞춰 연탄 갈기와 연탄재 버리기 등 연탄 사용에 따르는 일을 새삼 번거롭고 불편하게 여기기 시작했다. 주택 난방에서 다른 선택지가 생기자 이런 불편함이 전보다 훨씬 커 보였다. 단독 주택 거주자는 물론이고 한때 인기 높았던 연탄 난방 아파트 주민들도 대안을 찾기 시작했다.

또한 공급 측면에서도 연탄은 불안정성이 큰 연료였다. 연탄의 원료인 무연탄이 국내 생산되는 자원이었음에도 '연탄 파동'은 연례행사일 정도로 자주 발생했다. 계절상품인 연탄은 겨울 날씨 등을 고려한 수요 예측에 맞추어 생산량이 결정되는데, 겨울이 예상보다 길거나 짧은 등 날씨 예측이 틀릴 때 수급 불일치, 즉 연탄 파동이 생겼다. 또는 중간 유통 단계에서 가격 인상을 노리고 무연탄 또는 연탄 재고를 시중에 풀지 않을 때에도 공급 부족과 함께 연탄 파동이 발생했다. 좀 더 근본적으로는 무연탄 생산량 자체가 충분하지 못해서 수급 불일치가 생기기 시작했다. 1970년대 말 또는 1980년대에 접어들면서 국내 탄광의 생산성과 그에 따른 탄광 기업의 이윤율이 떨어졌다. 일부 탄광에서는 매장량이 한계를 드러냈고, 그렇지 않은 탄광에서도 점점 더 깊게 갱도를 파고 내려가야 석탄을 채굴할 수 있었다. 따라서 생산 단가가 올라갔다. 하지만 정부가 물가 안정을 위해 서민의 난방 연료인 연탄의 가격을 규제했기 때문에 탄광 기업은 원하는 만큼 가격을 올릴 수 없었다.

그러자 탄광 기업은 임금 인상 억제같이 노동 탄압적인 수단을 통해 이윤을 지키려 했다. 이에 반발해 탄광 노동자들은 임금을 제대로 주고 정당하게 대우해줄 것을 요구하면서 노동조합을 설립하는 등 기업 경영진에 조직적으로 대응했다. 이들 간의 긴장과 충돌은 석탄 생산과 탄광 지역의 민심을 불안정하게 만들었고, 그중 가장 격렬하게 부딪친 것이 흔히 '사북사태'라고 알려진 사건이다.

사북 사건은 1980년 4월 21일부터 24일까지 강원도 정선군 사북읍에서 동원탄좌 광부들이 일으킨 대규모 노동 쟁의였다. 동원탄좌는 당시 국내 최대 민영 탄광이었음에도 이 탄광의 노동자들은 저임금에 장시간 노동을 하고, 안전시설도 제대로 갖추지 않은 열악한 환경 속에 있었다. 회사가 관리하는 어용 노조에 불만을 가진 광부들은 노동 조건을 개선하기 위해 독자적인 노동조합 설립을 시도했다. 회사는 이들을 감시하고 방해하는 과정에서 폭력을 동원하는 등 노동 운동을 탄압했다. 결국 광부들이 1980년 4월 21일, 농성을 시작했다. 처음에는 평화적 시위였지만 회사 측과 경찰은 이들을 해산시키기 위해 물리력을 동원했고, 그 와중에 양측의 충돌이 발생했다. 이에 분노한 광부들은 관리직 직원들과 경찰을 억류하고 회사 시설을 점거하며 농성을 이어갔다. 당시는 1979년 12·12 군사 반란 이후 신군부가 계엄령을 선포한 상태였다. 신군부는 이들의 농성을 정당한 노동 운동이 아니라 '불순 세력의 선동에 의한 폭동'으로 규정하고 대규모 경찰력을 투입해 강경 진압했다. 결국 농성은 4일 만에 진압되었고, 광부 수백 명이 체포당해 형사 처벌을 받았다. 사북사건은 오랫동안 '사북사태'로 불리다가 2008년에야 폭동이라는 오명을 벗었다. '진실화해를 위한 과거사정리위원회'는 당시 광부들이 정당한 요구를 했고, 정부가 과도하게 폭력 진압을 했다고 발표했다.

1980년에 새로 들어선 전두환 정부는 장기적인 석탄 산업 합리화 계획을 세웠다. 석탄의 국내 생산량이 감소하는 데다 소비자가 좀더 편리한 다른 난방 수단을 선호하는 경향이 있음을 파악하고 석탄 산업의 하락세를 예상했기 때문이다. 사북사건은 이러한 정부의 계획을 빨리 추진하도록 촉발한 계기 중 하나였다. 정부는 1982년과 1987년, 2단계에 걸쳐 석탄 사업 합리화를 위한 '광산 지역 종합 개발 사업'을 추진했다. 석탄 산업 합리화란 사실 '석탄 산업 구조 조정'을 듣기 좋게 표현한 것이었다. 석탄 산업 합리화의 실제 내용은 한편으로 탄광 지역 주민의 불안을 줄여주고, 다른 한편으로 수익률 낮은 탄광을 폐광하고 그에 따른 대책을 마련하는 것이었다. 먼저 1단계에서는 주요 탄광 지역의 생활 환경 개선, 광산 근로자에 대한 복리 후생 지원 등을 앞세웠다. 그리고 2단계에서 일부 탄광을 장기 개발 탄광으로 지정하고 개발 사업을 추진했다. 이런 정책 기조는 1990년대에도 이어졌다. 정부는 1991년 '석탄산업법'을 개정하고, 그에 따라 탄광 지역 주민의 소득과 연계될 수 있는 대체 산업 육성을 위한 장기 지원책을 마련했다.

그러나 석탄 산업 합리화는 정부 계획대로 이루어지지 못했다. 1980년대 후반부터 탄광 산업 사양화가 당초 예상보다 빠르게 진행되었기 때문이다. 업계에서 석탄 생산량 감축과 수익을 맞추지 못하는 광산의 폐광을 연이어 결정하면서 탄광 지역 경제가 눈에 띄게 위축되었다. 탄광 지역에서는 "개도 지폐를 물고 다닌다"는 우스갯소리가 있을 만큼 석탄 산업이 잘나갈 때도 있었지만, 영광의 시간은 짧았다. 당장의 위기에 직면하자 탄광 지역 주민들은 기존 장기적 관점의 지원책은 쓸모가 없다고 느꼈다. 그리고 정부는 이 같은 불안을 잠재우고 탄광 지역의 경제를 지원하기 위해 특별 조치를 취했다. 1995년 '폐광지역 개발지원에 관한 특별법'을 제정했는데, 이 법에 따라 탄광 지역의 문화 시설과 관광 산업을 지원할 수 있도록 했다. 쇠락한 탄광 지역에 석탄 산업 대신 관광 문화 산업을 키우겠다는 의도였다. 특례 규정에 따라 다른 지역에서 보기 어려운 몇 가지 조치가 이루어졌는데, 그중 가장 눈에 띄는 것은 카지노 건설이었다. 당시에는 외국인만 국내 카지노에 출입할 수 있고 내국인의 출입은 법으로 금지되어 있었다. 그런데 태백의 폐광 지역에만 특별히 내국인도 이용할 수 있는 카지노 1개소를 허용해 지역 주민에게 일자리를 제공하고 관광 경제를 키울 수 있도록 했다. 이 조치에 따라 2000년에 '강원랜드'가 문을 열었다.

지역난방과 도시가스 확대

연탄이 사라진 자리를 차지한 것은 지역난방과 도시가스였다. 지역난방은 열병합 발전소 등에서 발생하는 잉여열을 이용해 데운 온수를 배관을 통해 일정 지역에 공급하는 방식이다. 관리상의 문제 때문에 지역난방은 단독 주택보다는 아파트 같은 대단위 공동 주택에 주로 보급되었다. 1985년 에너지관리공단은 열병합 발전소와 쓰레기 소각장에서 발생하는 열을 이용해 목동 지구의 2만 6000여 가구와 상업 시설에 난방을 제공하기 시작했다. 이것이 최초의 지역난방이었다. 이어 1987년에는 한국지역난방공사가 당인리화력발전소에서 발생하는 잉여열을 이용해 여의도, 동부이촌동, 반포동 등 80개 단지의 아파트 4만 2000여 세대에 난방을 공급했다. 지역난방이 공급되면 주민들은 집 안에 보일러를 따로 설치할 필요 없이 온수 배관, 온돌 난방을 이용할 수 있다. 그만큼 보일러 설치 비용을 아낄 수 있고, 실내 공간을 더 쓸 수 있고, 실내에서 보일러를 기동할 때 생기는 화재 위험과 보일러 유지·보수의 번거로움에서 벗어날 수 있었다. 전기처럼 스위치를 껐다 켰다 하는 것만으로 난방과 온수를 해결할 수 있게 된 것이다. 남는 열을 재활용한다는 것도 장점이었다. 지역난방은 1990년대에 대단지 아파트가 들어선 분당, 일산 등 신도시에서 빠른 속도로 확산되었다.

기체 연료는 가정에서 난방보다 취사용으로 먼저 널리 쓰였다. 한국은 1960년대에 처음 정유 공장이 생기면서 액화석유가스(LPG)를 대량 생산할 수 있게 되었다. LPG는 대부분 카트리지 형태로 유통되었다. 1968년경에 등장한 주택 개량 담론에서는 이미 서구식 생활 문화, 즉 입식 부엌을 강조하고, 허리를 구부리지 않아도 되고, 상하수도를 한 공간에서 해결해 동선을 줄이며 효과적으로 일할 수 있다고 소개했다. 그러나 이러한 서구식 문화생활은 LPG 생산에 이어 1969년에 금성사가 가스레인지를 생산·판매하기 시작한 후에야 부유층을 중심으로 실현 가능해졌다. LPG 카트리지에 가스레인지를 연결해 쓸 때 가스의 남은 양을 알 수 없기 때문에 요리 도중 가스가 떨어져 카트리지를 교체해야 하는 등의 불편함이 있었다. 그럼에도 가스레인지는 불 조절이 어려운 연탄아궁이나 냄새나고 그을음이 심한 석유곤로에 비해 말할 수 없이 편리해 주부들이 선망했다. 1975년에는 일본 린나이와 합작한 린나이코리아가 LPG를 사용하는 가스레인지를 생산·판매하기 시작했다. 린나이코리아의 가스레인지 매출은 1978년 약 4억 원에서 1979년에는 약 29억 원, 1980년에는 약 74억 원으로 늘었다. 이 급격한 매출 증가로부터 깨끗하고 편리한 취사용 에너지에 대한 요구가 얼마나 컸는지를 짐작할 수 있다.

배관을 통해 기체 연료를 가정에 보급하는 사업 역시 기체 연료 생산 직후부터 서서히 시작되었다. 1970년에 서울 동부이촌동의 3000여 가구에 배관을 통해 LPG에 공기를 혼합한 기체 연료를 공급했다. 배관으로 이를 공급받는 세대에서는 LPG 카트리지를 교체하는 불편함 없이 가스레인지를 사용할 수 있었다. 당시 가정에 제공하는 기체 연료의 종류가 여러 가지였기 때문에 사업자들은 LPG 같은 특정 기체 연료 이름 대신 도시에 공급하는 기체 연료, 즉 '도시가스'라는 직관적이고 쉬운 이름을 만들어 썼다. 1972년에는 시영도시가스(지금의 서울

도시가스) 공장이 준공되어 영등포와 마포구의 6000여 가구에 도시가스를 공급하기 시작했다. 1978년 정부는 가정용 난방 공급 대책의 하나로 기체 연료화 정책을 도입했고, 1980년부터 민간 기업이 도시가스 산업에 진출할 수 있도록 허용했다. 기존의 석탄 산업 기업 중 다수가 도시가스 사업에 뛰어들었다. 예를 들어, 연탄 사업에 주력하던 삼천리가 1982년 경인도시가스를 인수해 국내 최대 도시가스 기업 중 하나로 성장했다. 경동탄광과 울산연탄의 기업주는 1981년 도시가스 사업에 진출해 울산·양산 지역의 도시가스 공급을 맡았다. 이처럼 전국에 걸쳐 지역별로 도시가스 사업체가 등장했다. 이 시기에는 코크스를 주 연료로 한 나프타 분해(CRG) 방식으로 생산한 도시가스가 공급되었다. 정부는 1984년에 관련 법의 이름을 '도시가스사업법'으로 정해 당시까지 편의상 사용하던 도시가스라는 명칭을 법정 용어로 만들었다. 이 법은 도시가스를 "천연가스 그리고 배관을 통하여 공급되는 석유 가스, 나프타 부생 가스, 바이오가스 또는 합성 천연가스"로 정의했다.

그러나 본격적인 LNG 수입과 공급이 가능해지자 도시가스는 대부분 LNG로 공급되었고, LNG가 가정용 난방과 취사의 주된 연료로 빠르게 자리 잡았다. 민간의 LNG 사용은 도시가스 주배관(환상망) 공사가 1968년 12월에 완공된 후 본격화했다. 1987년 이후 충분한 양의 LNG를 안정적으로 공급할 수 있게 되자 서울시는 서울의 도시가스 사업자에게 LNG 사용을 의무화했다. 대기 보전 대책 중 하나로 대기 오염을 덜 일으키는 LNG를 주된 난방 연료로 사용할 것을 강력히 촉구한 것이다. 1989년 12월에 환경청은 이 조치를 수도권 15개 시군으로 확대 적용했다. 특히 서울에서는 1990년에 관련 법을 개정해 아파트 난방용 도시가스에 LNG 사용을 의무화했다. 신설 아파트는 물론 기존 아파트에도 점차 확대하는 조치를 내린 것이다. 도시가스 배관 인프라가 가장 많이 보급되었던 서울과 수도권에서 LNG 사용 의무화 조치를 확대하면서 도시가스 산업은 급속하게 발전했다. 그 과정에서 이전의 석탄 기업이 도시가스 산업에서 크게 성장했다.

그러나 도시가스 공급의 지역 간 편차가 컸다. 배관 설비 공사가 서울, 수도권, 지방 대도시 중심으로 추진되었기 때문이다. 예를 들어, 2017년도 시도별 도시가스 가정용 보급률 현황에 따르면 전국 평균은 82퍼센트지만 서울, 경기, 인천 지역의 보급률 평균은 92.5퍼센트로 훨씬 높았다. 특히 서울은 98.6퍼센트로 거의 완전한 보급 상태였다. 반면, 지방의 보급률 평균은 72.1퍼센트였다. 지형 조건이 불리하고 인구가 적은 전라남도의 보급률은 47.2퍼센트, 강원도의 보급률은 45.4퍼센트에 불과해 지역 편차가 크다는 것을 알 수 있다.[2] 1991년에 큰 인기를 끌었던 경동보일러의 영상 광고에는 겨울밤에 시골집의 할머니와 할아버지가 마당에 나와 연탄을 갈고 재를 치우면서 이야기를 나누는 장면이 나온다. 그리고 뒤이어 젊은 여성의 목소리가 들린다. "여보, 아버님 댁에 보일러 놔드려야겠어요." 참 인상 깊은 광고 카피였다. 그런데 당시 도시가스의 전국 보급률을 생각하면, 아마 광고에서 여성이 말한 보일러는 '기름보일러'일 것이다. 1991년에는 수도권이 아닌 한 시골집까지 도시가스가 연결되지는 않았기 때문이다.

에너지 절약 운동의 한계

1980년대에 전력 공급을 양적으로 확충하면서도 민간을 대상으로 한 정부의 에너지 절약 정책은 계속되었다. 발전 연료에서 비중이 커진 유연탄과 LNG는 석유보다는 국제 가격이 안정적이었다. 하지만 전량을 수입에 의존했기 때문에 수급 불안정 문제는 여전히 남아 있었다. 1980년대 들어 정부의 에너지 절약 메시지는 이전의 강압적인 구호에서 '공익 광고'라는 문화적인 형태로 바뀌었다. 1980년 한국방송광고진흥공사가 설치한 '공익광고협의회'는 에너지 절약, 86 서울아시안게임, 88 서울올림픽, 의료 보험 확대 실시 등 다양한 소재의 공익 광고를 제작했다. 그중 1981년에 방송된 '아끼세요, 에너지 절약'에는 가로등과 집 안의 전등을 끄고 다니는 어린아이, 세탁기·냉장고 등 가전제품을 쓰면서 절전 모드를 사용하는 주부 등이 등장한다. 특히 이 영상에 삽입된 노래, "있을 때는 없을 때를 생각하고, 에너지를 아끼세요, 우우우우우~ 말로는 쉬운 일, 행하기는 어려운 일. 오늘은 내일을 생각하고 에너지를 아끼세요, 우우우우우"는 대중에게도 널리 알려졌다.[3]

공익 광고 같은 캠페인 외에 에너지 절약을 위해 에너지 수요를 관리하려는 시책도 일부 도입했다. 대표적으로, 에너지 소비 효율이 강조되었다. 에너지 고효율 기술 개발, 건축물 단열 보강 등 기술/인프라 정책을 시행하고, 가전 기기 보급 통계를 구축해 에너지 소비 행태를 파악하기도 했다. 또한 소비자에게 제품의 에너지 소비 효율에 관한 정보를 제공해 에너지 절약형 제품을 선택하도록 유도하는 정책도 추진했다. 한국에너지공단은 1992년 5단계로 구분되는 '에너지 소비 효율 등급 표시제'를 도입하고 가전제품에 이를 부착하도록 했다.

이러한 정책에도 불구하고 전두환 정부가 민간의 전력 소비를 강력하게 규제했다고 보기는 어렵다. 높아진 생활 수준에 맞게 전력 소비가 늘어나는 가운데 오히려 정부의 일부 사회문화 정책은 전력 소비를 촉발하는 효과가 있었다. 그중 하나가 야간 통행금지 해제였다. 야간 통행금지는 1945년 미군정이 치안 유지를 명목으로 서울과 인천에 처음 도입했고, 한국전쟁 이후 전국으로 확대되었다. 일부 지역에서 일시적으로 해제한 적은 있지만, 전국적으로는 37년간 유지되다가 1982년 1월 5일 마침내 전면 해제한 것이다. 밤에도 자유롭게 나다닐 수 있는 자유를 되찾은 사람들을 대상으로 자연스럽게 심야 영업이 성행했고, 그에 따라 전력 사용량도 증가했다. 또한 정부는 오랫동안 에너지 절약을 이유로 금지했던 옥외 네온사인 간판 규제도 풀었다. 이러한 조치는 86 아시안게임, 88 서울올림픽 같은 국제 행사에 대비해 도시 환경을 화려하게 만들려는 의도도 있었다. 도심의 밤은 밝고 화려하게 빛나는 활기찬 시공간이 되었다. 특히 1980년대에 원자력 발전이 늘어나면서 이러한 심야의 전력 소비가 가능했다. 원자력 발전은 화력 발전과 달리 가동 중간에 스위치를 끌 수 없고 24시간 쉼 없이 가동해야 한다. 즉, 전력 수요가 급격히 줄어드는 밤에도 계속 전기를 생산하기 때문에 심야의 전력 소비 증가를 감당할 수 있었다.

2 '아파트 공화국': 주거 환경과 생활 방식의 동질화

대단지 아파트의 대량 건설

에너지 소비 또는 생활 방식과 관련해 한국 사회의 중요한 특징이자 큰 변화를 가져온 것은 대단지 아파트의 대량 건설이었다. 1980년대 초에 아파트는 단독 주택보다 살기 좋은 주거 공간으로 인식되었고, 정부의 주택 정책 역시 아파트 공급을 중심으로 추진되었다. 대한주택공사는 1970년대에 이어 1980년대에도 대단지 '주공아파트'를 계속 건설했고, 입주민의 다양한 수요에 맞추어 소형부터 대형까지 여러 평형을 공급했다. 반면, 반포·압구정·여의도 등에 민간 회사가 건설한 대단지 아파트는 넓은 평수에 고급화를 추구했다. 특히 현대건설이 압구정에 지은 15층짜리 현대아파트는 당시의 첨단 공법을 채택한 고급 아파트의 대명사가 되었다. 지역난방이나 도시가스 같은 깨끗하고 편리한 에너지도 아파트에 먼저 공급되었다. 아파트에 사는 사람들이 늘어나자 편리한 생활에 대한 사람들의 욕구는 더 강해졌다. 그러자 아파트 건설이 계속해서 이어졌음에 불구하고 수요가 더 빨리 증가해 아파트 가격이 계속 올라가는 현상이 나타났다. 아파트는 편리한 생활 공간이자 '쉽게 큰돈을 벌 수 있는' 투기 대상이라는 두 얼굴을 동시에 가졌다. 누구라도 아파트를 선망하지 않을 이유가 없었다.

노태우 정부는 1989년 '주택 200만 호 건설'을 발표했다. 아파트를 일시에 대규모로 공급해 부동산 투기를 잠재우고 주택 부족 문제도 해결하겠다는 것이 정책 목표였다. 정부는 유례없이 빠른 속도로 사업을 추진해 200만 호 건설 계획 발표 후 4년도 지나지 않은 1992년에 분당, 일산, 평촌, 산본, 중동에 신축 아파트 214만 호의 '1기 신도시'가 건설되었고 사람들이 입주하기 시작했다. 워낙 짧은 기간에 이루어진 대규모 건설 사업이었기 때문에 입주 시작 뒤에도 도로와 대중교통이 제대로 갖추어지지 못했다. 그뿐만 아니라 병원, 상가 등 편의시설이 턱없이 부족해 입주민의 원성을 사기도 했다.

여러 문제에도 불구하고 '주택 200만 호 건설'은 한국에서 아파트가 보편적 주거 공간으로 인식되는 전환점이었다. 통계를 보면, 아파트가 얼마나 빠른 속도로 증가했는지를 더 분명하게 알 수 있다. 전국

에서 아파트가 가장 많은 서울의 주택 중 아파트 비율은 1975년 8퍼
센트, 1985년 26퍼센트였으나, 주택 200만 호 건설이 끝난 1995년에
는 42퍼센트로 높아졌다. 특히 1기 신도시가 대부분 경기도에 위치했
기 때문에 1995년 경기도의 아파트 비율은 46퍼센트로 서울보다 높아
졌다. 1990년대에도 아파트 건설이 계속되어 2000년에는 주택에서 아
파트가 차지하는 비율은 전국 47퍼센트, 서울 51퍼센트, 경기도 57퍼
센트에 달했다. 도시 지역에서 전체 가구의 절반은 아파트에 살게 되
었다는 얘기다. 가히 '아파트 공화국'이라 불릴 만하다.[4]

중산층의 동질화된 생활 방식

1980년대부터 급속히 늘어난 도시의 대단지 아파트는 중산층에 단순
한 주거 공간이 아니라 자산 축적, 편리하고 안전한 생활 공간, 사회
문화적 계층 의식과 과시를 한 번에 해결해주는 수단이었다. 먼저 정
부의 주택 공급 정책이 아파트 중심이었다. 정부는 주택 청약통장이나
담보 대출 같은 금융 제도를 도입해 적은 자산을 가지고도 아파트 구
입이 가능하도록 했다. 또한 민간 건설 회사가 적은 초기 투자로도 주
택을 공급할 수 있도록 아파트를 짓기 시작할 때 분양하고 건설 자금
을 확보할 수 있는 선분양 후입주 방식을 도입했다. 이 시기에 '내집
마련', 다시 말해 '내 아파트 마련'은 도시 중산층 경제 활동의 중요한
목표였다. 아파트는 점차 '집' 또는 '주택'의 대명사로 통했다. 정부는
한편으로 주택 부족을 해소하기 위해 다양한 아파트 공급 정책을 펼
치면서, 다른 한편으로 아파트 중심의 부동산 투기를 억제하기 위해
세금 제도, 분양가 규제 등의 정책도 같이 추진했다. 그럼에도 아파트
가격이 분양가보다 낮아지는 경우는 거의 없었고, IMF 외환 위기 발

생 이전까지 정부의 투기 억제 정책은 큰 효과를 거두지 못했다.

규격화된 대단지라는 점이 한국 아파트의 특징이다. 1980~1990년대에 공급된 아파트의 평형은 몇 개에 불과하고 평면도 역시 평형별로 거의 똑같았다. 중대형 아파트와 소형 아파트를 비교해봐도 평면도의 기본 구조는 비슷했다. 면적 차이만큼 방의 개수가 많거나 방·거실 등 공간별 넓이가 커질 뿐이었다. 분양 가격에는 난방 설비 같은 인프라는 물론 벽지, 싱크대 같은 인테리어 요소까지 모두 포함되었다. 건설 주체가 주택공사든 민간 회사든 이 점에서는 같았다. 이처럼 규격화된 대단지 아파트는 건설비를 절약하고 짧은 시간에 많이 효율적으로 건축할 수 있는 장점이 있었다. 또한 적은 비용으로도 놀이터·공원 등 공용 서비스 공간을 마련할 수 있었다. 이는 부족한 도시 거주 환경 인프라를 보완하는 효과도 있었다. 이 시기 한국에서 아파트는 대량 생산, 대량 공급되는 표준화된 상품이었다.

규격화한 대단지 아파트에 살면서 중산층의 생활 방식과 소비 행태도 동질화되었다. 같은 아파트 단지에 입주한 사람들은 마치 기숙사에 사는 것처럼 같은 평형에 사는 다른 입주민의 실내 가구 배치와 동선 등을 짐작할 수 있었다.[5] 1981년에 시작된 컬러텔레비전 방송의 드라마와 광고는 부유층의 풍요로운 소비를 보여주면서 중산층의 '따라하기' 욕망을 자극했다. 게다가 당시에는 주민들이 정기적으로 모이는 '반상회'를 통해 이웃들이 집 안에 무엇을 갖추고 무엇을 소비하는지 직접 볼 수 있었다. 텔레비전이 보여주는 부유층의 풍요로움, 경제적으로 비슷한 수준일 것 같은 이웃에 '꿀리지 않겠다'는 마음이 소비를 자극했다. 그 결과 중산층을 중심으로 비슷한 집에서 비슷한 가구를 갖추고 비슷한 물건을 소비하면서 사는 생활 방식이 자리를 잡았다.

주거와 소비가 동질화하는 경향과 함께 각각의 부, 취향, 지위를 드러내고 구별 짓기 위한 노력도 같이 이루어졌다. 그중 가장 눈에 띄는 것은 아파트 단지 이름 짓기였다. 초기에는 '부용아파트' '목련아파트' 같이 고유한 이름을 짓는 경우도 있었다. 그러나 대기업 건설사가 아파트를 짓고 거기에 자사 이름을 붙여 차별화하기 시작했다. 종종 부실 공사가 발생하던 시기였기 때문에 건설사 이름이 건축 기술을 보증하는 역할을 하기도 했다. 처음에는 아파트 가치를 올리려는 건설사 마케팅의 일부였는데, 같은 건설사가 여러 지역에 아파트를 짓게 되자 지역명에 건설사 이름을 덧붙이는 일이 흔해졌다. 예를 들어, 압구정현대아파트·반포주공아파트 같은 방식이다. 아파트의 이름에 경제적 가치를 직접 드러내는 이 방식에 입주민도 빠르게 익숙해졌다. 1990년대까지 대부분의 자산을 부동산에 집중한 중산층은 아파트 이름이 자신의 사회적 지위와 계급 정체성을 나타낸다고 여길 정도였다. 분당과 일산 등 1기 신도시 건설에서 'ㅇㅇ마을'같이 더 일반적이고 공동체 느낌을 주는 이름 짓기가 한때 유행했으나 이 흐름은 오래가지 않았다. 건설사는 기존 이름에 '팰리스' '캐슬' 같은 수식어를 더해 다른 아파트와 구별되는 프리미엄 아파트라는 점을 강조했다.

1990년대 후반으로 가면서 건설사들의 이러한 프리미엄 경쟁은 입주민에게 고급 소비재 소비를 강제하는 효과를 낳았다. 건설사와 아파트 단지끼리의 경쟁은 이름 짓기에서 끝나지 않고 이름에 걸맞게 고급 내장재를 사용하고 비싼 기기를 기본으로 포함하는 설계로 이어졌다. 건설사의 모델 하우스는 이를 실물로 구현해 보여주었는데, 건설사 홍보 기능 외에 많은 예비 입주자에게 고급 생활 방식의 이상적 모델을 제공하는 기능을 했다. 그러므로 기본 설비와 내장재 선택에서 에너지 절약, 에너지 효율 같은 요소는 상대적으로 중요하게 생각하지 않았다. 프리미엄 아파트에는 싱크대 정도만 설치하던 주방에 '시스템 키친'이란 이름으로 여러 장치를 '빌트인'하기 시작했고, 시간이 지나면서 기본 설치되는 종류와 수가 늘어났다. 한번 시작된 이런 흐름은 다른 신축 아파트 단지로 빠르게 확산했다. 아파트 입주자는 본인의 생활 방식이나 의사와 상관없이 아파트 구입과 동시에 이러한 기술과 제품을 구입하고 소비할 수밖에 없었다.[6] 1990년대 말에는 신축 아파트에 입주하면서 한 번도 사용하지 않은 기본 장치와 가구를 뜯고 새로 설치하거나 실내 인테리어를 취향에 맞게 바꾸는 입주자가 생겨나기 시작했다.

3 '탄소스러운' 생활 방식의 대중화

1980~1990년대를 거치며 대량 공급된 대단지 아파트는 결과적으로 중산층의 생활 방식을 동질화하는 물질적·공간적 토대가 되었다. 아파트가 주된 주거 공간으로 자리 잡은 것은 지역난방·도시가스 같은 새로운 가정용 에너지의 인프라가 빠른 속도로 확산하는 과정이자, 비슷한 규격의 가구와 가전제품을 사용하면서 소비 생활 방식이 동질화하는 과정이었다. 산업화와 경제 성장의 결과 폭넓게 형성된 중산층은 에너지, 물질, 문화 소비 욕구를 처음으로 충족할 수 있었다. 이 요인들이 결합해 한국의 중산층은 물질과 화석 연료에 기반한 에너지를 많이, 비슷한 방식으로 소비하는 '탄소스러운' 생활 방식을 당연한 것으로 여기게 되었다.

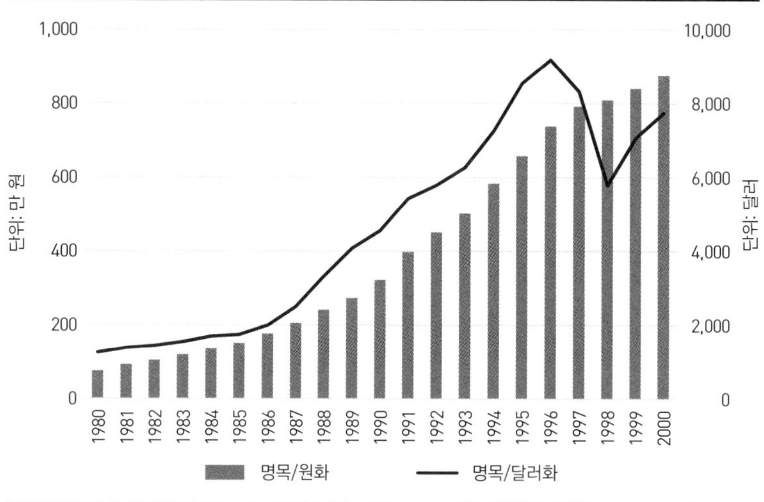

출처: 한국은행, 〈국민 계정〉.

주: 1인당 가계 총 가처분 소득 = 가계 총 가처분 소득 ÷ 총인구. 총인구는 추계 인구.

이는 이 시기에 가계 소득이 높아졌고, 그에 따라 구매력도 커졌기 때문에 가능한 일이었다. 제한적이나마 가계의 구매력을 알아볼 수 있는 1인당 가계 총 가처분 소득[7]의 추이를 살펴보면, 1975년 23만 3000원에서 1980년 75만 6000원, 1990년 322만 6000원, 1997년 791만 6000원으로 빠르게 성장했다. 특히 1980년대에는 10년 동안 1인당 가처분 소득이 4배 이상 증가했고, 1990년대부터 1997년까지 7년 동안에는 2.4배 증가했다. 물가 상승을 감안하더라도 소득, 특히 가처분 소득이 증가함으로써 전 국민의 구매력이 지속적으로 증가했음을 알 수 있다. 그뿐만 아니라 이 시기에는 가장 소득이 낮은 소득 1분위를 제외하고 2분위부터 7분위에 속하는 모든 가구에서 가계 지출보다 소득이 많았다. 즉, 소비 증가에도 불구하고 그보다 많이 벌어

가계를 흑자로 유지할 수 있었다.[8] 아울러 1980년대 중반 이후 3저 현상에 힘입어 1970년대와 달리 상대적으로 물가가 안정되었기 때문에 가계의 소비 여력이 컸다.

소득 증가를 바탕으로 양적 성장을 한 중산층은 적극적으로 소비하고, 그 소비를 통해 사회 계층의 정체성을 드러내고자 했다. 1980년대의 중산층은 처음으로 생존을 위한 의식주 소비에서 벗어나 계층의 수준에 맞는 상징적 소비, 즉 기호품, 문화와 레저, 브랜드 가치를 소비하기 시작했다. 개인화한 소비 생활이 가능해진 것이다. 정부는 사치와 낭비·과소비를 지적하면서 외채 절감과 소비 절약 운동을 계속했다. 그러나 고삐 풀린 소비에 대한 욕구가 있고 소득 증대가 이를 가능하게 했기 때문에 정부의 소비 절약 운동은 실질적으로 큰 효과를 거두지 못했다. 1990년에는 고가 사치품 수입 때문에 국제 수지 적자가 커진다는 지적이 나왔다.[9] 또한 이러한 소비 성향을 가리키는 '과소비'라는 새로운 용어가 등장했다. 1970년대까지 주로 사용하던 '사치'가 소비 제품의 질적 측면, 즉 필요 이상으로 비싼 고급 제품 소비를 나타낸다면, 과소비는 소비의 양적 측면, 즉 지출과 소비 규모가 큰 점을 강조한다는 점에서 다르다. 대량 소비의 대중화에 대한 사회적 인식이 생겼다고 볼 수 있다.

이러한 소비 경향은 1990년대에 강화되었다. 부동산 투기로 부를 축적한 신흥 부자들의 과시 소비와 이에 대한 중산층의 모방 소비가 더욱 확산한 것이다. 그리고 중산층 자녀로서 소비 문화에 익숙한 청소년기를 보낸 X세대의 등장, 해외여행 전면 자유화와 외국의 소비 문화 유입, 기호 제품 수입 증가 등 다양한 요소가 작용해 1997년 IMF 외환 위기 직전까지 소비 문화는 빠르게 퍼졌다. 1990년대 말에는 근검절약을 미덕으로 알고 저축하며 살았던 산업화 1세대, 경제 성장기에 소비 억제를 경험한 청소년기를 지나 중산층 소비 문화의 주역이 된 베이비붐 세대, 그리고 에너지 결핍과 소비 억제를 경험한 적 없는 베이비붐 세대의 자녀들이 함께 대량 소비 사회를 살아간 것이다.

전기 없이 불가능한 중산층 생활 방식

대량 소비 사회가 되었음을 실감할 수 있는 일상생활의 지표 중 하나가 다양한 가전제품의 대중화다. 1980년대 이후 중산층의 가전제품 소비는 급속히 증가했다. 한국에서는 1980년대를 거치며 거의 모든 가구가 냉장고·컬러텔레비전을 갖추었고 세탁기, 비디오 플레이어 사용이 늘어나기 시작했다. 이러한 가전제품은 생활 필수품으로 인식되었다. 또한 가전제품 소비에서 고급화, 기능에 따른 세분화 경향이 일어났다. 예를 들어, 1990년대에 중산층 가정에 청소기·에어컨·컴퓨터가 새롭게 들어왔고, 이미 필수품이 된 냉장고와 세탁기는 고급화·대용량화되었다. 그 밖에 규모가 작은 생활가전 제품, 예를 들어 전기다리미, 전기밥솥, 전기 프라이팬, 헤어드라이어, 전기 온열 장판, 가습기, 전기난로, 블렌더 등도 대부분의 가정에서 볼 수 있었다. 안정적인 전력 공급, 늘어난 소득, 우수한 품질의 국산 제품 대량 생산, 새로운 유통 구조 발전이 결합한 결과였다.

텔레비전은 가장 빠른 속도로 보급되고 고급화한 가전제품이었다. 1970년대 말에는 대부분의 가구에 흑백텔레비전이 있었지만 1980년대에 빠르게 컬러텔레비선으로 교체되었다. 1980년 12월부터 컬러 방송 송출을 시작했고, 1984년에는 완전 컬러 방송으로 전환했기 때문이다. 국내에서는 컬러 방송을 시작하기도 전인 8월에 이미 컬러 텔레비전이 판매되기 시작했다. 소비자들은 컬러 방송에 대한 기대, 1982년과 1983년에 연달아 출범한 프로 야구와 프로 축구 중계의 인기 등을 배경으로 멀쩡한 흑백텔레비전을 두고 컬러텔레비전을 구입했다. 가구당 컬러텔레비전 보유 대수는 1980년 0.03대에서 1989년에는 1.04대로 늘어났다. 거의 모든 가구에 컬러텔레비전이 한 대씩은 있었던 셈이다. 그리고 1997년에는 텔레비전을 한 대 이상 가진 가구도 30퍼센트나 되었다. 1990년대 중반까지 텔레비전은 브라운관 텔레비전이었다. 평면 디스플레이(PDP) 텔레비전은 1996년에 출시되었는데, 상당한 고가였기 때문에 부유층과 상위 중산층이 먼저 소비하기 시작했다.

냉장고 역시 1980년대에는 거의 모든 가구에서 사용했다. 1980년에는 가구당 냉장고 보유 대수가 0.58대, 즉 한 집 걸러 한 대씩이었다. 그러나 컬러텔레비전과 마찬가지로 1989년에는 가구당 보유한 냉장고가 1.03대에 달했다. 즉, 냉장고 없는 집이 없었다. 텔레비전과 달리 냉장고를 2대 이상 쓰는 집은 많지 않았지만, 1990년대에는 각 가정의 냉장고 용량이 커져서 사실상 보유 대수가 증가한 것과 같은 효과가 있었다. 냉장고 용량이 커진 배경에는 아파트라는 개방된 주거 공간의 특징, 식료품 소비의 변화, 가전 기업의 대형화·고급화 전략 등이 있었다. 1970년대의 냉장고는 200리터급에 냉장실과 냉동실로 구분된 2칸짜리였다. 그러나 아파트 인구가 늘어나면서 좀더 큰 300리터급 냉장고를 선호하는 경향이 나타났다. 따뜻한 실내 생활을 했기 때문에 이전에는 실온 또는 실외에 보관하던 많은 식재료와 반찬, 기호품을 모두 냉장고에 보관해야 했기 때문이다. 신선 식품이나 냉동

식품 외에도 김치, 반찬, 장류까지 모두 냉장고에 보관하면서 냉장고는 점차 '찬장' 역할까지 하게 되었다. 300리터급 냉장고가 보편적이던 1987년에 삼성전자는 460리터짜리 '점보' 용량의 냉장고를 출시했다. 당시 신문은 주부들이 겨울철에 신선 식품을 대량 구입해서 보관하거나 집안 대소사를 치를 경우 등을 위해 대용량 냉장고를 선호하는 추세라는 기사를 실었다. 1990년대가 되면 460리터 냉장고는 더 이상 '점보' 용량이 아니었다. 600리터급 냉장고가 인기를 끌기 시작했기 때문이다.

대형 할인 매장이 늘어나면서 장보기 패턴이 달라진 점도 냉장고 대용량화에 한몫했다. 1993년 11월 서울 창동 이마트점이 문을 열었는데, 이것이 한국의 첫 대형 할인 매장이었다. 이를 시작으로 서너 개 브랜드의 대형 할인 매장이 전국의 대도시에 속속 들어섰고, 식료품과 일상 소비재를 주로 팔던 기존의 동네 슈퍼마켓을 빠르게 대체했다. 줄여서 '대형 마트' 또는 '마트'라고 불렀던 대형 할인 매장은 기존 식료품과 생활용품 중심의 슈퍼마켓에 가전제품 대리점, 의류와 패션 잡화, 가구 판매점 그리고 푸드 코트를 더하는 등 백화점과 다를 바 없는 종합 쇼핑몰이었다. 슈퍼마켓이나 시장과 달리 대형 마트에서의 장보기는 온 가족의 주말 쇼핑 나들이였다. 가족이 차를 타고 가서 식료품과 신선 식품, 그리고 다양한 생활용품을 대량 구입한 뒤 푸드 코트에서 외식을 하고 귀가하는 가족 행사가 된 것이다. 대량 구입한 식재료와 식료품을 보관하기에 기존 냉장고는 공간이 부족했다. 기업들은 1990년대 중반 이후 양문형 600리터급 냉장고를 출시하고, 이를 기존 300~400리터급 냉장고 대신 주력 품목으로 판매했다. 부유층에서는 이미 1980년대부터 고가의 수입품 양문형 600리터급 냉장고를 사용했고, 중산층 주부들에게는 이에 대한 모방 소비 욕망이 이미 형성되어 있었다. 그런데 대용량 국내 제품이 생산되자 가격 진입 장벽이 낮아져 모방 소비를 실현할 수 있게 된 것이다. 때마침 대형 마트에서 구입한 식료품을 보관해야 하는 현실적이고 정당한 필요도 있었기 때문에 양문형 대용량 냉장고는 빠르게 대중화되었다.

가전제품 중 세탁기와 청소기는 텔레비전과 냉장고에 비해 보급 속도가 느렸다. 집집마다 텔레비전과 냉장고가 있던 1988~1989년 무렵에도 전체 가구 중 절반 조금 넘는 가구에만 세탁기가 있었다. 가구당 세탁기 보유 대수가 한 대에 가까워진 것은 1995~1996년경이다. 이후 가구당 세탁기 보유 대수에 변화가 없다가 2000년대 이후 1인 가구 증가에 따라 소폭 늘었다. 청소기 보급은 세탁기보다 더 느렸다. 1997년 무렵에도 전체 가구의 3분의 2에만 청소기가 있었다. 그 밖에도 크고 작은 가전제품이 보급되었는데, 전력 소비 측면에서 보면 전기보온밥솥이 흥미롭다. 선풍기는 집집마다 있었지만 계절상품이고 다리미, 헤어드라이어, 전기 프라이팬 등 주방 가전은 시간당 전력 소비는 많지만 사용 시간이 짧다. 따라서 이러한 가전제품을 사용하는 데 따른 전력 소비는 그다지 높지 않았다.

반면, 가전제품 중 전기보온밥솥은 가열 기구이고 보온을 위해 종일 켜두기 때문에 의외로 전력 소비가 많다. 그러나 매번 더운 밥을 짓는 부담에서 벗어나고 싶은 주부들에게 전기보온밥솥의 전력 소비는 큰 문제가 아니었다. 1975년 대원 전기밥솥과 1976년 금성사 전기보온밥솥이 출시되었고, 1980년대 초에는 보급률이 80퍼센트에 달했다. 다만 당시 국산 제품은 기술력이 부족해 밥을 오래 보온 상태로 두면 냄새가 나거나 밥맛이 나빠지는 문제가 있었다. 주부들에게는 전력 소비보다 이 '밥맛'이 더 큰 관심사였다. 그래서 상대적으로 기술력이 높은 일본의 전기보온밥솥이 인기를 끌었다. 1983년의 일명 '코끼리 밥솥 사건'은 이를 잘 보여준다. 당시 일본을 방문한 한 무리의 주부들이 모두 코끼리표 밥솥을 사 들고 가는 장면이 〈아사히신문〉에 실렸다. 이런 사실이 한국에 알려지면서 '국제적 망신' '국산 제품 기술 개발 시급' 등의 반응이 나왔다. 국내산 전기밥솥은 1990년대를 거치며 꾸준히 기술 개발을 해서 국내 시장 점유율을 서서히 높였다. 1998년 성광전자에서 출시한 쿠쿠 전기압력밥솥이 찰진 밥을 선호하는 한국 사람에게 크게 인기를 얻으면서, 오랫동안 일본에 뒤처졌던 전기보온밥솥 시장을 한국 제품이 주도하게 되었다.

플라스틱 사용 증가

정유와 석유화학 분야는 1960년대부터 국가가 정책적으로 육성한 산업이다. 나프타 분해를 통해 얻는 여러 석유화학 소재를 보통 플라스틱이라고 부르는데 금속·세라믹·나무 등의 소재에 비해 가볍고, 싸게 대량 생산 가능하고, 가공하기 쉬운 장점이 있다. 따라서 건설 및 산업 소재, 각종 부품과 일반 소비재에 이르기까지 전 산업에서 폭넓게 사용되었다. 대표적인 플라스틱 종류에는 배관 등에 주로 쓰이는 내구성 좋은 PVC, 생수·음료수 용기로 많이 쓰이는 PET, 비닐과 랩·우유·샴푸 등의 제품 용기로 주로 쓰이는 폴리에틸렌(PE), 반찬 용기와 주사기 등에 쓰이는 폴리프로필렌(PP) 등이 있다. 정부는 1960년대 중반에 일종의 신문물로서 PVC 도입 정책을 세우고 정책적 지원을 통해 산업을 육성했다. 이후 1970년대에 플라스틱 산업이 PVC 배관, 바닥재, 농업용 비닐하우스 자재 등 생산재 중심으로 빠르게 성장했다.

일반 소비재의 경우에도 내구성 있는 용기 제품이 대부분이었다. 국내 최초의 플라스틱 생산업체 중 하나였던 NPC는 조롱박 모양을 본떠 긴 손잡이가 달린 빨간색 플라스틱 바가지를 출시해 주부들에게 크게 인기를 끌었다.

그러나 1980년대 이후 일상의 플라스틱 소비 유형이 달라졌다. 내구성 소비재가 아니라, 쓰고 버리는 포장재와 일회용기 부문에서 플라스틱 제품의 생산과 소비가 크게 증가했기 때문이다. 대량 소비 사회에서 포장재 수요는 폭발적으로 늘어났고, 비닐 포장재와 상품을 담아주는 비닐봉지를 계산대 한쪽에 수북이 쌓아두고 공짜로 제공했다. 기존 은박지보다 싸고 가공하기 쉬운 플라스틱 일회용기 역시 레저·여가의 증가와 함께 수요가 많아졌고, 회수할 필요 없는 편리함 때문에 배달 음식 용기로도 사용이 늘어났다. 그에 따라 1990년대 초부터 이미 플라스틱 포장재와 일회용기의 사용 증가에 따른 폐기물 문제가 지적되었고, 환경 운동 단체들은 플라스틱 줄이기 및 재활용 정책이 필요하다는 목소리를 내기 시작했다. 1990년대 중반에 순차적으로 도입된 재활용품 분리수거 정책은 이러한 문제의식에서 비롯되었다. 정부의 강력한 계도, 대단지 아파트의 일괄 분리수거 등에 힘입어 재활용품 분리수거는 비교적 빨리 정착했고, 세계적으로도 관심을 받았다. 이는 한편으로 국민에게 과도한 물질 소비에 대한 경각심과 재활용의 필요성을 일깨웠지만, 다른 한편으로 일회용품과 플라스틱 제품을 쓰고 버릴 때 '재활용될 것'이라는 안도감 또는 기대감을 주었다. 재활용품 분리수거 정책은 플라스틱과 일회용품의 생산과 소비, 즉 경제 활동이 이루어진 뒤 사후 처리 방안으로 도입한 것이다. 폐기물 발생을 근본적으로 줄일 수 있는 제도는 아니었다. 또한 이 제도의 성공은 일

1991년 2월 7일 〈매일경제〉는 '1회용품 업체 신바람'이라는 제목의 기사를 실었다. 플라스틱 수지 소재는 은박지보다 값싸고 가공하기 쉬운 생산의 이점이 있어 시장이 빠르게 커지고 있다는 보도였다. 이 기사에 따르면, 1991년 시장 규모는 700억 원으로 예상되며, 매출액은 해마다 2배 신장, 생산업체는 1989년 100여 곳에서 1년에 200곳이 늘었다.

그런데 이듬해인 1992년 7월 7일 〈한겨레신문〉은 수도권의 쓰레기 배출이 급증해 김포 매립장이 곧 '끝'이라고 보도하며, 일회용품 범람을 쓰레기 급증의 요인 중 하나로 꼽았다.

차적으로 분리수거를 잘해야 하고, 궁극적으로는 분리수거한 제품의 효과적 재활용 여부에 달렸다. 이에 대한 평가는 2000년대 이후에 이루어질 터였다.

'마이카 시대'와 석유 소비 증가

승용차는 아파트와 함께 도시 중산층의 경제적 지위를 나타내는 필수 요소로 자리 잡았다. 아파트의 에너지 소비는 난방과 취사를 위한 도시가스, 수많은 가전제품을 위한 전기 중심이었다. 1980년대 이후 발전 연료의 탈석유화에 따라 석유는 이동 수송용 연료로 전환되었다. 승용차 증가는 곧 가정용 석유 소비 증가를 뜻했고, 승용차가 중산층의 필수품으로 자리 잡은 것은 개인 석유 소비의 증가를 뜻했다.

승용차 대중화는 1976년 현대자동차가 포니를 대량 생산하면서 시작되었다. 박정희 정부는 일찍부터 경제 성장과 부유한 사회의 상징으로서 1980년대는 마이카 시대가 될 것이라는 비전을 제시했다. 그러나 포니 생산 이전까지 한국에서 승용차를 소유하기가 쉽지 않았다. 당시에는 승용차를 수입품 또는 수입 부품으로 국내에서 조립 생산했기 때문에 고가였다. 그뿐만 아니라 수입 승용차를 외화 낭비와 국제수지 적자의 원흉으로 간주하고, 국산품 애용과 유류 소비 절약을 강조하는 사회 분위기도 강했다. 새롭게 부를 얻은 계층에서 승용차 수요가 증가했지만 이러한 기술적·경제적·사회문화적 요인 때문에 실제로는 소수의 부유층만 승용차를 보유할 수 있었다. 반면 포니는 '우리 힘으로 만든 한국 최초의 고유 모델'이었다.

포니의 등장으로 중산층의 승용차 구입을 가로막았던 요소들이 대부분 사라졌다. 국산에다 소형이며 뒤이어 1980년대에는 유례없는 저유가 시대가 왔기 때문에 석유 소비에 대한 압박에서도 벗어날 수 있었다. 이후 한국 자동차 산업은 빠른 속도로 성장했고, 승용차 보급도 급속히 증가했다. 국산 승용차는 더 이상 외화를 낭비하는 고가 사치품이 아니었고, 정부는 갓 태어난 한국의 자동차 산업 육성을 위해 국내 자동차 시장 활성화 정책을 펼쳤다. 승용차 소비는 1980년대에 늘어나기 시작해 1990년대에 가파르게 성장했다. 등록된 승용차는 1975년 약 8만 4000대에 불과했으나 1988년에 100만 대를 돌파했고 2003년에는 1000만 대를 넘었다.[10] 가구당 승용차 보유를 기준으로 보면 1980년에 0.07대에서 2000년에는 0.84대로 증가했다. 다시 말해, 1980년 15가구 중 한 가구 정도가 승용차를 보유했다면, 2000년에는 10가구 중 8가구가 승용차를 보유했다는 뜻이다.[11] 1970년대 초 정부가 내걸었던 마이카 시대의 꿈은 30년 만에 '마이 패밀리 카' 시대로 구현되었다. 이는 전국 통계이므로 대도시 중산층 중에는 한 대 이상을 보유한 가구도 많았다.

국내 자동차 산업 성장 촉진 정책의 결과, 1990년대까지 등록된 승용차 대부분은 '국산'이었다. 정부가 오랫동안 법령상 자동차를 통관 금지 품목으로 지정하고 수입을 엄격히 제한했기 때문이다. 1980년대에는 수입 자동차 판매를 자유화했지만 특별소비세, 등록세, 관세를 높게 유지해 여전히 수입 자동차의 진입 장벽이 높았다. 1990년대에는 자동차 시장 개방 압력에 따라 수입차에 부과하던 여러 세금을 지속적으로 인하했다. 그러나 수입 자동차는 여전히 비쌌기 때문에 1990년대가 끝날 때까지 수입 자동차 등록은 많아야 7000대에 불과했다. 수입차는 고가 사치품이라는 오래된 인식은 지속되었다. 그러나 국산 승용차 보유는 대중화되었다.

소득 증가와 생활 수준 향상은 의식주 외에 여가 생활에도 영향을 주었다. 특히 자가용이 증가하면서 이전과는 완전히 다른 여가 문화가 형성되었다. 1980년대 이후 두드러진 현상으로 취사 가능한 숙박 및 여가용 레저 시설, 즉 콘도미니엄(콘도)과 리조트가 증가한 점을 들 수 있다. 콘도는 1980년대 초에 본격 시작되었다. 국내 주요 관광지인 경주, 제주, 설악산에 대규모 콘도 분양이 이루어졌다. 극소수 호텔을 제외하면 여관·민박 같은 숙박 시설밖에 없던 시기에 잘 다듬은 조경, 수영장 등 레저 부대시설, 그리고 고급 인테리어를 갖춘 콘도는 새로운 여가 문화를 선사했다. 그래서 비싼 가격에도 불구하고 콘도는 인기를 끌었다. 1982년 제주 중문관광단지 내 한국콘도의 25평형 분양 가격은 744만 원이었다. 이는 같은 해 5월 입주한 개포주공1차 아파트 분양가 850만 원에 육박하는 금액이었다. 1990년까지 약 1만

3000여 실을 분양한 콘도 회원권은 1980년대에 새로운 부의 상징이 되었다.

1990년대에 콘도는 중산층이 접근 가능할 정도로 널리 퍼졌다. 콘도 시장이 급성장하고 공급이 확대된 데다 회원권이 없는 개인도 콘도를 이용할 수 있는 여러 판매 방식을 도입했기 때문이다. 콘도를 이용하는 여행은 이전의 관광버스를 이용하는 단체 관광이나 대중교통을 이용하는 여행과 다른 경험이었다. 콘도는 관광을 마치고 단순히 잠을 자기 위한 숙박 시설이 아니라, 그 자체가 여행의 목적지였다. 콘도는 대부분 풍광이 수려하고 넓은 부지에 숙소와 다양한 레저 활동을 위한 부대시설을 갖추었기 때문이다. 이러한 입지 조건 때문에 대중교통으로는 콘도에 접근이 어렵지만 승용차를 보유한 중산층에게 이는 문제가 되지 않았다. 1990년대 중반에 여행자 절반은 승용차를 이용한 것으로 알려졌다. 승용차를 이용한 가족 단위 여행과 콘도는 잘 맞는 조합이었다.[12]

탄소 문명이 팽창하고 '탄소스러운' 생활 방식이 대중화한 1990년대 중반, 서울 또는 대도시 중산층의 가정을 상상해보자. 부모와 2명의 자녀로 구성된 4인 가구인 이들은 30평형대의 이른바 '국민 주택 규모'의 대단지 고층 아파트에 살며, 한 대 또는 그 이상의 자동차를 보유했다. 잘 다듬어진 단지 내부로 들어와 엘리베이터를 타고 집에 들어가면 거실에 대형 컬러텔레비전과 비디오 플레이어, 소파와 선풍기와 에어컨 등이 놓여 있다. 자녀의 방에는 카세트 플레이어와 컴퓨터 등 개인형 가전이 자리하고 있다. 부엌에는 양문형 대형 냉장고, 전자레인지, 전기밥솥, 가스레인지, 토스터, 전기주전자 등 다양한 주방 가전이 갖추어져 있다. 덕분에 취사에서도 이전에 비해 도시가스를 적게 쓰고 전기를 많이 썼다. 그리고 세탁실 또는 베란다 등의 공간에 세탁기를 놓고 한쪽 구석에는 청소기를 보관했다. 승용차로 출퇴근하고, 주말에는 가족이 대형 마트에서 장을 보고 외식하거나 승용차를 타고 콘도로 가족여행을 떠났다.

이러한 생활은 전기와 석유를 안정적으로 공급할 때에만 유지 가능했다. IMF 외환 위기가 오기 전까지 전기 부족으로 이 모든 가전제품을 쓸 수 없게 되거나, 요금이 부담스러워 전기와 물을 아껴 쓰려 특별히 노력하지 않았다. 근검절약이 미덕인 시대는 지나갔다. 가전제품과 자동차를 살 때 에너지 효율 등급이나 연비를 살펴보았지만, 최종적으로 구매 여부를 결정할 때는 용량, 디자인, 브랜드, 가격을 먼저 고려했다. 이것이 베이비붐 세대가 결혼해 가정을 이룬 시기에 중산층의 '탄소스러운' 생활 방식이었다. 그리고 이들의 자녀인 MZ 세대에게는 이 '탄소스러운' 생활 방식이 기본값이 되었다.

13

탄소 문명의 관성

세계적으로 볼 때 기후 문제가 현실로 나타나면서 탄소 문명은 쇠퇴의 길에 접어들었고, 각국은 그에 대한 대응으로 탄소 중립과 에너지 전환을 위해 노력하고 있다. 한국 정부 역시 교토의정서 비준을 시작으로 기후 문제 대응과 탄소 중립을 위해 다양한 국제 협업에 동참하고 국내외적으로 기술적·사회적·제도적 대응 방안을 모색 중이다. 그러나 한국은 국제 사회로부터 부정적으로 평가받고 있다. 이산화탄소 배출 절대량이 많은 데다 배출 증가세가 계속되고, 에너지 전환 속도가 느리고, 오히려 석탄 발전을 증설하는 등 세계적 흐름에 거꾸로 가고 있기 때문이다. 그 배경에는 기존 경제와 산업화 성공 경험 그리고 대중화된 '탄소스러운' 생활 방식을 유지하려는 관성이 강하게 작용하고 있다. 그 결과 경제에서 비중이 높은 에너지 다소비 산업을 위한 당장의 에너지 공급이 에너지 전환의 필요성보다 우선순위에 놓이고, 개발과 성장의 언어로 기후 문제 대응책을 논의하고, 기후 문제를 인정하면서도 '탄소스러운' 생활 방식의 미래를 의심하지 않는 사회문화가 지속되고 있다. 2020년대 한국은 세계 10위권 경제 국가이고, 첨단 기술 산업의 선두 그룹에 속하며 사회 정치와 예술 문화에서도 트렌드를 이끌고 있다. 하지만 동시에 이산화탄소 배출량을 줄이지 못하고 석탄 발전을 증설하는 등 '기후 악당'으로 평가받는 두 얼굴을 갖고 있다.

1 기후 문제에 대한 미지근한 대응

선진국이라는 자부심과 개발도상국의 이익 사이에서

기후 문제에 대한 한국 정부의 대응은 소극적이었다. 한국 정부는 기후 문제에 대한 국제적 대응과 에너지 전환의 흐름에 동참하며 관련 정책과 제도를 도입하고 추진했다. 그러나 이 모든 정책보다 국가 에너지 수요를 충족하는 데 우순순위를 두었다. 이러한 경향은 교토의정서부터 시작되었다. 1997년 교토의정서에서 한국은 개발도상국으로 분류되었다. 당시 OECD 회원국 중에서는 멕시코와 한국만 개발도상국이었다. 덕분에 한국의 경우 온실가스 국가 통계 작성과 보고는 의무 조항이지만, 감축 목표 이행은 권고 조항으로 남았다. 그런데 1997년에 한국은 세계 9위의 이산화탄소 배출국이었다. 당시 이산화탄소 배출량 기준 10위 안에 속한 국가 중 개발도상국으로 분류된 나라는 중국, 인도, 한국뿐이었다. 그래서 한국은 자국의 경제 지위와 무관하게 선진국으로 분류되지 않고, 따라서 부담을 덜었다는 것을 다행으로 여기는 분위기였다. 한국 정부는 2002년에 교토의정서를 비준하면서 협약 이행을 위한 기반 구축과 산업 부문별 온실가스 감축 사업에 21조 원의 예산을 투입하는 종합 계획을 세웠다.

그러나 온실가스 감축 계획을 국가의 긴급한 과제라기보다 마지못해 추진하거나 국제 사회에서 체면치레를 위한 방안 정도로 간주했다. 교토의정서가 공식 발효된 2005년에도 정부는 온실가스 감축을 긴급한 과제로 여기지 않았고, 교토의정서가 국내 경제에 미칠 영향에 주된 관심을 두었으며, 개발도상국 지위를 최대한 활용하는 전략을 고수했다. 정부의 공식 웹사이트 중 하나인 '대한민국 정책 브리핑'에 올라 있는 〈교토의정서 발효의 의미와 전망〉(2005년 2월 15일)에 정부의 이런 입장이 잘 드러나 있다. 이 문건은 한국이 "개발도상국 지위를 인정받아 온실가스 감축 의무는 지지 않아도 된다. 따라서 당장 국내 산업이 타격을 받을 가능성은 없을 것으로 보인다"고 전망했다. 동시에 교토의정서가 종료되는 2012년 이후에는 온실가스 감축 의무 동참 압력을 강력하게 받을 것으로 예상했다. 그러나 정부의 대응 방침은 "온실가스 배출 감축 필요성에는 일반적으로 동의하지만, 선진국과 같은 수준의 감축 의무를 질 수 없다는 기본 입장을 고수할 계획"이고 "경제 개발 기간이 상대적으로 짧아 그간에 배출된 온실가스에 대해 책임이 적다는 점을 강조해 온실가스 배출 의무를 가급적 최소화"하는 것이었다. 1997년 OECD 가입을 '선진국 클럽 가입'이라고 대대적으로 홍보했지만, 온실가스 감축과 관련해서는 개발도상국의 지위를 기꺼이 수용하고 적극 활용하겠다는 모순된 입장을 보인 것이다.

이러한 전략 때문인지 2000년대에 이산화탄소 배출량이 계속 증가하고 있으며, 그에 따라 배출량 순위도 높아졌다. 에너지를 사용하면서 발생하는 이산화탄소 배출량 기준으로 보면 한국의 비중은 1997년 세계 배출량 대비 2.6퍼센트, 2010년대에는 2.8퍼센트로 늘어났다. 얼핏 보면 0.2퍼센트밖에 증가하지 않았으므로 일정한 수준을 유지하고 있는 것처럼 보인다. 그러나 OECD 회원국 중에서는 이산화탄소 배출 절대량이 가장 많이 증가했다. 1997년부터 코로나19 발생 전인 2019년까지 이산화탄소를 많이 배출하는 10위권 국가 중 미국, 일본, 독일, 영국은 배출의 절대량이 감소했다. 미국은 교토의정서를 비준한 적이 없지만 2019년의 이산화탄소 배출량이 1997년보다 감소했고, 세계에서 차지하는 비중도 36퍼센트에서 20퍼센트로 줄어들었다. 캐나다는 이 시기에 배출 절대량이 증가했지만, 증가율은 116퍼센트였다. 반면, 같은 시기 한국은 156퍼센트라는 훨씬 높은 증가율을 보였다. 1인당 이산화탄소 발생량에서도 한국은 중국, 러시아, 일본, 독일, 영국보다 높다. 한국보다 1인당 이산화탄소 발생량이 많은 나라는 산유국인 중동 국가들을 제외하면 미국, 캐나다, 오스트레일리아 정도다.

대체 에너지에서 신재생 에너지로의 느린 인식 전환

1997년부터 정부는 장기적 관점에서 종합적이고 체계적으로 국가 에너지 정책을 추진하기 위한 기반을 닦기 시작했다. 그 이전의 에너지 정책과 법령은 에너지의 안정적 수급과 절약 방안을 중심으로 마련되었다. 그러나 1990년대부터 에너지 소비로 인한 환경 문제, 기후 문제, 친환경 에너지 도입 등 새로운 쟁점이 부상함에 따라 에너지 관련 여러 정책이 유기적으로 이루어질 수 있도록 체계를 갖추기 시작했다. 1997년에 발표된 1차 국가 에너지 기본 계획은 10년 동안 에너지 소비 증가율을 경제 성장률보다 낮은 수준으로 유지하는 등 에너지 절약형 경제로 전환할 것을 강조했다. 2006년에는 국가 에너지 정책을 포괄하는 최상위 법으로 '에너지기본법'을 제정하고 앞으로 20년에 걸쳐 수행할 국가 에너지 기본 계획을 수립하도록 했다. 에너지기본법은 2010년에 '에너지법'으로 이름이 바뀌었다.

2000년대에 세계적으로 중요한 에너지 정책의 방향은 화석 연료에서 재생 에너지로의 전환이었다. 한국에서는 1988년 제정된 '대체에너지개발촉진법'이 재생 에너지 관련 내용을 담고 있었다. 이 법에서는 대체 에너지를 "석유·석탄·원자력·천연가스가 아닌 에너지"로 정의했다. 1970년대에 원자력은 석유를 대체할 에너지로 간주되었지만, 이법에 따르면 더 이상 대체 에너지가 아니었다. 이때의 대체 에너지는 석유 또는 화석 연료 대체가 아니라 사용 비중이 낮은 '주변부' 에너지를 가리켰다. 만일 이 법에 따라 대체 에너지 개발을 촉진하면 결과적으로 온실가스 배출 감소 효과를 기대할 수 있을 터였다. 그러나 이법은 당시 환경에 대한 고려를 크게 반영하지 않고, "국가 경제의 건전한 발전과 국민 복지 증진에 기여"하기 위해 제정되었을 뿐이다.

시간이 지나면서 교토의정서 등 온실가스 감축과 탄소 중립에 대한 국제 압력이 커지는 상황을 반영해 대체에너지개발촉진법은 환경 요인과 지속 가능한 발전 개념을 아우르는 내용으로 개정되었다. 2002년에는 법의 목적에 "인체나 환경에 해로운 가스의 배출을 저감하게 함으로써"를 추가해 환경 요인을 처음으로 포함했다. 그러나 기후 문제에 대한 적극적 인식을 반영했다고 보기는 어려웠다. 이미 교토의정서에 가입한 이후였지만 '온실가스' 대신 "인체나 환경에 해로운 가스"라는 포괄적인 용어를 썼다. 또한 해로운 가스 배출 저감을 국가 경제의 건전한 발전과 국민 복지 증진을 위한 방법론 또는 수단으로 간주했을 뿐이다. 2003년의 개정안은 한발 더 나아갔다. 해로운 가스 배출 저감 목적에 환경 보전을 새로 포함했고, 지속 가능한 발전을 국가 경제가 추구할 방향으로 제시했다. 그럼에도 '대체 에너지' 개념은 유지되었다. 언론이나 시민 단체에서 훨씬 이전부터 '재생 가능한 에너지(renewable energy)'라는 용어를 널리 사용했던 것과 대비된다.

2004년에는 대체 에너지 대신 '신재생 에너지'란 용어를 채택해 환경 인식에서 한 걸음 더 나아갔다. 대체에너지개발촉진법을 전부 개정해 '신에너지 및 재생에너지 개발·이용·보급 촉진법(신재생에너지법)'으로 바꾼 것이다. 신재생 에너지는 '신에너지'와 '재생 에너지'를 모두 가리키는 새로운 용어다. 신에너지는 1990년대 후반부터 개발되기 시작한 새로운 에너지로, 연료 전지와 수소 에너지가 대표적이다. 대체에너지개발촉진법에 따르면, 신에너지는 대체 에너지로 구분될 수 있지만 풍력·태양·수력·조력 같은 대체 에너지와 달리 재생 가능 에너지는 아니다. 신재생에너지법은 신에너지와 재생 에너지를 묶어 하나의 범주로 간주했고, 신재생 에너지라는 한국 고유의 정책 용어를 탄생시켰다. 이는 신재생 에너지 정책이 기후 문제와 온실가스 배출 감축 같은 환경 측면에서 나온 것이 아니라, 주종(主種) 에너지인 석탄·석유·원자력을 대체할 에너지원 발굴이라는 기존 정책의 연장선에 있음을 보여준다.

신재생에너지법은 이후 개정을 통해 기후 문제 인식을 추가 반영했다. 제정 당시 법의 목적은 환경 보전, 국가 경제의 건전하고 지속적인 발전, 국민 복지 증진이었다. 2006년에 "온실가스 배출 저감 추진"을 명시적으로 포함하는 등 단계적으로 에너지 전환 또는 기후 문제 대응 관련 인식을 보강했다. 신재생 에너지는 "기존의 화석 연료를 변환시켜 이용하거나 햇빛, 물, 지열, 강수, 생물 유기체 등을 포함하는 재생 가능한 에너지를 변환시켜 이용하는 에너지"로 정의되었다. "석유, 석탄, 원자력 또는 천연가스가 아닌 에너지 중 대통령령이 정하는 에너지", 예컨대 바이오 에너지, 풍력, 수력, 연료 전지, 수소 에너지 등이 여기에 포함되었다. 2000년대 초에 국제 사회에서는 온실가스를 배출하지 않는 에너지원 중 당장 활용 가능한 에너지원으로서 원자력이 새롭게 부상하는 등 이른바 '원자력 르네상스' 담론이 등장하기도 했다. 그러나 한국의 신재생 에너지 정책에는 이미 주종 에너지의 위상을 얻은 원자력 에너지가 포함되지 않았다.

녹색 옷을 입은 성장주의: 저탄소 녹색 성장

2000년대 초반 한국은 기후 변화 문제를 정책 의제로 수용하기 위해 여러 가지 시도를 했다. 신재생에너지법 제정 같은 각종 정책 중에는 이명박 정부의 '저탄소 녹색 성장'도 있다. 그러나 실제 내용을 살펴보면, 저탄소 녹색 성장은 '성장'에 우선순위, '녹색'에 후순위를 둔 사실상 성장주의 정책을 담고 있다. 녹색은 서구, 특히 유럽에서 환경 문제를 적극 고려하는 집단을 상징한다. 그리고 녹색 성장은 녹색을 성장과 결합한 개념이다. 녹색 성장이란 용어가 공식 사용된 것은 2005년 무렵이다. 예를 들어, 2005년 서울에서 열린 제5차 아시아태평양 환경개발 장관회의가 채택한 선언문에서, 녹색 성장은 환경 관점에서 지속 가능한 성장을 나타내는 용어로 쓰였다. 비슷한 용어로는 '지속 가능한 발전'과 '지속 가능한 성장'이 있다.

환경과 경제 성장을 접목하는 논의는 1970년대에 시작되었고, 1990년대 말까지 지속 가능한 발전 또는 지속 가능한 성장과 연결되었다. 1972년 로마 클럽의 보고서 《성장의 한계》는 경제 성장과 자원 소비가 지구 생태계와 자원에 미치는 영향을 시뮬레이션하고, 그 결과 무제한적 경제 성장은 자원을 고갈시키고 생태계가 감당할 수 없는 양의 오염 물질을 배출하기 때문에 결국 성장의 한계를 가져올 것이라고 예측했다. 《성장의 한계》가 제기한 문제의식은 1987년의 유엔 보고서 《우리 공동의 미래》에서 더욱 정교하게 발전했다. 이 보고서는 '지속 가능한 발전'이라는 용어를 처음으로 공식 사용하면서 경제 성장, 사회적 포용, 환경 보호를 통합적으로 고려하는 개발이 필요하다고 강조했다. 지속 가능한 발전 개념은 1992년 유엔환경개발회의 의제로 채택되었고, 이후 2015년 유엔의 '2030 지속 가능 발전 의제' 등 많은 환경 관련 국제기구와 정책에서 사용되었다. 한편, 지속 가능한 성장은 지속 가능한 발전과 비슷한 뜻으로 이해되고 때로는 구분 없이 쓰이기도 한다. 그러나 지속 가능한 발전은 경제 성장, 사회적 공정, 환경 보호를 포괄하는 반면, 지속 가능한 성장은 경제 성장에 방점을 찍되 환경적 제약을 고려해 장기적으로 가능한 방식의 성장을 추구한다. 기업 단체와 정부 정책 입안자들은 지속 가능한 성장을 많이 사용하는 반면, 유엔과 비정부 기구에서는 지속 가능한 발전을 많이 사용한다.

이명박 정부의 녹색 성장은 환경 문제를 앞세웠지만 본질적으로는 경제 성장 의제였다. 지속 가능한 성장은 경제 성장을 강조하지만, 환경과 자원 문제를 성장의 제약 요인으로 간주한다. 녹색 성장은 기술 혁신을 통해 환경의 제약을 극복하고, 나아가 이를 산업으로 발전시켜 경제 성장을 추구한다는 점에서 지속 가능한 성장보다 적극적이고 기술을 강조한다. 녹색 성장에서 '녹색'은 성장을 제약하는 요인이 아니라, 성장을 견인하는 역할을 한다. 특히 2008년 정부가 제시한 '저탄소 녹색 성장' 전략에서는 온실가스 감축 기술을 신성장 동력으로 간주하고, 이를 위해 신재생 에너지 등 녹색 기술에 대한 투자를 확대할 계획이라고 명시했다. 녹색 성장은 탄소 감축 그 자체를 목표로 하지 않고, 탄소 감축을 경제 성장을 위한 수단 또는 경제 성장 촉진 요소로 바라보는 인식이다. 이는 녹색이 성장과 병행할 수 있다는 주장으로 받아들여졌다. OECD는 2009년 '녹색 성장 선언(Declaration on Green Growth)'을 채택했다. 그리고 그 후속 조치로 2011년에는 세계적으로 녹색 성장을 촉진하는 방법을 담은 보고서 《녹색 성장을 향하여(Towards Green Growth)》를 발간했다. 이 보고서는 "녹색 성장은 경제적 성장과 발전을 촉진하면서도 자연 자산이 우리의 웰빙을 지원하는 각종 자원과 환경 서비스를 계속 제공할 수 있도록 하는 것을 뜻한다. 이를 위해서는 녹색 성장이 투자와 혁신을 통해 지속적 성장을 받쳐 주고 새로운 경제적 기회를 가져다줄 수 있도록 해야 한다"[1]고 제안했다. 지속 가능한 발전이 환경 또는 지구 생태계 관점에서 환경 오염과 기후 변화 등의 문제를 바라본다면, 녹색 성장은 경제 주체로서 인간의 관점에서 환경 문제를 바라본다는 차이가 있다. 저탄소 녹색 성장을 위한 입법과 전략·투자 등을 살펴보면 환경과 경제의 통합 어젠다라고 하지만, 실제로는 환경보다 경제에 초점을 맞춘 의제임을 알 수 있다. 2010년에 제정된 '저탄소녹색성장기본법(녹색성장법)' 제3조의 기본 원칙은 9개 항으로 이루어져 있다. 그런데 4항까지는 모두 투자·경제·산업화에 관한 내용이고, 5항에서 처음 에너지와 자원의 효율적 이용 등 환경 문제 관련 내용을 적시해 환경 이슈가 후순위임을 분명히 알 수 있다.

2009년에 발표된 '녹색 성장 국가 전략'은 정부의 녹색 성장 마스터 플랜으로, 3개 전략과 50개 실천 과제를 담고 있다. 기후 환경과 관련해서는 온실가스 감축, 탈석유·에너지 자립 강화, 기후 변화 대응 역량 강화를 제시했다. 2020년까지 온실가스 감축 목표는 배출 전망치 대비 30퍼센트로 설정했다. 교토의정서의 온실가스 감축 의무가 없는 개발도상국으로서 30퍼센트 감축 목표는 IPCC가 제시한 범위로 보면 높은 수준에 해당한다. 시민 단체가 요구한 적극적인 감축 목표에는 못 미쳤지만, 산업계가 경쟁력 약화를 걱정하며 제시한 최소 21퍼센트를 훨씬 웃도는 도전적인 설정이었다. 2009년 당시 세계 온실가스 배출량 9위 국가가 녹색 성장 전략을 제안하고 세계적으로 이를 선도하기 위해서는 감축 목표를 높게 잡아야 했다. 물론 감축에 따른 산업계의 부담을 덜어주는 보완 장치도 마련해두었다. 실제 부문별 감축 목표를 보면, 수송에서 전체 감축의 34.3퍼센트를 줄이고, 건물과 탄소 전환에서 각각 26.7퍼센트, 26.9퍼센트, 그리고 공공 및 기타에서 25퍼센트를 줄이기로 했다. 그에 비해 산업에서는 상대적으로 낮은 18.2퍼센트를 감축 목표로 설정했다. 게다가 이 18.2퍼센트 중에서도 산업 에너지에서는 7.1퍼센트만 줄이고, 나머지는 공정 배출 및 냉매 처리를 통해 줄이도록 했다.

에너지 영역에서는 신재생 에너지 보급 확대와 15대 그린 에너지 기술 산업화를 강조했는데, 두 영역 모두 경제 성장에 중점을 두었다. 그리고 2015년까지 태양광과 풍력에서 세계 시장 15퍼센트 점유를 목표로 했다. 신재생 에너지 보급 확대를 위해서는 '공공 기관 신재생 에너지 설치 의무화 대상' 확대, '신재생 에너지 공급 의무화 제도 및 신재생 에너지 이용 건축물 인증 제도'를 도입했다. 많은 제도가 공공

표 13-1　2020년 부문별 온실가스 배출 감축률(%): 전망치(BAU) 대비.

산업	전환	수송	건물	농림어업	폐기물	공공 및 기타	국가 전체
18.2	26.7	34.3	26.9	5.2	12.3	25	30

출처: 《녹색 성장의 성과와 과제 연구》, 26쪽.

부문에 해당되었다. 15대 그린 에너지 기술을 보면 녹색 산업이 적극적인 신재생 에너지 기술의 개발과 보급, 에너지 저소비를 통한 온실가스 감축보다는 화석 에너지의 온실가스 배출을 이전에 비해 줄이는 것이 목표였다. 요컨대 녹색 옷을 입은 화석 에너지 기술 또는 기후 문제에 소극적으로 대응하는 '연두색' 기술에 가까웠다. 이 15대 그린 에너지에는 태양광, 풍력, 연료 전지, 석탄 가스화 복합 화력 발전소(IGCC), 이산화탄소 포집 및 저장 기술(CCS), 바이오 연료, 청정 연료, 에너지 저장, 고효율 신광원, 그린카, 에너지 절약형 건물, 히트펌프, 원자력, 스마트 그리드 및 청정 화력 발전이 포함되었다. 석탄 가스화 복합 화력 발전소와 청정 화력 발전은 일반 석탄 화력 발전보다는 이산화탄소를 적게 배출하지만, 여전히 석탄에 기반한 화력 발전이다. 이산화탄소 포집 및 저장 기술은 이산화탄소 발생을 원천적으로 억제하는 것이 아니라, 생성된 이산화탄소가 대기 중에 방출되지 않도록 막는 기술이다. 또한 그린 에너지로서 위상에 많은 논란이 있는 원자력도 큰 비중을 차지했다. 이명박 정부는 임기 내내 원자력 발전을 강조했으며 임기 말인 2011년 발표한 국가 에너지 기본 계획에서는 '2030년까지 원전 10기 추가 건설' 계획을 제시하고, 계획대로 건설할 경우 원자력 발전의 비중이 59퍼센트까지 높아질 것으로 예상했다. 그 밖에 연료 전지, 그린카는 이차전지 기술과 관련이 깊다.

이처럼 저탄소 녹색 성장은 신재생 에너지의 활성화, 에너지 효율화, 자원 순환 비율 향상 등을 통해 환경 문제 개선을 강조하고, 이산화탄소 배출량 감축 목표를 도전적으로 설정하는 등 기후 변화와 환경 문제에 전보다 적극 대응하려는 시도로 볼 수 있다. 또한 화석 연료 사용을 줄이고 저탄소 청정에너지의 개발·이용을 통해 경제 성장을 촉진하고 생태계의 건전성을 높이려는 녹색 성장의 방향성은 기후 문제와 성장 과제를 동시에 추구한다는 점에서 의미 있는 시도였고 긍정적으로 평가받았다. OECD 등 국제기구와 세계 많은 나라에서 녹색 성장 또는 그린 뉴딜 정책에 관심을 가진 것도 그 때문이다.

그럼에도 녹색 성장은 여전히 경제 성장 중심 전략이라는 평가를 받기도 했다. 첫째, 녹색 성장이 지속 가능성을 강조하지만, 산업화 과정에서 성장 위주 정책 때문에 발생한 환경 오염 과부하 문제에 관심을 가지고 먼저 해결하려는 의지가 부족했다. 그러므로 녹색 성장의 환경에 대한 관심은 저탄소에 국한된 것이었다. 녹색 가치와 경제 성장이 충돌하는 경우에 대한 고려 역시 부족했다. 둘째, 녹색 성장은 환경과 성장을 동시에 추구했음에도 불구하고 장기적 시스템 전환에 대한 비전이나 전략을 제시하지 못했다. 즉, 기존의 성장주의 경제에서 구축한 시스템과 인프라를 녹색 성장의 비전에 맞게 전환해야 하는데, 이러한 문제를 충분히 고려하지 않았다.[2] 저탄소 녹색 성장에서 이른바 녹색 기술 혁신을 통한 산업 성장에 주로 투자되었고 신재생 에너지 보급 확대, 이산화탄소 감축에 대한 투자는 상대적으로 낮았다. 결과적으로 온실가스 배출은 늘었고 에너지 수입 의존도와 폐기물 발생량에서도 성과를 내지 못했다.

부실한 재활용 정책

전력 정책에서 공급 우선 기조를 유지한 것과 마찬가지로 플라스틱 소비와 폐기물 정책에서도 수요 관리 및 규제를 통한 총량 조절 노력보다는 발생한 폐기물 후처리에 주력했다. 2010년대 이후 플랫폼 경제가 성장하면서 배달 물량이 증가했고, 그에 따라 플라스틱 포장재와 포장 용기 사용이 대폭 늘었다. 코로나19 팬데믹 기간에 택배 물류는 급속도로 성장했다. 가히 '탄소스러운' 쇼핑 또는 '탄소스러운' 구매라고 할 만하다. 이 새로운 생활 방식은 코로나19 팬데믹이 끝난 후에도 지속되며 이른바 '뉴 노멀'로 자리 잡았다. 2024년에 발간한 그린피스 보고서 《2023년 플라스틱 대한민국 2.0: 코로나19 시대, 플라스틱 소비의 늪에 빠지다》에 따르면, 2010년과 비교할 때 2021년의 플라스틱 폐기물 총량은 2.5배 늘어났는데, 특히 코로나19 시기에 급속히 증가했다. 2019년 대비 2021년에는 플라스틱 중 배달 음식 포장재 배출량이 80.6퍼센트나 급증했다. 주요 플라스틱 품목의 폐기물 발생 상황을 살펴보면, 2020년 기준 1인당 연간 생수 페트병 109개(1.6킬로그램), 일회용 플라스틱 컵 102개(1.4킬로그램), 일회용 비닐 봉투 533개(10.7킬로그램), 일회용 플라스틱 배달 용기 568개(5.3킬로그램)를 사용하고 버렸다. 플라스틱 폐기물은 2020년 기준 전체 생활 폐기물의 약 5분의 1에 달했다.

플라스틱 폐기물 처리 방식에는 재활용, 소각, 매립의 세 가지 방식이 있다. 환경부에 따르면, 2021년 한국의 플라스틱 재활용률은 73퍼센트로 매우 높은 수준이다. 그런데 실제로 이 비율에는 소각을 통해 플라스틱 폐기물을 에너지화한 분량까지 포함되어 있다. 반면, 플라스틱을 재활용해서 다시 물질로 사용하는, 즉 물질 순환이 일어나는 재

	생수 PET병	플라스틱 컵	비닐 봉투	플라스틱 배달 용기	합계
1인당 연간 소비 개수	109개	102개	533개	568개	1,312개
국내 전체 연간 소비 개수	56억 개 [1-a]	53억 개 [1-a]	276억 개 [1-a]	173억 개 [1-b]	558억 개
1인당 연간 소비량 [2]	1.6kg	1.4kg	10.7kg	5.3kg	19.0kg
국내 전체 연간 소비량	84,456톤	74,319톤	552,600톤	162,458톤	873,833톤

※가정 조건
1) a : 5184만 명(2020년), b : 3048만 명 (2020년, 20~59세 인구)
2) PET 15g, 일회용 플라스틱 컵 14g, 비닐 봉투 20g

출처: 그린피스, 《2023년 플라스틱 대한민국 2.0》.

활용 비율은 2.7퍼센트에 불과하다. 이는 재활용 선진국 유럽연합의 32.5퍼센트는 물론 세계 평균인 9퍼센트에도 못 미치는 수치다. 재활용을 위한 분리수거 역사가 30년이 넘었지만, 기껏 수거한 폐기물이 재활용되지 못하고 소각되면서 물질로서 수명을 다하는 것이다.

　정부는 플라스틱 수요를 억제하기 위해 여러 가지 규제 정책을 도입했다. 예를 들어, 2019년 이후 대형 매장에서 비닐 봉투 사용을 금지했고, 2022년 11월부터 종이컵, 플라스틱 빨대, 젓는 막대, 비닐 봉투 등의 사용을 금지하는 정책을 내놓았다. 그러나 이 중 대형 매장의 비닐 봉투 사용 금지만 지켜질 뿐 다른 규제는 일부 철회하는 등 오히려 한 걸음 물러섰다는 비판을 국내외 환경 단체로부터 받고 있다. 배출되는 플라스틱 폐기물 중에서 주목할 것은 배달 용기와 비닐 포장재다. 특히 택배와 음식 배달 문화는 사그라들 기미가 보이지 않기 때문에 이 영역에 대한 규제 또는 적절한 수요 관리 정책을 취하지 않는다면 1인당 플라스틱 사용량 세계 1위라는 오명을 벗기는 어려울 것으로 보인다.

앞에서 살펴본 것처럼 한국 정부는 2000년대를 거치며 기후 문제의 중요성과 심각성을 점차 인식하고, 국제 사회로부터 거기에 대응해야 한다는 압력을 받아 여러 정책을 도입하고 시행했다. 그러나 1997년 이후의 이산화탄소 배출량은 IMF 외환 위기와 코로나19 대유행 기간만 예외였고 나머지 기간에는 꾸준히 증가했다. 특히 전체 이산화탄소 배출량에서 에너지 부문이 차지하는 비중은 2000년 82퍼센트에서 2019년에는 87퍼센트까지 계속 늘어났다. 반면, 산업 공정에서 배출하는 이산화탄소의 비율은 2000년 전체 10퍼센트에서 2019년 7.5퍼센트까지 감소했다. 산업 공정에서 이산화탄소 배출량 감소를 위해 노력한 배경 중에는 ESG(Environment, Social, Governance) 경영이 있다. ESG 경영은 환경, 사회, 지배 구조를 고려해 기업을 경영하는 방식이다. 이 개념은 1970~1980년대에 윤리적 투자를 중시하는 '사회적 책임 투자(Socially Responsible Investment, SRI)'에서 시작되었고, 기업의 사회적 책임 요구에 대한 대응으로 주목받기 시작했다. 이 아이디어는 2004년의 유엔 보고서 《신경 쓰는 자가 이긴다(Who Cares Wins)》에서 ESG 경영으로 정식화되었다. 2000년대에 기후 변화, 인권 문제,

투명한 경영 요구에 대한 사회적 요구가 커지면서 전 세계적으로 ESG 경영이 본격 확산하기 시작했다. 특히 2015년 파리기후협정 이후 환경 관련 이슈가 부각되었다. 기후 변화 대응은 ESG 경영에서 핵심 내용이 되었다. 많은 글로벌 기업이 탄소 중립 목표를 설정하고 2050년까지 온실가스 배출을 '제로'로 줄이겠다는 계획을 발표하기에 이르렀다. 글로벌 대형 자산 운용사들이 투자 대상을 선정할 때 ESG 기준을 적용하는 등 ESG 경영에 대한 압박이 커지는 추세다. 국내의 대표적인 에너지 다소비 기업은 동시에 10대 수출 품목을 생산하는 주요 대기업이다. 이들이 글로벌 경쟁에 효과적으로 대처하기 위해서는 ESG 경영을 채택할 수밖에 없는데, 이러한 환경이 국내 이산화탄소 배출량이 적게나마 감소하는 데 영향을 주었을 것이다.

2 공급 우선의 에너지 정책

2000년대 이후 정부는 예견되는 전력 수요를 충족하도록 전력 생산과 공급을 늘리는 데 중점을 두었고, 수요 조절 정책과 적극적인 에너지 전환 정책을 추진하지 못했다. 그 결과 전력 생산 총량이 꾸준히 증가했을 뿐 아니라 탄소 발생 저감 효과도 거의 없었다. 발전 연료별로 보면 화력 발전의 비중은 더 높아졌고 원자력 발전의 비중은 소폭 낮아졌다. 다만 화력 발전에서 석탄의 비중이 줄어들고 상대적 청정 연료인 LNG 비중이 늘어났다. 이명박 정부 임기 동안 신재생 에너지에 의한 발전량이 늘어났지만, 1퍼센트에서 2.5퍼센트로 변화한 것에 불과해 저탄소 녹색 성장의 멋진 담론을 무색하게 만들었다. 발전 연료별

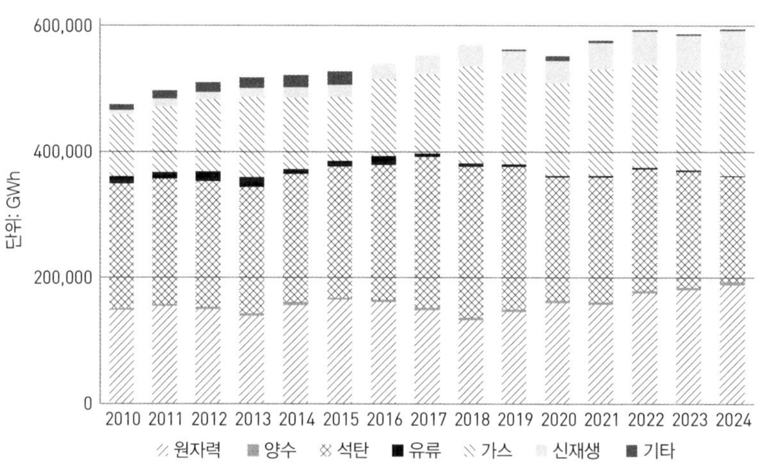

출처: 한국전력공사 월별 전력 통계 속보, 연도별 한국전력 통계.

비율은 시기에 따라 약간의 증감이 있었고, 신재생 에너지 발전 비율은 2010년대를 거치며 약 10퍼센트까지 증가했다. 2020년 현재 전력 생산에서 화력, 원자력, 신재생 에너지에 의한 발전 비율은 6:3:1이다.

화력 발전의 연료에서 석탄 일부를 LNG로 대체한 것을 저탄소 녹색 성장의 매우 긍정적인 지표로 보기는 어렵다. LNG, 즉 액화천연가스는 '천연'이라는 이름 때문에 석탄이나 석유 등의 화석 연료를 대체할 청정에너지로 오해하기 쉽다. 그러나 액화천연가스의 주성분인 메탄은 이산화탄소와 함께 대표적 온실가스 중 하나다. 액화천연가스를 채굴, 정제, 액화, 수송, 기화하는 모든 과정에서 메탄이 발생한다. 대기 중에서 메탄의 수명은 12년으로 이산화탄소의 200년보다 짧다. 그러나 메탄은 같은 양의 이산화탄소보다 많은 열을 흡수하기 때문에 지구 온난화에 더 크게 영향을 끼친다. 메탄이 주성분인 소의 트림과

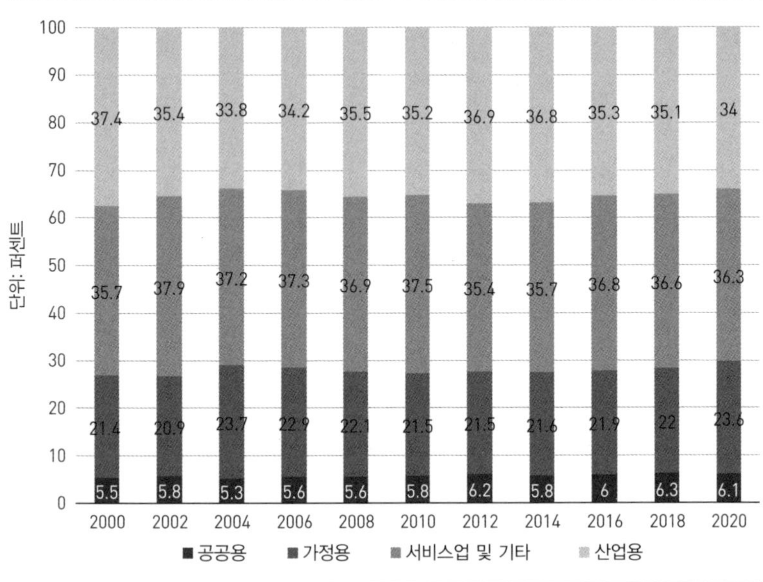

출처: KOSIS.

방귀가 지구 온난화의 주범 중 하나로 지목되는 것도 이러한 특성 때문이다. 따라서 연소할 때 석탄 화력보다 상대적으로 이산화탄소 배출이 적다는 점을 고려하더라도 LNG 발전은 에너지 전환으로 가는 중간 단계일 뿐 본질적인 기후 문제 대안이 되기는 어렵다. 환경 단체들이 LNG 발전을 그린 에너지가 아니라 그린 워싱(green washing)이라고 비판하는 것도 이 때문이다.

　전력 사용 용도를 공공용, 가정용, 서비스업 및 기타, 산업용으로 구분할 때, 2000년 이후에는 공공용＋가정용, 서비스업 및 기타, 산업용의 전력 사용량은 대체로 3:3.5:3.5 비율을 유지했다. 다만 세부적으로 보면 전체 전력 사용량에서 산업용의 비율은 2000년 37.4퍼센트에서 34.0퍼센트로 줄었고 다른 세 영역의 비율은 모두 소폭 늘었다. 물론 전체 전력 사용량에서 산업용 비율이 줄었을 뿐, 산업에서 사용하는 실제 전력량은 계속 증가하고 있다. 전체 전력 사용량에서 가정용의 비중이 커진 것은 일상과 주거에서 점점 더 전기를 많이 쓰게 되었음을, 서비스업 및 기타 영역의 비중이 커진 것은 산업 구조 고도화에 따라 서비스업이 제조업에 비해 상대적으로 증가했음을 보여준다.

전력 사용에서 산업용, 특히 제조업의 비중이 높은 것은 한국 주요 산업의 특성과 관련이 있다. 한국은 10대 품목의 수출액이 전체의 50~60퍼센트에 이를 정도로 수출이 특정 산업에 집중된 구조다. 그리고 10대 수출 품목은 오랫동안 별로 달라지지 않았다. 예를 들어 반도체, 선박 해양 구조물 및 부품, 철강, 석유 제품, 합성수지는 2000년대에 일부 순위 변동만 있을 뿐 10대 수출 품목에 반드시 포함되었다. 2010년대 이후에는 디스플레이, 플라스틱 제품, 정밀화학 원료가 새롭게 진입했다. 문제는 이러한 10대 수출 품목 상당수가 에너지 다소비 산업이라는 점이다. '에너지이용합리화법' 제2조에 의하면, 에너지 다소비 사업자는 일정 기준 이상의 에너지를 소비하는 사업자를 말한다. 그 기준은 산업 특성에 따라 다를 수 있으나 주로 연간 에너지 소비량이 2000석유환산톤(toe) 이상인 경우가 여기에 해당한다. 에너지 다소비 산업은 고온·고압의 공정이 필요하거나 에너지 효율이 낮은 특성을 갖고 있다. 철강, 화학, 시멘트, 정유, 조선, 반도체, 디스플레이, 석유화학 등이 대표적인 에너지 다소비 산업이다. 그러므로 한국 경제가 일정 수준 이상 성장하기 위해서는 이러한 에너지 다소비 산업을 위한 에너지 확보가 중요하다. 정부는 에너지 다소비 사업자에 대해 에너지 이용 효율화 계획 수립과 이행, 에너지 소비량 보고 의무, 에너지 효율 개선 투자, 에너지 진단 의무 등의 규제 제도를 도입했다. 그와 동시에 녹색 성장을 내세우면서도 이산화탄소 감축에 따른 산업 경쟁력 저하를 막기 위해 여러 가지 보완 제도를 함께 시행하고 있다.

한편, 농림어업 부문에서 사용하는 전력의 비율이 높아진 것은 흥미롭다. 여러 요인이 있겠지만 첫째, 농림어업 부문에 종사하는 인구수가 계속 줄어들기 때문에 기계화 비중이 높아지고 그에 따라 전력 사용이 증가했다. 둘째, 농림수산물의 생산 및 가격 경쟁을 위해 다양한 인공 시설과 구조물을 활용하면서 전력 사용이 증가했다. 예를 들어, 양계장에서는 닭이 더 많은 달걀을 낳을 수 있도록, 깻잎 농장에서는 깻잎이 쉬지 않고 성장하도록 조명을 사용한다. 2010년 언론 보도에 따르면, 국내에서는 1억 2000만 마리의 닭을 사육하는 데 연간 17만 5000메가와트시의 전력을 소비했다. 당시에는 주로 백열전구를 사용해 조명과 보온 효과를 동시에 기대할 수 있었다. 그러나 백열등은 전력 소비가 많고 조도 효율이 낮은 데다 과열로 인해 화재 발생의 원인이 되기도 했다. 그 때문에 정부는 2013년까지 백열등을 전부 LED 조명으로 바꾸는 정책을 펼쳤다. 양계 농가에서 소비하는 17만 5000메가와트시의 전력을 LED로 전환하면 기존 소비 전력의 15퍼센트 정도로 같은 효과를 낼 수 있으므로 46억 1000만 원 정도의 전기료(농업용 전기료 30.6원/kWh 기준)를 절감할 수 있는 것으로 추정되었다.[3]

물, 태양, 공기 같은 자연 에너지의 집약체인 딸기나 깻잎이 전기 조명, 난방, 화학 비료를 사용하는 첨단 농업이 발전하면서 화석 에너지의 집약체가 되어가고 있다. 이러한 현실과 관련해 농업 생산과 소비에서 기후 문제에 대응하고 환경과 건강을 모두 추구하려는 움직임,

전기로 키우는 깻잎

어둠이 내린 뒤 차를 타고 농촌 들녘을 달릴 때면 비닐하우스마다 환하게 불을 밝힌 것을 보신 적 있을 겁니다. 특히 대전-무주 고속도로 추부IC 근처엔 형광등, 백열등, LED 등에서 뿜어져 나오는 불빛이 들녘을 휘황찬란하게 수놓고 있습니다.

대낮처럼 어둠을 밝힌 그곳에선 대체 무슨 일이 벌어지고 있을까? 농민들이 혹시 밤늦도록 일을 하는 것인가? 본능적 궁금증이 발동했고, 직업병처럼 궁금증은 풀어야 직성이 풀렸습니다. 불빛이 새어 나오는 비닐하우스 안에는 촘촘히 매달린 전등 아래 깻잎 수확용 잎들깨가 빼곡하게 자리 잡고 있더군요. 농민은 보이지 않았습니다. 깻잎 생산을 위해 인위적으로 불을 밝혀둔 것입니다. 삼겹살 구이나 쌈밥을 먹을 때 약방의 감초처럼 빠져서는 안 되는 바로 그 고소한 들기름 향에 알싸한 맛을 지닌 깻잎 농장이었습니다.

깻잎이 지속적으로 성장하기 위해서는 하루 15시간가량의 일조량이 필요하다고 합니다. 자연에선 여름철이면 몰라도 요즘처럼 겨울철엔 턱없이 부족할 수밖에 없죠. 부족한 일조량을 보충하기 위해 인공 불빛, 전등이 필요한 겁니다. 이보다 더 결정적인 이유는 바로 '잠'에 있었습니다. 깻잎도 사람처럼 잠을 자는데요, 문제는 잠을 자면 꽃이 피고 종자를 맺게 된다고 합니다. 전문적 용어로 영양 생장에서 생식 생장으로 전환되는 것을 가리키는 말입니다. 이렇게 되면 깻잎이 더 이상 나오지 않게 되니 농민들은 큰일이지요.

실제 잎들깨 모종을 옮겨 심은 뒤 2개월가량 지나면 첫 수확이 가능한데, 잠을 자게 놔둘 경우 수확 시기부터 한 달 뒤면 꽃이 핀다고

합니다. 깻잎 수확은 기껏해야 한 달밖에 할 수 없는 것입니다. 번식
욕구가 생기는 경우는 잠을 잘 때뿐 아니라 심하게 스트레스를 받아
도 발동한다고 합니다. 즉, 날씨가 아주 무덥거나 한파 경보가 내릴
만큼 매서운 추위가 몰려오면 잎들깨는 생명의 위협을 느끼고 다른
식물들처럼 종족 번식욕이 본능적으로 생겨 꽃을 피운다고 합니다.

국립식량과학원의 연구에 따르면, 깻잎이 깊이 잠드는 시간은 밤
12시에서 새벽 1시쯤이라고 합니다. 그 때문에 이 시간대에 잠을 깨
워야 꽃이 피지 않게 되는 것입니다. 보통 농민들은 깻잎 숙면 시간
앞뒤로 한 시간씩 더 여유를 두고 불을 밝히고 있습니다. 나름 안전
하게, 아니 혹시 잠을 못 깨울까 봐 걱정해 밤 11시부터 새벽 2시까
지 전등을 켜줍니다. 일부 농민들은 초저녁부터 5분 조명, 15분 소등
식으로 간헐적인 불 밝히기를 하기도 합니다. 비싼 전기료 들여가며
깻잎 잠을 깨우고 보니 역시 효과는 그만이었다고 하네요.

앞서 말했지만 잠을 자게 두면 기껏 한 달 남짓 수확 가능하던 것
이 이렇게 인위적 불빛으로 잠을 깨워보니 10개월가량 깻잎 생산이
가능했습니다. 농민들 입장에서는 깻잎 잠을 깨워야만 할 확실한 근
거가 생긴 셈입니다. 대낮처럼 환하게 불을 켜놓은 하우스 안 잎들깨
중엔 꽃 핀 것을 아예 찾을 수 없었습니다. 또 잎새가 땅 쪽으로 늘
어지기는 했지만 축축 처진 것은 없었습니다. 깊은 잠이 든 깻잎은
아주 축~ 늘어져 마치 시든 잎새와 비슷한 모습이라고 합니다.

깻잎은 일주일에 한 번꼴로 따냅니다. 화수분처럼 따고 나면 새잎
이 나고 자라 계속 생산이 가능한 것입니다. 인삼 고장으로 알려진
충남 금산은 추부면을 시작으로 깻잎 농사를 짓기 시작해 지금은 연
중 1151톤을 생산, 전국 생산량의 42퍼센트가량을 차지할 만큼 깻잎

고장으로 자리 잡았습니다. 농가별 벌이도 짭짤해 비닐하우스 한 동 '660~990제곱미터'에서 연소득 2000만 원가량 올린다고 합니다.

조명 시설은 형광등이 제일 많았고 백열등과 LED 등 순이었습니다. 추운 겨울철엔 비닐하우스 안 보조 난방을 위해서도 백열등이 좋은데, 60와트여서 대부분 농가들이 전기세 부담에 많이 쓸 수가 없다고 합니다. 대신 20와트짜리 형광등을 선호하고 있습니다.

출처: 2012년 SBS 뉴스. https://news.sbs.co.kr/news/endPage.do?news_id=N1001092516&plink=COPYPASTE&cooper=SBSNEWSEND

즉 유기농, 제철 농산물 이용, 로컬 푸드 운동 등이 나타났다. 그러나 농산물 생산과 소비 패턴의 전체 흐름을 돌리는 데는 아직 한계가 있다. 그뿐만 아니라 농업 인구 감소와 스마트 농업 확산에 따라 모니터링, 자동화 설비가 계속 늘어날 것으로 예상됨에 따라 농업 분야의 전력 소비 역시 증가세를 유지할 것으로 보인다.

3 '탄소스러운' 웰빙과 '탄소스러운' 여가

1990년대까지 대중화한 '탄소스러운' 생활 방식은 2000년대 이후에도 지속적으로 확대되었다. 특히 2000년대 이후에는 웰빙, 소비 개인화, 레저와 여가 확대 등 질적인 요소가 더해졌다. 또한 가정용 또는 개인용 에너지 소비가 점차 전기 중심으로 바뀌는 추세다. '탄소스러운' 생활 방식은 안정적인 전력 공급과 석유 공급에 기초하는데, 정부가 수요를 관리하기보다 공급을 충분히 유지하는 에너지 정책을 펼친 덕분에 가능했다.

웰빙의 상업화와 웰빙 가전

2000년대 이후 한국인의 소비 문화와 '탄소스러운' 생활 방식에 큰 영향을 준 요소 중에는 웰빙 열풍이 있다. 웰빙은 행복, 삶의 만족, 질병이 없는 상태를 모두 포괄하는 개념이다. 서구에서 웰빙은 개인의 건강과 친환경성을 강조하는 사회 대안 운동에 뿌리를 두고 있다. 미국에서는 웰빙이 여성의 건강 관리를 위한 복지 정책으로 구체화하기 시작했다. 예를 들어, 1978년 미국 펜실베이니아주에서는 웰빙 센터(Center for Well Being)가 설립되었는데, 이러한 기구들에서 채택한 프로그램 중에는 요가, 채식 등이 있다. 미국인의 일상에서 가장 흔한 운동은 에어로빅과 조깅이었다. 육류 중심의 식문화에서 고기 없는 식단은 가난의 상징이었다. 요가나 채식은 히피 같은 아웃사이더들의 문화였기 때문에 일반적이지 않았다. 그래서 이러한 웰빙 프로그램은 보통 복지 차원에서 제공되었다. 그러나 1990년대를 지나면서 웰빙은 복지를 넘어 환경, 동물권, 건강을 모두 챙길 수 있는 일종의 사회 대안 운동의 개인적 실천 방안으로 인식되기 시작했다. 미국에서는 셀럽과 오피니언 리더들이 건강과 환경을 동시에 챙기는 방법으로 요가와 채식, 유기농 식품을 선호했고, 이러한 사실이 대중 매체를 통해 알려졌다. 이는 단순히 건강을 챙기는 행위가 아니라, 환경과 미래를 생각하는 '개념 있는' 행동으로 받아들여졌다. 그 결과 미국을 비롯한 서구에서 웰빙 시장은 요가, 유기농 자연식품, 채식 등을 중심으로 형성되었다.

반면, 한국에서는 대중 매체와 기업의 마케팅 전략이 결합한 형태로 웰빙 개념이 소개되고 대중에게 퍼져나가면서 '잘 먹고 잘 사는' 건강한 생활 방식을 나타내는 유행어로 자리 잡았다. 대중 매체는 서구적 웰빙 개념의 기원과 전개 과정은 생략한 채 1990년대 미국의 소비 현상으로서 웰빙을 주로 다루었다. 즉, 웰빙과 관련해 '왜' 그렇게 하는지에 관심을 두지 않고 '무엇'을 하는지에 초점을 맞춰 많은 기사와 콘텐츠를 쏟아냈다. 사람들은 자신의 문제와 관심사에 대한 해법으로 웰빙을 받아들이기 시작했고, 웰빙은 빠른 속도로 대중의 언어가 되었다. 특히 기업의 마케팅 전략과 결합하면서 웰빙 소비 문화를 만들어냈다. 서구에서 웰빙이 식품 중심이었던 것과 달리 한국에서는 요가·식품 외에도 가전·섬유·건설 등 거의 모든 일상 소비재에 영향을 주었다. 2005년 삼성경제연구소는 다른 나라에서와 달리 한국에서는 웰빙이 라이프스타일로 정착할 것이라고 전망했다.[4]

2000년대 초반의 한국인은 자연/생활 환경, 식품, 건강, 삶의 가치관 등에서 위기를 겪고 있었다. 이는 한편으로 개발도상국에서 선진국으로 넘어가는 시기에 겪는 문제였고, 다른 한편으로는 IMF 외환 위기의 충격과 그로부터 벗어나는 과정에서 생긴 문제이기도 했다. 먼저 환경 문제를 살펴보자. 1980~1990년대까지 환경 문제는 주로 매연과 그 때문에 생기는 산성비와 토양 산성화, 페놀 사태처럼 오폐수 때문에 생기는 상수원 오염 같은 개발도상국형 문제였다. 즉, 규칙을 지키지 않고 비용을 아끼느라 저지르는 불법 행위와 눈앞의 이익을 챙기느라 발생하는 문제였다. 2000년대에 들어서면서 이러한 문제는 법적·사회적 규제, 기술적 대안, 소비자 외면 같은 여러 요인 덕분에 대

체로 해결되었다. 대신 황사, GMO 불안, 새집증후군, 광우병 사태 같
은 새로운 문제가 일상의 걱정거리가 되었고, 아토피·알레르기 같은
건강 이슈가 이전보다 많이 발생했다. 또한 IMF 외환 위기를 겪으면
서 과거의 공동체 의식, 직업관, 국가와 개인의 가치관 역시 위기를
겪었다. 취약한 국가 시스템과 사회 안전망의 위기를 경험한 사람들은
개인과 현재의 삶에 더 많은 관심을 갖게 되었다.

　사람들은 이러한 문제들의 해결책을 찾고 있었다. 웰빙은 그 해결
방안을 제시하고, 그 결과 얻게 될 건강하고 편안하고 만족스러운 삶
에 대한 이미지를 제공했다. 그 핵심은 새로운 양식의 소비였다. 한국
의 '웰빙족'에게 웰빙은 식품에 국한하지 않고 생활 전반에 적용되었
다. 기업들은 새로운 웰빙 제품을 개발하거나 기존 제품에 웰빙의 옷
을 입혀 소비자에게 팔았다. 대표적인 예가 '웰빙 가전'과 친환경 아
파트다. 정수기·공기청정기·생수 등은 환경 문제에 대한 개인 차원의
해결책이고, 살균 기능을 갖춘 은나노 세탁기나 은나노 냉장고는 안
전한 옷과 식품을 위한 해결책이고, 친환경 페인트와 친환경 건축 재
료를 사용한 고급 아파트는 새집증후군을 위한 해결책이고, 국산 또는
유기농 식품은 GMO와 농약 위험에 대한 해결책이었다. 즉, 2000년대
웰빙족의 삶에 대한 비전은 개인의 소비를 통해 이루어질 수 있었다.
한국의 웰빙 열풍은 환경과 건강에 대한 불안, 새로운 문화 트렌드로
웰빙 개념을 도입하고 대중화한 매체, 그리고 이를 제품 개발과 마케
팅에 적극 활용한 기업 전략이 결합한 결과였다. 웰빙 마케팅은 얼마
지나지 않아 '스마트' 마케팅에 자리를 내주었지만, 개인의 소비를 통
해 웰빙을 이루려는 지향성은 이후에도 계속되었다.

　웰빙 마케팅은 아파트에도 적용되었다. 규격화·표준화된 면적과 평

면도 때문에 큰 변화를 추구하기 어려웠던 건설사는 신축 아파트의 조경, 인테리어, 편의 시설 등에서 차별화를 시도했다. 아파트가 '탄소스러운' 대량 소비의 대중화에 크게 영향을 준 것처럼, 웰빙을 내건 아파트는 '탄소스러운' 웰빙 라이프스타일이 확산하는 데 영향을 주었다. 예를 들어, 베란다 없는 아파트 또는 초고층 주상 복합 아파트가 늘어났다. 그리고 전기를 사용해 최대한 쾌적한 환경, 즉 웰빙 환경을 인공적으로 만들려는 경향이 강해졌다.

한국의 아파트 베란다는 서구의 발코니와 비슷하게 집 밖으로 노출된 열린 공간이었으나 점차 실내 거주 공간으로 진화했다. 일반 주택에서는 마당 또는 정원이 실외 주거 공간이면서 담장을 경계로 실내 주거 공간과 외부 공간을 연결한다. 각 세대가 마당을 갖기 힘든 아파트에서 베란다는 개별 세대에 속하는 실외 공간이면서 주거 공간과 외부 세계를 연결하는 역할을 했다. 베란다는 원칙적으로 개방되어 있어야 했기 때문에, 초기 아파트 거주자들은 베란다를 실외 공간으로 여겼다. 그래서 집기를 보관하고, 빨래를 말리고, 장독대를 두고, 식물을 기르는 등 여러 활동이 베란다에서 이루어졌다.

그러나 시간이 지나면서 냉난방·먼지 등의 이유로 베란다에 새시(sash)로 창문을 다는 가구가 늘어나면서 개방 공간이 아니라 실내 공간으로 바뀌었다. 베란다 한쪽에 창고를 만들거나, 공간을 나누어 일부는 이전과 같이 사용하고 일부는 실내 공간 용도로 활용하는 세대가 늘어났다. 이러한 구조 변경이 증가하자 이에 대한 규제가 완화되었고, 마침내 2005년에는 베란다까지 거실 또는 방을 넓히는 이른바 '베란다 확장'을 전면 허용했다. 이 같은 베란다 확장은 같은 가격에 조금이라도 실내 공간을 넓게 사용하고 싶은 사람들의 욕망과 맞아떨어졌다. 베란다 확장으로 실내 주거 공간은 넓어졌지만, 아파트는 전보다 밀폐된 공간이 되었다. 또한 이전까지 베란다에서 이루어졌던 보관, 세탁, 환기 등의 기능을 실내에서 가전제품을 통해 해결했다. '냉장' 못지않게 '보관' 기능을 하는 대용량 냉장고, 건조기, 제습기, 공기청정기, 에어컨 등이 이를 가능하게 만들었다. 부유층의 주거 공간으로서 또는 부동산 자산으로서 중산층이 선망한 초고층 주상 복합 아파트는 이러한 추세의 극단적 사례다.

생활 수준 향상, 웰빙 트렌드, 달라진 주거 환경은 세분화된 가전제품과 그에 따른 전력 사용 증가로 이어졌다. 경제 성장에 따라 개인의 전력 소비가 늘어나는 것은 자연스러운 현상이다. 그러나 2000년대 이후 가구당 구성원 수가 줄어들고 있음에도 불구하고 가전제품의 세분화와 대용량화 배경에는 한국의 웰빙 트렌드와 주거 환경 변화가 한몫했다. 그리고 폭염, 길어지는 열대야 등 기후 변화로 인한 문제역시 영향을 주었다.

가전제품의 세분화와 대용량화

가전제품 소비와 관련해 2000년대의 가장 두드러진 특징은 에어컨 증가와 냉장고 대형화였다. 1997년에는 5가구당 한 가구꼴로 에어컨을 보유했으나 2019년에는 가구당 0.97대를 보유해 거의 모든 가구가 에어컨을 갖춘 것으로 나타났다. 일부에서는 가구당 에어컨 2대 이상을 사용하기도 하므로 실제로는 모든 가구가 에어컨을 사용하지는 않았을 것이다. 그러나 에어컨 보급이 빠른 속도로 증가한 것은 분명하다. 특히 폭염 이슈가 발생한 2020년대에 에어컨은 필수 가전이 되었다. 반면, 1980년대에 이미 필수 가전이던 냉장고의 경우는 대용량 선호가 뚜렷해졌다. 1997년에는 전체 가구의 약 70퍼센트가 300~400리터급 냉장고를 사용했고, 600리터 이상의 양문형 대형 냉장고를 보유한 가구는 전체의 3퍼센트에 불과했다. 그 후 600리터 이상의 대형 냉장고 사용은 2000년대 들어 빠르게 증가해 2019년에는 전체 가구의 약 70퍼센트에 달했다. 가구별 인구수가 줄고 1인 가구가 증가함에도 냉장고는 대형화하고 있음을 알 수 있다. 이는 대형 마트를 이용한 대량 구입, 베란다 확장 등으로 인한 식품 수납공간 부족 등의 이유 때문에 냉장고의 ‘보관’ 기능이 강화되었기 때문이다. 냉장고 대형화 경향은 2010년대 이후 더욱 강해져 2019년에는 전체 가구의 약 40퍼센트가 800리터 이상의 냉장고를 사용했다. 기술 발전과 함께 냉장고 에너지 효율이 높아졌더라도 24시간 운전하는 냉장고 특성상 대용량화에 따른 전력 소비 증가는 피할 수 없었다.

냉장고·에어컨 같은 필수 가전은 아니지만, 이른바 웰빙 가전의 소비 역시 증가했다. 전력거래소의 1만 가구 표본 조사는 2000년대 이후 정수기, 가습기, 공기청정기, 비데, 음식물처리기, 제습기를 대표적인 웰빙 가전으로 보고 항목에 포함했다. 이 중 가습기는 가장 빨리 대중화된 가전제품이지만, 2011년 가습기 살균제 사고 이후 증가세가 꺾였다. 반면, 공기청정기와 제습기는 2010년대에 빠르게 확산했다. 공기청정기와 제습기는 주거 환경의 밀폐화와 함께 황사, 미세먼지, 폭염, 장마 등 기후 변화와 환경 문제 때문에 사용이 늘어나기 시작한 가전 기기다. 2000년대 초만 하더라도 공기청정기를 사용하는 가구는 거의 없었다. 그러나 황사와 미세먼지가 큰 사회 문제로 대두한 2013년 이후 빠른 증가세를 보였다. 업계에 따르면 2019년 가정용 공기청정기 보급률은 60퍼센트를 넘었다. 이와 함께 아직 보급률은 낮지만 빠른 증가세를 보이는 제습기 역시 길어진 여름과 주거 공간의 밀폐화 추세에 따라 사용이 늘어나고 있다.

웰빙 가전이라고 보기는 어렵지만 가정의 전력 소비에 영향을 줄 수 있는 새로운 가전은 세탁건조기다. 전력거래소의 2019년 가전 기기 보급 현황 조사에서, 세탁건조기는 가구당 0.07대에 불과했다. 그러나 2022년의 한 조사에서는 전체 가구의 27퍼센트가 세탁건조기를 보유하고 있는 것으로 나타났다. 표본 조사의 한계를 감안해도 빠른 속도로 증가하고 있는 것은 분명하다. 더구나 대표 가전 기업들은 일체형 세탁건조기 개발을 통한 보급 확대 전략을 세우고 있어서 가격에 따른 진입 장벽도 낮아질 전망이다.[5] 빨래를 햇볕에 바짝 말리는 것을 선호하는 문화 때문에 서구 국가들에 비해 한국에서는 건조기에 대한 소비자 수요가 낮았다. 그러나 2000년대 이후의 변화, 즉 황사와 미세먼지, 길어진 습한 여름, 주거 공간의 실내화로 수요가 빠르게 증가하고 있으며, 현재 추세대로라면 얼마 지나지 않아 필수 가전이 될 것이다.

가구당 전력 사용량 증가

한국의 가구당 전력 소비는 1990년대에 빠르게 증가했다. 1987년에는 전체 가구의 90퍼센트 이상이 200킬로와트시 이하의 전력을 사용했다. 그러나 10년 뒤인 1997년에는 전체 가구의 약 절반인 47.6퍼센트가 101~200킬로와트시의 전력을 사용했고, 200킬로와트시 이상을 사용하는 가구의 비율은 35.4퍼센트까지 증가했다. 아울러 301킬로와트시 이상의 전력을 사용하는 가구의 비율도 11퍼센트나 되었다. 이런 경향은 2000년대에 더욱 강화되었다. 그리고 다시 20년 뒤인 2019년

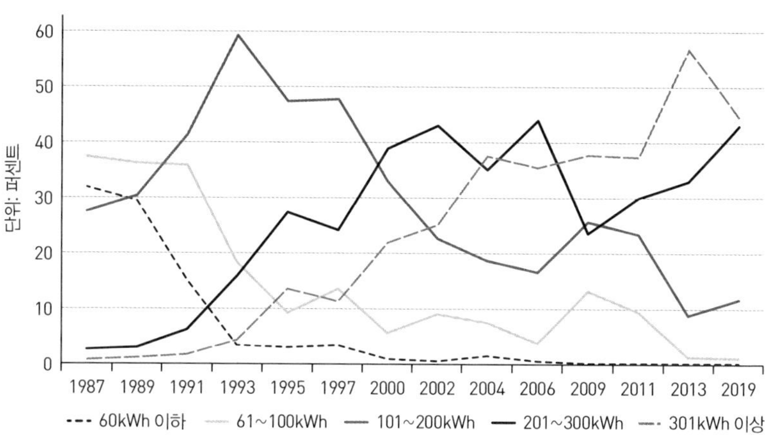

출처: 〈2019 주택용 가전 기기 가구별 가전 현황 조사〉, 40쪽.

에는 전체 가구의 87.4퍼센트가 201킬로와트시 이상의 전력을 사용했다. 또한 전체 가구의 44.5퍼센트가 300킬로와트시 이상을 사용했는데, 그중 약 절반인 23퍼센트는 350킬로와트시 이상을 기록했다. 1987년과 2019년을 비교하면 약 30년 동안 가구별 소비 전력량이 구간별로 정반대 패턴을 보인다.[6] 1인 가구가 늘고 가구당 구성원 수가 감소하는 추세임에도 불구하고 가구당 전력 사용량이 전반적으로 상승한 것은 그만큼 가전 기기 사용이 증가하고, 가정용 에너지가 전기 중심으로 바뀌고 있음을 뜻한다.

전력 사용을 세부적으로 살펴보면, 2000년대 이후 가구당 사용량 증가를 이끈 주된 요인은 에어컨과 세탁건조기(건조기) 이용 그리고 냉장고 대형화다. 2019년 조사에 의하면, 가전 기기 중 대당 연간 전력 소비량은 에어컨, 건조기, 냉장고가 차례로 1, 2, 3위를 기록했다. 1년 내내 상시 가동하는 냉장고에 비해 에어컨은 연간 사용 시간이 419시간, 즉 17.4일에 불과하므로 두 기기의 소비 전력 차이가 어마어마하게 크다는 걸 알 수 있다. 건조기 사용 시간은 세탁기보다 1.3배 길고, 그에 따라 사용 전력 역시 1.3배 많았다. 세탁보다 건조에 더 많은 시간과 에너지가 투입된다는 뜻이다. 문제는 이 두 가전의 전력 사용이 앞으로도 계속 증가할 것이라는 점이다. 기후 변화 때문에 여름은 더 길고 더 더워질 것이다. 그에 따라 에어컨 보급 및 사용 시간도 계속 늘어날 것이다. 건조기의 경우 현재 보급률은 약 30퍼센트 수준이지만 빠른 속도로 증가하고 있다. 이 두 가전 기기는 기후 변화와 한국적 주거 조건 때문에 사용이 늘어날 것이 분명하므로 앞으로 가구별 전력 사용량 증가에 가장 주요한 요인이 될 것이다. 그 밖에 의류 관리기, 로봇청소기, 컴퓨터와 각종 통신 미디어 기기 등 새로운 가전제품 보급이 증가하고 있으므로 가정용 전력 소비는 계속 늘어날 것이다.

한국의 가구별 전력 소비 증가는 경제 성장과 생활 수준 향상에 따른 자연스러운 현상이면서 동시에 기후 변화라는 자연 요인과 웰빙 트렌드 및 실내화·밀폐화하는 주거 구조 변화에 큰 영향을 받았다. 이 같은 주거 환경에서 삶을 꾸리고 웰빙까지 추구하는 과정에서 다양한 종류의 가전 기기, 때로는 대형 가전 기기의 소비가 증가했다. 이는 인구 감소, 1인 가구 및 2인 가구의 증가 같은 가구 형태의 변화에 큰 영향을 받지 않았다. 1인 가구라고 해서 필수 가전 없이 살기는 어려운 구조와 조건이 이미 만들어졌기 때문이다. 전기를 사용해 인공적으로 만든 쾌적한 아파트 또는 실내 공간에서 이뤄지는 일상생활은 한국인의 '탄소스러운' 생활 방식의 특이한 점이다.

이러한 '탄소스러운' 주거 생활 방식은 필요한 만큼의 안정적인 전기 공급을 전제로 한다. 사실 1980년대까지 정부의 에너지 절약 캠페인은 근본적으로 에너지 소비를 줄이거나 효율을 높이기 위한 것이 아니었다. 그것보다 전기 생산이 수요를 따라가지 못하는 상황에서 산업용 에너지를 우선 확보하고, 에너지 수입 비용 증가에 따른 경제 부담을 줄이기 위한 것이었다. 전기 생산이 절대 부족한 상태를 벗어난 후에는 에너지 및 전기 절약에 대한 인식이 이전에 비해 흐려졌고, 정부 정책 역시 충분한 전기를 공급하는 데 중점을 두었다. 수요를 충족하는 전기 공급은 정부 에너지 정책의 1순위 과제였다. 그 결과 모든 것이 정상일 때 우리는 전기 요금 고지서를 통해서만 일상의 주거와 생활에서 얼마나 전기에 의존하고 있는지를 깨달을 뿐이다. 그리고 이따금 화재, 시설 노후, 관리 소홀 등으로 한여름 고층 아파트에 정전이 발생했을 때, 우리의 웰빙 공간과 생활 방식이 얼마나 전기에 의존하고 있는지가 분명하게 드러난다.

고속도로 확충과 마이카 시대

주거 공간을 벗어나 다른 장소로 이동하는 것은 가정 밖에서 일어나는 '탄소스러운' 생활 방식의 중요 영역이다. 사람들은 출퇴근, 등하교, 일상생활과 업무, 여행 등을 위해 이동한다. 이동 수단은 여러 가지가 있으나 어떤 것을 선택할지는 도로·철도 등 인프라 구축 정도, 개인의 소비 능력, 목적, 교통수단에 대한 사회문화적 인식 등에 따라 다르다. 유럽 국가에서 출퇴근과 여행에 자전거 이용 비율이 높은 것, 미국에서 웬만한 장거리 여행조차 자동차를 주로 이용하는 것, 베트남 등 동남아 국가에서 바이크 이용자 수가 압도적으로 많은 것 등은 모두 이런 이유로 설명 가능하다. 한국의 경우, 산업화 이후 철도에서 자동차로 이동 수단의 중심이 급속히 넘어갔고, 중대형 이상의 승용차 선호 현상을 볼 수 있다. 경제 성장에 따라 개인의 이동 수단에서 승용차와 항공 이용 비중이 높아졌다. 2010년대 이후 전기 자동차 등 친환경 자동차 이용이 증가하고 있으나 아직까지는 내연 기관 자동차가 압도적으로 많다. 전력 생산에서 화석 연료 비중이 줄어드는 것과 대조적으로 이동에서는 석유 소비가 절대적이다.

2000년대를 지나면서 자동차 등록 대수, 개인의 승용차 보유도 꾸준히 증가했다. 가구당 승용차 수는 2009년에 1.0을 넘었기 때문에 2010년대에는 모든 가구가 승용차를 소유한 '패밀리 카' 시대가 되었다. 자동차는 이륜차를 제외한 모든 종류의 차량을 포함하는데, 2023년 등록 차량 기준으로 인구 2명당 한 대꼴로 자동차를 보유했다. 이를 자가용 승용차로 좁혀보면, 2023년 등록 차량 기준으로 인구 2.5명당 한 대꼴로 승용차를 보유했다. 이를 다시 주된 운전자층인 15~64세 인구로 좁히면 인구 1.75명당 한 대꼴이다. 이런저런 이유로 실제 운전하지 않는 경우를 감안하면 실질적인 '마이카' 시대가 되었다.

이러한 자동차 보유 증가는 한편으로는 한국의 경제 성장과 자동차 산업 발전에 기인한다. 저개발 국가가 빠른 산업화를 통해 선진국으로 올라서는 과정에서 승용차는 소수 부유층과 권력층의 상징이었고, 경제가 성장한 후에는 중산층의 필수품이었다. 2000년대 이후에는 승용차 보유 여부가 아니라 어떤 승용차인지가 계층 또는 개인의 정체성을 나타내는 지표가 되었다. 그만큼 승용차는 개인과 개인의 일상에서 분리할 수 없는 요소다.

승용차의 급속한 증가는 자동차 중심의 교통 인프라를 구축하는 데

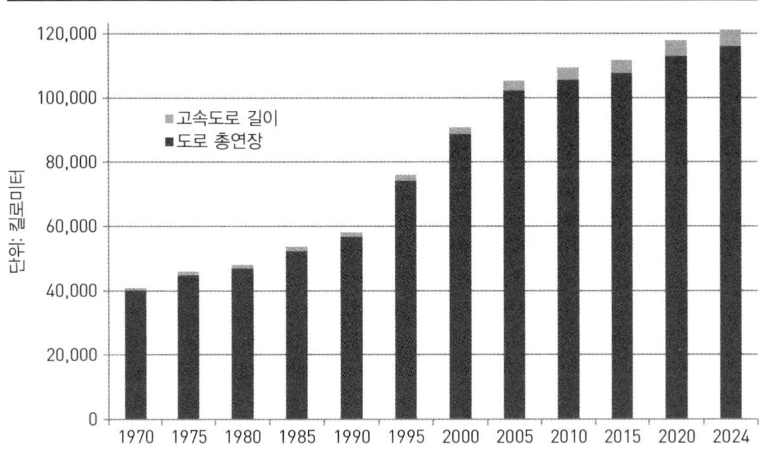

출처: KOSIS.

중점을 둔 국토 및 도시 정책의 결과이기도 하다. 도로는 일차적으로 이동·수송을 위한 기본 인프라이므로 기간 도로망 구축과 확충은 국가의 기본 과제다. 한국 최초의 고속도로는 1969년에 완공된 경인고속도로다. 그러나 1970년 개통된, 서울과 부산을 잇는 총연장 428킬로미터의 경부고속도로는 이후 한국의 끊임없는 고속도로 건설의 거대한 출발점이 되었다. 지역 균형 발전을 위해 접근성을 높일 수 있는 기간 도로망을 확충하는 것은 정치적으로도 중요한 과제다. 특히 지방자치제 도입 이후 도로 확충은 각 지역의 경제 성장 잠재력, 부동산 가치를 높이는 가장 중요한 요소이자 지방자치단체장이 가장 선호하는 치적이 되었다. 예를 들어, 산업화 이후 1997년까지 건설한 고속도로 총연장은 1889킬로미터였는데, 이후 불과 20년 동안 2배 이상 증가해 2017년에는 4717킬로미터에 달했다. 그러나 경쟁적으로 고속도로를 건설한 뒤 이를 연결하는 대중교통 연계를 만들지 않으면, 더 많은 고속도로는 더 많은 자동차 이용을 촉발할 뿐이다.

중대형 자동차 선호와 경차의 쇠퇴

1980~1990년대에 승용차가 대중화하고 국내 생산 자동차 규격도 다양해졌지만 중·대형차 선호는 줄어들지 않았다. 관세가 높게 부과되는 수입 승용차의 경우, 대형 또는 고급 자동차가 대부분이었다. 반면, 국산 승용차는 대형 고급 자동차부터 배기량 1300cc의 소형차까지 다양했기 때문에 소비자들은 각자의 필요에 따라 적당한 사양의 차를 선택할 수 있었다. 그럼에도 중·대형차 선호는 계속되었다. 1980년대에는 저유가, 1990년대에는 소득 증대에 힘입어 이런 추세가 이어졌다. 1991년 대우자동차는 유럽의 소형차를 모델로 800cc급 한국 최초의 경차 '티코'를 판매 개시했다. 연비가 높고 주차 공간을 많이 차지하지 않는 등 장점이 있었다. 자동차 세금과 자동차 보험, 고속도로 통행료 및 공공 주차장 요금 할인과 전용 주차 공간 확보 등 혜택을 주었기 때문에 경차의 경제적 이점은 분명했다. 그러나 경차에 대한 사회문화적 장벽을 이기지 못했고 판매량은 그리 높지 않았다. 초기에 일부 기술적인 문제에 대한 지적이 있었지만, 애초에 가격 차이가 있기 때문에 일반 소형차와 성능을 직접 비교하는 것은 무리였다. 그럼에도 경차를 조롱하는 우스갯소리 '경차 시리즈'가 유행했고, 도로에서 큰 차들이 빵빵거리며 함부로 추월하는 등 경차 운전자를 무시하는 행위가 자주 일어났다. 그만큼 승용차 시장에서 경차는 존재감이 없었다.

  IMF 외환 위기로 인해 소비자들의 경제 상황이 나빠진 이후에는 경차 판매가 늘어났다. 실질 소득 감소, 환율 폭등, 내수 감소 등의 어려움 때문에 경차 구입이 증가한 것이다. 티코 이후 국내 다른 자동차 회사에서도 경차를 출시하면서 전체적으로 성능과 디자인이 향상되어 선택지가 많아진 것도 경차 판매 증가의 배경이었다. 그리하여 1997년에는 국내 승용차 시장의 신차 구입에서 경차 비중이 2.5퍼센트에 불과했지만, IMF 외환 위기 직후인 1998년에는 27.6퍼센트까지 높아졌다. 1년 만에 극적인 증가를 보인 것이다. 특히 1998년에 출시된 대우자동차의 티코 후속작 '마티스'가 크게 인기를 끌면서 경차 시장을 주도했다. 경차의 국내 판매량은 2012년까지 느리지만 증가세를 이어갔다. 하지만 이후 하락세로 돌아섰고, 경차의 인기는 급속하게 식었다. 2000년대의 경차 인기는 자동차에 대한 사회적 인식을 바꾸는 데까지 이르지 못한 채 경제 상황이 호전되자 이내 사그라들고 만 것이다.

여가와 이동 거리 증가: 주5일제와 해외여행 자유화

2000년대 초반 IMF 외환 위기를 극복하고 경제가 살아나면서 달라진 여러 현상 중에는 여행과 레저의 급성장도 있다. 1990년대에 중산층까지 자동차를 이용한 주말 가족 콘도 여행이 늘어나기 시작했으나 IMF 외환 위기가 찬물을 끼얹었고, 이후 몇 년간은 성장세가 멈추었다. 그러나 2000년대로 넘어오면서 경제 복구와 함께 여행과 레저도 서서히 성장세로 돌아서기 시작했다. 특히 2001년 8월, IMF 구제 금융을 모두 상환하고 IMF 관리 체제를 공식 '졸업'하면서 전반적인 소비 회복이 빠르게 일어났다.

여기에 기름을 부은 것은 주5일제 도입이었다. 정부는 2004년 금융·공공 부문과 1000명 이상 사업체에 토요휴무제를 시범 실시했다. 이들은 상대적으로 소득 수준이 높고 안정된 계층이었으나 토요휴무제가 곧바로 주말 레저와 여행의 성장으로 이어지지는 못했다. 이듬해에는 매월 넷째 주 토요일을 휴일로 지정하는 이른바 '놀토'를 각급 학교에 도입했다. 이후 점차 월 2회 격주로 놀토가 늘어나고, 마침내 2012년 학교에 주5일제가 완전히 정착했다. 같은 기간에 민간에서도 점진적으로 주5일제가 확산되었다. 부모와 자녀 모두가 주5일제 제도 안에 들어갔을 때 비로소 많은 가족이 주말에 좀더 안정적으로 여유 있게 여행하고 여러 가지 레저 활동을 즐길 수 있었다. 직장인들은 금요일 저녁에 출발하는 2박 3일 여정, 또는 월요일 새벽 공항에 도착해 바로 출근하는 '도깨비' 해외여행을 다녀오는 경우도 생겼다.

주5일제와 함께 더 많은 여행, 즉 더 많은 이동 경험을 가능케 해준 것은 1989년에 도입한 '해외여행 자유화' 정책이었다. 1970년대까지 순전히 여행 목적의 해외 방문은 까다로운 허가 절차를 밟아야 했다. 예를 들어, 일반인이 여권을 발급받기 위해서는 해외에 거주하는 친지의 초청, 진학, 해외 취업 같은 매우 공식적인 사유가 필요했다. 보통 사람들이 여행 목적으로 자유로운 외국 방문이 가능해진 것은 1980년대였다. 1983년 처음으로 50세 이상 국민에 한해 200만 원을 1년간 예치하는 조건으로 연 1회 유효한 관광 여권을 발급받을 수 있었으니 여전히 매우 제한적이기는 했다. 일반 대학생이 '놀러' 해외여행을 가는 것은 상상하기 어려운 일이었다.

88 서울올림픽 이후에는 해외여행을 전면 자유화해 누구나 필요한 절차만 거치면 여권을 발급받아 외국 여행을 갈 수 있게 되었다. 그러자 오랫동안 억눌렸던 해외여행에 대한 수요가 봇물 터지듯 증가했

다. 대학생 배낭여행과 해외 연수, 외국 신혼여행, 단체 패키지 여행 등 여러 형태의 해외여행이 중산층 가정의 전 연령대에 걸쳐 늘어났다. 해외여행 전면 자유화 첫해에 출국자가 121만 명을 기록했을 정도다. 불과 4년 전인 1985년 해외 출국자 수가 48만 명에 그쳤던 것과 극명한 대비를 이룬다. 국내 여행과 마찬가지로 해외여행 역시 IMF 외환 위기 극복 기간 동안 주춤했으나 2000년대 이후 다시 활발해졌다. 여름휴가와 명절 연휴, 방학 등을 이용한 개인·소그룹 자유여행 등 형식과 횟수도 다양해졌다. 특히 해외여행 경험이 쌓일수록 더 먼 곳, 더 낯선 곳으로의 여행이 증가했고 개인의 여행 횟수도 많아졌다. 특히 2010년대에 해외 출국자 수가 가파른 상승세를 나타냈다. 지난 30여 년 동안 해외 출국자 수가 줄어든 해는 1997년 IMF 외환 위기 이후, 2008년 세계 금융 위기 이후, 그리고 2020년 코로나19 팬데믹 발생 이후뿐이었다. 1997년과 2008년의 경제 위기에도 불구하고 해외 출국자 수는 그다음 해에 곧바로 회복되었다. 첫 배낭여행을 해본 세대의 자녀, 즉 베이비부머 세대의 자녀 MZ 세대는 어릴 때부터 국내외 여행 경험이 많아 이후 해외여행 시장의 주요 고객이 되었다.

국내외 여행의 일상화와 자동차 소유는 개인의 이동 거리 증가로 이어졌다. 2009년 이후 교통수단별 총 이동 거리를 보면 자동차 보유, 도로망 확충, 사회 제도 변화와 생활 방식 변화가 분명하게 드러난다. 철도를 이용한 이동 거리는 아주 서서히 늘어났다. 고속철도 노선 확충에 따른 결과다. 자동차 이동 거리는 변동이 상대적으로 심한데, 그럼에도 유지 또는 서서히 증가하는 경향성을 보인다. 2010년대에 이동 거리 증가 추세가 가장 두드러진 교통수단은 항공이다. 항공 이동 거리가 급성장한 구간과 자동차 이동 거리가 감소한 구간이 주5일제

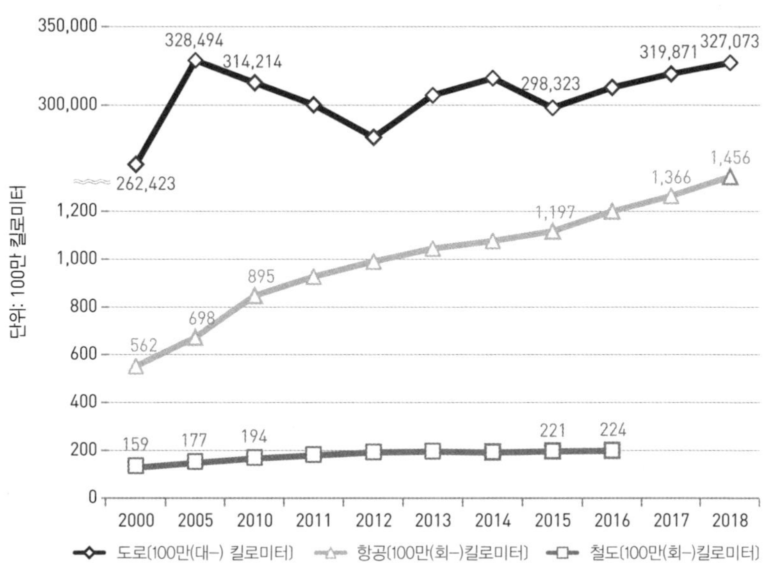

출처: 국가교통통계 2019.

확산 시기와 겹치는 것도 흥미롭다.

이동을 위한 석유 소비

이동 거리 증가는 석유 소비 증가로 이어질 수밖에 없다. 발전과 산업에서 다른 에너지원을 활용하거나 산업 원료로서 석유의 비중을 줄여가는 경향과 달리, 수송용 연료에서는 석유의 비중이 단연 압도적이고 당분간 대안을 찾기 어렵기 때문이다. 2000년대 이후 한국에서 수송 부문의 석유 소비는 계속 증가하고 있다. 산업 부문에서 석유 소비가 감소하고 있는 것과 대조적이다. 인구가 감소하고 있지만 생활 방식의 변화와 개인의 이동 거리 증가 때문에 석유 소비의 감소를 기대하기는 어려울 것으로 보인다. 코로나19의 영향을 받고 있던 2022년에도 항공유 소비는 감소했지만, 수송을 위한 석유 소비는 전과 비슷한 증가세를 보였다.

2000년대 이후 한국에서 석유 소비 형태를 살펴보면 몇 가지 특징을 알 수 있다. 첫째, 한국의 석유 소비는 꾸준히 증가하고 있다. 둘째, 산업에서는 휘발유와 경유 모두 감소 경향을 보인다. 셋째, 수송에서는 석유 소비량이 계속 증가하고 있으며, 특히 2000년대 후반 이후에는 경유 소비량이 급증했다. 2000년대 초반 자동차 이동 거리가 급증하면서 연료비 부담이 커졌다. 또한 계속된 고유가 때문에 2000년대 후반에는 경차, 경유차, LPG 차 등 상대적으로 연료비 부담이 적은 차들의 인기가 높았다.[7] 국제 유가 인상으로 휘발유·경유 모두 이전에 비해 가격이 상승했으나, 정부는 경유 가격을 휘발유보다 낮게 책정하는 정책을 취했다. 따라서 경유차가 연료비 경쟁력이 있었다. 그리고 세계 자동차 메이커들의 '에코 디젤' 개발 붐이 불면서 이전까지 매연 주범으로 몰렸던 경유차가 '깨끗하고 힘 좋고 연비까지 좋은' 엔진을 장착한 차로 이미지 변신에 성공했다. 연료 가성비와 에코 디젤의 이미지, 주5일제 근무와 여행·레저 확산에 따라 SUV 유행까지 더해져 경유차의 인기가 급상승했다. 그 정점에 이른 2016년에는 신규 판매 차량의 약 50퍼센트가 경유차였을 정도다.

이후 환경 문제에 대한 인식이 커지면서 경유차의 인기는 시들었다. 2010년대 이후 미세먼지 이슈가 크게 부각되면서 경유차, 특히 노후 경유차는 미세먼지 주범 또는 대기 오염을 일으키는 배기가스 배출 주범으로 인식되었다. 또한 자동차 기업의 광고만큼 경유차가 '에코 디젤'이 아니었다는 사실이 언론을 통해 밝혀지기 시작했다. 이에 더해 국내에서는 요소수 대란이 있었고, 유가 정책 변화로 경유에 대한 세제 혜택을 줄이고 경유차 조기 폐차를 지원하기까지 했다. 또한 상대적으로 하이브리드차, 전기차 같은 친환경 자동차에 대한 지원을 늘려나갔다. 국내에서 인기 요인이 줄어들면서 경유차 비율은 감소 추세로 돌아섰다. 2024년경에는 신규 등록 대수에서 LPG 차량이 처음으로 경유차를 앞질렀는데, 이러한 추세는 앞으로도 계속될 것이다.[8] 다만 자동차의 내구 연한이 길기 때문에 기존 등록된 경유차 이용에 따라 경유 소비량 감소에는 시간이 걸릴 것으로 전망된다.

4 갈림길에 선 한국의 탄소 문명

해방 이후 에너지와 물질 소비 관점에서 한국은 결핍 사회였다. 이 결핍을 극복하려는 국가·사회·개인의 노력은 필사적이었고, 이것이 세계가 주목하는 빠른 경제 성장을 이룬 동력 중 하나였다. 산업화 시작 이후 한국의 농업 정책이 쌀 부족을 해결하는 데 모든 자원을 쏟았던 것과 마찬가지로, 에너지 정책은 일차적으로는 산업 수요, 이차적으로는 민간 수요를 충분히 공급하는 데 중점을 두었다. 특히 남북한의 체제 경쟁이 심했던 시기에 쌀과 전기는 군사력과 함께 일반 시민에게 체제 우위를 증명하는 직접 지표가 되었다. 쌀 자급은 1977년에 달성했지만, 에너지를 충분히 공급한다는 목표는 1970년대 말까지도 달성하지 못했다. 석유 파동 등 여러 외부 조건에도 불구하고 에너지 양적 공급은 계속해서 정부 에너지 정책의 핵심이었다. 에너지 절약과 에너지 효율 향상 같은 접근 방식은 그 자체가 정책의 지향성이 아니라,

당면한 에너지 부족 문제에 대응하기 위한 임시방편의 성격이 강했다. 시민들에게도 에너지 절약 생활 방식 또는 에너지 효율을 소비재 선택의 우선순위로 삼는 가치관이나 태도는 해당 시기의 경제 상황에 따른 불가피한 대응일 뿐이었다. 그래서 경제적 여유가 생기면 에너지 효율을 고려하지 않거나 후순위로 미루었다. 산업화 1세대의 이러한 가치관과 생활 방식은 베이비부머 세대에게 그대로 이어졌다. 해방 후 절대적 결핍에서 벗어난 첫 세대인 베이비부머는 각자 가능한 범위에서 억눌렸던 소비와 여가 욕구를 해소하고 즐기는 생활 방식을 체화했다. 그들의 생애 전체에 걸쳐 경제가 계속 성장했고, 또 앞으로도 계속 성장할 것으로 믿었기 때문에 이러한 생활 방식 역시 지속될 수 있을 거라고 기대했다.

그러나 2000년대 들어 이러한 기대가 깨질 수도 있다는 걸 보여주는 징후가 나타나기 시작했다. IMF 외환 위기를 거치며 산업화 이후 경제는 처음 마이너스 성장을 경험했다. 비교적 빨리 외환 위기를 극복한 이후에는 역시 처음으로 선진국형 저성장을 경험했다. 게다가 2000년대 이후 본격화한 기후 문제 때문에 한국 사회는 화석 연료 의존도를 낮추어야 했다. 성장하는 경제에 근거해 해외에서 에너지를 수입하고, 성장하는 개인 경제에 근거해 원하는 만큼 에너지를 소비하는 기존 패턴에 제동이 걸린 것이다. 이에 대한 한국 정부의 정책 대응 중 하나는 녹색 성장이었다. 녹색 성장은 적극적으로 탄소 중립을 위한 에너지 전환을 추구하는 대신 '녹색 옷을 입은 성장주의'였다. 기후 문제에서 오는 압력을 이겨내고, 나아가 이를 성장의 새로운 계기로 삼겠다는 시도였다.

21세기 한국의 탄소 문명은 충분한 에너지 공급을 기본 전제로 에너지 다소비 산업을 유지하고, 부족함 없는 소비 생활을 당연한 것으로 받아들이는 모습으로 나타난다. 아열대와 극지방이 무색할 정도의 폭염, 혹한, 집중 호우 등 전에 보지 못한 기후 현상으로 매년 기후 재난 상황에 맞닥뜨리면서 누구나 기후 문제의 심각성을 인정하는 단계에 이르렀다. 그럼에도 에너지 믹스에서 화석 연료를 사용하는 화력발전 의존도가 높고 에너지 전환 속도는 느리다. 에너지 전환의 필요성을 인정하면서도 생산 효율, 발전 단가, 산사태 가능성, 산업을 위한 안정적인 전력 공급 등을 들어 신재생 에너지 확대를 위한 대응에는 소극적이다. 심지어 해외 화석 연료 사업에 세계 최고 수준의 공적 금융을 지원했다. 이를 비판하면서 전 세계의 비영리 기후 환경 단체 연합회, 기후행동네트워크는 2024년 한국을 '오늘의 화석상' 1위로 택했다. 기후 문제의 심각성을 인식하고 있는 개인들 역시 '탄소스러운' 생활 방식을 줄이는 일에는 소극적이다. 텀블러와 에코백을 사용하고 재활용품 분리수거에 신경 쓰는 등 나름대로 탄소 중립을 위해 활동하지만 가전제품 용량을 줄이거나, 에너지 효율과 연비를 제품 선택의 기준으로 삼거나, 일상화한 배달 문화를 바꾸는 등 근본적인 변화는 미약하다.

이처럼 한국의 에너지 공급과 소비 패턴은 산업 구조, 사회 제도, 수많은 이해관계자, 물적 인프라, 소비에 대한 가치관과 생활 방식에 깊이 새겨져 있다. 게다가 이를 전환하려는 정부와 민간의 적극적 노력도 부족하다. 그 결과 국제 환경 단체로부터 '기후 악당'이라고 불리는 불명예를 안기도 했다. 탄소 중립과 에너지 전환을 위한 국제적 압력이 점점 더 커지고 있는 상황에서 한국의 탄소 문명과 '탄소스러운' 생활 방식은 계속될 수 있을까?

탄소 사회에서 탈탄소 사회로

1850년 세계는 아직도 탄소 문명에 진입하지 못했다. 영국을 제외하고 이 시기까지도 인류는 에너지 대부분을 인간의 근력과 가축력에서 얻었으며, 풍력과 수력을 포함한 증기력이 만들어내는 에너지를 다 합쳐봐야 15퍼센트 정도에 불과했다. 그러니까 1850년의 풍광은 당연히 20세기 후반보다는 18세기 이전에 가까웠다. 그러나 20세기를 통과하면서 화석 연료가 1차 에너지원의 50퍼센트 정도를 담당해 세계는 비로소 탄소 문명의 모습을 갖게 되었다.

현재 21세기를 살아가고 있는 인류가 당면한 가장 큰 문제는 기후 변화, 즉 지구 온난화로 인한 기후 위기다. 탄소 문명의 토대를 이룬 화석 연료 사용이 지속되는 한 온실가스 누적 배출량 증가는 계속 이어져 지구 지표 온도 상승을 불러올 것이다. 아울러 온난화가 심화하면서 점점 더 많은 생명체가 멸종하고, 해수면 상승으로 해안 도시들이 사라질 위기에 처할 것이다.

우리는 앞에서 탄소 문명이 언제 어디서부터 화석 에너지를 토대로 만들어지고, 성장과 발달을 지속하다가 절정기를 지나 마침내 쇠퇴기를 맞고 있는지 살펴보았다. 특히 산업 혁명 이후 지난 2세기 이상 인류 사회의 발전은 대기에 탄소를 대량 축적해놓은 대가로 농업 혁명 이후 1만 년 동안의 인류 삶의 형태를 엄청나게 바꿔놓았다. 간단히 말해서 석탄, 석유 그리고 천연가스라는 화석 연료를 이용해 현재 한 명의 인간은 탄소 문명 이전에는 최소 수십 명이 매달려야만 처리할 수 있는 일을 해낸다. 오늘날 인류가 여가 활동을 포함해 모든 일상생활에서 사용하는 에너지양은 탄소 문명 이전 시기에는 상상도 할 수 없는 수준에 이르렀다.

화석 연료 사용의 기하급수적 증가(1800~)

현재 우리가 직면한 기후 변화 문제는 지난 2세기 남짓한 시기 동안 인류가 화석 연료 사용을 기하급수적으로 늘려왔다는 데서 기인한다. 석탄에서 시작된 화석 연료 사용은 19세기를 거치며 엄청나게 많아져 무려 60배나 증가했으며, 20세기 동안에는 16배가 늘었다. 그리하여 지난 220년에 걸쳐 화석 연료의 사용량이 무려 1500배 이상 증가한 것으로 추정된다. 게다가 1800년에는 1차 화석 연료의 실질적인 유효 에너지 전환율이 15퍼센트에도 못 미쳤지만, 19세기가 끝날 무렵에는 20퍼센트를 넘어서더니 2000년에는 50퍼센트에 이르렀다. 이런 식으로 화석 연료의 전환 효율이 늘어난 결과, 유효 에너지양이 1800년에 비해 무려 3500배나 증가했다.

한편, 전 세계인의 1인당 에너지 사용량이 1800년 0.05기가줄이었다면, 1900년에는 2.7기가줄, 2000년에는 28기가줄로 200년 전에 비해 무려 560배나 증가했다. 그리고 2020년에는 34기가줄로 220년 전의 인간들에 비해 680배나 많은 에너지를 공급받았다. 따라서 현재를 살아가는 인류는 평균적으로 1800년에 살던 조상들보다 거의 700배나 많은 에너지를 사용한다는 얘기다.[1]

이어서 석유 소비량을 검토해보자. 미국의 타이터스빌에서 첫 석유 시추를 한 1859년부터 2010년까지 150년 동안 인류는 생산한 석유의 절반 이상을 1980년부터 2010년까지 30년에 걸쳐 소비했다. 처음 120년 동안 사용한 양보다 나머지 30년 동안 사용한 양이 더 많다는 건 무얼 의미하겠는가? 인류가 시간이 지날수록 석유를 점점 더 많이 게걸스러울 정도로 뽑아 쓰고 있다는 뜻이다.

또 다른 자료를 살펴보자. 이산화탄소를 중점적으로 조사해온 한 연구소의 분석에 의하면, 인류가 1750년 이후 화석 연료를 태워 대기에 배출한 탄소의 총량 중 절반 이상이 지난 30년 동안 축적된 것이다.[2] 이는 인간이 얼마만큼 기하급수적으로 화석 연료를 소비하고 있는지를 보여주는 뚜렷한 징표다.

위의 네 가지 지표는 우리 삶의 물질적 토대인 현대 문명이 의심할 여지 없이 탄소에 기반하고 있음을 보여준다. 아울러 화석 연료 사용이 현재에 가까워질수록 기하급수적으로 증가하고 있으며, 화석 에너지 없이 현재의 우리 문명이 존재할 수 없다는 것도 보여준다.

유한한 화석 연료

1900년, 전 세계 인구는 16억 명 정도였다. 이후 빠른 속도로 증가해 2022년에는 마침내 80억 명을 넘어섰다. 이와 동시에 화석 연료 소비도 급격히 증가했다. 80억 명 넘는 사람이 매일매일 쉬지 않고 중독 상태에 가까운 '탄소스러운' 생활 방식을 유지하기 위해 화석 연료를 이용한다. 현재 지구상의 화석 연료는 얼마나 남아 있을까? 정확한 것은 아무도 모른다. 초대형 다국적 석유 기업일지라도 말이다. 주기적으로 석유가 조만간 바닥을 드러낼 거라는 예측이 등장했지만, 그것이 매번 빗나간 중요한 이유 중 하나는 기술적 진보에 있다. 기술의 발달 덕분에 그 이전까지만 해도 불가능해 보이는 지역에서 탐사를 통해 석유를 찾아냈다. 유가 상승 또한 그 이전까지 경제성이 없어 보이던 지역에서 탐사와 시추를 가능케 했다. 북해 유전이 그러했고, 미국의 셰일 가스와 셰일 오일 생산이 그러했다.

그로 인해 사람들은 석유가 고갈될 거라는 예측을 거의 신뢰하지 않고 있다. 석유 고갈론을 주장한 사람들은 양치기 소년이 되고 말았다. 추정치에 의하면, 석유는 50년 정도 더 생산이 가능하다고 한다. 천연가스도 비슷하다. 반면, 석탄의 경우는 석유나 천연가스보다 상황이 나아 150년 정도 더 채굴할 수 있다고 한다. 그러나 이러한 추정조차도 현재의 수요와 앞으로의 수요 증가 예측에 근거한 것이어서 정확한 것은 아니다. 미래의 수요가 얼마만큼 증가 혹은 감소할지 아무도 모르기 때문이다. 다만 확실한 것은 화석 연료 고갈 시기에 대한 어떠한 예측도 번번이 빗나갔다는 점이다.

오늘날 인류는 천연자원이 무한할 것이라는 착각 혹은 근거 없는 신념 속에서 살고 있다. 아울러 기술이 발달하면 더 많은 석탄과 석유를 찾아내 에너지로 만들 수 있다는 자신감에 차 있다. 그렇지만 기술로 에너지 위기에 대응할 수 있다고 해도 탄소 문명의 미래를 보장하기는 어려워 보인다. 이미 인류가 만들어낸 탄소 배출로 인한 기후 변화가 기후 위기를 낳고, 기후 위기가 다시 기후 재앙으로 치닫기 일보 직전에 있는 것으로 보이기 때문이다. 인류가 지구상에서 거주할 수 없는 상황이 된다면, 앞으로 발견할 그 많은 석탄과 석유 그리고 천연가스가 무슨 소용이 있겠는가.

탈탄소 사회는 과연 가능할까

전 세계에서 생산된 석유의 3분의 2는 지리적 공간을 이동하는 데 쓰인다. 사람과 재화에 해당하는 상품을 가득 싣고서 말이다. 그중 자동차가 77퍼센트를 차지한다. 미국의 경우는 자동차가 훨씬 많아서 87퍼센트에 달한다. 따라서 전기 자동차로의 전환은 필수적이며 시급한 일이기도 하다. 10년 내에 모든 내연 기관 자동차를 전부 전기 자동차로 바꾸더라도, 우리의 일상을 유지하는 데 필요한 석유화학 제품ー의약품, 플라스틱, 비료 등ー을 대체하기는 어렵다. 따라서 화석 연료를 완전히 제거하기는 현재로선 가능한 일이 아니다. 게다가 2024년 세계 전력 생산에서 석탄 화력의 비중이 약 31퍼센트이기 때문에 이를 전환하는 것도 인류에게는 커다란 당면 과제다.

현실적으로 보면 2050년까지 이산화탄소 순배출 0을 의미하는 탄소 중립 달성은 도전적인 과제다. 이론적으로는 탄소 배출은 줄이면서 동시에 탄소 흡수는 늘려 최종적으로 탄소 배출량을 0으로 만드는 것이 현실적으로 과연 가능하기나 한 것인지 고민하지 않을 수 없다. 에너지 전문가 바츨라프 스밀도 "2050년까지 세계 경제를 완전히 탈탄소화하겠다는 목표를 달성하려면 상상조차 할 수 없는 세계 경제의 후퇴를 각오하거나, 거의 기적에 가까운 과학기술의 발전에 따른 급격한 변화가 있어야"[3]만 한다고 주장한다. 과연 가능할까? 전 세계 국가들이 단합해도 그 목표 달성이 요원한데, 국가 간 이해관계마저 서로 다르다 보니 탄소 중립 사회가 신기루처럼 보이기도 한다. 유엔은 국가 간 연합이 아니다. 유럽연합의 회원국만큼도 통제력이 없다. 지금 당장 지구 연방 같은 초국가적 기구를 만들 수 없다면, 약속을 이행하지 않는 국가를 어떻게 제재할 것인가? 그들의 선의에만 의지할 수 없다면, 어떠한 강제력을 행사할 수 있는가?

더 이상 화석 연료를 사용할 수 없다면, 우리는 지금 같은 풍요로운 삶을 지속할 수 있을까? 탄소 문명의 원천인 화석 연료가 고갈되려면 아직 시간이 있음에도, 지구는 더 이상 버티기 힘든 상황이 되었다. 지구 온난화는 해가 갈수록 우리의 일상적 삶을 교란하고 있다. 남극과 그린란드의 빙하가 녹고 해수면이 점점 상승한다. 집중 호우와 가뭄 그리고 엄청난 규모의 산불이 지구촌을 덮친다. 게다가 폭염과 한파가 지구 곳곳을 엄습하며 에너지와 식량 위기를 초래하고 있다. 이는 모두 탄소 문명의 편리함 속에서 지속적으로 점점 더 많이 탄소 배출을 해온 우리 인간이 자초한 결과다.

이제라도 에너지 전환이 시급하게 이루어져야 한다. 기존의 재생 에너지를 다시금 본격적으로 활용하거나 수소 등 새로운 에너지원을 찾는 것 외에는 답이 없어 보인다.[4] 유럽을 비롯한 OECD 주요 선진국들은 앞장서 풍력 발전소나 태양광 발전소 건설에 박차를 가하고 있다. 세계적 기업들 또한 RE100에 가입해 2050년 탄소 중립을 달성하기 위한 경영 체제에 돌입했다. 예컨대 유럽연합의 경우는 2030년 재생 에너지 사용 비중 목표를 32퍼센트(2018년 합의)에서 42.5퍼센트(2023년 합의)로 상향 조정했다.

이런 세계적 움직임과 달리 에너지 소비가 세계 평균보다 2배 이상 증가한 한국은 재생 에너지에 대한 준비가 너무도 늦어 보인다. 한국은 주요 에너지원인 화석 연료를 거의 다 수입한다. 더욱이 수입 의존도가 1981년 75.0퍼센트에서 2021년에는 94.8퍼센트로 증가했다.[5] 한국은 에너지 소비에 관한 한 놀랍게도 미국의 길을 따라가고 있는 것 같다. 미국처럼 풍부한 석유와 천연가스도 전혀 없으면서 말이다.

어떤 국가가 탄소 중립을 향해 얼마나 노력하고 있는지를 확인할 수 있는 지표 중 하나가 국제 기후변화성과지수(Climate Change Performance Index, CCPI)다. 이 지표는 기본적으로 한 국가의 온실가스 배출, 재생 에너지, 에너지 사용, 기후 정책을 중심으로 평가하는 일종의 기후 변화 대응 성적표로 봐도 괜찮을 것이다. 한국은 2025년 11월 기준으로 꼴찌에 가까웠다. 전 세계 온실가스 배출량의 90퍼센트 이상을 차지하는 64개국(63개국+EU) 중에서 최하위권으로 한국 뒤로는 러시아, 미국, 이란, 사우디아라비아가 자리 잡고 있다. (그런데 이들 국가는 세계적인 석유 산유국인 반면 한국은 세계적인 석유 수입국이다.) 한국은 2012년 이후 현재까지도 14년 연속 '매우 미흡(very low)' 단계에 머물러 있다. 예컨대 재생 에너지가 전력 생산에서 차지하는 비율이 2024년 기준 8퍼센트 남짓으로 OECD 국가 중 최하위를 차지하고 있다. 분명 대다수 한국인은 기후 변화를 기후 위기로까지 심각하게 받아들이고 있다는데, 국가의 환경 정책을 포함해 무엇이 잘못되었을까?

머리말에서도 언급했던 아흐메드 자키 야마니의 예측을 다시 한번 상기해보자. 1962년부터 1986년까지 사우디아라비아의 석유 장관을 지내기도 한 그는 석유의 국제 역학에 대해 누구보다 잘 알고 있는 인물이다. 야마니는 석기 시대가 돌이 모자라서 혹은 돌이 없어져서 청동기 시대로 넘어간 것이 아닌 것처럼, 석유 시대 또한 석유가 없어져 끝나지는 않을 것이니 석유 이후 시대를 대비해야 한다고 주장했다.

마찬가지로 탄소 문명 또한 화석 연료가 모자라서 혹은 고갈되어 종말을 맞이하지는 않을 것이다. 아마도 측정하기 어려운 만큼 많은 석유가 중동의 사막 속에 그대로 묻혀 있을 가능성도 꽤 클 것이다. 다들 짐작하다시피 지금과 같은 속도로, 지금과 같은 양으로 이산화탄소를 쉬지 않고 배출하다가는 기후 변화로 인해 인류 문명은 다음 세기를 맞기 전에 끝날지도 모른다. 따라서 에너지 전환은 우리 인류가 당면한 선택이 아닌 필수 사항이다. 문제는 에너지 전환의 이행 속도다. 지연된 정의는 정의가 아니듯, 화석 에너지에서 탈탄소 에너지로의 지연된 에너지 전환은 인류를 공멸에 이르게 할 것이다.

1960년대까지는 석유가 배럴당 겨우 3달러 언저리에서 머물렀다. 그러나 1973년 1차 에너지 위기가 발생해 배럴당 10달러를 넘어가자 비로소 미국과 유럽은 에너지 소비를 어떻게 줄일지 진지하게 고민하기 시작했다. 그들은 화석 연료의 효율을 높이는 신기술 개발에 박차를 가했다. 그리고 1979년 2차 에너지 위기가 터지자 이번에는 일반 시민까지 에너지 절약에 관심을 갖기 시작했다. 하지만 1985년 석유 가격이 빠른 속도로 떨어지자 미국을 비롯한 선진국은 에너지 절약에 더 이상 크게 신경을 쓰지 않았고, 시민들 또한 이전의 '탄소스러운' 생활 방식으로 돌아갔다.

이른바 '제본스의 역설'로 인해 인류는 이러한 상황에서 빠져나오기가 쉽지 않을 것이다. 인간은 필요하다면 어떻게든 에너지를 절약하는 기술을 발명할 테지만, 그러한 기술이 궁극적인 에너지 절약으로 이어지지 않고 (우울한 예측이지만) 오히려 에너지 고갈 시점을 앞당기게 될지 모른다.

코로나19 팬데믹 이전 세계 화석 에너지 시스템의 경제적 규모는 물경 87조 달러에 달했다. 인류가 사용하는 에너지의 84퍼센트를 차지하는 이 시스템을 바꾸어야 한다. 19세기 탄소 문명을 가져온 에너지 전환에 비견되는 새로운 에너지 전환이 필요한 시점이다. 즉, 당장이라도 화석 에너지에서 재생 에너지로 바꾸지 않으면 안 되는 절박한 상황이다. 과연 인류에게 에너지 전환의 골든 타임은 얼마나 남아 있을까?

절망과 희망 사이에서: 인류세 시대에 잘 죽는 법이라도 배워야 할까

어찌 보면 우리는 플라톤의 《공화국》에 은유적으로 등장하는 '바보들의 배(ship of fools)'에 타고 있는지도 모른다. 교토의정서(1997) 합의 이후 파리기후협정(2015)을 거쳐 지금에 이르기까지 세계 각국의 지도자들은 지키지 못할 약속만 남발하며 아까운 시간을 허비해왔다.

로이 스크랜턴(Roy Scranton)은 군인으로서 이라크 전쟁에 참전해 매일매일 죽음을 마주했던 미국 작가다. 그는 이때의 경험을 토대로 전쟁 속에서 개인이 할 수 있는 일과 기후 위기 속에서 개인이 할 수 있는 일을 비교하며 다음과 같이 주장했다.

대규모 살육이나 문명의 붕괴 앞에서 하나의 생명이 무슨 의미가 있는가? 피할 수 없는 종말의 위협 속에서 어떻게 의미 있는 결정을 내려야 하는가?

이런 질문은 논리나 경험으로 답할 수 있는 것이 아니다. 그래프나 수치로 표현할 수도 없다. 그것들은 철학적 문제다. 몽테뉴의 주장처럼 "철학을 한다는 것이 죽는 법을 배우는 것"이라면, 우리는 인류 역사상 가장 철학적인 시대에 진입했다. 왜냐하면 죽는 법을 배우는 것이 바로 인류세의 문제이기 때문이다. 그런데 문제는 우리가 개인이 아니라 문명으로서

죽는 법을 배워야 한다는 것이다.[6]

그는 이미 지구 온난화는 되돌릴 수 없으며, 따라서 인류 문명은 조만간 종말을 맞이할 것이라는 점을 인정해야 한다고 강조한다. 인간으로서 우리가 할 일은 현재 진행 중인 기후 변화를 비가역적 과정으로 받아들이고, 그러한 상황에 어떻게 잘 순응할지를 고민해야 한다는 것이다. 너무 비관적인가? 그의 주장이 맞다면 인류가 할 일은 아무것도 없다. 우리의 탄소 문명이 서서히 혹은 급작스럽게 파국을 맞이하는 걸 지켜볼 수밖에.

이제 인류에게는 어떤 희망이 남아 있는 걸까? 우리는 '바보들의 배'에서 내려올 수 있을까? '바보들의 배'에서 끝없는 헛소리와 분노와 좌절에 휩싸이다 우리는 어느 순간 좌초할지도 모른다. 결단의 시기를 놓친 채 말이다. 분명한 것은 탄소 문명은 몰락의 길을 걷고 있으며, 인류가 대안을 찾지 못하면 혹은 대안이 있음에도 선택을 주저한다면 탄소 문명과 더불어 지구라는 행성에서 사라질 것이다.

2026년 초 현재, 인류는 인공지능(AI)의 놀라운 발전에 감탄하면서도 조금은 어찌할 바를 모른 채 다가올 미래를 마냥 낙천적으로 생각하고 있다. 생성형 AI뿐 아니라 피지컬 AI의 실현이 눈앞에 다가온 양 AI와 로봇에 취해, 탄소 문명이 만든 기후 위기가 점점 더 악화하고 있는 현실을 잠시나마 애써 외면하는 것처럼 보인다.[7] 14세기 초 르네상스 여명의 시기에, 단테는 《신곡》에서 희망이 사라진 곳, 그리하여 희망을 내려놓는 곳을 지옥이라고 생각했다. 지옥을 보고 싶은가? 아니, 지옥에서 살고 싶은가? 그렇지 않다면 우리는 각자 위치에서 우리가 할 수 있는 뭔가를, 그게 무엇이 되었든 해야 하지 않을까?

마지막으로 한마디 더. '바보들의 배'에 타고 있는 인류에게 과연 아직까지 희망이라는 게 남아 있기나 한 걸까? 비록 여러 사람이 수차례 인용했을 만큼 진부해졌지만, 이러한 우문(愚問)에 대해 영화 〈인터스텔라〉의 주인공 딸인 과학자 머프 쿠퍼의 대사로 우답(愚答)을 대신하고자 한다. "우린 답을 찾을 것이다. 늘 그랬듯이." 매번 속아 넘어가는 할리우드 영화 문법의 근거 없는 낙관론이 아니기를 바랄 뿐이다. 또한 영화 속 과학자의 신념이 옳기를 바란다, 정말로 간절하게.

주

머리말: 문명의 토대로서 에너지

1. 프리드리히 실러, 《빌헬름 텔》; 플로리안 일리스, 한경희 옮김, 《1913년 세기의 여름》(문학동네, 2013), 121에서 재인용.

2. 탄소 중립에 대한 공식적인 정의는 이산화탄소를 포함한 온실가스(6대 온실가스: 이산화탄소, 메탄, 아산화질소, 수소불화탄소, 과불화탄소, 육불화황)를 모두 상쇄하는 것을 뜻한다. (여기에 학자들에 따라서는 수증기를 온실가스에 넣기도 한다.) 보통은 이산화탄소가 전체 온실가스의 80퍼센트 이상을 차지하기 때문에 온실가스를 통칭하는 개념으로 이산화탄소라는 용어를 사용한다. 이 글에서도 이산화탄소를 경우에 따라 온실가스 전체를 통칭하는 용어로 사용할 것이다.

3. 물론 일부 학자, 예컨대 바츨라프 스밀은 자신의 저서 《에너지(Energies)》(1998)에서 '화석 연료 문명(fossil-fueled civilization)'이라는 표현을 사용한다.

4. William Jevons, *Coal Question* (1865), 125; 티머시 미첼, 에너지기후정책연구소 옮김, 《탄소 민주주의》(생각비행, 2017), 194에서 재인용.

01 탄소 문명 이전 시기: 저에너지 사회

1. 에드 콘웨이, 이종인 옮김, 《물질의 세계》(인플루엔셜, 2024), 387.

2. 식물의 낙엽, 동물의 사체와 배설물 속에 들어 있는 탄소는 곰팡이나 세균에 의해

이산화탄소로 분해되어 대기에 남을 뿐 아니라 바다로도 돌아간다. 대기 중에서 이
산화탄소 농도가 0.04퍼센트를 차지한다면, 외려 바다의 이산화탄소 농도는 0.2퍼
센트다. 따라서 바다는 대기보다 무려 50배나 많은 이산화탄소를 품고 있는 저장소
역할을 하는 셈이다.

3. 엔터니 페나, 황보영조 옮김,《인류의 발자국》(삼천리, 2013), 367에서 재인용.

4. 에스파냐가 자랑하는 무적함대의 선박 수는 1588년에 132척에 불과했다.

5. 또 다른 자료에서는 하루 생산량을 10톤으로 기술하고 있다. 스티븐 솔로몬, 주경
철·안민석 옮김,《물의 세계사》(민음사, 2013), 110.

6. 일부 학자의 주장에 따르면, 이런 수치의 수차조차도 과소평가한 것이다. Carlo M.
Cipolla, *Before the Industrial Revolution: European Society and Economy, 1000-
1700*, 3rd ed. (New York: W. W. Norton & Company, 1993), ch. 2, note 53,
p. 292.

7. 자크 르 고프, 유희수 옮김,《서양 중세 문명》(문학과지성사, 1992), 265-266.

02 탄소 문명의 탄생: 저에너지 사회에서 고에너지 사회로

1. Barbara Freese, *Coal: A Human History*, revised and updated ed. (New York:
Basic Books, 2016〔2003〕), p. 20.

2. J. D. 버날, 김상민 옮김,《과학의 역사 2》(한울, 1995), 61.

3. 주철(鑄鐵) 혹은 무쇠라고도 한다. 탄소 함유량이 1.7퍼센트 이상인 쇠로, 보통은 탄
소 함유량이 3.4~4.7퍼센트다.

4. Oscar Wilde, *The Soul of Man under Socialism* (1891); 앤드류 니키포룩, 김지현
옮김,《에너지 노예, 그 반란의 시작》(황소자리, 2013), 35에서 재인용.

5. David Landes, *Unbound Prometheus: Technological Change and Industrial
Development in Western Europe from 1750 to the Present* (Cambridge: Cam-
bridge University Press, 1969), p. 98.

6. 제임스 버크, 구자현 옮김,《커넥션》(살림, 2009), 261.

7. 한 역사가는 영국의 산업 혁명을 (적어도 부분적으로는) '증기 기관 혁명'이라고까
지 이해하고 있다. 엔터니 페나, 황보영조 옮김,《인류의 발자국》(삼천리, 2013),

381.

8. 동시대 출판인이자 기독교사회주의자 빅터 골란츠(Victor Gollancz, 1893~1967)는 힘들게 살고 있는 오웰에게 일거리를 맡겼다. 즉, 영국 북부 지역의 실업 상태와 빈곤에 찌든 노동자들의 삶을 직접 확인하고 그걸 글로 써달라고 제안한 것이다. 오웰은 1936년 1~3월에 걸쳐 약 두 달 동안 버밍엄, 맨체스터, 위건, 리즈, 셰필드에 있는 빈민촌을 방문하고, 석탄 광산에도 직접 들어가 보고, 그곳에서 일하는 광부들을 만나 대화를 나누고, 그들의 집도 방문했다. 그리고 그해 10월 초고를 끝내고 최종 원고를 12월에 출판사로 보낼 수 있었다. 이듬해 3월 출간된《위건 부두로 가는 길》은 '좌파 도서 클럽(Left Book Club)'의 '이달의 도서'로 선정되어 무려 4만 4150부나 팔렸고, 그의 어려운 살림에 많은 도움을 주었다.

9. 조지 오웰, 김설자 옮김, 《위건 부두로 가는 길》(부북스, 2013), 311에서 재인용.

10. 위의 책, 30.

11. 위의 책, 44-45.

12. 위의 책, 47.

13. 엔터니 페나, 황보영조 옮김, 《인류의 발자국》(삼천리, 2013), 288.

14. *House of Commons Journal*, 1774; Jane Humphries, "The Industrial Revolution: Factories, Families, Foundlings", in Chris Wrigley, ed., *The Industrial Revolution: Cromford, The Derwent Valley and The Wider World* (Cromford: Arkwright Society, 2015), p. 49에서 재인용.

15. 안드레아스 말름, 위대현 옮김, 《화석 자본: 증기력의 발흥과 지구 온난화의 기원》 (두번째테제, 2023), 76에서 재인용.

16. 또 다른 자료에서는 1770년 방적공 200명이 하던 작업량을 1812년에는 단 한 명이 해냈다고 기술하고 있다. 폴 호큰·에이머리 로빈스·헌터 로빈스, 김명남 옮김, 《자연 자본주의》(공존, 2011), 58. 이 저자들이 참조한 자료는 P. Deans & W. A. Cole, *British Economic Growth, 1688-1955*, 2nd ed. (Cambridge Univ. Press, 1969)이다.

17. 대런 아세모글루·사이먼 존슨, 김승진 옮김, 《권력과 진보: 기술과 번영을 둘러싼 천년의 쟁투》(생각의힘, 2023), 14에서 재인용. 같은 책, 614도 참조.

03 탄소 문명의 확산: 저압 증기 기관에서 고압 증기 기관으로

1. Maurice Leblanc, *Voici des ailes!* (Paris, 1898), 147; 스티븐 컨, 박성관 옮김, 《시간과 공간의 문화사, 1880-1918》(휴머니스트, 2004), 523-524에서 재인용.

2. 비록 에번스가 미국에서 고압 증기 기관을 처음으로 만들었지만, 그의 발명에 관해 트레비식이나 (트레비식에게 고압 증기 기관의 가능성을 보여준) 윌리엄 머독이 관심을 기울였다는 증거는 없다. 아니. 그들은 서로의 연구 결과를 알기 어려웠을 것이다. 각자의 공간에서 실험에 몰두하며, 고압 증기 기관을 만들었다는 소식은 가족이나 기껏해야 친구 또는 가까운 지인들 정도만 알고 있었으며, 언론을 통해서는 전달되지 않았을 것이기 때문이다. 따라서 에번스와 트레비식은 각자 독립적으로 고압 증기 기관을 만들었다고 볼 수 있다. 마치 다윈과 윌리스가 각자 독자적으로 진화의 원리를 파악했듯이 말이다.

3. 에스파냐의 경우는 철도가 경제 발전에 도움은커녕 방해가 되었다. 에스파냐는 처음 철로를 개설할 때 도움을 받기 위해 조지 스티븐슨을 초청했다. 그는 자신의 표준 궤간을 추천했지만, 에스파냐 정부는 만약에 있을지 모를 침략에 대비해 프랑스와 다른 1672밀리미터의 광궤간을 선택했다. 나폴레옹의 침략이라는 역사적 경험이 이러한 정치적 선택을 하게 만들었으며, 이 때문에 유럽 주류 국가들로부터 도움을 받기는커녕 경제적으로나 지리적으로 고립되었다. 포르투갈 또한 에스파냐와 국경을 맞댄 덕분에 에스파냐와 같은 철도의 궤간을 채택했다. 이로 이해 이베리아반도에 위치한 이 두 국가는 19세기 이후 산업화가 진행되면서 오히려 서유럽의 후진국으로 전락했다. 러시아의 경우도 마찬가지다. 철도를 처음으로 설치할 때 스티븐슨의 표준 궤간을 받아들이지 않고 새로운 궤간을 만들었다. 그 때문에 러시아는 더욱더 고립되었으며, 나중에 군사적 야심을 실현하고자 할 때는 철로로 인해 오히려 방해를 받았다.

4. 당시 브루넬은 그레이트 웨스턴 증기선 회사(Great Western Steamboat Company)를 만들어 이 배를 대서양 정기 노선에 투입했다. 1838~1846년 이 배는 브리스톨과 뉴욕을 64번 왕복하면서 사람과 화물을 실어 날랐다. 그럼에도 브루넬의 회사는 1852년 사업을 접었다. 1853년 등록된 영국 배 9934척 중 증기력으로 움직이던 배는 187척으로 약 1.9퍼센트에 지나지 않았다. 당시까지도 여전히 증기력 기술의 응용에 한계뿐 아니라 상업성 또한 충분하지 않았던 것으로 보인다. wikipedia; 그렉

클라이즈데일, 김유신 옮김, 《부의 이동》(21세기북스, 2008), 198.

5. 다니얼 R. 헤드릭, 김우민 옮김, 《과학기술과 제국주의》(모티브북, 2013), 70-71에
   서 재인용.

6. 윌리엄 엥달, 서미석 옮김, 《석유 지정학이 파헤친 20세기 세계사의 진실―영국과
   미국의 세계 지배 체제와 그 메커니즘―》(길, 2007), 60에서 재인용.

7. Charles Richet, "Dans cent ans", *Revue scientifique*, 48 (1891), p. 780; 스티븐
   컨, 박성관 옮김, 《시간과 공간의 문화사, 1880-1918》(휴머니스트, 2004), 552-553
   에서 재인용.

8. 볼프 슈나이더, 이정모 옮김, 《인간 이력서》(을유문화사, 2013), 194에서 재인용.

9. Andrew Ure, *Philosophy of Manufacture* (1835; 1967 edn), p. 29; 이영석, 《영
   국사 깊이 읽기》(푸른역사, 2016), 243에서 재인용.

04 에너지원으로서 석유의 등장

1. 제인 브룩스, 박지훈 옮김, 《인간이 만든 빛의 세계사》(을유문화사, 2013), 52.

2. 만지로가 태어난 장소 부근인 고치현 도사시미즈(土佐清水)에 그를 기념하는 박물
   관이 있다. 영어로는 John Mung Museum이라고 건물 입구에 크게 표시되어 있다.
   www.johnmung,info. 만지로의 후손들은 미국인이 그를 구해준 걸 인연으로 생각
   한다. 예컨대 그가 떠난 고향의 항구 이름이 '우사'(영어로는 'Usa'라고 쓴다)인데,
   이는 'USA'와 철자가 같다. 또한 그를 구해준 위트필드 선장이 살던 곳은 매사추세
   츠주의 페어헤이븐인데, 미국의 4선 대통령인 프랭클린 루스벨트의 할아버지가 그
   의 집 인근에 살고 있었다. 심지어 루스벨트의 할아버지는 위트필드 선장이 탔던 포
   경선에 자본의 일부를 대기도 하고 교회도 같이 다녔다. 그래서 루스벨트 대통령은
   만지로의 아들 나카하마 도이치로(中濱東一郎)에게 편지(1933년 6월 8일)를 보내
   자기 집안과의 인연에 대해 밝히기도 했다. Kyo Nakahama, *John Manjiro: The
   Starting Point of Firendship between Japan and the United States* (坂本喜杰,
   2014), pp. 34-35.

3. 이후 20세기를 통해 디젤 엔진은 "낮은 운전 비용과 높은 효율성 그리고 높은 신뢰
   성과 탁월한 내구성"으로 육상에서는 대다수 트럭과 해상에서는 대부분의 컨테이너

선과 벌크선에 동력원으로 사용되었다. 그 결과 디젤 엔진이야말로 "대규모 산업 생
산에서 빼놓을 수 없고 무엇으로도 대체할 수 없는 세계화의 견인차" 역할을 했다.
또한 "디젤 엔진만큼 적정한 비용으로, 또 효율적이고 신뢰할 만한 수준으로 세계
경제를 계속 통합할 수 있는 마땅한 대안이 아직은 없다"면서, 20세기 말 이후 진행
된 세계화는 디젤 엔진이 없었다면 지금만큼의 수준을 유지하기 힘들었을 것이라
고 에너지 전문가 바츨라프 스밀은 평가한다. 안타깝게도 디젤은 이렇게 대단한 내
연 기관인 디젤 엔진을 발명해놓고도 1913년 배에서 자살 혹은 실족사로 사망했다.
바츨라프 스밀, 강주헌 옮김, 《숫자는 어떻게 진실을 말하는가》(김영사, 2021), 157-
158.

4. 에드 콘웨이, 이종인 옮김, 《물질의 세계》(인플루엔셜, 2024), 416.

5. Harold L. Ikes, "Afte the Oil Deluge, What Price Gasline?" *Saturday Evening
Post* (Feb. 16, 1935), pp. 5-6; Daniel Yergin, *The Prize: the Epic Quest for Oil,
Money & Power* (New York: Touchstone Books, 1991), p. 254에서 재인용.

05 탄소 문명의 그늘: 양차 세계대전과 석유 헤게모니 투쟁

1. Winston Churchill, *The World Crisis* (New York: Charles Schriber's Sons, 1923),
p. 134; 브라이언 블랙, 노태복 옮김, 《에너지 세계사》(씨마스21, 2023), 213에서
재인용.

2. Leonardo Maugeri, *The Age of Oil* (New York: Praeger, 2006), p. 24; 브라이언
블랙, 노태복 옮김, 《에너지 세계사》(씨마스21, 2023), 216에서 재인용.

3. 영국의 역사가 A. J. P. 테일러는 놀랍게도 제1차 세계대전의 주요한 발발 원인으로
기차 시간표를 제시하고 있는데, 왜냐하면 변경 불가능한 기차 시간표에 얽매인 서
구 열강 세력이 각자 준비된 동원령을 일사천리로 진행하는 과정에서 결국엔 서로
가 피할 수 없는 전쟁에까지 이르게 되었다는 것이다. A. J. P. 테일러, 유영수 옮김,
《기차 시간표 전쟁》(페이퍼로드, 2022) 참조.

4. 윌리엄 엥달, 서미석 옮김, 《석유 지정학이 파헤친 20세기 세계사의 진실―영국과
미국의 세계 지배 체제와 그 메커니즘―》(길, 2007), 69에서 재인용.

5. J. R. 맥닐, 홍욱희 옮김, 《20세기 환경의 역사》(에코리브르, 2008), 464에서 재인

용; 윌리엄 엥달, 서미석 옮김, 《석유 지정학이 파헤친 20세기 세계사의 진실─영국과 미국의 세계 지배 체제와 그 메커니즘─》(길, 2007), 69에서 재인용.

6. 앤드류 니키포룩, 김지현 옮김, 《에너지 노예, 그 반란의 시작》(황소자리, 2013), 64에서 재인용.

7. 제1차 세계대전이 발발할 즈음, 전쟁에 필수적인 군인을 전쟁터로 실어 나른 것은 기차였다. 물론 그 기차에는 수많은 말도 실려 있었다. 전쟁이 벌어지는 현장까지는 기차역에서 말을 이용해 군인과 무기를 운송해야 했다. 당시 독일에서 동원한 기차는 1만 1000량이지만, 프랑스의 경우는 7000량이었다. 말의 경우, 독일·오스트리아·러시아는 250만 필가량, 프랑스와 영국 또한 수십만 필 이상을 징발했다. 이언 커쇼, 류한수 옮김, 《유럽 1914~1949, 죽다 겨우 살아나다》(이데아, 2020), 92.

8. 에드 콘웨이, 이종인 옮김, 《물질의 세계》(인플루엔셜, 2024), 411에서 재인용.

06 탄소 문명이 만들어낸 생활 방식

1. 미국 경제학자 케네스 불딩(Kenneth E. Boulding, 1910~1993)의 발언. 사이토 고헤이, 김영현 옮김, 《지속 불가능 자본주의: 기후 위기 시대의 자본론》(다다서재, 2021), 36에서 재인용.

2. 제프리 브루운, 길현모 옮김, 《19세기 유럽사》(탐구당, 1980), 185에서 재인용.

3. William Jevons, *The Coal Question* (London: Macmillan and Co., 1866), 2nd ed., p. 14. 1장의 첫 문장에 해당함. https://oll.libertyfund.org/titles/jevons-the-coal-question, 2026년 1월 29일 접속.

4. Donald Worster, *Shrinking the Eartih: The Rise and Decline of American Abundance* (NY: Oxford University Press, 2016), p. 91.

5. 제레미 리프킨, 신현승 옮김, 《육식의 종말》(시공사, 2002), 11.

6. 위의 책, 78에서 재인용.

7. 데이비드 에저턴, 정동욱·박민아 옮김, 《낡고 오래된 것들의 세계사》(휴머니스트, 2015), 61-62에서 재인용.

8. 앤드류 니키포룩, 김지현 옮김, 《에너지 노예, 그 반란의 시작》(황소자리, 2013), 58에서 재인용.

9. 그런데 만약 미국인이 고속도로에서 시속 약 90킬로미터로 한 시간을 달리기 위해
서는 얼마만큼의 휘발유가 필요했을까? 1974년 기준으로 미국 중형차의 경우 욕조
를 가득 채울 만큼의 휘발유가 필요했다.

10. Robert S. Lynd and Helen Merrell Lynd, *Middletown: A Study in Modern
American Culture* (New York; A Harvest/HBJ Book, 1929), pp. 172, 510. 공
식적인 인구 통계(U. S. Census)에 따르면, 이 지역의 인구는 4만 1000명이지만,
이들은 이 통계가 틀렸다고 단정한다.

11. 그레천 바크, 김선교·전현우·최준영 옮김, 《그리드》(동아시아, 2021), 149에서 재
인용.

12. 제인 브록스, 박지훈 옮김, 《인간이 만든 빛의 세계사》(을유문화사, 2013), 229에
서 재인용.

13. 위의 책, 232에서 재인용.

07 탄소 문명의 전 지구화: '탄소스러운' 생활 방식의 확산(1945~1972)

1. L. Dudly Stramp, "Britain's Coal Crisis: Geographical Background and Some
Recent Literature", *Geographical Review,* Vol. 38 (2) (1948), pp. 178-193.

2. https://www.ndr.de/geschichte/schauplaetze/Hunger-treibt-1947-die-Massen-
auf-die-Strasse,lebensmittelproteste100.html 참조. 2026년 1월 29일 접속.

3. Robert Gross, Odinn Melsted, & Nicolas Chachereau, "Creating the conditions
for Western European petroculture: The Marshall Plan, the politics of the
OEEC, and the Transition from Coal to Oil", *Journal of Energy History/Revue
d'Histoire de l'Énergie* (2023). https://stm.cairn.info/journal-of-energy-history-
2023-1-page-1c?lang=en, 2026년 1월 29일 접속.

4. David S. Painter, "Marshall Plan and Oil", *Cold War History,* Vol. 9, No. 2 (2009),
pp. 159-175.

5. Phil Johnstone and Caitriona McLeish, "World wars and the age of oil: Explor-
ing directionality in deep energy transitions", *Energy Research& Social Science,*
Vol. 69 (2020).

6. https://www.planete-energies.com/en/media/article/europes-energy-history-story-twists-and-turns, 2026년 1월 29일 접속.

7. Cristian Pfister, "The '1950s Syndrome' and the Transition from a Slow-Going to a Rapid Loss of Global Sustainability", in F. Uekoetter (ed.): *The Turning Points of Environmental History* (Pittsburgh: University of Pittsburgh Press, 2010), pp. 90-118.

8. Simon Gunn, "People and the car: the expansion of automobility in urban Britain, c.1955-70, *Social History*, Vol. 38, No. 2 (2013), pp. 220-237.

9. 토니 주트, 조행복 옮김, 《전후 유럽 1945~2005-1》(열린책들, 2019).

10. https://www.statista.com/statistics/587764/number-of-registered-cars-germany/. 2026년 1월 29일 접속.

11. Manuel Schramm, "Nationale Unterschiede im westeuropaeischen Massen-konsum. Grossbritannien, Frankreich, Deutschland und Italien 1950-1970". *Comparativ,* Vol. 19, No. 6 (2009), pp. 69-85. https://doi.org/10.26014/j.comp.2009.06.05, 2026년 1월 29일 접속.

12. 주 8 참조.

13. 브라이언 블랙, 노태복 옮김, 《에너지 세계사》(씨마스21, 2023).

14. 주 8 참조.

15. https://ebrary.net/218409/sociology/1950s_syndrome_danish_energy_consumption_production_poulsen_mogens_rudiger, 2026년 1월 29일 접속.

16. 후지하라 타츠시, 황병무 옮김, 《트랙터의 세계사―인류의 역사를 바꾼 철마들》(팜커뮤니케이션, 2018).

17. 로버트 맥널리, 김나연 옮김, 《석유의 종말은 없다》(페이지2북스, 2022), 189.

18. Michelle Mock, *The Modernization of the American Home Kitchen, 1900-1960* (Doctorate, Carnegie Mellon University, 2011), pp. 294-296.

19. 대화 내용은 김덕호, 《세탁기의 배신》(뿌리와이파리, 2020), 312-314에서 재인용.

20. 주 11 참조.

21. Gerd Horten, "Radio and the Americanization of German culture in the 1960s and 1970s", *Humanities Faculty Articles & Other Works* 23 (2003), https://

digitalcommons.csp.edu/cgi/viewcontent.cgi?article=1079&context=cup_
commons_faculty, 2026년 1월 29일 접속.

22. Department of Energy & Climatechange (2009), *Digest of United Kingdom
Energy Statistics: 60th Anniversary*. https://assets.publishing.service.gov.uk/
media/5a790632e5274a3864fd5c6d/1_20090729135638_e____dukes60.pdf,
2026년 1월 29일 접속.

23. Atiq Zaman, and Peter Newman, "Plastics: are they part of the zero waste
agenda or the toxic waste agenda", *Sustainable Earth*, 44 (2021). https://doi.
org/10.1186/s42055-021-00043-8, 2026년 1월 29일 접속.

24. Susan Freinkel, *Plastic: A Toxic Love Story* (Boston/New York: Houghton
Mifflin Harcourt, 2011), pp. 127-128.

25. https://www.theguardian.com/us-news/2019/jun/21/history-of-america-love-
affair-with-plastic, 2026년 1월 29일 접속.

26. https://people.wou.edu/~courtna/GS361/electricity%20generation/Historical
Perspectives.htm, 2026년 1월 29일 접속.

27. 최초의 그리드는 에디슨이 완성한 도시 그리드였다. 그리드에는 발전기 2개가 면으
로 절연한 구리 선에 연결되어 있었고 탄화 대나무 필라멘트(carbonized bamboo
filament) 백열전구가 그리드를 통해 전기 공급을 받았다. 그리드를 흐르는 전기는
100볼트 전압의 직류 전기였다. 1.6킬로미터 반경 내로 전송되던 전기는 1894년
교류 그리드로 전환되었고, 교류 전기는 173킬로미터 거리를 이동했다.

28. https://www.powermag.com/history-of-power-the-evolution-of-the-electric-
generation-industry/, 2026년 1월 29일 접속.

29. https://www.eia.gov/todayinenergy/detail.php?id=7090, 2026년 1월 29일 접속.

30. https://historicengland.org.uk/images-books/publications/iha-20thcentury-
coal-oil-fired-electric-power-generation/heag056-electric-power-generation-
iha/, 2026년 1월 29일 접속.

08 탄소 문명의 충격과 회복: 1973~1992

1. Duco Hellema, Cees Wiebes, and Toby Witte, *Netherlands and the Oil Crisis* (Amsterdam: Amsterdam University Press, 2004), pp. 99-100.

2. https://www.smithsonianmag.com/smart-news/1970s-gas-shortages-changed-america-180977726, 2026년 1월 29일 접속.

3. Brion C. Black, "Energy Hinge? Oil Shock and Greening American Consumer Culture Since the 1970s", in Elisabetta Bini, et al. (eds.), *Oil Shock* (London/New York: I. B. Tauris & CO. Ltd., 2016), pp. 198-221.

4. 위의 책, 205.

5. https://energyhistory.yale.edu/jimmy-carter-address-to-the-nation-on-energy-april-18-1977-excerpts.

6. https://www.presidency.ucsb.edu/documents/solar-energy-remarks-announcing-administration-proposals.

7. Hennig Türk, "Zwischen Langfristigen Weichenstellungen und Kurzfristigem Krisenmanagement. Kleine Geschichte der Energiepolitik in der Bundesrepublik", in Kemfert, Claudia et. al. (eds.), Energiepolitik *Aus Politik und Zeitgeschichte*, 72 (2022), Jahrgang 46-47/2022. https://www.bpb.de/shop/zeitschriften/apuz/energiepolitik-2022/515190/zwischen-langfristigen-weichenstellungen-und-kurzfristigem-krisenmanagement/, 2026년 1월 29일 접속.

8. Maria Economidou, et. al., "Review of 50years of EU energy efficiency policies for buildings", *Energy & Buildings* 225 (2020). https://doi.org/10.1016/j.enbuild.2020.110322, 2026년 1월 29일 접속.

9. Duccio Basosi, Giuliano Garavini, and Massimiliano Trentin (eds.), *Counter Shock. The Oil Counter-Revolution of the 1980s* (London/New York: I. B. Tauris & CO. Ltd., 2018).

10. https://www.un.org/en/delegate/stories-un-archive-un-proclaims-world%E2%80%99s-first-earth-day, 2026년 1월 29일 접속.

11. 로버트 맥널리, 김나연 옮김, 《석유의 종말은 없다》(페이지2북스, 2022), 245에서 재인용.

12. https://www.investopedia.com/terms/1/1979-energy-crisis.asp, 2026년 1월 29
일 접속.

13. https://library.unh.edu/find/archives/collections/clamshell-alliance-papers-
1976-1988, 2026년 1월 29일 접속.

14. Keith Baker, "Nuclear Power in Britain: A series of successful failures", *International Review of Policy*, Vol. 5 No. 1 (2023), pp. 26-43. https://doi.org/10.
4000/irpp.3206, 2026년 1월 29일 접속.

15. 문지영, "프랑스 원자력 산업의 형성과 성장, 1945~1969", 〈프랑스사 연구〉 제36호
(2017), 95-128.

16. https://www.spf.org/iina/en/articles/takahashi_04.html.

17. Angela Santese, "The Rise of Environmentalist Movements and the Debate on
Alternative Sources of Energy during the Oil Crisis in the United States", in
Duccio Basosi, Giuliano Garavini, and Massimiliano Trentin, (eds.), *Counter
Shock. The Oil Counter-Revolution of the 1980s* (London/New York: I. B.
Tauris & CO. Ltd., 2018), pp. 299-313.

18. 로버트 맥널리, 김나연 옮김, 《석유의 종말은 없다》(페이지2북스, 2022), 119-120.

19. Elisabetta Bini, "Back to the Future:Changes in Energy Cultures and Patterns
of Consumption in the United States, 1973-86", in Duccio Basosi, Giuliano
Garavini, and Massimiliano Trentin (eds.), *Counter Shock. The Oil Counter-
Revolution of the 1980s.* (London/New York: I. B. Tauris & CO. Ltd., 2018),
pp. 278-298.

20. Simon Pirani, *Burning Up. A Global History of Fossil Fuel Consumption*
(London: Pluto Press, 2018).

21. 바츨라프 스밀, 숩희 옮김, 《대전환: 인구, 식량, 에너지, 경제, 환경은 어떻게 현대
사회를 이루었는가》(처음북스, 2022).

22. 위의 책, 129.

23. 위의 책, 131.

24. Stephen Meyers, and Lee Schipper, "World energy use in the 1970s and 1980s:
Exploring the Changes", *Annu. Re. Energy Environ*, Vol. 17 (1992), pp. 463-

505.

25. John Urry, *Mobilities* (Cambridge: Polity Press, 2007), p. 130.

26. https://windsofchange.dk/WOC-tvind.php, 2026년 1월 29일 접속.

27. https://windsofchange.dk/WOC-dv.php, 2026년 1월 29일 접속.

09 탄소 문명의 쇠퇴: 전환의 기로에서(1992~현재)

1. https://sciencepolicy.colorado.edu/publications/special/climate_fix/book_clips.html, 2026년 1월 29일 접속.

2. IPCC 역사에 대해서는 Bert Bollin, *A History of the Science and Politics of Climate Change. The Role of the Intergovernmental Panel on Climate Change* (Cambridge University Press, 2007) 참조.

3. https://www.nature.com/articles/33487, 2026년 1월 29일 접속.

4. Naomi Oreskes, *The Scientific Consensus on Climate Change: How Do We Know We're Not Wrong?* in Joseph F. DiMento, and Pamela Doughman (eds.), *Climate Change: What It Means for Us, Our Children, and Our Grandchildren* (MIT Press, 2007), pp. 65-99. https://www.lpl.arizona.edu/sites/default/files/resources/globalwarming/oreskes-chapter-4.pdf, 2026년 1월 29일 접속.

5. http://www.greenpeace.org/usa/global-warming/climate-deniers/koch-industries/, 2026년 1월 29일 접속.

6. https://cssn.org/wp-content/uploads/2024/11/GibsonBrulle_KochandClimate Obstruction_2024.pdf, 2026년 1월 29일 접속.

7. Wikipedia 참조. https://en.wikipedia.org/wiki/Fred_Singer.

8. https://scienceon.kisti.re.kr/srch/selectPORSrchTrend.do?cn=IS200900023, 2026년 1월 29일 접속.

9. 베를린 위임 사항에는 "2년마다 국가별 공약 준수 과정을 담은 평가서 제출, COP3가 열리는 1997년 말까지 2005년, 2010년, 2020년 등 특정한 감축 기간 내의 온실가스 감축 목표와 기한을 규정해야 한다"는 내용이 담겼다. 김성진, "기후 변화와 국가 대응의 정치학—영국, 미국, 한국의 교토의정서 대응 정책 비교", 서울대학교 박

사 학위 논문, 2013 참조.

10. Alaxandra Böckem, "Umsetzungsprobleme in der deutschen Klimapolitik. Eine empirische Überprüfung politk-ökonomische Erklärungsansätze", HWWA Report, No. 189 (1999).

11. 페리스 제이버, 김승진 옮김, 《비커밍 어스》(생각의힘, 2024), 206-207.

12. 위의 책, 222.

13. Sofia Tsemekidi Tzeiranaki, et. al., "Energy Consumption and Energy Efficiency trends in the EU, 2000-2020", JRC Science for Policy Report, EUR 31266 EN (2022).

14. 이준서·길준규, "기후 변화 대응을 위한 유럽연합의 재생 에너지 법제와 정책 분석 (1)", 한국법제연구원, 2014.

15. https://ec.europa.eu/eurostat/statistics-explained/index.php?title=Energy_statistics_-_an_overview#Final_energy_consumption, 2026년 1월 29일 접속.

16. https://gr.boell.org/en/2020/02/06/energy-hands-citizens-example-germany-transition-collective-models-energy-production, 2026년 1월 29일 접속.

17. Ulrik Kohl, *Is the industrial Turn Killing Denmark's energy Cooperatives?* (2022). https://openlib.tugraz.at/download.php?id=63c6741edd965&location=browse, 2024년 2월 5일 접속.

18. Anna Kracher, *Renewable Energy Communities. Exploring behavioral and motivational factors behind the willingness to participate in Renewable Energy Communities in Germany* (Master Degree Paper, Lund University, 2021).

19. August Wierling, et. al., "Statistical Evidence on the Role of Energy Cooperatives for the Energy Transition in European Countries", *Sustainability*, Vol. 10, No. 9 (2018). https://doi.org/10.3390/su10093339, 2026년 1월 29일 접속.

20. 김형주 외, "IPCC 1.5℃ 보고서의 함의 및 시사점 분석", 〈Green-Tech Issue Analysis Report〉, 2018-03호, 2018.

21. 김사라, "미 연방 정부의 탄소 중립 가속화 전략: 공공 구매력 활용 방안의 관점에서", 이슈브리프 2021. 12. 23, Next Group. https://nextgroup.or.kr/ko/research/public/issuebrief/view?post_id=57&page=4&size=10, 2026년 1월 29일 접속.

22. https://www.iea.org/energy-system/renewables, 2026년 1월 29일 접속.

23. https://www.ren21.net/wp-content/uploads/2019/05/GSR2024_Supply.pdf, 2026년 1월 29일 접속.

24. https://www.euronews.com/green/2024/04/17/wind-energy-saw-record-growth-in-2023-which-countries-installed-the-most, 2026년 1월 29일 접속.

25. 한지혜, "2021 책임투자 리뷰(4)―해외 기관 투자자의 탈석탄 관련 투자 배제 및 제한 전략 적용 사례와 시사점", 한국기업지배구조원, 2021.

26. https://en.wikipedia.org/wiki/Climate_movement, 2026년 1월 29일 접속.

27. Joost de Moor and Mattias Wahlström, "Narrating political opportunities: explaining strategic adaptation in the climate movement", *Theory and Society* 48/2, (2019). pp. 419-451.

28. https://www.hani.co.kr/arti/society/environment/1118817.html, 2026년 1월 29일 접속.

29. https://www.theguardian.com/environment/2020/aug/04/evolution-of-extinction-rebellion-climate-emergency-protest-coronavirus-pandemic, 2026년 1월 29일 접속.

30. IEA, *CO_2 Emissions in 2023. A new record high, but is there light at the end of the tunnel.?* (2023). https://www.iea.org/reports/co2-emissions-in-2023, 2026년 1월 29일 접속.

31. EMBER, *European Electricity Review 2024. Europe's electricity transition takes crucial strides forward* (2024). https://ember-energy.org/latest-insights/european-electricity-review-2024/, 2026년 1월 29일 접속.

32. https://www.newspenguin.com/news/articleView.html?idxno=16774, 2026년 1월 29일 접속.

33. https://www.footprintnetwork.org/, 2026년 1월 29일 접속.

34. 에너지경제연구원, 〈세계 에너지 시장 인사이트〉 제24-12호, 2024. 6. 17. https://www.keei.re.kr/pdfOpen.es?bid=0003&list_no=98674&seq=1, 2026년 1월 29일 접속.

11 석유 사회로 진입

1. 조돈문, "해방 60년 한국 사회 계급 구조 변화와 노동 계급 계급 구성 변화", 〈한국 사론〉 43 (서울대학교 한국사학과, 2006), 3-36.

2. 김덕호, "가전제품, 소비 혁명, 그리고 한국의 대량 소비 사회의 형성", 〈역사비평〉 137호 (2021), 269-300.

3. "변모한 60년의 경제 단층 (3) 정전 소동", 〈경향신문〉, 1960. 12. 16.

4. 오선실, "국가 주도 전원개발계획의 출현: 통합 한전의 설립과 제1차 전원개발계획을 중심으로", 〈한국문화연구〉 35권 (이화여자대학교 한국문화연구원, 2018), 227-260.

5. 에너지 정책 전반은 《한국 산업기술사 조사 연구: 에너지 산업》(한국산업기술진흥원, 2013)을 주로 참고했다.

6. "겨울철 난로 고르기", 〈경향신문〉, 1973. 10. 20.

7. 박진희, "한국 재생 에너지 기술 개발의 초기 역사: 태양열 이용 기술을 중심으로", 〈한국과학사학회지〉 제38권 1호 (2016), 71-119.

8. 전력 생산과 소비 관련 통계의 출처는 따로 표시하지 않는 경우 '전력 통계 정보 시스템(EPSIS)' 참조.

9. "태양열 연구 촉진토록", 〈조선일보〉, 1978. 2. 10.

10. "태양열 주택 취득 등록세 면제", 〈경향신문〉, 1979. 7. 16.

11. "주공 태양열 연립 주택 건설 과천에 25평형 40가구 8월 착공", 〈매일경제〉, 1980. 6. 6. "주공 과천 태양열 주택 완공", 〈매일경제〉, 1981. 11. 3.

12. 박진희, "한국 재생 에너지 기술 개발의 초기 역사: 태양열 이용 기술을 중심으로", 〈한국과학사학회지〉 제38권 1호 (2016), 71-119.

13. 한국원자력안전아카데미, 《우리나라 원자력 초창기의 전개 과정》(한국원자력연구원, 2007).

14. 이병헌·김현섭, "1950-60년대 한국 아파트의 난방 방식 근대화에 관한 연구—행촌, 종암, 마포아파트를 중심으로", 〈건축역사연구〉 제305권 6호 (2021), 33-44.

15. "연탄보일러에서 전기보일러까지 50년", 《온돌난방》(밀레니엄기획, 2000), 64-66.

16. 〈조선비즈〉, 한국 아파트 60년 시리즈.

17. 주택 유형별 통계 출처는 특별한 언급이 없는 경우 국가 통계 포털 KOSIS 참조.

18. 《기록으로 만나는 경남 교육, 개교 100년 학교 이야기 展》(경상남도교육청, 2016), 76.

19. 국가기록원, 《기록과 테마로 보는 대한민국(생활편)》(2017).

20. "내무부 방침 호화 주택 등에 중과세", 〈동아일보〉, 1971. 8. 19.

21. "전국 호화 주택 일제 조사", 〈동아일보〉, 1976. 12. 28.

22. 채백·최창식·강승화·허윤철, "TV의 보급 확대와 공동체의 변화", 〈커뮤니케이션 이론〉 14권 4호 (2018), 139-182.

12 탄소 문명의 팽창

1. 부태환, "전력 사업의 변천과 발전원의 탈석유화", 〈석유협회보〉 5호 (1987), 26-32

2. 노현아, "도시가스 보급도 '수도권 집중' …… 강원 54% 제주 제외 전국 꼴찌", 〈강원도민일보〉, 2022. 10. 12.

3. 이 공익 광고는 https://www.youtube.com/shorts/zSiOYf6DXYc에서 볼 수 있다.

4. 이 문단에서 제시하는 모든 통계의 출처는 KOSIS에서 제공하는 통계청, 주택 총조사 통계표.

5. 전남일·손세관·양세화·홍형욱, 《한국 주거의 사회사》(돌베개, 2008), 181-270.

6. 발레리 줄레조, 길혜연 옮김, 《아파트 공화국: 프랑스 지리학자가 본 한국의 아파트》(후마니타스, 2007).

7. 1인당 가계 총 가처분 소득은 가계 총 가처분 소득/총인구수(추계), 가계 및 가계에 봉사하는 민간 비영리 단체가 임의로 처분할 수 있는 소득. 제한적이나마 가계의 구매력을 나타냄. 출처: 지표누리.

8. 왕웅원, "1980년대를 전후로 한 도시 중산층의 형성과 한국 소비 사회의 발전—도시 중산층의 소비 양상을 중심으로", 〈도시 연구: 역사·사회·문화〉 제27호 (도시사학회, 2021).

9. "정부의 '긴축' 시범 | 소비 절약과 외채 절감", 〈중앙일보〉 1985. 9. 7; 장영희, "'과소비 장단'에 춤추는 사치품 수입", 〈시사저널〉, 1990. 3. 18. https://www.sisajournal.com/news/articleView.html?idxno=107434, 2026년 1월 29일 접속.

10. KOSIS 통계.

11. "자동차 수 가구 수보다 많아졌다", 〈경향신문〉, 2009. 5. 3.

12. 유창운, "우리나라 레저 산업의 현황과 전망"(현대경제연구원, 1996), 14-20.

13 탄소 문명의 관성

1. 장기복 외, 《녹색 성장의 성과와 과제 연구》(한국환경정책·평가연구원, 2012).

2. 길종백·정병걸, "녹색 성장과 환경. 경제의 통합: 변형과 전환 사이에서", 〈정부학
   연구〉 제15권 제2호 (2009), 45-70.

3. 이현진, "계사 백열전구 LED 전구로 바꾸면 전력 소모 86% 절약", PET news 2010.
   10. 07. 08:10:21, stv.co.kr

4. 삼성경제연구소, "웰빙 문화의 등장과 향후 전망", 이슈페이퍼, 2005. 5. 3.

5. 갤럽 리포트, 2025 (7) "생활·정보 가전, 자동차 등 제품 20종 보유율, 반려동물 동
   거율", "건조기 없는 70% 가구 잡자", "삼성·LG '일체형 세탁건조기' 전쟁", 뉴스 1,
   2024. 3. 14.

6. 이하의 전력량 소비 및 가전 기기 보급 통계는 전력거래소가 발간한 〈2019 주택용
   가전 기기 가구별 가전 현황 조사〉 참조. 이는 매년 실시하는 1만 가구 규모의 표본
   조사임.

7. 김동현, "고유가 시대 자동차 시장의 발 빠른 변화", 〈이코노미 조선〉, 2008. 7. 3.

8. 박철현, "한때 인기 있던 경유차……이젠 만들지도 않는다", mbc 〈뉴스 데스크〉,
   2024. 3. 13.

맺음말: 탄소 사회에서 탈탄소 사회로

1. 1Wh=3600J, 1kWh=3.6×10⁶J; 천연가스는 기가줄 단위로 측정. 이 경우 1기가줄
   의 천연가스는 약 26.1리터의 연료유 혹은 278킬로와트시의 전력에 해당한다. 1기
   가줄의 에너지를 가지고 230시간을 청소할 수 있으며, 일반적인 냉장고를 30주 동
   안 돌리거나, 3000개의 베이글을 구울 수 있다. 그리고 100번 정도의 세탁도 가능
   하다. 캐나다 가정은 평균적으로 1년에 100기가줄의 에너지를 사용한다. https://
   eastwardenergy.com/what-is-a-gj, 2026년 1월 29일 접속.

2. 데이비드 월러스 웰즈, 김재경 옮김, 《2050 거주 불능 지구》(청림출판, 2020), 17. 오크리지 국립연구소의 이산화탄소 정보분석센터(Carbon Dioxide Information Analysis Center at Oak Ridge National Laboratory)에서 분석한 2017년 자료를 따르자면, 1750년 이후 화석 연료의 연소를 통해 인류가 배출한 탄소는 총 1578기가톤이며, 그중 820기가톤이 1989년 이후 배출한 탄소의 총량이다. 따라서 18세기 중반 이후 인류가 사용해온 화석 연료 총량의 절반 이상이 최근 30년도 안 된 사이에 소비되었다는 의미이니, 우리가 화석 에너지를 기하급수적으로 사용해왔음을 알 수 있다. 같은 책, 349쪽의 각주 10 참조. 유감스럽게도 이 센터는 2017년 이후 폐쇄되었고, 이 센터가 보유한 많은 자료도 여러 곳으로 분산되었다. https://en.wikipedia.org/wiki/Carbon_Dioxide_Information_Analysis_Center, 2026년 1월 29일 접속.

3. 바츨라프 스밀, 강주헌 옮김, 《세상은 실제로 어떻게 돌아가는가》(김영사, 2023), 15-16.

4. 제러미 리프킨은 2002년 《수소 경제(The Hydrogen Economy)》를 통해, 우주에 가장 많이 편재하고 있는 수소를 인류가 제대로 활용할 수 있다면 석유 시대를 끝내고 수소 시대로 나아갈 수 있다고 주장했다. 수소 에너지를 상용화하면 인류는 화석 연료 고갈의 공포로부터도 벗어날 수 있다면서, 나아가 수소 사용을 공유하는 수소 경제의 틀을 만들어보자고 제안하기도 했다. 당시 글로벌 자동차 업체들은 수소 연료 전지로 움직이는 수소 자동차를 2010년까지는 대량 생산할 수 있을 거라고 예상했다. 불과 몇 년 전까지만 해도 현대자동차와 도요타자동차는 수소 연료 전지 자동차 생산 연구에 매진했다. 현재는 전기 자동차가 대세여서 이 두 회사도 전기 자동차 생산에 주력하고 있다. 리프킨의 책이 나온 지 20년이 넘었건만 수소 자동차의 대량 생산 소식은 아직까지 들려오지 않고 있다. 2022년 통계에 따르면, 하이브리드 차량을 포함한 전기 자동차가 전 세계적으로 2600만 대 팔린 반면, 수소 자동차는 7만 200대에 불과했다. https://en.wikipedia.org/wiki/Hydrogen_economy#cite_note-Outlook2023-30, 2026년 1월 29일 접속.

5. 한국의 에너지 소비량은 1981년에 3900만 석유환산톤(toe)이었다. 1석유환산톤은 10^7칼로리로 원유 1톤이 연소할 때 생기는 에너지에 해당한다. 또 1석유환산톤은 휘발유 1280리터에 해당하며, 서울-부산을 410킬로미터로 가정했을 때 약 22번 왕

복할 수 있다. 또한 전기로 환산하면 4메가와트시에 해당하는 에너지로, 4인 가정이 하루 10킬로와트씩 1년간 사용할 수 있다. 한국의 에너지 소비량은 2014년 2억 1400만 석유환산톤으로 33년 만에 5.5배나 증가했으며, 1인당 에너지 소비량 또한 1.18석유환산톤에서 5.61석유환산톤으로 4.8배 증가했다. 즉, 1인당 에너지 소비량보다 전체 에너지 소비량이 더 많이 증가했다는 것은 인구 증가 때문이라기보다는 산업 규모가 더 커졌기 때문이라고 볼 수 있다. 이헌석, "우리나라 에너지 공급, 충분한가 부족한가?", 〈Future Horizon〉 vol. 27 (2016), 26.

6. 로이 스크랜턴, 안규남 옮김, 《인류세에서 죽음을 배우다》(시프, 2023), 25.

7. 2026년 1월, 다보스 경제포럼에서 일론 머스크는 세계적인 투자 회사 블랙록(BlackRock)의 래리 핑크(Larry Fink) 회장과의 대화를 통해 AI가 지배할 미래를 낙관적으로 이해하고 있음을 분명히 보여주었다. 그는 대담을 마치면서 마지막으로 시청자에게 다음과 같이 부탁했다. "인류의 미래를 비관적으로 보는 게 맞을 수도 있다. 그러나 인류의 미래를 낙관적으로 보았음에도 훗날 틀리는 게 개인에게는 더 좋을 것이다. 왜냐하면 적어도 심리적으로 우울한 생각을 갖고 사는 것보다 즐거운 생각을 갖고 사는 것이 개인의 정신 건강상으로도 더 바람직할 테니까 말이다." 영민한 조언인 셈이다. #Davos2026 #WorldEconomicForum #wef26.

참고문헌

〈강원도민일보〉, 〈경향신문〉, 〈동아일보〉, 〈매일경제〉, 〈조선일보〉
국가 통계 포털(KOSIS), 전력통계정보시스템(EPSIS), 지표누리

경상남도교육청, 《기록으로 만나는 경남 교육, 개교 100년 학교 이야기 展》(경상남도
　　교육청, 2016).
고선정, "1960-70년대 아파트의 생활혁명과 물질문화에 관한 연구", 〈상품문화디자인
　　학연구〉 63호 (2020): 253-262.
_____, "1980~90년대 '한국형' 가전제품의 소비와 물질문화 연구", 〈커뮤니케이션디
　　자인학연구〉 75호 (2021): 110-127.
국가기록원, 《기록과 테마로 보는 대한민국(생활편)》(2017).
그레천 바크, 김선교·전현우·최준영 옮김, 《그리드: 기후 위기 시대, 제2의 전기 인프
　　라 혁명이 온다》(동아시아, 2021).
그렉 클라이즈데일, 김유신 옮김, 《부의 이동》(21세기북스, 2008).
길종백·정병걸, "녹색 성장과 환경, 경제의 통합: 변형과 전환 사이에서", 〈정부학연
　　구〉 15/2 (2009): 45-70.
김남일 외, 《세계 에너지 환경변화와 한국의 에너지안보 전략》(에너지경제연구원,
　　2008).
김덕호, "가전제품, 소비혁명, 그리고 한국의 대량소비사회의 형성", 〈역사비평〉 137호

(2021): 269-300.

＿＿＿＿, 《세탁기의 배신: 왜 가전제품은 여성을 가사노동에서 해방시키지 못했는가》(뿌리와이파리, 2020).

김연희, "농촌 전기공급사업과 새마을운동", 〈역사비평〉 97호 (2011): 397-425.

＿＿＿＿, "전기 도입에 의한 전통의 균열과 새로운 문명의 학습: 1880~1905년을 중심으로", 〈한국문화〉 59호 (2012): 65-95.

남은영, "1990년대 한국 소비문화: 소비의식과 소비행위를 중심으로", 〈사회와 역사〉 6호 (2007): 189-225.

대니얼 R. 헤드릭, 김우민 옮김, 《과학기술과 제국주의》(모티브북, 2013).

＿＿＿＿, 김영태 옮김, 《테크놀로지: 문명을 읽는 새로운 코드》(다른세상, 2016).

대런 아세모글루·사이먼 존슨, 김승진 옮김, 《권력과 진보: 기술과 번영을 둘러싼 천년의 쟁투》(생각의힘, 2023).

데이비드 에저턴, 정동욱·박민아 옮김, 《낡고 오래된 것들의 세계사: 석탄, 자전거, 콘돔으로 보는 20세기 기술사》(휴먼사이언스, 2015).

데이비드 월러스 웰즈, 김재경 옮김, 《2050 거주불능 지구: 한계치를 넘어 종말로 치닫는 21세기 기후재난 시나리오》(추수밭, 2020).

도넬라 H. 메도즈·데니스 L. 메도즈·요르겐 랜더스, 김병순 옮김, 《성장의 한계》(갈라파고스, 2012).

라이어닐 카슨, "고대인들은 왜 기계를 발전시키지 못했는가?", 라이어닐 카슨 외, 이경희 옮김, 《지구변화와 인류의 신비》(참나무, 1990).

레오나르도 마우게리, 최준화 옮김, 《당신이 몰랐으면 하는 석유의 진실》(가람기획, 2008).

레이 태너힐, 손경희 옮김, 《음식의 역사: 인류 음식문화의 서사시》(우물이 있는 집, 2006).

로버트 맥널리, 김나연 옮김, 《석유의 종말은 없다: 세계 부와 권력의 지형을 뒤바꾼 석유 160년 역사와 미래》(페이지2북스, 2022).

로버트 C. 앨런, 이강국 옮김, 《세계경제사》(교유서가, 2017).

로이 스크랜턴, 안규남 옮김, 《인류세에서 죽음을 배우다: 문명의 종말에 대한 성찰》(시프, 2023).

루스 슈워츠 코완, 김명진 옮김,《미국 기술의 사회사》(궁리, 2012).

리처드 뮬러, 장종훈 옮김,《대통령을 위한 물리학: 10년 후 세계를 움직일 5가지 과학 코드》(살림, 2011).

_____, 장종훈 옮김,《대통령을 위한 에너지 강의: 경제성장을 발목잡는 에너지 딜레마》(살림, 2014).

문지영, "1919-1939년 파리 전력생산—배전 노동자의 직업세계", 〈서양사론〉 51권 (1996): 169-206.

_____, "프랑스 원자력 산업의 형성과 성장, 1945-1969", 〈프랑스사 연구〉 36호 (2017): 95-128.

바츨라프 스밀, 솝희 옮김,《대전환: 세계를 바꾼 다섯 가지의 위대한 서사》(처음북스, 2022).

_____, 허은녕·김태유·이수갑 옮김,《새로운 지구를 위한 에너지 디자인》(창비, 2008).

_____, 강주헌 옮김,《세상은 실제로 어떻게 돌아가는가: 우리의 문명을 정확하게 이해하기 위한 과학적 접근》(김영사, 2023).

_____, 윤순진 옮김,《에너지란 무엇인가: 석유 가스 전기 소비자를 위한 교양서》(삼천리, 2011).

박수호, "주거공간에 투영된 사회적 과시" 〈한국사회〉 제8집 1호 (2007): 65-93.

박진희, "한국 재생 에너지 기술 개발의 초기 역사: 태양열 이용 기술을 중심으로", 〈한국과학사학회지〉 제38권 제1호 (2016): 121-150.

발레리 졸레조, 길혜연 옮김,《아파트 공화국: 프랑스 지리학자가 본 한국의 아파트》(후마니타스, 2007).

볼프강 쉬벨부시, 박진희 옮김,《철도여행의 역사》(궁리, 1999).

볼프 슈나이더, 이정모 옮김,《인간 이력서: 오만불손한 지배자들의 역사》(을유문화사, 2013).

브라이언 블랙, 노태복 옮김,《에너지 세계사: 에너지 패권을 둘러싼 인류의 치열한 도전과 경쟁》(씨마스21, 2023).

빅터 샤우, 이종식 옮김,《탄소 기술관료주의: 동아시아 탄소 중독의 기원과 종말을 찾아서》(빨간소금, 2024).

빌 브라이슨, 박중서 옮김,《거의 모든 사생활의 역사》(까치, 2011).

사이먼 L. 루이스·마크 A. 매슬린, 김아림 옮김, 《사피엔스가 장악한 행성: 인류세가 빚어낸 인간의 역사 그리고 남은 선택》(세종서적, 2020).

사이토 고헤이, 김영현 옮김, 《지속 불가능 자본주의: 기후 위기 시대의 자본론》(다다서재, 2021).

선경철, "교토의정서 발효의 의미와 전망", 〈대한민국 정책브리핑〉(2005. 2. 15).

스티븐 솔로몬, 주경철·안민석 옮김, 《물의 세계사: 부와 권력을 향한 인류 문명의 투쟁》(민음사, 2013).

스티븐 컨, 박성관 옮김, 《시간과 공간의 문화사 1880-1918》(휴머니스트, 2004).

심효윤, 《냉장고 인류: 차가움의 연대기》(글항아리, 2021).

안드레아스 말름, 위대현 옮김, 《화석 자본: 증기력의 발흥과 지구온난화의 기원》(두번째테제, 2023).

안드리에 울프, 양병찬 옮김, 《자연의 발명: 잊혀진 영웅 알렉산더 폰 훔볼트》(생각의힘, 2016).

앤드류 니키포룩, 김지현 옮김, 《에너지 노예, 그 반란의 시작》(황소자리, 2013).

앤써니 샘슨, 김희정 옮김, 《석유를 지배하는 자들은 누구인가》(책갈피, 2000).

앤터니 패나, 황보영조 옮김, 《인류의 발자국: 지구 환경과 문명의 역사》(삼천리, 2013).

앨런 와이즈먼, 이한중 옮김, 《인간 없는 세상》(랜덤하우스, 2007).

앨프리드 W. 크로스비, 이창희 옮김, 《태양의 아이들: 에너지를 향한 끝없는 인간 욕망의 역사》(세종서적, 2009).

양맹호, "원자력 르네상스 국제 동향", 〈원자력산업〉 27/5 (2007): 27-38.

양수영·최지웅, 《2050 에너지 제국의 미래》(비지니스북스, 2022).

에릭 로스턴, 문미정·오윤성 옮김, 《탄소의 시대: 생명과 문명과 당신의 이야기》(21세기북스, 2011).

엔초 트라베르소, 유강은 옮김, 《혁명의 지성사》(뿌리와이파리, 2023).

오선실, "국가 주도 전원개발계획의 출현: 통합한전의 설립과 제1차 전원개발계획을 중심으로", 〈한국문화연구〉 35호 (2018): 227-260.

_____, "압록강에 등장한 동양 최대의 발전소, 수풍댐과 동아시아 기술체계의 형성", 〈인문사회과학연구〉 21/1 (2020): 269-293.

왕웅원, "1980년대를 전후로 한 도시 중산층의 형성과 한국 소비사회의 발전—도시 중산층의 소비 양상을 중심으로", 〈도시연구〉 27호 (2021): 41-83.

윌리엄 로젠, 엄자현 옮김, 《역사를 만든 위대한 아이디어》(21세기북스, 2011).

윌리엄 번스타인, 김현구 옮김, 《부의 탄생: 부의 원천, 흐름, 앞으로의 향방을 모색한다!》(시아, 2005).

윌리엄슨 머리, 고현석 옮김, 《전쟁이 만든 세계: 500년간 지속된 서구의 군사혁명과 전쟁으로 가는 어두운 길》(미래의창, 2025).

윌리엄 엥달, 서미석 옮김, 《석유 지정학이 파헤친 20세기 세계사의 진실—영국과 미국의 세계 지배체제와 그 메커니즘—》(길, 2007).

윤지로, 《탄소로운 식탁: 우리가 놓친 먹거리 속 기후위기 문제》(세종서적, 2022).

윤창운, "우리나라 레저 산업의 현황과 전망", (현대경제연구원, 1996): 14-20.

이명헌, 《탄소 경제학》(학현사, 2017).

이민용, "캘리포니아 골드러시 시기(1848-1860) 파나마 지협 경유 해상교통망과 19세기 중엽 미국의 제국주의", 〈서양사론〉 140호 (2019): 105-137.

______. "횡태평양 증기선 항로와 미국-동아시아 관계망 형성", 〈서양사론〉 149호 (2021): 154-187.

이병헌·김현섭, "1950~60년대 한국 아파트의 난방 방식 근대화에 관한 연구—행촌, 종암, 마포아파트를 중심으로—", 〈건축역사연구〉 305/6 (2021): 33-44.

이언 커쇼, 류한수 옮김, 《유럽 1914-1949: 죽다 겨우 살아나다》(이데아, 2020).

이영석, 《영국사 깊이 읽기》(푸른역사, 2016).

이준서·길준규, 《기후 변화 대응을 위한 유럽연합의 재생 에너지 법제와 정책 분석 (1)》(한국법제연구원, 2014).

이헌석, "우리나라 에너지 공급, 충분한가 부족한가?", 〈Future Horizon〉 vol. 27 (2016, 겨울) (과학기술정책연구원, 2016): 26-29.

자크 르 고프, 유희수 옮김, 《서양 중세 문명》(문학과지성사, 1992).

자크 아탈리, 전경훈 옮김, 《바다의 시간: 바다에서 이루어진 역사적 순간들, 바다가 결정지을 우리의 미래》(책과함께, 2021).

______, 이효숙 옮김, 《호모 노마드 유목하는 인간》(웅진닷컴, 2005).

장기복 외, 《녹색성장의 성과와 과제 연구》(한국환경정책·평가연구원, 2012).

잭 구디, 손영래 옮김, 《자본주의는 유럽만의 산물인가》(용의 숲, 2016).

전남일·손세관·양세화·홍형욱, 《한국 주거의 사회사》(돌베개, 2008).

전영옥, "Issue paper—웰빙 문화의 등장과 향후 전망", (삼성경제연구소, 2005. 3. 9).

제러미 리프킨, 이진수 옮김, 《수소 혁명: 석유 시대의 종말과 세계 경제의 미래》(민음
사, 2003).

_____, 김명자·김건 옮김, 《엔트로피》(동아출판사, 1992).

_____, 신현승 옮김, 《육식의 종말》(시공사, 2002).

_____, 안진환 옮김, 《회복력 시대: 재야생화되는 지구에서 생존을 다시 상상하다》
(2022, 민음사).

제인 브룩스, 박지훈 옮김, 《인간이 만든 빛의 세계사》(을유문화사, 2013).

제임스 버크, 구자현 옮김, 《커넥션: 생각의 연결이 혁신을 만든다, 세계를 바꾼 발명
과 아이디어의 역사》(살림, 2009).

제임스 트레필, 정영목 옮김, 《도시의 과학자들: 과학자의 눈으로 본 도시 이야기》(지
호, 1999).

제프리 브루운, 길현모 옮김, 《19세기 유럽사》(탐구당, 1989).

조나선 사프란 포어, 송은주 옮김, 《우리가 날씨다: 아침식사로 지구 구하기》(민음사,
2020).

조돈문, "해방 60년 한국사회 계급구조 변화와 노동계급 계급구성 변화", 〈한국사론〉
43 (2006): 3-36.

조지 오웰, 김설자 옮김, 《위건 부두로 가는 길》(부북스, 2013).

조효제, 《탄소 사회의 종말》(21세기북스, 2020).

주경철, 《대항해시대》(서울대학교출판문화원, 2008).

지철근, "전기점등 100년과 우리나라 조명", 〈전기저널〉 124호 (대한전기협회, 1987):
24-26.

질 존스, 이충환 옮김, 《빛의 제국》(양문, 2006).

집현네트워크, 《첫 번째 기후과학 수업》(위즈덤하우스, 2024).

차명수, "산업혁명", 배영수 엮음, 《서양사 강의》(한울, 1992).

채백·최창식·강승화·허윤철, "TV의 보급 확대와 공동체의 변화", 〈커뮤니케이션 이
론〉 14권 4호 (2018): 139-182.

최지웅, 《석유는 어떻게 세계를 지배하는가: 1차 세계대전에서 금융 위기와 셰일 혁명까지, 석유가 결정한 국제정치 세계경제의 33장면》(부키, 2019).

카를로 마리아 치폴라, 최파일 옮김, 《대포 범선 제국: 1400~1700년, 유럽은 어떻게 세계의 바다를 지배하게 되었는가?》(미지북스, 2010).

쿠르트 뫼저, 김태희·추금환 옮김, 《자동차의 역사: 시간과 공간을 바꿔놓은 120년의 이동혁명 》(뿌리와이파리, 2007).

크리스티안 월마, 배현 옮김, 《철도의 세계사: 철도는 어떻게 세상을 바꿔놓았나》(다시봄, 2019).

크리스 프리먼·프란시스쿠 로상, 김병근·옥주영·황정태·지일용·박진·강민정 옮김, 《혁신의 경제사: 산업혁명에서 정보혁명까지》(박영사, 2021).

토니 세바, 박영숙 옮김, 《에너지 혁명 2030: 석유와 자동차 시대의 종말, 전혀 새로운 에너지가 온다》(교보문고, 2015).

토니 주트, 조행복 옮김, 《전후 유럽 1945~2005 1》(열린책들, 2019).

티머시 미첼, 에너지기후정책연구소 옮김, 《탄소 민주주의: 화석연료 시대의 정치권력》(생각비행, 2017).

페르낭 브로델, 김지혜 옮김, 《문명의 문법》(서커스, 2023).

페리스 제이버, 김승진 옮김, 《비커밍 어스: 지구는 어떻게 우리가 되었을까》(생각의 힘, 2024).

폴 존슨, 명병훈 옮김, 《근대의 탄생 I, II》(살림, 2014).

폴 호큰·에이머리 로빈스·헌터 로빈스, 김명남 옮김, 《자연자본주의: 지속가능한 발전을 창조하는 新 산업 혁명의 패러다임》(공존, 2011).

필리스 딘·이정우, 나경수 옮김, 《영국의 산업혁명》(민음사, 1987).

한국산업기술진흥원, 《산업기술사 조사연구: 에너지 산업》(한국산업기술진흥원, 2013).

한국원자력안전아카데미, 《우리나라 원자력초창기의 전개과정과 고찰》(한국원자력연구원, 2007).

한국원자력연구원, 《원자력 50년의 전개과정 고찰》(과학기술부, 2007).

함한희, "부엌의 현대화과정에서 나타나는 문화적 선택들", 〈정신문화연구〉 25/1 (2002): 65-84.

호프 자런, 김은령 옮김, 《나는 풍요로웠고 지구는 달라졌다》(김영사, 2020).

황동수·이상호, 《석탄 사회: 탄소중립 시대, 사라지지 않는 석탄이 그리는 산업의 미래》(동아시아, 2022).

황병주, "1970년대 중산층의 소유 욕망과 불안: 박완서의 1970년대 저작을 중심으로", 〈상허학보〉 50 (2017): 85-144.

후루타치 고스케, 마미영 옮김, 《에너지가 바꾼 세상: 불의 발견에서 석탄, 석유, 원자력, 재생 에너지, 기후 변화의 대책까지》(에이지21, 2022).

후지하라 다쓰시, 황병무 옮김, 《트랙터의 세계사: 인류의 역사를 바꾼 철마들》(팜커뮤니케이션, 2018).

J. D. 버날, 김상민 옮김, 《과학의 역사 1, 고대·중세편》(한울, 1995).

______, 김상민 옮김, 《과학의 역사 2, 근대편》(한울, 1995).

J. R. 맥닐, 홍욱희 옮김, 《20세기 환경의 역사》(에코리브르, 2008).

Allen, R. C., "Economic structure and agricultural productivity in Europe, 1300-1800", *European Review of Economic History*, 3 (2000): 1-25.

Baker, Keith, "Nuclear power in Britain: A series of successful failures", *International Review of Policy*, 5:1 (2023): 26-43.

Basosi, Duccio, Giuliano Garavini, and Massimiliano Trentin, (eds.), *Counter-Shock: The Oil Counter-Revolution of the 1980s* (London/New York: I. B. Tauris & CO. Ltd., 2018).

Bini, Elisabetta, Giuliano Garavini, and Federoci Romero, (eds.), *Oil Shock: The 1973 Crisis and Its Economic Legacy* (London/New York: I. B. Tauris & CO. Ltd., 2016).

Bollin, Bert, *A History of the Science and Politics of Climate. Change: The Role of the Intergovernmental Panel on Climate Change* (Cambridge: Cambridge University Press, 2007).

Böckem, Alexandra, "Umsetzungsprobleme in der deutschen Klimapolitik: Eine empirische Überprüfung polit-ökonomischer Erklärungsansätze", HWWA-Report, No. 189 (1999).

Carr, E. H., *What is History?* (Harmondsworth: Penguin Books, 1961).

Cipolla, Carlo M., *Before the Industrial Revolution: European Society and Economy, 1000-1700*, 3rd ed. (New York and London: W. W. Norton & Company, 1994〔1976〕).

Currier, Richard L., *Unbound: How Eight Technologies Made Us Human, Transformed Society, and Brought Our World To the Brink* (NY: Arcade Publishing, 2015).

Dagget, Cara New, *The Birth of Energy: Fossil Fuels, Thermodynamics, and the Politics of Work* (Duke Univ. Press, 2019).

Dale, Henry Dale and Rodney Dale, *The Industrial Revolution* (Oxford University Press, 1992).

Deane, Phyllis, *The First Industrial Revolution*, 2nd ed. (Cambridge, 1979).

DiMento, Joseph F., and Pamela Doughman, (eds.), *Climate Change: What It Means for Us, Our Children, and Our Grandchildren* (MIT Press, 2007).

Economidou, Marina, et al., "Review of 50 years of EU energy efficiency policies for buildings", *Energy & Buildings* 225 (2020): 1-20.

Freese, Barbara, *Coal: A Human History*, revised and updated ed. (New York: Basic Books, 2016〔2003〕).

Freinkel, Susan, *Plastic: A Toxic Love Story* (Boston/New York: Houghton Mifflin Harcourt, 2011).

Horten, Gerd, "Radio and the Americanization of German culture in the 1960s and 1970s", *Humanities Faculty Articles & Other Works* 23 (2003).

Gross, Robert, Odinn Melsted, & Nicolas Chachereau, "Creating the conditions for Western European petroculture: The Marshall Plan, the politics of the OEEC, and the Transition from Coal to Oil", *Journal of Energy History/Revue d'Histoire de l'Énergie* 10 (2023): 1-22.

Gunn, Simon, "People and the car: the expansion of automobility in urban Britain, c.1955-70", *Social History*, 38/2 (May 2013): 220-237.

Hamilton, Clive, *Defiant Earth: the Fate of Humans in the Anthropocene* (Sydney:

Allen & Unwin, 2017).

Hellema, Duco, Cees Wiebes, and Toby Witte, *Netherlands and the Oil Crisis* (Amsterdam: Amsterdam University Press, 2004).

Jevons, William Stanley, *The Coal Question* (London: Macmillan and Co., 1866).

Johnson, Bob, *Carbon Nation: Fossil Furls in the Making of American Culture* (Lawrence, Kansas: Univ. of Press of Kensas, 2014).

Jonsson, Fredrik Albritton, "The Origins of Cornucopianism: A Preliminary Genealogy", *Critical Historical Studies*, 1/1 (Spring 2014): 1-18.

Johnstone, Phil, and Caitriona McLeish, "World wars and the age of oil: Exploring directionality in deep energy transitions", *Energy Research & Social Science*, 69 (Nov. 2020):101732. https://doi.org/10.1016/j.erss.2020.101732.

Kander, Astrid, Paolo Malanima, and Paul Warde. *Power to the People: Energy in Europe over the Last Five Centuries* (Princeton Univ. Press, 2013).

Kanefsky, John, and John Robey, "Steam Engines in 18th-Centry Britain: A Quantitative Assessment", *Technology and Culture*, 21/2 (Apr. 1980): 161-186.

Kemp, A. C., 'Relative sea-level trends in New York City during the past 1500 years', *Holocene* 27 (2017): 1169-86.

Kracher, Anna, "Renewable Energy Communities. Exploring behavioral and motivational factors behind the willingness to participate in Renewable Energy Communities in Germany", (Master Degree Paper, Lund University, 2021).

Nakahama, Kyo, *John Manjiro: The Starting Point of Firendship between Japan and the United States* (坂本喜杏, 2014).

Landes, David S., *The Unbound Prometheus: Technological Change and Industrial Development in Western Europe from 1750 to the Present* (Cambridge Univ. Press, 1969).

Langton, John, and R. J. Morris, *Atlas of Industrializing Britain 1780-1914* (London and New York: Methuen, 1986).

Leunig, Timothy, "A British industrial success: productivity in the Lancashire and New England cotton spinning industries a century ago", *Economic History*

Review, 56/1 (Feb. 2003): 90-117.

Lewis, Simon L., and Mark A. Maslin, *The Human Planet: How We Created the Anthropocene* (Penguin Books, 2018).

Lynd, Robert S., and Helen Merrell Lynd, *Middletown: A Study in Modern American Culture* (New York: A Harvest/HBJ Book, 1957〔1929〕).

Michelle, Mock, *The Modernization of the American Home Kitchen, 1900-1960*, PhD dissertation (Carnegie Mellon University, 2011).

Mumford, Lewis, *Technics and Civilization* (London: Routledge & Kegan Paul, 1934).

Nordhaus, William, *A Question of Balance: Weighing the Options on Global Warming Policies* (New Haven: Yale Univ. Press, 2008).

Nye, David E., "Comparing European and American attitudes toward energy", *Journal of Internatioanl Affairs*, 53/1 (Fall 1999): 129-48.

Painter, David S., "Marshall Plan and Oil", *Cold War History*, 9/2 (2009): 159-175.

Pfister, Christian, "The '1950s syndrome' and the transition from a slow-Going to a rapid loss of global sustainability", in F. Uekoetter (ed.): *The Turning Points of Environmental History* (Pittsburgh: University of Pittsburgh Press, 2010): 90-118.

Pirani, Simon, *Burning Up. A Global History of Fossil Fuel Consumption* (London: Pluto Press, 2018).

Rhodes, Richard, *Energy: A Human History* (New York: Simon & Schuster, 2018).

Schramm, Manuel, "Nationale Unterschiede im westeuropäischen Massenkonsum. Großbritannien, Frankreich, Deutschland und Italien 1950-1970", *Comparativ*, 19/6, (2009): 69-85.

Smil, Vaclav, *Creating the Twentieth Century: Technical Innovations of 1867-1814 and Their Lasting Impact* (Oxford Univ. Press, 2005).

_____. *Energy and Civilization: A History* (Cambridge, Mass.: MIT Press, 2017).

Smith, Crosbie, *Coal, Steam and Ships: Engineering, Enterprise and Empire on the Nineteenth-Century Seas* (Cambridge Univ. Press, 2018).

Stramp, L. Dudly., "Britain's coal crisis: geographical background and some recent literature", *Geographical Review*, 38/2 (1948): 178-193.

Tsemekidi Tzeiranaki, Sofia, et al., "Energy consumption and energy efficiency trends in the EU, 2000-2020", JRC Science for Policy Report, EUR 31266 EN (2022).

Türk, Henning, "Zwischen Langfristigen Weichenstellungen und Kurzfristigem Krisenmanagement. Kleine Geschichte der Energiepolitik in der Bundesrepublik", in Kemfert, Claudia et. al. (eds.), Energiepolitik, *Aus Politik und Zeitgeschichte* 72 (2022). https://www.bpb.de/shop/zeitschriften/apuz/energiepolitik-2022/515190/zwischen-langfristigen-weichenstellungen-und-kurzfristigem-krisenmanagement/.

Wells, Chrispopher W., *Car Country: an Environmental History* (Seattle and London: Univ. of Washington Press, 2012).

White, Leslie A., "Energy and the evolution of culture", *American Anthropologist* 45/3, Part 1 (1943, July-September): 335-356.

White, Lynn, Jr., *Medieval Technology and Social Change* (Oxford Univ. Press, 1962).

Wierling, August, et al., "Statistical evidence on the role of energy coopertatives for the energy transition in European countries", *Sustainability*, 10/9 (2018): 3339.

Worster, Donald, *Shrinking the Earth: The Rise and Decline of American Abundance* (Oxford Univ. Press, 2016).

Wrigley, Chris. ed., *The Industrial Revolution: Cromford, The Derwent Valley and The Wider World* (Cromford: Arkwright Society, 2015).

Wrigley, E. A., *Continuity, Chance and Change: The Character of the Industrial Revolution in England* (Cambridge Univ. Press, 1988).

_____, *Energy and the English Industrial Revolution* (Cambridge Univ. Press, 2010).

_____, *The Path to Sustained Growth: England's Transition from an Organic Econ-*

omy to an Industrial Revolution (Cambridge University Press, 2016).

Yergin, Daniel, *The Prize: the Epic Quest for Oil, Money & Power* (New York: Touchstone Books, 1991).

Zaman, Atiq, and Peter Newman, "Plastics: are they part of the zero waste agenda or the toxic waste agenda", *Sustainable Earth*, 44 (2021). https://doi.org/10.1186/s42055-021-00043-8.

찾아보기